Bildatlas Philosophie

Ubaldo Nicola

Bildatlas Philosophie

Die abendländische Ideengeschichte in Bildern

Aus dem Italienischen von Philip Schmalfeldt
unter Mitarbeit von Caroline Gutberlet und Johanna Sprengel

© 2007 Parthas Verlag GmbH
Stresemannstraße 30, 10963 Berlin
E-Mail: info@parthasverlag.de
www.parthasverlag.de

Die Originalausgabe erschien © 1999
bei Giunti Editore S.p.A., I-50139 Firenze

Übersetzung:
    Philip Schmalfeldt (S. 1–S. 359 sowie S. 364/365),
    Caroline Gutberlet (S. 474–575),
    Johanna Sprengel (S. 360–363 sowie S. 366–473)
Lektorat:
    Hildtrud Ebert, Katja Richter, Hellmut Roemer
Gestaltung: Pina Lewandowsky
Satz: Klaus R. Bittl
Druck: braunschweig-druck

Das Bildmaterial stammt aus den Archiven Sedigraf und Giunti.

Umschlagabbildung: *Luca Pacioli*, 1495, Neapel, Capodimonte

ISBN 978-3-86601-560-9

Wie man diesen Atlas am besten benutzt

Diesen Atlas kann man auf zwei verschiedene Arten benutzen.
Die eine ist, ihn einfach zu **lesen** – von der ersten Seite bis zur letzten.
In diesem Fall funktioniert er wie eine **Geschichte der Ideen**: Von
der *Muttergottheit* bis hin zu *Postmoderne* werden 280 philosophische
Begriffe behandelt. Sie sind so weit wie möglich nach ihrer zeitlichen
Abfolge geordnet, oder wenigstens nach den Epochen, in denen ihre
Wirkung am bedeutsamsten war.

Die effektivste Art der Benutzung ist jedoch, **auf irgendeiner Seite an-
zufangen**. Man kann im alphabetischen Index nach einem interessanten
Wort suchen oder aber den Band durchblättern und sich von einer Abbildung gefangen nehmen lassen: So kann, ausgehend von irgendeinem
Punkt, ein individueller Weg beginnen, der durch die Verweise erleichtert wird, die sich neben den Überschriften und im Verlauf der Abhandlungen finden.
    Die Abbildungen, Ergebnis einer langen und sorgfältigen Suche,
sind integraler Bestandteil des Textes. Sie sind also nicht bloß nebensächliche Illustrationen, sondern tragen oft maßgeblich zum Erfassen
des Schlüsselbegriffs bei. Es ist möglich, mit dem Text zu beginnen, um
zu den Bildern zu gelangen, man kann aber auch umgekehrt verfahren.

Chronologisches Inhaltsverzeichnis

Muttergottheit

Primitives Matriarchat
Siehe auch: *Mythos, Arché*

Nach Meinung des Religionshistorikers Johann Jakob Bachofen (*Das Mutterrecht*, 1861) ist die **Gynäkokratie** („Herrschaft der Frauen") der prähistorischen Epoche (ca. 7000 bis 2500 v. Chr.), in deren Mittelpunkt der Kult um eine Muttergottheit steht, die früheste Gesellschaftsordnung der Menschheitsgeschichte. Aus seiner positivistischen Perspektive hielt Bachofen die matriarchalische (mutterrechtliche) Gesellschaft für eine primitive Phase, für ein noch „animalisches" Stadium der Menschheit. Die für sie charakteristische **Erbfolge über die Mutter** (matrilineare Erbfolge) war nach seiner Ansicht eine Folge der Unordnung (nämlich der sexuellen Promiskuität), die in der „primitiven Horde" herrschte und die jegliche Gewissheit über die Identität des leiblichen Vaters verhinderte. Trotzdem erschütterte Bachofens Theorie des Matriarchats die traditionellen Ansichten. Sie wurde in der ersten Hälfte des 20. Jh.s vielfach kritisiert, unter anderem auch, weil Bachofen nur wenige Beweise vorlegen konnte. Der wichtigste bestand in der Analyse des römischen Rechts, in dem Bachofen Spuren einer ursprünglich matrilinearen Erbfolge aufzeigte.

Neuere anthropologische Untersuchungen haben indes die Hypothese des deutschen Wissenschaftlers bestätigt.

Die Herrschaft der Priesterköniginnen war gekennzeichnet durch Gütergemeinschaft, Naturrecht und ein Kultursystem, das auf dem Kult einer Muttergottheit beruhte, der in zwei wesentlichen Symbolen seinen Ausdruck fand, in Erde und Wasser. Die weibliche Fruchtbarkeit wurde der Fruchtbarkeit der Erde gleichgesetzt, aus deren „Bauch" alljährlich die Vegetation wiedergeboren wird. (Die vor allem in Tänzen bestehenden Ernteriten waren eine symbolische Unterstützung der Mutter Erde beim Gebären.) Zentrale Themen des Mutterkults waren das Mysterium von Geburt und Tod und die stete Erneuerung des Lebens beim Menschen und in der Tier- und Pflanzenwelt. Das reichhaltige grafische Dekor (auf Geschirr, Handarbeiten und Statuetten), in dem sich die Kunst dieser Epoche ausdrückte, greift ständig auf Zeugungssymbole zurück: die Geburt, die Vulva (weibliche Scham) in dreieckig-geometrischen Formen, das Wasser, die Feuchtigkeit, dynamische Formen (Spiralen, wirbelartige Gebilde), Mondphasen. Die alljährlich ihre Haut erneuernde Schlange ist Sinnbild für die zyklische Wiederkehr (eng verbunden mit der Vorstellung von Fruchtbarkeit). Die übermäßige Betonung der Brüste an den Statuetten der Göttin sollte sie als Nahrungsspenderin darstellen.

Im europäischen Raum brach das Matriarchat zwischen 4000 und 2800 v. Chr. zusammen. Das war eine Folge der Invasion von Stämmen, die aus dem Osten kamen und eine Kultur mitbrachten, die sich auf Pferdezucht und Herstellung von Waffen (Bogen, Speer, später das Schwert) gründete. Mit Einführung der Erbfolge über den Vater (patrilineare E.) nahmen das positive Recht, die Monogamie, das Privateigentum und eine auf Himmelssymbolik beruhende Kultur ihren Anfang.

Eine anthropologische Hypothese, die sich kürzlich bestätigt hat, behauptet, dass der Kult um eine Muttergottheit keineswegs verschwunden sei, da seine Dauer (mehr als 5000 Jahre) offenbar deutliche Spuren in der Psyche des abendländischen Menschen hinterlassen habe. Dies sei am Isiskult, der lange Zeit in seinem Ursprungsland Ägypten überlebt hat, und an der Gestalt der christlichen Madonna, insbesondere an den „schwarzen Madonnen" sichtbar.

▲ *Der Kult um die Muttergottheit überlebte auf Zypern und Kreta bis zur Bronzezeit und hatte entsprechend Einfluss auf die minoische Kultur, aus der das abgebildete Siegel stammt: Die Muttergottheit erhebt sich auf einem Berggipfel und wird von zwei Löwen und einem Menschen angebetet. Spuren des Muttergottheit-Kultes lassen sich auch in den* **dionysischen Riten** (→) *erkennen.*

▲ *Der prähistorische Symbolismus ist häufig halb abstrakt: In diesem Fall wird die Darstellung einer Vulva durch geometrische Spiralen ergänzt, die auf das Wasser und die Fruchtbarkeit anspielen.*

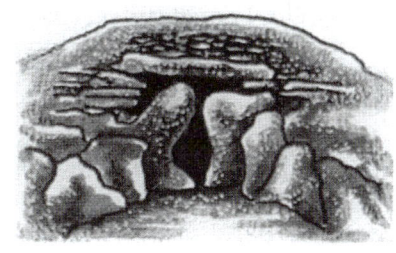

▲ *Die prähistorische Mentalität lässt sich anhand der Archäomythologie erforschen, einer Synthese aus Archäologie, Mythologie, Anthropologie und Folklore- und Religionsstudien. Ein Beispiel primitiver Architektur, das stark von augenfälligen Symbolen geprägt ist, stellt das hier abgebildete Grabmal dar, dessen Eingang eine Vulva nachbildet. Die Beisetzung des Leichnams simuliert eine Geburt in umgekehrter Richtung: Die Enge der Öffnung, die den Durchgang der Leiche (ihre Rückkehr zur Mutter Erde) erschwerte, diente diesem Ziel.*

◀ *Trotz des Fehlens von Schriftstücken konnte eine – hypothetische – prähistorische Ideologie mittels Untersuchung der dekorativen Kunst rekonstruiert werden (Marija Gimbutas:* Die Sprache der Göttin, *1989). Die abgebildete weibliche Statuette ist mit v-förmigen Symbolen dekoriert (*chevron *genannt), eine Verstärkung des Symbols der Vulva.*

Schamanismus

Vorphilosophische Spiritualität
Siehe auch: *Mystik, Meditation*

Das Wort Schamane, das aus dem Tungusischen stammt, bedeutet wörtlich: „derjenige, der in ekstatischem Zustand ist". Damit wird eine Art mystischer Erfahrung (nicht Religion und nicht Philosophie) bezeichnet, die in ähnlicher Form in geografisch und kulturell unterschiedlichen Regionen vorkommt.

Auch wenn sich der Schamane einer harten Ausbildung bei einem Meister unterziehen muss, erlangt er seine Fähigkeit nicht über Erfahrung; es handelt sich vielmehr um eine **Begabung**, die nur wenigen zuteil wird und die bereits während der Jugendzeit als Berufung sichtbar wird. Im Erwachsenenalter zeigt sie sich anhand einer Reihe von Phänomenen, unter denen die Geschlechtsumwandlung besonders hervorsticht: Der Schamane zeigt deutliche Merkmale der **Androgynie** (→) und entwickelt zunehmend weibliche Charakteristika – bis hin zur Gründung einer Familie mit einem anderen Mann.

Über eine sehr harte Ausbildung (Isolation, Fasten) erlangt der Schamane auch die Fähigkeit, nach Belieben in einen Zustand der **Ekstase** (→) einzutreten. Der Psychopathologie zufolge handelt es sich beim Schamanen um ein psychisch instabiles Individuum, das jedoch in der Lage ist, die eigene neurovegetative Labilität unter Kontrolle zu bringen und sogar positiv zu nutzen. Mircea Eliade (*Schamanismus und archaische Ekstasetechnik*, 1951) behauptet, dass der einzige Unterschied zu einem Psychotiker darin bestehe, dass der Schamane imstande sei, die Zustände mentaler Dissoziation nach eigenem Belieben hervorzurufen.

Der Trancezustand der Schamanen zeigt sich in zwei typischen Erscheinungsformen:
• in der Besessenheit, einem Zustand der Inbesitznahme durch eine äußere Macht (einen Geist, ein Tier), ähnlich jener, die Platon als **Enthusiasmus** (→) bezeichnet hat;

• beim Seelenflug, der es ermöglicht, den Körper zeitweilig zu verlassen und Wanderungen in die Welt der Geister zu unternehmen (und auf diese Weise Allgegenwart zu erlangen).

Die vom Schamanen im Zustand der Verzückung offenbarten Kräfte umfassen auch Schmerzresistenz und Unempfindlichkeit gegen Verwundungen.

In den Stammesgemeinschaften machen diese Eigenschaften den Schamanen zum Besitzer höherer Weisheit, sie verleihen ihm die Fähigkeit zum Wahrsagen, zur Poesie und Medizin und zur Übernahme entscheidender sozialer Verantwortung. (Beispielsweise obliegt dem Schamanen die Festlegung geeigneter Zeitpunkte für die Jagd oder den Ackerbau.)

Im Abendland hat sich der Schamanismus noch in jüngster Zeit bei den arktischen Völkern (den Inuit oder Eskimos) nachweisen lassen. Man vermutet, dass er in prähistorischer Zeit überall verbreitet war, sei es in Nordeuropa (Druiden) oder in den mediterranen Ländern einschließlich Griechenland. Obwohl mit der Geburt der Philosophie im 6.–5. Jh. v. Chr. der griechische Schamanismus so gut wie verschwunden war, sind laut Eric Robertson Dodds (*Die Griechen und das Irrationale*, 1970) Empedokles und Pythagoras als die letzten Medizinmänner der archaischen Tradition zu betrachten: „Empedokles verkörpert nicht einen neuen, sondern einen sehr alten Persönlichkeitstypus, den Schamanen, der noch undifferenziert die Funktionen eines Magiers und eines Naturforschers, eines Dichters und Philosophen, Predigers, Arztes und öffentlichen Ratgebers in sich vereint."

◄ *Der Schamanismus war zu Beginn des 20. Jh.s noch im äußersten Norden Europas lebendig und ist von der modernen Anthropologie mit bemerkenswerter Genauigkeit dokumentiert worden. Der dänische Forscher Knud Rasmussen (*Eskimo Folk Tales, *1921) hat Zeichnungen vom schamanischen Flug bei den letzten „Hexenmeistern" der Inuit gesammelt. Auf der hier abgebildeten wird der Schamane von den Tieren getragen, die er sich als Schutzgeister erwählt hat und aus denen er vermittels eines Identifikationsmechanismus seine eigene Kraft zieht.*

▲ ▲ *1921 bat Rasmussen einen Schamanen der Eskimos, die Geister zu zeichnen, mit denen er in Kontakt trat. Der links dargestellte mit den überlangen Armen und einem einzigen langen Zahn namens Issitoq half dem Schamanen, diejenigen Stammesgenossen herauszufinden, die ein Tabu (ein rituelles Verbot in Bezug auf Gegenstände oder Personen, die als heilig galten) gebrochen hatten. Der rechts abgebildete Geist, den der Schamane zufällig an einem Jagdtag getroffen hatte, war sein geistiger Führer geworden.*

Mythos

Das Wort „Mythos" bedeutet „Sage", „Erzählung" insbesondere von den Helden- und Göttertaten, mit deren Hilfe die vorphilosophische Lehre die großen Fragen zum Ursprung der Welt, der Menschheit und der gesellschaftlichen Institutionen symbolisch erörterte.

Wenn sich auch der Unterschied zwischen Mythos und Vernunft von selbst versteht, ist es doch schwierig, genaue Aussagen zu Wesen und Verfahren des mythischen Denkens zu machen. Deshalb ist über diesen Begriff eine Debatte entbrannt, die sich durch die gesamte Philosophiegeschichte zieht.

Historisch gesehen haben sich zwei Interpretationen abgewechselt:
• Der Mythos, unfähig, die eigenen Behauptungen rational zu beweisen, erschien zeitweise als eine Art **mangelhafte Intellektualität**, die der logischen Erörterung widerspricht und ihr unterlegen ist, als ein gescheiterter Versuch, die Natur rational zu erklären.
• Auf der anderen Seite wurde darauf aufmerksam gemacht, dass der Mythos stets eine innere Kohärenz aufweise, die es ihm ermöglicht, auch tiefe Verständnisebenen zum Ausdruck zu bringen (durch vorrationale, emotionale, symbolische, ästhetische Verfahren) und folglich als eine Art **autonomes Denken** angesehen werden kann, das sich vom wissenschaftlichen Denken unterscheidet und nicht mit ihm vergleichbar ist.

Die griechischen Philosophen waren sich einig in ihrer Verurteilung mythischen Denkens. Sie warfen ihm vor, es verzichte auf jede Form logischer Beweisführung und vermisse sie auch nicht. (Alle Philosophie erwuchs weitgehend aus einer scharfen Abgrenzung gegenüber dieser alten und traditionellen Geisteshaltung). Die einzige Ausnahme war Platon, der nicht zögerte, die Möglichkeit des Mythos zu nutzen, das „Unsagbare zu sagen" oder unmittelbare, nur durch Wahrscheinlichkeit gestützte Einsichten auszudrücken, die so tief waren, dass sie die Grenzen der Vernunft überstiegen und deshalb unter bloßen Vernunftkriterien nicht ausgedrückt werden können.

Bei der allgemeinen Abwertung des Mythos, die bis ins vergangene Jh. reicht, bildet Giambattista Vico (*Principi di una scienza nuova*, 1730) eine Ausnahme. Er erkannte im Mythos eine ursprüngliche poetische Weisheit, die Fähigkeit der frühen Menschen, die Fantasie für die Erklärung der Natur zu nutzen.

Die Einsicht Vicos, der im Mythos eine Erkenntnisform sieht, die sich von der rationalen Argumentation zwar unterscheidet, aber nicht minderwertiger ist, wurde im 20. Jh. von mehreren Denkschulen aufgegriffen: Die Ethnologie (Studium der Völker, die noch heute stammesgebunden leben) von Lucien Lévy-Bruhl und die Anthropologie (Studium typischer Voraussetzungen der Menschheit im Allgemeinen) von Claude Lévi-Strauss haben betont, wie das ursprüngliche Denken Regeln und Gesetzen von starker innerer Konsequenz gehorcht, auch wenn diese sich von denen der argumentativen Logik unterscheiden.

Ernst Cassirer (*Philosophie der symbolischen Formen*, 1925) schließlich hat als eine wesentliche Bedingung mythischen Denkens die Unfähigkeit erkannt, zwischen dem Inhalt und der Form des **Symbols** (→) oder auch zwischen dem Bereich des Konkreten und dem der Bedeutungen zu differenzieren (so sind Licht und Sonne nicht bloß *Darstellungen* des Göttlichen, sondern sie sind *selbst* göttlich).

▼ Ein Beispiel für den Mythos als phantastische Erklärung der Natur: Nach der hinduistischen Kosmologie ist die Erde eine Halbkugel, die mit dem Himmel durch den Berg Meru verbunden ist, der sich in ihrer Mitte erhebt und von Elefanten getragen wird. Die Erde selbst wird von weiteren, größeren Elefanten getragen, die ihrerseits auf einer riesigen Schildkröte stehen, die sich wiederum auf eine Schlange, die sich selbst in den Schwanz beißt, Ouroboro genannt, stützt. Sie ist Symbol der zyklischen Zeit und so groß, dass sie das gesamte Universum umfasst (→ zyklische / lineare Zeit).

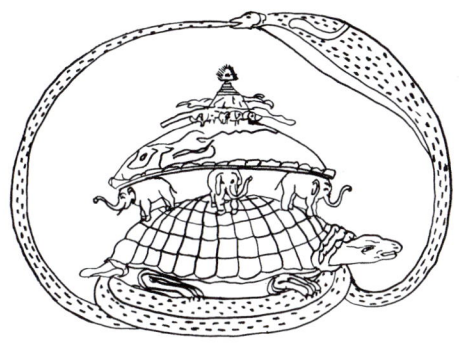

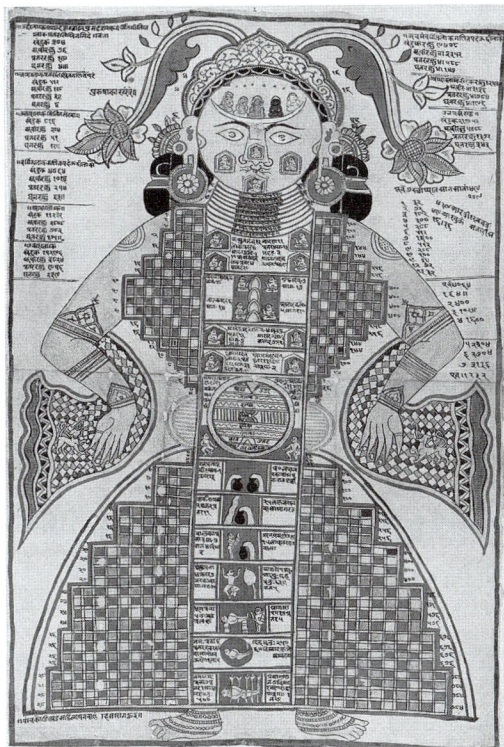

▼ Der Hinduismus stellt die letzte heute noch lebendige Tradition mythischen Denkens dar. Die polytheistische Religiosität der Hindus besteht aus einer Reihe von Geschichten, die sich auf die Götter, auf Personifikationen von Begriffen oder auf psychologische Neigungen beziehen. Die vierarmige Göttin Kali symbolisiert die Verwandlung.

◄ Im Weltmythos der Indianer, auf den sich das Bild bezieht, ist das Universum nach dem Modell des menschlichen Körpers entworfen (→ Anthropomorphismus): Die Erde (der Nabel der Welt) befindet sich im Zentrum; ober- und unterhalb sind Himmel und Unterwelten angeordnet. Analoge Denkmuster lassen sich in gewissem Umfang auch im reifen philosophischen Denken ausmachen (→ Mikrokosmos / Makrokosmos und Pneuma) – ein Beweis dafür, dass die Trennung zwischen mythischem und philosophischem Denken problematischer ist, als es auf den ersten Blick erscheint.

Orakel

Wahrsagung
Siehe auch: *Mythos, Magie, Rätsel*

Das Wort „Orakel" bezeichnet sowohl den Schicksalsspruch als auch den Ort und die Art und Weise, nach der im antiken Griechenland Wahrsagung praktiziert wurde. Das berühmteste Orakel, das eigentliche Zentrum des frühen Griechentums und des Mythos, war das Orakel von Delphi. Hier beantwortete die Pythia (ein Medium) aus den Tiefen einer Höhle die Fragen der Pilger, wobei sie die Wasserbewegungen in einem Gefäß beobachtete. (In Dodona deutete man das Rauschen der Blätter einer Eiche; andernorts die Bewegung der Fische in einem Becken oder das Fressverhalten heiliger Schlangen.) Es gilt als sicher, dass die Pythia in einem Zustand der Trance redete, aber es ist nicht sicher, wodurch diese **Ekstase** (→) hervorgerufen wurde, womöglich durch das Ausströmen von Gas in der Höhle, vielleicht auch einfach durch das mit Gebet einhergehende Fasten, durch Unterdrückung von Schlaf oder asketische Übungen, die unter Aufsicht der Priester vollzogen wurden.

Wir kennen die Fragen, die die Griechen dem Orakel von Delphi vorlegten, weil sie von den Bewerbern auf Bleitäfelchen geschrieben und von den Priestern sorgfältig in den Archiven des Tempels aufbewahrt wurden. Beeindruckend ist der bescheidene und alltägliche Charakter der Anfragen: „Heraklides bittet Zeus, ihm Glück zu schenken und wüsste gern, ob er von seiner Frau Aigle einen Sohn bekommen wird"; „Lisanius würde gern von Zeus wissen, ob das Kind, das seine Frau Annulla erwarte, von ihm stammt oder nicht". Gemeinschaftlich schicken die Bewohner einer kleinen Stadt eine Delegation, um in Erfahrung zu bringen, ob das Darlehen, um das eine Mitbürgerin bittet, eine gute Investition sein würde.
Bemerkenswert ist, dass die Empfehlung der Pythia nicht immer befolgt wurde: Angesichts der drohenden persischen Invasion wurde das Orakel im Namen des gesamten griechischen Volkes gefragt,

was zu tun sei. Der Ratschlag lautete, sich nicht zu verteidigen, doch trotz der dadurch entstandenen Unruhe kämpften die Griechen, siegten und ignorierten den Schicksalsspruch, ohne indes das Vertrauen in das Orakel zu verlieren.

Die Erklärung für dieses Verhalten liegt in der typischen **Doppeldeutigkeit der Orakelsprache**: Der durch die Pythia sprechende Gott irrt sich niemals; dennoch sind Missverständnisse nicht ausgeschlossen, da seine Stimme durch ein menschliches Wesen übermittelt wird. Darüber hinaus spricht der Gott stets durch ein **Rätsel** (→), er sagt die Wahrheit, aber er bedient sich einer Ausdrucksweise, die eine Vielzahl von Interpretationen zulässt. Ein Beispiel ist der Orakelspruch, den Krösus, ein reicher Herrscher Kleinasiens, erhielt: „Wenn du den Halys (einen Grenzfluss) überquerst, wirst du ein großes Königreich zerstören" (was auch wirklich eintrat, allerdings betraf das vorhergesagte Unglück nicht das feindliche Königreich, sondern sein eigenes).

Vielleicht aus Bewunderung für solche dialektischen Feinheiten bewahrten viele griechische Philosophen, obwohl sie in ihren Lehren die mythische Geisteshaltung verurteilten (das Orakel war eine dafür grundlegende Einrichtung), immer eine Bindung zum Orakel von Delphi (der einzigen Institution, die von der gesamten griechischen Welt anerkannt wurde). Sogar Sokrates fand es, als er jung und auf der Suche nach einem Lehrer war, nicht unangebracht, dem Orakel die Frage zu stellen, wer der weiseste Mann in ganz Griechenland sei. Zu seiner Verwirrung wurde ihm geantwortet: „Sokrates selbst ist der Weiseste." Erst später verstand er den tiefen Sinn des Spruchs. (Die wahre Weisheit besteht in dem Wissen, nicht zu wissen.)

▼ *Dieser merkwürdige, hübsch verzierte Gegenstand mit einem Loch oben (in das die Opfergaben hineingeschüttet wurden), ist ein Omphalos (Nabel der Welt), das vielleicht meistverehrte Symbol in ganz Griechenland. Aufgestellt in der Mitte des Tempels von Delphi, den man seinerseits in der Mitte Griechenlands wähnte, bezeichnete er das absolute Zentrum, eben den Nabel der Welt.*

▲ *Die Schale zeigt Pythia von Delphi mit den Attributen der Wahrsagung (Wasserschale, Lorbeer, Dreifuß). In der Spätantike, als Delphi bereits an Bedeutung verloren hatte, erklärten die Stoiker die versiegenden Fähigkeiten der Pythia damit, dass „die Kraft, die sich an jenem Ort der Erde befand und aus der sie den Hauch schöpfte, der ihren Geist erweckte und sie wahrsagen ließ, sich verflüchtigt hatte." Dies ließ vermuten, dass die Trance der Pythia durch das Ausströmen eines Gases hervorgerufen wurde. Doch in der Höhle von Delphi sind weder Erdspalten entdeckt worden, noch bewirkt das Kauen von Lorbeerblättern (die auf Abbildungen des Mediums stets zu finden sind) ekstatische Zustände.*

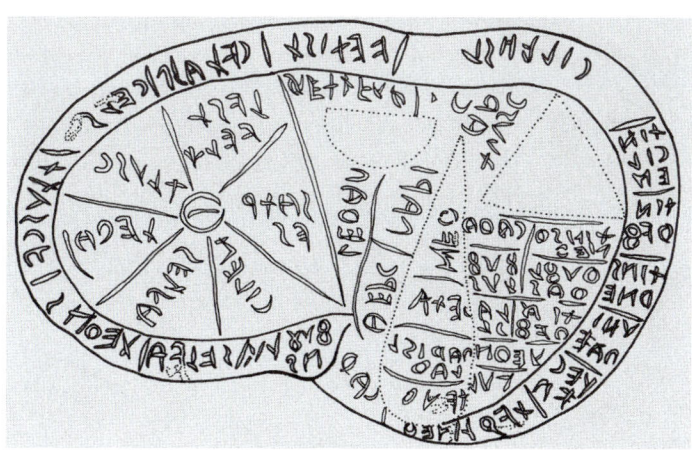

◄ *Dieser Gegenstand, die „Bronzeleber von Piacenza" genannt, war ein Hilfsmittel, das die etruskischen Priester benutzten, um die Eingeweide der Opfertiere zu „lesen" und so Vorhersagungen zu treffen. Die geometrischen Formen und Erhebungen entsprechen den Teilen einer Lammleber, während die Inschriften die jeweiligen astrologischen Bedeutungen angeben. Zur Formulierung des Wahrsagespruchs wurde dieses Muster mit den individuellen Besonderheiten des Tieres verglichen.*

Religiöser Naturalismus

Mythos / Philosophie
Siehe auch: *Orakel, Anthropomorphismus*

Im Vergleich zu anderen antiken Kulturen (wie der ägyptischen, der babylonischen) wies die mythische Religion Griechenlands, wie sie in der **Homer (→)** zugeschriebenen *Ilias* und *Odyssee* oder in der *Theogonie* des Hesiod zum Ausdruck kommt, einige Besonderheiten auf, die wichtig sind, weil sie zur Geburt der Philosophie beigetragen haben:

• Das **Fehlen einer starken Priesterkaste**. Im Unterschied zu den ägyptischen oder mesopotamischen Priestern verfügten die griechischen über keinerlei politische Macht und spielten nicht einmal eine geistliche oder intellektuelle Rolle (sogar die Opferfeier war nicht ihnen allein vorbehalten).

• Das **Fehlen eines heiligen Buches** wie der Bibel, einer Quelle direkt von Gott offenbarter und somit dogmatischer, unbestreitbarer Wahrheit.

• Die **Mündlichkeit der kulturellen Überlieferung**. Bis zur Einführung der Schrift im 7. Jh. wurden die homerischen Dichtungen mündlich weitergegeben und daher im Laufe der Jahrhunderte fortwährend überarbeitet. Daher existiert eine Vielzahl sich oftmals widersprechender Überlieferungen.

• Die der **Dichtung und Musik zugesprochene Bedeutung**. Das Auswendiglernen der homerischen Texte, das durch die poetische Form (Reim, Metrik) und die Rezitation (Gesang) erleichtert wurde, bildete den wichtigsten Teil der Erziehung der Jugend. Anhand beeindruckender und wirkungsvoller Beispiele vermittelten die mythischen Geschichten kollektives Wissen und all das, was man kennen sollte: die Techniken, die bindenden sozialen Normen und die fundamentalen Glaubensvorstellungen über das Leben, über das Mysterium von Geburt und Tod und über das Wesen der Götter.

• Sehr **nüchterne, kaum transzendente religiöse Vorstellungen**. Die Götter des griechischen Olymp bildeten eine Familie, die in allem der menschlichen Gesellschaft glich: Zeus, das autokratische, reizbare und unberechenbare Oberhaupt der Götter, hatte so-wohl politische Probleme (Hades und der Meeresgott Poseidon machten gleiche Rechte geltend) als auch familiäre Schwierigkeiten. (Ursache für die Zwistigkeiten mit der Gattin Hera, noch autokratischer, reizbarer und unberechenbarer als der Himmelsgemahl, waren fast immer dessen häufige erotische Abenteuer mit irdischen Frauen.)

Die homerischen Göttinnen und Götter waren zwar wunderbare Wesen, doch nicht allzu übernatürlich; sie mischten sich mit lästiger Häufigkeit in die Streitereien der Erdbewohner ein, verliebten sich in menschliche Frauen und Männer und zeugten mit ihnen Mischwesen, Helden oder Halbgötter wie Dionysos oder Herakles (Herkules). Ethisch waren sie nicht besser als die Menschen, nur mit größerer Macht ausgestattet. Sie waren vergrößerte Menschen: Jeder von ihnen verkörperte einen Aspekt der menschlichen Psyche oder eine natürliche Kraft, die idealisiert und überhöht wurde.

Zwischen diesen Göttern und ihnen selbst bestand für die Griechen nur ein *quantitativer* Machtunterschied, kein qualitativer. Folglich war ihr Kult nie mit einer starken ethischen Instanz verbunden, noch entwickelte er je eine religiöse Dogmatik, die die Herausbildung der Freiheit des Denkens hätte verhindern können. Die mythische Religion erfüllte vor allem **öffentliche Funktionen**, indem sie der vielfältigen und äußerst streitsüchtigen griechischen Gesellschaft ein Minimum an kulturellem Zusammenhalt bot und gleichzeitig weitreichende Meinungsverschiedenheiten zuließ. Auch aus diesem Grund führte die Geburt der Philosophie nicht das endgültige Verschwinden der offiziellen mythischen Religion herbei, deren Riten auf formaler Ebene weiterhin praktiziert wurden.

◄ *Während wir heute die Dichtungen Homers lesen, wurden sie bis zu ihrer ersten schriftlichen Abfassung von umherziehenden antiken Dichtern in Begleitung einer Zither gesungen (eine notwendige Technik, um sich die große Fülle an Texten einzuprägen). Die mündliche Überlieferung hatte starken Einfluss auf den Inhalt: Ein Drittel der homerischen Dichtungen besteht aus „mnemonischen Formeln" (Versen, die mehrfach unverändert wiederkehren).*

▼ *Im Gegensatz zum starken Interesse der ersten Philosophen an der* **Kosmologie** *(→) wagt Homer keine einzige ausdrückliche Hypothese zur Struktur des Universums. Er stellt sich eine flache, runde und vom großen Strom Okeanos umflossene Erde vor. Griechenland lag selbstverständlich im Zentrum der Welt, eine Vorstellung, der die Griechen immer zugetan waren (→* **Orakel***).*

◄ *Diese Tongefäßmalerei, auf der zwei unflätige Alte um eine menschliche Frau buhlen, stellt Zeus, mit der Leiter in der Hand, und Asklepios, den Gott der Medizin, dar. Keine Religion der Welt hat es sonst je erlaubt, die Göttlichkeit in derartiger Weise zu verhöhnen. Der naturalistischen griechischen Religion war der Begriff der* **Transzendenz** *(→) fremd.*

◄ *Die Göttin der Zwietracht. Der naturalistische Charakter der griechischen Religion bringt es mit sich, dass alle* **natürlichen Kräfte vergöttlicht** *werden, nicht nur die ethisch positiven. Deshalb gibt es einen Gott der Liebe (Eros), aber auch eine Göttin der Zwietracht (Eris). Eben die letztere war es, die „der schönsten aller Göttinnen" (Aphrodite) einen goldenen Apfel anbot und damit jenen katastrophalen Streit innerhalb der olympischen Familie verursachte, aus dem der Trojanische Krieg hervorging.*

19

Homer

Seit dem 7. Jh. v. Chr. bestand die Erziehung der Jugend darin, dass sie die *Ilias* und die *Odyssee* auswendig lernte. Nach Einführung der Schrift wurden die beiden homerischen Dichtungen die **grundlegenden Texte des Griechentums**: Die Götter- und Heldensagen veranschaulichen wie in einer Enzyklopädie des Mythos die fundamentalen Grundlagen des griechischen Geistes: den Kult der Gastfreundschaft und des individuellen Mutes, die Liebe, die genaue Beobachtung der Natur, die Freude an der Schönheit, die nüchterne und anthropomorphe Vorstellung vom Göttlichen.

Aus diesem Grund ist es verwunderlich, dass selbst die alten Griechen vom Leben Homers nur unklare Vorstellungen hatten. Einige meinten, er habe im 13. Jh. v. Chr. gelebt, in einer Zeit, die kurz auf die Ereignisse des Trojanischen Krieges folgte (allerdings berichtet Homer von diesen Geschehnissen, als gehörten sie auch für ihn einer fernen Vergangenheit an). Anderen zufolge lebte er im 9. oder 8. Jh. (beschreibt doch Homer im XIII. Buch der *Ilias* die Kriegstaktik der Phalanx, die erst in jener Epoche eingeführt wurde).

Diese Unkenntnis über Zeit und Heimat des Dichters und zudem das Fehlen weiterer biografischer Angaben hat zur Entstehung der „**homerischen Frage**" geführt, die einige Kritiker dazu veranlasst hat, die historische Existenz Homers in Zweifel zu ziehen und die Hypothese aufzustellen, dass die *Ilias* und die *Odyssee* in Wirklichkeit Sammlungen verschiedener Autoren seien. Giambattista Vico (*La Descoverta del vero Omero*, 1730) behauptet, dass Homer bloß ein Symbol sei, die Personifikation der Dichtung im heroischen Zeitalter.

Für diese These sprechen die zahlreichen Wiederholungen und einige Ungereimtheiten (die sich allerdings aus der mündlichen Überlieferung erklären könnten). Die jüngste Kritik unterstreicht hingegen die einheitliche Konzeption der beiden Werke und

die häufigen Verweise zwischen den Gesängen, die in einer von mehreren Personen hergestellten Fassung nicht möglich wären. (Die gesamte *Ilias* dreht sich um Achills Zorn; der letzte Gesang greift das Thema des ersten wieder auf und schließt es ab.)

Auch die unterschiedliche Behandlung gewisser Themen, die aus einer stilistischen und moralischen Entwicklung im Laufe eines langen und produktiven Lebens erklärbar ist, scheint deshalb kein entscheidendes Argument zu sein.

Diese Unkenntnis hinsichtlich der historischen Realität Homers wird durch die symbolische Bedeutung zweier Eigenschaften unterstrichen, die ihm traditionellerweise zugeschrieben werden: die **Blindheit** und das **Alter**.

In den antiken Gesellschaften stellte der Beruf des Hofsängers eine gute Perspektive für jene dar, die nicht sehen konnten (und häufig über ein außergewöhnliches Gedächtnis verfügten). Es ist deshalb durchaus denkbar, dass Homer tatsächlich blind gewesen ist. Angesichts der Tatsache, dass diese Vorstellung jedoch erstmals im 6. Jh. v. Chr. auftaucht, ist eine metaphorische Bedeutung wahrscheinlicher: Die Blindheit ist eine notwendige Voraussetzung für die **Weisheit**.

Auch die größten Wahrsager (Tiresias, Phineus) waren blind, und dieses Gebrechen wurde als Ausgleich für ihre ungewöhnlichen Begabungen gedeutet. Zwar wurde die Blindheit als die schlimmste Strafe angesehen (Ödipus z. B. rammte sich ein Messer in die Augen), doch kann sie auch eine Gabe bedeuten, weil sie die intellektuelle Wahrnehmung schärft, indem sie die optische Wahrnehmung beseitigt. Das ist der Grund, warum sich der Philosoph Demokrit (5.–4. Jh. v. Chr.) aus freien Stücken selbst geblendet hat.

◄ *Das Alter Homers. Die Büste des Dichters, die um 460 n. Chr. gemeißelt wurde, sollte einen starken Kontrast gegenüber den Statuen der Helden bilden, die entsprechend dem ethisch-ästhetischen Ideal der* **Kalokagathie** *(→) stets mit schönen und jungen Körpern dargestellt wurden. In einer Gesellschaft, die die Jugend pries und das Alter abschätzig bewertete, wurde Homer als ergrauter Mann mit allen Anzeichen eines physischen Verfalls dargestellt: Die Blindheit wird verdeutlicht durch die gesenkten Augenlider; die Wangen sind eingefallen und seine Kahlköpfigkeit ist unter einer komplizierten Frisur verborgen. Das Alter Homers ist eine Metapher der Weisheit, jener tiefgründigen Vernunft, die man erst im fortgeschrittenen Alter erlangt.*

◄▼ *Die später folgenden „erfundenen Porträts" von Homer betonten die Altersmerkmale des Dichters noch mehr. Auf diese Weise entwickelte sich eine Ikonografie des Weisen und damit des Intellektuellen. Es ist deshalb kein Zufall, sondern ein Verweis auf dieses Stereotyp, dass kein Dichter, Philosoph oder Denker jemals in jugendlichem Alter dargestellt wurde.*

Mysterien

Griechische Religion
Siehe auch: *Dionysische Riten, Seele, Orphik*

Der aus dem homerischen Mythos hervorgegangenen Staatsreligion gelang es nie, die religiösen Bedürfnisse der griechischen Welt ganz zu befriedigen. Deshalb entwickelten sich neben den offiziellen Formen der Religiosität – doch ohne diese zu ersetzen – seit dem 7. Jh. v. Chr. besondere Formen, die insgesamt als Mysterien bezeichnet werden, weil ihre jeweiligen Glaubensinhalte streng geheim gehalten wurden. Ihre Riten wurden niemals in den öffentlichen Tempeln abgehalten, und oft gab es nicht einmal einen ausschließlich für den Kult bestimmten Ort. Es existierten zahlreiche dieser Geheimkulte: Neben denen, die **Orpheus** und **Dionysos** galten, sind die **Demeter** und **Persephone** geweihten **Eleusinischen Mysterien**, benannt nach deren Geburtsstadt Eleusis, die wichtigsten; weiter gab es die aus dem Orient stammenden **Mysterien des Mithras**, einer altiranischen Gottheit; die **Mysterien von Samothrake**; die des **Adonis** und viele andere.

Obwohl die Mysterien in geschlossenen Gruppen zelebriert wurden (innerhalb des „Thiasos", einer informellen und wenig reglementierten Gemeinschaft), übten sie einen bemerkenswerten Einfluss auf das philosophische Denken aus, worin sie dem homerischen Mythos zweifelsohne überlegen waren. Sicherlich war ihr Einfluss auf das gesamte Denken des Abendlandes derart tief greifend, dass er sich kaum abschätzen lässt. Die Mysterien drangen in die römische Welt ein, wo sie bis in die späte Kaiserzeit zwischen dem 3. und 4. Jh. n. Chr. weitverbreitet waren. Sie beeinflussten schließlich sogar das Christentum (Mithras-Kult). Die Existenz einer individuellen **Seele** (→) und deren Unsterblichkeit, die Vorstellung von einer allen Menschen gemeinsamen Erbschuld, die nach dem Tod zu erwartende Belohnung für die Guten und die Strafe für die Bösen, all diese rein christlichen Überzeugungen werden in gewisser Weise von den Mysterien vorweggenommen, insbesondere auch von der **Orphik** (→).

Wenn diese heidnischen Kulte einen derartigen Einfluss gewannen, so deshalb, weil sie sich an die inneren, tieferen Schichten des Menschen wandten, anders als die Riten der offiziellen Staatsreligion, die nur darauf ausgerichtet waren, die Götter zum Zweck des irdischen Wohlergehens wohlwollend zu stimmen.

Alle Mysterien haben ein gemeinsames Thema, das Begriffspaar „**Tod – Auferstehung**", das anhand eines mythischen Ereignisses mit sehr ähnlichem Verlauf entfaltet wird. Im Zentrum steht jeweils ein Paar (Mann und Frau bei Orpheus, Mutter und Sohn bei Dionysos), deren Vereinigung zunächst durch den Tod einer der beiden Figuren aufgelöst wird und sich dann durch eine Wiedergeburt erneuert.

Man vermutet heute, dass sich der Begriff der Auferstehung in den Mysterienreligionen entwickelt hat, wobei diese auf noch älteren Riten fußen, die mit dem **vegetativen Zyklus** (dem Wiederaufleben der Natur im Frühling) zusammenhingen. In der Tat gibt es ja eine starke symbolische Analogie zwischen der Wiedergeburt der Seele und der zyklischen Wiedergeburt der Vegetation nach dem winterlichen Tod.

Die Vorstellung, dass der Tod nie einen endgültigen und unumkehrbaren Zustand darstellt, bildet jedenfalls den wesentlichen Kern der Mysterien: Orpheus wird von den thrakischen Frauen in Stücke gerissen, die wegen seiner untröstlichen Liebe zur verstorbenen Gattin gekränkt waren. Doch unerklärlicherweise (so berichtet der Mythos) sollte sein Kopf – vom Körper abgetrennt und den Fluten des Ozeans ausgeliefert – für immer fortfahren, zu singen. Nichts, am wenigsten ein Mensch, kann demnach jemals als endgültig und vollkommen tot betrachtet werden.

◄ *Kopf des Mithras: Die Anordnung der Haare unterstreicht die Identifikation des Gottes mit der Sonne. Die Feste zu Ehren des Mithras fielen auf die Wintersonnenwende, ein Datum, auf das später die Geburt Christi festgesetzt wurde.*

▲ *Die Mysterien des Mithras, die mit dem orientalischen Sonnenkult zusammenhängen, waren im militärischen Umfeld der Römer sehr erfolgreich. Hier ging es nämlich besonders grausam zu. Während des Rituals der Stiertötung ließ sich der Adept in einen Graben hinab, über dem auf einem Gitter ein Stier geschlachtet wurde: Dessen Blut floss in Strömen über den Novizen, wie bei einer Art Bluttaufe.*

► *Der Sonnenkult des Mithras verschwand nie ganz aus der Kultur des Abendlandes. Im abgebildeten Ausschnitt eines mittelalterlichen Gobelins (11. Jh.) wird sogar in den der Sonne beigefügten Details (Wagen, Königskrone, Schwert) auf das antike Heidentum zurückgegriffen. Auch in der Entwicklung des* **Heliozentrismus** (→) *der Renaissance lassen sich Spuren der antiken Tradition des Sonnenkults erkennen.*

◄ *Mit den ältesten Mysterien, die aus Persien stammten und im Zusammenhang mit der Lehre Zarathustras standen, war der Brauch des Menschenopfers zu rituellen Zwecken verbunden, der noch in der griechischen und römischen Welt in Situationen außergewöhnlicher Gefahr praktiziert wurde.*

Dionysische Riten

Dionysoskult
Siehe auch: *Orphik, Apollinisch / Dionysisch*

Die Bedeutung der dionysischen Riten in der antiken Kultur, eine Entdeckung aus neuerer Zeit, ist Friedrich Nietzsche zu verdanken, dessen Aufsatz *Die Geburt der Tragödie aus dem Geiste der Musik* (1872) eine neue Art der Beurteilung des Griechentums eingeleitet hat. Nach Auffassung des Philosophen ist die Größe Griechenlands das Ergebnis einer schwierigen und prekären Synthese zwischen zwei Geisteshaltungen: der „apollinischen", d.h. der von Gleichgewicht und Harmonie bestimmten Geisteshaltung, wie sie vor allem in der Architektur und Skulptur zum Ausdruck kommt, und der gegensätzlichen „dionysischen" Geisteshaltung. Letztere stelle jenen „Zustand tierischer Kraft" her, der sich aus dem völligen Einverständnis mit den dunklen und instinkthaften Seiten des **Lebens** (→) ergebe. Es handle sich also um eine Form von Irrationalität, die jedoch notwendig sei, um das Dasein zu ertragen und Kreativität zu entwickeln.

Dionysos (für die Römer Bacchus) war der Gott der Vegetation und der Fruchtbarkeit, der Weintraube und des Weines, also der Hemmungslosigkeit und Ausschweifung, und war damit in jeder Hinsicht das genaue Gegenteil der orphisch-apollinischen Harmonie. Dionysos, das bedeutete das Niederreißen jeglicher Barriere zwischen Göttern und Menschen. Selbst berauscht und wahnsinnig, stachelte er die Zügellosigkeit seiner Anhänger an, ließ sie verwildern und verführte sie zum Weingenuss, zur Gewalt und zur Orgie. Er liebte das Gebrüll, den Rausch, die Erregung, die **Ekstase** (→), die Maskerade und die Travestie (manchmal wurde er mit weiblichen Kleidern und Gesichtszügen dargestellt). Er verstieß damit gegen die Regeln, Sitten und Hierarchien der Gesellschaft. Als Einziger der Götter ließ er auch Frauen und Sklaven bei seinen Riten zu.

Die dionysischen Riten wurden besonders von Frauen gefeiert, den sogenannten Mänaden, und dies vermutlich nicht nur, weil die Frauen von jeder anderen Form religiöser Feier strikt ausgeschlossen waren: Das Mänadentum war eine regelrechte Kultur des Wahnsinns, der Rationalität entgegengesetzt, die von der griechischen Welt als eine rein männliche Eigenschaft angesehen wurde.

Ziel des dionysischen Kultes war es, das tragische Schicksal wieder zu erleben, von dem das Leben des Gottes gezeichnet war: Dionysos wurde, weil Spross eines Seitensprungs von Zeus mit einer menschlichen Frau, von dessen Gattin Hera bis zum Wahnsinn (einer anderen Tradition zufolge bis in den Tod) verfolgt. Die mit Lorbeerzweigen bekränzten Mänaden zogen Tierfelle über, während sich die Männer als Satyrn verkleideten. Vom Wein berauscht gaben sie sich ganz den wilden Rhythmen des Dithyrambos hin, die von Flöten und Trommeln hektisch und unablässig vorgetragen wurden: Verstärkt wurde die Wirkung durch den Schrei *evoé evoé*, mit dem die Kultanhänger sich gegenseitig anspornten. Schließlich erreichten die Satyrn und Bacchanten den ersehnten Zustand der Trance und damit einer psychischen Ergriffenheit, die im Altertum **Enthusiasmus** (→) genannt wurde. Am Ende des Ritus, der von alters her mit dem Lebenszyklus der Vegetation in Zusammenhang stand und in der Weinlese endete, stand die vorübergehende Rückkehr in einen naturhaften (tierischen) Zustand. Die Jagd und das Zerfleischen eines wilden Tieres bildeten den abschließenden Höhepunkt. Seit dem 6. Jh. wurde dieses grausame archaische Ritual zunehmend durch symbolische (anfangs nur mimische) Darstellungen und durch Chorgesänge ersetzt. Aus der dionysischen Liturgie, die das Tieropfer (fast immer ein Ziegenbock, griech. *tragos*) begleitete, ging die **Tragödie** (→) hervor.

▲ Den Höhepunkt der Ekstase bildete die Jagd auf ein wildes Tier, das mit bloßen Händen getötet, dann sofort zerteilt und noch warm und blutig verschlungen wurde.

▼ In der Kunstgeschichte ist das Gebärdenschema des dionysischen Tanzes (mit dem zurückgeworfenen Kopf, wie es dieses Hochrelief des Bildhauers Skopas zeigt) zum stereotypen Abbild der Ekstase und des **Wahnsinns** (→) geworden.

▲ Während die Götter gewöhnlich im Profil gezeichnet werden, zeigt sich Dionysos oft von vorn und richtet seinen sprechenden Blick dem Betrachter entgegen. Die dionysischen Kulte sind der Ursprung der Theatermaske. (Die Amphore stammt aus dem 6. Jh. v. Chr.)

▲ Dem Tanz kam eine wichtige Rolle beim Erreichen der dionysischen Ekstase zu: Er sollte möglichst wild, ungeordnet und ungeregelt, unkonventionell und befreiend sein. Deshalb waren die Mänaden und Bacchanten mit einem „Thyrsos" ausgestattet, einem mit Efeu umwickelten Stab, der an seiner Spitze einen Pinienzapfen trug, dessen einziger Zweck es war, die Tänzerinnen aus dem Gleichgewicht zu bringen.

Tragödie

Griechische Spiritualität
Siehe auch: *Dionysische Riten, Leben, Übermensch*

Obwohl es auch bei primitiven Völkern bestimmte Formen theatralischer Darstellung gibt, ist die Tragödie doch eine ganz eigene und außerordentliche Schöpfung des griechischen Geistes. Bei den ersten archaischen Aufführungen, die sich während der Dionysosfeiern abspielten, wurde die Handlung von Schauspielern wortlos dargestellt, während der Chor die notwendigen Erläuterungen gab.

Die Geburt der Tragödie geht auf das 5. Jh. v. Chr. zurück, als die stummen durch sprechende Schauspieler ersetzt wurden und die Handlung (bis dahin nichts anderes als eine Wiederholung der Taten des Gottes Dionysos) von Autoren wie Aischylos, Sophokles und Euripides entworfen und aufgeschrieben wurde.

Dies beendete jedoch nicht die Rolle des Chores, der ein charakteristischer Bestandteil der griechischen Tragödie blieb. (Im modernen Theater ist er allerdings unbekannt.) Dem Chor als Stimme von außen kam nämlich die wesentliche Aufgabe zu, die dargestellten Ereignisse politisch, philosophisch oder moralisch zu kommentieren und zu interpretieren.

Der Tragödie schrieb man einen großen ethischen und erzieherischen Wert zu: In den auf der Bühne dargestellten Ereignissen wurden exemplarisch die grundlegenden Vorstellungen und Probleme zum Ausdruck gebracht, über die ein guter Bürger nachzudenken hatte. Anders als heute wurden die Bürger deshalb dafür bezahlt, den Aufführungen beizuwohnen; der Staat belohnte die allgemeine Teilnahme mit einem „Sitzungsgeld". Die Tragödie war der einzige gesellschaftliche Anlass, an dem auch Frauen und Sklaven teilnehmen durften.

Die enge Beziehung zu den antiken Riten zu Ehren des Dionysos (des Gottes, der zu Unrecht noch als Knabe von den Titanen getötet worden war) lässt sich am Inhalt der griechischen Tragödien erkennen. Nach der Definition des Aristoteles ist tragisch, was die Absurdität des Daseins offenbart, ein Ereignis,

das „Mitleid und Schrecken hervorruft", bei dem unschuldige Menschen für Verfehlungen bestraft werden, die sie nicht zu verantworten haben oder bei dem sie sich in unlösbare Situationen verstricken.

Solch ungeschminkte Darstellung der Lebenswirklichkeit ohne Happy End führe zu einer Reinigung der Gefühle, die Aristoteles *Katharsis* nennt: Die Tragödie lehre, mit dem Schmerz und den Wechselfällen des Lebens fertig zu werden, indem sie die Vorstellung vom Tod und vom zwangsläufig „tragischen" Ausgang eines jeden Ereignisses im Leben zu einer Art Gewohnheit werden lasse.

In der Moderne hat Friedrich Nietzsche die Tragödie neu gedeutet. Er sieht in ihr den höchsten Ausdruck griechischer Spiritualität, bevor sie ihren Niedergang infolge des Aufkommens der Philosophie erfährt.

Nach Ansicht Nietzsches besteht der hauptsächliche Wert der Tragödie in der Koexistenz von „dionysischem" Geist (der sich im Dithyrambos als schlichte mimische Darstellung der göttlichen Ereignisse ausdrückte) und von „apollinischem" Geist (dem Bestandteil, der dem tragischen Werk Struktur in der Form einer gut aufgebauten und fesselnden Handlung verleiht).

Die Tragödie, die zur Erinnerung an das Leben des Dionysos entstanden war (ein Ritus, der im Zerfleischen eines lebendigen Tieres gipfelte), hätte sich demnach zur abstrakten Darstellung eines symbolischen Ereignisses gewandelt, ohne allerdings zu versuchen – wie es die Philosophie getan habe – seine Bedeutung rational zu erklären.

▲ *In einer Passage seiner* Poetik *macht Aristoteles den Ursprung der Tragödie (wörtlich: „Bocksgesang") im* Dithyrambos *aus, in jenem von Gesang begleiteten Tanz (schon dies ein regelrechtes Schauspiel), der charakteristisch für die* **dionysischen Riten (→)** *war und bei deren Vollzug dem Gott ein Ziegenbock geopfert wurde.*

▶ *Der Unterschied der griechischen Tragödie zu neuzeitlichen Aufführungen wird auch an der Architektur des antiken Theaters sichtbar. Zwischen der Bühne, auf der die Schauspieler agierten, und dem Zuschauerraum gab es einen als „Orchestra" bezeichneten Bereich, der vom Chor eingenommen wurde und um den herum die Zuschauer saßen. Der Chor repräsentierte den idealen Zuschauer, der zwar nicht in die Handlung eingriff, aber mit den Schauspielern interagierte, indem er den Fortgang der Geschehnisse kommentierte.*

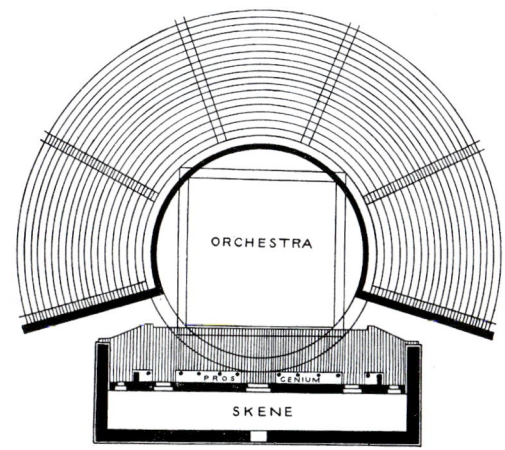

◀ *Ein Merkmal der griechischen Tragödie war der Gebrauch von Masken, welche die Gesichtszüge des Schauspielers verbargen und seine Stimme bis zur Unkenntlichkeit veränderten. Zum einen erlaubte dies den männlichen Schauspielern, weibliche Rollen zu spielen, zum anderen verlieh es der Aufführung ein rituelles Element: Der Maskenträger stellte nicht mehr ein Individuum dar, sondern einen menschlichen Typus, eine Klasse der Menschheit.*

Orphik

Mystische Religiosität
Siehe auch: *Dionysische Riten, Seele*

Orpheus, Sohn des Apoll und der Muse Kalliope, ist ein mythischer Dichter und der Gründer der orphischen Sekte, die im 5.–4. Jh. v. Chr. in Thrakien verbreitet war.

Im Mittelpunkt der orphischen Gedankenwelt stand – wie allgemein bei den **Mysterien** (→) und vor allem bei den dem Dionysos gewidmeten Kulten – das **Rätsel des Todes und der Auferstehung**.

Der Mythos erzählt, dass Orpheus nach dem Tod seiner Gattin Eurydike in die Unterwelt hinabstieg, um sie ins Leben zurückzuholen. Mit seinem Lyraspiel gelang es ihm, die Höllenwächter Charon und Kerberos zu besänftigen. Doch während des langen Rückweges verstieß er gegen das Verbot, das ihm Persephone, die Königin des Jenseits, auferlegt hatte, nämlich sich nicht nach der Gattin umzuschauen – und so kehrte diese für immer in den Hades zurück. Von jenem Moment an verweigerte sich Orpheus der Liebe aller Frauen, während seine Musik die Männer von ihren ehelichen Pflichten abhielt. Schließlich fand er sein Ende durch die Rache der thrakischen Frauen, die ihn töteten, zerstückelten und ins Meer warfen. Der Epilog des Mythos ist dennoch eine **Botschaft des Glaubens an das ewige Heil**. Denn Orpheus starb niemals ganz, und sein Kopf, obwohl vom Körper abgetrennt, sollte für immer fortfahren zu singen.

Die Orphik beruht auf drei Leitthesen:
• In jedem Individuum existiert eine Seele, ein ewiges Prinzip, das schon vor der Geburt besteht und über den Tod hinaus weiterlebt. Die Orphik machte sich die im Orient weitverbreitete Theorie der Reinkarnation und der **Seelenwanderung** (→) zu eigen (zu der sich noch heute Hinduismus und Buddhismus bekennen). Ihr zufolge tritt beim Tod eines Individuums die Seele nach kurzer Zeit in einen anderen Körper ein.

• Der Mensch wird durch den **Dualismus von Seele und Körper** definiert. Sie stehen in unlösbarem Gegensatz zueinander, da das Heil der Seele die Zurückdrängung und Reinigung des Körpers voraussetzt.
• Nach dem Tod des Körpers erwartet die Seele ein **Urteil**, das eine Strafe oder, besser gesagt, eine neuerliche Reinkarnation sein kann, oder eine Belohnung, die in einer endgültigen Befreiung aus dem Inkarnationszyklus besteht, wodurch man wieder zu reinem Geist wird. Im Wesentlichen verheißt die Orphik dem Gläubigen, all das Göttliche, Himmlische und Gute, was bereits in ihm ist, zu befreien, um erneut reiner, göttlicher Geist zu werden (wie wir es ursprünglich alle waren).

Die moderne Interpretation (Erwin Rohde: *Psyche*, 1894) identifiziert die Geburt der Orphik (6. Jh. v. Chr.) als eine innere Umgestaltung der **dionysischen Riten** (→), mit der die vom Dionysoskult gelehrte ekstatische Realitätsflucht in eine asketische Richtung umgelenkt wurde. Der orphische Heilsweg verlangte tatsächlich eine große ethische Anspannung, eine geordnete und regelmäßige Lebensweise, bestimmt von asketischer Übung, Enthaltsamkeit (einschließlich der Regeln zur persönlichen Hygiene) und Genügsamkeit (Wollkleidung war nicht erlaubt). Es wurde sehr viel Wert auf eine streng vegetarische Diät gelegt (Eier und sogar Bohnen waren verboten), das genaue Gegenteil zur Omophagie (dem Verzehr von rohem Fleisch) des Dionysos-Kultes.

Diese idealen Vorstellungen von geistigem Gleichgewicht fanden einen besonders gelungenen Ausdruck in den Darstellungen Apolls, des Gottes der Harmonie, der Eintracht und des Ebenmaßes.

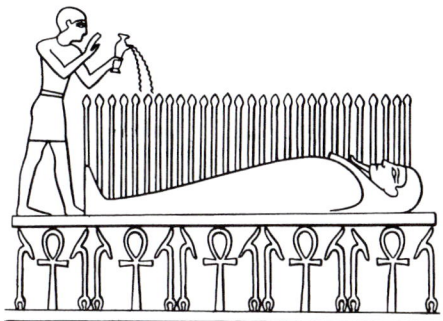

▲ Das ägyptische Gemälde, das die abgedruckte Zeichnung wiedergibt, zeigt das Sprießen von Getreide aus einer Mumie. Die mythische Geisteshaltung bringt die alljährliche Wiedergeburt der Saat mit der Wiedergeburt der Seele nach dem Tod in Verbindung. So wie der Winter nicht den endgültigen Tod der Natur bedeutet, weil aus dem Samen eine neue Pflanze wachsen wird, so ist auch der Tod des Individuums nicht absolut: Aus seinem Körper (in der Erde vergraben wie ein Samen) wird eine neue Form des Lebens erwachsen.

▲ Orphische Symbolik in einem Mosaik des 1. Jh.s n. Chr.: Das Rad verweist auf den Reinkarnationskreislauf der Seele von einem Körper zum anderen, der geflügelte Totenkopf auf ihre Unsterblichkeit und der Winkel, der alles überragt, auf die zweifache Möglichkeit von Belohnung oder Strafe (der Winkel ist auch ein Symbol für das Leben nach Maß, worin die Tugend der orphischen Ethik besteht).

▲ Orpheus wird in Hirtenkleidung und mit seinen Attributen dargestellt: der phrygischen Mütze und der Zither, deren erschütternde Musik es vermochte, nicht nur die Tiere zu rühren, sondern auch die Steine. Einige Abbildungen von Jesus aus der Zeit der **Urkirche** (→) zeigen eine offensichtliche Abhängigkeit von diesem archaischen und heidnischen Modell (die mitreißende Kraft der Worte Christi wurde in ähnlicher Weise dargestellt wie Orpheus' magisch-musikalische Fähigkeiten).

▲ Das abgebildete kleine Täfelchen aus der römischen Kaiserzeit zeigt neben einer Kreuzigung deutlich den Namen „Orpheus". Es ist ein eindrucksvolles Beispiel für die feine und oftmals versteckte Kontinuität zwischen der orphischen und der christlichen Religiosität.

Seele

Orphische Religiosität
Siehe auch: *Orphik, Pneuma*

Der lateinische Terminus *anima* (der das griechische *psyché* übersetzt) bezeichnet **das Leben spendende Prinzip**, von dem man annimmt, dass es in jedem Lebewesen (Tieren und Menschen) vorhanden ist. Diese Vorstellung geht der Entwicklung der jüdisch-christlichen Religion voraus und ist in vielen polytheistischen Kulten und auch im mythischen Denken anzutreffen. In Griechenland ist diese Vorstellung schon in den orphischen **Mysterien** (→) bezeugt, bei denen die Seele als etwas Unsterbliches und vom Körper Getrenntes verstanden wurde, als Prinzip des Lebens, der Empfindung und des Denkens, fähig, nach dem Tod aus einem Individuum in ein anderes zu wandern – entsprechend der Theorie von der **Seelenwanderung** (→). In der Ideengeschichte der Seele waren vor allem zwei Fragen Gegenstand von Kontroversen:

• ob sie eine materielle oder geistige Substanz sei;
• ob sie individuell oder universell sei.

Die bei den Griechen am meisten anerkannte Hypothese geht davon aus, dass die Seele in gewisser Weise ein körperliches Element, eine bestimmte, äußerst ausgeklügelte, wenn auch natürliche Substanz sei. Sowohl beim Menschen als auch bei den Tieren werde sie als **Pneuma** sichtbar, als „Lebenshauch", der bei der Geburt in den Körper eintritt und ihm mit dem letzten Atemzug durch den Mund entweicht.

Eine erste einheitliche Theorie der Seele gab es erst mit Platon. Im *Phaidros* definierte er sie als „das sich von selbst Bewegende; denn jeder Körper, dem das Bewegtwerden von außen aufgezwungen wird, ist unbeseelt; der aber, der sich von innen heraus selbst bewegt, ist beseelt; denn darin besteht die Natur der Seele." Die Seele ist für Platon also eine individuelle Realität, die mit dem Körper vereint ist, der sie beherbergt, aber von diesem getrennt werden kann. Sie ist der edelste Teil im Menschen, der einzige, der in der Lage ist, kognitive Operationen auszuführen

oder, besser gesagt, die wahre Bedeutung der Dinge zu erfassen (die ewigen und universalen **Ideen**), während die Sinne eine wandelbare und stets unvollständige Realität wiedergeben.

Der einzige Philosoph, der sich weigerte, die Seele als eine Substanz zu betrachten, war Aristoteles. Seiner Ansicht nach stellt sie nicht eine separate, vom Körper getrennte Realität dar, sondern die Gestalt des Körpers, wobei man unter „Gestalt" nicht die äußere Erscheinung, sondern die innere Logik, den dynamischen Antrieb verstehen muss, der dessen Möglichkeiten bestimmt. Folglich leugnete Aristoteles die Unsterblichkeit der Seele; sie könne den Körper, mit dem sie untrennbar verbunden ist, nicht überleben.

Das Christentum besteht darauf, dass die Seele als persönliches Attribut jedes Menschen betrachtet werden muss; sie ist unsterblich, aber unlösbar mit einem einzelnen Individuum verbunden. Auf der anderen Seite zeigten sich die Kirchenväter beim Problem der physischen Natur der Seele weitaus unentschiedener. Nie schlossen sie die Vorstellung ganz aus, dass es sich dabei um etwas Materielles handeln könne, wie es schon die Griechen behauptet hatten. Das Christentum akzeptierte schließlich die medizinisch-philosophische Doktrin des „Pneuma". Sie lieferte die wissenschaftliche Grundlage dafür, sich die Begriffe „Geist" und „Seele" irgendwie vorstellen zu können. Dies wird vom theologischen Wortschatz des Mittelalters unterstrichen: Der Begriff „pneumatischer Körper" wurde häufig als Synonym für „Seele" gebraucht, und „Pneumatik" (wörtlich: „Wissenschaft von den Geistern") wurde als Synonym für **Angelologie** (→) eingesetzt.

Die religiöse Bedeutung, die der Seele vom Christentum zugeschrieben wurde, veränderte keineswegs deren Darstellung. In der unten stehenden Abbildung aus der Zeit des Mittelalters ist der Tod eines Christen in gleicher Weise dargestellt wie bei der linken (einer griechischen Tonmalerei): als Austritt des Pneuma aus dem Körper durch den Mund während des letzten Atemzugs.

◄ Die Seele, dargestellt als geistiges Doppel des Körpers, wird von zwei Engeln in den Himmel getragen (12. Jh.).

► Die Vorstellung der Seele wurde in allen Kulturen stets in Symbolen sichtbar gemacht, die in irgendeiner Weise auf die Luft verweisen (Schmetterlinge, Tauben, Wind, Lufthauch, Atem). Die Luft ist ihrerseits das gängigste Symbol des Pneuma, des Lebensgeistes. In der Abbildung übergibt Gott Adam seine Seele in Form eines kleinen geflügelten Menschen.

Polis

Politik, Hoplitentaktik
Siehe auch: *Hellenismus*

In der griechischen Geschichte gab es eine offensichtliche Verbindung – die auch den bedeutenderen Zeitgenossen bewusst war – zwischen der Entwicklung des philosophischen Denkens und dem gleichzeitigen Entstehen des **freien Stadtstaates ("Polis")**. Auch wenn einige unter den einflussreichsten Philosophen (Pythagoras, Heraklit, Parmenides, Platon) in der Politik aristokratische und elitäre Thesen vertraten, besteht kein Zweifel, dass das philosophische Denken von einem politischen System begünstigt wurde, das besonders in Athen der Diskussion breiten Raum gewährte, gleichgültig, welche Partei an der Macht war.

Als diese Freiheiten beim Verlust der Unabhängigkeit der Stadtstaaten infolge der mazedonischen Eroberung eingeschränkt wurden, wandelte sich folglich auch das philosophische Denken radikal. Damit sind das Ende der klassischen Epoche und der Beginn des **Hellenismus** (→) markiert.

Die Freiheit der Polis machte das Ausprobieren origineller Verfahren bei der Ausübung von Volksmacht möglich. Ein Beispiel dafür ist der **Ostrazismus** ("Scherbengericht"), eine Art von Verbannung, zu der ein Bürger, obwohl keiner Straftat schuldig, aufgrund eines einfachen und unbegründeten Wunsches vieler Personen verurteilt wurde. Diese Freiheit führte zur **Entstehung der Demokratie**, eines gesellschaftlichen Systems, in dem die Macht von einer freien Versammlung ausgeübt wird, die nach dem Prinzip, "ein Bürger, eine Stimme" gewählt ist.

Freilich verstanden die Griechen unter Demokratie etwas anderes als die Moderne. Denn die bürgerliche Freiheit war nur einer begrenzten Gruppe vorbehalten, während die große Masse der Sklaven, Frauen, Fremden sowie Bürger mit ehrlosen und unwürdigen Berufen ausgeschlossen blieb. Und nicht nur dies: In der griechischen Vorstellung war die **Demokratie** unauflösbar an eine besondere **militärische Taktik** gebunden.

Die soziale Revolution, die zur Herausbildung der *poleis* (Plural von *polis*) führte, wurde erst mit der Erfindung der **Hoplitentaktik** möglich. Die archaisch-aristokratische Kampftaktik beruhte auf Mut und individueller Unternehmungslust (im homerischen Mythos bestand der Kampf stets aus einer Reihe von Duellen zwischen Helden). Im Gegensatz dazu wurde mit der Hoplitentaktik eine Art **Heereskrieg** eingeführt. Der Hoplit, ein freier Ackerbürger, der eine schwere und kostspielige Bronzerüstung besaß, schloss sich dazu mit den anderen Bürgern in einer "Phalanx" zusammen, einer gestaffelten Abteilung, die sich, dicht beieinander und gepanzert durch die Schilde, im Laufschritt auf den Feind warf und versuchte, dessen Reihen zu sprengen (oder einen furchtbaren Stoß erlitt, falls zwei Phalangen aufeinanderprallten).

Eingezwängt in den Reihen hatte der Hoplit nur geringe Möglichkeiten, individuelle Heldentaten zu vollbringen, ja, sie wurden sogar von den Offizieren unterdrückt. Seine einzige Aufgabe bestand darin, die Formation zu stärken und mit dem eigenen (gewölbten) Schild Druck auf den Rücken des Vordermanns auszuüben, damit sich die Phalanx in ihrer Gesamtheit wie ein einziger Körper gegen die feindliche Phalanx warf.

In der Hoplitenschlacht war der Sieg immer das Ergebnis *kollektiver* Anstrengung, die Niederlage trat dagegen unvermeidlich ein, wenn unter den Infanteristen *individuelle* Entscheidungen überhand nahmen (die entweder von Angst oder von Heldenhaftigkeit bestimmt waren). In der Taktik der Phalanx (mit deren Hilfe die Griechen die Perser schlugen) zeigten sich so die Zusammenhalt gebenden Kräfte der Polis, während in Friedenszeiten die Demokratie die inneren Gegensätze organisierte und lenkte.

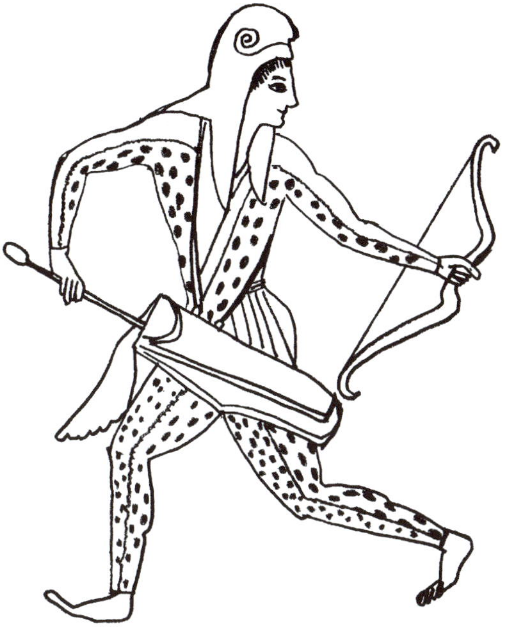

◄▼ *Links: Vor der Hoplitenrevolution war der traditionelle Infanterist mit leichten Waffen ausgestattet, die eine große individuelle Mobilität erlaubten und Flucht möglich machten. Der Hopliteninfanterist (unten) trug hingegen eine derart schwere Rüstung (35 kg) und einen so großen Schild, dass er beim Einzelkampf in Schwierigkeiten geriet. Wenn er von der Phalanx getrennt wurde, war er unter dieser Last schwer beweglich und konnte sich kaum verteidigen. In die Phalanx eingebunden wurden die Hopliten dagegen unschlagbar: Jeder benutzte seinen Schild nicht nur, um die eigene linke Seite zu verteidigen, sondern auch, um den Nebenmann zur Rechten zu decken. Deshalb wurde jedes Aufbrechen der Formation, auch um individuelle Heldentaten zu vollbringen, hart bestraft.*

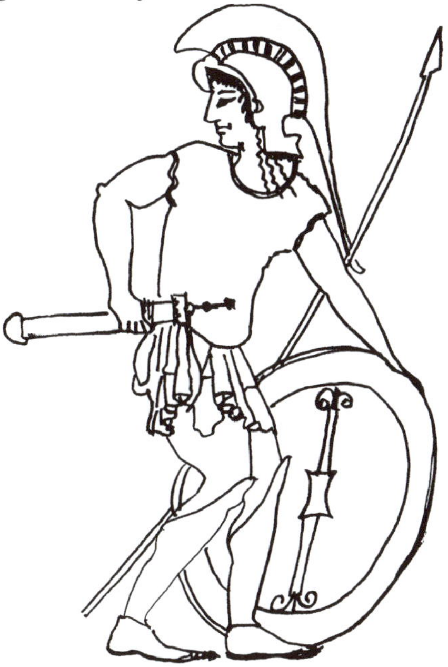

▼ *Die Hoplitenschlacht lief auf ein schnelles und entschiedenes Gefecht hinaus (in gewisser Weise vergleichbar mit einer demokratischen Wahl): Gelang der Durchbruch, gab es große Hoffnung auf Rettung, falls sich aber die Phalanx auflöste, ging der Prozentsatz der Gefallenen und Versprengten steil in die Höhe. Es war eine Taktik, die nur zwei Alternativen zuließ: Entweder es wurden alle gerettet, indem alle zusammenstanden, oder es gingen alle zugrunde, weil sie sich als Einzelne zu retten versuchten.*

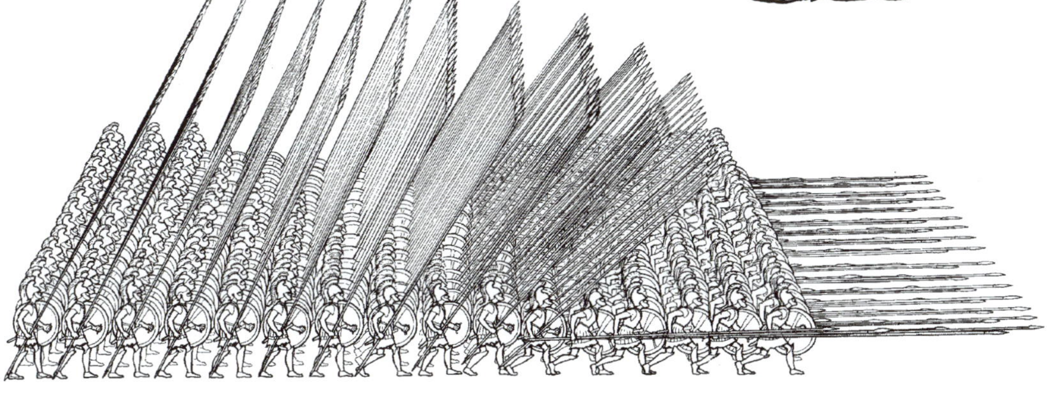

Eros

Sexualität
Siehe auch: *Abstufungen der Liebe, Kalokagathie*

Das griechische Wort *eros* wird meist mit „Liebe" übersetzt, doch es gibt wesentliche Bedeutungsunterschiede zwischen den beiden Begriffen. Eros war für die Griechen eine ursprüngliche Naturkraft, jenes **Prinzip der universellen Harmonie**, die im physikalischen Bereich die Materie zu Objekten zusammenfügt, im sozialen Bereich die Bürger untereinander eint (und so die Entstehung der Stadt ermöglicht) und im psychologischen Bereich die Individuen verbindet, wobei Freundschaft und schließlich Liebe entsteht. Die Liebe zwischen zwei Partnern (also der Trieb, den man eigentlich als „erotisch" bezeichnet) ist demnach nicht von gänzlich anderer Natur als die Kraft, die das Universum zusammenhält, als das Band beispielsweise, das Sonne und Mond vereint. Mit dem griechischen Eros verbindet sich also weit mehr als die Nebenbedeutung des Psychologischen, der Innerlichkeit, wie das für das moderne Empfinden selbstverständlich ist.

Diese griechische Sicht scheint auch in dem Mythos durch, bei dem Eros als eine ursprünglich kosmische Erscheinung auftritt, als einer der erstgeborenen Götter, von denen durch Zeugung alle anderen abstammen. In archaischer Zeit, ehe sich die anthropomorphe Darstellung des geflügelten und mit Bogen und Pfeilen bewaffneten Knaben, der auf das Herz der Liebenden zielt, durchgesetzt hatte, wurde Eros durch phallische und nicht bildhafte Symbole repräsentiert (beispielsweise durch einen einfachen stehenden Stein).

Die uns fremde Art der Auffassung von Liebe wird auch bei den gesellschaftlichen Gepflogenheiten des griechischen Mannes sichtbar. Die Familie war für ihn von geringer Bedeutung (sie war vor allem eine Bürgerpflicht), er verbrachte äußerst wenig Zeit zu Hause und hatte kaum eine Beziehung zur Ehefrau. (Die Frauen, ohne politische Rechte, wurden gesellschaftlich ausgegrenzt, sodass sie wenig Gelegen-

heit hatten, das Haus zu verlassen). Die „eheliche Liebe" und allgemein das, was einen Mann an eine Frau bindet, hatten (auch wenn es dies im Alltäglichen durchaus gab) kaum Gewicht in der griechischen Kultur, die geneigt war, darin eine schlichte Vertiefung der Freundschaft zu sehen. Es gab eine bemerkenswerte Freiheit der sexuellen Sitten in den griechischen Städten: Prostitution (weiblich oder männlich) wurde in staatlich geführten Häusern betrieben; das Konkubinat mit einer wechselnden Zahl von Sklavinnen war verbreitet, und man erlaubte sich Sexualpraktiken, die sich sehr von den unsrigen unterschieden. Tatsächlich spielen die griechischen Philosophen, wenn sie über die Liebe diskutieren, immer auf eine Leidenschaft an, die heute als „homosexuell" bezeichnet wird (doch gibt es bezeichnenderweise im Griechischen keinen entsprechenden Begriff). Auch wenn sie in Wahrheit nie die engen Grenzen der Aristokratie überschritt (und in den anderen Klassen sogar Gegenstand der Missbilligung war), hatte die feinsinnige homosexuelle Erotik einen entscheidenden Einfluss auf die darstellenden Künste, wobei sie dem männlichen Schönheitsideal eine hohe Dosis an Verweiblichung brachte.

In der Form pädagogischer Päderastie war Homosexualität im Umfeld der Philosophen häufig. Man war verbunden durch das erotisch-intellektuelle Band mit einem Meister (der in diesem Fall *erastes* genannt wurde, wörtlich: „derjenige, der die Liebe macht", der also die aktive Rolle innehat) und eines jungen Schülers (*eromenos* genannt, „derjenige, der geliebt wird"). Einem ungeschriebenen Gesetz zufolge war solch ein Verhältnis nur so lange erlaubt, bis der Jüngling die Geschlechtsreife erreicht hatte, und musste sich von diesem Zeitpunkt an zu einer herkömmlicheren Freundschaft entwickeln. (Der homerische Held Achilles war der *erastes* von Patroklos; Parmenides war der des Zenon.)

► *Das Schönheitsideal, bestimmend für die gesamte griechische Kunst, sah für den männlichen Typus muskulöse, aber verfeinerte Formen vor (in der Abbildung: Meleagros, Kopie von Skopas, in den Vatikanischen Museen).*

◄ *Liebesbeziehung zwischen dem erwachsenen* erastes *und dem* eromenos, *seinem jungen Schüler. Obwohl zwischen beiden ein bemerkenswerter Altersunterschied besteht, ist die griechische Praxis weit entfernt von dem, was heute als „Pädophilie" bezeichnet wird.*

► *Ein behaarter Satyr masturbiert und steckt sich gleichzeitig einen künstlichen Penis in den After. Die Betonung und Zurschaustellung von Genitalien hatte in Griechenland eine scherzhafte und groteske (nicht pornografische) Bedeutung. Es gibt eine ausgeprägte Kontinuität zwischen den Darstellungen von Satyrn in der griechischen Kultur und von christlichen Teufeln (→ Dämonologie).*

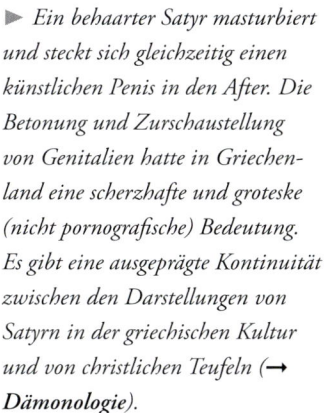

◄ *Auf griechischen Vasen gibt es häufig Darstellungen von erotischen Annäherungen zwischen Männern während des „Symposiums" (eines Banketts, bei dem Frauen ausgeschlossen waren).*

Kalokagathie

Aristokratische Ethik, Ästhetik
Siehe auch: *Sokrates als Silen, Proportion*

Der griechische Begriff *kalokagathia* (zusammengesetzt aus *kalos*: „schön" und *agathos*: „gut") bezeichnet das Tugendideal der griechischen Aristokratie. Nach Aristoteles spricht man Kalokagathie dem zu, der in jeder Hinsicht gut und schön ist. Und das bedeute für einen Mann, dass er tapfer und mutig und unverdorben durch Reichtum und Macht zu sein hat. Nach dieser sehr elitären und antidemokratischen Vorstellung muss also der vollendete Mann sowohl über die Qualitäten des guten Bürgers (Mut, Aufrichtigkeit usw., all dies im Begriff der „Tüchtigkeit" zusammengefasst) verfügen als auch über körperliche Schönheit. Athletische Schönheit, Gesundheit, Körperpflege, die Ablehnung jedweder körperlichen Arbeit (abgesehen vom Waffengebrauch in der Schlacht) waren somit wichtige Bestandteile dieser aristokratischen Ethik, die zu einer Gesellschaft passte, in der produktive Arbeit als entwürdigend angesehen und vor allem von Sklaven verrichtet wurde.

Der tugendhafte Mensch zeichnet sich also nicht nur durch geistige, sondern auch durch körperliche Qualitäten aus. Eine Folge dieser Einheit von körperlicher Schönheit und ethischer Tugend war die **Verherrlichung des Nackten** (in der ägyptischen und babylonischen Kunst für respektlos gehalten), eine ganz eigene Schöpfung der griechischen Kunst des 5. Jh. v. Chr. Mit einem modernen Ausdruck kann man sagen, dass die Griechen „Nudisten" waren: Im Gegensatz zu den Römern, die die griechische Leidenschaft für den Akt skandalös fanden, maßen diese dem Anblick des menschlichen Körpers eine tiefere Bedeutung und einen moralischen Wert zu. Sie glaubten, dass die Schönheit des (männlichen) Körpers die Fähigkeit habe, den Menschen zivilisierter zu machen.

Der Historiker Xenophon beschreibt die Reaktion der Zuschauer beim Bewundern eines Siegers in sportlichen Wettkämpfen mit Ausdrücken religiöser Bewegtheit: „So wie des Nachts die menschlichen Augen vom strahlenden Glanz eines himmlischen Körpers angezogen werden, so zieht Autolykos' Schönheit die Blicke aller auf sich; es gibt nicht einen Zuschauer, der nicht im Tiefsten seiner Seele bewegt wäre. Einige verfallen in ungewohntes Schweigen, während das Gestikulieren der anderen ebenso bezeichnend ist." Nicht ohne Grund hatte die klassische griechische Bildhauerkunst ihren besonderen Schwerpunkt in diesem Thema, dem nackten Körper des Athleten. (In der Unvollkommenheit der irdischen Welt ist nur der menschliche Körper so perfekt, dass zu seiner Beschreibung die Geometrie notwendig ist.)

Zur Kalokagathie trat als wichtige Ergänzung die These von der **Nichtlehrbarkeit der Tugend**. Der Begriff „Tugend" war für die Griechen noch nicht im christlichen Sinne mit der freien Wahl des Guten verbunden, sondern bedeutete Unübertrefflichkeit einer Leistung, Fähigkeit, auf einem bestimmten Gebiet erfolgreich zu wirken (wie etwa ein bedeutender Musiker oder Meister in einer bestimmten Kunst). Nach aristokratischer Vorstellung sind die politischen Tugenden, die Fähigkeit zu befehlen und die Gelassenheit, die aus dem Bewusstsein der eigenen Überlegenheit erwächst, nicht durch Erziehung zu erlangen, sondern werden über das „Blut" der Eltern ererbt.

Einen einzigen und nur partiellen Berührungspunkt zwischen den christlichen und den griechischen Tugendvorstellungen gibt es bei dem Begriff der **„Mäßigung"**: Ein wesentlicher Bestandteil der Kalokagathie ist tatsächlich die Fähigkeit zur Selbstkontrolle, zum Beherrschen der eigenen Triebe, um sich den Regeln fügen zu können, nach denen die menschliche und die göttliche Welt geordnet sind.

▲ *Eine Gymnastikszene auf einer griechischen Vase: Die beiden Turner links (der eine zu dünn, der andere zu dick) bewegen sich unbeholfen und werden von den zwei stattlichen Athleten auf der rechten Seite gleichsam lächerlich gemacht. Die griechischen Gymnastikspiele wurden von zwei starken Leidenschaften beherrscht, religiösem Gefühl und Liebe, die beide in unserem heutigen Sportbetrieb keine Rolle mehr spielen.*

◄ *Das ethisch-ästhetische Ideal der griechischen Aristokratie drückte sich deutlich in den Statuen der* kouroi *(Plural von griech.* kouros: *„Jüngling") oder des Apoll aus, die die Tempel der archaischen Epoche zierten. Sie sind gekennzeichnet durch Frontalität, Symmetrie, klare Struktur des Körpers und der einzelnen Glieder, vollkommene Bewegungslosigkeit und Gelassenheit des Ausdrucks. Es ist unklar, ob sie Gottheiten, halbgöttliche Helden oder außergewöhnliche Menschen darstellten. (Die Statuen, die den Siegern der gymnastischen Wettkämpfe gewidmet wurden, waren ihnen sehr ähnlich.)*

▲ *Die Statuen der* kouroi *haben Gesichtszüge, die sich durch ein typisches Lächeln (sogenanntes archaisches Lächeln) auszeichnen, durch welches das Ideal der Kalokagathie zum Ausdruck gebracht wird: die Gelassenheit, die aus dem Bewusstsein der eigenen absoluten Überlegenheit herrührt, die Abwesenheit jeder plötzlichen und vorübergehenden Leidenschaft.*

▲ *Bei diesem Sklaven wird durch die Hässlichkeit seines Körpers und die übermäßige Größe seiner Geschlechtsteile angedeutet, dass er nicht zur Gattung der Menschen gehört und dass seine seelischen Regungen unmoralisch sind.*

Rätsel

Rationalismus, Logos
Siehe auch: *Paradoxa des Zenon, Logizismus*

Der Begriff *logos*, sicherlich der wichtigste in der ganzen griechischen Philosophie, bedeutete zunächst „Wort", „Gespräch", doch mit dem Übergang von der mythischen zur philosophischen Weltsicht sollte er fortan jede Erklärung der Realität mittels rationaler Termini bezeichnen. Heraklit, der dieses Wort erstmals benutzte, machte eine wichtige Beobachtung: „Vom Logos aber, obwohl er ewig ist, verstehen die Menschen nichts, weder ehe sie davon gehört haben noch sobald sie davon gehört haben. Denn obwohl alles nach ihm (das heißt *rational*) geschieht, so gleichen sie doch solchen, die nichts davon erfahren haben." Rational zu sein bedeutet nämlich keineswegs, auch eine *Theorie* der Rationalität zu haben.

Man kann die Intelligenz sehr wohl nutzen, ohne zu wissen, worin sie besteht, da sie sich im alltäglichen Leben als eine Geschicklichkeit oder Fähigkeit erweist, die durch Erfahrung erlangt wird. Alle benutzen die Vernunft, die einen mehr, die anderen weniger, doch keiner ist in der Lage, eine angemessene Definition dafür zu liefern.

Der Ursprung des griechischen Rationalismus geht auf diesen Widerspruch zurück. Die Griechen waren sicher nicht die Ersten, die den Logos nutzten; sie waren jedoch die Ersten, die sich nachdrücklich fragten, was Logos denn eigentlich sei und wie er funktioniere. Die große Menge an Bedeutungen, die der Begriff in der griechischen Sprache angenommen hat, bezeugt gleichzeitig das Ausmaß und die Schwierigkeiten dieser Frage.

Je nachdem war die Bedeutung von *logos*: Gespräch, Berechnung, Bewertung, Maß, Seinsgrund der Dinge, Ursache, Wertschätzung, Achtung, Definition, Argument, Gedankengang, Idee, Wahl, Erklärung, Notwendigkeit und noch anderes.

Gerade weil sie sich nicht damit begnügten, die Vernunft auf die konkreten Probleme anzuwenden, sondern ihr eine **Theorie** abverlangten, entwickelten die Griechen ein starkes Interesse für solche Wort- und Gedankenspiele, bei denen der Logos nicht zu funktionieren scheint. Wir geben im Folgenden eine Auflistung:

• **Rätsel (Änigma)**: eine Herausforderung der Denkfähigkeit, eine Frage in dunkler und doppeldeutiger Form, die aber mit Sicherheit eine (und nur eine) Lösung zulässt.

• **Antinomie**: eine korrekte, aber unlösbare Überlegung, eine Art Kurzschluss des Logos. Sie entsteht, wenn die Entwicklung einer Rede, auch wenn sie in jedem ihrer Teile streng geführt wird, auf zwei Ergebnisse hinausläuft, *These* und *Antithese* genannt, die beide gültig, aber entgegengesetzt und unvereinbar sind. Die wichtigste und bekannteste Antinomie ist die des sogenannten „Lügners". („Der Kreter Epimenides behauptet, dass alle Kreter Lügner sind.")

• **Paralogismus**: Überlegungen, in denen ein Fehler existiert, der jedoch von einer scheinbaren Kohärenz verdeckt wird. Noch heute nennen wir diese Gedankengänge „Sophismen", weil es die Sophisten (besonders die Eristen) waren, die sich auf den Gebrauch der feinsten dialektischen Kniffe bis hin zur Hinterhältigkeit verstanden. Das Paradoxon des Gehörnten beispielsweise entwickelt sich folgendermaßen: „Gibst du zu, all das zu besitzen, was du nicht verloren hast? Hast du jemals ein Paar Hörner verloren? Also besitzt du diese Hörner."

• **Dilemma**: eine Argumentation, bei der zwei konträre Thesen als jeweils mögliche Alternativen dargelegt werden.

▶ *Antinomien können auch in Bereichen des Denkens entstehen, die weit entfernt sind vom rationalen Diskurs. Es gibt Paradoxa des Verhaltens wie diese Aufforderung hier, die man unmöglich befolgen kann, wenn sich der Befehl nicht auf einen anderen Satz bezieht, sondern auf diesen selbst: „Lesen verboten". Oder etwa der Befehl „Sei spontan!", dessen Befolgung nicht nur nicht gelingen kann, sondern der auch insofern unlogisch ist, als man nicht spontan ist, wenn man einer Anordnung gehorcht.*

LESEN VERBOTEN

▶ *Jeder der wiedergegebenen Sätze kann für sich genommen wahr sein, aber beide zusammen können es nicht.*

DIE BEHAUPTUNG AUF DER ANDEREN SEITE DIESES ZETTELS IST WAHR

DIE BEHAUPTUNG AUF DER ANDEREN SEITE DIESES ZETTELS IST FALSCH

◀ *Die griechische Kultur personifizierte das Rätsel in der Sphinx, einem Monstrum mit dem Körper eines Löwen, den Flügeln eines Raubvogels und dem Kopf einer Frau. Die griechische Sphinx, die nichts mit der ägyptischen zu tun hat (die männlich und ein Symbol für die pharaonische Macht war), stellte den Passanten ein Rätsel und verschlang diejenigen, die es nicht lösen konnten. In der Größe des Spieleinsatzes (nämlich der Gültigkeit des Logos) zeigt sich der kämpferische (agonistische) Charakter jeder intellektuellen Herausforderung.*

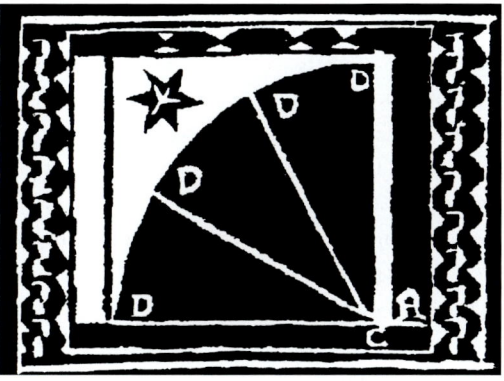

▲ ▲ *Eine weitere Herausforderung für den Logos und von großem Interesse für die Griechen waren **Denkaufgaben**, d.h. ungelöste wissenschaftliche Probleme, vor allem mathematische und geometrische, von denen man annahm, dass es für sie eine Lösung gebe. Die berühmtesten waren die **„Quadratur des Kreises"** bzw. die exakte Berechnung der Kreisfläche und die **„Dreiteilung des Winkels"**, bei der ohne Lineal und Zirkel ein Winkel in drei gleiche Teile geteilt werden musste. Noch im 16. Jh. schlug sich Giordano Bruno mit diesen Problemen herum. Von ihm stammen die wiedergegebenen Illustrationen.*

Proportion

Ästhetik
Siehe auch: *Sphärenmusik*

Bereits seit Beginn des 3. Jh.s v. Chr. wurden die großen architektonischen Werke der ägyptischen und babylonischen Kultur auf der Basis präziser mathematischer Berechnungen konstruiert. Die Kenntnis der Proportion (ein Äquivalenzverhältnis, bei dem sich A zu B verhält wie C zu D), ist tatsächlich ein beinahe universales Erbgut der Menschheit. Wie Rudolf Wittkower (*The changing concept of proportion*, 1960) behauptet, haben „alle herausragenden Kulturen an eine auf Zahlen und Zahlenverhältnissen beruhende Ordnung geglaubt. Ein harmonischer Zusammenhang, häufig von mystischem oder phantastischem Charakter, wurde zwischen den Auffassungen vom Universum, vom Kosmos und vom menschlichen Lebens gesucht und hergestellt." Im Übrigen gibt es, nach Auffassung der modernen **Gestaltpsychologie** (→ **Gestalt**), ein tief in der menschlichen Natur verwurzeltes Ordnungsbedürfnis, das sich schon auf der Ebene des einfachen Gefühls ausdrückt. Im Lichte der modernen Experimentalforschung erscheint dieses Bedürfnis als eine geistige Aktivität, die in der Lage ist, die widersprüchliche Komplexität der realen Welt zu strukturieren, zusammenzufassen und ins richtige Verhältnis zueinander zu setzen. Der Antrieb zur Suche nach Regelmäßigkeiten wäre somit ein vorrangiger, jeder rationalen Reflexion vorausgehender Impuls. Jüngere ethologische Untersuchungen haben schließlich gezeigt, dass sogar einige Arten aus der Tierwelt Vorlieben für geordnete, geometrische, symmetrische und ausgewogene Systeme hegen.

Aus diesen Gründen wäre es falsch zu sagen, die griechische Welt habe die Proportion, das richtige Verhältnis der Teile zum Ganzen, erfunden, wobei allerdings drei wichtige Präzisierungen vorzunehmen sind.
• Die Idee der Proportion nahm innerhalb des philosophischen Denkens eine enorm wichtige Rolle ein.

Der den Sieben Weisen zugeschriebene Spruch „Das Maß ist die beste Sache" könnte als Erkennungszeichen für das gesamte griechische Denken übernommen werden, in dem die Begriffe Harmonie, Rhythmus und Regelmäßigkeit eine zentrale Bedeutung hatten. Wurde doch die Philosophie oftmals als die Kunst bezeichnet, die Dinge und Begriffe ins richtige Verhältnis zu bringen.
• Die griechischen Denker und Künstler beschränkten sich nicht darauf, wie in der Vergangenheit, Proportionsregeln anzuwenden, sondern sie spürten die Notwendigkeit, daraus eine Theorie zu entwickeln oder, besser gesagt, eine rationale Erklärung zu finden.
• Die Proportionalität wurde zu einem Kriterium erhoben, das auf alle Äußerungen des Seins anwendbar war, und wurde somit systematisch in allen Bereichen des Lebens herangezogen.

In der Philosophie der griechischen Welt war das Denken in Proportionen, in Verhältnissen eine der meistgebrauchten Methoden. Platon beispielsweise bildet häufig Analogien folgender Art: Das Sein verhält sich zum Werden wie die Wissenschaft zur Meinung; oder im physikalischen Bereich: Die Erde verhält sich zum Wasser wie die Luft zum Feuer.

Seine interessantesten Anwendungen erfuhr der Begriff der Proportion jedoch im Bereich der Ästhetik (Kunsttheorie). Die zwei wichtigsten in der griechischen Welt formulierten Theorien zur Kunst waren der **Goldene Schnitt** (→), der im Umfeld der Pythagoreer entwickelt wurde, und der Kanon des Polyklet, ein Ensemble von Regeln, die der plastischen Darstellung des menschlichen Körpers galten.

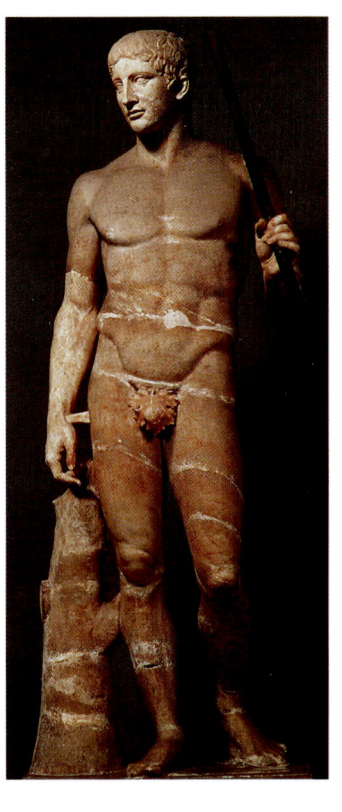

◄ *Der Kanon des Polyklet empfiehlt, der Statue Bewegung (ein dynamisches Gleichgewicht) mittels eines ausgewogenen proportionalen Verhältnisses (lat.* ponderatio: *„Ausgewogenheit") der Körperglieder zueinander zu verleihen.*

• *Dem linken, angewinkelten und zurückgesetzten Bein sollte das Absenken der rechten Schulter entsprechen.*

• *Dem angewinkelten Bein sollte, auf derselben Seite, der gebeugte Arm entsprechen.*

• *Dem Standbein entspricht, auf derselben Seite, der gesenkte Arm.*

• *Der Kopf, dessen Höhe ein Achtel des Körpers ausmacht, soll sich zu der Seite neigen, die dem angewinkeltem Bein und Arm entgegengesetzt ist.*

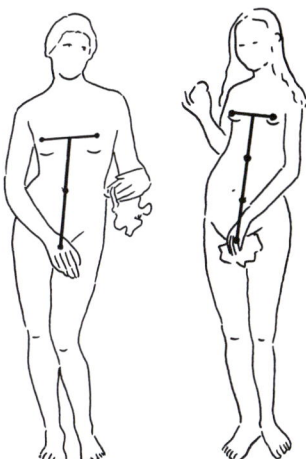

◄ ◄ *Es gibt keinen absoluten Schönheitskanon. In der Kunstgeschichte sind Systeme mit sehr unterschiedlichen Regeln entwickelt worden. Bei einer griechischen Venus (links) sollte der Abstand zwischen den beiden Brüsten gleich der Distanz zwischen Brüsten und Bauchnabel sein. Bei einer gotischen Venus des 14. Jh.s n. Chr. (rechts) hatte sich dieser Abstand halbiert.*

▼ ▼ *Der griechische Buchstabe* X (chi) *wurde von den Griechen zum grafischen Symbol der* ponderatio *ernannt: Er drückt das Gleichgewicht durch das Verhältnis zweier entgegengesetzter Elemente aus.*

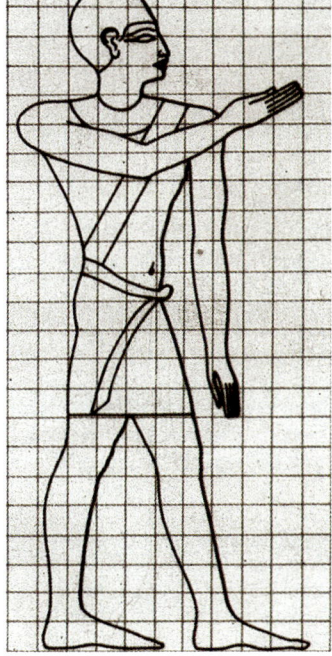

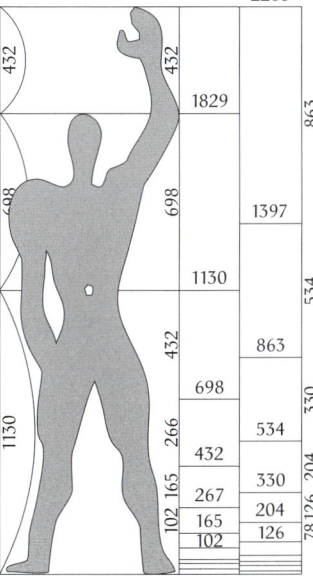

◄ ◄ *Instrumente, bestimmt für den Gebrauch durch Künstler, um den menschlichen Körper in den richtigen Proportionen darzustellen, sind in verschiedenen Kulturen entwickelt worden (hier sind ein ägyptisches Modell und der* Modulor *von Le Corbusier, 20. Jh., wiedergegeben).*

Orient und Okzident

Heraklit, Laotse
Siehe auch: *Werden, Logos*

Bereits in der Antike untersucht der Gelehrte Diogenes Laertios die Beziehungen zwischen der orientalischen Philosophie und der europäischen Tradition. Die Übereinstimmungen und Ähnlichkeiten sind in der Tat häufig, zumindest solange bei den vorsokratischen Philosophen im Okzident die monistischen (von der Einheit der Welt ausgehende) Vorstellungen der Realität vorherrschten, die jenen der altindianischen und chinesischen Weisheit sehr nahestanden.

Erst mit Platon wird der Unterschied im abendländischen Denken deutlich, das durch den **Dualismus** gekennzeichnet ist – zunächst durch den **platonischen** Dualismus (zwischen Idee und wahrnehmbarer Erscheinung), dann durch den **christlichen** (zwischen Geist und Körper) und schließlich, in der Neuzeit, durch den wissenschaftlich-kartesianischen (zwischen Geist und Materie).

Um die anfänglichen Übereinstimmungen zu erklären, vermuteten die antiken Kommentatoren häufige Orientreisen der ersten Philosophen, doch handelte es sich bei diesen unterstellten Unternehmungen fast immer um offensichtlich propagandistische Zutaten, die das Charisma der antiken Meister steigern sollten.

In Wirklichkeit kannten die Griechen, auch wenn sie von der Existenz einer alten und eindrucksvollen östlichen Weisheit wussten, nichts Genaues über deren Lehrgebäude, weshalb heute im Allgemeinen die Vorstellung des Diognenes Laertios anerkannt ist, nach der die abendländische Philosophie schon seit ihren Anfängen ganz eigene Besonderheiten zeigte, die im Begriff des *logos*, des rational-diskursiven Verstandes, zusammengefasst werden können.

Jenseits der faszinierenden Analogien in den Themen ist die rein rationalistische Haltung ein typisches und ausschließliches Merkmal der westlichen Wissenschaft.

Es gibt jedoch beeindruckende Ähnlichkeiten zwischen einigen Theorien der vorsokratischen Philosophen und der Lehre einiger orientalischer Meister, beispielsweise zwischen Heraklits Doktrin von der Einheit der Gegensätze und dem **Taoismus**, der von Laotse begründeten chinesischen Religion oder Philosophie. Sowohl Heraklit als auch Laotse schätzten eine sehr knappe, gedrängte Ausdrucksweise, die wegen ihrer großen Mehrdeutigkeit orakelhaft genannt wurde. Heraklit trug seinen Beinamen „der Dunkle", weil er nur äußerst kurze und absichtlich stark verrätselte Sätze verfasste, doch auch Laotse liebte die Kürze: Sein *Tao te king* („Das Buch vom Sinn und Leben") enthält nur fünftausend Bildzeichen und besteht ebenfalls aus Sinnsprüchen, Aphorismen und kurzen Zusammenfassungen mit großer Lust an paradoxen Formulierungen. Hier ein Beispiel: „Das Tao, das Tao genannt werden kann, ist nicht das richtige Tao. Wenn sein Name ausgesprochen werden kann, ist es nicht sein richtiger Name. Das, was ohne Namen ist, ist der Anfang von Himmel und Erde."

Manchmal ist es schwierig zu entscheiden, ob eine dieser Maximen dem einen oder dem anderen Philosophen zuzuordnen ist. Heraklit sagt: „Verbindungen sind das Ganze und das Nichtganze, das Einträchtige und das Zwiträchtige, Einklang und Missklang und aus allem Eins und aus Einem alles." Solch ein Gedanke könnte auch zur Erklärung des Symbols des Tao (siehe nächste Seite) dienen.

Gerade dieses Beispiel zeigt jedoch, wie man auf gänzlich unabhängigen Wegen zu ähnlichen Formulierungen gelangen kann. Heraklit und Laotse waren Zeitgenossen (sie lebten beide zwischen dem 6. und 5. Jh.) und folglich kann es zwischen ihnen keine Beziehungen oder Abhängigkeiten gegeben haben.

▼ *Es gibt eindrucksvolle Analogien zwischen Heraklits „Werden" und dem „Tao" des Laotse. Das Tao ist der Urgrund aller Erscheinungen, das, was in allem Wandel fortbesteht, das schaffende Prinzip und die Einheit der Widersprüche. Sein Symbol zeigt die Einheit als Synthese zweier antagonistischer und wechselseitig notwendiger Prinzipien: das Yin (weiß, weiblich, kalt, passiv, dunkel, feucht, negativ) und das Yang (schwarz, männlich, warm, aktiv, hell, trocken, positiv). Die S-Kurve, die sie trennt, drückt den dynamischen Charakter ihrer Gegensätzlichkeit aus.*

▲ *Der Reinkarnationszyklus in einer zeitgenössischen Abbildung. Sicherlich orientalischer Herkunft ist die Doktrin der Seelenwanderung (Reinkarnation der Seele), zu der sich noch heute Hinduismus und Buddhismus bekennen. Über die* **Orphik (→)** *ins Abendland gekommen, wurde sie von Platon und von Pythagoras übernommen, der seine vorausgegangenen Reinkarnationen bis zurück zum Stammvater, dem Gott Apoll, angegeben hat:* **Schamanismus (→).**

▲ *Nach Aussage der griechischen Biografen sollen die ersten Philosophen ihre Eingebungen aus wiederholten Reisen in den Orient geholt haben. Wegen seines Glaubens an die Reinkarnation wurde Pythagoras sogar mit orientalischen Attributen dargestellt (dem Turban und dem langen Spitzbart). Diese Reisen werden jedoch von der neuzeitlichen Kritik nicht bestätigt.*

◄ *Die orientalischen Yoga-Meister waren in Griechenland unter dem Namen „Gymnosophisten" (asketische weise Männer, eigentlich „nackte Weise") bekannt. Bis zur Expedition Alexanders d. Gr. blieben die Informationen über den Orient jedoch zu oberflächlich, um Einfluss zu nehmen.*

Ionische Gesellschaft

Schule von Milet

Siehe auch: *Orient und Okzident*

Das Verdienst, die erste philosophische Schule (die Schule von Milet, die die Frage nach der *Arché* (→), nach Anfang und Ursache von allem, in den Mittelpunkt stellte) begründet zu haben, gebührt einigen griechischen Kolonien (Samos, Milet, Kolophon) in Ionien (der Küste der heutigen Türkei). Vom 7. bis zum 5. Jh., d. h. bis alle griechischen Siedlungen im mittleren Orient von den persischen Invasionen hinweggefegt waren, entwickelte sich hier eine autonome Kultur, die sich im Vergleich zum griechischen Mutterland durch einige Besonderheiten auszeichnete. Diese Städte waren nämlich die „Pforten des Orients", wo die Waren, die auf dem Landweg aus Mesopotamien und Persien eintrafen, verschifft und in ganz Griechenland verteilt wurden. Da der Handel stets ein Vehikel für kulturelle Einflüsse ist, begann zwischen dem 8. und 7. Jh. eine Reihe wichtiger technischer Innovationen nach Ionien einzuströmen, unter denen zwei wegen ihrer sozialen Auswirkungen hervorstechen: die Eisenverarbeitung und die Verbreitung der Schrift.

Die Eisenverarbeitung. Früher waren die Waffen aus Bronze, einer Legierung aus Kupfer und Zinn, deren Bestandteile in Griechenland nicht leicht zu finden sind und folglich importiert werden mussten. Eine Folge dieser Technologie war deshalb, dass die Wirtschaft von großen internationalen Handelsgesellschaften und damit von wenigen großen Unternehmerfamilien beherrscht wurde. Im Gegensatz dazu war die auf Eisen basierende Produktion auch von kleinen autarken Kolonien zu bewerkstelligen. Sie war daher eine mächtige Triebfeder für wirtschaftliche Dezentralisierung, mit sozialen Konsequenzen, die entschieden in Richtung Demokratie wiesen.

Die Verbreitung der alphabetischen Schrift. Sie fand zwischen dem 8. und 7. Jh. statt und ging von Phönizien aus. Der Übergang zu einer Schriftkultur hatte Auswirkungen von großer Bedeutung: Das leichte Erlernen der alphabetischen Schrift erlaubte einem relativ breiten Bevölkerungsanteil den Zugang zur Kultur. Der **Mythos** (→), bis dahin mündlich überliefert, wurde in einer endgültigen Gestalt gewissermaßen versteinert. Um die Mitte des 5. Jh.s hatte sich in Ansätzen bereits ein Buchmarkt entwickelt.

Diese Neuerungen verbreiteten sich recht schnell in ganz Griechenland, doch nur in den östlichen Kolonien, begünstigt auch von einer historischen Schwäche des Landadels (und der daraus folgenden politischen Überlegenheit der Nichtadligen), rief sie eine besondere Kultur hervor, die auf der Aufwertung der Technik, der planerischen Rationalität und auf einem Wissen beruhte, das man bereits wissenschaftlich nennen kann.

Der gesellschaftliche Wandel ging nicht schmerzlos vonstatten, da die Auflösung der mythischen Geisteshaltung und der gefestigten Machtverhältnisse starken Widerstand hervorrief: „Trotz seiner gesellschaftlichen Notwendigkeit hatte der Schmied immer am Rand der Gesellschaft gestanden, als ob er mit einem Nimbus der Schändlichkeit umgeben sei. Jetzt werden in den ionischen Städten der Schmied und andere ihm vergleichbare Handwerker (der Töpfer, der Konstrukteur, der Arzt) nicht nur in die Gesellschaft integriert, sondern sie erheben deutlich einen eigenen Anspruch, an der politischen Macht und der Führung der Gemeinschaft teilzuhaben." (Mario Vegetti: *Filosofie e società*, 1975)

Im Innern dieser technologischen Kultur entwickelten sich die vorwiegend naturalistischen Interessen der ersten Philosophen.

▶ *Das allgemeine Desinteresse an handwerklicher Arbeit und Herstellungsverfahren sowie die gesellschaftliche Verachtung, welche die ausführenden Arbeiter (Sklaven und Handwerker) betraf, fand seinen sinnbildlichen Ausdruck in der Gestalt des Gottes Hephaistos, Patron der Schmiedekunst und der Arbeit. Der Schmied des Olymp war ein verkrüppelter, buckeliger Gott ohne jede Würde, der vom Rest der olympischen Familie und sogar von den Menschen grausam verspottet wurde. Im Vergleich zu dieser allgemeinen Haltung der griechischen Welt, die sich durch ein geringes Interesse an Technologie auszeichnete, erscheint die Aufwertung der Techniken als eine Besonderheit der ionischen Kultur.*

▶ *In jener Periode der griechischen Kunst, die als „geometrisch" bezeichnet wird, zeigte sich bereits ein starkes Bedürfnis nach Strenge und Vereinfachung und eine Symbolik von großer philosophischer Bedeutung. Auf der abgebildeten Vase beispielsweise erscheint das Symbol des Wassers, das schon im Kult der* **Muttergottheit** *(→) wichtig war und später von Thales als* **Arché** *(→) übernommen wurde.*

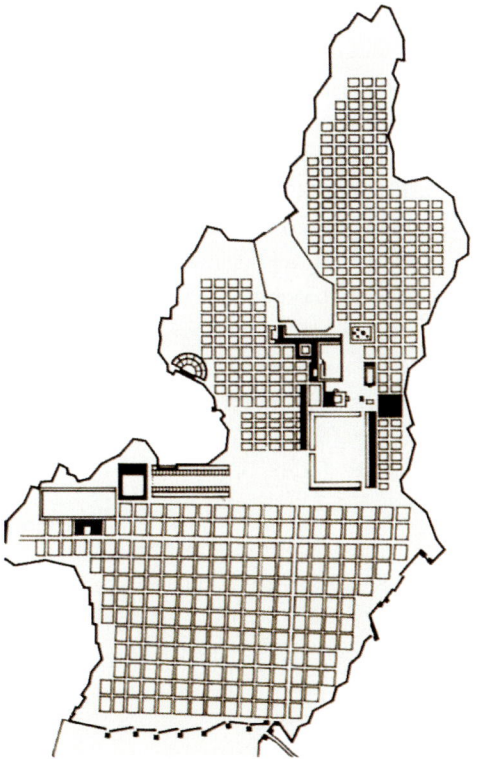

◀ *Der Plan von Milet, so wie es nach den persischen Angriffen von Hippodamos, dem berühmtesten Städteplaner des Altertums, wieder aufgebaut wurde, berücksichtigte sehr genau die technischen Probleme. Auch eine demokratische Vorstellung von Politik, wie sie typisch für die ionische Gesellschaft ist, findet darin ihren Niederschlag: Die Stadt war schachbrettartig angelegt (rechtwinklig verlaufende Straßen) und in verschiedene Zonen aufgeteilt: Die öffentlichen Gebäude waren auf einen Streifen im Zentrum konzentriert und leicht zugänglich für die Bürger. In den sehr gleichförmigen, schmucklosen Wohnbezirken oberhalb und unterhalb dieses Streifens standen ihre durch genaue Bauvorschriften reglementierten Häuser.*

Kosmologien

Universum
Siehe auch: *Ionische Gesellschaft, Arché*

Die Kosmologie ist die Wissenschaft vom Ganzen, der Versuch, die globale Struktur des Universums einheitlich zu erklären. Die Griechen, insbesondere die **Vorsokratiker**, entwickelten für diese Form der Spekulation eine intellektuelle Passion. Sie ging so weit, dass sich über viele Jahrhunderte keine vorherrschende Theorie herausbildete, weil jeder aufgestellten Hypothese sogleich eine andere entgegengesetzt wurde.

Im Denken der Vorsokratiker war die Kosmologie in gewissem Sinne eine **Vervollständigung ihrer jeweiligen Denksysteme:** Sie war die Beschreibung eines kosmischen Szenarios, die mit den übrigen philosophischen Aussagen vereinbar sein musste. Deshalb hatte jeder Denker das Bedürfnis, sich eine eigene, sozusagen persönliche Kosmologie zu schaffen. Arthur Koestler behauptet in seiner Geschichte der Universumsvorstellungen (*Die Nachtwandler*, 1959), dass das Spektakel der Kosmologen des 6. Jh. v. Chr. an ein Orchester vor dem Beginn eines Konzerts erinnert, wenn jeder Spieler sein Instrument stimme, ganz auf sein Instrument konzentriert und dem Gejaule der anderen gegenüber taub. Kaum habe ein ionischer Philosoph ein halbes Dutzend geometrischer Lehrsätze gelernt und gehört, die Himmelsphänomene wiederholten sich periodisch, mache er sich schon daran, überall in der Natur nach einem Gesetz für das All zu suchen und ein System des Universums zu konstruieren.

Diese Pluralität der Thesen beruht auf dem besonderen, nur teilweise wissenschaftlichen Charakter der Kosmologie, worauf Immanuel Kant (1724–1804) am deutlichsten aufmerksam gemacht hat. Jede Kosmologie, gerade weil sie vorgebe, die Welt in ihrer Gesamtheit und Universalität zu erfassen, bewege sich notgedrungen in den Grenzen der (stets eingeschränkten und einseitigen) Erfahrung und

ende schließlich bei der Verwendung außerwissenschaftlicher Behauptungen, die weder beweisbar noch widerlegbar seien. De facto, darauf hat Kant hingewiesen, hat die Entwicklung der Kosmologie zu unauflösbaren Antinomien (gegensätzlichen Thesen, die gleichermaßen beweisbar sind) geführt und überzeugende Argumente dafür entwickelt, dass der Kosmos endlich sei oder nicht, dass er ewig sei oder dass er erschaffen wurde, dass darin der Zufall waltet oder, im Gegenteil, die Notwendigkeit.

Kant zieht daraus den Schluss, dass sich die Kosmologie außerhalb des Bereiches der Wissenschaft bewege. Sie müsse daher im Wesentlichen als eine Metaphysik betrachtet werden, also nicht als Versuch, den Kosmos *tatsächlich* zu beschreiben, sondern als Ausdruck des *Willens*, der *Wünsche* und vor allem der *Fantasie* des Kosmologen. Kant selbst jedoch milderte dieses drastische Urteil ab, indem er betonte, welch fruchtbare Rolle das intensive kosmologische Schaffen der Antike in der Geschichte des wissenschaftlichen Denkens gespielt habe, da es alle möglichen Szenarien des Universums, inklusive derjenigen, die wir heute „virtuell" nennen würden, entworfen habe. In der Tat fanden die Astronomen, die zu Beginn der Neuzeit die astronomische Revolution in Gang setzten, im theoretischen Pluralismus der griechischen Kosmologien, einschließlich der von Aristarchos von Samos im 3. Jh. v. Chr. formulierten heliozentrischen Theorie (→ **Heliozentrismus**), einen immensen Reichtum an Anregungen und Hypothesen vor.

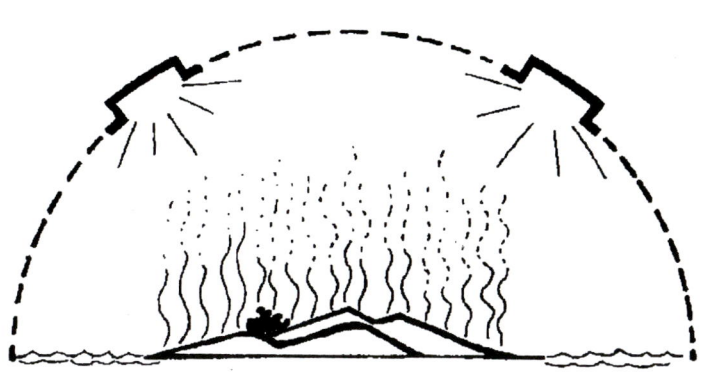

◄ *Heraklit, der Philosoph des* **Werdens (→)**, *leugnete die Existenz von Sonne und Mond als materielle, beständige und unterscheidbare Körper. Für Heraklit waren die Himmelskörper meteorologische Phänomene, die durch Meeresdämpfe und von der Erde aufsteigende Dünste hervorgerufen werden, die sich täglich in den Aushöhlungen des Himmelsgewölbes (umgestülpten Schiffen gleichend) ansammeln.*

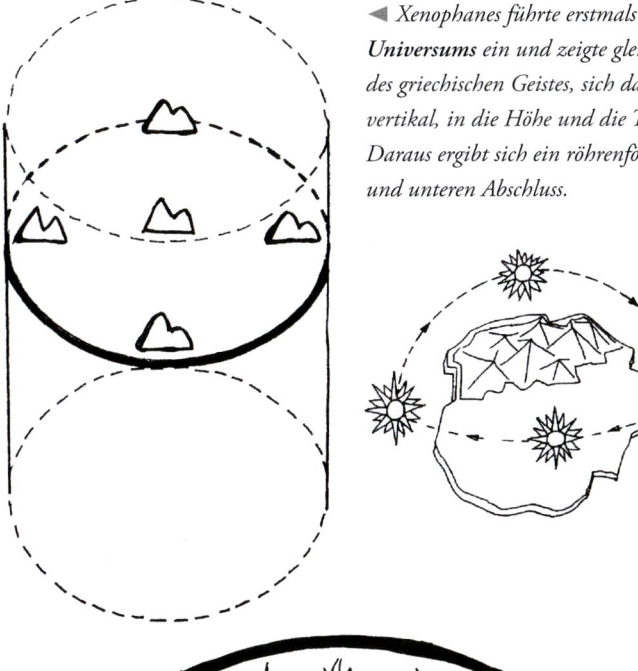

◄ *Xenophanes führte erstmals die Vorstellung von der* **Unendlichkeit des Universums** *ein und zeigte gleichzeitig die Schwierigkeit und Unfähigkeit des griechischen Geistes, sich das vorzustellen. Sein Kosmos ist nämlich nur vertikal, in die Höhe und die Tiefe, unendlich (nicht in horizontaler Ebene): Daraus ergibt sich ein röhrenförmiges Universum, ein Zylinder ohne oberen und unteren Abschluss.*

◄ *Eine der wichtigsten Entdeckungen, die auf die ersten Himmelsobservationen zurückgehen, war* **die Kreisbewegung der Planeten um die Erde.** *Vorher waren die ionischen Philosophen noch überzeugt gewesen, dass die Sonne allabendlich, wenn sie im Westen angekommen war, nicht unter die Erde wandere, sondern in rechtwinkliger Richtung nach dem geografischen Norden, um dann nachts hinter den Hyperboreischen Bergen vorbeizuziehen.*

◄ *Anaximander hielt Sonne und Mond für* **Löcher im Himmel.** *Seiner Ansicht nach ist die Erde von einer riesigen Schale umgeben, die Löcher hat (die kleinsten, klein wie Nadelstiche, sind die Sterne). Der zyklische Ablauf der Bewegungen der Gestirne beruhe auf dem periodischen Öffnen und Schließen der Löcher.*

Arché

Thales, Anaximander, Anaximenes
Siehe auch: *Ionische Gesellschaft, Kosmologien, Proportion*

Die erste philosophische Idee, eine Erfindung der Schule von Milet (Thales, Anaximander, Anaximenes), war der griechische Begriff *arché* („Anfang"). Er bezeichnet die Annahme, es gebe einen ursprünglichen Anfang, etwas, das von nichts abstammt, aus dem aber alles (die Materie, die Welt in ihrer Gesamtheit) notwendigerweise hervorgeht.

Aristoteles, der auf den einführenden Seiten seiner Metaphysik das ihm vorausgegangene Denken kurz zusammenfasste (und den man deshalb den ersten Historiker der Philosophie nennt), erklärte den Begriff folgendermaßen: „Die Mehrzahl der frühen Philosophen war der Meinung, dass allein stoffliche Prinzipien am Anfang aller Dinge seien ... Thales, der mit dieser Art von Philosophie begonnen habe, sagte, das **Wasser** sei dieses Prinzip (die *Arché*). Deshalb erklärte er auch, die Erde schwimme auf dem Wasser, wobei er sicherlich zu dieser Annahme kam, weil er sah, dass sich alles von Feuchtem ernährt, und sogar die Wärme aus dem Feuchten entsteht und davon lebt. Woraus aber alles wird, das ist das Prinzip von allem."

Vielleicht enttäuscht es heute, dass Thales in einem einfachen Element wie dem Wasser den Ursprung von allem sieht. In Wahrheit besteht die Größe seines Gedankens aber nicht so sehr in der *Antwort*, sondern in der *Frage* selbst, die die Möglichkeit eröffnet, zu einer einheitlichen Erklärung der breiten Skala von unterschiedlichen Naturphänomenen zu gelangen.

Die Bedeutung der damit ausgelösten Debatte zeigt sich anhand der raschen theoretischen Fortschritte, die sie in Gang setzte. Ein Schüler von Thales, Anaximander, schlug als *Arché* den schon viel anspruchsvolleren Begriff *apeiron* vor, wörtlich: „das, was keine Form annimmt", „das Unbegrenzte": eine einzige und unendliche Substanz, von der alle Dinge durch einen fortschreitenden Prozess der Teilung abstammen, der von der Wirkung der Gegensatzpaare warm-kalt und trocken-feucht hervorgerufen wird. Anaximander präzisierte, dass das Apeiron nicht einfach ein Gemisch all dessen sei, was existiert, sondern eine andere Seinsart der Welt, die dieser vorausgeht und sie erzeugt.

Anaximenes, der dritte Vertreter der Schule von Milet, identifizierte die *Arché* von Neuem als ein materielles Element: die **Luft**. Er behauptete. Die Welt sei wie ein gigantisches Tier, das atme, und der Atem sei ihr Leben und ihre Seele – eine Vorstellung, die in gewisser Weise die Idee des **Pneuma** ($\rightarrow$) und der **Weltseele** ($\rightarrow$) vorwegnimmt.

Obwohl die Theorie des Apeiron philosophisch subtiler erscheinen mag, ist es nicht richtig, die Lösung des Anaximenes im Vergleich zu der des Anaximander als Rückschritt zu betrachten. In Wirklichkeit war die Grundlage des ionischen Denkens stets der Versuch, den ersten Anfang als ein **materielles Element** zu identifizieren; auch das Apeiron des Anaximander, so vage und ursprünglich es sein mag, bleibt eine physische Substanz. Die ionische Philosophie war demnach **naturalistisch**. Man vermeidet es in diesem Fall, den Begriff „Materialismus" ($\rightarrow$) zu gebrauchen, weil die oben genannten Theorien noch keine Verneinung von Spiritualität und Transzendenz bedeuteten. Dies wurde erst später von anderen philosophischen Richtungen formuliert.

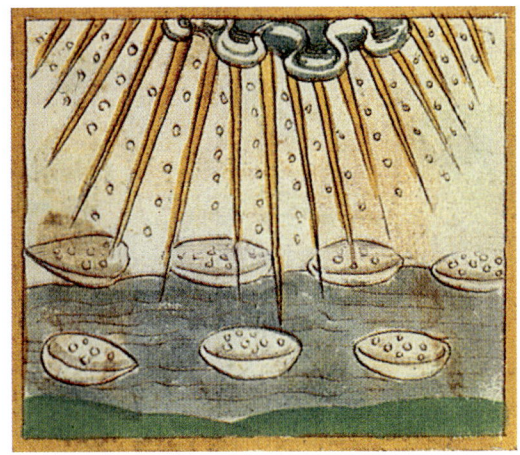

Die Alchemisten betrachteten den Tau (den sie in speziell dafür vorgesehenen runden Töpfen auffingen) als **himmlisches Sperma**, als Mittel, mit dem das Göttliche die Erde befruchtet. Analoge Annahmen bezüglich des Wassers, bei Thales in symbolischem Sinne als Quell des Lebens mit Arché gleichgesetzt, sind in vielen Kulturen gegenwärtig, beispielsweise in der christlichen Taufe. Nicht zufällig werden fast alle neuzeitlichen Erscheinungen der Jungfrau Maria vom wundersamen Herausprudeln einer Quelle begleitet.

▲ Das philosophische Denken erwächst selbstverständlich nicht aus dem Nichts. Zum Teil bestanden die ersten von den ionischen Denkern dargelegten Lehren aus einer Rationalisierung von Themen, die bereits das mythische Denken beschäftigt hatten. Auch in der Symbolik der vorklassischen Kunst offenbart sich ein starkes Interesse für die ursprünglichen Elemente: In diesem Beispiel wird das Feuer von der zentralen Sonne, das Wasser von Fischen repräsentiert, die Phänomene der Energie und des **Werdens** (→) von aufgewickelten Spiralen.

◄ Bei dieser Statue einer antiken **Muttergottheit** (→) kann man die Symbole erkennen, in denen sich das vorphilosophische Denken ausdrückte: Das Hakenkreuz lässt sich mit Vorstellungen wie Dynamik, Stärke und Werden in Verbindung bringen; das Geflecht, das sich zwischen zwei Tieren findet, ist ein Symbol des Wassers (der Feuchtigkeit, Fruchtbarkeit, Weiblichkeit, Zeugungskraft).

Werden

Heraklit
Siehe auch: *Arché, Kosmologien*

Panta rhei („alles fließt") ist die Formel, die das Denken von **Heraklit** zusammenfasst: Alles kommt und alles geht, ununterbrochen. „Man kann nicht zweimal in denselben Fluss steigen", weil er nur scheinbar bleibt: In Wirklichkeit ist das Wasser, aus dem er besteht, nie dasselbe. Auch eine Substanz kann man nicht zweimal im selben Zustand berühren, da diese aufgrund der Geschwindigkeit ihrer Veränderung sich sammle und zerstreue.

Die Wirklichkeit ist also ein fortwährender Veränderungsprozess, der durch den **Konflikt konträrer Elemente** hervorgerufen wird: „Das Kalte erwärmt sich, Warmes kühlt sich ab, Feuchtes trocknet, Dürres wird feucht"; „Der Krieg ist aller Dinge Vater." Solchen Äußerungen Heraklits zufolge verbirgt sich in jedem Ding ein Kampf der Gegensätze.

Heraklit ernannte das **Feuer**, das unbeständigste unter den Elementen, zum Symbol des Werdens. Als Wärme ist es Lebensprinzip; als Licht durchdringt es den Kosmos; als Flamme verwandelt es das, was es erfasst. Jede Umwandlung von einer Materie in eine andere setzt sein Eingreifen voraus: „Feuer lebt der Erde Tod und Luft lebt des Feuers Tod; Wasser lebt der Luft Tod und Erde den des Wassers."

Obwohl Heraklit als Philosoph des Werdens in die Geschichte eingegangen ist, hat die neuzeitliche Kritik einen zweiten Aspekt seines Denkens ins Licht gerückt – eine tiefer gehende Interpretation der Realität, die als Theorie von der „Einheit der Gegensätze" bekannt ist. In der Tat ist das Werden nur die Erscheinung der Dinge, hinter der sich eine tiefere Harmonie verbirgt. Der Blick trügt: Die ununterbrochene Umwandlung von allem zu allem hält nur einer oberflächlichen Prüfung stand, nämlich wenn man die Dinge jeweils einzeln analysiert und dabei das Ganze, die Gesamtheit der Erscheinung aus den Augen verliert. Die Gesamtheit der Phänomene bleibt sich immer gleich, und jedes Gegensatzpaar bildet eigentlich eine unauflösbare Einheit: „Der Weg hinauf und hinab ist ein und derselbe", sagt Heraklit, soll heißen, dass beim genauen Hinsehen jeder Aufstieg auch ein Abstieg ist. Gleichermaßen existiert der Tag (oder das Gute) nur kraft der Nacht (des Übels), und Gesundheit könnte man ohne Krankheit nicht wertschätzen. Die Welt, die allem Anschein nach von Unordnung beherrscht wird, offenbart also eine innere Logik, und mit dem Vorsatz, eben dieses geheime Harmoniegesetz darzulegen, gebrauchte Heraklit als erster den Terminus *logos*, der zum Erkennungszeichen des gesamten griechischen Denkens werden sollte.

Heraklits Lehre vom Werden ist ein philosophischer Gedanke von langer Lebensdauer, der den Beginn aller Versuche markiert, die Verwandlungen der Materie und die Natur der Bewegung zu erklären. Etwas von Heraklit verbleibt daher selbst bei Autoren, denen seine Problematik offensichtlich fremd war. (→ **Stereometrie**)

▶ *Eine Formulierung des Werdens in modernen Termini: ein Diagramm des Malers Paul Klee. Jede Norm ist ihrem Wesen nach unbeständig; aber unerbittlich entwickelt sie sich zur Ausnahme und begründet damit eine neue Regel. In Anbetracht der Tatsache, dass sich jede Umwandlung in einer abgeschlossenen Welt vollzieht, folgt daraus ein zyklischer und dynamischer Prozess.*

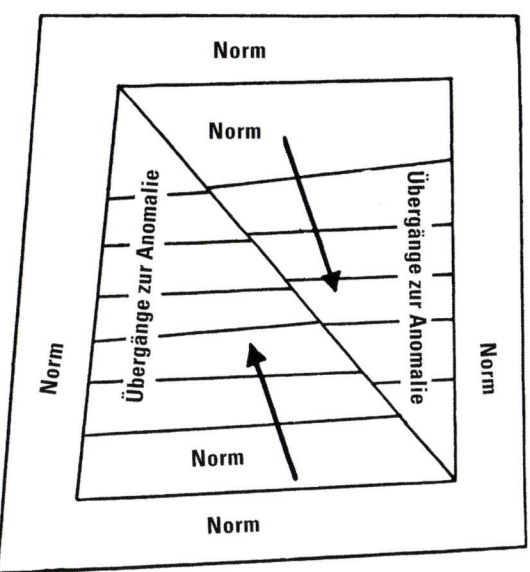

◀ ◀ ▼ ▼ ▼ *Der Begriff des Werdens ist in den Symbolen mehrerer Kulturen gegenwärtig. In der Reihenfolge von oben gegen den Uhrzeigersinn:*
• *der Tanz des Shiva, der hinduistischen Gottheit der Verwandlung;*
• *der Drache, der in der Alchemie die Metamorphose der Elemente darstellt;*
• *das Dreibein, ein numismatisches Symbol (in diesem Kontext wurde häufig auf Bilder zurückgegriffen, die auf Heraklits Begriff des Werdens anspielen);*
• *das Tao (die taoistische Philosophie stimmt in vielen Punkten mit der des Heraklit überein);*
• *das Hakenkreuz, das, bevor es zum Emblem des Nazismus wurde, ein Symbol für den ewigen Wandel war.*

Wettkampf

Heraklit, Empedokles
Siehe auch: *Hass und Liebe, Werden*

Der Kulturhistoriker Johan Huizinga (*Homo ludens*, 1938) hat gezeigt, dass Spiele und Wettkämpfe ein allgemeines Phänomen sind, das es in jeder Kultur gibt. Keine Kultur aber, stellt derselbe Autor fest, hat für den Wettstreit eine solche Hingabe entwickelt wie die griechische, die daraus sogar eine Philosophie und einen Lebensstil machte. Diese Atmosphäre des Wettkampfes, die das Leben des griechischen Mannes immerfort begleitete, war nicht nur auf die Entstehung des **Sports** zurückzuführen (eine beispiellose Erfindung des hellenistischen Geistes), sondern schloss auch den intellektuellen Bereich mit ein. Jakob Burckhardt, ein weiterer bedeutender Erforscher des Griechentums, sah in der **Begeisterung für den Wettbewerb** das auffälligste Merkmal der griechischen Kultur. Er datierte sein Auftauchen etwa auf das 6. Jh. v. Chr., eben jene Zeit, in der die Philosophie entstand. Wie bereits der Redner Isokrates im 5. Jh. betonte, sei es bei den Athenern möglich, nicht nur athletischen und gymnastischen Wettkämpfen beizuwohnen, sondern auch Wort- und Redewettbewerben; und für diese Wettkämpfe würden ebenfalls die höchsten Preise verliehen. Der offensichtliche Kampfgeist, der die öffentlichen Debatten zwischen Philosophen in Schwung brachte (die von regelrechten Fangemeinschaften mitverfolgt wurden), führte dazu, dass auch auf intellektuellem Gebiet die Terminologie der athletischen Wettkämpfe benutzt wurde: Demokrit beispielsweise erhielt den Beinamen *pentathlos* (Fünfkämpfer) wegen seines vielseitigen Talents und seiner universellen Gedanken und Interessen.

Die Art, wie die **Sophisten** (→) aus ihren philosophischen Debatten, auf die Isokrates anspielt, eine Show machten, ist besonders bekannt. Aber tatsächlich war die griechische Kultur in allen Wissensbereichen durch einen hohen Grad an Wettbewerbssinn gekennzeichnet. Dieser charakteristische Zug des griechischen Geistes gründete sich auf eine Theorie, die zwar vollständig nur von einigen Philosophen (Heraklit und Empedokles) entfaltet worden ist, aber doch eine allgemeine Überzeugung zum Ausdruck brachte: Das, was lebendig ist, ist es nur infolge eines Gegensatzes; umgekehrt ist das, was in seinem Inneren nicht irgendeinen Widerspruch aufweist, mit Sicherheit tot.

Diese systematische Aufwertung des Wetteifers hatte Einfluss auf alle Wissenschaften: Die hippokratische Medizin beispielsweise verstand körperliche Gesundheit als Gleichgewicht der **Körpersäfte** (→). Ebenso hielt die demokratische Politik nicht die Beseitigung der Gegensätze zwischen den Bürgern oder Parteien in der **Polis** (→) für gesund, sondern das **Miteinander der Gegensätze** in einem zwar labilen, aber fruchtbaren Gleichgewicht.

In diesem Sinne müssen die Aphorismen des Heraklit gelesen werden: Wenn er behauptet, die Dinge entstünden und vergingen nur auf dem Wege des Gegensatzes, oder der Krieg sei aller Dinge Vater, aller Dinge König, dann bedeutet das, dass es das Leben selbst ist, welches den Wetteifer erzeugt. Der Krieg ist in diesem Sinne der Kampf der Gegensätze, der das Werden hervorbringt: Die Wärme stellt sich der Kälte entgegen; die Feuchtigkeit der Dürre; der Tag der Nacht. Wo es keinen Kampf gibt, gibt es auch kein Leben: Nur indem sie miteinander im Streit liegen, verwirklichen die Gegensätze eine Form von Harmonie. „Das Rechte würden sie nicht einmal dem Namen nach kennen, wenn es das Ungerechte nicht gäbe." Das bedeutet, dass Liebe und Hass (als natürliche Kräfte und nicht als psychologische Phänomene verstanden) gleichermaßen notwendig sind, weil im Wettstreit der beiden Prinzipien eine kosmische Kraft zum Ausdruck kommt, mit der man sich notwendigerweise in Einklang bringen muss.

◄ Ajax und Achilles beim Würfelspielen. In der griechischen Welt war jeder Wettkampf, sportlich oder auf anderen Gebieten, stets eine todernste Angelegenheit. In manchen Fällen bedeutete das Verlieren die physische Vernichtung des Verlierers: Der Wahrsager Kalchas beispielsweise wurde von einem Todesschlaf befallen, nachdem er den Wettkampf mit seinem Rivalen Mopsos darüber, wer von beiden sich besser auf die Kunst des Wahrsagens verstehe, verloren hatte.

◄ Nach Empedokles ist das Leben im Universum nur aufgrund des Gegensatzes zwischen zwei antagonistischen kosmischen Kräften möglich, der **Liebe** (oder Freundschaft), die zur Vereinigung der Materie strebt, und dem **Hass**, der die Trennung will. Die gesamte Welt durchläuft zyklisch vier Stadien: Im ersten, in dem nur die Liebe gegenwärtig ist, bringt das Überwiegen der einigenden Kraft es mit sich, dass sich die Elemente in einem kompakten Ganzen, einer Art Sphäre sammeln, in der kein Leben möglich ist. Auch das Übergewicht des Hasses, das eine vollständige Trennung bewirkt, tötet das Leben, das nur in den Übergangsperioden möglich ist, in denen Liebe und Hass zusammen leben.

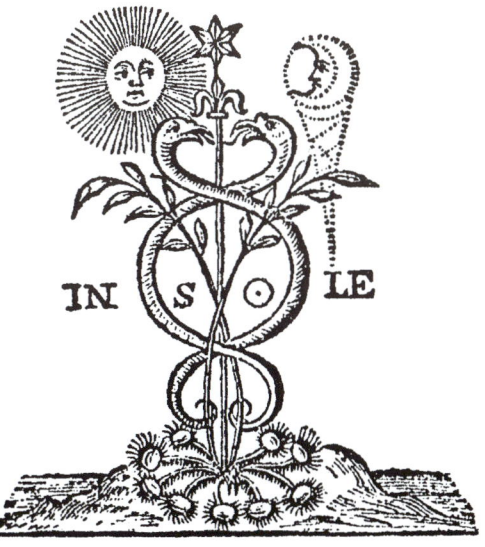

◄ Der Caduceus (Hermesstab), ein Stock, um den sich zwei Schlangen mit gegeneinander gestellten Köpfen winden, war in der griechischen Welt (und später im Mittelalter besonders bei den Alchemisten) ein Symbol für Gleichgewicht, Energie und Gesundheit, Ergebnis einer Zusammenführung antagonistischer Kräfte (Sonne und Mond, Weiß und Schwarz usw.) zu einem einheitlichen Ganzen.

Zahl

Pythagoras, Metaphysik
Siehe auch: *Arithmetische Geometrie, Sphärenmusik*

Auf den ersten Seiten der *Metaphysik* berichtet Aristoteles, dass die sogenannten Pythagoreer sich als Erste mit dem Studium der Mathematik beschäftigt und sie weiterentwickelt hätten. In ihr heimisch geworden, hätten sie dann die Prinzipien der Mathematik zu Prinzipien des Seienden überhaupt gemacht. Da nun in der Mathematik natürlicherweise an erster Stelle die Zahlen stehen, so glaubten sie, in den Zahlen Ähnlichkeiten mit dem, was ist und was geschieht, zu finden, und zwar eher als im Feuer, in der Erde oder im Wasser. Mit anderen Worten, Pythagoras betrachtete die Zahl als *Arché* (→), als das innerste Wesen des Ganzen, als Ausgangspunkt, Fundament und Ursache aller existierenden Dinge, die die ionischen Philosophen in etwas Körperlichem gefunden hatten.

Das ist durchaus einzusehen: Denn es sind arithmetische Gesetze, die die Zeit und die Jahreszeiten, den biologischen und den vegetativen Zyklus und alle Arten von Bewegung regulieren – sowohl die perfekte Rotation der Gestirne am Himmel als auch das **Werden** (→) der Natursubstanzen auf der Erde. Es gibt kein Wissen, das in seinem Kern nicht aus Maß, Berechnung, Proportion bestünde. Jede geometrische Figur (und folglich jedes Volumen, jeder Körper) lässt sich als eine endliche und demnach berechenbare Größe denken, die aus Elementen mit einheitlicher Basis – den Zahlen – besteht. Demnach *ist* alles **Zahl**, und alles ist *zählbar*. Auf dieser Gewissheit baute Pythagoras nicht nur die **Mathematik** auf, sondern auch die **Metaphysik** und darüber hinaus noch ein **Ideal der Ordnung, der Rationalität und der universellen Harmonie**. Nach Meinung des Pythagoreers Philolaos „ist es die Natur der Zahl, die Erkenntnis bringt, die lenkt und jeden über alles aufklärt, worüber Zweifel oder Unkenntnis herrscht. Denn nichts von den Dingen wäre irgendjemandem klar, weder in ihrem Verhältnis zu sich noch zu an-

deren, wenn nicht die Zahl wäre und ihr Wesen. Die Lüge aber stößt die Natur der Zahl und die Harmonie von sich. Dagegen sind Lüge und Neid mit dem Unbegrenzten, dem Unsinnigen und Irrationalen [also dem, was den Pythagoreern zufolge nicht zählbar ist] eng verbunden."

Unter allen Zahlen, welche die Pythagoreer nach den Prinzipien der **Zahlenmystik** (→) untersuchten, hatte die 10, die „Mutter aller Zahlen", einen besonderen symbolischen Wert. Ihr grafischer Ausdruck, die *Tetraktys* (Summe der Zahlen 1, 2, 3, 4), wurde als Symbol der Perfektion angesehen, als ein universales Schema, ein optimales Modell, das überall in der Natur zu entdecken sei. Es wurde zum Emblem, auf das die Novizen der Sekte ihren Eid leisteten. Die Entstehung des noch heute gebräuchlichen dezimalen Zahlensystems (zuvor hatten die Babylonier ein System auf der Basis von 12 und 60 entwickelt) war eine Folge der pythagoreischen Vergötterung der Zahl 10.

Nach dem Schema der Tetraktys war sogar die pythagoreische Sekte strukturiert, eine politisch-philosophische Organisation, die unter der Führung Pythagoras' in der Stadt Kroton in *Magna Graecia* (Süditalien) an die Macht gelangte. An der Spitze der Pyramide stand der Philosoph, der eine absolute Macht genoss (und laut Eric Robertson Dodds eine Verehrung, wie sie einem Schamanen gebührte (→ **Schamanismus**)); darunter stand die Gruppe der Militanten, der „Mathematiker" („diejenigen, die Fragen stellen dürfen"); weiter unten die Novizen, genannt die „Akusmatiker": „diejenigen, die nur zuhören dürfen" (erst nach einigen Jahren durfte der Schüler Fragen an den Meister richten). Schließlich, noch weiter unten, stand die Bevölkerung von Kroton, die von jeglicher Teilnahme an der Regierung ausgeschlossen blieb.

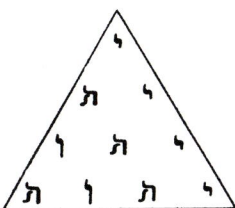

◄ *Die Ikonografie des Pythagoreismus in einer Abbildung aus der* Philosophia naturalis *(1506) des Albertus Magnus. Von links oben beginnend folgen aufeinander: die* Waage, *Symbol der Gerechtigkeit gemäß den Grundsätzen der Zahlenmystik; ein* Gesicht, *Symbol des Menschen, eng verbunden mit der* Tetraktys *(Zahlen 1 bis 10), ihrerseits Symbol der Perfektion; der* Zirkel, *der auf die Idee der Proportion verweist (→ **Gott als Weltbaumeister**); zuletzt der* Winkel, *der auf den Begriff des Maßes anspielt. Eine Vase links unten stellt die Seele dar. Die Erde in der Mitte ist in ein Viererschema geteilt, das den vier **Elementen** (→) der Natur entspricht; der weiße und der schwarze Kreis stellen die Zeit dar (den Tag und die Nacht), die in Stunden (die inneren Punkte) untergliedert ist.*

▼ *Die hebräisch-kabalistische Version der Tetraktys (die Buchstaben entsprechen den Zahlen 1 bis 10).*

▼ *Die Tetraktys. Laut Philolaos muss man „die Werke und das Wesen der Zahl nach der Kraft beurteilen, die in der Zehnzahl liegt. Denn sie ist groß, allvollendend, allwirkend und göttlichen und himmlischen sowie menschlichen Lebens Anfang und Führerin. Ohne diese aber wäre alles grenzenlos und undeutlich und unklar."*

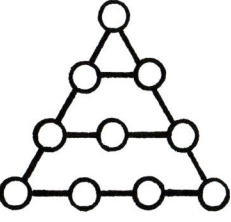

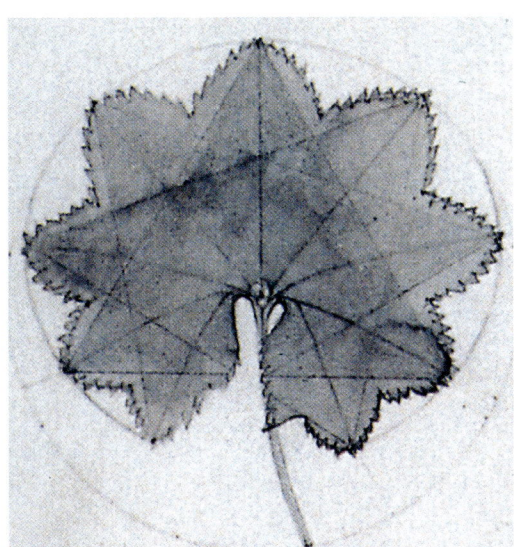

◄ *Die mathematische Regelmäßigkeit der Natur, grundlegende Intuition des Pythagoreismus, Zeichnung von Joseph Beuys (Detail aus* Lady's cloak, *1948).*

Musikalische Harmonie

Pythagoras
Siehe auch: *Sphärenmusik, Zahl*

Zu dem außerordentlich hohen Ansehen der Musik in der griechischen Welt hat vor allem Pythagoras beigetragen. Eine entscheidende Entdeckung geht nämlich auf ihn zurück: Das von einem musikalischen Akkord bereitete ästhetische Vergnügen lässt sich mit mathematischen Begriffen beschreiben. Dies ist eine bemerkenswerte Beobachtung, die vielleicht dem gesamten Pythagoreismus Auftrieb gab. Wenn es der Zahl gelingt, eine derart delikate Empfindung zu erklären, ist die Vermutung erlaubt, die ganze Welt sei, in einem erweiterten Sinn, mathematisierbar.

Eine Legende überliefert sogar den Moment der Entdeckung. Als Pythagoras gerade an der Werkstatt eines Schmieds vorbeikam, bemerkte er, dass die rhythmischen Hammerschläge einen angenehmen Zusammenklang ergaben. Er bemerkte außerdem, dass die harmonische Konsonanz nicht von den unterschiedlichen Kräften der Schmiede abhing, auch nicht von der Form der Hämmer, sondern nur von ihrem Gewicht.

Die Figuren, die auf der Seite nebenan wiedergegeben sind, zeigen Experimente zur musikalischen Theorie, mit denen sich Pythagoras zu jener Zeit beschäftigt haben mag: Wenn gleich lange Saiten durch an jede von ihnen befestigte Gewichte unterschiedlich stark gespannt werden, entsteht nur mit 2, 6, 8, 9, 12 und 16 kg ein angenehmer Akkord. Dasselbe Verhältnis findet sich, wenn man Glocken oder irgendein anderes Instrument benutzt, beispielsweise einfache Trinkgläser, die unterschiedlich mit Wasser gefüllt sind. Die Gewichtverhältnisse werden durch Volumina ersetzt, aber das Zahlenverhältnis bleibt unverändert. Pythagoras zog daraus den richtigen Schluss, dass die Syntax der Klänge unabhängig ist vom benutzten mechanischen System und **auf rein mathematischen Verhältnissen beruht**. Die Bedeutung von Pythagoras' Entdeckung ist außergewöhnlich. Auf ihn geht

die erste mathematische Formulierung eines physikalischen Gesetzes zurück, der absolut erste Schritt in Richtung jener exakten Interpretation des Universums, die den Kern des wissenschaftlichen Denkens ausmacht.

Auf der anderen Seite wurde Pythagoras' musikalische Theorie durch einen fundamentalen Fehler verdorben, der sie dogmatisch werden ließ, was zum Verleugnen jenes Teils der Realität führte, der nicht in das perfekte mathematische Schema passte. Tatsächlich verließ man sich bei der Unterscheidung zwischen harmonisch und unharmonisch nicht auf die Empfindung, sondern auf die Vernunft. Statt als Kunst wurde die Musik als eine Wissenschaft der **Proportion** (→) und der Harmonie verstanden.

Für die Pythagoreer bestand die Schönheit der Musik darin, dass sie die Harmonie des Universums widerspiegelt. Und demnach *mussten* die vier einfachen Zahlen, die erklärtermaßen vollkommen und mit besonderer Sakralität versehen waren, einfach ausreichen, um die Musik in ihrer ganzen Komplexität zu erklären.

Diese metaphysische Voraussetzung beherrschte die musikalische Theorie bis zum Ende des 16. Jh.s; sie verbot, die Theorie durch das Zulassen bestimmter Akkorde (Quinte und Sexte) zu verkomplizieren, die dem Ohr zwar gefällig sind, aber nicht auf den ersten vier ganzen Zahlen basieren. Der musikalische Pythagoreismus (die pythagoreische Tonleiter) wurde so zu einer geschlossenen Doktrin, die der Einführung von Neuerungen entgegenstand, wenn diese ihrer perfekten mathematischen Ordnung geschadet hätten.

◄▼ Die Experimente des Pythagoras, die beweisen sollten, dass sich der musikalische Akkord gegenüber dem mechanischen System indifferent verhält, das zur Klangherstellung benutzt wird. Die Entdeckung, dass sogar ein rein geistiges Phänomen wie der durch die Musik erzeugte ästhetische Genuss auf mathematischen Gesetzen beruht, hatte entscheidende Auswirkungen auf die Geschichte der Philosophie.

▼ Das Instrument, das von den Pythagoreern benutzt wurde, um die Beziehungen zwischen Musik und Mathematik zu studieren, war das Monochord, eine Art Gitarre, die mit einem beweglichen Keil auf einer nummerierten Skala ausgestattet war. Werden die beiden Teile der Saite gleichzeitig gezupft, erhält man Konsonanzen oder Dissonanzen. Wenn ein Abschnitt doppelt so lang ist wie der andere (1:2) erhält man eine Oktave. Verschiebt man den Keil auf zwei Drittel der Saite, erhält man das Verhältnis einer Quinte; bei drei Vierteln (4:3) die Resonanz einer Quarte.

Arithmetische Geometrie

Pythagoras, Mathematik
Siehe auch: *Musikalische Harmonie, Zahlenmystik*

Unter dem Begriff **Zahl** (→) verstehen wir heute etwas Abstraktes, einen geistigen Inhalt. Pythagoras hingegen verstand darunter etwas Konkretes: die essenzielle Dimension der Dinge (nicht eine Vorstellung des Verstandes). Konsequenterweise war seine Mathematik weder eine Arithmetik (Wissenschaft der bloßen Zahlen), noch eine Geometrie (Wissenschaft der bloßen Figuren), sondern – als Synthese der beiden – eine Arithmetische Geometrie. Mit anderen Worten, Pythagoras reduzierte jedes räumliche Verhältnis nicht nur auf eine numerische Dimension (wie wir es tun), sondern maß den Zahlen auch eine räumliche Bedeutung bei. Entsprechend gibt es dreieckige, quadratische, rechteckige und fünfeckige Zahlen. (Ein Überbleibsel dieser Doktrin findet sich in den mathematischen Bezeichnungen für Kubus oder Quadrat einer Zahl.)

Diese Art des Denkens wurde zweifellos durch eine noch sehr archaische Technik des Kalküls begünstigt. Die Etymologie dieses Begriffs ist besonders interessant: *calculus* bedeutete im Lateinischen „Steinchen", eine Bedeutung, die noch heute im medizinischen Bereich gilt (z.B. Nierenstein: lat. *calculus renalis*). Die etymologische Äquivalenz von Stein und Zahl erklärt sich aus der Gewohnheit der Pythagoreer, mithilfe von einfachen Steinen, die auf dem Boden angeordnet wurden, Zahlen zu bilden: Auf diese Weise verwandelten sich Rechenoperationen in räumliche Verschiebungen von Spielsteinen – wie auf einem Rechenbrett. Ein Nebeneffekt dieser Prozedur war, dass sie das Rechnen mit sehr großen Zahlen erschwerte und alle möglichen Entsprechungen psychologischer Art anregte, die die **Zahlenmystik** (→) förderte (eine symbolisch-metaphysische Vision vom Wesen der Zahl).

Die Demontage der arithmetischen Geometrie der Pytagoreer begann mit der Analyse eines einfachen Quadrats. Wenn man eine Seite davon kennt, ist es nämlich nicht möglich, eine ganze Zahl zu finden, um die Diagonale zu beschreiben. Wenn die Seite beispielsweise 1 misst, wird die Diagonale (gemäß dem bekannten Theorem von Pythagoras) $\sqrt{2}$ betragen, d.h. eine *irrationale Zahl*. Bestimmt man umgekehrt die Diagonale als eine ganze Zahl, muss die Seite mit einer Quadratwurzel ausgedrückt werden – ein Ding der Unmöglichkeit für die Pythagoreer. Es stimmt, dass jede Sache einzeln bemessen werden kann, aber das Verhältnis zwischen unterschiedlichen Größen ist nicht immer eine endliche Quantität. Es stimmt deshalb nicht, dass alles mathematisierbar sei, wie Pythagoras annahm: Es gibt in der Natur Dinge, die inkommensurabel, also nicht reduzierbar sind auf eine gleiche Einheit von endlichem Maß. Der Überlieferung zufolge versuchte die pythagoreische Sekte diese destabilisierende Entdeckung zu verheimlichen, aber das Geheimnis wurde von einem Verräter, Hippasos von Metapont, gelüftet, der damit einen Aufstand in der Bevölkerung provozierte, die von der politischen Macht der Pythagoreer abhängig war.

Die Enthüllung der **Inkommensurabilität** begründete den ersten historischen Konflikt zwischen Wissenschaft und Religion und hatte weit über den pythagoreischen Kreis hinaus tiefe Auswirkungen, indem sie ein allgemeines Misstrauen gegenüber den Möglichkeiten der Arithmetik verursachte (und damit im Gegenzug der Geometrie zu großem Ansehen verhalf).

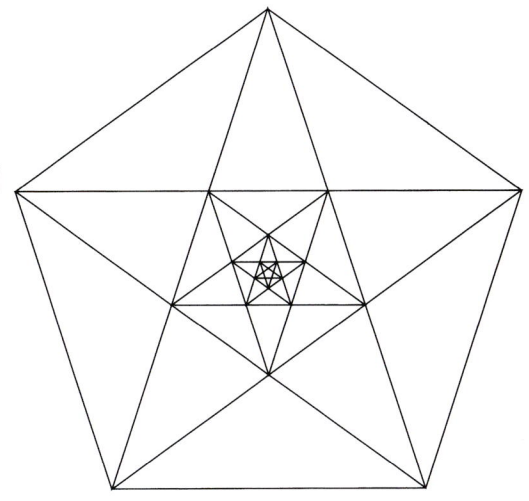

◀ Die Inkommensurabilität wurde auch im wichtigsten Symbol der pythagoreischen Sekte entdeckt, dem fünfeckigen Stern (Symbol der Gesundheit), den man erhält, wenn man alle möglichen Diagonalen in ein regelmäßiges Pentagon einzeichnet. Jede Diagonale wird nämlich von einer anderen in zwei Segmente geteilt, die untereinander inkommensurabel sind. Ihr Verhältnis wird von einer irrationalen Zahl beschrieben, die später als **Goldener Schnitt** (→) bezeichnet werden sollte.

▶ Die Pythagoreer stellten die Zahlen dar, indem sie calculi (Steinchen) auf dem Sand anordneten. Entsprechend gab es dreieckige, quadratische, rechteckige Zahlen usw. Die räumliche Anordnung der Zahlensteinchen wurde durch das Verschieben der Steine auch für Rechenoperationen genutzt – nach dem Prinzip, das auch beim Abakus, einer komplexeren Form des gewöhnlichen Rechenbretts, angewandt wird.

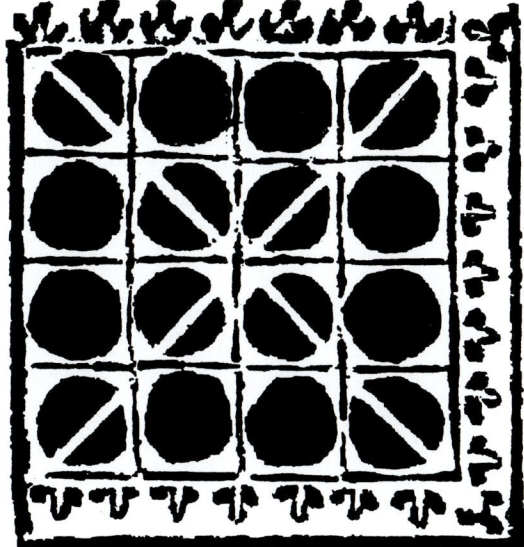

◀ Eine Darstellung der Inkommensurabilität, wie sie von Giordano Bruno (De Triplice Minimo, 1591) vorgelegt wurde. Während sich die Kugeln in der Horizontalen und Vertikalen berühren und somit durch Segmente verbunden werden können, die der Summe ihrer Dimensionen entsprechen, tritt dies bei den Diagonalen, deren Länge die Dicke der vier Bälle um ein nicht genau bestimmbares Maß überschreitet, nicht ein.

Zahlenmystik

Pythagoreismus, Magie
Siehe auch: *Arithmetische Geometrie, Mathesis*

Pythagoras vermutete die Existenz rein **psycholo-gischer Verhältnisse** zwischen den Zahlen, wobei er von „befreundeten Zahlen" sprach, wenn sie jeweils aus der Summe der Teiler der anderen gebildet waren. Er unterschied zwischen „männlichen Zahlen" (den ungeraden, die als vollkommen erachtet wurden) und „weiblichen Zahlen" (gerade und unvollkom-men). Nach der Theorie der Pythagoreer, schreibt Aristoteles, stelle eine Zahl mit bestimmten Eigen-schaften die Gerechtigkeit, eine andere die Seele und die Vernunft, wieder eine andere den rechten Augen-blick dar, und so hätten sie eigentlich für alles eine Ähnlichkeit mit Zahlen gefunden). Diese vorwissen-schaftliche Art, Mathematik zu verstehen, mündete in die Zahlenmystik, die Lehre, die von der Existenz einer magischen Macht der Zahlen ausgeht, die sich anhand genauer Übereinstimmungen der natürlichen mit der göttlichen Welt zeige. Die Zahlenmystik ist noch heute eine der am häufigsten angewandten For-men der **Magie** (→). Sie lebt als Aberglaube fort (z.B. in der Vorstellung, dass die 13 Unglück bringe). Von einem kritischen Standpunkt aus hat sich der Neu-kantianer Ernst Cassirer (*Philosophie der symbolischen Formen*, 1921) stärker als alle anderen Philosophen darum bemüht, Ursache und Bedeutung der Zahlen-mystik zu verstehen.

Der Zahl 1 wird von der magisch-pythagoreischen Tradition eine absolut außergewöhnliche Rolle beige-messen. Sie ist nämlich weder gerade noch ungerade, weshalb Pythagoras sie als „gerade-ungerade" be-zeichnete, ja sie ist nicht einmal eine Zahl im eigent-lichen Sinn, sondern stellt die Einheit selbst dar (den Erschaffer, die Mutter aller Zahlen) und ist folglich gänzlich verschieden von allen anderen Zahlen, die ihrem Wesen nach irgendein Vielfaches ausdrücken. So nahm mit Pythagoras die Mystik der Einheit ihren Anfang, der eine große Zukunft beschieden war. Im 2. Jh. n. Chr. ging beispielsweise der neuplatonische

Philosoph Plotin so weit, die 1 als **Archetypus** (→) des Göttlichen zu betrachten.

Eng verbunden mit dem theologischen Ansehen der Einheit stellt die *Dreiheit* gewissermaßen deren Er-weiterung dar. Nicht nur Gott ist in der christlichen Religion dreieinig, sondern es gibt auch in sehr vielen nicht-monotheistischen Konfessionen göttliche Tria-den (z.B. die hinduistische Trinität „Trimurti").

Als Mitte zwischen Einheit und Dreiheit, Instanzen von magischem Ansehen, wird der **Duplizität** ein negativer Wert beigemessen, der ansatzweise noch im heutigen Sprachgebrauch nachklingt (es gibt eine moralische *Doppelzüngigkeit*). Pythagoras misstraute der 2, der ersten geraden und also weiblichen und unbestimmten Zahl, die er als irgendwie ungenügend ansah. Die 2, sagte er, ist die dem wahren Wissen (welches stets einzigartig ist) entgegengesetzte Mei-nung.

Auf die Zahl 4 hat man fast immer zurückgegrif-fen, um die konkrete und reale Welt darzustellen, das Erschaffene, im Gegensatz zum Moment des Erschaffens; ebenso die menschliche Erfahrung im Gegensatz zur göttlichen: Vier Jahreszeiten gibt es, vier **Elemente** (→), vier **Körpersäfte** (→) und vier Lebensalter.

Weniger offensichtlich sind die Gründe, die die 7 zur „perfekten Zahl" gemacht haben. Pythagoras definiert sie als den „richtigen Moment", doch ist das Ansehen der Zahl 7 weitaus älter: In der *Bibel* zum Beispiel wird der Ausdruck „siebenundsiebzig mal sieben" als Synonym für „unendlich" verwendet.

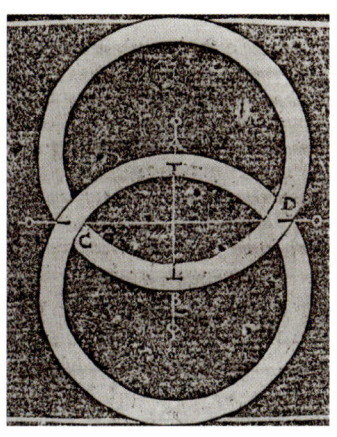

◄ *Der Philosoph, der die Zahlenmystik am gründlichsten behandelt hat, ist Giordano Bruno* (De Monade, *1591). Hier an der Seite sieht man seine Dyade (Zweiheit). Hinter einer – wie es aussieht – mathematischen Formel zeigt Bruno ein Symbol von wichtiger theologischer Bedeutung. Wurde doch diese Figur mit den verschlungenen Ringen üblicherweise von den mittelalterlichen Künstlern verwendet, um die* Mandorla (Gloriole, wörtlich: „Mandel") *zu konstruieren, in die Christus als Herrscher zu zeichnen war (der Raum, wo die zwei zu Einem verschmelzen). Ein Historiker des Mystizismus, Elémire Zolla (*The androgyne, *1981), vertritt die Meinung, dass dies in Wirklichkeit eine geometrische Darstellung der* **Androgynie** (→) *sei.*

► *Abbildung der Triade (aus* De Monade*). Mit dem Aufkommen des Christentums stehen alle Abbildungen der Triade in offensichtlichem Bezug zum Mysterium der Trinität. Allerdings war das Dreiersymbol bereits bei den Pythagoreern wichtig, für die der griechische Buchstabe Delta mit seiner dreieckigen Gestalt als Symbol der kosmischen Geburt verwendet wurde.*

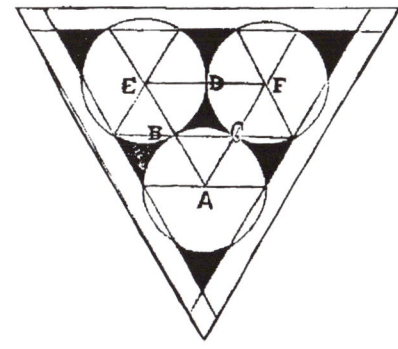

▼ *Eine antike Tradition verknüpft die Zahl 5 und das Pentagon mit der Erfahrung und mit der Gestalt des Menschen (Bruno:* De Monade*).*

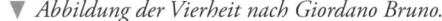

▼ *Abbildung der Vierheit nach Giordano Bruno.*

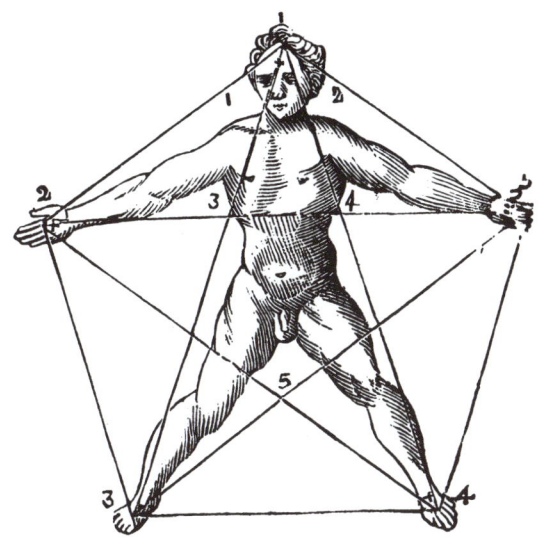

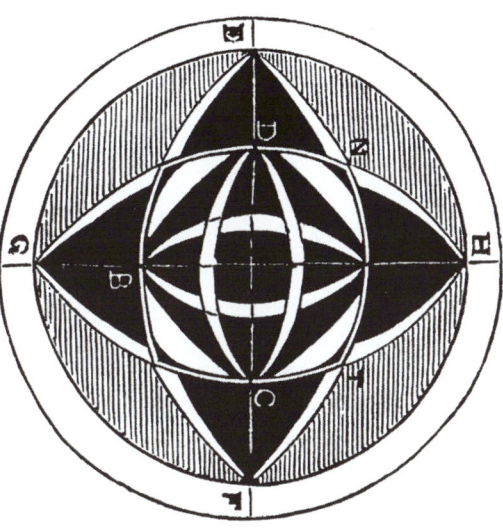

Sphärenmusik

Pythagorismus, Kosmologien
Siehe auch: *Musikalische Harmonie, Zahl*

Die Überzeugung, dass die Welt mathematischer Natur sei, brachte Pythagoras zu der außergewöhnlichen Schlussfolgerung, das gesamte Universum müsse als **riesiges Musikinstrument** betrachtet werden. Wie bei einem Glockenspiel mit konzentrischem Räderwerk bringen die Planeten und Sterne mit ihrer Bewegung bestimmte Schallschwingungen hervor und erzeugen so eine Art **göttliche Musik** (Saturn bringt die tiefsten Töne hervor, der Mond die höchsten). Dass die gewöhnlichen Sterblichen dieses himmlische Konzert nicht hören können, wird mit der Gewohnheit begründet. Wir hören es von Geburt an und können den Klang nicht mehr vernehmen, weil wir uns daran gewöhnt haben, wie dies oft bei einem andauernden Geräusch der Fall ist. Es gebe Harmonien, die unsere Sinne nicht wahrnehmen können, behauptet Plotin in den *Enneaden*, und doch seien sie die Quelle der hörbaren Harmonien.

Der Glaube an himmlische Sphären wurde über den Kreis der Pythagoreer hinaus von vielen griechischen Denkern geteilt; sowohl Aristoteles als auch Platon unterstützten sie, und der jüdische Philosoph Philon von Alexandria (20 v.–50. n. Chr.), der sich in Einzelheiten vertiefte, verglich den Himmel mit einer siebensaitigen Lyra.

Dieser metaphysische und übernatürliche Glaube hatte – ein in der Wissenschaftsgeschichte nicht seltenes Paradox – einen antreibenden Effekt auf die sogenannte **kopernikanische Wende** (→) im 16. Jh. Johannes Kepler (1571–1630), der sowohl ein moderner Wissenschaftler als auch ein pythagoreischer Denker war, trieb in seiner *Weltharmonik* (1619) sein Vertrauen in die vollkommene Regelmäßigkeit der himmlischen Bewegungen bis zur ausgiebigen Beschreibung der von den Planeten hervorgebrachten musikalischen Klänge. Und wenn Kepler in der Wissenschaftsgeschichte als einer der Protagonisten der astronomischen Revolution gilt (weil er die elliptische Geometrie der Planetenbahnen mit den sogenannten drei Keplerschen Gesetzen bewiesen hat), so ist dies auch eine Folge seines pythagoreischen Glaubens. Tatsächlich war es gerade der Versuch, die Existenz der himmlischen Musik zu beweisen (samt seiner großen Fähigkeit, die eigenen Hypothesen in die Diskussion einzubringen), die ihn zu der außergewöhnlichen Entdeckung führten (→ **Entdeckung/ Rechtfertigung**).

Auch die christliche Religion näherte sich mit Interesse der Hypothese, dass die Musik eine Offenbarung der göttlichen Realität sei; sie nahm eine enge Verbindung zwischen Zahl, Musik und musizierendem Engel (→ **Angelologie**) an (eines der am weitesten verbreiteten Themen der gesamten religiösen Ikonografie). „Der musizierende Engel hat dieselbe Bedeutung wie das kosmologische Zahlenkonzept: Wie die Zahl, befindet sich auch der Engel an der Grenze zwischen materieller und geistiger Realität." (Marco Bussagli: *Storia degli angeli*, 1991)

Ein der pythagoreischen Lehre in gewisser Hinsicht ähnlicher Glaube, nämlich dass die Welt aus einem ursprünglichen Wohlklang entstanden sei, lässt sich in vielen archaischen Kulturen ausfindig machen: Die Ägypter glaubten an ein „kosmisches Gelächter", andere Völker sprechen von einer „tönenden Silbe", einem „Schrei Gottes". Im Fernen Osten gab es eine ganze Theologie der Ursprungssilbe (AUM), aus der durch einen fortschreitenden Materialisierungsprozess die Gottheiten, die Welt und mit ihr alle Wesen, die sie bevölkern, entstanden sein sollen.

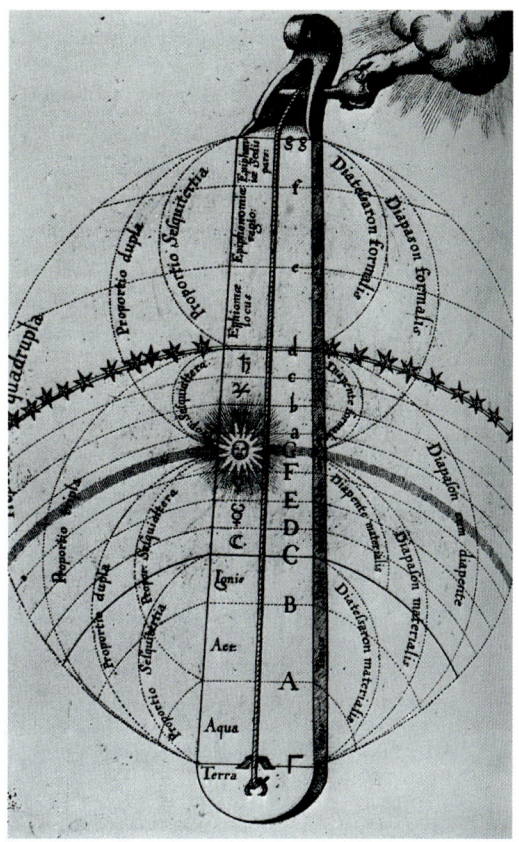

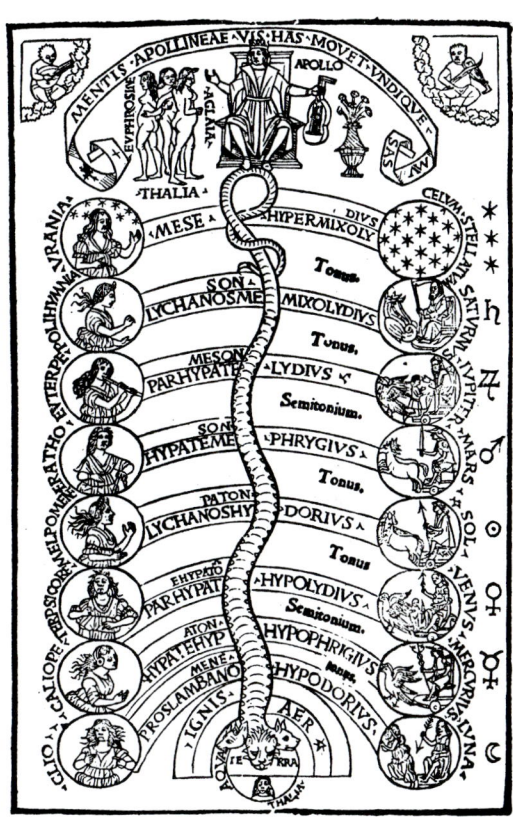

▲ *Die Silbe AUM, der Laut, der nach der fernöstlichen Mythologie im Entstehungsmoment des Universums aus dem kosmischen Ei drang, stellt die Klangwelle dar, die die Welt begründete und immer noch durchdringt. In der buddhistischen Liturgie muss sie vor und nach dem Gebet mit einem Gesang wiedergegeben werden, der rituell den Ursprungszustand des Kosmos wieder herstellt.*

▲ *Noch zu Beginn des 17. Jh.s griff der englische Magier und Naturwissenschaftler Robert Fludd (*Utriusque cosmi historia, *1617) in dieser Abbildung auf die pythagoreische Konzeption zurück: In der Gesamtheit seiner Sphären ist der Kosmos wie ein musikalisches Instrument aufgebaut, wie ein Monochord, das Gott (die kleine Hand, die aus der Wolke herauskommt) reguliert und einstellt. Trotz der offensichtlich außerwissenschaftlichen Natur dieser Überzeugung war Fludd bestens über die Errungenschaften der kopernikanischen Wende informiert.*

▲ *Die Entsprechung von musikalischen Melodien und Planetenbewegung in einer Abbildung aus der Renaissance (1496).*

◄ *Die von den Planeten hervorgebrachten musikalischen Noten nach dem Schema, wie es von Kepler zu Beginn des 17. Jh. in seiner* Weltharmonik *vorgeschlagen wurde.*

Goldener Schnitt

Pythagorismus, Ästhetik
Siehe auch: *Musikalische Harmonie, Zahl*

Die enge Verbindung zwischen der Mathematik und dem Phänomen der musikalischen Harmonie, die Pythagoras entdeckte, ließ die Idee aufkommen, dass man auch die visuelle Schönheit durch ein Zahlenverhältnis ausdrücken könne. Infolgedessen arbeitete die pythagoreische Tradition verschiedene Theorien aus, die mithilfe der Geometrie das Vergnügen an ästhetischer Empfindung erklären sollten. Das Geheimnis dieser Empfindung wurde mal in der Beschaffenheit des Sechsecks, mal des Kreises, des Pentagons, der Kurvenlinie usw. erkannt.

Unter all diesen Theorien gebührt dem Goldenen Schnitt, den die Griechen sogar **göttliche Proportion** nennen wollten, eine herausragende Stellung. Den Goldenen Schnitt einer Strecke AB zu finden, bedeutet, den daraufliegenden Punkt C so zu bestimmen, dass AC : CB = CB : AB, oder besser gesagt, dass der kleinere Teil sich zum größeren verhält wie dieser zum Ganzen. Es ist möglich, Reihen von Rechtecken (oder auch Spiralen) zu bilden, die miteinander durch diese Sequenz verbunden sind, der im Allgemeinen ein großer ästhetischer Wert beigemessen wird. Neuere Studien der Verhaltensforschung (Desmond Morris: *Biologie der Kunst,* 1962) zeigen, dass sogar Tiere diese Art von visuellen Formen systematisch bevorzugen.

Allgemeingut der gesamten griechischen Kultur geworden, wurde die Technik des Goldenen Schnitts während der Renaissance verstärkt wieder aufgegriffen (Luca Pacioli: *De divina proportione,* 1509), aber auch in der Neuzeit fehlte es nicht an Kunstwissenschaftlern und Künstlern, die in diesem Konstruktionsverfahren das Geheimnis der Schönheit erblickten. Noch Ende des 19. Jh.s behauptete der postimpressionistische Maler Paul Sérusier (*ABC de la peinture*, 1890), dass der Künstler „im eigenen Körper die Maße findet, derer er bedarf: den Arm, den Fuß, die Spanne. Diese stehen im Verhältnis des Goldenen Schnitts zueinander: Die Spanne verhält sich zum Fuß wie der Fuß zum Arm, der die Summe der zwei oben genannten Maße ist. Diese Verhältnisse sind exakt in allen Menschen so, auch in den unförmigen."

In den 20er-Jahren des vorigen Jh.s erklärte der Wissenschaftler Jay Hambidge, die Griechen hätten das goldene Rechteck als Konstruktionsformel beim Tempelbau und bei der Produktion von Gegenständen für den Alltagsgebrauch angewandt. In zwei Aufsätzen (*The Parthenon and other Greek temples* und *Dynamic symmetry*, 1920–1924) behauptete er, das Geheimnis der griechischen Schönheit entdeckt zu haben, womit er großes Interesse weckte, aber auch heftige Kontroversen hervorrief. Es stimmt zwar, dass die Griechen bei der Produktion von Gegenständen für den Alltagsgebrauch auf standardisierte Modelle zurückgriffen, die eine außergewöhnliche geometrische Regelmäßigkeit zeigen, doch bedeutet dies nicht, dass sie einem Kanon (einem strengen, normativen System) folgten. Tatsächlich lässt sich eine vergleichbare mathematische Regelmäßigkeit auch bei ägyptischen Pyramiden nachweisen, ohne dass dies weitere Schlussfolgerungen zulässt. Darüber hinaus haben jüngste Untersuchungen von Tempelgrundrissen oder Formen von Kunst- und Handwerksgegenständen ziemlich viele Ausnahmen von der Regel des Goldenen Schnitts (und jedes anderen Kanons) ans Licht gebracht und somit die Frage nach dem Geheimnis der griechischen Kunst auf ihren Ausgangspunkt zurückgeworfen.

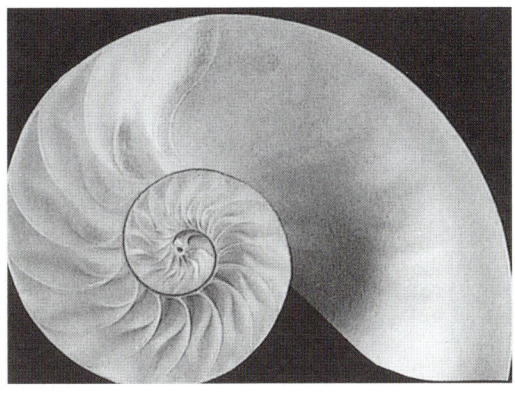

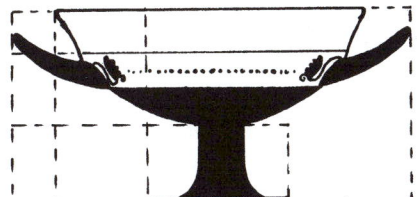

▼ *Nach den Analysen von Hambidge soll der Typus des hier schematisierten Kelches, eines* kylix, *nach den Verhältnissen der goldenen Proportion konstruiert worden sein, die von dem Gitter angezeigt werden.*

▲ *Der spiralförmige Wachstumsprozess dieser Muschel vollzieht sich nach der goldenen Proportion. Das Studium der Muscheln interessierte die Pythagoreer sehr, weil es aufsehenerregende Beispiele dafür lieferte, wie biologische Prozesse strengen mathematischen Gesetzen unterworfen sind.*

► *Das Schema des Goldenen Schnitts, angelegt an die Fassade des Parthenons.*

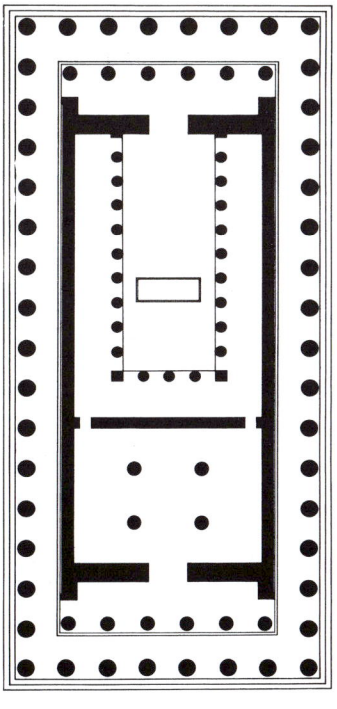

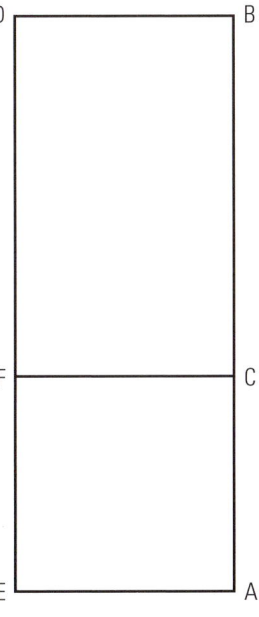

◄ *Das Verfahren des Goldenen Schnitts, angewandt auf Rechteckformen, führt zu Flächen, die zueinander proportional sind: Die kleine Fläche (ACFE) verhält sich zur großen (CBDF) wie diese zum Ganzen (ABDE). Die Gegenüberstellung mit dem Grundriss eines griechischen Tempels zeigt, dass es gut möglich ist (aber von keinem archäologischen Fund bewiesen), dass die griechischen Architekten dieses System anwandten, um die* Cella, *den Bereich, in dem das Götterbild aufbewahrt wurde, abzustecken.*

Sein und Nichtsein

Parmenides, Metaphysik
Siehe auch: *Paradoxa des Zenon*

Parmenides behauptet, dass das Sprechen (das Denken) immer *das* betrifft, was *ist*, im Sinne von *das, was existiert*. Etwas zu benennen, das nicht ist, oder besser gesagt etwas, das überhaupt keine Realität besitzt, ist eine Absurdität, die nur in der Fantasie, im Traum, im leeren Gerede oder schlichtweg im Irrtum möglich ist. Ein nicht existentes Objekt kann nicht einmal gedacht werden; umgekehrt impliziert das Denken einer Sache vor allem, ihr ein gewisses Maß an Existenz beizumessen.

Die Bedeutung „des unerschütterlichen Herzens der wohlgerundeten Wahrheit", das Parmenides von der Göttin Necessitas („Notwendigkeit") erhält, lässt sich in diesen kurzen Sätzen ausdrücken: „Das Sein *ist*, und es kann *nicht nicht sein*. Das Nichtsein ist nicht und es kann nicht sein." Nur scheinbar handelt es sich um ein Wortspiel. In Wirklichkeit ist es eine wahre Herausforderung des logischen Denkens, das auf pragmatischer Ebene leicht zurückzuweisen, auf theoretischer aber schwierig zu lösen ist. Wie kann nämlich das, was nicht besteht, Gegenstand einer Erörterung werden? Wie können das Nichts, die Leere, die Abwesenheit eigentlich *existieren*? Die Alltagssprache, die trügerische *doxa* (ungeprüfte Meinung) spricht in gleicher Weise von Dunkelheit und Licht, doch ist dies eine offensichtliche Absurdität, weil z.B. ein Zustand der Abwesenheit (die Dunkelheit) nicht die gleiche Realität hat wie eine Anwesenheit. Der Satz „Es ist dunkel" beinhaltet ein Paradox, weil er das Bestehen einer Irrealität behauptet (so wie jeder andere Satz, der das Nichtsein einer Sache behauptet).

Seine Doktrin, das gestand Parmenides selbst ein, „steht der Meinung der meisten entgegen", ist also weit entfernt von dem, was üblicherweise als **gesunder Menschenverstand** (→) bezeichnet wird. In ihrer extremsten Bedeutung impliziert sie das Ende jeder Philosophie und jeder rationalen Erörterung. Tatsächlich ist der einzige vollkommen wahre Satz, der einzige, der von einem wirklich logischen und kohärenten Geist geäußert werden kann, stets nur einer: **Das Sein ist; das Nichtsein ist nicht.**

Alle Phänomene, die in irgendeiner Weise an das **Werden** (→) gebunden sind, wie die Zeit, die Bewegung, der Lebenszyklus der Organismen, die Bewegung der Körper im Raum usw. werden negiert. Tatsächlich bedeutet ja das Werden den Übergang von einem Seienden zu einem Nichtseienden (von dem, was war, zu dem, was sein wird) und ist somit ganz und gar unlogisch. Ein Irrtum ist sogar jeder Satz, der von der Mehrzahl ausgeht: Es ist nicht möglich, zu sagen, dass irgendein A zu irgendeinem B gleich ist, weil das bedeutete, dass A nicht B sei, was nicht sein kann, da das Seiende nicht teilbar ist, weil alles voll ist vom Seienden. Zwischen A und B kann sich schließlich ja nichts Nichtexistentes stellen.

Die Welt, so wie sie der **Empfindung** (→) erscheint, in der die Dinge sein können oder nicht sein können, ist bloß als Meinung akzeptabel, also außerhalb jedes logischen, kohärenten und strengen Denkens.

Die parmenidische Ontologie (Wissenschaft vom Sein) **attackiert** die **Gültigkeit sinnlicher Wahrnehmung** gründlich. Parmenides sieht die Kraft des Logos, des Denkens ausschließlich in seiner inneren Folgerichtigkeit, vollkommen unabhängig von Hinweisen aus der Umwelt.

Wenn der gedankliche Schluss mit logischer Strenge gefasst wurde, dann wird er gewiss überzeugen, und wenn er der Evidenz wahrnehmbarer Erscheinungen entgegensteht, umso schlimmer für letztere. Eine Wahrnehmung *kann nicht bewiesen* werden. Die Sinne können sich täuschen, die Vernunft nicht (freilich nur, wenn sie mit Verstand gebraucht wird).

▲ *Das Weltall. Auch Parmenides hat sich wie alle Vorsokratiker um die Konstruktion einer mit seinen eigenen theoretischen Überzeugungen kohärenten* **Kosmologie** (→) *bemüht. Nach Parmenides ist der Kosmos, soweit intellektuell erfassbar, (aber nicht, wie er dem äußeren Eindruck nach erscheint) unvergänglich, unveränderlich, vollkommen homogen, dicht und nicht unendlich. Er ist kugelförmig. Wegen der symbolischen Eigenschaften der Sphäre kommt die Kugelform Parmenides' Ideal von metaphysischer Unwandelbarkeit am nächsten. Es gibt keine Darstellungen von Parmenides' Weltmodell, aber ein kosmologisches Mandala aus Bhutan, das die Urbewegung des Universums darstellt, zeigt beeindruckende Analogien zu den Vorstellungen des griechischen Philosophen. Für Parmenides muss der Kosmos als abnorme und totale Ausdehnung eines Punktes betrachtet werden. Im engeren Sinne hat das Universum keine Dimensionen, weil dies eine endliche Determination und damit eine Zone des Nichtseins implizieren würde.*

◄ *Die Argumentationen des Parmenides wurden von seinem Schüler Zenon mit einer Reihe von Paradoxa gestützt. Das berühmteste ist das vom „schnellfüßigen Achilles", das die Nichtexistenz des Raums demonstrieren sollte. Danach kann das Langsamste (die Schildkröte) in seinem Lauf vom Schnellsten (Achilles) niemals auf derselben Strecke eingeholt werden. Denn der Verfolger muss, bevor es zum Überholen kommen kann, immer erst einmal den Punkt erreichen, an dem der Verfolgte sich vorher befand, sodass das Langsamere dauernd einen gewissen Vorsprung behalten muss.*

Paradoxa des Zenon

Parmenides, Metaphysik, Logik
Siehe auch: *Sein und Nichtsein, Empfindung*

Zenon von Elea hat keine eigene Doktrin erarbeitet, er beschränkte sich darauf, die Lehre seines Meisters Parmenides durch Überlegungen zu stützen, die allerdings, wie Aristoteles in der *Physik* schreibt, „den Widerlegungsversuchen große Mühe machen." In der Tat kann Zenon unbestritten als Erfinder des paradoxen Schlusses gelten. Er bewies nicht die These des Meisters, sondern, noch subtiler, widerlegte er die Widerlegungen bzw. zeigte, wie die Ansicht seiner Verleumder zu Folgerungen führte, die noch weniger akzeptabel waren als die seinen.

Von den *logoi* (Schlüssen) des Zenon gibt es insgesamt vierzig. Das bekannteste ist das Paradoxon der **Dichotomie**, das dem des „schnellfüßigen Achilles" sehr ähnlich ist (→ **Sein und Nichtsein**). Es besagt, dass wenn ein beliebiges A ein beliebiges B einzuholen versucht, das sich in einer gewissen Entfernung befindet, A niemals B einholen wird. Muss doch A erst die Hälfte des Weges zurücklegen, dann die Hälfte des verbleibenden Abstands, dann noch die Hälfte von der Hälfte und ewig so weiter. Mit jeder Zeiteinheit wird der Abstand zwischen A und B immer kleiner, doch wird er nie gleich Null sein.

Zenon bewies, dass auch die **Vielheit** undenkbar ist. Wenn die Dinge nämlich vielfach wären, so wären sie von dazwischen liegenden Dingen getrennt. Doch erwächst daraus sofort ein Paradoxon, denn das, was vielfach ist, müsste einerseits endlich und zählbar sein (man kann immer eine gewisse Menge von Objekten zählen), und andererseits unendlich, weil die Vielheit wie gesagt impliziert, dass die Dinge von anderen Dingen getrennt sind, diese letzteren wiederum von anderen und so unendlich weiter. Es ist jedoch nicht möglich, dass ein und dieselbe Menge gleichzeitig endlich und unendlich ist. Deshalb sind die Dinge durchaus nicht vielfach, wie uns die Sinne glauben machen. Alles ist demnach eins, und die Welt ist wirklich die von Parmenides gepredigte Einheit, ohne Einzelteile im Innern.

Ein anderes Paradoxon, ein Kettenschluss, negierte die **Menge**: Man nehme ein Getreidekorn, dann zwei, drei usw., schließlich wird man einen Haufen haben. Doch von welchem Korn an hört die Menge auf, numerisch determiniert zu sein? Es ist nicht möglich, das festzulegen; deshalb ist der Begriff der Menge logischerweise undenkbar.

Eine kuriose Variante dieses Gedankens betrifft die Kahlköpfigkeit: Wie viele Haare sind notwendig, damit ein Kopf als kahl, glatzköpfig oder behaart bezeichnet wird? Eine weitere betrifft das Geräusch: Ein Korn, das auf die Erde fällt, macht keinen Lärm, ein Sack mit Körnern hingegen schon. Wie aber ist das möglich, wenn doch jede Menge an Korn immer aus einer Summe von Körnern besteht? Oder anders gesagt, wie kann der Lärm (des Sackes) aus einer Summe von Lautlosigkeiten (der einzelnen Körner) erzeugt werden?

Indem sie sich als Herausforderung des Denkens präsentierten, hatten die Paradoxa des Zenon eine entscheidende Funktion in der Philosophiegeschichte. Es stimmt zwar, dass man ihnen leicht widersprechen kann, wenn man die natürliche Welt beobachtet (wo Bewegung und Vielheit zweifellos existieren). Ihre Stärke liegt in der Rigorosität des Vorgehens, in der Schlüssigkeit des Gedankengangs.

Der Versuch, sie auf logischer Ebene zu lösen, sollte die griechischen Philosophen noch lange beschäftigen, insbesondere Demokrit (→ **Atom**) und Aristoteles (→ **Raum-Ort**).

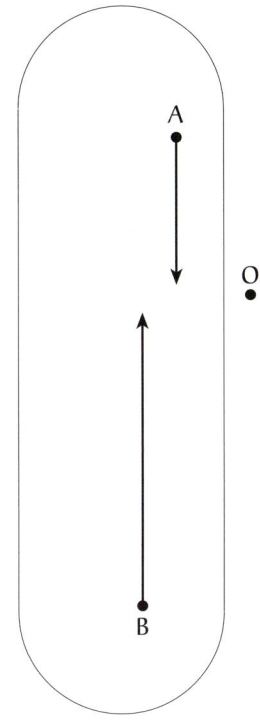

◀ *Das Stadion-Argument kritisierte die Vorstellung von Geschwindigkeit. Zwei Läufer (A und B) laufen aufeinander zu; wenn sie sich treffen, wird jeder von ihnen, da er den anderen schnell entgegenkommen sieht, meinen, sehr schnell zu laufen, doch ein externer Beobachter (O) wird nicht denselben Eindruck haben und die Geschwindigkeit der beiden Athleten ganz anders beurteilen. Demnach ist die Geschwindigkeit eine relative Größe, die vom Blickwinkel und dem Bewegungszustand dessen abhängt, der sie ermittelt. Dies war nach Zenon ein Paradoxon (für alle Griechen blieb die Geschwindigkeit ein absoluter Wert, einzig abhängig von der Stärke der Bewegung).*

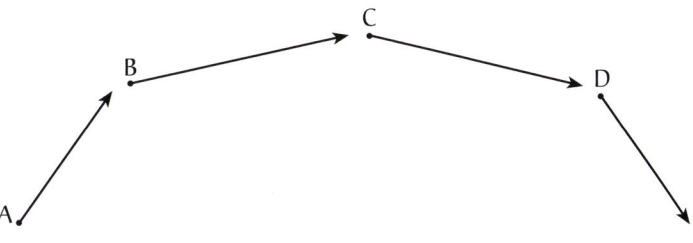

▲ *Der ruhende Pfeil. Würde der Raum von einem Pfeil durchquert, so wäre es möglich, diesen Raum in viele Abschnitte zu unterteilen, die jeweils genau der Pfeillänge entsprechen. In jedem dieser Abschnitte würde der Pfeil einen Raum einnehmen, der genauso groß ist wie er selbst. Es ist jedoch unmöglich, dass sich ein Ding innerhalb eines Raumes von gleicher Größe bewegt, weil es keinen Platz fände, zu dem es sich hinbewegen könnte; deshalb kann der Pfeil den Raum nicht durchqueren.*

◀ *Die Undenkbarkeit des Raumes. Wenn es einen Raum gibt und sich jedes Ding im Raum befindet, wie Parmenides' Verleumder behaupten, so müsste sich der Raum selbst, da auch er ein Ding ist, in einem anderen Raum befinden, in dem wiederum ein anderer Raum untergebracht ist, und ewig so weiter.*

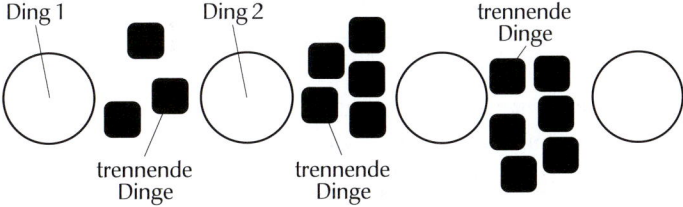

▲ *Auch die Vielheit ist undenkbar, weil die Dinge, wenn sie vielfach wären, von dazwischen liegenden Elementen getrennt sein müssten und diese von wiederum anderen – in einem grenzenlosen Unterteilungsprozess. Folglich würde eine endliche Anzahl von Dingen eine unendliche Zahl von Teilelementen erfordern.*

Empfindung

Parmenides, Metaphysik
Siehe auch: *Fähigkeiten der Seele*

Im philosophischen Sprachgebrauch bezeichnet „Empfindung" die nicht weiter teilbaren Elemente des Bewusstseins, die durch die Wirkung äußerer Reize auf eines der fünf Sinnesorgane hervorgerufen werden. Der Ausdruck wird gewöhnlich von dem damit in Beziehung stehenden und allgemeineren der „Wahrnehmung" unterschieden, der die Gesamtheit psychischer Funktionen bezeichnet, die es einem Subjekt ermöglichen, Informationen entweder über seine äußere Umgebung oder über den eigenen Seinszustand zu gewinnen (es gibt also keine Selbst*empfindung*, aber eine Selbst*wahrnehmung*, sowohl körperlich als auch geistig).

Der Wahrheitsgehalt, der diesen Formen der Wahrnehmung (die gewöhnlich der rein intellektuellen Wahrnehmung entgegengesetzt sind) beizumessen ist, und das Wesen des Wahrnehmungsprozesses waren zwei der meist debattierten Themen bei den Philosophen der Vergangenheit wie bei den modernen Wissenschaftlern, insbesondere bei den **Gestaltpsychologen** (→ **Gestalt**).

Im Allgemeinen wurde in der Antike die Empfindung vorwiegend als passiver Prozess angesehen: Sehen (oder fühlen, hören, riechen) bedeutet, Reize aufzunehmen, die von außen kommen, so wie ein Siegel seine Form in einem Wachsblock hinterlässt (oder, nach einem anderen berühmten Beispiel, wie der Fußabdruck sich im Sand abzeichnet).

Der erste Angriff auf die Wahrhaftigkeit der Sinneswahrnehmung ging mit der Entstehung des metaphysischen Denkens einher. Während die ersten Philosophen, die Ionier, auch wenn sie dazu keine ausdrückliche Theorie erarbeiteten, nicht am Erkenntniswert der Empfindung zweifelten (und sich allenfalls bemühten, ihre Leistungen zu verbessern), begann mit Parmenides eine systematische Kritik und Ablehnung. Nach Parmenides übertrifft das durch Wahrnehmung erworbene Wissen nicht das wandelbare und vertrauensunwürdige Niveau der *doxa* (Meinung). Der *doxa* ist die *Episteme*, die objektive und gut fundierte Einsicht, entgegenzusetzen, die nur auf intellektuellem Weg zu erlangen ist. Deshalb sind die sichtbaren Gegebenheiten, wenn ihnen eine rationale Wahrheit – wie bei den **Paradoxa des Zenon** (→) – entgegensteht, in einer schlechten Position. Der Intellekt darf sich nicht von Botschaften verführen lassen, die von den physiologischen Sinnen (Auge, Ohr) herrühren, die ihrem Wesen nach trügerisch und irreführend sind. Wollte man ihnen Glauben schenken, müsste man beispielsweise annehmen, dass die Erde flach sei, weil sie auf den ersten Blick hin so erscheint.

Platon, der die Überlegungen des Parmenides weiterentwickelte, sah in der Empfindung nur eine Anregung für die Anamnese (die Erinnerung an die perfekten Ideen, die von der Seele in der Welt der Ideen geschaut werden: → **Platonische Idee**).

Die Überzeugung von der Unzuverlässigkeit der Empfindung setzte sich in der Philosophie durch, begünstigt auch durch die große Vielfalt an (miteinander unvereinbaren) Theorien, die zur Erklärung des physischen Akts des Sehens erarbeitet wurden. Erst Aristoteles wertete die Empfindung auf, indem er auf ihr den gesamten Erkenntnisprozess gründete. Er nahm in gewisser Hinsicht die Theorien des modernen **Empirismus** (→) vorweg, indem er behauptete, dass es nichts im Intellekt gebe, was nicht – direkt oder in einer Umgestaltung – vom Sinn herkomme.

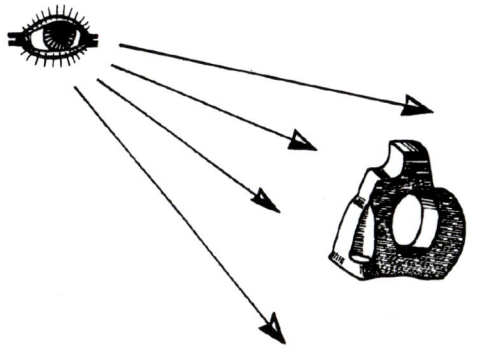

◄ *Pythagoras und Euklid behaupteten, dass auch die visuelle Empfindung ein Vorgang des Berührens sei: Vom Auge gehen fortwährend „Sehstrahlen" aus, welche die Umgebung wie Finger erforschen. Diese Strahlen werden aufgehalten, wenn sie auf einen Gegenstand treffen, während sie im leeren Raum frei umherschweifen.*

► *Die Atomisten (Demokrit, Lukrez) wählten dagegen das Modell des Geruchssinns: Von den Gegenständen sondern sich beständig winzige Materieteilchen* (eidola) *ab, die sich im Raum verbreiten. Die* eidola *sind zu klein, um einzeln wahrnehmbar zu sein, doch sobald sie ins Auge eindringen, belichten sie die Netzhaut wie eine fotografische Platte. Die Empfindung ist somit ein vollkommen passiver Vorgang.*

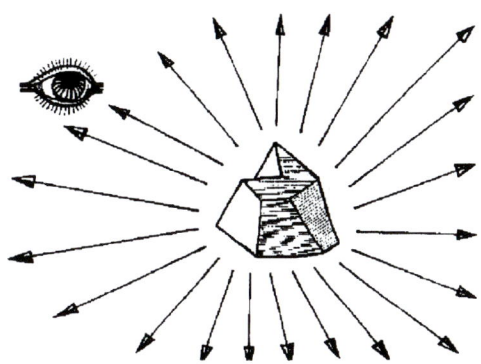

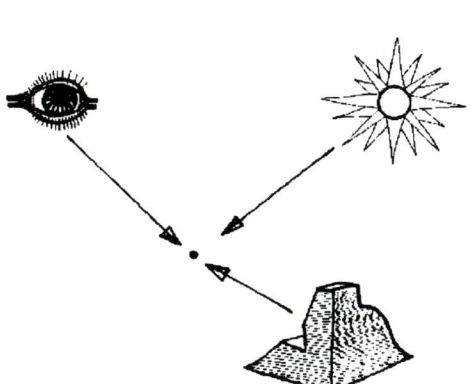

◄ *Von besonderer Komplexität war die von Platon erarbeitete Theorie: Das Sehen ist das Ergebnis der Interaktion der* Feuer, *die vom Auge, vom Objekt und vom Licht ausgehen. Platon beschrieb diese Feuer als eine Art* **Pneuma** (→), *eine warme und dünne Substanz, die mehr Energie als Materie ist.*

► *Im Mittelalter behauptete sich schließlich eine Theorie, die in der Mitte zwischen den beiden lag, verkümmert und voller Kompromisse. Man vermutete nämlich, dass Auge und Objekt über Ausströmungen unbestimmter Natur (kleine Geister, die den Augen entspringen und die bei den italienischen Dichtern des* Dolce Stil Novo *so beliebt waren) miteinander kommunizierten. Wie unbefriedigend solch eine Theorie war, geht aus der ironischen Frage Leonardos hervor, wie viele Geisterchen wohl einem Auge entspringen müssten, das den Sternenhimmel betrachtet.*

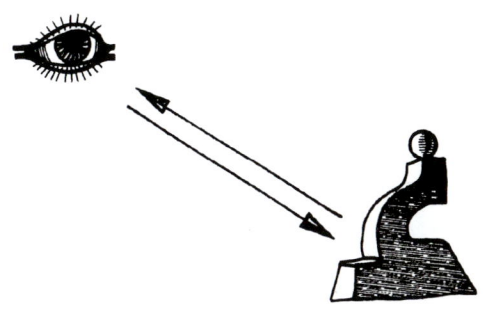

Elemente

Nachdem Thales das Wasser zur *Arché* (→) (den allerersten Anfang) erklärt hatte, Anaximenes die Luft und Heraklit das Feuer, nahm Empedokles die **vier Elemente** als den Ursprung an, wobei er zu den oben genannten noch ein **viertes** hinzufügte, nämlich die **Erde**. Wenn er auch die vier Prinzipien im Ganzen übernahm und damit den ontologischen Pluralismus begründete, der später von Demokrit zum Atomismus (→ **Atom**) weiterentwickelt wurde, so beurteilte Empedokles deren Wesen ganz anders. Im Unterschied zur *Arché*, die sich nach ionischer Auffassung wandelt und eben damit alle Dinge hervorruft, bleiben seine Elemente (die er vorzugsweise als „**Wurzeln des Seins**" bezeichnete) stets qualitativ beständig und unverändert.

Die vier Wurzeln sind unvergänglich und *ungeworden,* nicht dem Werden unterworfen außer durch Vergrößerung oder Verkleinerung der Masse, wenn sie zu einer Einheit verschmelzen oder sich trennen. Die Vielfalt der natürlichen Substanzen erklärt sich aus einer unterschiedlichen Mischung der vier Urkomponenten und alle Phänomene des **Werdens** (→) aus ihrem Sich-Vereinen und Sich-Trennen. Jedes Element stimmt nur zum Teil mit der Materie überein, nach der es sich nennt. Die Seinswurzel „Feuer" ist etwas mehr und etwas anderes als der schlichte Verbrennungsprozess, weil sie eine breite Palette von Naturphänomenen umfasst: Flamme, Licht, Wärme, Körpertemperatur (Fieber), biologische Fermentation usw.

Sogar bestimmte Gefühle zeigen eine Verbindung zum Feuer: Das Gemüt, vor allem bei einem feurigen Individuum, kann sich erwärmen, vor Liebe brennen, vor Wut kochen, für ein Ideal entflammen, (zu Eis) erstarren oder kühl sein.

Die Wurzeln zeigen eher einen **Wesenszustand** als eine spezifische Substanz an: Die Luft umfasst all das, was in gasförmigem Zustand ist (hat demnach auch einen leichten Charakter), die Erde das, was kompakt und solide ist, das Wasser all jenes, was zumindest potenziell in einen flüssigen Zustand überführbar ist, einschließlich der Metalle also, deren Schmelzbarkeit sich aus einem (unsichtbaren) Wasseranteil erklärt. Nebel und Wasserdampf dagegen stellen Erscheinungsformen der Luft, das Eis eine Erscheinungsform der Erde dar.

Nach Empedokles hängen sogar die psychologischen Qualitäten des Individuums von seiner elementaren Zusammensetzung ab.

Das Talent, das manch einer für bestimmte Fähigkeiten zeigt, erklärt sich aus einer perfekten Mischung (griech. *krasis*) der Elemente im betreffenden Teil des Körpers. Ein guter Redner verfügt über eine sprachliche *krasis* (eine für die Redekunst besonders geeignete Zunge), der Maler über eine gute Hand, der Fußballspieler über eine besonders wirksame *krasis* des Fußes.

Der metaphysischen Bezüge entledigt, die ihr Empedokles beigemessen hatte (der im Übrigen auch eine mythologische Nebenbedeutung nicht zurückwies, wobei er Zeus im Feuer, Hera auf der Erde, Aidoneus in der Luft und Nestis im Wasser ansiedelte), wurde die Doktrin der vier Elemente von der griechischen Welt als fundamentale Wissenschaftstheorie übernommen und bildete die Grundlage für eine breite Palette von Wissenschaften wie der Medizin der **Körpersäfte** (→) oder Platons **Stereometrie** (→).

▼ *Die Vorstellung, die Natur sei als eine Kombination der Grundelemente zu erklären, gibt es in verschiedenen Kulturen. Bei tibetanischen Tempeln (Stupa) spielt das Übereinanderstellen der Formen (links) auf Erde, Wasser, Feuer und Luft an. Der Halbmond verweist auf das Holz, das von der chinesischen Kultur als fünftes Element angenommen wird. Beziehungen zu den vier Elementen finden sich auch im Bildschmuck griechischer Keramik, deren stilisierte Formen rechts abgebildet sind.*

▼ *Die von vier Tieren symbolisierte Verwandlung der vier Elemente in einer alchemistischen Darstellung des 16. Jh.s.*

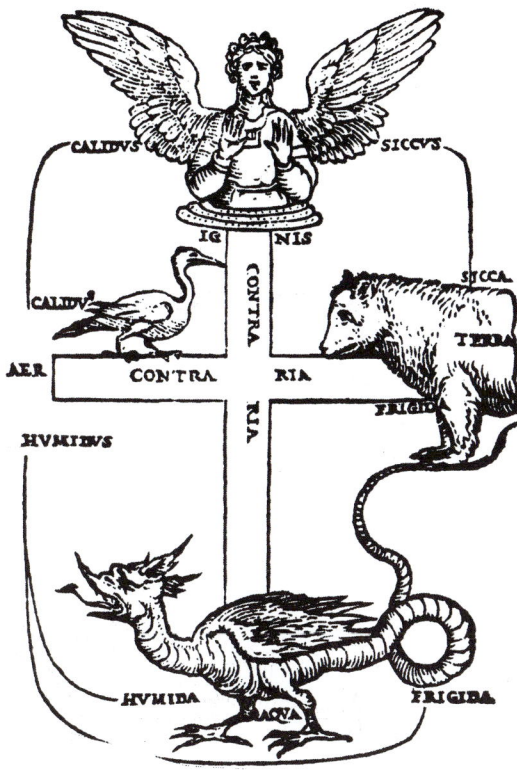

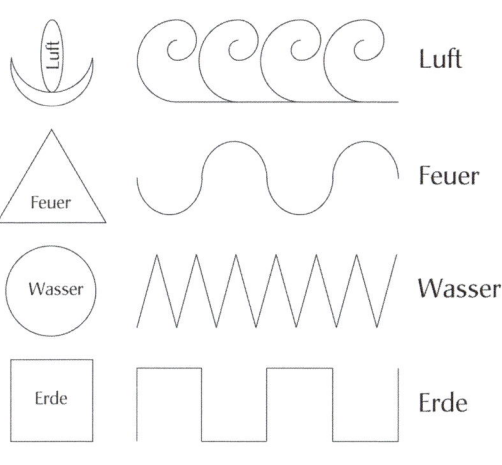

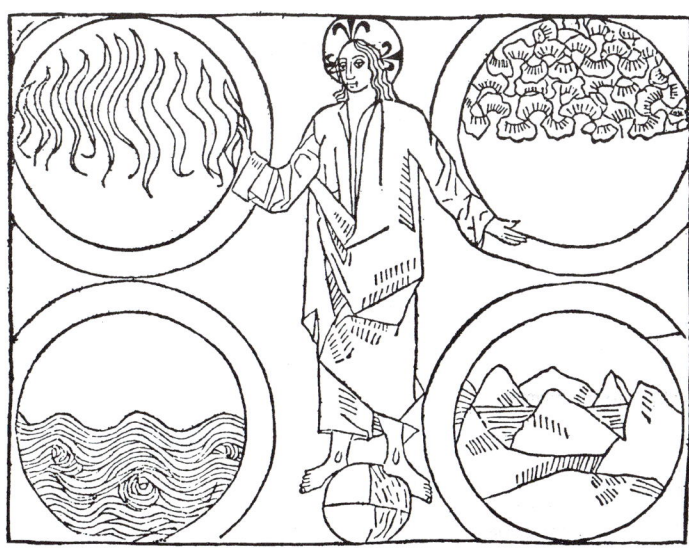

◀ *Gott erschafft die Welt durch die Kombination der vier Elemente (16. Jh.). Die Vorstellung, dass die Natur in allen ihren Erscheinungsformen aus einer besonderen Mischung der vier nicht zerlegbaren Grundelemente erklärbar sei, hatte bis zum Anfang des 19. Jh.s, d.h. bis zur Entdeckung des Sauerstoffs und der daraus folgenden Entstehung der modernen Chemie, wissenschaftlichen Anspruch.*

73

Hass und Liebe

Empedokles
Siehe auch: *Wettkampf, Elemente, Körpersäfte*

Empedokles zufolge wird das von Heraklit entdeckte ständige **Werden** (→) der Welt vom Zusammenwirken von vier **Elementen** (→) oder „Wurzeln des Seins" verursacht: Erde, Luft, Wasser und Feuer. Im Unterschied zur *Arché* (→) der Ionier, die sich qualitativ wandelt und dadurch der Welt zum Ursprung verhilft, sind die Wurzeln unvergänglich, unwandelbar, qualitativ unveränderlich. Die Bewegung (das Werden) hängt nämlich von der Wirkung zweier kosmischer Kräfte ab, zwischen denen Symmetrie und Gegensatz herrscht. Die Liebe (Freundschaft) ist „das, was zusammenhält", was danach strebt, die vier Elemente miteinander zu vereinen; der Hass (Zwietracht) ist „das, was zu trennen versucht". Es gibt keine moralisierende Nebenbedeutung in dieser Theorie. Liebe und Hass sind physische und objektive Naturkräfte von göttlichem Wesen und kosmischer Dimension (sie sind durchaus keine Synonyme der christlichen Begriffe des „Guten" und „Bösen").

Nach Empedokles sind sowohl Liebe als auch Hass notwendig, damit sich Leben verwirklicht. Der kosmische Zyklus der Welt, der sich nach einem Prinzip der **ewigen Wiederkehr** (→) entwickelt und stirbt, sieht das Aufeinanderfolgen von vier Phasen vor. In der ersten bringt die absolute und unangefochtene Herrschaft des Liebesprinzips die vollkommenste Einheit hervor: Leben ist noch nicht möglich, da alle Elemente vereint sind, miteinander verbunden in vollständiger Harmonie, die auch die Unmöglichkeit von Bewegung bedeutet. Die Welt ist in dieser Phase kompakt, homogen, gleichförmig und notwendigerweise kugelförmig, da die Kugel unter den Körpern die größte Kompaktheit aufweist. Leben ist aber auch im entgegengesetzten Zustand nicht möglich, in dem das Vorherrschen des Hasses eine allgemeine Zersplitterung bewirkt: Im totalen Chaos gelingt es den Elementen nicht, sich zu spezifischen Dingen zu verdichten. Indes ist Leben in den beiden Zwischenzuständen möglich, in denen sich die beiden entgegengesetzten Prinzipien ausgleichend gegenüberstehen: Die Lehre des Empedokles folgt somit philosophisch dem Vorbild des **Wettkampfes** (→).

Von der Theorie der vier Wurzeln und der zwei kosmischen Prinzipien leitet sich Empedokles' **Erkenntnislehre** ab, nach der „Gleiches von Gleichem erkannt wird": Wir nehmen das Element Erde nur deshalb in der Umwelt wahr, weil auch wir aus Erde gemacht sind; wir nehmen Hass und Liebe wahr, weil die beiden antagonistischen Kräfte in jedem von uns vorhanden sind.

Von diesen Voraussetzungen leitete Empedokles auch eine Theorie von der **Entstehung des Menschen** ab, die in gewisser Weise die Vorstellung der **Evolution** vorwegnimmt. Nach Empedokles ist die gegenwärtige Form menschlicher Lebewesen das Ergebnis einer fortschreitenden Selektion: In den Anfängen des gegenwärtigen kosmischen Zyklus, als die Wirkung des Hasses die ursprüngliche Sphäre aufzulösen begann, irrten die Teile, aus denen die Lebewesen zusammengesetzt sind, voneinander verschieden und getrennt im Kosmos umher. So fand sich beispielsweise die Schnauze eines Ochsen weit entfernt und unabhängig von Hörnern und Schwanz. Unter dem Einfluss der Liebe begannen diese Teile sich zufällig zu vereinen, wodurch sie Monster hervorbrachten (eine im Raum umherirrende Ochsenschnauze konnte sich mit einem Ohr, einem Mund oder irgendeinem andern Organ vereinen). Nur aus der Selektion dieser Ursprungsformen (von denen viele verschwunden sind, weil sie zum Überleben ungeeignet waren) sollen die gegenwärtigen Tierarten entstanden sein, und auch der Mensch.

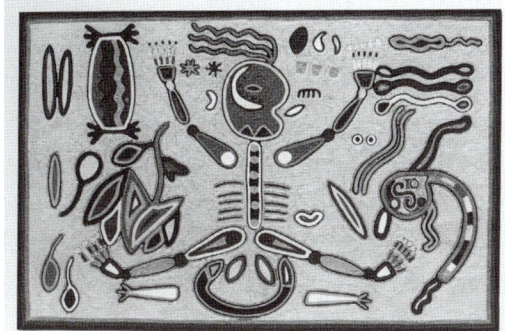

◀ *Empedokles stand zwischen Philosophie und antik-schamanischer Tradition (→ **Schamanismus**). „Ich wurde bereits einmal Knabe, Mädchen, Pflanze, Vogel und stummer Fisch", behauptete er und spekuliert über eine göttliche Herkunft: „Von welchem Range, von welcher Größe des Glückes wurde ich herabgestürzt, um hier auf der Erde umher zu irren!" Empedokles' Vision von der Explosion des Körpers und der Zerstreuung der Körperteile im All wird von den Schamanen (hier ein Gemälde aus Mexiko) häufig zitiert und dargestellt.*

▲ *Die griechische Mythologie hatte keinen besonderen Hang zur Erfindung monströser Wesen (die Gorgo ist eine der wenigen Ausnahmen). Jedoch entwickelten die Griechen dazu eine umfangreiche Anthropologie, wobei sie sich die Existenz „abnormaler" Völker in den entlegensten Ländern vorstellten. Von links: ein Einfüßler, zwei Doppelköpfe, ein Kopfloser und ein Hundskopf.*

▶ *Die Evolutionstheorie von Empedokles rechtfertigte genetische Missbildungen und vermutete die Existenz von Monstern (noch unvollständig zusammengesetzten Wesen). Die griechische Kultur vermutete die Existenz derartiger Völker an den Weltgrenzen, etwa die Skiapoden, Wesen mit nur einem einzigen Fuß, groß genug um als Sonnenschutz dienen zu können.*

Körpersäfte

Empedokles, Medizin
Siehe auch: *Elemente, Hass und Liebe, Wettkampf*

Im Zusammenhang mit der Theorie der vier **Elemente** (→) ausgearbeitet, bildete die Lehre von den Körpersäften die Grundlage der antiken Medizin und Psychologie. Es ist unmöglich, die Urheberschaft zu bestimmen, weil sie sich Schritt für Schritt aus aufeinander folgenden Beiträgen entwickelt hat.

Auf die Pythagoreer und ihre **Zahlenmystik** (→) geht das Grundprinzip der „tetradischen" (vierfachen) Einteilung zurück: Es gibt vier Jahreszeiten, Lebensalter (Kindheit, Jungend, Reifezeit, Alter), vier zentrale Organe des Körpers (Gehirn, Herz, Nabel, Phallus) und der Seele (Intellekt, Intelligenz, Meinung, Empfindung). Im 5. Jh. v. Chr. fügte der pythagoreische Arzt Alkmaion von Kroton eine neue, fundamentale Vierzahl hinzu (kalt, warm, feucht, trocken) und formulierte das Grundprinzip der antiken Medizin. Die **Gesundheit** ist demnach ein Zustand der **Proportion** (→), eine gut ausgewogene Mischung dieser vier Eigenschaften, Krankheit dagegen ist das Vorherrschen einer einzelnen. Jedes Leiden (mit Ausnahme von Verletzungen) wurde demnach als Folge eines inneren Ungleichgewichts des Körpers betrachtet. Die alternative Hypothese, die in der Krankheit eine Reaktion auf eine schädliche Einwirkung von außen sieht, hat sich erst in moderner Zeit durchgesetzt.

Der Arzt Polybios, Schwiegersohn des Hippokrates (*Von der Natur des Menschen*, 410 v. Chr.), setzte die vier Grundprinzipien in Relation zu den Körpersäften, jenen flüssigen Substanzen, die im Körper zirkulieren und deren Beschaffenheit eng von dessen Physiologie abhängt: **Blut, gelbe Galle, schwarze Galle, Phlegma**, die dem Warmen, Kalten, Feuchten und Trockenen entsprechen.

Die Körpersäfte können vom Arzt in den flüssigen Körperausscheidungen erkannt und analysiert werden. Die antike Diagnostik beruhte fast aus-

schließlich auf der Analyse des Erbrochenen (das in seinem Säureanteil gelbe und im bitteren Bestandteil schwarze Galle aufweist); des Spermas, in dem das Phlegma zu beobachten ist; des Blutes und auch des Speichels, der Exkremente, der Tränen, des Schweißes, der Nasen- und Rachenauswürfe und ganz besonders des Urins (dessen Untersuchung bis in die Neuzeit das wichtigste diagnostische Mittel des Arztes blieb).

Nach dieser medizinischen Theorie macht das Vorherrschen der kalten Körpersäfte (Folge eines Übermaßes an schwarzer Galle und Phlegma) anfällig für chronische Krankheiten, ein Übermaß an Blut oder gelber Galle dagegen für akute Erkrankungen. Die Wiederherstellung des Gleichgewichts wurde mithilfe von reduzierenden Eingriffen erreicht, mit Salzbädern (um die Kraft des Blutes zu verringern), Abführmitteln, Schwitzbädern, Abhusten, Erbrechen, aber auch durch angemessene Diät und ein richtiges Verhalten gegenüber der Umwelt. Die Körpersäfte verändern sich nämlich in enger Abhängigkeit von Ernährung, Atmung und Lebensqualität; sie sind abhängig vom Verhältnis des menschlichen Körpers (einem Mikrokosmos **→ Mikrokosmos / Makrokosmos**) zu Natur, Zeit und Geschichte. Das Gleichgewicht, aus dem die Gesundheit erwächst, ist – mehr noch als physiologisch – umweltbezogen, diätetisch, ökologisch und sogar politisch. In der Tat besagt eine der bekanntesten Maximen der hippokratischen Medizin: „Die Demokratie bringt gesunde Bürger hervor, die Tyrannei kranke Untertanen."

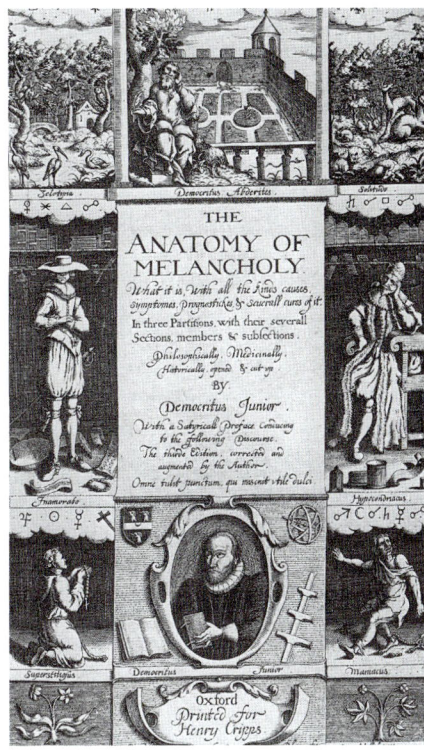

▲ Auf diesem Kupferstich von Dürer, einer Abbildung der
Melancholie *(1514)*, ist der typische Zustand der Depression
dargestellt, wie er der antiken Überzeugung zufolge von einem
Übermaß an (schwarzer) Galle hervorgerufen wird. Man glaubte,
dass die Melancholie mit großen kreativen Fähigkeiten verbunden
sei. Sie war das typische Leiden der Menschen mit **Genie** (→).

▲ Frontispiz aus einem Traktat von 1628
(Robert Burton The anatomy of melancholy*)*,
in dem die verschiedenen Krankheiten des
Menschen (Mikrokosmos) im Verhältnis zu den
Gestirnen (Makrokosmos) beschrieben werden.

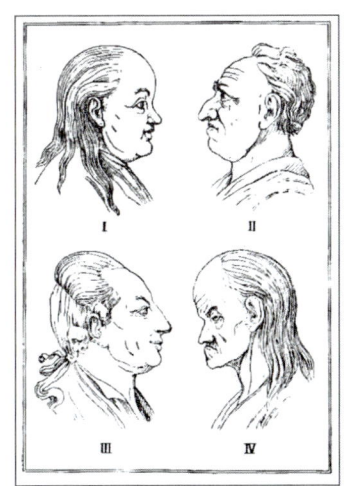

◄ Auf der Grundlage der Lehre von den Körpersäften konstruierte die antike
Medizin eine **Psychologie der „Temperamente".** Alle Individuen lassen sich
unter vier Grundtypen einordnen. Neben dem bereits erwähnten **Melancho-
liker** *(kalt, trocken und labil, oft depressiv, aber intellektuell begabt)*, gab
es die Typologie des **Cholerikers** *(warm-trocken, mit einem Übermaß an
gelber Galle, aufbrausend und scharfsinnig, dem Feuer, dem Sommer und der
Jugend entsprechend)*, des **Phlegmatikers** *(kalt-feucht, träge und herbstlich)*
und des warm-feuchten **Sanguinikers.** Letzterem entsprachen Einfältigkeit
und Dummheit auf psychologischer Ebene, Luft, Frühling und Kindheit auf
natürlich-makrokosmischer Ebene. *(I Das phlegmatische, II das cholerische,
III das sanguinische, IV das melancholische Temperament.)*

Atom

Demokrit
Siehe auch: *Plenum/Vakuum, Determinismus, Materialismus*

Der Versuch, die **Paradoxa des Zenon** (→) zu lösen, die die Existenz von Bewegung und Raum negierten, ließ Demokrit zu der Vorstellung gelangen, dass es bei der Teilung von Raum und Materie eine unüberwindliche Grenze gebe: Die fortschreitende Zerlegung führt zu einem **A-tom** (wörtlich: ein „unteilbares" Element), über das man nicht hinausgehen kann.

Da es weder zerbrochen werden, noch Teile, Brüche oder Unterschiede zwischen Innerem und Oberfläche haben kann, ist das Atom unzerstörbar und demnach unveränderlich und homogen. Es ist außerhalb jeder Umwandlung und steht dem **Werden** (→) fern, es ist unvergänglich und unentstanden. Abgesehen von der Vielheit (Demokrit zufolge ist die Zahl der Atome unendlich) offenbart es in aller Deutlichkeit die Eigenheiten des allein Seienden, wie es von Parmenides verkündet wurde.

Die Atome haben weder Farbe, Temperatur noch sonstige wahrnehmbare Eigenschaften. Das Wesen der Substanzen hängt einzig von deren **Form** ab. Demokrit erläuterte die Unterschiede zwischen den Elementen (Erde, Luft, Wasser, Feuer) anhand formaler Charakteristika der Atome, aus denen sie zusammengesetzt sind. Das Feuer und alle Erscheinungen von Wärme beruhen auf der pyramidalen, instabilen und flüchtigen Konfiguration einer bestimmten Art von Korpuskeln. Luft, Gase und Dämpfe bilden sich aus hexagonalen Atomen. Besonders glatte und runde Atome bilden das Wasser, die stabilsten, kubischen die Erde.

Den vier **Elementen** (→) wird ein fünftes, der **Äther**, hinzugefügt, jene materielle Substanz, die die Himmelswelt, das Denken, die Intelligenz, das **Pneuma** (→) formt. Nach Ansicht Demokrits, der stets ein ausgeprägtes Desinteresse für theologische, religiöse, politische und soziale Probleme zeigte, sind sogar die Götter aus diesen besonderen, äußerst feinen, leichten und unbeständigen Partikeln zusammengesetzt. Auch der Geist ist aus Atomen gemacht, er ist eine psychische Materie. Es handelt sich hier um die erste philosophische Darstellung des Materialismus, demzufolge alles Existierende ohne Ausnahme als eine Kombination aus atomaren Grundtypen zu erklären ist.

Im Atomismus wird der Einfluss der **alphabetischen Schrift** deutlich, deren Verbreitung in der zweiten Hälfte des 5. Jh.s ihren Höhepunkt erreichte. Die Atome verbinden sich nämlich miteinander wie die Buchstaben des Alphabets, wobei sie je nach der Position, in der sie sich zu ihrer Umgebung befinden, eine bestimmte Bedeutung annehmen. Letztlich sind alle natürlichen Dinge und Wesen abhängig von
• der **Form** der Atome, aus denen sie gebildet werden, so wie der Buchstabe A sich vom Buchstaben N unterscheidet;
• ihrer **Position**, da ein und dasselbe Atom eine unterschiedliche Rolle spielt, je nachdem, ob es horizontal oder vertikal angeordnet ist, so wie der Buchstabe N eine andere Bedeutung hat als Z;
• ihrer **Ordnung**. Die atomare Sequenz AN unterscheidet sich von NA so wie die Worte ROMA – AMOR oder AMPEL – LAMPE. Auf diese Weise kann eine begrenzte Anzahl von Atomen die Komplexität der Welt erklären, so wie einundzwanzig Buchstaben ausreichen, um alle Wörter zu bilden.

▼ *Verschiedene Typen von Atomen in zwei zeitgenössischen Illustrationen. Demokrit erklärte das Phänomen der Kohäsion der Körper (der Kraft, die die Materie zusammenhält) anhand der besonderen Form eines bestimmten Typs von Atomen, die in der Lage sind, sich aneinanderzuheften.*

◀ *Aus dem* Skizzenbuch *von Paul Klee. In seinem Philosophiekurs an der berühmten deutschen Bauhaus-Schule benutzte der Maler dieses Schema, um das Konzept der fortschreitenden Teilbarkeit des Raumes zu illustrieren. Dieselbe Struktur, mit Ergänzungen von Farbe und anderen überlagerten Formen, lässt sich in vielen seiner Gemälde wieder finden.*

◀ *Darstellungen des Atoms von Nicolas Hartsoeker (1659–1725). Die Wiederaufnahme des antiken Atomismus war ein wichtiger Faktor in der modernen Wissenschaftsrevolution. 1696 glaubte der erwähnte Naturalist, einer der ersten Wissenschaftler, der sich des Mikroskops bediente, diese Formen in den Materieteilchen zu erkennen, winzigen atomaren Elementen der Materie.*

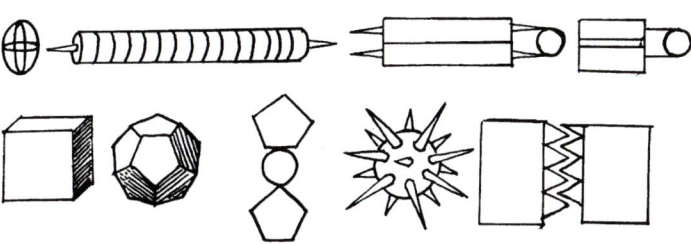

Determinismus

Demokrit, Atomismus
Siehe auch: *Kartesianischer Deduktionismus*

Der philosophische und wissenschaftliche Determinismus behauptet, dass zwischen allen Naturphänomenen eine notwendige Verbindung existiert, die auf dem Prinzip von **Ursache und Wirkung** (→) beruht. In der Philosophiegeschichte ist der Gegensatz zum Determinismus nicht so sehr der Indeterminismus gewesen, d. h. die Vorstellung, dass es keine Verbindung zwischen den Phänomenen gibt und alles durch **Zufall** (→) geschehe, als vielmehr der **Finalismus**, die Vorstellung, dass die Verbindung nicht kraft der Ursachen existiere (die ihrem Wesen nach immer auf die Vergangenheit bezogen sind), sondern kraft des **Zieles** (lat. *finis*), das jede Sache anstrebt. (Der Finalismus unterstellt der gesamten realen Welt einen intentionalen, auf ein Ziel gerichteten Charakter, wie er für menschliche Handlungen typisch ist.).

Vom Atomismus ausgehend formulierte Demokrit als Erster das Dogma vom Determinismus: Die rein materiellen Atome sind unabhängig und indifferent gegenüber dem Raum, den sie durchqueren; die Bewegung, die sie antreibt, besteht aus automatischen, kühlen, unpersönlichen und notwendigen Prozessen. Die Welt ist in ihren Mechanismen gut konstruiert und folglich rational: Alles, was sich ereignet, ist die Wirkung einer präzisen Ursache, und wenn uns dies oftmals nicht deutlich wird, so nur wegen unserer Ignoranz. Die Atome haben jedoch weder Zweck noch Ziel; ihre Unruhe ist nicht das Ergebnis eines Vorhabens, eines Eingriffs höherer Intelligenz oder Gottes. Die Welt entwickelt sich nicht auf ein Ziel hin, wird nicht von irgendeinem äußeren Prinzip beherrscht und hat grundsätzlich keinen Sinn.

Während des Mittelalters wurde der Determinismus wegen des Verdachts angefeindet, eine atheistische Theorie zu sein. Zu Beginn der Neuzeit (vom 17. bis zum 19. Jh.) lebte er mit großer Kraft wieder auf, in enger Verbindung mit der Entstehung des **Mechani**zismus (→). Den ersten neuzeitlichen Wissenschaftlern erschien die Lehre des Demokrit nämlich als das beste theoretische Instrument zur Überwindung der animistischen, magischen oder finalistischen (teleologischen) Vorstellungen von der Natur.

Demokrit zufolge liegt der Grundmechanismus, durch den die Materie sich strukturiert, in der Tätigkeit der **Wirbel**. Auch wenn man sich über die tatsächliche Natur dieser dynamischen Prozesse häufig uneinig war (z. B. bei der Entscheidung, ob dabei die zentrifugalen oder die zentripetalen Triebkräfte überwiegen), so ist doch der Wirbel wegen seines Automatismus und der ihm eigenen Notwendigkeit von den deterministischen Philosophen aller Epochen geschätzt worden.

Im 17. Jh. griff Descartes noch auf diesen Begriff zurück, um eine Reihe von Phänomenen zu erläutern, z. B. den planetarischen Umlauf, die Gravitation, den Magnetismus.

Es gibt kein leitendes Prinzip und auch keine endgültige Bestimmung in der Aktivität eines Wirbels, sondern nur Folgen, die von keiner extern lenkenden Kraft oder Kapazität geplant sind. Damit sich ein Wirbel bildet, bedarf es bloß eines leeren Raumes: Die Atome strömen massenweise dorthin, stoßen zusammen und verursachen eine Drehbewegung. Der Wirbel drängt die leichteren Atome an die Peripherie, die schwereren ins Zentrum, er komprimiert sie, wodurch sich kompakte Gebilde formen, aus denen Körper entstehen usw. Auch wenn nichts ein Ziel hat, geschieht doch alles aus Notwendigkeit.

▶ *Atomismus, Determinismus und die Theorie von den Wirbeln erlangten erneut große Aktualität mit der Geburt der modernen Wissenschaft im 16. und 17. Jh. Die Abbildung zeigt die Wirbel, die nach Ansicht der kartesianischen Wissenschaftler das ganze Universum ausfüllten und dabei die Bewegung der Himmelskörper bestimmten. (Abb. aus René Descartes* Principia philosophiae, *1644)*

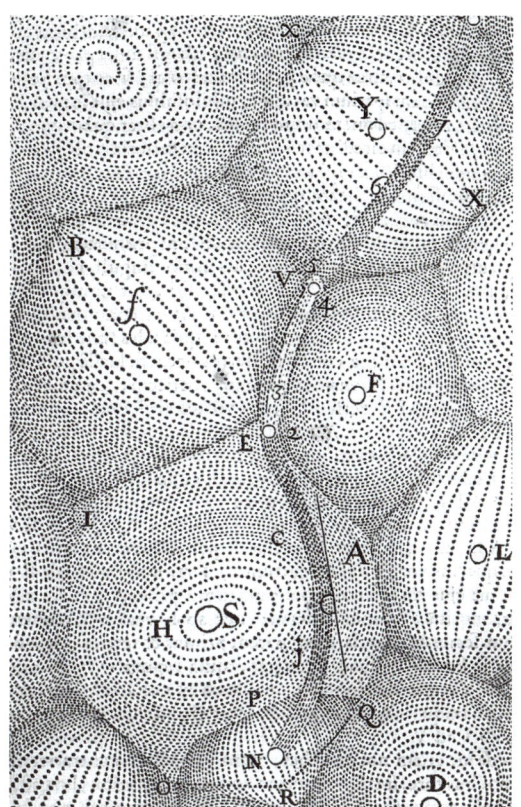

▲ *Mythologische Darstellung des Zufalls: Merkur, mit vier Flügeln, hält die Waage auf einer Klinge empor und setzt einen Fuß auf eine Schale.*

 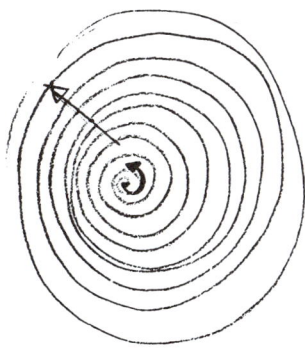 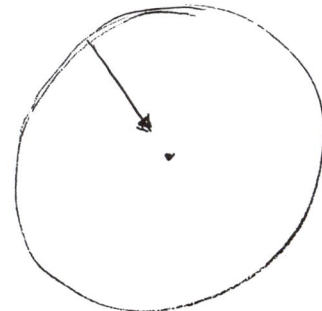

▲ ▲ ▲ *Die Entstehung des Universums, dargestellt von dem Maler Paul Klee, folgt der Theorie Demokrits:*
*• Das Ganze beginnt mit einem Zustand des **Chaos**, in dem die Atome in alle Richtungen driften, wie der Staub in der Luft, der bei einem durch die Fenster dringenden Sonnenstrahl sichtbar wird (links).*
*• Mit dieser ursprünglichen Bewegung beginnt ein Mechanismus, der **Wirbel**, der die Materie ordnet, teilt und strukturiert bis hin zur Ausprägung der Körper (Mitte).*
*• Aus der Wirbelbewegung folgt das **Sich-Vereinigen der Atome** zu Gebilden von hoher Dichte, d. h. zu Individuen und Dingen (rechts).*

Sophisten

Protagoras, Gorgias
Siehe auch: *Sokratischer Humanismus, Rätsel*

Die Sophisten (von griech. *sophia* [Weisheit]: „kluge, geschickte Männer", sowohl in positivem wie in negativem Sinn gebraucht), leugneten die Existenz einer äußeren und von den menschlichen Auseinandersetzungen unabhängigen Wahrheit, wobei sie drei Grundthesen vertraten:

• **Phänomenalismus** (→): Die Realität ist nicht direkt erkennbar, sondern nur in ihren Erscheinungen (Phänomenen).

• **Subjektivismus** oder **Relativismus**: Jede Erkenntnis ist vom Subjekt abhängig.

• **Skeptizismus**: Es ist unmöglich, über die Wahrheit oder Unwahrheit irgendeiner These zu entscheiden. Diese Thesen wurden von Protagoras, 491 v. Chr. in Abdera geboren, meisterhaft in einem berühmten Ausspruch zusammengefasst: „**Der Mensch ist das Maß aller Dinge.**" Und Platon zitiert ihn im *Theaitet* weiter mit dem Satz: „Wie mir ein jedes Ding erscheint, so ist es für mich, und wie es dir erscheint, ist es für dich." Folglich existieren **nur Meinungen, keine Wahrheit**: Jedes Subjekt urteilt stets auf der Grundlage der eigenen Erfahrung, ohne die Möglichkeit, objektive Aussagen zu machen.

Der 490 v. Chr. in Leontinoi (Sizilien) geborene Gorgias ging noch weiter und riss in einem einzigartigen nihilistischen Schwung (→ **Nihilismus**) sowohl die Ontologie nieder, die behauptete, dass „nichts existiert", als auch die Erkenntnislehre, die behauptete, dass, „wenn etwas existierte, es nicht gedacht werden könnte", als schließlich auch die Logik (und selbst die Möglichkeit einer Kultur): „Wenn eine Sache existierte und sogar denkbar wäre, wäre sie doch in keiner Weise mitteilbar."

Die sophistische Aufforderung, das zu glauben, was man möchte, führte zur Auflösung der Vorstellung von der Wahrheit selbst und zu heftigen Reaktionen zunächst bei Sokrates, dann bei Platon. Allerdings hatte die Härte des Streits zwischen den beiden Philosophen und den Sophisten auch andere Ursachen. Tatsächlich stellte die sophistische Bewegung etwas absolut Neues dar. Die Sophisten verstanden die Tätigkeit des Philosophen nicht als eine Suche nach der Wahrheit (weil es keine Wahrheit zu finden gab), sondern als einen Beruf, der überdies sehr einträglich war. Die größten Erträge brachten die Lektionen über **Rhetorik** (→), die den jungen, an politischer Karriere interessierten Athenern angeboten wurden. Im Bedarfsfall wandelten sich die Sophisten zu **Logografen** (wörtlich: „Redenschreiber"), wobei sie Aufgaben erfüllten, die heutzutage dem *Ghostwriter* oder dem Anwalt zukommen. Vor den attischen Gerichten musste sich jeder selbst verteidigen und die Angeklagten, die keine guten Redner waren, beschränkten sich darauf, das vom Logografen vorbereitete Plädoyer vorzulesen.

Eine weitere Besonderheit, die Sokrates für skandalös hielt, war die Vermischung von Philosophie und Spektakel. Diese „Berufsdenker" liebten es, bei öffentlichen Demonstrationen ihre Fähigkeiten zu demonstrieren: Sie erklärten sich bereit, aus dem Stegreif eine Rede über ein Thema zu halten, das ihnen vom Publikum gestellt worden war, oder sie beteiligten sich an Wettkämpfen in Beredsamkeit oder Gedächtnisleistungen. Das von den Sophisten bevorzugte Spektakel war die rhetorische Darstellung von **Antinomien** (Widersprüchen von Gesetzen, Behauptungen usw.) Es bestand darin, dass die Zuschauer zunächst mit schlagkräftigen Argumenten von irgendeiner These überzeugt wurden, um dann mit ebenso triftigen Argumenten die gegenteilige These vorgeführt zu bekommen (und so die Strittigkeit jeder These zu demonstrieren).

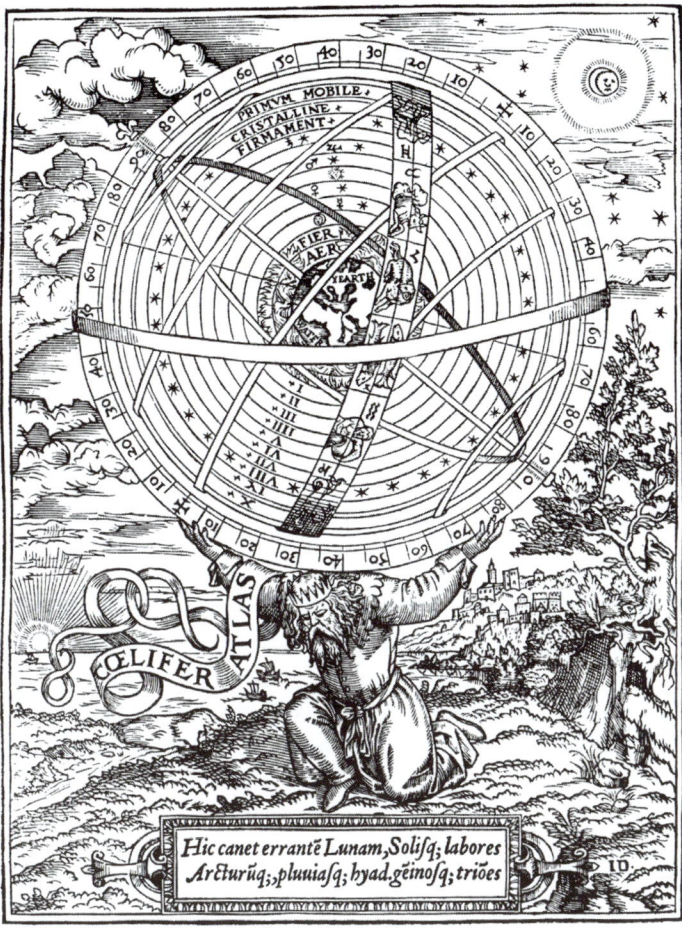

Hic canet erranté Lunam, Solisq; labores
Arcturúq;, pluuiasq; hyad.gēinosq; triões

◀ Die Vorstellung des Protagoras, dass der Mensch das Maß aller Dinge sei, wurde gewöhnlich mit der Figur des **Atlas** dargestellt, der auf den Schultern das gesamte Universum trägt. – Indem die Sophisten erstmals die Forschung von der Natur auf den Menschen verlagerten, gaben sie dem philosophischen Denken eine neue Richtung und trugen zur Geburt des **Sokratischen Humanismus** (→) bei.

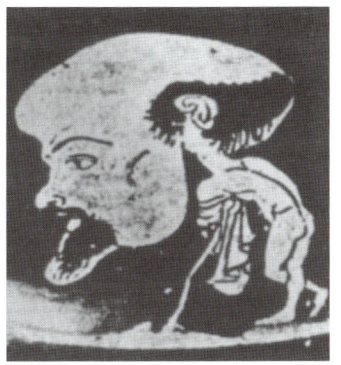

▼ ▼ Die Polemik, die sich an der von den Sophisten eingeführten Professionalisierung der Philosophie entzündete (sie gaben Unterricht nur gegen Bezahlung), wird von zahlreichen Karikaturen auf Vasenmalereien bezeugt. Die Sophisten werden mit einem Schädel wiedergegeben, der auf jeder Seite angeschwollen ist, als würde er wegen der vielen und tiefschürfenden Gedanken, die in ihm wohnen, gleich zerplatzen.

▲ Das für die Sophisten typische Bedürfnis, die Zuhörerschaft mit exzentrischen Thesen in Erstaunen zu versetzen, bewog Gorgias, einen Lobpreis auf Helena zu schreiben, einen kurzen Aufsatz, worin er die Schuldlosigkeit der Frau behauptet, die mit ihrem Ehebruch den Trojanischen Krieg verursacht hatte. Gorgias' Argument ist typisch sophistisch: Helena wurde von der Rhetorik des Paris überzeugt, ihren Ehemann Menelaos zu betrügen (die Zeichnung nimmt die Szene von einer Keramik auf, in der der junge spartanische Prinz die Frau mit sich zieht). Worte haben nämlich die Macht, den mitzureißen, der sie hört, indem sie ihn derart bezaubern, dass er die Kontrolle über sich selbst verliert. Die Kunst des Wortes teilt mit der **Magie** (→) die Fähigkeit, die Menschen zu verführen und zu manipulieren, indem sie ihnen den Willen entzieht.

Sokrates als Silen

Ästhetik und Tugend
Siehe auch: *Mäeutik, Sophisten*

Wenn man die Statuen betrachtet, die zu Ehren der vorsokratischen Philosophen errichtet wurden, beschleicht einen ein merkwürdiges Gefühl: Ihre Gesichter sind alle ähnlich und hängen deutlich von strengen, konventionellen Normen ab. So stellen sie beispielsweise stets einen Alten dar, weil die Zeit der Weisheit das Alter ist (→ **Homer**). Die Gründe für dieses Phänomen sind vielfältig. Vor allem wurden diese Porträts erst lange Zeit nach dem Tod der Philosophen hergestellt, nämlich als man sich ab dem 5.–4. Jh. v. Chr. (→ **Hellenismus**) für ihr Aussehen zu interessieren begann. Es ist klar, dass sich niemand mehr an das Aussehen von Menschen erinnerte, die seit über einem Jh. tot waren. Zweitens waren diese Porträts durchaus nicht angefertigt worden, um ein Individuum zu ehren, sondern um an einem geeigneten Beispiel die **idealen Züge des guten Bürgers** zu zeigen. Aus demselben Grund ähneln sich auch die Statuen der siegreichen Athleten bei den olympischen Spielen untereinander (obwohl sie natürlich nach einem anderen Vorbild modelliert waren).

Wenn auch von fortgeschrittenem Alter, ist der Bürgerphilosoph keineswegs hässlich – ganz im Gegenteil: Die Intensität seines Blicks und die gleichmäßigen Gesichtszüge zeugen stets von einem gerechten und in Anerkennung der sozialen Regeln geführten Leben. Die vorherrschenden Meinungen zur **Physiognomik** (→) schrieben für diese gesellschaftliche Figur eine breite und hohe Stirn, tiefe und durchdringende Augen und einen ehrwürdigen Bart vor, dazu die ersten Anzeichen einer Glatze und gerunzelte Augenbrauen, Zeichen für intensive geistige Anstrengung.

In jedem Fall wäre bis in die Jahre nach Sokrates' Tod ein naturgetreues Porträt im modernen Sinne oder auch eine Abbildung, die eine individuelle Persönlichkeit zu charakterisieren anstrebte, als unpassend und als Verletzung des bürgerlichen Anstands beurteilt worden.

Nur vor diesem Hintergrund lässt sich die erschütternde Neuartigkeit des Porträts von Sokrates würdigen, das knapp zehn, zwanzig Jahre nach seinem Tod (399 v. Chr.) gemeißelt worden ist. In offensichtlichem Kontrast zum ethisch-ästhetischen Ideal der aristokratischen **Kalokagathie** (→), nach der im guten Bürger sowohl Tugend als auch körperliche Schönheit (oder zumindest die Pflege des eigenen Körpers durch Gymnastik und Tanz) zusammentreffen müssen, wird Sokrates mit derart lächerlichen Zügen dargestellt, dass er an einen Silen erinnert (ein halbwildes Wesen im Gefolge des Dionysos, hemmungslos und dem Wein ergeben). Das Antlitz ist platt, die Augen sind hervorstehend wie beim Rind, die Nase platt, zerdrückt, kurz und dick, der Kopf kahl und der Ohransatz ungewöhnlich hoch.

Man weiß, dass Sokrates tatsächlich sehr hässlich war: klein von Statur, untersetzt und mit vorspringendem Bauch, gekrümmtem Rücken und nachlässig in der Kleidung. Er selbst versäumte nicht, das eigene Aussehen zu ironisieren, dennoch ist das Außergewöhnliche an seinem Porträt, dass es nicht idealisiert, sondern diese Hässlichkeit zur Schau stellt – in deutlichem Widerspruch zum **ikonografischen Kanon** und zu den traditionellen moralischen Werten. Der archaischen aristokratischen Ethik, die auch auf körperlicher Schönheit beruhte, setzt das Abbild des Sokrates eine **Ethik des Geistes** entgegen und die Suche nach einer Wahrheit, die der materiellen Schönheit gleichgültig oder sogar feindlich gegenübersteht.

Porträt des Sokrates. Die erste Beschreibung des Sokrates findet sich in der Komödie Die Wolken *von Aristophanes: Ein sterbenshungriger Träumer, der barfuß umherzieht und provozierend die Passanten anstarrt, bleich, abgezehrt und vernachlässigt, mit langem und ungepflegtem Haar. Diese Verspottung des körperlichen Aussehens hatte für die Griechen eine andere Bedeutung als für uns, da sie ein negatives Urteil über die moralischen und bürgerlichen Qualitäten mit sich brachte. Auf der anderen Seite kehrten Sokrates' Schüler dieses Kriterium um, indem sie die Hässlichkeit des Meisters zu einer Demonstration seiner Lehre verarbeiteten: Ein edler Geist kann auch in einem verdorbenen Körper wohnen.*

▲ *Eine weitere Abbildung eines silenischen Sokrates aus der Zeit Trajans.*

▲ *Sokrates und Diotima (Pompeji, 1. Jh. v. Chr.). Auch in dieser Darstellung besitzt Sokrates alle Merkmale seiner sprichwörtlichen Hässlichkeit: untersetztes und schwerfälliges Aussehen, vorstehenden Bauch usw. Im platonischen* Symposion *erzählt Sokrates, dass er von einer Frau aus Theben namens Diotima in die Geheimnisse der Liebe eingeführt worden sei. Diese Geschichte musste den Griechen ziemlich merkwürdig erscheinen (dem modernen Leser entgeht diese Nuance): Eine Frau in philosophischen Fragen zu konsultieren war eine intellektuelle Absonderlichkeit, die nur einem extravaganten Nonkonformisten wie Sokrates zugestanden werden konnte.*

Sokratischer Humanismus

Der Mensch
Siehe auch: *Ironie, Definition*

Nach einem jugendlichen Interesse für die wissenschaftlichen Fragen richtete Sokrates später seine Aufmerksamkeit auf die Probleme des Menschen, wobei er sich das berühmte Motto des Orakels von Delphi zu eigen machte: **Erkenne dich selbst**. Der sokratische Dialog bestand nämlich in einer Prüfung der Seele. Die Fragen, die er seinen Bürgern mittels der **Mäeutik** (→) (Hebammenkunst) stellte, waren vor allem ethischer, erzieherischer Art und erst in zweiter Linie logischer Natur.

Platon erzählt, wer nur einmal mit Sokrates in eine Diskussion gerate, gleichgültig, über welches Thema, werde in die Windungen des Gesprächs hineingezogen und unvermeidlich gezwungen, so lange mitzumachen, bis er sich Rechenschaft über sich selbst und sein Leben gegeben habe.

Die **Sophisten** (→) hatten diese Neigung zur Anthropologie bereits vorweggenommen. Ihre Interessen für das Menschliche waren jedoch durch ihre ausgeprägte ethische Indifferenz und skeptische Haltung getrübt. Im Gegensatz dazu beeindruckte die Zeitgenossen bei Sokrates der entschiedene Wille, die theoretischen Überlegungen zur Tugend eng mit seiner persönlichen Lebensweise zu verbinden.

Die Vorfälle, die im Jahr 399 v. Chr. zu seiner Anklage führten (wegen „Verführung der Jugend" und „Einführung fremder Gottheiten in die Stadt"), und vor allem seine heitere Gelassenheit angesichts der harten und ungerechten Verurteilung zum Tod waren nicht nur ein entscheidendes Ereignis in der gesamten abendländischen Philosophie, sondern stellten auch zum ersten Mal eine Einheit zwischen Philosophie und Leben her.

Aus diesem Grund ist das logisch-metaphysische Problem der Begriffsdefinition – der von Platon am intensivsten weiterentwickelte Aspekt sokratischen Fragens – bloß eine der Entwicklungslinien, die von Sokrates ausgehen, wenn auch die historisch wichtigste. Eine große Gruppe von Schülern, die sogenannten jüngeren Sokratiker, interessierte sich vorzugsweise für die ethisch-humanistischen Inhalte der Lehre des Meisters, wobei sie Themen entwickelte, die im Verlauf zweier Generationen von den **hellenistischen Schulen** (→) aufgegriffen wurden.

Tatsächlich gibt es in der ganzen Geschichte des Denkens keinen Philosophen, der eine größere Zahl von Anhängern und von unterschiedlicheren Überzeugungen gehabt hätte. Antisthenes beispielsweise nahm Themen des **Kynismus** (→ **Autarkie**) vorweg, indem er das sokratische Misstrauen gegenüber der Suche nach Vergnügen (nur dann akzeptabel, wenn es mit der Vernunft vereinbar ist) im negativen Sinn verschärfte. Er legte dabei die Betonung auf die **Autarkie**, also die Fähigkeit, sich selbst zu beherrschen, Mühen zu ertragen und selbstgenügsam zu sein. Er gelangte so zu extrem radikalen Behauptungen: „Ich würde lieber verrückt werden, als das Vergnügen zu suchen"; „Es ist ein Gutes, wenn man keinen Ruhm genießt"; „Wenn mir Aphrodite in die Hände fiele, würde ich sie töten".

Auf der anderen Seite interpretierte Aristippos die Lehre des Sokrates in diametral entgegengesetztem Sinne, indem er behauptete, dass das Vergnügen in jeder Form stets etwas Gutes sei und aktiv gesucht werden müsse. Das stellt eine Vorwegnahme des *Hedonismus* dar, der vom **Epikureismus** (→) gepredigt wurde.

*Die drei auf dieser Seite wiedergegebenen Abbildungen, die neoklassische
Version des sokratischen Mythos, zeigen einen salbungsvollen Philosophen,
einen Lehrer, der nicht einmal im Angesicht des Todes zu unterrichten aufhört und der mit ausladenden Gesten seine Argumentationen unterstreicht.
Es sind Abbildungen, die sehr viel mehr das Interesse der **Aufklärung** (→)
für die **Pädagogik** (→) veranschaulichen als die vermutliche Wirklichkeit des
wahren Sokrates. Sicherlich sind sie weit entfernt vom respektlosen antiken
Bild des **Sokrates als Silen** (→). Auch in den platonischen Dialogen hört
Sokrates nie auf, eine verwirrende Persönlichkeit zu sein, die in der Lage ist,
durch Verhaltensweisen zu verblüffen, die außerhalb der Norm stehen. Der
Abschied von den Familienangehörigen vor seiner Hinrichtung beispielsweise
wird bei Platon durchaus anders erzählt als bei Canova, der den Philosophen
in einen liebevollen Familienvater verwandelt.*

▲ *Von J.-L. David:* Sokrates trinkt
den Schierling, *1810. Wegen der
Konsequenz, mit der er den Tod für
die eigenen Ideen akzeptierte, wurde
Sokrates zum Inbild des wahren
Philosophen. Diese Entwicklung
führte dazu, dass der Denker (von
dessen wahren Lehren wir in Wirklichkeit wenig wissen) zu einem viel-
deutigen Symbol wurde, von dem
jede Epoche ihre eigene Variante
entworfen hat.*

◄◄ *Oben: Antonio Canova:*
Sokrates trinkt den Schierling,
1787. Unten: Canova: Sokrates
nimmt Abschied von der Familie,
*1787. In der Erzählung von Platon
wird Sokrates' Unduldsamkeit
gegenüber der Trauer der Familienangehörigen deutlich, der er nur
wenige und oberflächliche Worte
widmet, während er sich danach
sehnt, mit den wahren Gefährten
seines Lebens zusammen zu sein.*

Mäeutik

In der Geschichte des Denkens hängt die Bedeutung des Sokrates (der seinen Namen mit keinem besonderen Dogma verbinden wollte) mehr von der Art ab, *wie* er die philosophische Suche betrieb, als von den tatsächlich erzielten Ergebnissen. Nach enttäuschenden Jugenderfahrungen mit naturwissenschaftlichen Überlegungen kam er zu dem Schluss, dass der menschliche Geist niemals zu irgendeiner endgültigen, absoluten Wahrheit gelangen kann, insbesondere wenn nicht die Natur, sondern der Mensch im Zentrum der Suche steht.

Daher muss vor jedem Nachdenken über ethische, politische oder psychologische Fragen ein Bekunden der Unwissenheit stehen (das Eingeständnis, **zu wissen, dass man nichts weiß**). „Das, was mir viele seit Jahren vorwerfen, dass ich nämlich andere frage, aber nie antworte, weil ich keinen weisen Gedanken vorzubringen habe, ist ein berechtigter Vorwurf", gestand der Philosoph, wobei er davon überzeugt war, dass nur derjenige, der weiß, nichts zu wissen, sich in eine Haltung der Suche begibt. Im Gegensatz dazu wird der, der die Wahrheit schon zu besitzen glaubt, nichts tun, um sie zu suchen.

Auf der einen Seite lehnte Sokrates jede Form des **Dogmatismus** ab (die Vorstellung, dass eine Wahrheit definitiv erkannt werden könne). Dieses Merkmal verbindet ihn mit dem **Agnostizismus** (der Vorstellung, dass man auf ein Urteil verzichten müsse angesichts der Probleme, die die menschliche Erfahrung übersteigen), zu dem sich die **Sophisten** (→) bekannten. Auf der anderen Seite akzeptierte er im Unterschied zu Letzteren nie die Thesen des **Skeptizismus** (es sei zwecklos, die Wahrheit zu suchen, weil es keinerlei Wahrheit gebe). Das sokratische Nichtwissen führt nämlich nicht dazu, dass man nachlässiger nachforscht oder die Suche ganz aufgibt. Sie stellt, ganz im Gegenteil, einen Ansporn zu Untersuchung dar, eine Aufforderung, tiefer zu gehen und sich nicht mit einfachen Gewissheiten zu begnügen.

Unter diesen Prämissen verstand Sokrates die Philosophie nicht als Darlegung einer vorgefertigten Doktrin (er hatte nichts mitzuteilen), sondern als zwischenmenschlichen Dialog. Angeregt durch die Tätigkeit seiner Mutter Phainarete als Hebamme (griech. *maia*) wollte er seine eigene Methode als mäeutisch bezeichnen, wörtlich: „Kunst der Geburtshilfe". Der Philosoph sei nämlich ein **„Geburtshelfer der Seelen"**. Obwohl selbst unfruchtbar wie eine Hebamme (d. h. ohne Wissen), bringe er seine Gesprächspartner dazu, die eigene Wahrheit zu gebären (die stets eine persönliche Errungenschaft ist).

Die mäeutische Methode bestand im Wesentlichen darin, den Gesprächspartner nach der exakten Definition irgendeines Wortes zu fragen, das eine ethische oder psychologische Bedeutung hatte. Die Tatsache, dass in der Alltagssprache der Gebrauch von Begriffen wie Freundschaft, Heiligkeit, Großzügigkeit, Tugend verbreitet ist, lässt die Vermutung aufkommen, dass man ihre Bedeutung genau kennt. Doch eine Fähigkeit zu besitzen (die Sprache zu benutzen), bedeutet keineswegs, auch eine Theorie von ihr zu haben, sodass der Gesprächspartner angesichts der sokratischen Forderung, die Bedeutung eines Wortes wie „Liebe" zu definieren, eine Reihe verzweifelter Versuche unternimmt (Teiltheorien, widersprüchliche Beispiele), bevor er das eigene Scheitern eingesteht („zu wissen, dass man nichts weiß"). Alle lieben, doch niemand ist in der Lage, eine abschließende Definition von der „Liebe" zu geben.

◀ *Mit Sokrates beginnt sich die Philosophie zu fragen, wie die philosophische Reflexion über die Methode zu führen sei. Der Vorstellung der Wahrheit als innerliche und individuelle Entdeckung entspricht das Thema des einsamen, in die eigenen Gedanken versunkenen Denkers, der die Weisheit aus sich selbst gewinnt (das in der Abbildung wiedergegebene Porträt stammt von dem Bildhauer Lysipp, 4. Jh. v. Chr.).*

▲ *Die platonische Akademie auf einem pompejanischen Mosaik. Im Unterschied zu Sokrates zog es Platon vor, Texte zu schreiben, gab ihnen jedoch – eingedenk der mäeutischen Methode – die Form des Dialogs, in dem die Thesen in mehrstimmiger Gegenüberstellung entwickelt werden. In Wahrheit wandelte sich der platonische Dialog sehr bald zu einer Form des Unterrichts: Die philosophische Praxis verkürzt sich damit auf eine Übertragung der Wahrheit vom Lehrer auf den Schüler.*

▲ *Der sokratischen Mäeutik, dem intersubjektiven Dialog, entspricht eine Vorstellung von Wahrheit als Suche.*

▲ *Die Entstehung der philosophischen Schulen in der Zeit des Hellenismus (→ **Hellenistische Schulen**) führt zu einer Erstarrung der Lehren und einer Verkümmerung der kritischen Suche. Die Philosophie wird zum polemischen und doktrinären Disput, dem eine Vorstellung von der Wahrheit als Dogma (ein nicht zur Diskussion stehendes, weil von der Autorität eines Meisters garantiertes Prinzip) zugrunde liegt.*

Ironie

Dialog
Siehe auch: *Sokratischer Humanismus, Sokrates als Silen*

Die Ironie ist eine Eigenheit des sokratischen mäeutischen Verfahrens (→ **Mäeutik**). Sokrates hatte eine typische Art, seine Dialoge aufzubauen: Er ging von scheinbar einfachen Problemen aus (beispielsweise was Tugend sei), wobei er sich gleichzeitig für unfähig ausgab, sie lösen zu können, und die Fähigkeiten des Gegners über die Maßen lobte. Auf diese Weise verführte er ihn, eine Theorie (einen getarnten Widerspruch) auszuarbeiten, die dieser im Folgenden zu seinem Ärger und seiner Schande, bedrängt von den logischen Widerlegungen des Sokrates, aufgeben musste. Um diesen Szenenwechsel zu erreichen, setzt der Philosoph, besonders zu Beginn des Dialogs, Wortspiele und dialektische Täuschungen ein, vor allem sprach er anders, als er dachte. Aus dieser Verstellung des Gedankens (der sich sowohl von der Wahrheit als auch von der Lüge unterscheidet) besteht die Ironie (im Griechischen bedeutet *eironeia* „Verstellung"), eine Form der Kommunikation, bei der man eine Sache meint, während man eine andere behauptet, oftmals geradewegs das Gegenteil. (Beispielsweise ist es ironisch, einem faulen Schüler zu sagen: „Du Armer, du wirst bestimmt schon ganz müde sein!")

Die Ironie neigt dazu, sich in nonverbaler Kommunikation zu äußern (wenn z. B. der Ton der Stimme oder der Gesichtsausdruck die wahre Bedeutung der Worte erhellen), oder auch im zwischenmenschlichen Dialog, der aus schnellen und unvorhergesehenen Bemerkungen, beredtem Schweigen, emphatischen Betonungen besteht. Auf Ironie beruhen schlagfertige, geistreiche Bemerkungen: Das Gelächter bricht los, wenn plötzlich die wahre Bedeutung eines Begriffs oder eines Ereignisses klar wird, die zuvor verborgen geblieben war. Wegen dieser Bindung an das Unmittelbare und wegen ihrer widersprüchlichen Funktion, eine Sache auszudrücken und dabei eine andere zu meinen, wurde die Ironie von Philosophen gerne eingesetzt. Die sokratische Methode aber (der Dialog von Angesicht zu Angesicht, der aus Argumentationen, Fragen und Antworten bestand) ist in der Philosophiegeschichte einzigartig geblieben. Sie wurde bereits von Platon (seit seiner Reifezeit) durch den schriftlichen Aufsatz, die systematische Abhandlung ersetzt, die in einer Fachsprache verfasst ist (und ihrem Wesen nach nicht ironisch ist).

In der Antike wies Aristoteles der ironischen Verstellung eine wichtige Rolle in der Tragödie zu: In der **tragischen Ironie** wird nämlich die bevorstehende Katastrophe durch die Worte einer ahnungslosen Figur fortschreitend enthüllt.

Über den Begriff der Ironie wurde erst im 18. Jh. erneut nachgedacht, wobei man darin ein Gegenmittel gegen den religiösen Fanatismus des vorhergehenden Jh.s sah: Ein Lachen, eine geistreiche Bemerkung ist das beste Gegenmittel gegen jeden Gedanken, der an Dogmatismus krankt, weil es eine Vielzahl an Bedeutungen dort enthüllt, wo der Dogmatismus nur eine einzige annimmt. Die **Romantik** (→), die diese Argumentation weiterentwickelte, sah in der Ironie die höchste Qualität des kreativen Menschen.

Nach romantischer Vorstellung ist der Dichter ironisch, der den Worten unabhängig von ihrer gewöhnlichen Bedeutung einen Wert zuweisen kann; in diesem Sinne ist auch jede künstlerische Aktion ironisch, weil in der Kunst immer bestimmte Mittel (Zeichen, Worte, Laute) benutzt werden, um etwas anderes zu sagen, um versteckte Bedeutungen anzudeuten.

Visuelle Ironie. In der Rhetorik wird die Ironie als „Gebrauch eines Wortes in seinem entgegengesetzten Sinn" definiert („Eine schöne *Bescherung* hast du da angerichtet"). Ironie kann es aber auch in der visuellen Kommunikation geben, wenn Bilder Bedeutungen suggerieren, die die Erwartungen enttäuschen, im Kontrast zum Kontext stehen oder widerlegen, was von einer Unterschrift behauptet wird.

▼ *Entmythologisierende Ironie.* Der dadaistische Maler Marcel Duchamp (1887–1968) versah die Mona Lisa mit einem Bart und schloss das Werk mit einem Titel aus fünf Buchstaben ab, die als fettgedruckte Lettern unter dem Porträt stehen: L.H.O.O.Q., eine unübersetzbare Homofonie, die im Französischen klingt wie: „Ihr ist warm am Hintern" (→ **Dadaismus**).

L. H. O. O. Q.

▼ *Die Ironie, fähig, ihre Gedanken mit Leichtigkeit und ohne mühsame Theoretisierungen nahezubringen, ist eine der meistgebrauchten Kommunikationsformen der heutigen Werbung. Ferrarelles Mineralwasser ist weder glatt fließend noch sprudelnd, sondern bewegt sich in der goldenen Mitte.*

Effervescente naturale.

▼ *Selbstironie.* Sokrates war auch sich selbst gegenüber ironisch (z. B. spielte er auf seine Hässlichkeit an). Er wehrte sich nicht gegen den Spitznamen „Bremsfliege", den man ihm gab, weil er mit irritierender Beharrlichkeit die Nutzlosigkeit üblicher Meinungen bloßstellte und damit den Ärger des Gesprächspartners hervorrief. Honoré Daumier ironisiert eben diesen Begriff der sokratischen Ironie.

Definition

Eines der wichtigsten Probleme des gesamten philosophischen (antiken und modernen) Denkens ist die Antwort auf die Frage „Was ist es?" (griech. *Ti esti?*). Ist es möglich, und unter welchen Bedingungen, zur Definition einer Sache („Darstellung einer Sache, eines Begriffs durch Angabe seines Begriffsinhaltes") zu gelangen?

Historisch gesehen wurde die Frage erstmals von Sokrates gestellt, der sie zum Gegenstand seiner Untersuchungsmethode machte (→ **Mäeutik**), aber nur in Beziehung auf **moralische** Werte entwickelte (z. B. was „Freundschaft", was „Tugend" usw. sei).

Es war Platon, der die Frage allgemeingültig und genau formulierte, wobei er bemerkte, dass bei der Untersuchung des Inhalts konkreter Worte, beispielsweise „Stuhl", dieselben Probleme auftreten wie bei dem Versuch, das innerste Wesen abstrakter Ideen genau darzulegen (z. B. „Freundschaft", „Tugend"). Mit Ausnahme der Eigennamen, die eine einzelne und identifizierbare reale Einheit bezeichnen, besteht die menschliche Sprache aus Substantiven, die auf **Klassen von Gegenständen** verweisen, deren genaue Abgrenzung sehr schwierig ist. Was z. B. ist denn nun ein Stuhl? Auf intuitiver Ebene ist die Antwort einfach, was zeigt, dass der Verstand eine Art Code besitzt, ein System zur Darstellung von Begriffen (einen Mechanismus, den die philosophische Tradition „**Kategorisierung**" nennt), auf deren Grundlage wir die zahllosen Gegenstände der Welt in Klassen einordnen, wodurch das Denken, die Sprache, die Kommunikation ermöglicht werden. Bedauerlicherweise lässt sich jedoch die Funktionsweise der Psyche nicht direkt beobachten; wir werden bloß der Ergebnisse gewahr, zu denen sie gelangt, nicht der Verfahren, die sie anwendet. Wenn man nämlich versucht, die vom Verstand benutzten Kriterien klar zu bestimmen und damit die Frage nach der Definition zu stellen, ergeben sich unüberwindbare Schwierigkeiten.

Die beiden größten Philosophen der Antike, Platon und Aristoteles, wollten das Problem auf zwei verschiedenen Wegen lösen, die hier kurz aufgezeigt seien.

• **Platon** vermutete, dass jeder Klasse von Objekten (und jedem Begriff in unserem Verstand) eine **vollkommene** und **präexistente** (schon vorher existierende) **Idee** entspreche, wobei er den psychologischen Akt des Verstehens mithilfe eines beeindruckenden Apparats an Begleittheorien erklärte, der **Seelenwanderung** (→), in der überhimmlischen Welt.

• **Aristoteles**, der eine übernatürliche Welt der Ideen zur Erklärung des menschlichen Bewusstseins zurückwies, schuf die Lehre von der **Substanz**, nach der jeder Begriff durch eine Reihe von Eigenschaften definiert werden kann, die einzeln notwendig und kollektiv ausreichend, d. h. in der Lage sind, deren Wesen zu beschreiben. Dies ist ein Ansatz von großer rationaler Schlüssigkeit, dessen 2000-jähriges Ansehen durch die gute Anwendbarkeit auf das mathematisch-naturwissenschaftliche Wissen bedingt ist, bei der die Begriffe erst nach einer akkuraten Bestimmung eingeführt werden können (oder besser müssen). Der Begriff der *geraden Zahlen* wird beispielsweise durch eine einzige Eigenschaft definiert: „durch zwei teilbar zu sein".

▲ ▲ *Das Problem der Definition auf einen konkreten Fall angewandt: Man versuche, diese Objekte zu definieren. Die Dinge der oberen Reihe sind leicht zu beschreiben, die ersten sogar mit einem Wort auszudrücken (Dreieck, Kreis), die anderen mit einer mehr oder weniger annähernden Definition (eine Leiter in der Diagonalen, der Abschnitt einer Mauer). Die Dinge in der Reihe darunter sind, obwohl ebenso konkret und klar erkennbar, ohne Bedeutung und können nur unter großen Schwierigkeiten beschrieben werden. In diesem Fall ist, nach der von Platon vorgeschlagenen Lösung, nur die Sinneswahrnehmung am Werk, während im vorhergehenden Fall ein Bewusstseinsprozess durch das* **Wiedererkennen** *vonstattenging: Die Formen wurden mit präexistenten und in der Seele katalogisierten Modellen (Ideen) verglichen. Es ist bezeichnend, dass man bei dem Versuch, diesen seltsamen Formen einen Sinn zu geben und im eigenen Bewusstsein ein passendes Interpretationsschema zu finden, an das* **Gedächtnis** *appelliert.*

◄ *Der Versuch, die exakte Definition eines Begriffs zu formulieren, ist viel problematischer, als man denkt, selbst wenn es sich um einfache Objekte handelt. Keiner Definition des Begriffs „Stuhl" (wie etwa „beweglich", „mit vier Beinen") gelingt es z.B., zugleich ausreichend* **erschöpfend** *zu sein, d.h. die Charakteristika jedes Stuhls zu bestimmen, und zugleich* **flexibel** *genug, um die zahllosen Ausnahmen zu umfassen, also die abweichenden, unsicheren oder unentscheidbaren Fälle, die es in der Realität – oder wie man sie sich vorstellt – gibt.*

Platonische Idee

Das Verdienst, die erste einheitliche **Theorie der Erkenntnis** formuliert zu haben, gebührt **Platon**. Er behauptete, dass jeder kognitive Akt stets ein **Wiedererinnern** sei: Wissen bedeutet nicht, neue Kenntnisse von außen zu gewinnen, sondern sich das ins Gedächtnis, ins eigene Innere zurückzurufen, was ein Teil von uns (→ Seele) bereits weiß, aber vergessen hat. Es ist also ein Prozess der **Anamnese**, bei der man die Wahrheit mittels der Erinnerung rekonstruiert. Aus der Umwelt, oder besser aus der sinnlichen Wahrnehmung der Welt kann allenfalls ein Reiz, eine Anregung für das Wachrufen kommen. In diesem Sinne teilte Platon die Abwertung der **Empfindung** (→), wie sie sich erstmals bei Parmenides findet.

Die platonische Theorie ist eine Form des **Nativismus** (→): Die Erkenntnis beruht nicht auf Erfahrung, sondern auf einem präexistenten, pränatalen und dem Intellekt angeborenen Wissen. Das Instrument, mit dem der Mensch erkennt, ist die **Seele** (→): Auf ihrer Reise durch die überhimmlische Welt (→ **Seelenwanderung**) hat sie die Ideen kennengelernt, diese jedoch bei der Inkarnation in einem neuen Körper vergessen und entdeckt sie nun zunehmend wieder – angeregt durch die Empfindung und getrieben von der Liebe (der Sehnsucht nach Schönheit: → **Abstufungen der Liebe**).

Dem Ausdruck „Idee", der für uns heutige Menschen eine ausschließlich immaterielle, auf geistige Inhalte verweisende Bedeutung hat, maß Platon eine **substanzielle** Realität bei. Damit wurde seine Hypothese über eine Erkenntnislehre hinaus zu einer Ontologie (Lehre vom Sein). Die überhimmlische Welt der Ideen (unsichtbar, übernatürlich, unvergänglich und unwandelbar wie die Götter) existiert nicht nur wirklich, sondern ihr Realitätsgrad ist dem der sichtbaren Welt überlegen. Es gibt folglich, hierarchisch angeordnet, zwei Stufen des Seins (metaphysischer Dualismus): die wahrnehmbare Welt und die ideale Welt. Ihnen entspricht im Bereich des Erkennens die **Wahrnehmung** der Dinge (das Sehen, das Fühlen, die nur eine mehr oder weniger falsche **Meinung** liefern) und das **Wissen**, die Kenntnis des Philosophen von den Ideen (**erkenntnistheoretischer Dualismus**).

Die Behauptung Platons, dass die übernatürliche Welt der Ideen (die überhimmlische Welt, die er mit der göttlichen gleichsetzt) ontologisch und erkenntnistheoretisch überlegen sei, machte es dem Mittelalter leichter, Platon als religiösen Autor zu verstehen. Bereits im 2. Jh. n. Chr. sah der Neuplatoniker Plotin in der Welt der Ideen die erste **Emanation** (→) (Ausströmung) des Einen Gottes, die Erkenntnis, während die christlichen Theologen darin bald das Paradies, bald den Geist Gottes oder die **Weltseele** (→) erblickten.

Auf der anderen Seite ist auch eine diesseitige und wissenschaftliche Interpretation der platonischen Erkenntnislehre möglich, wenn man die Ideen als geistige Modelle, vorexperimentelle Entwürfe oder als (mit rein psychischer Realität ausgestattete) Klassifikationskriterien betrachtet. In diesem Sinne bleibt das Problem der Erklärung des Begriffs von großer Aktualität. Es steht beispielsweise im Mittelpunkt des gegenwärtigen Abenteuers der künstlichen Intelligenz: Wie soll man einer Maschine beibringen, einen beliebigen Gegenstand zu erkennen (zu identifizieren), z. B. einen Stuhl (→ **Definition**)?

Idealer Hund

Das funktioniert nicht ...

Abbilder des Hundes

◄ *Für Platon beruht die Kenntnis der Bedeutung des Wortes „Hund" nicht auf sinnlicher Erfahrung d. h. darauf, eine bestimmte Anzahl von Hunden gesehen zu haben (so wie es die Vorsokratiker glaubten), und auch nicht auf einem intellektuellen Selektionsprozess der typischen Eigenschaften jedes einzelnen Hundes (eine Vorstellung, die dann von Aristoteles vorangetrieben werden sollte). Wie die Karikatur zeigt, kommt die Bedeutung eines Wortes dagegen von einem Wieder-bewusst-Werden des Begriffs oder ist von der unvergänglichen Idee des Hundseins abgeleitet, d. h. des idealen Hundes, des Prototyps, des geistigen Ursprungs aller konkreten Hunde.*

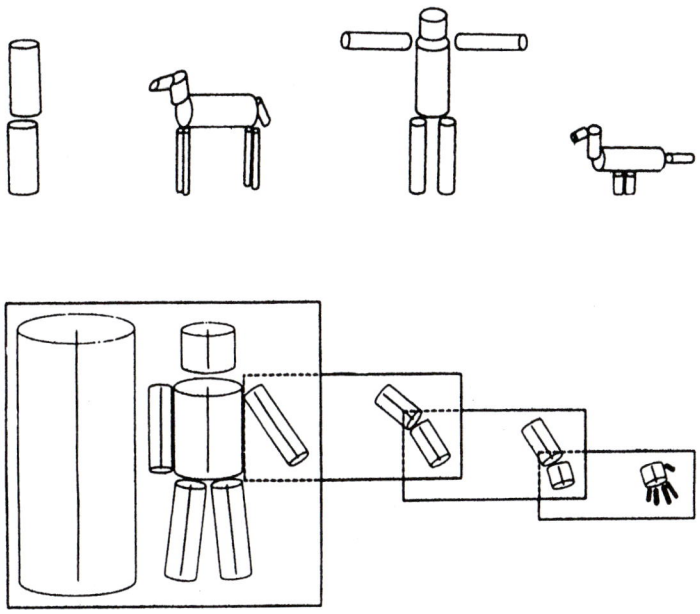

◄ *David Marr (*Vision: a computational investigation, *1982). Die Theoretiker der künstlichen Intelligenz sahen sich beim Versuch, dem Computer die Fähigkeit zu verleihen, Formen zu erkennen und zu unterscheiden, mit dem Problem des Begriffs konfrontiert. Es wurde ein Weg versucht, der in gewisser Weise der Lösung Platons ähnlich ist, nämlich der Gebrauch von* **Prototypen.** *Dabei wird die Maschine mit einem Bildatlas der typischen Formen ausgestattet. Mit ihrer Hilfe soll die Maschine in der Lage sein, die eigentümlichen Charakteristika bestimmter Objekte zusammenzufassen. Das Wiedererkennen soll aufgrund eines Vergleichs (des Grades der Ähnlichkeit) zwischen den optischen Abfragen und den im Speicher archivierten prototypischen Modellen geschehen.*

Seelenwanderung

Die Theorie von der **Welt der Ideen**, die im Mittelpunkt des platonischen System steht, fand in der Lehre von der **Seele** (→) und ihrer Reise durch die überhimmlische Welt die notwendige Ergänzung. Sie machte sich die Lehre von der Metempsychose (Seelenwanderung) zu eigen, zu der sich bereits die **Orphik** (→) und Pythagoras (und heute noch Buddhismus und Hinduismus) bekannt hatten. Damit behauptete Platon die Existenz eines geistigen Prinzips, der Seele eben, die noch vor dem Körper existiert und seinen Tod überlebt, um sich bei der nächsten Reinkarnation mit einem neuen Körper zu vereinen.

Die platonische Seele ist unsterblich, aber nicht persönlich (wie das Christentum meint), weil sie im Laufe ihrer Existenz nicht nur *einem* Individuum, sondern unzähligen anhaftet. Während der Zeit, die sie frei von der Materie verbringt, zwischen einer Reinkarnation und der nächsten, hat sie die Möglichkeit einer direkten Kenntnis von der übernatürlichen Welt und erfährt somit die wahre Realität der Welt der Ideen.

Diese Erfahrung wurde von Platon im *Phaidros* mit dem **Mythos des geflügelten Wagens** beschrieben: Die Seele ist wie ein Wagenlenker mit zwei Pferden, von denen eines – von weißer Farbe und besonders tüchtig – das Streben der Seele nach Vergeistigung (nach oben) ausdrückt, das andere – schwarz und sehr schlecht – die Neigung der Seele nach unten, d.h. hin zum Materiellen und Instinkthaften darstellt. Obwohl der Wagenlenker (der rationale Teil der Seele), von der perfekten Schönheit der idealen Welt angezogen, den Wagen nach oben zu lenken versucht, wird seine Mühe von den gegensätzlichen Neigungen der Pferde erschwert, sodass er die Ideen nur für kurze Zeit flüchtig erblicken kann.

Der Mythos soll vor allem die Unterschiede zwischen den Menschen erklären: Die Seele, die die überhimmliche Welt für längere Zeit geschaut hat, wird die Gestalt eines Weisen annehmen. Umgekehrt werden sich aus den Seelen, die nicht so lange die überhimmliche Welt betrachten konnten, nach und nach immer schlechtere Menschen entwickeln. Platon behauptet dass die menschlichen Anlagen **angeboren** sind (→ **Nativismus**): Die besseren Menschen sind so von Geburt an.

Der Mythos deutet außerdem die Möglichkeit von Belohnung oder Strafe nach dem Tod an. Die begünstigten Seelen (dem Mythos zufolge mit einem stärkeren weißen Pferd ausgestattet) waren nämlich vorher mit einem Körper von besserer ethischer Qualität verbunden. Es ergibt sich folglich eine kreiselförmige Bewegung, weil die höhere Qualität einiger Menschen von der Tugend ihrer Seele im vorherigen Leben abhängt.

In diesem Kreislauf der Tugendhaftigkeit gibt es für die Seele als endgültigen Abschluss die Möglichkeit, dem Reinkarnationszyklus zu entfliehen. Die eigentliche Realität des Menschen sitzt nämlich in seiner Seele, für die der Körper bloß ein „Gefängnis" ist. Die Rückkehr in einen neuen Körper ist für die Seele eine Form von Demütigung: Der traumatische Vorgang der Wiedergeburt in einem Menschen schließt das Vergessen der unvergänglichen Ideen mit ein. (Im Mythos trinkt die Seele im Moment der Geburt Wasser aus dem Fluss Lethe, welches das Bewusstsein trübt). Die Wahrheit ist jedoch nicht für immer verloren; sie überlebt in den Tiefen der Seele und kann mittels der **Empfindung** (→) ins Bewusstsein zurückgerufen werden. In dieser Erinnerung (Anamnese) besteht das Wissen.

◄ *Im* Phaidros *beschrieb Platon die Wanderungen der Seele durch die überhimmlische Welt, wobei er die mythischen und künstlerischen Symbole des Lenkers, des Wagens und der Pferde gebrauchte. Die Himmelsreise auf einem göttlichen Feuerwagen war bereits ein Thema in den Sonnenkulten und in den Mithras geweihten Mysterien. Dieselbe Metapher erscheint hier links in einem frühchristlichen Wandrelief, das Elias' Himmelfahrt auf einem Feuerwagen darstellt.*

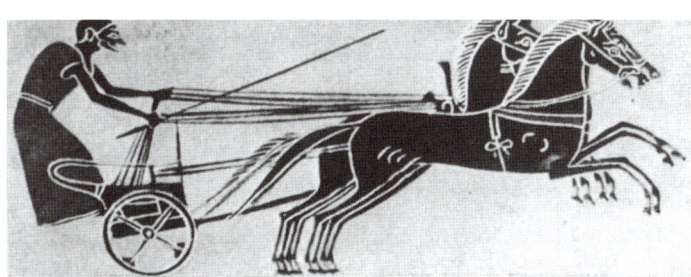

◄ *In der klassischen Kunst kommt der Wagenlenker sehr häufig vor und ist mit einer bestimmten Bedeutung versehen (auf die Platon im* Phaidros *zurückgreift): Der Lenker, Symbol für die Beherrschung der Leidenschaften und Instinkte (verkörpert in der Triebhaftigkeit der Pferde), repräsentiert die Vernunft; der Wagen und die Pferde stellen die verschiedenen Komponenten der menschlichen Persönlichkeit dar.*

► *Die Metapher, die das Fortschreiten des Wissens als eine Reise darstellt, war bereits von Parmenides gebraucht worden. Er hatte in seinem philosophischen Gedicht den Weg von der falschen Meinung zum wahren Wissen als einen tatsächlichen Reiseweg beschrieben, den der Weise beschreitet – beginnend bei den „Häusern der Nacht", den Siedlungsquartieren von Elea (Wohnort des Parmenides in Süditalien) bis zum Tempel, der die Stadt überragt.*

Abstufungen der Liebe

Idee der Schönheit
Siehe auch: *Platonische Idee, Heroische Leidenschaft*

Platon behauptet im *Symposion*, dass sich unter allen Formen, in denen sich die Liebe manifestiert, ein hierarchisches Schema aufspüren lässt, eine Skala, bei der die folgenden Stufen aufeinander folgen:

• Auf der untersten Stufe steht der **erotische Instinkt** in seiner primitivsten und biologischen Form, die Liebe zu *mehreren Körpern*;
• das darauf folgende Stadium ist die **Verliebtheit**, die Liebe zu *einem Körper*, die aus der Betrachtung der körperlichen Schönheit der geliebten Person erwächst. Die Verliebtheit entwickelt sich aber bei Menschen mit besseren geistigen Anlagen zu einer wachsenden Wertschätzung der rein geistigen Qualitäten des Partners;
• schließlich gibt es die **reine Liebe**, frei von jeder Art von Sexualität. Wer dieses Gefühl erfährt, der schätzt zunächst die geistigen Qualitäten (Liebe zur Tapferkeit, zur Tugend) und schließlich die Weisheit selbst und wird so ein wahrer Philosoph.

In der Geschichte des Denkens ist die Lehre von den Abstufungen des Eros oftmals zu einer schlichten Opposition von **vulgärer Liebe** (fleischlich, irdisch) und **himmlischer Liebe** (asexuell, geistig, „platonisch") vereinfacht worden, woraus eine Verurteilung der erotisch-sexuellen Dimension abgeleitet wurde. In Wirklichkeit ist Platons Diskurs komplexer und bedarf einiger Präzisierungen.

• Wenn es wahr ist, dass der Philosoph nicht auf den untersten Stufen der Liebe verweilen darf, sondern die eigene Leidenschaft auf eine intellektuelle Ebene anheben soll, hat die erotische Attraktion dennoch eine positive Funktion in Bezug auf den Beginn des gesamten Prozesses. Im Übrigen gibt es in den platonischen Dialogen eine ausgesprochene Wertschätzung dieser „niederen" Leidenschaft, die mit einer Natürlichkeit akzeptiert wird, die heute – nach dem Sieg des Christentums – unwiederbringlich dahin ist. Im *Symposion* beispielsweise wird kein Hehl aus dem Liebesgefühl gemacht, das Sokrates und Alkibiades verbindet.

• Der **Eros** (→) war für Platon (wie für alle Griechen) kein individuelles psychologisches Phänomen (ein Gefühl), wie heute für uns, sondern eine **kosmische Kraft**, mit der der Mensch sich auseinandersetzen muss: Er kann sich ihr verweigern, sie beherrschen oder von ihr beherrscht werden. Ihrem Wesen nach ist sie eine **Sehnsucht nach Schönheit**. Sie hat innerhalb des platonischen Systems eine entscheidende Funktion: Sie ist die Energie, die die Seele zum Aufstieg in Richtung der idealen Welt bewegt. Deshalb ist die Liebe in ihrer höchsten Form für Platon eine Manie, eine Form des **Enthusiasmus** (→), die eine der Besessenheit ähnliche **Ekstase** (→) hervorruft.
• Die Schönheit, Ziel und Gegenstand der Liebe, ist immer eine **Verkünderin des Guten**: Auch wenn sie sich im Körper ausdrückt und eine rein erotische Leidenschaft hervorruft, bedeutet sie doch stets auch einen Antrieb zu etwas Höherem. Sogar im Akt der sexuellen Vereinigung ist es möglich, ein Verlangen nach Unsterblichkeit zu entdecken (die Zeugung eines neuen Wesens drückt den Drang der Seele zur Ewigkeit aus), wie auch die Sehnsucht nach dem Urzustand der Vollkommenheit, der **Androgynie** (→).

Die körperliche Schönheit hatte für die Griechen eine andere Bedeutung als für uns, weil sie die sexuelle Komponente nicht als vorrangig ansahen. Wenn man bei den Vasenbildern bloß auf die Gesichtszüge achtet, ist es schwierig, Mann und Frau zu unterscheiden; lediglich die Accessoires (Frisur, Bekleidung), kennzeichnen die Figuren. Es existieren nicht zwei Schönheitsideale (weiblich und männlich), sondern nur eines. Das ist der Grund, weshalb nach Platon die Betrachtung der Schönheit (auch wenn sie mit erotischer Anziehung beginnt) die Seele der Vollkommenheit und Einzigartigkeit der Ideen näherbringt.

◄ Auf den in der Zeichnung wiedergegebenen Vasenbildern sind die Körper, Bewegungen und Haltungen von Mann und Frau sehr ähnlich. Das griechische Modell des männlichen Pin-ups wies betont weibliche Züge auf. So wird auf ästhetischer und sozialer Ebene das philosophische Ideal der Androgynie sichtbar.

Androgynie

Mythos, Anthropologie
Siehe auch: *Abstufungen der Liebe, Seele*

Aus medizinischer Sicht ist die Androgynie ein pathologisches Phänomen, das durch das gleichzeitige Vorhandensein beider primärer Geschlechtsteile im selben Individuum – aufgrund unvollkommener physiologischer Differenzierung – charakterisiert ist. Für den Mythos und die symbolische Vorstellungswelt sowohl des Abendlandes wie auch des Orients ist die Androgynie ein glücklicher sexueller Zustand der Bipolarität. Er ist einmal Symbol für die **Fülle des Seins** und die **Vollkommenheit**, hervorgebracht durch das gemeinsame Auftreten zweier gegensätzlicher Elemente, zum anderen für die **Harmonie**, die aus dem gegenseitigen Sich-Ausgleichen erwächst.

Die Androgynie gelangte durch den **Mythos vom Kugelmenschen** in das abendländische Denken, den Platon im *Symposion* zur Erklärung des Phänomens der sexuellen Attraktion entwickelt hatte. Mit einer bemerkenswerten Dosis an Humor behauptete der Philosoph, dass die Menschen nicht schon immer die jetzige Körperform besessen hätten. Unsere ältesten Vorfahren seien nämlich vom Demiurg in Kugelform gebildet worden, ohne eine Differenzierung sexueller Art: Jedes Individuum besaß doppelte Organe entsprechend den drei logischen Möglichkeiten, d. h. Mann-Mann, Mann-Frau, Frau-Frau. Äußerst wendig und schnell (mit vier Beinen und ebenso vielen Armen) bewegten sie sich rollend fort. Die Androgynen waren bis zur Überheblichkeit stolz auf ihre perfekte Kugelform und ihre sexuelle Vollständigkeit und fielen deshalb bei der Gottheit in Ungnade: Sie bestrafte sie mit der **Zerteilung** in die jetzigen zwei Hälften, den Mann und die Frau. (Es bestehe auch die Gefahr, fügte Platon in seiner Erzählung hinzu, dass der Hochmut der jetzigen Menschen Zeus zu einer weiteren Strafteilung bewegen könnte, wodurch die menschliche Spezies auf Wesen mit nur einem Bein und einem Arm reduziert werden würde.)

Der Mythos diente Platon dazu, die erotische Attraktion als unbewusste Sehnsucht nach der alten Vollständigkeit zu deuten. Er erklärt auch die Unterschiede bei den sexuellen Vorlieben: Wer vom eigenen Geschlecht angezogen wird, wäre nämlich einer Mann-Mann- oder Frau-Frau-Spaltung entsprungen, während derjenige, der die heterosexuelle Liebe praktiziert, von einem doppelgeschlechtigen Vorfahren abstamme. Schließlich erklärt er den sexuellen Dualismus als Ergebnis der Dekadenz: Nur der Urmensch, der Androgyn, sei vollständig und wahr. Er entbehre nichts und sei deshalb nicht anzulocken oder zu verführen. Heute aber erlange man die ursprüngliche Kugelform in gewisser Weise nur beim Beischlaf wieder. In diesem Sinne, sagt Platon abschließend, sei der heutige sexuell festgelegte Mensch nur das **Symbol** (→) eines Menschen, ein buchstäblich „halber Mensch".

Der Mythos vom Androgyn diente Platon dazu, den dunklen und schmerzhaften Sinn eines Mangels zu erklären, der jedes Liebesgefühl kennzeichnet. Wie ein weiterer Mythos im *Symposion* behauptet, ist der Gott Eros ein Sohn der Göttin Penia (Armut) und des Gottes Poros (Ausweg): Er sei nämlich beständig arm, und viel fehle daran, dass er zart und schön sei, wie die meisten glauben, sondern er sei rau und nachlässig im Äußern, barfuß und obdachlos, gewohnt, unter freiem Himmel vor den Türen zu schlafen. Aber er sei schlau und bei seinen Eroberungen bereit zu den raffiniertesten Tricks.

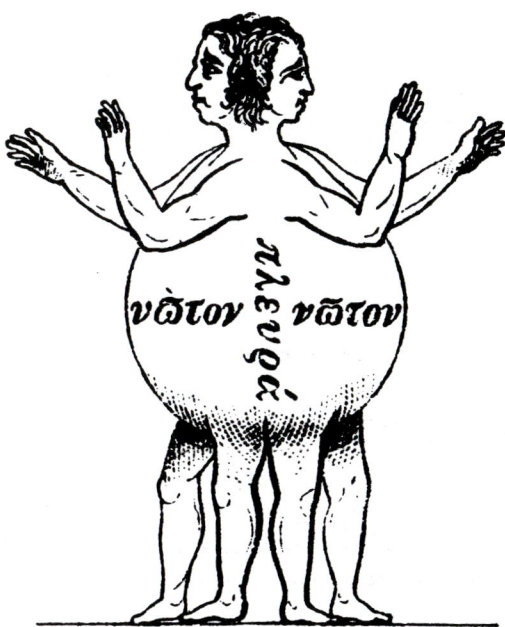

In der Alchemie wurde die Umwandlung unedler Metalle in Gold durch die Geburt des Hermaphroditen im Quecksilberbad symbolisiert. Laut Carl Gustav Jung, der die Alchemie aus psychoanalytischer Sicht untersucht hat (→ **Kollektives Unbewusstes**), ist die Androgynie ein Symbol für das gemeinsame Auftreten einer männlichen und weiblichen Komponente in jedem Individuum (→ **Jungscher Archetypus**).

►► Eine Darstellung des 19. Jh.s (oben) und des 17. Jh.s (unten) vom platonischen Mythos der ursprünglichen Kugelmenschen, die mit doppeltem Geschlecht, vier Armen und vier Beinen ausgestattet waren.

◄ Als Symbol für die Vereinigung der Gegenteile und für das **Zusammenfallen der Gegensätze** (→) gibt es die Androgynie in vielen Mythen und Religionen. Der Androgyn in einer hinduistischen Darstellung als Vereinigung des Gottes Shiva (Mann) und der Göttin Parvati (Frau).

Enthusiasmus

Wahnsinn, Inspiration
Siehe auch: *Heroische Leidenschaft, Genie*

Platon gebührt das Verdienst, sich zum ersten Mal mit dem schwierigen Problem vom Wesen des **Wahnsinns** (→) beschäftigt zu haben. Im *Phaidros* sagt er, es sei nicht richtig zu glauben, dass man einem Verliebten den Nichtverliebten vorziehen müsse, weil jener ja wahnsinnig sei und dieser vernünftig und weise. Das wäre nur richtig, wenn Wahnsinn immer ein Übel darstelle. Uns würden aber die größten Wohltaten gerade durch einen von den Göttern gesandten Wahnsinn gegeben. Hätten doch die Prophetinnen von Delphi (→ **Orakel**) und anderswo gerade in diesem Zustand viel Gutes getan, sei es für Einzelne, sei es für die Allgemeinheit, niemals aber, wenn sie bei Sinnen waren. Darüber müsse man gar nicht länger reden, denn das sei ja allen bekannt. Daraus wird deutlich, dass Platons Meinung von sehr vielen geteilt wurde. Tatsächlich sahen die Griechen im Unterschied zur modernen Auffassung im Wahnsinn nicht nur eine Krankheit, sondern auch etwas Gutes: Wahnsinn kann ein Geschenk der Götter sein, das wenigen zuteil wird, eine Form von Enthusiasmus, d. h. jener göttlichen **Inspiration** (→), die zu einem Zustand kreativer Entrückung führt. Platon zufolge existieren verschiedene Typen von **nützlichem Wahnsinn**:

• ein **prophetischer Enthusiasmus**, der dem Orakel das Voraussagen der Zukunft erlaubt; es ist die Kraft, die die Sibylle inspiriert, scheinbar unzusammenhängende Sätze zu verkünden (sie erscheinen uns so, weil wir unfähig sind, die Sprache der Götter zu verstehen);
• ein **erotischer Enthusiasmus**, unvermeidbarer Bestandteil des mit jeder leidenschaftlichen Liebe verbundenen Wahnsinns (→ **Eros**);
• ein **poetischer Enthusiasmus**, der den Begnadeten künstlerische Inspiration verleiht. „Wenn aber einer ohne diesen Musenwahnsinn zu den Pforten der Dichtkunst kommt", behauptet Platon, „den hält man für uninspiriert, und seine Dichtung, die eines Besonnenen, wird von der Poesie der Wahnsinnigen überschattet."

In der Geschichte des Denkens wurde der platonische Begriff des Enthusiasmus von allen philosophischen Strömungen aufgegriffen, die die Grenzen der Realität überwinden wollten. Der mittelalterliche **Mystik** (→) erkannte darin eine Variante der religiösen **Ekstase** (→); in der Renaissance entwickelte Giordano Bruno eine weltliche Version und sprach von **heroischer Leidenschaft**, worunter er jenen angeborenen Enthusiasmus, jenen Feuereifer für die Wahrheit verstand, der das Forschen des Philosophen auszeichnen sollte.

In der Neuzeit griff die **Romantik** (→) den platonischen Gedanken auf, wobei sie im Wahnsinn das Innerste des menschlichen Geistes erblickte, seinen ursprünglichsten und tiefsten Teil, den die Vernunft kontrollieren, aber nicht beseitigen kann. Friedrich Wilhelm Schelling formulierte 1810 seine Auffassung: „Der Wahnsinn ist im Wesen des Menschen tief verankert. Er entsteht nicht, sondern zeigt sich, wenn das, was eigentlich nicht existiert, d. h. das Irrationale, Wirklichkeit wird." Was wir „Vernunft" nennen, ist nichts anderes als regulierter Wahn; was wir „Verrücktheit" nennen, ist bloß ein Exzess der Leidenschaften, die der rationalen Kontrolle entkommen sind.

► Der **prophetische Enthusiasmus**. Die verzerrten
Gesichtszüge der Sibylle zeigen den Zustand der Got-
tesbesessenheit, in dem die Prophetin des Orakels die
Antworten auf die Fragen der Pilger verkündete. Die
Sibylle ist wahnsinnig, weil ihre Seele gänzlich von dem
Gott eingenommen ist, der durch sie die Sprache der
Götter spricht.

◄ Der **erotische Enthusiasmus**. In der mythologischen
Vorstellungswelt der Griechen wurde die Annahme, die
Liebe sei eine Form von Wahnsinn, am Beispiel von
Menelaos gezeigt. Während der Plünderung von Troja
machte er sich auf die Suche nach Helena, der Ehebre-
cherin, die einen zehnjährigen Krieg verursacht hatte,
mit der festen Absicht, diese zu töten. Er sah das als seine
Pflicht an, doch beim Anblick ihrer nackten Brust hörte
er zu überlegen auf und verschonte sie – „liebestoll".

◄ Die **Musen** sind die Künstlerinnen des **poetischen
Enthusiasmus**. Platon behauptet, dass der Ursprung der
Dichtung nicht in der Kunst der Dichter liege, denn sie
können ja nur dann dichten, wenn sie „von dem Gotte
angehaucht und ergriffen sind". Das heißt, dass die
dichterische Tätigkeit neben der unersetzbaren technischen Fertigkeit (dem Handwerk) eine **außerrationale**
Komponente, jenseits der Kontrolle des Subjekts, enthält.
Auch aus diesem Grund beabsichtigte Platon, die Dichter (zusammen mit allen Künstlern) aus der Idealstadt
auszuschließen (→ **Mimesis**).

Mimesis

Ästhetik

Siehe auch: *Kunst der Moderne*

Der Dualismus zwischen sinnlicher Welt und Welt der Ideen (→ **Platonische Idee**) hatte wichtige Konsequenzen für die Ästhetik. Jede Kunstform, so behauptete Platon, ist stets eine Mimesis (Nachahmung), d. h. eine mehr oder weniger ähnliche Kopie eines Objekts oder Ereignisses (die Vorstellung, dass es eine abstrakte, gegenstandsfreie Kunst geben könne, ist eine Errungenschaft des 20. Jh.s). Da die Dinge der Welt aber schon von sich aus unvollkommene Trugbilder der wahren Realität der Ideen darstellen, sind künstlerische Darstellungen als Kopien von Kopien doppelt von der Wahrheit entfernt. Die Kunst, folgert Platon, ist **unpädagogisch** und verdirbt die Menschen: Sie erregt die Sinne (Sehen und Gehör), den weniger edlen Teil des Menschen, während sie gleichzeitig die geistigen Fähigkeiten schmälert, weil sie an Fantasie und Emotion, die irrationalsten Kräfte der Psyche, appelliert (→ **Enthusiasmus**). Für Platon ist die Kunst kein Wissen, sondern Verwirrung. Ihre Wirkung besteht darin, dass sie den Unterschied zwischen dem Wahren und dem Falschen verwischt.

Der Begriff Mimesis wird vor allem mit den visuellen Künsten (Malerei und Skulptur) verbunden, aber auch mit der Dichtung, der Literatur und der Musik. Im dritten Buch der *Politeia* ordnet Platon sogar Komödie und Tragödie als mimetisch ein. Auch eine Theateraufführung sei nämlich eine Form von Nachahmung des Lebens. Die erste Maßnahme in einem von Philosophen regierten Staat sollte folglich die Austreibung aller Künstler sein, der Poeten, Maler, Musiker und Dramaturgen. Die Heftigkeit des platonischen Angriffs gegen die Kunst ist beispiellos und ohne Nachfolge in der Geschichte des Denkens, selbst innerhalb der platonischen Tradition. Erst Plotin (2. Jh. n. Chr.) und der **Neuplatonismus** (→) der Renaissance verkehrten diese Missbilligung geradezu in eine Lobpreisung, wobei sie argumentierten, die Malerei könne trotz des Vorwurfs, sie bediene sich realistischer (mimetischer) Figuren, diese immerhin nutzen, um transzendente Bedeutungen auszudrücken (→ **Archetypus**). Dem Künstler, den Platon für gänzlich passiv hielt, wurde demnach eine intellektuelle Rolle zugeschrieben: die Fähigkeit, die in den Dingen verborgene Idee direkt zu erfassen und sie anderen zu enthüllen.

Einige seiner Aussagen zeigen allerdings, dass Platon womöglich eine nicht nachahmende Kunst hätte akzeptieren können. In den *Gesetzen* erklärt er nämlich, dass er die streng schematische und geometrische (nicht naturalistische, sondern konzeptuelle) Kunst der alten Ägypter bewundere, die angeordnet hatten, dass die Jugend der Städte nur in solchen Körperhaltungen und mit solchem Benehmen – sehr genau festgelegt – gezeigt werden sollten, die sich ziemten. Außerdem sei es den ägyptischen Malern untersagt, irgendwelche Neuerungen einzuführen, die von den traditionellen Normen abwichen. Mit anderen Worten: Nach Platon könnte demnach eine Kunst, die von der naturalistischen Nachahmung der Realität Abstand nahm, also nicht mimetisch war, eine wichtige ethische und pädagogische Aufgabe übernehmen.

◀ *Das Prinzip malerischer und literarischer Mimesis in der byzantinischen Kopie eines griechischen Manuskriptes: Ein Gegenstand wird akkurat beschrieben oder kopiert, sei es mittels der exakten Darstellung seiner Form oder einer verbalen und literarischen Beschreibung.*

▶ *Schema der Schönheitsvorstellungen im Denken Platons, das es ermöglicht, den Grund für seine Abwertung der Kunst zu begreifen.*

▼ *Die griechische Kunst entwickelte sich von archaischer Zeit an (von links nach rechts) zu immer höheren Ebenen naturalistischer Darstellung. Zur Zeit Platons war die Mimesis, die Fähigkeit, die Welt so darzustellen, wie sie den Augen erscheint, eine äußerst junge Errungenschaft. Das legt die Vorstellung nahe, dass sich Platons Protest nicht gegen alle Kunst wandte, sondern gegen die Kunst, die in seiner Zeit* modern *war.*

Stereometrie

Naturwissenschaftliches Maß

Siehe auch: *Atom*

Der Terminus Stereometrie, (wörtlich: „Wissenschaft von der Messung fester Körper"), bezeichnet die Lehre, mit der Platon im *Timaios* (dem der Naturwissenschaft gewidmeten Dialog) versuchte, alle ihm vorausgegangenen naturwissenschaftlichen Vorstellungen (Empedokles, Pythagoras, Demokrit) in einer einheitlichen Theorie zusammenzufassen. Aufgabe der Stereometrie ist es nämlich, die **Beziehungen zwischen physischer Realität, Zahlen und Geometrie** zu überblicken.

Die Annahme, von der Platon ausgeht, ist die Vollkommenheit jener **fünf regelmäßigen Polyeder**, die die Griechen „Spielzeuge des Bacchus" nannten (Würfel, Pyramide, Ikosaeder, Oktaeder, Dodekaeder). Diese besitzen folgende zwei Eigenschaften:

• Sie haben gleiche Seiten, Flächen und Winkel;
• Sie passen sich perfekt in eine Kugel ein.

In der Annahme, dass diese Körper die Grundformen der Materie darstellen, erklärte Platon die physischen Qualitäten der **Elemente** (→) auf geometrischem Wege: Die Erde ist stabil und dicht, weil sie aus Würfeln besteht, massiven Strukturen, die dazu tendieren, sich zu soliden und unbeweglichen Blöcken zu verdichten; das Feuer ist aus beweglichen und instabilen Tetraedern gebildet, während das Wasser, die Luft und der Äther aus Ikosaedern, Oktaedern und Dodekaedern bestehen, Formen, die zur Kugelförmigkeit tendieren und somit nach und nach immer flüssigere, luftigere, flüchtigere Substanzen aufweisen.

Die Vorstellung, dass sich die Substanzen durch ihre unterschiedliche atomare Gestalt unterscheiden, erlaubte es Platon, eine unendliche Vielfalt physikalischer Phänomene zu erklären. Die Gravitation beispielsweise ist die Tendenz jedes Teilchens, sich mit anderen ihm ähnlichen zusammenzutun: Die Flamme steigt empor, weil es in den Himmeln eine große Masse an Feuer gibt, während ein Stein, angezogen von der natürlichen Affinität zur Erde, herabfällt.

Die von der Wärme hervorgerufenen Phänomene erklären sich aus der Spitzform der Tetraeder: Die kleinen Pyramiden mit scharfer Spitze, die das Feuer bilden, sind in der Lage, sich im Inneren anderer Substanzen zu verkeilen, sie aufzulösen und daraus die Elemente zu separieren.

Um das Problem des **Werdens** (→) zu lösen, bediente sich Platon einer weiteren Vereinfachung. Da jeder Körper aus übereinanderliegenden Schichten flacher Figuren zusammengesetzt ist, können sogar die fünf Festkörper in noch einfachere Elemente zerlegt werden. Als die wirklich elementaren „Bausteine" der Welt erweisen sich demnach das gleichschenklige und das ungleichseitige Dreieck; nur diese zwei Figuren reichen nämlich aus, um die fünf sogenannten „bacchischen Festkörper" zusammenzusetzen.

Damit wird eine numerische Analyse des Werdens möglich: Jedes Oktaeder, das aus 48 Dreiecken besteht, kann sich in zwei Tetraeder mit je 24 Dreiecken aufspalten; und in ähnlicher Weise kann sich jeder Festkörper in andere verwandeln, indem er Dreiecke abgibt oder aufnimmt. Das Dodekaeder, dessen Seiten aus Fünfecken bestehen, ist das einzige unter den „Spielzeugen des Bacchus", das sich nicht auf Dreiecke reduzieren lässt: Die Ausnahme stellt jedoch kein Problem dar, weil Platon die aus Dodekaedern bestehende Substanz mit dem Äther assoziiert, der fünften Essenz, die außer dem Mond auch die Himmel formt. Das bereits von Pythagoras zum Sektensymbol erhobene Pentagon, Form und Sinnbild des Übernatürlichen, ist im Begriff, in der Magie eine herausragende Rolle zu spielen.

Festkörper	Element	Oberflächen	Grunddreiecke
Würfel	Erde	6 Quadrate	24 gleichschenklige Dreiecke
Ikosaeder	Wasser	20 gleichseitige Dreiecke	120 ungleichseitige Dreiecke
Oktaeder	Luft	8 gleichseitige Dreiecke	48 ungleichseitige Dreiecke
Tetraeder	Feuer	4 gleichseitige Dreiecke	24 ungleichseitige Dreiecke
Dodekaeder	Äther	12 Fünfecke	

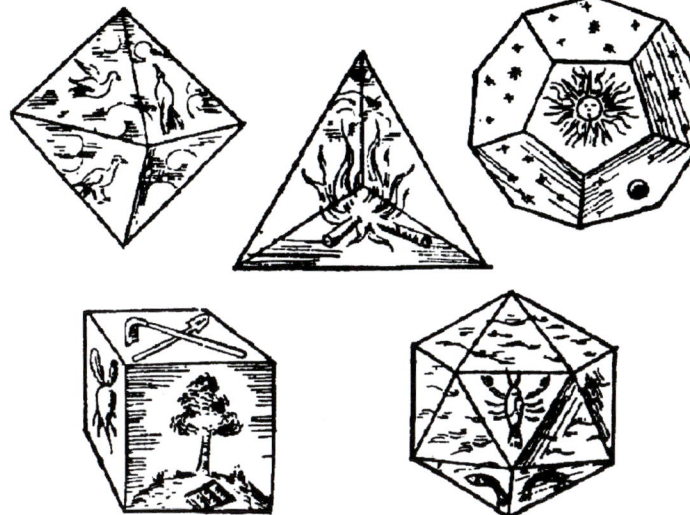

◀ Die „Spielzeuge des Bacchus". Die platonischen Festkörper in einer im 16. Jh. überarbeiteten Abbildung, die die Beziehung zwischen den geometrischen Formen und den Grundelementen verdeutlicht. Von oben und von links nach rechts: Oktaeder, Tetraeder (Pyramide), Dodekaeder (als einziges aus Fünfecken bestehend), Würfel, Ikosaeder.

▶ Das Werden nach Platon. Vier Teilchen des Feuers (Tetraeder oder Pyramiden), die von einer Vielzahl von Ikosaedern (Wasser) komprimiert werden, zerfallen in einfache Dreiecke, um sich dann erneut in zwei Oktaedern (Luft) zu verfestigen.

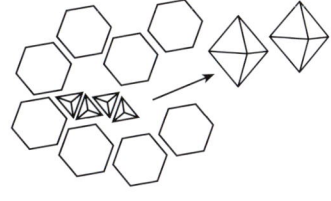

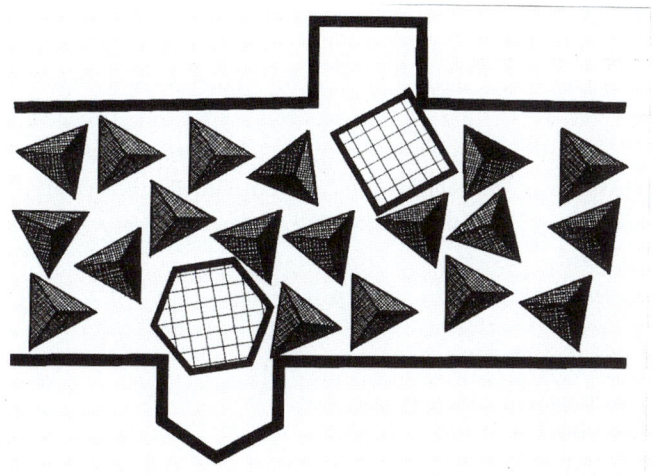

◀ Die Erklärung der **Nährfunktion des Blutes** in Platons Timaios. Das Blut, aus dem Element Feuer bestehend (wie auch die Wärme, die Beweglichkeit und die rote Farbe), setzt sich aus beweglichen Tetraedern, kleinen Pyramiden in ständiger Unruhe, zusammen, die gezwungen sind, durch die Blutgefäße zu strömen. Dabei transportieren sie die Köpernahrung: Wasser (Ikosaeder) und Erde (Würfel), die in den vorgesehenen Aushöhlungen zu deponieren sind.

Horizontales Denken

Metaphysik
Siehe auch: *Syllogismus, Axiom*

Im Gegensatz zur vertikalen und hierarchischen Sichtweise, die die platonische Ideenlehre kennzeichnet, pflegt man den diesseitigen, wissenschaftlichen Ansatz des **Aristoteles** (→) als „horizontales Denken" zu bezeichnen. Sowohl aus persönlichen Motiven (als Metöke, d. h. als Fremder, war er von den Rechten der attischen Bürger ausgeschlossen) als auch aus Überzeugung hielt er immer Abstand von den ethischen und politischen Interessen **Platons** (→).

Für Aristoteles bestand das höchste Ziel der Philosophie nicht darin, eine gesellschaftliche Erneuerung zu fördern: Das Wissen ist sich selbst Ziel, es rechtfertigt sich einzig durch das instinktive Bedürfnis, das der Mensch danach empfindet, und durch das intellektuelle Vergnügen, das daraus entspringt.

Statt der Abwertung der materiellen Welt durch Platon zeigte Aristoteles eine besondere **Aufmerksamkeit für die reale Welt** und die Wissenschaft. Obwohl er nie offen Position gegen seinen angesehenen Lehrer bezogen hat, löste er sich de facto letztlich von dem wesentlichsten Punkt in dessen Lehre, vom metaphysischen Dualismus. Für Aristoteles existiert keine Überwelt, die qualitativ verschieden, höherwertig und letzten Endes wahrer wäre als die sinnliche. Die Realität ist nicht zweigeteilt, sondern bildet ein einheitliches Ganzes: Es gibt nur **eine einzige Welt** und sie besteht aus eben jener natürlichen Materie, die nach Platon eine Untersuchung nicht verdient.

Im Bereich des horizontalen Denkens ist jede Wissenschaft unabhängig von den anderen und autonom, weil jede einen eigenen, qualitativ unterschiedlichen Gegenstand hat und sich auf eigene Prinzipen stützt. Die Mathematik untersucht die von der Quantität hervorgebrachten Phänomene; die Physik diejenigen, die durch die Bewegung der Körper gegeben sind; die Biologie interessiert sich für die Probleme des Lebens und der Reproduktion.

Jedes Wissen interpretiert eine bestimmte „Region" der Welt, und sogar die Wissenschaften vom Heiligen genießen keinen Sonderstatus: Die Theologie ist das Wissen, das das Göttliche zum Gegenstand hat, während die Astronomie deren sichtbare Manifestationen (die Gestirne) untersucht.

Es gibt keine mehr oder weniger wichtigen Wissenschaften: Alle haben gleiche Würde, da sie die Natur von unterschiedlichen Gesichtspunkten aus interpretieren. „In allen Phänomenen der realen Welt gibt es Wunderbares", behauptet Aristoteles: Jeder Teil der Natur, so bescheiden oder erhaben er sei, habe seine eigene Wichtigkeit. In der Biologie beispielsweise müsse die wissenschaftliche Haltung von eventuellem Ekel absehen, den die niederen Lebewesen hervorrufen könnten.

Tatsächlich wurden im Lykeion, der von Aristoteles gegründeten Philosophenschule vor den Mauern Athens, alle Wissenschaften durch kollektive und koordinierte Forschungsarbeit entwickelt. Ziel war, eine **Enzyklopädie des Wissens** zu schaffen. Die Masse an spezifischen Kenntnissen, die bis dahin unter einer großen Zahl von Spezialisten verstreut war, sollte in einen systematischen Zusammenhang gebracht und neu geordnet werden. Wenn aber derartig unterschiedliche Wissenschaften, von denen jede einzelne einen eigenen Gegenstand untersuchte und mit spezifischen Forschungsmethoden arbeitete, in einen systematischen Zusammenhang gebracht werden sollten, dann war es notwendig, ein einheitliches Interpretationskriterium zu finden. Aristoteles fand es im Begriff der **Substanz** (→).

▲ *In der* Schule von Athen *(1519) stellte Raffael die beiden Traditionen des philosophischen Denkens, den* **Platonismus** *(→) und den* **Aristotelismus** *(→), nebeneinander, wobei er die beiden Meister mit exemplarischen Gesten zeigte: Platon, mit nach oben gerichtetem Zeigefinger, deutet eine Entwicklung im vertikalen und hierarchischen Sinne an, die Geste des Aristoteles dagegen, die Hand zum Zeigen auf die Welt ausgestreckt, drückt eine horizontale Haltung des Denkens aus.*

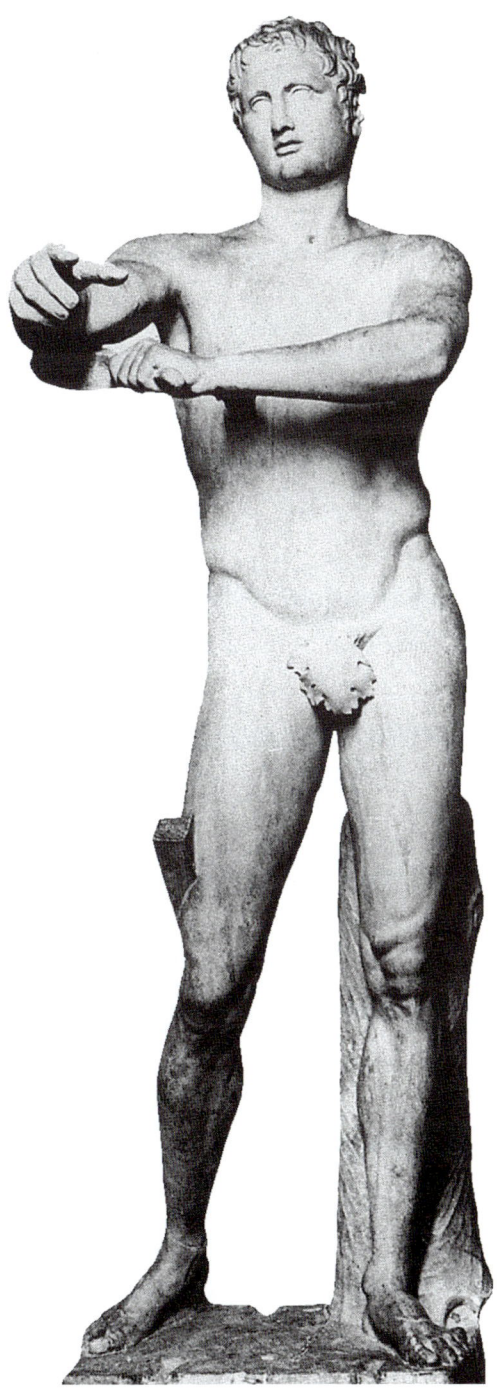

◄ *Aristoteles' neue Einstellung findet ihre künstlerische Entsprechung in einer Skulptur seines Zeitgenossen Lysipp, der dieselbe Neugier für die Natur offenbart, und dasselbe Verlangen, die Welt realistisch zu beobachten und von der konkreten Erfahrung auszugehen. Sein Athlet, der sich reinigt (griech.* apoxyomenes*), erfasst einen Aspekt, einen Augenblick des alltäglichen Lebens, der recht weit entfernt ist vom heroischen Klassizismus.*

Substanz

Bei der Ausformulierung des enzyklopädischen Projekts durch Aristoteles *(→ **Horizontales Denken**)* spielte der Begriff der Substanz eine fundamentale Rolle. Die Substanz sollte die schwierige Aufgabe übernehmen, die Grenzen jeder Wissenschaft und die allgemeinen Regeln des Denkens zu bestimmen. Damit wurde sie zum grundlegenden Begriff von Aristoteles' *erster Philosophie*, auch *Metaphysik* genannt.

Obwohl Aristoteles die verschiedenen Bedeutungen des Begriffs überaus genau untersuchte, ist der Sinn des Ausdrucks „Substanz" nicht so schwer zu verstehen, weil er das ausdrückt, was in der Alltagssprache das „Wesentliche einer Sache" genannt wird. Damit meint man das, was an einem Objekt stabil und dauerhaft (nicht zeitlich begrenzt, flüchtig oder nebensächlich) ist, dasjenige, ohne das das Objekt aufhört zu sein, was es ist. Die Substanz ist jener Teil eines Objekts, der sich auch dann nicht verändert, wenn dessen weniger wichtige Aspekte, die Aristoteles **Akzidens** (das Zufällige) nennt, sich ändern. Die Substanz „Menschlichkeit" beispielsweise ist jene Grundqualität, die jedem menschlichen Individuum zugrunde liegt, trotz der vielen Variationen, die dem Alter, der Herkunft, den subjektiven Besonderheiten geschuldet sind. Sie ist die allen Individuen der menschlichen Spezies gemeinsame Qualität und bestimmt deren Grenzen. Der unterschiedliche Inhalt jeder Substanz begrenzt auch die Spannweite ihrer Anwendbarkeit. Das Leben beispielsweise ist jene Substanz, die nicht nur allen Menschen, sondern auch den Tieren und Pflanzen unterliegt.

Aristoteles zufolge würde die Ausarbeitung einer Theorie zur Substanz, mit der sich beschreiben ließe, wie der menschliche Geist diesen Begriff gebraucht, es ermöglichen, den Gebrauch von Begriffen zu erklären. Damit ließe sich das Problem der **Definition** (→) lösen, von dem Platon ausgegangen war, ohne, wie er, auf irgendeine übernatürliche Welt zurückgreifen zu müssen. Beispielsweise sei der Begriff des „Hundseins", auf dessen Grundlage wir zwischen einem Hund und einer Katze unterscheiden, **keine Erinnerung** der Seele, wie es Platon wollte, sondern eine **Kategorie des Denkens**, die die Tiere auf Grundlage der abweichenden Substanz, aus der sie bestehen, unterscheidet. Es existiert folglich kein „ideales Hundsein". Damit weicht Aristoteles von Platon im wesentlichsten Punkt seiner Lehre ab: der **Existenz der Welt der Ideen (→ Platonische Idee)**.

Andererseits kann Aristoteles zufolge die wissenschaftliche Überlegung den Begriff der Substanz nur deshalb mit Erfolg gebrauchen, weil die Welt in ihrer Realität *tatsächlich* aus verschiedenen Substanzen besteht; genau das gilt ja auch im Bereich der Logik: Es darf keinen Widerspruch geben (→ **Axiom**).

Dem Erkenntnisprozess der Substanz entspricht also eine Ontologie der Substanz: Das Sein jeder Sache deckt sich mit seinem Wesen oder seiner Substanz; das Sein ist der Grund, warum eine Sache ist, was sie ist. In diesem Sinne behauptete Aristoteles, dass das ontologische Sein nicht einzigartig sei, wie **Parmenides** meinte („das Seiende ist"), noch doppelt, wie **Platon** es wollte (wahrnehmbare Dinge und übernatürliche Ideen), und auch nicht von unendlicher Zahl wie die Atome **Demokrits**, sondern unzählbar: **Es gibt so viele Substanzen, wie es Arten der Dinge gibt, die das Universum zusammensetzen** (und die Begriffe der Sprache bilden).

Materie   Form   Das Einzelne

◀ *Die Substanz ist vor allem die* **Form** *der Dinge im Gegensatz zum (nicht relevanten) Stoff. Unter* Form *darf man sich nicht die* äußere *Erscheinung eines individuellen Wesens vorstellen, sondern die* innere *Struktur, die es zu dem macht, was es ist. Eine Säule ist eine solche nur wegen ihrer Form, unabhängig vom Material.*

Potenz   Akt

◀ *Die Substanz ist auch der* **Akt** *(lat.* actus, *griech.* energeia*), im Gegensatz zur* **Potenz** *(potentia, dynamis). Der Akt ist die vollkommene* **Verwirklichung** *jedes Wesens: Ein Kind ist nur ein* **potenzieller** *Mensch, während ein Erwachsener die dem Konzept des Menschen entsprechende Substanz vollständig verwirklicht.*

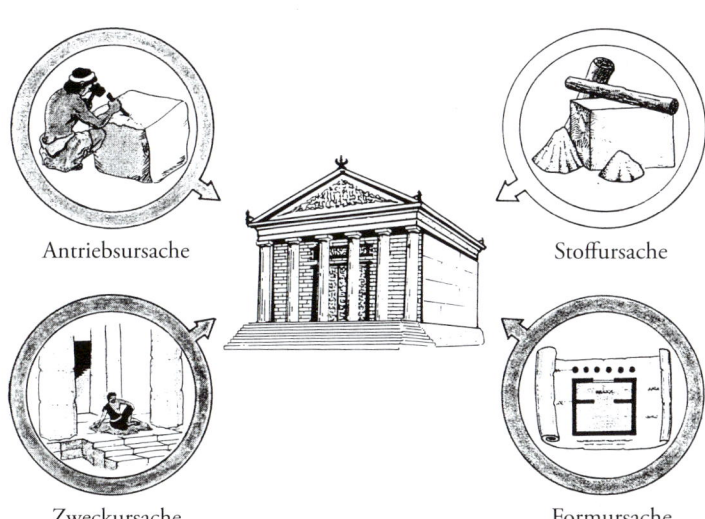

Antriebsursache   Stoffursache

Zweckursache   Formursache

◀ *Die Substanz als* **Formursache** *und* **Zweckursache***. Jedes Wesen verfügt über vier Arten von Ursachen: die materielle, effiziente (die Arbeit, um sie zu konstruieren), formale (das Projekt) und finale (der Zweck). Nur die letzten beiden besitzen substanzielle Relevanz: Ein Tempel ist ein solcher, wenn er zu diesem Zweck entworfen wurde oder wenn er seine religiöse Funktion erfüllt, unabhängig davon, wer ihn konstruiert hat (Antriebsursache), und vom Baumaterial (Stoffursache).*

Syllogismus

Logik

Siehe auch: *Quadrat der Gegensätze*

Mit Aristoteles' Theorie des Syllogismus entsteht die Logik, die Wissenschaft des Beweisens, die in der Lage ist, genau anzugeben, wann und warum ein Schluss gültig (kohärent, gut aufgebaut in Bezug auf die Prämissen) oder falsch ist.

Aristoteles beobachtete vor allem, dass nicht das gesamte Denken aus Schlüssen besteht: Ein für sich genommenes Urteil (z. B.: „Sokrates ist tot" oder „Es regnet heute") kann in Bezug auf die Realität richtig oder falsch sein, aber es besitzt keinen logischen Wert: Es ist die Feststellung einer Gegebenheit. Der Schluss entsteht, wenn der Gedanke eine Bewegung vollzieht, d. h. von einem Urteil zum nächsten gelangt, wobei er die Sätze in notwendige Zusammenhänge bringt, sodass sich die Schlussfolgerungen notwendigerweise aus den Prämissen ergeben. Aus dieser Folgerichtigkeit, nach der der vorausgehende Satz Ursache für die Folgerungen ist, besteht der logische Zusammenhang.

Ein Syllogismus muss folglich aus mindestens drei Sätzen bestehen:

• Obersatz (erste Prämisse),
• Untersatz (zweite Prämisse),
• Schlussfolgerung.

Das berühmteste Beispiel beweist die Sterblichkeit des Sokrates, wobei folgendermaßen argumentiert wird:

• Alle Menschen sind sterblich;
• Sokrates ist ein Mensch;
• also ist Sokrates sterblich.

Aristoteles ging von der Feststellung aus, dass in der Schlussfolgerung kein Begriff vorkommt, der zugleich auch in den *beiden* Prämissen vorkommt (im Beispiel das Wort „Mensch") und der den Angelpunkt des ganzen Schlusses darstellt. Sokrates' Sterblichkeit (in der Schlussfolgerung behauptet) entspringt notwen-

digerweise seinem Menschsein und der Vorstellung, dass die Menschen sterblich sind: „Mensch" ist somit das operative Herzstück des Gedankengangs. Dieser **Mittelbegriff** repräsentiert die **Substanz** (→) oder **Ursache** des Syllogismus, weil er das ist, was die beiden Prämissen gemeinsam haben und in die Schlussfolgerung einbezogen ist (wenn auch unausgesprochen). Das richtige Verhältnis zwischen den beiden Prämissen stellt sich dann ein, wenn beide den Mittelbegriff teilen, der sie miteinander verbindet.

Der Mittelbegriff kann Subjekt oder Prädikat der Sätze sein, und dies erlaubt es, vier Arten von Gedankengängen zu unterscheiden, die Aristoteles **Figuren des Syllogismus** nennt. Obwohl es möglich ist, in allen Figuren korrekte Syllogismen zu bilden, betrachtete Aristoteles das Verfahren der **ersten Figur** (für die das auf Sokrates' Sterblichkeit bezogene ein Beispiel ist) als **vollkommenen Syllogismus**, so selbstverständlich und einleuchtend, dass weitere Überlegungen überflüssig seien. Die erste Figur stellt die selbstverständliche Grundlage der gesamten Logik dar. Die Gedankengänge, die sich in dieser Form ausdrücken lassen, sind derart einfach und gewiss, dass sie keiner zusätzlichen Bestätigungen bedürfen. Die Aufgabe der aristotelischen Logik war es demnach zu überprüfen, ob sich eine beliebige Annahme (unsicher, kompliziert) in einen Syllogismus der ersten Figur (oder in gleichwertige andere) umwandeln ließe. Wenn die Umwandlung möglich war, musste der Schluss akzeptiert werden.

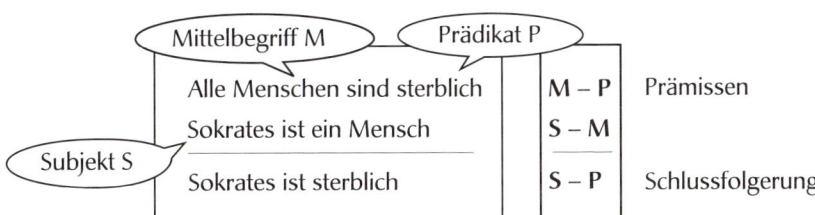

▲ ▼ *Wenn der* **Mittelbegriff** *Subjekt im Obersatz und Prädikat im Untersatz ist, hat der Syllogismus der sogenannten* ***ersten Figur*** *seine perfekte Form. Möglich sind auch drei weitere Arten des syllogistischen Schlusses, wie die Tabelle zeigt.*

	1. Figur	2. Figur	3. Figur	4. Figur
Obersatz	M Subjekt	M Prädikat	M Subjekt	M Prädikat
Untersatz	M Prädikat	M Prädikat	M Subjekt	M Subjekt
Konklusion				

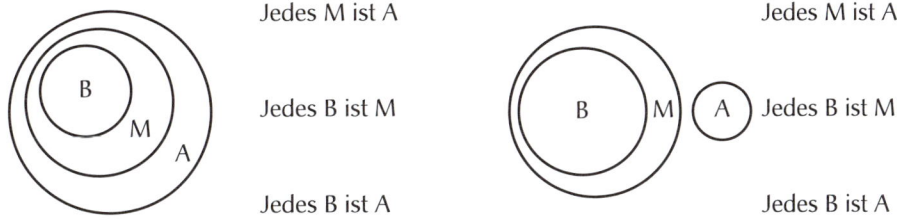

▲ *Der Mathematiker Leonhard Euler (1707–1783) schlug vor, die Beziehungen zwischen den Begriffen des Syllogismus mit Kreisen darzustellen, um damit das Verhältnis von Einbeziehung und Ausschluss sichtbar zu machen. Daraus folgt für das erste Beispiel, dass 1) jeder Mensch (M) sterblich (A) ist; 2) Sokrates (B) ein Mensch (M) ist; 3) Sokrates sterblich ist; für das zweite Beispiel, dass 1) kein Mensch (M) ewig (A) ist; 2) jeder Grieche (B) ein Mensch (M) ist; 3) kein Grieche ewig ist.*

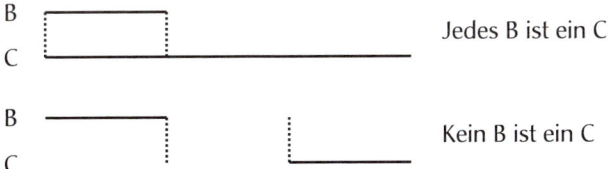

▲ *Gottfried Wilhelm Leibniz (1646–1716) schlug ein Darstellungssystem des Syllogismus vor, bei dem die Einbeziehungsverhältnisse durch den Einfall von Punkten auf einer Geraden angezeigt werden. Die Horizontalen symbolisieren die Ausdehnung der Begriffe, die gepunkteten Vertikalen die Verhältnisse von* **Einbeziehung** *und* **Ausschluss**. *Wenn sie auf das Innere der untersten Linie fallen, liegt ein bestätigender Satz vor, fallen sie nach außen, ein negativer.*

Axiom

Logik
Siehe auch: *Syllogismus, Quadrat der Gegensätze*

Der Gebrauch des **Syllogismus** in der naturwissenschaftlichen Forschungspraxis bereitete Aristoteles eine Reihe bedeutender Schwierigkeiten. Mit dem Übergang von der Logik (die nur auf die interne Schlüssigkeit des Diskurses achtet) zur naturwissenschaftlichen Forschung wird das **Problem der Wahrheit der Prämissen** wichtig. Ein naturwissenschaftlicher Syllogismus muss nicht nur die deduktiven Regeln korrekt anwenden, sondern von richtigen Voraussetzungen ausgehen. Die Idee, letztere durch einen neuen Syllogismus zu beweisen, schiebt das Problem nur auf, und dabei entsteht eine Kette, die nicht endlos werden darf. Die Kenntnis der Prämissen (die per definitionem nicht beweisbar sind) ist die heikelste Angelegenheit der aristotelischen Wissenschaftslehre.

Aristoteles zufolge ist es möglich, diese fundamentalen Wahrheiten, auf die sich jede Wissenschaft stützen muss, zu erfassen, und zwar auf zweierlei Weise: durch Induktion und durch Intuition.

Die **Induktion** ist das Verfahren, durch das man, ausgehend von der Analyse besonderer Fälle, zu einer generellen Wahrheit gelangt. Sie ist nicht syllogistisch (und im engeren Sinne auch nicht logisch), sondern geht von der (verallgemeinerten) Feststellung aus, dass es zahllose einzelne Wahrheiten gibt. Die **Intuition** ist die Fähigkeit des Intellekts, eine unmittelbare Wahrheit zu erfassen, die so selbstverständlich und evident ist, dass sie keines Beweises bedarf. Die Grenze zwischen Intuition und logischem Gedankengang ist durch den Syllogismus der ersten Figur gegeben, Ausdruck offensichtlicher Wahrheiten in logischer Form.

Auf diese Weise beginnt die **Mathematik**, ihre Gegenstände wie die Zahl, das Gerade und Ungerade, den Begriff der Summe, der Subtraktion usw. auf *intuitivem* Weg zu begründen. Die **Geometrie** geht von den fünf euklidischen Gesetzen aus. Und die verschiedensten Wissenschaften arbeiten auf der Grundlage allumfassender und von allen Forschern übernommener Prinzipien. Auf dem Gebiet der Biologie können Leitprämissen wie etwa *„natura non facit saltus"* (die Natur macht keine Sprünge) oder auch „jedes Lebewesen ist dem Tod geweiht" als gültig angesehen werden.

Einige dieser Axiome (Annahmen) sind für mehr als eine Wissenschaft gültig: Die Vorstellung beispielsweise, dass „wenn A gleich B ist und B gleich C, dann ist auch C gleich A" (Äquivalenzprinzip), lässt sich nicht nur auf Zahlen, sondern auf jedes Objekt anwenden. Durch die fortschreitende Verallgemeinerung ist es möglich, zu einem **universellen Axiom** zu gelangen, das allen Wissenschaften und jeder Form des rationalen Denkens zugrunde liegt: dem **Satz vom Widerspruch**. Er besagt, dass es „unmöglich ist, dass dieselbe Sache *sei* und zugleich *nicht sei*". (Ist A gegeben, so wird jedes B von A verschieden sein.) Der Satz vom Widerspruch ist so einsichtig, dass niemand jemals die Notwendigkeit sieht, ihn zu untersuchen.

Seine Negation würde jedenfalls das Denken und die Sprache unmöglich machen, da jeder Begriff auf eine Sache und zugleich auf eine andere anspielen könnte, auch auf das Gegenteil. Der Satz vom Widerspruch drückt auf Ebene der Logik das aus, was die aristotelische Metaphysik über die **Substanz** (→) sagt: Alles Seiende besitzt eine eigene, genau bestimmte Natur, ein eigenes Wesen, das es zu dem macht, was es ist, und zu nichts anderem.

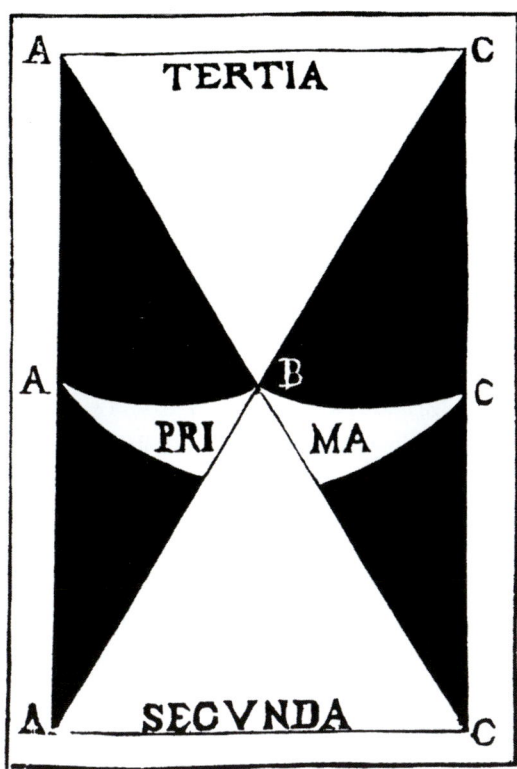

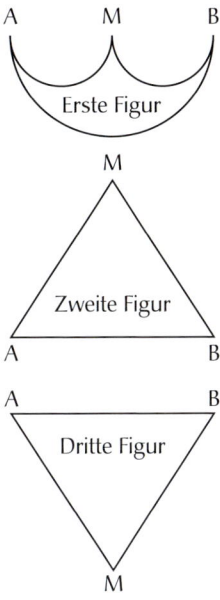

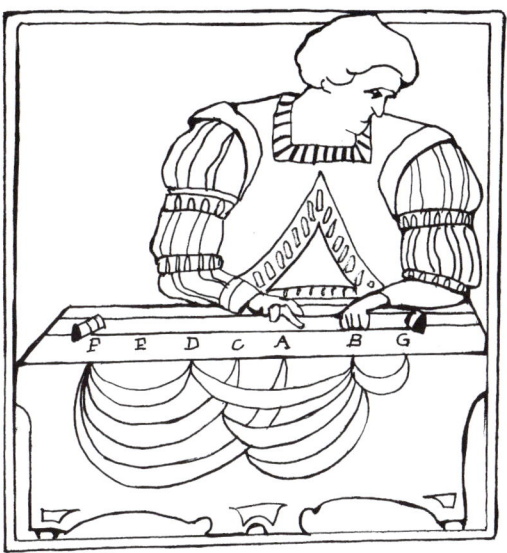

◀▲ *Im 16. Jh. legte Giordano Bruno (De* lampade venatoria, *1587) eine grafische Darstellung des* **Syllogismus** *vor, in der die Figuren durch Dreiecke ausgedrückt werden (die Scheitelpunkte geben Obersatz, Untersatz und Schluss an). Bemerkenswert ist die grafische Verschiedenheit des Syllogismus der ersten Figur, der durch eine Art gekrümmtes Dreieck dargestellt wird. Nach Aristoteles sind nämlich die Syllogismen der ersten Figur die Grundlage jeder Art von Schluss. Sie drücken derart offensichtliche Wahrheiten aus, dass sie nicht weiter bewiesen werden müssen und vom Verstand nicht infolge einer logischen Operation, sondern durch einfache, unmittelbare* **Intuition** *akzeptiert werden.*

◀ *Brunos Entscheidung, die erste Figur des Syllogismus mit gekrümmten Linien darzustellen, erklärt sich aus der Tatsache, dass man in genau dieser Weise damals auch die harmonischen Verhältnisse in der Musik anzugeben pflegte. Mit anderen Worten bedeutet dies, dass die offensichtlichen Wahrheiten, die jeder wissenschaftlichen Forschung zugrunde liegen, sich dem Verstand unmittelbar und selbstverständlich aufdrängen müssen, ohne die Notwendigkeit weiterer Erklärungen, wie die Harmonie musikalischer Töne.*

Raum-Ort

Im Gegensatz zu Demokrit definierte Aristoteles den Raum als einen von Körpern eingenommenen Ort. Er definiert die Grenze des *umschließenden* Körpers gegen den *umschlossenen*. Diese Hypothese ging von vier Grundannahmen aus:

• Der räumliche Ort jeder Sache ist weder ein Teil noch ein Bestandteil von ihr, sondern das, was die Sache einschließt.
• Der Ort jeder Sache ist weder größer noch kleiner als die Sache selbst.
• Jeder Ort kann von der Sache, die ihn einnahm, verlassen werden.
• Jeder Ort hat eine eigene innere Ausrichtung, eine endgültig festgelegte Höhe und Tiefe und wird von den drei Dimensionen Länge, Breite und Tiefe bestimmt.

Aus diesen Prämissen schloss Aristoteles, dass nicht nur jeder Körper einen Ort einnimmt, sondern dass auch jeder Ort stets von einem Körper eingenommen werden muss. Raum und Körper bleiben dennoch verschieden: Obwohl jede Ausdehnung immer mit einem Körper zusammenfällt, so ist sie doch für sich genommen kein Körper, andernfalls gäbe es, wie Aristoteles feststellt, zwei Körper an ein und demselben Ort.

Aus dem letzten Punkt folgt, dass der Raum-Ort keine unbewegliche Umgebung ist, die nach Belieben von irgendeiner Materie gefüllt werden kann, sondern eine **dynamische und differenzierte Struktur**, inhomogen und differenziert. Sie kann die enthaltenen Körper auswählen, konditionieren und beeinflussen. Die Orte, die sich in der Nähe des Erdzentrums befinden (das auch das Zentrum des Kosmos ist) ziehen die schweren Körper an und stoßen die leichten ab; umgekehrt ziehen die hohen Orte (der Himmel) die Luft und das Feuer an und weisen Erde und Wasser zurück. Jedes der vier natürlichen Elemente hat einen Ort der eigenen Wahl, zu dem es mittels geradliniger natürlicher Bewegung auf dem denkbar kürzesten Weg hinstrebt. Die schweren Körper fallen und die leichten steigen auf; die Schwerkraft wirkt nicht in eine, sondern in zwei Richtungen – nach oben und nach unten. Das Gewicht muss als eine absolute, nicht als relative Eigenschaft der Körper angesehen werden. Schwer ist, was sich von Natur aus zum Zentrum hin bewegt, leicht, was in die entgegengesetzte Richtung geht; das Schwerste ist das, was unter allem liegt, das Leichteste, was sich ganz oben befindet.

Aristoteles erklärt die Beschleunigung durch die Schwerkraft in anthropomorphen Termini (→ **Anthropomorphismus**) als einen „Instinkt der Materie". Das Verlangen der Körper, zu ihrem natürlichen Ort zurückzukehren, führt dazu, dass sie sich beeilen und zunehmend schneller werden, je näher sie dem Ziel kommen.

Auf der Erde (→ **Sublunare Welt**) ist außer der natürlichen (gravitationsbedingten, geradlinigen) Bewegung auch die erzwungene Bewegung möglich, die von irgendeiner dem Naturgesetz entgegengesetzten Tätigkeit verursacht wird (z. B. wenn ein Gegenstand in die Höhe geworfen wird). Wenn sich die von menschlicher Tätigkeit produzierte Energie erschöpft hat, kehrt die Natur zu ihren normalen Gesetzen zurück. (Deshalb fällt ein nach oben geworfener Stein zurück.) Auf unserer Welt haben die kreisförmigen und zyklischen Bewegungen stets einen erzwungenen, d. h. der Natur entgegengesetzten Charakter; sie sind darum immer unvollkommen, kurzlebig und vorübergehend.

Demokrit

Aristoteles

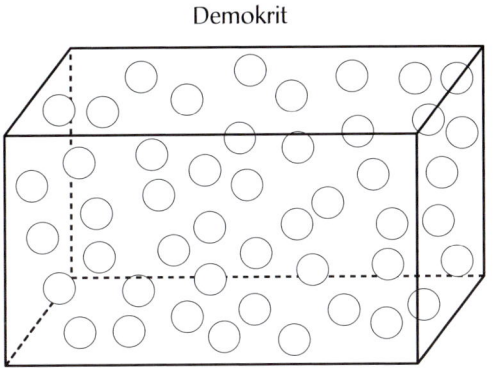 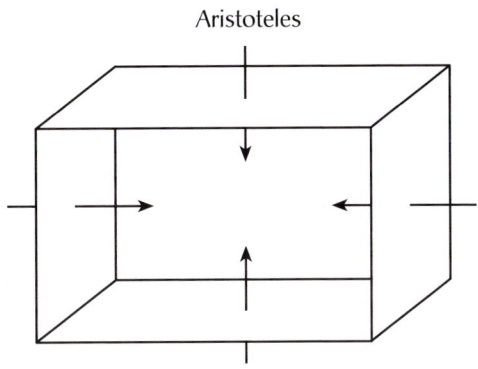

▲ ▲ *Die Zeichnungen stellen die Raumvorstellung von Demokrit und Aristoteles gegenüber. Für Demokrit fällt die Raumausdehnung nicht mit der Materie zusammen, sondern schließt diese ein, gemäß einem Modell, das Einstein* Raumschachtel *nannte: einen Materie- und Objekt-Behälter, der unabhängig und indifferent gegenüber der Art, Menge und Qualität der darin untergebrachten Körper ist. Im Gegensatz dazu fällt der Raum nach Aristoteles mit der enthaltenen Materie zusammen und kann nicht ohne diese bestehen. Es kann demnach keinen leeren Raum geben, weil der Ort und der Raum die notwendige Fläche sind, um eine Sache „einzuhüllen".*

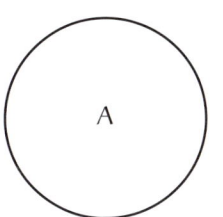 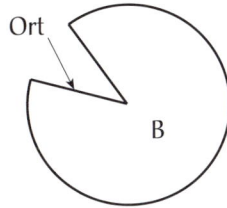

Ort

A

B

◀ *Der Theorie des Aristoteles entspringt ein Paradox: Kleinere Dinge können einen größeren Raum einnehmen. Wie die Abbildung zeigt, besitzt der Teil eines Ganzen, das Objekt rechts (B), einen größeren aristotelischen Ort als das Ganze selbst (A).*

◀ *Für Aristoteles ist das Universum begrenzt, dicht, eingeschlossen in das Innere eines letzten Ortes, des „Empyreum". Weil es keinen Raum ohne Materie gibt, gibt es jenseits des Empyreums keinen Raum. Und wenn irgendjemand, wandte der Atomist Lukrez ein, bis ans Ende des letzten Randes vordringen und von dort einen Pfeil in den Raum abschießen würde, wohin gelangte er?*

Plenum / Vakuum

Aristoteles und Demokrit

Siehe auch: *Raum-Ort, Determinismus*

Die Atomisten waren der Auffassung, dass die **Para-doxa des Zenon** (→) nur zu lösen seien, wenn man die unendliche Teilbarkeit des Raumes negiert. Ihrer Ansicht nach sind zwar der Teilbarkeit auf *mathematischem* Gebiet keine Grenzen gesetzt, in der *Natur* hingegen gibt es eine unüberwindbare Begrenzung. Die fortschreitende Teilung der Materie führt an einem gewissen Punkt zu einem letzten Terminus: dem **Atom** (→), einem „unteilbaren Teilchen" (so dessen wörtliche Bedeutung), das zu klein ist, um sich weiter aufspalten zu lassen.

Aus der Ablehnung der unendlichen Teilbarkeit ergab sich eine weitere fundamentale Konsequenz: die Existenz des Leeren (lat. *vacuum*). Wie Aristoteles in der *Metaphysik* zusammenfasst, hätten die Atomisten das *Volle (plenum)* und Feste als *das Seiende*, das *Leere* und Dünne als *das Nichtseiende* bezeichnet. Deshalb behaupteten sie auch, dass das Seiende nicht mehr Existenz beanspruchen könne als das Nichtseiende, weil nämlich das Körperliche nicht mehr Existenz habe als das Leere. Diese beiden (nämlich das Volle und das Leere) seien also die materiellen Ursachen des Seienden.

Wenn das Leere nicht existierte, so Demokrit, dann wären alle Atome eng und vollständig miteinander verbunden, sodass jede Form von Verschiebung unmöglich würde. „Gäbe es nicht das Leere, so gäbe es nichts, wo die Körper sich aufhalten oder durch das sie sich bewegen könnten", behauptete Epikur (→ **Epikureismus**). Das Leere existiert demnach auch im Inneren eines jeden Körpers, der nur eine Anhäufung von Atomen größerer Dichte sei (im Vergleich zu dem, was ihn umgibt). Im Übrigen beobachtete Demokrit, dass der einfache Schnitt durch ein Objekt nicht möglich war, ohne seine Teile voneinander zu trennen. Um jedoch zwei materielle Elemente zu trennen, sei es notwendig, zwischen diesen etwas einzufügen, das nicht materiell sei.

Für die Atomisten ist der Raum, in dem Atome und Leere sich abwechseln, isotrop (sich selbst in jeder Richtung gleich), homogen, in jeden Bereich des Unendlichen ausdehnbar, ohne Höhe, Tiefe, Mittelpunkt oder privilegierte Richtungen. Er ist eine **Netzstruktur**, die aus nur zwei Substanzen gebildet wird: aus Leere und Atomen. In diesem aus jedem Blickwinkel unendlichen Raum müssen auch die Welten in unendlicher Zahl vorhanden sein.

Demokrits Vorstellung von der Natur, die auf der Existenz der Leere basiert (Theorie des Vakuums) stellte Aristoteles seine Theorie des Plenums entgegen, nach der die Materie ein beständiges und dichtes Ganzes bildet, ohne Sprünge, Zwischenräume oder Leere: Es gibt keine letzten Teilchen, Atome, und noch weniger das Leere. Konsequenterweise ist bei ihm das Universum nicht in Netzform strukturiert, sondern ist gefüllt und besitzt einen Mittelpunkt (→ **Geozentrismus**). Laut Aristoteles besteht der Weg zur Lösung der Paradoxa des Zenon im Nachdenken über das Verhältnis, das den Raum an die Zeit bindet. Eine endlose Unterteilung des Raumes würde eine entsprechende Aufteilung der Zeiten in immer kleinere Einheiten bis ins Unendliche erfordern. Doch die Zeit, wie sie für ein menschliches Wesen gilt, schreitet in immer gleichen Einheiten voran. Deshalb gibt es einen grundsätzlichen Widerspruch zwischen dem, was man **im Experiment zeigen** kann, und dem, was nur **abstrakt denkbar** ist. (Die Paradoxa des Zenon bleiben im Bereich der Mathematik gültig.)

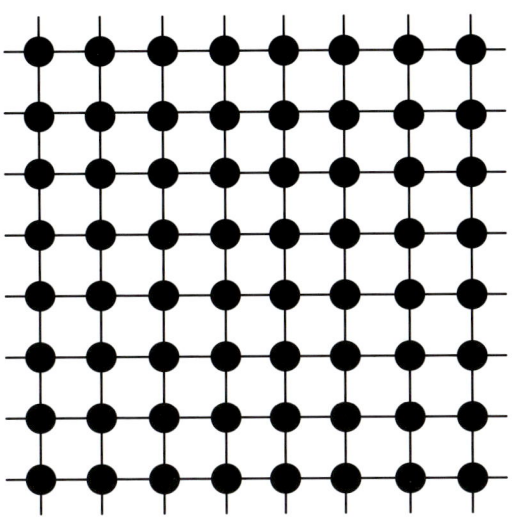

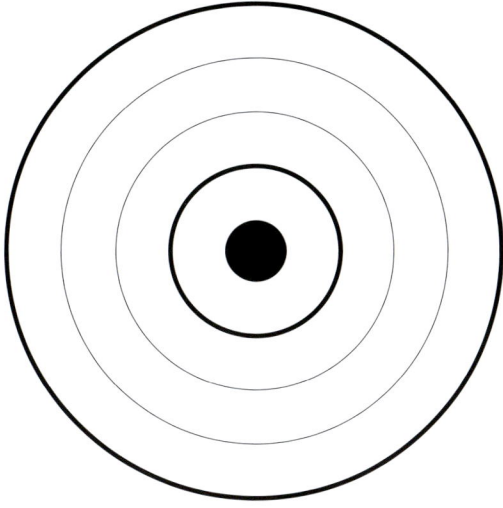

▲ *Das Netzmodell des Demokrit.*
Die Materie (Atome) existiert.
Das Leere existiert.
Der Kosmos ist unendlich.
Der Kosmos hat keine Grenzen.
Es gibt keinen Mittelpunkt.
Der Kosmos ist überall homogen.
Die physikalischen Gesetze sind universell.
Das Geistige ist materiell.

▲ *Das Mittelpunktmodell des Aristoteles.*
Es existiert nur Materie.
Das Leere existiert nicht.
Der Kosmos ist endlich.
Der Kosmos hat Grenzen (Empyreum).
Die Erde ist der Mittelpunkt des Kosmos.
Der Kosmos ist sub- und supralunar (unter und über dem Mond) mit unterschiedlichen physikalischen Gesetzen.
Es gibt eine Materie und es gibt einen Geist.

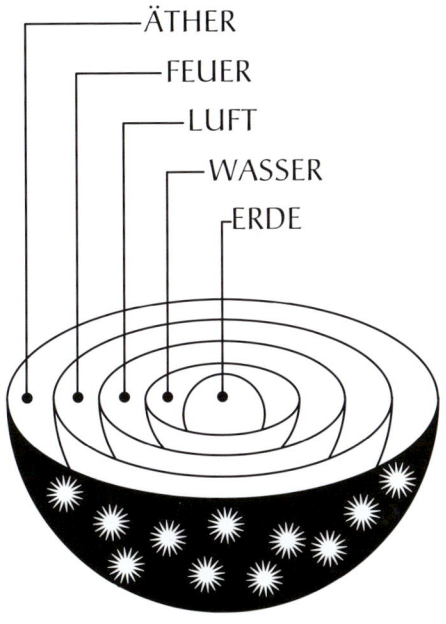

ÄTHER
FEUER
LUFT
WASSER
ERDE

◄ *Wenn in der sublunaren Welt jede Art von gewaltsamer Bewegung aufhörte, würden sich die Elemente bei der Rückkehr zu ihrem natürlichen Ort schließlich in dieser Weise anordnen. Das Universum würde sich in eine Reihe von konzentrischen und homogenen Schichten gemäß dieser Abfolge verwandeln: Erde, Wasser, Luft, Feuer, Äther (Letzterer würde allein den ganzen supralunaren Teil des Kosmos umschließen).*

Beständigkeit der Natur

Biologische Wissenschaften
Siehe auch: *Evolutionismus*

Aristoteles' biologische Theorie von der Beständigkeit der Natur ist eine der langlebigsten Lehren in der gesamten abendländischen Wissenschaftsgeschichte: Sie wurde ohne wesentliche Veränderungen vom Christentum übernommen, da sie sich gut an die christliche Vorstellung von der **Schöpfung** (→) und die Erzählung der *Genesis* anpasste. So überlebte sie die moderne Wissenschaftsrevolution und wurde noch bis vor gut einem Jh., bis zur Entwicklung der Darwin'schen Evolutionstheorie, als gültig angesehen.

Die aristotelische Biologie beruhte auf drei Grundprinzipien:
• Die Arten sind unvergänglich, unwandelbar und pflanzen sich unverändert von Generation zu Generation fort. Es gibt keine Evolution in der organischen Struktur der Tiere, weil jede Spezies bereits ihre größtmögliche Perfektion erreicht hat. Andererseits können alle Gattungen auf einer fortlaufenden Skala angeordnet werden, von der einfachsten bis zur kompliziertesten. Diese **Skala der Lebewesen** (→) beginnt mit der mineralischen Welt und steigt ohne Unterbrechung zur pflanzlichen, tierischen und menschlichen auf.
• Die Biologie ist nur an den Arten und nicht an den Individuen interessiert. Dies ist eine logische Konsequenz aus der in der Metaphysik getroffenen Unterscheidung zwischen **Substanz** (→) und Akzidens. Die Biologie untersucht nur die grundsätzlichen (typischen) Formen und interessiert sich nicht für individuelle Varianten. Trotz seiner Kritik an der platonischen Ideenlehre (→ **Platonische Idee**) verdankt Aristoteles viel der Überzeugung (in der griechischen Welt weitverbreitet), nach der die wissenschaftliche Forschung stets allgemeine und nicht konkrete, individuelle Phänomene untersuchen müsse.
• Die Form der Organe richtet sich immer nach ihren Funktionen. Nicht der **Zufall** (→) und auch nicht Ursachen, die im Zustand oder im Material liegen, geben in der Natur den Ausschlag, sondern der **Zweck**: Ein Fuß z. B. besitzt nur deshalb eine bestimmte Form, um die Bewegung zu ermöglichen.

Die Beständigkeit der Natur schloss nicht von vornherein aus, dass es *evolutionäre* Prozesse geben könne, für die sich auch in der antiken Welt offensichtliche Beweise fanden. Schon damals führten Züchter Kreuzungen durch, um Pferderassen zu verbessern, und man wusste von der Möglichkeit, durch Domestizierung und Selektion neue, in der Natur nicht vorhandene Tierarten zu erhalten. Das Schwein beispielsweise ist – ausgehend vom Wildschwein – das Produkt fortschreitender Selektion. Diese Phänomene biologischer Wandlung wurden allerdings als Ergebnis menschlicher Tätigkeit erklärt, als erzwungene Modifikation der biologischen Normen im Gegensatz zu den Naturgesetzen. Aristoteles argumentierte ähnlich auch bei anderen Erscheinungen, die möglicherweise seine feste Lehrmeinung hätten widerlegen können. So erklärte er die Existenz von Fossilien mit der Hypothese, einige Arten seien infolge von Katastrophen verschwunden. Er erklärte die Geburt anomaler Individuen (d. h. mit derartigen organischen Missbildungen, dass sie sich von der Norm unterschieden) entweder als göttliche Wunder oder er zog sich auf den Grundsatz zurück, wonach die Arten und nicht die Individuen zu beachten seien, oder auch, indem er sie als Ausnahmen, Varianten betrachtete, die aus biologischer Sicht nicht signifikant seien.

In der Geschichte der Tiere *behauptete Aristoteles, dass man sich „angesichts gewisser Wesen, die im Meer leben, fragen könnte, ob es sich dabei um Tiere oder um Pflanzen handelt, da sie angewachsen sind und viele von ihnen sterben, wenn man sie entwurzelt". Diese Behauptungen führten im Mittelalter dazu, an die Existenz hybrider Wesen zu glauben, Monster, die halb Pflanze und halb Tier sind.*

▼ *Die Teratologie, die Wissenschaft, die die organischen Missbildungen untersucht, stellte für alle Naturphilosophien bis zum Aufkommen des Darwinismus ein Problem dar. Sowohl in der Antike als auch im Mittelalter wurde ein* Monstrum *(sei es Tier oder Mensch), nachdem es von einem Priester „gedeutet" worden war, immer getötet.*

▲ Bestiarium von Harley. *Die mittelalterlichen Bestiarien waren Bücher, die Darstellungen von Tieren und deren allegorische Bedeutung sammelten. Jedes Kapitel war einem realen oder phantastischen Tier gewidmet: Nach einem beschreibenden Teil (nach dem Vorbild des Aristoteles) folgten die symbolischen Analogien jeden Tieres zusammen mit einem moralischen Gebot oder einer Verhaltensregel. Der Adler z. B. repräsentiert die Gefahr, zu hoch zu fliegen und sich beim Kontakt mit der Sonne zu verbrennen.*

Sexuelle Identität

Naturwissenschaften
Siehe auch: *Differenz*

Unsere Art und Weise, Sexualität als eine Polarität biologischer Gegensätze zu sehen, Männlichkeit *versus* Weiblichkeit, jedes durch den Kontrast zum anderen definiert, entstand erst in der Neuzeit. Die antike Welt stellte den geschlechtlichen Unterschied in einen anderen Bezugsrahmen, wobei nicht die Verschiedenheit, sondern die Gleichheit der Geschlechter systematisch unterstrichen wurde (→ **Abstufungen der Liebe**). Indem er diese Denkweise auf eine wissenschaftliche Ebene übertrug, behauptete Aristoteles, dass der Mann der alleinige und absolute Prototyp des Menschen (der gesamten Menschheit) sei; die Frau sei nicht anders, nicht einmal auf physischer und anatomischer Ebene, sondern nur unvollständig; sie sei eine schlecht gelungene Kopie. Der Unterschied zwischen den beiden Geschlechtern, angeordnet auf einer einzigen Achse, an deren Spitze das männliche Lebewesen steht, sei bloß quantitativ, nicht qualitativ.

Die aristotelische Physiologie ging von dem Axiom aus, dass die Frau ein *umgekehrter Mann* sei: Ihre Fortpflanzungsorgane gleichen den männlichen, mit dem einzigen Unterschied, dass sie ins Innere gestülpt sind, statt nach außerhalb des Körpers. Der einzig auffindbare Unterschied zwischen den Geschlechtern besteht nicht in der Anatomie, sondern in der Physiologie, in der größeren Lebenswärme (→ **Pneuma**) des männlichen Körpers. Die Frau ist unvollkommen, weil sie im Inneren kühler ist.

Indem er sein inneres Feuer nutzt, gelingt es dem Mann, das Blut in Sperma zu verwandeln, während sich dieser Prozess bei der Frau auf die Produktion von menstruellem Blut (einem nicht gut durchgekochten Sperma) beschränkt. Das männliche Geschlecht, behauptet Aristoteles, sei in der Lage, das Garen der Nahrung auf sein höchstes Niveau, das der Lebenserzeugung, zu heben; das weibliche habe diese Fähigkeit nicht. Der Funke, der die tote Materie wiedererwecken kann, wohne einzig im

männlichen Samen. Was die Fortpflanzung betrifft, dürfe man also nicht von Mutterschaft, sondern allein von Vaterschaft sprechen: Die Rolle der Frau beschränkt sich darauf, in passiver Weise einen geeigneten Lebensraum (den Uterus) für die Entwicklung des Spermas zu einem Fötus zu bieten. „Die Mutter bringt, was uns ihr Kind heißt, nicht hervor. Sie ist nur frisch gesäten Keimes Nährerin, der sie befruchtet, zeugt. Sie, wie der Wirt den Gast, beschützt, sofern kein Gott es schädigt, nur das Gut." Dies sind die Worte, die der Dichter Aischylos in der *Orestie (Eumeniden)* Apollon sagen lässt, und man beachte, dass die Rede zur Verteidigung Orests, des Mörders seiner Mutter, vorgebracht wird, um zu zeigen, dass die Ermordung einer Frau weniger schwerwiegend ist als die eines Mannes.

Sogar die rein weiblichen physiologischen Funktionen wurden als pathologische Abweichungen vom männlichen Modell erklärt. Die Medizin der **Körpersäfte** (→) und die daraus hervorgegangene Theorie von der Verwandlung der Körperflüssigkeiten machten den Gedanken möglich, dass sich das Blut, wenn es feiner wird, zu Sperma verwandelt, oder zu Milch, wenn es verfällt. Die Menstruation wurde als ein Ausscheiden von Blutrückständen aufgrund von übermäßiger Ernährung betrachtet: Aristoteles vermutete, dass die Schwangeren deshalb keine Menstruation haben, weil der Lebensmittelüberfluss während der Schwangerschaft als Nahrung für den Fötus dient. Auf diese Weise kann auch ein Mann eine Form von Menstruation haben, z. B. wenn er aus der Nase blutet.

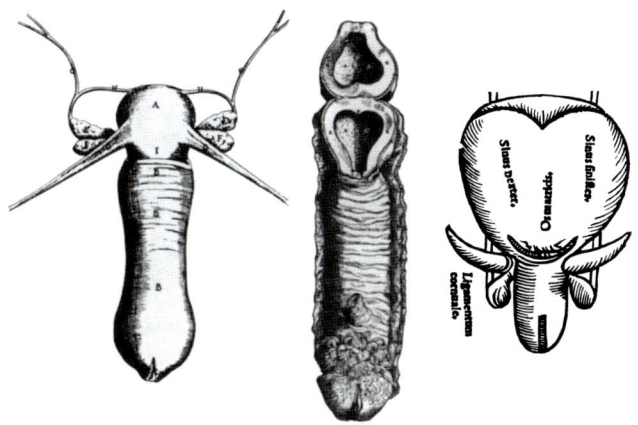

◄ *Entgegen dem Anschein beschreiben diese anatomischen Tafeln aus dem 16. und 17. Jh. keinen Penis, sondern eine Vagina. In Übereinstimmung mit der aristotelischen Lehre wird die Vagina als umgestülpter Penis angesehen, dessen Wachstumsprozess während der Schwangerschaft unterbrochen wurde. 2000 Jahre lang gab es keinen wissenschaftlichen Terminus, für die weiblichen Eierstöcke: In den Traktaten nahm man auf sie mit demselben griechischen Wort Bezug, das man für die männlichen Hoden gebrauchte (orcheis), wobei sich das Geschlecht aus dem Kontext erahnen ließ.*

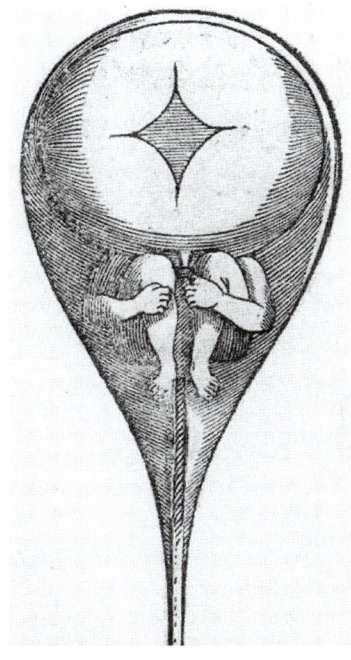

▲ ▲ *In der aristotelischen Terminologie hat der Vater bei der Zeugung die Rolle der Form- und Zweckursache, die Frau die der Antriebs- und Stoffursache (→ **Substanz**). Die vollkommene Zeugung ist die, die ein männliches und gesundes Kind hervorbringt; die unvollkommene bringt, in absteigender Folge, gesunde, aber dem Vater nicht ähnliche Knaben, kranke Knaben, Mädchen, kranke Mädchen hervor. Der Fehler ist nie durch das männliche Sperma verursacht, sondern durch die schlechte Nahrung, die dem Fötus im Uterus der Mutter zuteil wurde. Auf der Basis der aristotelischen Theorien konstruierten die Alchemisten den alchemistischen Ofen (Athanor), wobei sie die Form des Uterus imitierten (links). Nachdem sie die Materie darin deponiert hatten, versuchten sie sie hermetisch zu verschließen, sodass die von der Wärme in Gang gesetzten Gärungsprozesse nicht unterbrochen würden. Die aristotelischen Theorien beeinflussten sogar das frühe wissenschaftliche Denken der Neuzeit. 1677 sah der Holländer Antoni van Leeuwenhoek, erstmals unter dem Mikroskop das menschliche Sperma, die Spermatozoiden. Er bezeichnete sie als* animacula *und beschrieb sie als „kleine Menschlein" (*homunculi*), die sich sehr graziös bewegen (oben rechts).*

Herz oder Hirn?

Das Problem der Lokalisation der Seele (bzw. des Sitzes der vitalen und intellektuellen Funktionen) im Körper wurde im antiken Griechenland von zwei Denkschulen unterschiedlich gelöst.

Die ältere Hypothese ging auf orientalische Mythen zurück und wurde erstmals von Empedokles, dann von Aristoteles und den Stoikern vertreten, um schließlich von **Galen**, dem bedeutendsten Arzt der Antike (2. Jh. n. Chr.), auf wissenschaftlicher Ebene formuliert zu werden. Sie behauptete, das **Herz** sei der Ort, an dem mittels eines durch Wärme verursachten Raffinierungsprozesses Blut in **Pneuma** (→) verwandelt wird, die Lebens- und Geistesmaterie, die jeder geistigen Operation zugrunde liegt (**Kardiozentrismus**). Nach dieser physiologischen Theorie wurde die Funktion, die wir heute als typisch für das Herz ansehen (die Verteilung des Blutes) von der Leber erledigt, während dem Gehirn die einfache Aufgabe zuerkannt wurde, zur Abkühlung des Körpers beizutragen (thermische Autoregulation). Man nahm an, dass einige psychische Funktionen im Inneren des Schädels stattfänden, wobei man aber ausschloss, dass das Gehirn darin verwickelt sein könnte; die **Fähigkeiten der Seele** (→) seien aus der Aktivität des Pneuma zu erklären, das zwischen den Falten zirkuliert, die die Gehirnsubstanz durchziehen. Dagegen wurde das Herz, das Triebwerk der pneumatischen Zirkulation (durch die Arterien), als der Ort betrachtet, wo das Leben des Makrokosmos mit dem des Individuums zusammentraf, als physiologischer Sitz der Empfindung, des Bewusstseins und der Operationen, die wir heute als zerebral bezeichnen würden. Von dieser Aufwertung des Herzens profitierte das Blut, die physiologische Basis, aus der durch Raffination das Pneuma entstehen sollte. Die symbolische Gleichheit von Blut und Leben ist von zahlreichen Mythen belegt, die älter sind als die Reflexionen des Aristoteles. Auch in der *Bibel (Deuteronomium)* wird darauf hingewiesen, dass man sich vor einer einzigen Sache hüten muss: „Genieße kein Blut; denn das Blut ist die Seele, und du sollst nicht zusammen mit dem Fleisch die Lebenskraft verzehren" – aus diesem biblischen Gebot leiten die Juden bis zum heutigen Tag die Notwendigkeit ab, eine bestimmte Methode des Schlachtens, das Schächten, anzuwenden, bei der die Möglichkeit, das Blut – die Seele der Tiere – zu sich zu nehmen, ausgeschlossen ist.

Die Reduktion des Herzens auf einen schlichten Muskel geschah erst mit der Entdeckung des **Blutkreislaufs** im 17. Jh., als der mechanistische Arzt Giovanni Alfonso Borelli (1608–1679) die Existenz der „Lebensflamme" (also des Pneuma) abstritt und das Herz auf eine schlichte hydraulische Pumpe ohne direkte Beziehungen zu Atmung und Körperwärme reduzierte.

Die jüngere Hypothese, der **Zerebrozentrismus**, wurde von den hippokratischen Ärzten und den Pythagoreern vertreten. Indem er Tiersezierungen durchführte, bewies der Pythagoreer Alkmaion, dass alle Sinnesorgane mit dem **Gehirn** verbunden sind, und folgerte daraus richtig, dass eben dieses Organ mit der Verarbeitung der Wahrnehmungen beauftragt sei.

Vor diesem Hintergrund nahm Platons Lehre von den **drei Seelen** gewissermaßen eine Vermittlerrolle ein: Obwohl er den Zerebrozentrismus akzeptierte (die vernünftige Seele sitzt im Gehirn), sah Platon im Herzen die Quelle der Empfindungen (leidenschaftliche Seele) und vervollständigte das Schema, indem er die begehrende (instinkthafte) Seele im Bauch und die Fantasie in der Leber ansiedelte.

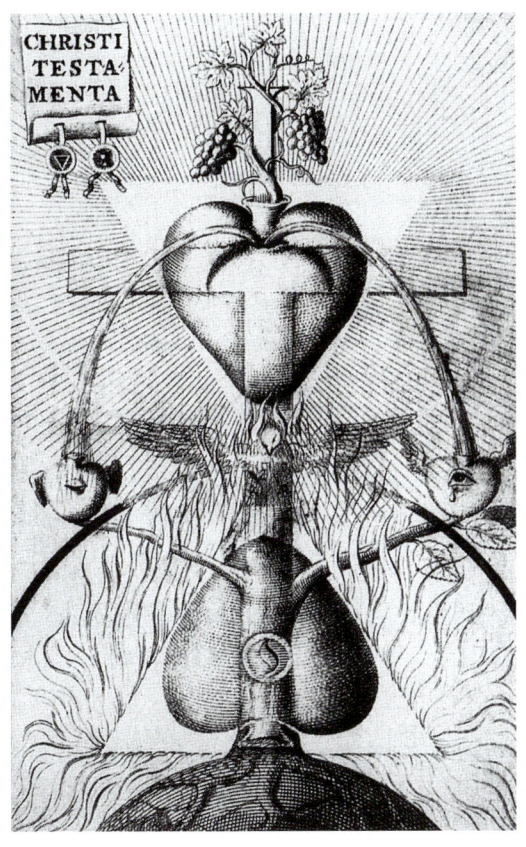

◀▲ *In der populären religiösen Ikonografie (beispiels-*
weise in den ex votis) findet sich ein Rest der antiken
Sakralisierung des Herzens, das als Lebensorgan par
excellence *angesehen wurde. Es ist bezeichnend, dass der*
theologische Symbolismus das Sinnbild vom „Heiligen
Herz Jesu" entwickelt hat, jedoch gar nichts Vergleich-
bares bezüglich seines Gehirns.

▲ *Das Siegel Martin Luthers. Das Herz ist bis heute ein*
Symbol für Treue, Leidenschaft und Liebe.

▶ *Karte des Gehirns in einer anatomischen Abhandlung*
aus dem 14. Jh. Während es für uns offensichtlich ist,
dass Gehirntätigkeiten von der grauen Substanz *erledigt*
werden, hielten die Alten sie für bedeutungslos; für sie
waren dagegen die Gehirnwindungen, die Furchen
(Falten), die die Hirnrinde durchziehen, bedeutsam. In
diesen Höhlen zirkulierte den Vertretern des Kardio-
zentrismus zufolge das Pneuma, die „geistige Substanz",
die für die psychischen Funktionen verantwortlich ist
(→ Fähigkeiten der Seele).

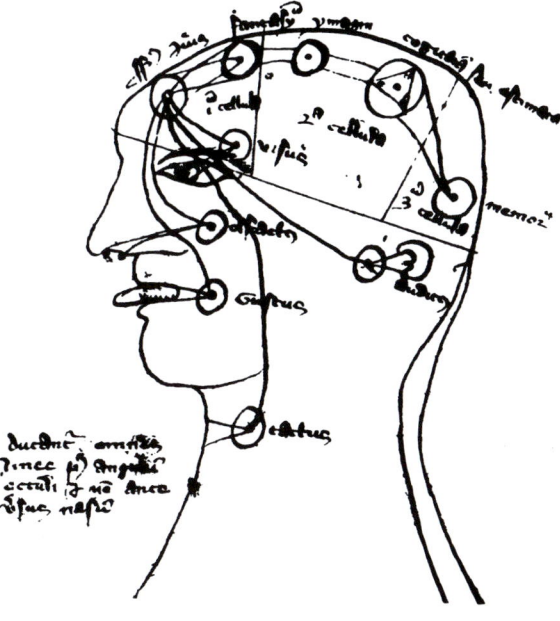

Fähigkeiten der Seele

Die Lehre von den Fähigkeiten der Seele (griech. *psyche*, lat. *anima*), die von Aristoteles in *De anima* und *De memoria et reminiscentia* skizziert wurde, war bis zum 17. Jh. die in der Psychologie vorherrschende Theorie, bis die von **Descartes** getroffene Unterscheidung zwischen *res cogitans* (das denkende Ding) und *res extensa* (das ausgedehnte Ding) (→) die neuzeitliche Dichotomie zwischen Geist und Gehirn einleitete. Wie alle Griechen, verknüpfte auch Aristoteles die körperliche Dimension des Menschen eng mit seiner geistigen, wobei er sich die verschiedenen Funktionen der Psyche als „Gehirnkammern" vorstellte, die miteinander durch einen Pfad verbunden sind.

Seine Aufteilung, die zwischen Anatomie und Psychologie balancierte, sah vier Bereiche vor.

• Im frontalen Teil des Gehirns sitzt der *sensus communis* (der alle Sinne zusammenführende Sinn), in den die von den fünf Organen der **Empfindung** (→) kommenden Reize hingeleitet und dort vereinigt und in bewusste Wahrnehmungen übersetzt werden. Aristoteles betrachtete die Empfindung als einen Prozess der automatischen Registrierung der Außenwelt: „Wie ein Siegel seinen Abdruck im Wachs hinterlässt, so hinterlassen die aus der Umgebung kommenden Reize eine Art von Zeichnung."
• Die **Vorstellungskraft**. Hier wird das von der Empfindung produzierte Rohmaterial von der Fantasie und der Vorstellungskraft verarbeitet. Dadurch werden **geistige Bilder** (die der Philosoph „Vorstellungsbilder" nennt) hervorgerufen, als Grundlage des Denkens. Aristoteles zufolge bilden sich auch die abstrakten Begriffe in der Psyche nur mithilfe visueller Vorstellungen: „Die Seele denkt nie ohne ein geistiges Bild."
• Der **Intellekt**. Die *vis cogitativa* (Denkfähigkeit) und die *vis estimativa* (Urteils- und Unterscheidungsfähigkeit) sorgen für die passenden Verbindungen zwischen den von der Imagination hervorgerufenen „Vorstellungsbildern".

• Im hinteren Teil des Gehirns schließlich sitzt das **Gedächtnis**, der letzte der geistigen Räume, eine Art Depot, in dem Empfindungen und geistige Bilder gesammelt und aufbewahrt werden. Die Hypothese, dass das Denken ein eminent visuelles Wesen besitze, erlaubte es Aristoteles, die Funktionsweise des Gedächtnisses mit dem Prinzip der **Ähnlichkeit** zu erklären, nach dem sich die Erinnerungen auf der Basis von Kriterien der Angrenzung (Nähe) und Ähnlichkeit (oder auch, im genau entgegengesetzten Fall, der Verschiedenheit) vereinigen. So also funktioniere das mnemonische Zurückrufen: Der Hund ruft den Wolf durch Ähnlichkeit ins Gedächtnis, die Katze die Maus durch Verschiedenheit, der Stall den Ochsen durch Nähe.

Die Lehre von den Fähigkeiten der Seele hatte Folgen von großer philosophischer Bedeutung.

Erstens muss demnach die Empfindung ein vollkommen **passiver** Prozess sein.

Zweitens beruht jede Kenntnis auf einer Verarbeitung von Umweltreizen. Folglich kann kein Gedanke im engeren Sinne als „aus dem Nichts ersonnen" bezeichnet werden.

Schließlich wird zentral und als Vermittlerin zwischen Wahrnehmung und Gedanke die **Vorstellungskraft** gestellt, die von Aristoteles als Berührungspunkt zwischen Mensch und Welt, zwischen dem Besonderen und dem Universellen angesehen wurde.

► *Trotz mancher Variation (Avicenna ging von fünf Gehirnräumen aus) blieb die Lehre von den Fähigkeiten der Seele die dominierende Theorie auf dem Gebiet der Psychologie bis zur Renaissance. Aus dieser Epoche stammen diese und die beiden anderen – vollkommen aristotelischen – Abbildungen auf dieser Seite.*

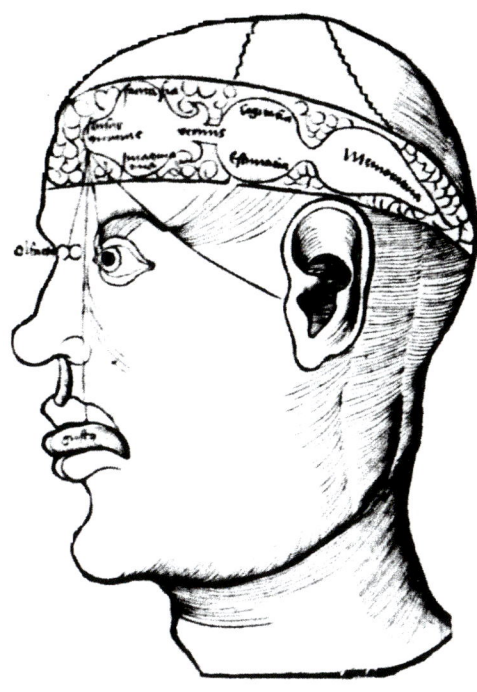

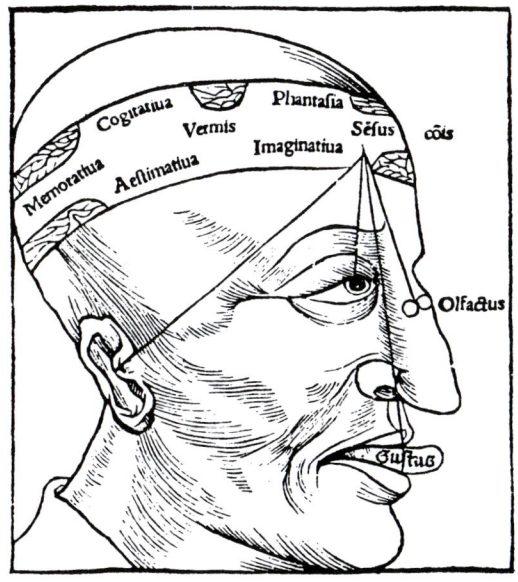

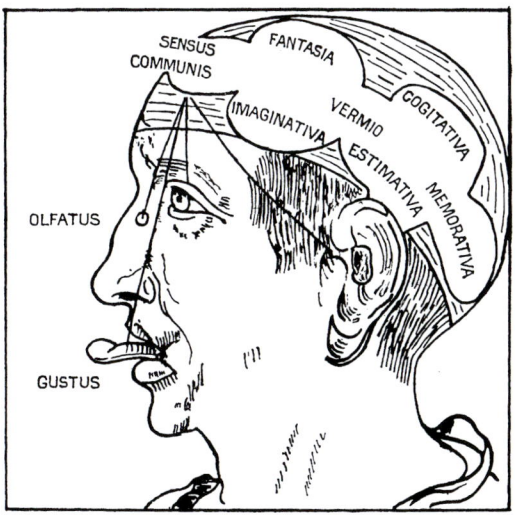

◄ *Das Gehirn in einem Lehrbuch der Renaissance zur Mnemotechnik (Ars memorativa von Gulielmus Leporeus, 1520). Eine von Aristoteles' Theorien bestand darin, dass Empfindung und Gedächtnis (das ja als bloßes Archiv, als Katalog von Wahrnehmungen und Vorstellungen betrachtet wurde) in einen engen Zusammenhang gestellt werden konnten. Deshalb wurde die Lehre von den Fähigkeiten der Seele am Ende des Mittelalters zur Grundlage der Psychologie des* **künstlichen Gedächtnisses** *(→).*

◄ *Aus dem* Congestorium Artifociosae Memoriae *von J. H. von Romberch (1533). Modern ausgedrückt ist die psychologische Theorie des Aristoteles eine „Lokalisation", weil sie davon ausgeht, dass die verschiedenen Geistestätigkeiten (Vermögen) in bestimmten Bereichen des Gehirns angesiedelt seien (→* **Holismus***).*

Rhetorik

Kommunikation
Siehe auch: *Sophisten, Rhetorische Figuren*

In polemischer Auseinandersetzung mit Platon behauptete Aristoteles, dass zwischen der Wahrheit und dem Irrtum ein Zwischenraum existiert, in dem Wahrscheinlichkeit, Ungewissheit und Strittigkeit herrschen: Es gibt Probleme, z. B. politische und gerichtliche, die ihrem Wesen nach keine definitiven, sondern nur temporäre und wahrscheinliche Lösungen kennen. Auf diesem Gebiet hat die Rhetorik (die Technik des Kommunizierens) ihren Platz, die dadurch, dass sie für Klarheit der Darstellung sorgt, Auseinandersetzungen verhindert, die aus gegenseitigem Unverständnis entstehen.

Im Folgenden werden die **fünf Etappen** betrachtet, in die Aristoteles die operativen Prozesse der Rhetorik unterteilt:

• *Inventio* (Erfindung), die Kunst, passende Argumente zu finden. Dies ist der Punkt, der den Philosophen am meisten interessierte. Denn die *inventio* setzt den Akzent auf die intellektuelle Ausarbeitung, auf die Methode, wie man die besten Argumentationen finden kann. Aristoteles' Gedanke, zum Fundament der gesamten rhetorischen Tradition geworden, war, dass eine gute, unwiderstehliche Rede von den Ansichten des Gesprächspartners ausgehen müsse. Die wichtigste Waffe des Redners ist, seinen Zuhörer davon zu überzeugen, dass er die Folgerungen deshalb akzeptieren müsse, weil sie sich aus seinen eigenen Überzeugungen ergäben. Die erste Etappe jeder rhetorischen Praxis ist demnach die **Topik**, die Suche nach allgemein akzeptierten Überzeugungen (oder die man dafür hält). Im Lateinischen hießen sie *loci communes* (Gemeinplätze), im Griechischen *topoi*. Es ist ein noch heute erfolgreicher Ansatz: In der **Werbung** beispielsweise wird diese Aufgabe von Marketing-Agenturen übernommen, die durch Umfragen und Interviews gesellschaftliche Stereotypen, Modelle und vorherrschende Geschmäcker ermitteln, um die Werbebotschaft genau danach

ausrichten zu können. Auf der anderen Seite, bemerkte Aristoteles, droht eine Rede, die sich darauf beschränkt, das zu wiederholen, was alle ohnehin schon wissen, schlichtweg langweilig zu sein. Um die Aufmerksamkeit der Zuhörer zu gewinnen, muss sie auch informativ sein und neue Aspekte enthalten, solche, die beeindrucken und erstaunen. Dazu dienen *dispositio* und *actio*:

• *Dispositio*, die Kunst, die Rede angemessen zu gliedern. Aristoteles unterscheidet dabei vier Teile: *exordium* („Anfang", dem evtl. eine „Einleitung" vorausgeht), *narratio* (Bericht der Fakten und Explikation der These), *confirmatio* (Vorbringen der Beweise) und *epilogus* (Schluss).

• *Elocutio*, Wahl des Stils, der zu dem Gegenstand der Rede, der Zuhörerschaft und dem Redner selbst passt. Sie bestimmt über die Gestaltung der einzelnen Sätze, über die Verwendung geeigneter **rhetorischer Figuren**, über die Ausschmückung der Rede und Maßnahmen, die die Rede neu, ungewöhnlich und interessant machen.

• *Actio*, die Kunst, die Rede in der wirkungsvollsten verbalen (Diktion) und nonverbalen (Gestik) Weise vorzutragen. In der Antike wenig ausgearbeitet, erlangt sie heute mit dem Aufkommen der visuellen Kommunikationsmedien (TV, Reklame) erneut große Aktualität.

• *Memoria*, Kunst der Erinnerung, notwendig, um sich an den Inhalt und die Form der Rede zu erinnern. Aus der so verstandenen *memoria* gingen die **Mnemotechniken** hervor (→ **Gedächtnisbilder**).

▲ ▲ ▲ ▲ *Das Verhaltensmodell* (actio) *des antiken Rhetors ist an den großen Rednern gewidmeten Statuen erkennbar, die allesamt die gleiche charakteristisch zurückhaltende Körperhaltung haben (beide Arme sind unbewegt, die Hände unter dem Umhang versteckt). Darin zeigt sich die negative Bewertung der* actio *(des eifrigen Gestikulierens, das unter den weniger imponierenden Rednern verbreitet gewesen sein muss). Das 20. Jh. hat den verführenden Charakter der* actio *entdeckt, vor allem seit der dramatischen Erfahrung totalitärer Regime. Hitler und Mussolini waren sich ihres großen Faszinationsvermögens ganz und gar bewusst.*

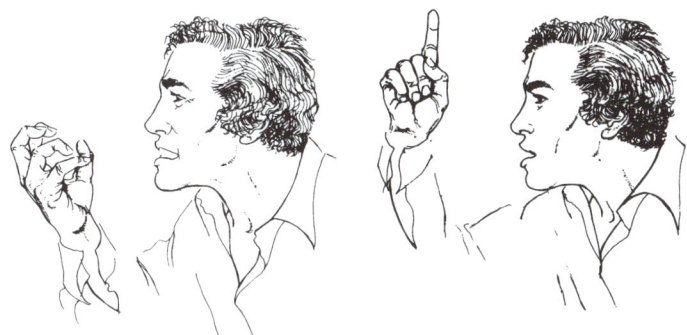

▲ ▲ *Heute werden die Formen der* actio *von der Psychologie der* **nonverbalen Kommunikation** *untersucht. Die Abbildung zeigt zwei Signale der Akzentuierung der Rede, wie sie von dem Anthropologen Desmond Morris (Der Mensch, mit dem wir leben, 1977) ermittelt wurden: Links die Geste der Stärke, die die Notwendigkeit betont, das, was gerade behandelt wird, unter Kontrolle zu halten oder mit größerer Genauigkeit zu bestimmen; rechts der erhobene Zeigefinger, der deutlich eine autoritäre Position ausdrückt. Die experimentelle Psychologie und die Alltagserfahrung zeigen, dass man im Falle des Gegensatzes zwischen der Bedeutung der Geste und der des Wortes (d. h. zwischen* actio *und* elocutio) *dazu tendiert, der Geste mehr Wert beizumessen. Anders gesagt: Es ist einfacher, mit Worten zu lügen als mit Gesten.*

Rhetorische Figuren

Metapher
Siehe auch: *Sophisten, Semiotisches Dreieck*

Nach der von Aristoteles vorgenommenen Systematisierung hörte die kreative Weiterentwicklung der **Rhetorik** (→) auf. Mehr als 2000 Jahre lang haben sich die Untersuchungen in diesem Bereich auf die Katalogisierung aller möglichen Redefiguren beschränkt, die unter Hunderten von Stichworten in den Wörterbüchern zur Rhetorik klassifiziert sind.

Ziel der Figuren ist es, der Rede einen überraschenden Charakter zu geben, gemäß einem Prinzip, das die moderne **Informationstheorie** folgendermaßen formuliert: „Je mehr eine Botschaft die Normen der Kommunikation verletzt (und dennoch verständlich bleibt), umso mehr erregt sie die Aufmerksamkeit des Empfängers. Seine Erwartung muss auf irgendeine Weise erschüttert werden, damit die Information vollständig aufgenommen wird." Die Notwendigkeit, die Zuhörerschaft auf irgendeine Weise zu erstaunen, ist folglich das Grundproblem jeder Rhetorik. In der Vergangenheit hat dies zu aufgeblasenen und schwülstigen Formen geführt, doch dasselbe Ziel bestimmt auch die linguistischen Manipulationen, mit denen die zeitgenössische Werbung sowohl die Sprache als auch das Bild umformt.

Unter allen rhetorischen Figuren ragt als wichtigste die **Metapher** heraus. In der Antike wurde sie als verkürzte Analogie *(similitudo brevis)* definiert; man erhält sie nämlich durch das Ersetzen eines Wortes durch ein anderes, sodass ein Ähnlichkeitsverhältnis zwischen den beiden Realitäten unterstellt wird. Wenn man beispielsweise „Lebensabend" sagt, stellt man eine Beziehung zwischen Alter und Leben einerseits, Abend und Tag andererseits her. Wie der **Syllogismus** (→) verbirgt die Metapher einen Mittelbegriff, der, obwohl er in der Satzformulierung tatsächlich nicht auftaucht, dennoch wesentlich ist, um die Bedeutung zu verstehen. In der Metapher „Herkules ist ein Löwe" ist der unausgedrückte Begriff „stark" oder auch „tapfer", „mutig", „tollkühn" usw. Die metaphorische Sprache ist stets etwas zweideutig. Wegen ihrer Fähigkeit, auf einen kleinsten gemeinsamen Nenner zwischen zwei verschiedenen Objekten anzuspielen und so eine Verdichtung vorzunehmen, stellt sie sehr viel mehr dar als eine Figur der Redekunst. Aristoteles behauptete in der *Rhetorik*, wir könnten vor allem durch Metaphern lernen, weil diese Erkenntnisse vermittelten, die über die Grenzen einer Gattung hinaus führten, die deutlich machten, was es an Ähnlichem zwischen zwei Worten oder Dingen gebe. In diesem Sinne stellt die Metapher eines der grundlegenden Verfahren des Denkens dar und besitzt einen eigenen **Erkenntniswert**.

Der Metapher ähnlich ist die **Metonymie**, bei der die Bedeutungsübertragung zwischen den beiden Begriffen auf der Basis eines logischen, räumlichen, zeitlichen oder materiellen Berührungspunktes verwirklicht wird. Da alle wissen, dass man beim Arbeiten schwitzt, verstehen alle den Sinn des metonymischen Satzes „sich das Leben im Schweiße seines Angesichts verdienen". In diesem Fall wird die Wirkung (Schweiß) mit der Ursache (Arbeit) vertauscht. In anderen Fällen kann eine metonymische Beziehung den Inhalt durch das Beinhaltende ersetzen, wenn man z. B. jemanden auffordert, „ein Glas zu trinken" oder „Armani zu tragen".

► *Schema der **Metapher**, wie es von dem Linguisten Roman Jakobson ausgearbeitet wurde. In dem Satz „Herkules ist ein Löwe" ist ein gemeinsamer Hinweis der beiden Wörter auf den unausgesprochenen Begriff der „Kraft" (Mittelbegriff) enthalten.*

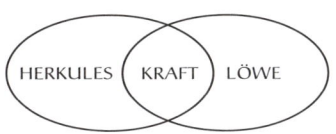

▲ *Beispiel für visuelle **Metonymie** in der Geschichte der religiösen Kunst: Die Hand Gottes repräsentiert Gott selbst. Der Teil steht für das Ganze (pars pro toto).*

▲ *Die abgebildete Reklame wurde von Roland Barthes als Beispiel für visuelle **Metonymie** ausgewählt, da sie versteckt eine Aufforderung enthält, vom Gefäß auf den Inhalt zu schließen, d. h. zu glauben, dass in der Verpackung tatsächlich gekochter Ochse sei. Das Studium der visuellen Formen der Rhetorik wird heute von der Semiologie durchgeführt (→ **Semiotisches Dreieck**).*

► *Dieses Reklamebild muss metaphorisch interpretiert werden. Die Abbildung und der Schriftzug „Liebe diese Coke" suggerieren die Existenz von etwas Gemeinsamen zwischen dem Getränk und der Schönheit des Mädchens.*

Hellenismus

Therapeutische Philosophie
Siehe auch: *Hellenistische Schulen*

Die Expedition, in der Alexander der Große 334–332 v. Chr. einen Großteil der bekannten Welt eroberte, ist eines der wichtigsten Ereignisse der Weltgeschichte. In der Entwicklung der griechischen Gesellschaft stellte sie einen radikalen Bruch dar, der in der Kunst wie in der Philosophie das **Ende des klassischen Zeitalters** und den **Beginn des hellenistischen** herbeiführte. Die grundlegenden Charakteristika der neuen Kultur sind:

• Die **therapeutische Funktion der Philosophie**, deren Aufgabe es immer mehr war, den Menschen seelische Ruhe zu garantieren und ein Leben in Kontemplation und Gleichmut zu ermöglichen, das sie über die Beschäftigungen und Emotionen des gewöhnlichen Lebens erhob. Der Philosoph wurde zum Arzt der Seele („Apotheker der Ängste", „Chirurg der Meinungen").
• Das **Desinteresse für Politik** und gesellschaftliche Probleme, bedingt durch das Ende der **Polis** (→). Es war eine große Veränderung gegenüber der klassischen Zeit und gegenüber Platon im Besonderen, dessen Denken bei aller Vielschichtigkeit der Interessen im Grunde vor allem ein politisches Interesse als Leitfaden hatte.
• Der **Vorrang des Moralischen** gegenüber den Problemen der Theorie und der Erkenntnis. Aus der Sicht des Individuums wurde das Festlegen gültiger Handlungsnormen zum dringlichsten Problem der Philosophie, nicht mehr das Verstehen der Ordnung des Universums.
• Der **Wert des Individuums**, die Einzigartigkeit der Person. Zum Wichtigsten in der Philosophie wurde der Einzelne mit seinen Problemen (Tod, Leiden und Hoffnung auf Glückseligkeit), die man früher zu wenig beachtet hatte oder mit denen man sich nur aus einem theoretischem Blickwinkel beschäftigt hatte.
• Die Bedeutung, die die **Wissenschaften** mit der Einrichtung des **Museums** (→) **von Alexandria** bekommen hatten.

Im künstlerischen Bereich drückte sich der kulturelle Wandel im endgültigen Sieg der **naturalistischen Darstellung** aus, die bereits von der Generation des Aristoteles angestrebt worden war. Es gibt sogar eine direkte Übereinstimmung zwischen dem **horizontalen Denken** (→) des Philosophen und den Werken des Bildhauers Lysipp (zwischen 370 und 310/300), der gesagt haben soll, bislang hätten die Künstler die Menschen so, **wie sie sind**, dargestellt, er wolle sie darstellen, **wie sie erscheinen**. In hellenistischer Zeit erfuhr diese Tendenz eine drastische Beschleunigung.

So entstanden die neuen Gattungen **Landschaftmalerei** und **Stillleben**, Ausdruck der Aufmerksamkeit für die Natur und das **Alltagsleben**, die der klassischen Welt gänzlich unbekannt waren. Man entwickelte die Kunst des Porträtierens, die bis dahin ebenfalls unbekannt war. In der klassischen Epoche waren sogar die den Siegern der Olympiade gewidmeten Statuen stereotype (nicht individualisierte) Abbildungen entsprechend den Idealen der **Kalokagathie** (→). Im Theater endete mit dem Erfolg der **Komödie** die Zeit der großen Tragödien. In der Bildhauerei überwogen Themen des **Alltagslebens** und die Darstellung gesellschaftlicher Typen, die oftmals außerordentlich krass karikiert wurden (die betrunkene Alte, das weinende Kind usw.). Aber man setzte auch auf große, stark theatralische und narrative Komplexe mit mehreren Figuren.

◀▲ *Der **Individualismus**, die Aufmerksamkeit für psychologische Probleme, das Verständnis von Philosophie als Seelentröstung sind die augenfälligsten Züge in der hellenistischen Porträtkunst, die durch eine besondere Betonung der Augen und des Blicks (des enthüllenden Spiegels des Inneren) charakterisiert ist.*

◀◀ *Die Themen der hellenistischen Skulptur zeigen die neue Aufmerksamkeit für die Probleme des **Alltags**, auch von seinen banalen oder abstoßenden Seiten (links die* Trunkene Alte *von Myron aus Theben; rechts der* Dornauszieher*).*

▶ *Ein typischer Zug der neuen Geisteshaltung war das aufkommende Interesse für das **persönliche Leben** der Philosophen und ihr Aussehen. Die* Vitae philosophorum *von Diogenes Laertios begründeten eine neue literarische Gattung, die **vergleichende Biografie**, bei der zwei Viten gegenübergestellt werden, die sich durch ein analoges Schicksal auszeichnen. Das biografische Interesse offenbarte sich auch in der Bildhauerei, in der sich erstmals das **realistische Porträt** durchsetzte. Oftmals waren die Gesichter in einer einzigen Herme vereint, was den Parallelismus anschaubar machte. Das Porträt des Stoikers Seneca links ist an das von Sokrates angelehnt, wodurch das tragische Schicksal der beiden betont wird (Seneca, der „römische Sokrates", starb durch – von Nero befohlenen – Selbstmord).*

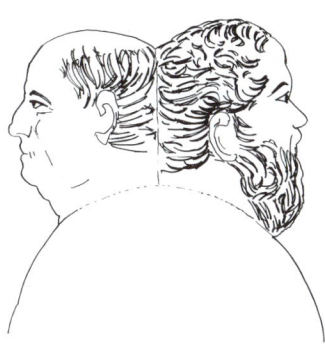

Hellenistische Schulen

Akademie, Lyzeum, Stoa, Garten
Siehe auch: *Hellenismus, Stoa, Epikureismus*

Im Hellenismus führte das Schwinden der politischen Freiheit zu einem tief greifenden Wandel in den Formen der Weitergabe von Wissen. Anstelle der sokratischen **Mäeutik** (→) und des platonischen Dialogs (angemessen der Idee einer Philosophie als freier, öffentlicher Untersuchung) setzte sich der Unterricht in einer neuen Institution durch, der **Schule**. Dies hatte einen raschen Verfall des Forschungsgeistes zur Folge. In kurzer Zeit verwandelten sich die Schulen in geschlossene und elitäre Zirkel mit spärlicher Diskussion im Inneren und schwachen Kontakten zur Außenwelt (wenn man von den Disputen mit den gegnerischen Schulen absieht). All dies endete mit dem Erstarren der jeweiligen Positionen, die man eng und festgelegt auf Traditionen formulierte. Diese Entwicklung zu mehr Dogmatismus und sektiererischer Absonderung betraf sowohl die von **Platon** gegründete **Akademie** und das **aristotelische Lyzeum** als auch die beiden anderen in Athen seit Alexander dem Großen tätigen Schulen, die **Stoa** (die stoische Schule) und den **Garten des Epikur**. Der **Kynismus** (→ **Autarkie**) und der **Skeptizismus** waren dagegen Bewegungen, die ohne stärkere organisatorische Strukturen auskamen.

Im Inneren dieser Sekten oder Bruderschaften (man lebte dort gemeinschaftlich wie in einem Kloster oder *College*) herrschten streng hierarchische Verhältnisse: Nur die begabteren oder im Studium weiter fortgeschrittenen Schüler hatten direkten Kontakt zum Leiter der Schule. Die unterschiedlichen Ebenen des Ansehens und der intellektuellen Autorität waren sogar an den Denkmälern abzulesen: Die Statuen des Epikur zeigen den Lehrer auf dem Thron sitzend; Metrodoros, sein Lieblingsschüler, ist auf einem bescheideneren Sitz porträtiert; Hermarchos auf einer einfachen Bank.

Für die untersten Rangstufen wurde ein zunehmend genauerer Lehrplan ausgearbeitet, und daraus entstand die Gewohnheit, die Philosophie in Bereiche zu unterteilen, in **Logik**, **Physik** und **Ethik** (die wichtigsten in hellenistischer Zeit).

Langsam, aber immer stärker entwickelten sich diese Schulen in Richtung einer Art Religion. Die Hellenisierung des Orients infolge der Expeditionen Alexanders des Großen riefen nämlich im Gegenzug eine Tendenz zur Orientalisierung in Griechenland selbst hervor. Das Thema, um das sowohl die hellenistischen Lehren als auch die orientalischen Theosophien kreisen (sodass es möglich ist, starke Analogien zwischen den buddhistischen und den stoisch-epikureischen Lebensregeln zu finden), ist die Vorstellung von der **tröstenden Funktion der Philosophie**, die als Lebenstherapie verstanden wurde, die dem Individuum helfen konnte, mit seinen drei Grundängsten zu leben (vor dem Tod, vor dem Schmerz und vor den Göttern).

Die Neigung zu einer Interpretation der Philosophie in religiösem Sinne verstärkte sich während der Zeit des Imperium Romanum und endete damit, dass die interne Struktur der Schulen sich weiter veränderte: Der Lehrer wurde Gegenstand eines regelrechten Kultes, und die Leiter der Schulen wurden wahrhaft vergöttert. Besonders der **Epikureismus** entwickelte sich in diese Richtung. Epikur wurde als „Heiland" angesehen und bezeichnet, als derjenige, der allein durch seine Anwesenheit, besonders durch den Blick, tröstet. Die therapeutische Wirkung seiner Erscheinung erstreckte sich durch Zauberkraft sogar auf die Statuen, die ihn darstellten. Einen typischen Wesenszug des Christentums vorwegnehmend, hielt der Epikureismus Leben und Vorbild des Meisters für wichtiger als die Lehre.

◄ *Im Hellenismus entwickelte sich neben der Person des Berufsphilosophen die des Laienphilosophen, des Intellektuellen, der die griechische Weisheit in die Familie bringt, indem er sie privat unterrichtet und dabei sogar die Hausfrauen mit einbezieht.*

▼ *Der auf dem Thron sitzende Philosoph (Zeichen der höchsten Stellung in der Hierachie) ist ein typisches ikonografisches Thema des Hellenismus. Die Konkurrenz zwischen den Schulen führte auch zu Formen der Propaganda und der mythischen Erhöhung, wenn nicht sogar der Heiligung des Schulstifters. Es gibt eine direkte und auffällige Abhängigkeit der ersten Abbildungen Christi mit den Aposteln vom Motiv des unterrichtenden Philosophen.*

◄ *Archäologen haben bemerkt, dass die **Büste des Epikur** in der römischen Welt weitaus mehr verbreitet war als die des Sokrates. Epikur war innerhalb der Schule, die sich besonders eifrig für eine Missionierung in ihrem Sinne einsetzte, Objekt zunehmender Vergötterung.*

Autarkie (Kynismus)

Diogenes

Siehe auch: *Hellenismus*

Eine der interessantesten unter den hellenistischen Schulen in der Nachfolge des Sokrates war der Kynismus, gegründet von **Diogenes von Sinope** (413–323 v. Chr.), genannt der Kyniker (von griech. *kynikos*: „wie ein Hund"). Vielleicht war es Diogenes selbst, der sich so nannte, stolz auf den Beinamen, den ihm wahrscheinlich biedere Athener voller Verachtung verliehen hatten.

Der vom Kynismus gepredigte **exzentrische**, **antisoziale** und **antikulturelle Lebensstil** glich sehr dem Ideal der Rückkehr zur Natur, zum Tierhaften: Man erzählt, dass während eines Banketts einige seiner Gegner Diogenes wie einem Haustier Knochen zuwarfen. Der Philosoph, anstatt darüber gekränkt zu sein, urinierte beim Weggehen auf die Knochen, wie es ein Tier tut. Man erzählt auch, dass er ein andermal, als er in ein prunkvolles Haus eingeladen war, gebeten wurde, mit Rücksicht auf den Hausherrn nicht auf den Boden zu spucken; Diogenes nun, nachdem er sich gründlich geräuspert hatte, spuckte dem reichen Gastgeber mitten ins Gesicht, wobei er versicherte, im ganzen Haus keinen nichtswürdigeren Ort gefunden zu haben.

Es gibt zahlreiche solcher Episoden, die Diogenes und den anderen Kynikern zugeschrieben werden – seinem Lehrer Antisthenes, dem Schüler Krates und Hipparchia, einer der wenigen Frauen, die in der Philosophie eine Rolle gespielt hat. So wahr oder falsch diese Episoden auch sein mögen, sie sind die einzigen verfügbaren Zeugnisse. Denn abgesehen davon, dass sie jede logisch-wissenschaftliche Forschung für unnötig hielten, schrieben die Kyniker keinen einzigen Text nieder und bekannten sich zu keiner besonderen Lehre.

Aus der Lebensgeschichte des Sokrates folgerte der Kynismus, dass es wichtig sei, die Philosophie eng mit dem **Leben** (→) zu verbinden. Dazu entwickelte

er ein Verhaltensmuster, das über die Jahrhunderte (und auch heute) typisch und vorbildhaft für die zahllosen Bewegungen (Häretiker, Anarchisten, Kontestatoren, Existentialisten) geblieben ist, die im Verlauf der Geschichte exzentrisches Verhalten und Anfechtung der bestehenden Ordnung für ethisch wertvoll hielten und die Freiheit als Beseitigung überflüssiger Bedürfnisse, als Ablehnung der Kultur und **Rückkehr zur Natur** interpretierten.

Diogenes verfolgte diese Ideale mit einer Strenge, die ihm schließlich die Anerkennung der Athener einbrachte. Sie errichteten ihm nach seinem Tod ein Denkmal (eine Säule, die ein Hund stützt) mit der Inschrift: „Du allein hast die Sterblichen gelehrt, dass das Leben sich selbst genügt, und ihnen den einfachsten Weg zu leben aufgezeigt."

Diogenes' Zielstrebigkeit ist ein Beispiel für die völlige Übereinstimmung von Philosophie und Leben, von Lehre und persönlicher Lebensführung. (Dies war für Diogenes im Unterricht der wichtigste Punkt, den er aus der Lehre des Sokrates und aus seinem Tod gewonnen hatte.)

Diogenes hatte weder Haus noch festen Wohnsitz: Die Athener, sagte er, indem er auf den Portikus eines Tempels zeigte, hätten ihm eine optimale Unterkunft verschafft. Am Ende zog er sich zurück, um in der berühmten Tonne zu leben, die mit der Zeit zu einem Symbol dafür geworden ist, wie weit sich die Bedürfnisse des Menschen reduzieren lassen. Man erzählt, dass er nur zwei Dinge besaß: einen Umhang, um sich zu bedecken, und ein Schälchen zum Trinken. Eines Tages jedoch, nachdem er gesehen hatte, wie ein Hund Wasser aus einer Pfütze leckte, begriff er, dass auch auf das Schälchen, letztes Zeugnis des zivilisierten Lebens, verzichtet werden konnte – und warf es fort.

◄ Diese ironische Karikatur von Honoré Daumier illustriert die berühmteste Episode, die mit Diogenes in Verbindung gebracht wird (neben ihm liegt die Laterne, mit der er „den Menschen suchte"): Eines Tages stattete Alexander der Große dem Philosophen einen Besuch ab und versprach, ihm einen beliebigen Wunsch zu erfüllen: Diogenes bat daraufhin den mächtigen Herrscher, ein bisschen beiseite zu rücken, damit er ihm keinen Schatten mache.

▲ In der griechischen Ikonografie fixiert der kynische Philosoph den Betrachter mit frechem und provokativem Blick; der Bart und die Haare sind durcheinander, zerzaust, klebrig, eine Herausforderung an die Normen des zivilisierten Lebens.

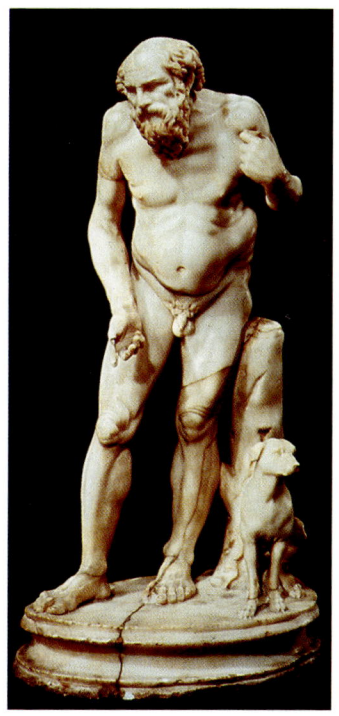

◄► Zwei „typische" Darstellungen des kynischen Philosophen. Die Nacktheit und der verwelkte Körper (in deutlichem Kontrast zum heroischen Ideal der → **Kalokagathie**) unterstreichen das streunende Leben, die Gleichgültigkeit gegenüber den Bedürfnissen, die Strenge der moralischen Selbstkontrolle, die Fähigkeit, sich um sich selbst zu kümmern, ohne irgendetwas oder irgendjemanden zu brauchen. Von den beiden Abbildungen hebt das rechte die Unduldsamkeit gegenüber den sozialen Normen durch das nachlässige Aussehen hervor (die Art, wie der Umhang getragen wird). Die rechte Hand, die ein Pergament hält, ist das Ergebnis einer Restaurierung nach bloßer Fantasie, denn der Kynismus bekannte sich zu einer antikulturellen Haltung.

Stoa

Zenon
Siehe auch: *Hellenismus, Autarkie*

Die Stoa (von griech. *stoá*, der „Säulenhalle", im Zentrum von Athen, in der die stoischen Lehrer unterrichteten) wurde in Athen um 300 v. Chr. von **Zenon von Kition** gegründet. In der Geschichte dieser Schule, die eine der wichtigsten **hellenistischen Schulen** (→) war, unterscheidet man drei Zeitabschnitte:

1. In der **alten Stoa** (3.–2. Jh. v. Chr.) systematisierten erst Kleanthes, dann Chrysipp die Lehre des Gründungsmeisters (so sehr, dass es unmöglich ist, das Denken des einen von dem des anderen zu unterscheiden).

2. In der **mittleren Stoa** (2.–1. Jh. v. Chr.) überwog der Eklektizismus: Die stoische Lehre nahm neuplatonische, epikureische und Elemente orientalischen Ursprungs (→ **Magie**, Astrologie) auf.

3. In der Kaiserzeit (1.–3. Jh. n. Chr.) erlebte die **späte Stoa** eine bemerkenswerte Blüte, wobei sie zu den Ursprüngen zurückkehrte und sich Elemente der kynischen Ethik aneignete. In dieser Zeit wurde sie zur Philosophie – oder Religion – der intellektuellen Römer. Derartige Stoiker waren **Seneca**, der Philosoph, der den Selbstmord der Vernachlässigung der Pflichten vorzog (wie es die stoische Ethik vorsieht), **Mark Aurel**, der aufgeklärteste Kaiser der Antike, und **Epiktet**, der unfreie Philosoph, der gegenüber der eigenen Lage als Sklave stets stoisch gleichgültig blieb.

Gemäß hellenistischer Praxis war der Unterricht in drei Teile gegliedert:

• **Physik** (basierend auf der Idee vom **Pneuma** (→);
• **Logik**, in der die Griechen erstmals die Unterscheidung zwischen Zeichen, Bezeichnendem und Bezeichnetem trafen (eine Vorwegnahme der zeitgenössischen semiotischen Theorien);
• **Ethik**, auf die sich bald die stoische Philosophie konzentrierte.

Die stoische Moral schrieb vor, „nach der Natur" zu leben bzw. nach jenem Prinzip der Rationalität, das die Stoiker, in optimistischer Wertung der Realität, als grundlegend für den Menschen und das gesamte Universum betrachteten. Dieselbe Logik (auch „Pneuma" (→) oder „Gott"), die der Intelligenz des Menschen zugrunde liegt, bewegt auch die Natur, in der nichts durch **Zufall** (→) oder Glück entsteht.

Dieser **metaphysische** (kosmische, absolute) **Rationalismus**, nach dem jedes Ereignis aus Notwendigkeit geschieht, führte zusammen mit der Vorstellung eines zyklischen Zeitverlaufs zur Doktrin der **ewigen Wiederkehr** (→).

Im Menschen drückt sich das „Leben nach der Natur" als Bewusstsein der **Pflicht** aus (der Handlung, die der rationalen Ordnung entspricht). Im Gegensatz zum epikureischen Hedonismus, der in der Glückseligkeit das Ziel der Existenz sah, unterschied der Stoizismus zwischen:

• **pflichtgemäßem** Verhalten, das stets anzustreben ist, etwa im Engagement als Bürger, in der Einhaltung aller Pflichten gegenüber der Familie, dem Vaterland, bei Vereinbarungen und in der Freundschaft;
• **ungerechtem** Verhalten, d. h. einem Verhalten wider die Vernunft, das stets zu vermeiden ist, auch unter Aufopferung des Lebens (in diese Kategorie gehören alle Handlungen, die von Emotionen bestimmt sind: eine regelrechte Pathologie der Seele);
• **gleichgültigem** Verhalten, das weder tugend- noch lasterhaft ist und sich auf Dinge bezieht, die den Weisen nicht kümmern: Gesundheit / Krankheit, Schönheit / Hässlichkeit, Reichtum / Armut. Der Weise strebt nicht nach Geld und beklagt sich nicht über den Mangel, er akzeptiert einfach mit Gleichmut sein Lebensschicksal.

◄◄ *Zenon (ca. 335–362 v. Chr.),*
Begründer der stoischen Schule und
Chrysipp (281–208 v. Chr.), der
dritte Schüler (nach Kleanthes). Die
griechisch-römische Bildhauerkunst
typisierte das Bild des stoischen Phi-
losophen, indem sie die Stirnfalten
und gerunzelten Augenbrauen be-
tonte. Die Anspannung der Gesichts-
muskeln ist optischer Ausdruck intel-
lektueller Anstrengung, intensiver
Tätigkeit des Denkens und großen
moralischen Eifers.

◄ *Es war das Verdienst des Stoizismus, durch die Behauptung, alle Menschen*
hätten die gleiche Würde, auch die „Barbaren", erstmals in der Geschichte
des Denkens gegen die Institution der **Sklaverei** *protestiert zu haben. Ein*
aufsehenerregender Effekt der neuen Geisteshaltung wird an dem Denkmal
sichtbar, das 230 v. Chr. in Pergamon errichtet wurde, um den Sieg über die
Galater zu feiern. Der Freitod des Galaters *rühmt nicht den Sieger, sondern*
die Kraft, den Mut und sogar die moralische Größe der besiegten „Barbaren".
Obwohl die Grobheit der Galater, die nackt kämpften, so wie es die Statue
zeigt, nicht beschönigt wurde, stellt diese einen stolzen Krieger dar, der, nach-
dem er seine Frau getötet hat, sich selbst hinrichtet, um nicht in die Hand des
Feindes zu fallen.

▼ *Der stoische Begriff der unterschiedlichen Verhaltensweisen wurde zum wesentlichen Element der antiken Ethik.*
Auf dem hier wiedergegebenen Relief des Sarkophags eines jung gestorbenen Knaben (Ostia, 150 n. Chr.) lässt sich
der Vater in einer in klassischer Zeit undenkbaren Haltung porträtieren: Er betreut den Knaben persönlich, hält ihn
liebevoll im Arm; er interessiert sich für seine Erziehung, beaufsichtigt das mütterliche Stillen (was von den Stoikern
als „natürlicher" empfohlen wurde als die Anstellung von Ammen).

Ewige Wiederkehr

Zyklische Zeitauffassung
Siehe auch: *Eschatologie*

Die Vorstellung, dass die **Zeit** (wie die periodische Wiederkehr der Jahreszeiten, die natürlichen biologischen Rhythmen und die Himmelsbewegungen) eine **zyklische Struktur** hat, blieb stets allgemeines Gedankengut der gesamten griechischen Welt, sowohl in der mythischen Periode als auch in der philosophischen. Die modernere Hypothese von einer **linearen Zeit** (→ zyklische / lineare Zeit) kam erst mit dem Christentum auf.

Die Überzeugung, dass die Zeit zyklisch verlaufe, ergab sich bei den Stoikern aus ihrer Lehrmeinung, aus dem absoluten und umfassenden Glauben an die **Rationalität** der Welt. Im ausgesprochenem Gegensatz zu den anderen Philosophien der **hellenistischen Schulen** (→) behaupteten die Stoiker, dass der **Zufall** (→) schlichtweg nicht existiere: Alles, was ist, hat einen Grund, da zu sein, und nichts geschieht zufällig, weil jedes Ereignis eine bestimmte Ursache besitzt (auch wenn wir sie häufig nicht kennen) und demnach absolut notwendig ist. Der Zustand des Universums ist folglich zu jedem Zeitpunkt das unvermeidbare und einzig mögliche Ergebnis des vorausgegangenen.

Wenn aber die kosmische Zeit in Lebenszyklen voranschreitet und wenn jede Welt, die aus den vorausgegangenen wiedergeboren wird, vollkommen rational ist, so folgt daraus, dass jede dieser Welten identisch mit den vorausgegangenen sein muss, sogar in den kleinsten Einzelheiten, gemäß dem Prinzip der **ewigen Wiederkehr des Gleichen**. Zenon von Kition beschrieb **das große Weltjahr** so: „Im Lauf der tödlichen Perioden wird das gesamte Universum von einem Weltbrand *(ekpyrosis)* erfasst, und danach beginnt eine neue Wiedergeburt *(palingenesis)* der Welt. Alles endet mit einem Urfeuer, das wie ein Samen alle Gründe und Ursachen der Wesen, die waren, die sind und die sein werden, in sich hat. Die Ausformung der neuen Welt *(apokatastasis)* aus dem allgemeinen Aufflammen der Materie vollzieht sich, wenn durch die Luft aus dem Feuer eine Umwandlung zu Wasser geschieht und sich ein Teil davon absetzt, um die Erde zu bilden."

Nach dem periodischen kosmischen Aufflammen erneuert sich alles und beginnt wieder von vorn; da es keine chaotischen oder zufälligen Zustände gibt, führen dieselben physikalischen Prozesse zur Bildung derselben Anzahl von Gestirnen in derselben Position und mit derselben Bewegung.

Alles wird sich bis in die kleinsten Einzelheiten (deren keine unbedeutend ist) wiederholen: Herakles muss noch unzählige Male seine Mühen ertragen, und ein anderer Sokrates wird dieselbe Verurteilung erleiden. Den Stoikern zufolge gibt es also das Schicksal, eine im Voraus festgelegte Ordnung, die die notwendige Verkettung der Ereignisse bestimmt. Auf diese Weise erweisen sich Vergangenheit und Zukunft als gewissermaßen miteinander vereint. Damit sind, zumindest theoretisch, die hellseherischen Praktiken der **Magie** (→) gerechtfertigt.

Vom Christentum, das von einer einzigen, auf ein Ziel (nicht auf ein periodisch wiederkehrendes Ende) ausgerichteten Zeit ausgeht, wurde die zyklische Zeitvorstellung verdrängt. Aber im 20. Jh. erlangte sie erneut große Aktualität, als Friedrich Nietzsche (1844–1900) im Rückgriff auf die stoische Lehre die ewige Wiederkehr zur Grundlage der Theorie des **Übermenschen** (→) machte.

▲ Die Vorstellung der ewigen Wiederkehr der Zeiten wird in neuerer Zeit im Denken Nietzsches (→ **Nihilismus**) wieder aufgegriffen.

▼ Die zyklische Wiederkehr der Wesen in einer „erfundenen" Hieroglyphe (→ **Weisheitssprache**) aus dem 17. Jh.: Die Schlange, die sich in den Schwanz beißt, ist ein traditionelles Symbol des zyklischen Ablaufs. (Abb. aus Athanasius Kircher Obeliscus aegyptiacus, 1666)

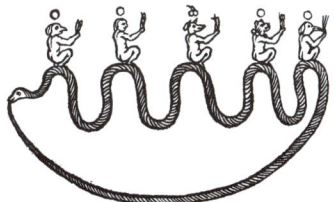

▲ **Das große Weltjahr.** Im Zentrum bestimmt die Zeit (Annus) sowohl die Welt als auch den Menschen. Die ganze Natur, repräsentiert durch die vier Elemente (Erde, Luft, Wasser und Feuer), ist in ihre zyklischen Windungen eingebunden.

▼ Das **Ende der Welt** (Hortus Deliciarum, 12. Jh.). In der stoischen Kultur spielte das Feuer eine besondere Rolle. Gott selbst als die Vernunft, die die Welt regiert, ist das Feuer, jenes **Pneuma** (→) oder jener Hauch, der Leben verleiht. Das Feuer ist aber auch das Schicksal der Welt, dessen Ende (beim Vergehen jedes Zyklus) durch **Verbrennung** geschieht. Es gibt einen ikonografischen Zusammenhang zwischen diesen heidnischen Lehren und der Art, wie man sich im christlichen Mittelalter das Weltende (einzig und irreversibel) am Tag des Jüngsten Gerichts vorstellte.

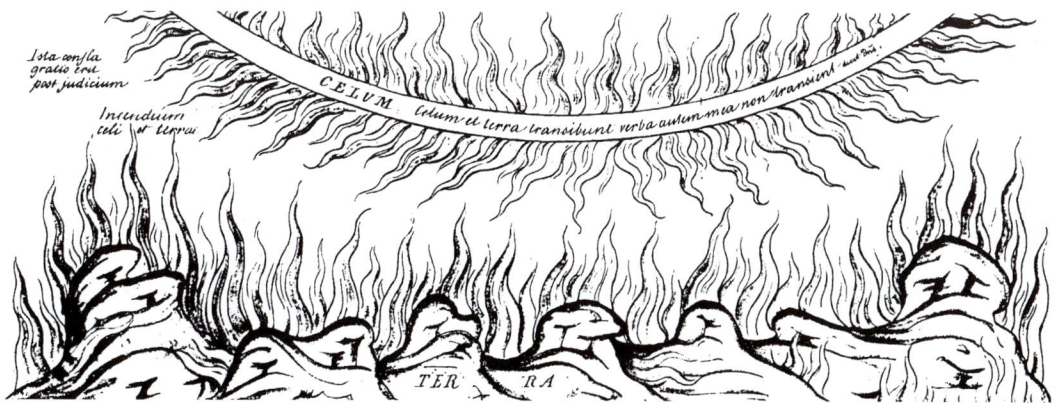

Pneuma

Geist / Materie
Siehe auch: *Seele, Inspiration*

Es war Epikur *(Brief an Herodot)*, der den schwierigen Begriff des *pneuma* (im Griechischen wörtlich: „Luft", „Hauch", „Atem", „Geist", „Leben"), oft auch fast gleichbedeutend mit „Seele", genauer zu definieren versuchte: als einen feinteiligen Körper, der in den gesamten Körperkomplex eingestreut ist, am ähnlichsten einem warmen Hauch. Es ist also jene **unsichtbare Substanz**, die die Organismen beseelt, sie lebendig macht und die in Leichen und im Mineralienreich offenbar abwesend ist.

Grundlage dieses Glaubens (und seines Fortdauerns bis in die Neuzeit) war eine fundamentale medizinisch-naturwissenschaftliche Erfahrung. Die im 2. Jh. n. Chr. von Galen, dem berühmtesten Arzt der Antike und der höchsten Autorität des Mittelalters, ausgearbeitete Physiologie unterschied das Venensystem, in dem das Blut zirkuliert (das durch Raffinierung der Nahrung in der Leber gebildet wird) und das Arteriensystem, in dem das Pneuma zirkuliert. Die Tatsache, dass die wichtigste anatomische Informationsquelle der Antike das Tieropfer (zu hellseherischen Zwecken) war, erklärt zumindest teilweise diesen Glauben: Das Tier wurde nämlich zunächst geschlachtet, damit es durch Verbluten starb, und erst in einem zweiten Schritt seziert, mit dem Ergebnis, dass das Blut bereits aus den Arterien und den dickeren Blutgefäßen ausgeströmt war, die sich deshalb als scheinbar leer oder mit Luft gefüllt zeigten. Der antiken Medizin zufolge waren es aber diese Adern, durch die die „Lebensgeister" zirkulierten.

In der antiken Welt stellte das Pneuma einen Verbindungsbegriff zwischen dem Physischen und dem Geistigen dar, gemäß einem vorkartesianischen Ansatz, der eine absolute Gegenüberstellung von Geist und Materie abstreitet (→ *Res cogitans / Res extensa*). Das Pneuma, wie sehr es auch verfeinert ist, bleibt nämlich ein materielles Element und kann als der wirkende und konkrete Bestandteil sowohl des Lebens als auch des Geistes betrachtet werden.

Der Begriff erfuhr besondere Relevanz bei den **Stoikern**, die im Leben spendenden Pneuma der einzelnen Individuen nur eine spezifische Ausprägung des **kosmischen Pneumas** sahen, dem universell verbreiteten Geist, der die Welt in ihrer Gesamtheit und jedes Ding im Besonderen beseelt und regelt. Aktiv in jedem lebenden Individuum vorhanden, existiert das Pneuma, allerdings nur in passiver Form, auch im mineralischen und anorganischen Reich: Jeder Teil des Universums ist sozusagen durchtränkt von Pneuma. Animismus, Vitalismus und Pantheismus kennzeichnen diese Lehre: Das kosmische Pneuma der Stoiker ist eine göttliche immanente Kraft (→ **Pantheismus**), die in der gesamten Natur verbreitet ist. Jedes Ding besitzt aufgrund seines bloßen Seins zumindest irgendetwas davon. Jedes Ding besitzt eine Seele, auch die Flüsse, die Grotten, der Wald; mithin jeder Ort: Jeder bedeutsame Teil des Raums hat seinen *genius loci*, wörtlich: „Geist" oder „Seele des Ortes".

In Verbindung mit der Theorie des **Mikrokosmos / Makrokosmos** (→) konnte das Pneuma auch als **Weltseele** (→) verstanden werden. Im 16. Jh. gelangte Giordano Bruno in einer moderneren Vision dahin, von einem universellen Geist zu sprechen, einer in der ganzen Schöpfung verbreiteten Intelligenz, an dem die individuellen Intelligenzen einen unbewussten Anteil hätten.

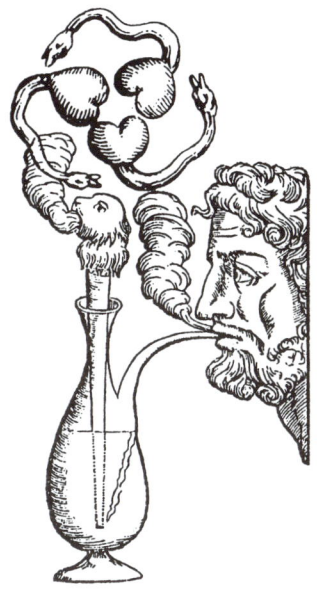

▲ *„Da formte Gott, der Herr, den Menschen aus Erde vom Ackerboden und blies in seine Nase den Lebensatem. So wurde der Mensch zu einem lebendigen Wesen": In diesen berühmten Zeilen aus dem ersten Buch der* Bibel, *der* Genesis, *wird die Seele metaphorisch als ein Lebensatem beschrieben, der dem Menschen von Gott durch die Nase eingehaucht wird.*

▲ *Auch das Phänomen der Inspiration ließ sich als Wirkung eines göttlichen Pneuma erklären, das als* **Taube** *dargestellt wurde.*

▲ *Das Werk Gottes nachahmend begannen auch die Alchemisten das „Werk" (die Umwandlung des Rohmetalls in Gold) mit dem Hauch oder Lebensgeist.*

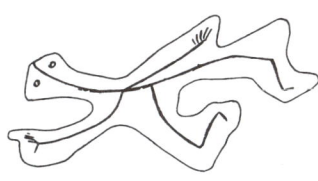

▲ Luftgeist *von Paul Klee.*

▼ *Der Tod, dargestellt als das Austreten der pneumatischen Seele aus dem Mund des Sterbenden.*

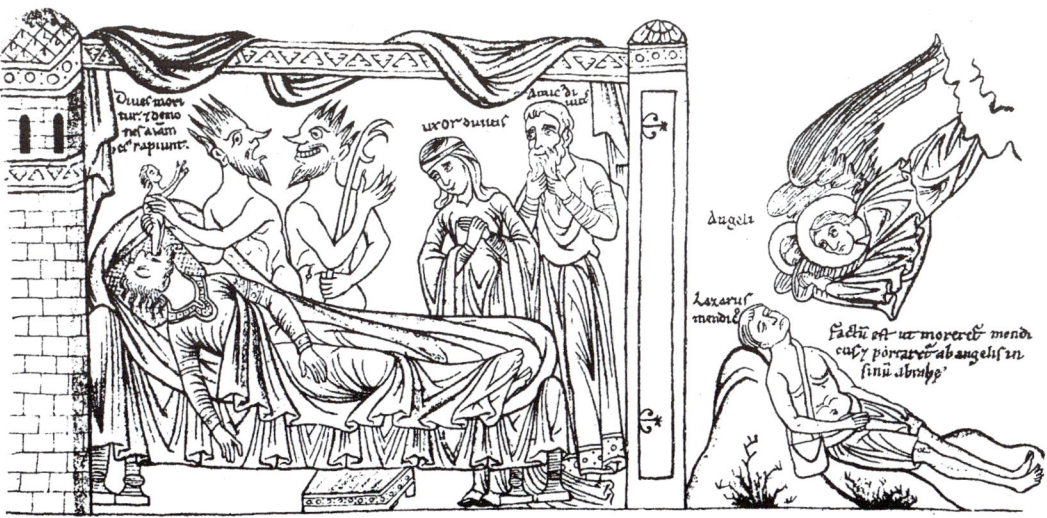

Inspiration

Respiration, Einatmung, Inspiration
Siehe auch: *Mikrokosmos / Makrokosmos, Weltseele*

Durch den physiologischen Zyklus des Ein- und Ausatmens der Luft vollzieht das Individuum einen kontinuierlichen Austausch mit der umgebenden Umwelt. In Anbetracht der Tatsache, dass nach den bis zur Neuzeit dominierenden medizinischen Doktrinen in der Luft das **Pneuma** (→) (die im Universum verteilte Lebensenergie enthalten ist, ist die Atmungsfunktion oftmals mit mythischen und philosophischen Bedeutungen aufgeladen worden.

Aristoteles, der dem physiologischen Aspekt des Problems einen kurzen spezifischen Text widmete *(Über die Atmung)*, referiert die Theorie Demokrits, nach der die Atmung für atmende Wesen eine wichtige Konsequenz habe: Sie verhindere nämlich, dass die Seele aus dem Körper herausgepresst wird. Seele und Wärme seien dasselbe und ihre **Atome** (→) hätten die Form von Kugeln. In der Luft gebe es eine große Zahl von derartigen Atomen. Diese drängten sich, wenn das Lebewesen einatme und Luft eintrete, mit hinein, verringerten den Druck und verhinderten so, dass die Seele, die sich in den Lebewesen befindet, entweicht. Daher hänge es vom Ein- und Ausatmen ab, ob das Lebewesen weiterlebe oder sterbe.

Platon verknüpfte mit der physiologischen Einatmung die **geistige** Inspiration. Er sah in der Atmung einen der Wege, auf dem das Individuum in den Zustand eines göttlichen **Enthusiasmus** (→) eintreten kann (eine Form positiven Wahnsinns). Seiner Ansicht nach kann man Schamanen, Magier, Propheten, Orakel, Dichter, Liebende „inspiriert" nennen, nicht jedoch Helden, Politiker oder Philosophen, die ihre rationalen Fähigkeiten mit einem Höchstmaß an Klarheit einsetzen müssten. Die künstlerische (poetische, erotische, hellseherische) Inspiration sei nämlich ein besonderer Typus des Wahnsinns: Er sei die Folge eines Ergriffenseins durch eine von außen kommende Kraft, eine Gottesbesessenheit, deren physisches Vehikel das Luftpneuma sei.

Das christliche Nachdenken fand in der biblischen *Genesis* eine Bestätigung dieser Theorie. Der eigentlich kreative Moment des göttlichen Werkes vollzieht sich nämlich über einen Hauch, einen Atem, den Gott in die Nase Adams bläst, womit er ihm Seele und Leben verleiht.

Ein Widerhall der antiken stoischen Lehren findet sich in den Worten Friedrich Nietzsches wieder, der sich im *Ecce homo* fragt: „Hat jemand, Ende des 19. Jh.s, einen deutlichen Begriff davon, was Dichter starker Zeitalter *Inspiration* nannten? Im andren Falle will ich's beschreiben. Mit dem geringsten Rest von Aberglauben in sich würde man in der Tat die Vorstellung, bloß Inkarnation, bloß Mundstück, bloß Medium übermächtiger Gewalten zu sein, kaum abzuweisen wissen." Man kann das Erscheinen dieses Geisteszustandes fördern, ihn aber nicht herbeiführen oder gänzlich kontrollieren. „Man hört", behauptete Nietzsche, „man sucht nicht; man nimmt, man fragt nicht, wer da gibt; wie ein Blitz leuchtet ein Gedanke auf, mit Notwendigkeit, in der Form ohne Zögern".

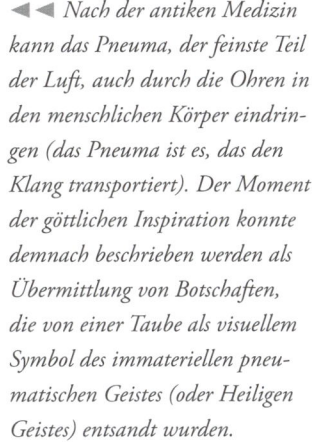

◄◄ *Nach der antiken Medizin kann das Pneuma, der feinste Teil der Luft, auch durch die Ohren in den menschlichen Körper eindringen (das Pneuma ist es, das den Klang transportiert). Der Moment der göttlichen Inspiration konnte demnach beschrieben werden als Übermittlung von Botschaften, die von einer Taube als visuellem Symbol des immateriellen pneumatischen Geistes (oder Heiligen Geistes) entsandt wurden.*

◄ *Der Glaube, dass auch die Ohren einen Durchgang für das Pneuma darstellen, legte im Mittelalter die Möglichkeit nahe, bestimmte Krankheiten (insbesondere die unerklärlichen nervösen Unruhen, die Freud „Hysterien" nannte) mit Musik zu heilen. Manchmal wurde die therapeutische Musik direkt in die Hörmuschel der Patientin gespielt (geblasen), wie ein Detail aus einem Gemälde von Bruegel zeigt.*

◄ *Im Mittelalter lieferte die körperlich-geistige Funktion der Atmung eine Erklärung für dämonische Besessenheit und die daraus folgende Praxis des **Exorzismus**. Die durch die Atmung in das Individuum eingedrungene diabolische Kraft wird gezwungen, durch den Mund zu entweichen.*

Epikureismus

Epikur
Siehe auch: *Hellenismus, Hellenistische Schulen*

Die Nachfolger der Schule, die Epikur in den letzten Jahren des 4. Jh. v. Chr. in Athen gründete, wurden „die vom Garten" genannt, weil der Meister bezeichnenderweise gern in einem ruhigen, außerstädtischen Garten (weitab vom Tumult der Politik) unterrichtete, wo Philosophen und Studenten in Ruhe und im Kontakt mit der Natur meditieren konnten. Im Vergleich zu anderen **hellenistischen Schulen** maß der Epikureismus dem naturwissenschaftlich-rationalen Denken geringe Bedeutung bei (die epikureische Physik beschränkte sich darauf, den materialistischen Atomismus von Demokrit aufzugreifen). Charakteristisch war dagegen die starke Betonung, die er auf das Problem der Existenz legte. Mit einer in gewisser Weise dem Buddhismus ähnlichen Auffassung betrachtete Epikur die **Philosophie als ein Heilmittel**, eine tröstende Praxis, eine Methode, um Leiden zu lindern und das Leben erträglich zu machen. Der Philosoph ist der Arzt der Seele, der Chirurg der Leidenschaften, der in der Lage ist, den Menschen von den **drei Grundängsten** (vor den Göttern, vor dem Tod, vor dem Schmerz) zu befreien und ihm so den inneren Frieden zurückzugeben.

Bereits in der Antike wurden die Epikureer beschuldigt, für den **Hedonismus** einzutreten, jene Lebensphilosophie, die zu einer unmittelbaren Befriedigung jeder Lust mit allen Mitteln auffordert. Epikurs Vorstellung war jedoch sehr viel subtiler und erforderte eine eiserne Kontrolle der Leidenschaften. Es ist wahr, dass die Suche nach **Glückseligkeit** das Prinzip und das Ziel des Lebens ist, weil der Mensch von Natur aus dazu neigt, den Schmerz zu meiden und die Lust zu suchen. Man muss jedoch unterscheiden zwischen der **flüchtigen Lust**, d. h. dem augenblicklichen und vorübergehenden Vergnügen, und der **beständigen Lust**, die aus der Abwesenheit jeden Schmerzes erwächst. Sie allein kann zur **Ataraxie**, der geistigen Unerschütterlichkeit führen, nach der wir uns alle sehnen.

Zur so verstandenen Glückseligkeit bedarf es eines rationalen und leidenschaftslosen Abwägens, bei dem die mit jeder Tätigkeit verbundenen Opfer und Vorteile miteinander verglichen werden. Epikur zufolge muss man zwischen verschiedenen Bedürfnissen unterscheiden.

• Die primären, **natürlichen und notwendigen Bedürfnisse**, wie Essen und Trinken, müssen immer befriedigt werden, da sie wesentlich für die Seelenruhe sind.

• Die **nicht natürlichen und nicht notwendigen Bedürfnisse** (Schönheit, Reichtum, Macht) müssen stets zurückgewiesen werden, weil sie Quelle emotionaler Unruhe sind.

• Die **natürlichen, aber nicht notwendigen Bedürfnisse**, die zwischen den zwei vorausgegangen Extremen liegen, also sich gut zu ernähren, gepflegt zu kleiden usw., sind soweit zu befriedigen, wie sie nicht zu anstrengend werden, wobei die gegenwärtigen und künftigen Kosten, die sie mit sich bringen, genau zu kalkulieren sind. Endziel dieser **Mathematik der Lust** ist die Gewöhnung an ein rationales, selbstbestimmtes Verhalten. Keinesfalls darf der Mensch Sklave der eigenen Begierden, Triebe oder Gefühle werden (nicht einmal jener ethisch positiven wie der Liebe, der Großzügigkeit usw.).

Das Ansehen der epikureische Schule beruhte vor allem auf dem Ruhm ihres Begründers. „Die größten epikureischen Seelen", behauptete Seneca, „brachte nicht die Lehre, sondern das ständige Beisammensein mit Epikur hervor". Ihm wurden schon zu Lebzeiten göttliche Ehren zuteil. Die Geisteshaltung vorwegnehmend, die in der Kaiserzeit typisch für die religiösen Sekten (und für das Christentum) wurde, richtete der gute Epikureer sein Verhalten am Beispiel des Meisters aus (mehr als an den Theorien).

◀ *Die Abbildung, die einen typischen epikureischen Philosophen darstellt, zeigt, dass die gegen die Sekte vorgebrachten Anschuldigungen wegen ihres **Hedonismus** nicht völlig unbegründet waren. Durch die asymmetrische Pose mit geöffneten und zur Seite gestellten Beinen (durchaus unüblich in der griechischen Bildhauerkunst) bekundet der epikureische Denker die typische Unbefangenheit des Mannes von Welt. Auch der dicke (mit Genugtuung zur Schau gestellte) Bauch und die schlaffen Muskeln des Brustkorbs lassen an ein genießerisches Leben denken.*

▲ *Die Grundmaxime des Epikureismus war: „Verhalte dich stets so, als wenn dich Epikur sehen könnte." Die Betrachtung seines Gesichts, auf dem die geistige Fähigkeit, symbolisiert durch die angespannte und muskulöse Stirn, mit einem heiteren Ausdruck einhergeht, wurde als ein incitamentum animi („Ansporn für die Seele") angesehen, als Quelle der Erleichterung und des geistigen Wachstums.*

▶ *Das Thema des **Totentanzes** illustrierte die epikureische Aufforderung, die Angst vor dem Tod, dem furchtbarsten Gefühl aller Menschen, zu überwinden. Damit ironisierte man auch die Philosophen, die „ständig an den Tod denken."*

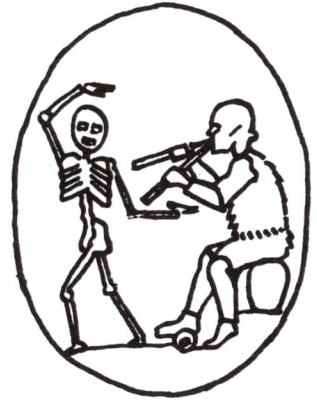

◀ *Die populäre Vorstellung vom stoischen Philosophen im Gegensatz zum epikureischen wurde in dieser Abbildung auf einer Schale aus dem 1. Jh. v. Chr. wieder aufgegriffen. Auch nach dem Tod hören die zwei Philosophen nicht zu diskutieren auf: Der Hedonist Epikur, begleitet von dem sprichwörtlichen Schweinchen, ergreift ein Tortenstück: „Das oberste Ziel ist die Lust", steht neben seinem Schädel geschrieben, eine Maxime, gegen die Zenon mit dem für die Stoiker typischen dialektischen Eifer argumentiert.*

Museum

Naturwissenschaft, Heron
Siehe auch: *Wundermaschinen, Technologisches Scheitern*

Eines der konstitutiven Merkmale des *Hellenismus* (→), die Bedeutung, die der **naturwissenschaftlichen Forschung** beigemessen wurde, kam mit besonderer Deutlichkeit in der Gründung von **Alexandria in Ägypten** durch **Alexander den Großen** (322 v. Chr.) zum Ausdruck. Drehpunkt des Handels zwischen Europa und dem Orient, war Alexandria eine kosmopolitische (allein 40.000 Juden lebten dort) und sehr reiche Metropole: Es gab 400 große Paläste, ebenso viele Theater und 4000 Badeanstalten; die öffentlichen Gärten wurden von einem Heer von 12.000 Gärtnern gepflegt. Der Leuchtturm im Hafen war derart imposant, dass er als eines der sieben Weltwunder in die Geschichte einging. Das größte Ansehen erlangte die Stadt jedoch durch zwei neuartige kulturelle Einrichtungen, für die es in der Geschichte keine Beispiele gab: die Bibliothek und das Museum.

Der Überlieferung zufolge umfasste die **Bibliothek** gut 600.000 Bände, praktisch das gesamte griechische Wissen. Einige Eigenschaften des Buches, so wie wir es heute kennen, kamen in der Tat erst jetzt auf, um die Katalogisierung dieses immensen Erbes zu erleichtern. Beispielsweise wurde die Angabe eines Titels obligatorisch, der zuvor stets weggelassen worden war, und auch die Angabe eines Autors (für die zahlreichen Texte unbekannter Herkunft erfanden die alexandrinischen Bibliothekare irgendeinen).

Das **Museum** war ein einem modernen Universitätscampus ähnlicher Baukomplex, der Forschern aus aller Welt zur Verfügung gestellt wurde, damit sie dort, vom Staat entlohnt und in völliger Freiheit, ihren Studien nachgehen konnten. Die größten Genies der hellenistischen Epoche kamen dorthin: In den Jahren unmittelbar nach der Gründung des Museums schrieb **Euklid** dort *Die Elemente*; im 2. Jh. v. Chr. schloss der Syrakuser **Archimedes** dort seine wissenschaftliche Ausbildung ab, und vier Jahrhundert

später fasste **Claudius Ptolemäus** alle ihm vorausgegangenen astronomischen Kenntnisse in einem einheitlichen Rahmen *(Almagest)* zusammen.

Diese Kontinuität in der Forschung, verbunden mit einem Klima tatkräftiger Zusammenarbeit zwischen den Wissenschaftlern, machte einige wichtige Entdeckungen möglich. Der Astronom Hipparchos beispielsweise fertigte einen Sternenatlas mit gut 1080 Sternen an und verglich ihn mit den genauso präzisen Beobachtungen seiner Vorgänger. Er stellte fest, dass die Fixsterne sich bewegt hatten, und berechnete danach mit großer Genauigkeit die Präzession der Äquinoktien (Tagundnachtgleichen).

Die Situation der Forschung war in vielerlei Hinsicht optimal. Die Wissenschaftler genossen weitreichende Finanzierungen vom Staat und waren dennoch keinerlei Zensur oder politischem Druck ausgesetzt. Einer (zweifelhaften) Überlieferung zufolge missbrauchten die alexandrinischen Ärzte diese Freiheit, um Vivisektionen an Menschen vorzunehmen. (Sie wurden als Staatsverbrecher zum Tode verurteilt.)

Auch wenn seit dem Einzug des Christentums in Ägypten das Museum und die Bibliothek in eine Krise gerieten, blieben diese prestigeträchtigen Einrichtungen für mehr als 500 Jahre das Weltzentrum der Forschung. Sie wurden erst 642 n. Chr., während des Brandes bei der arabischen Eroberung Alexandrias, zerstört.

◀ *Der Altar des Ktesibios, eines Schülers von Heron, löschte sich nach einer gewissen Zeit automatisch. Durch die Wärme des Feuers wurde nämlich das darunter befindliche Wasser erwärmt (und also ausgedehnt), wodurch es gezwungen war, durch die Röhren nach oben zu steigen.*

▼ *Eine weitere berühmte Maschine des Heron ist die „Schatzkiste", die einem modernen Glockenspiel ähnelt. Dreht man an der äußeren Kurbel, wird die Bewegung durch das versteckte Getriebe bis zum Vogel transportiert, der zu kreisen und sogar zu pfeifen beginnt. Dieselbe Bewegung überträgt sich auf die Glocke und lässt sie in einen Wasserbehälter absinken; auf diese Weise ist die im Hohlraum enthaltene Luft gezwungen, durch die obere Trillerpfeife auszuweichen.*

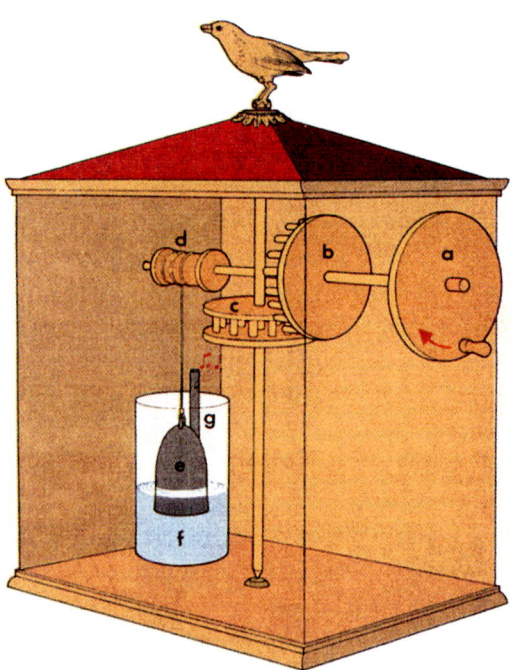

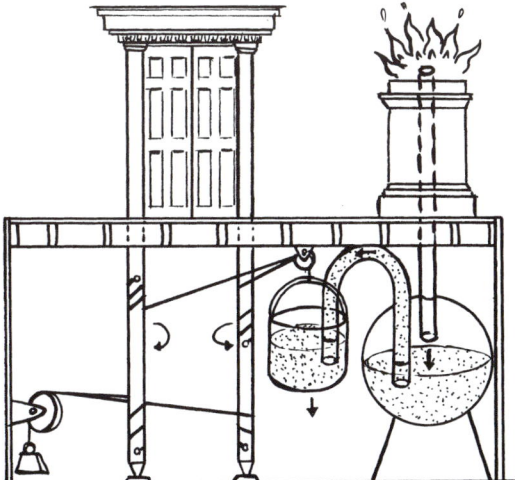

◀ *Eine der Maschinen des Heron, des berühmtesten unter den Ingenieuren des Museums von Alexandria. Sie war in der Tür des Tempels von Alexandria versteckt: Nachdem der Priester das Feuer auf dem Altar entzündet hatte, erwärmte sich die Luft in dem darunter stehenden Tank und nahm an Volumen zu. Daraufhin drängte das Wasser am Boden des Tanks unter Druck in den seitlichen Behälter, der sich absenkte und die mit den Türangeln verbundenen Rollenzüge in Bewegung setzte.*

Wundermaschinen

Naturwissenschaft / Technologie
Siehe auch: *Hellenismus, Museum*

Die psychologische Voraussetzung für **Verwunderung und Staunen** war für viele griechische Philosophen Gegenstand der Reflexion: Nur wer zweifelt und sich wundert, behauptet Aristoteles, hat das Gefühl, dass er nicht verstehe, und deshalb stelle er sich dann selbst die Fragen, aus denen die Weisheit hervorgeht.

Dieselbe Absicht, nämlich Verwunderung hervorzurufen, stand hinter den technischen Apparaten, die von den berühmtesten Ingenieuren des **Museums** von Alexandria in Ägypten und von der Antike allgemein entwickelt wurden. Heron, der berühmteste unter ihnen, stellte seine Theorie der Spiegel („Katoptrik") mit diesen Worten vor: „Die Katoptrik bietet ein ganz wunderbares Schauspiel. Denn mit ihrer Hilfe werden Spiegel hergestellt, welche das Rechte rechts und das Linke in ähnlicher Weise links zeigen, während die gewöhnlichen Spiegel uns in unnatürlicher Weise das Gegenteil zeigen. Man kann aber mithilfe der Spiegel sich von hinten sehen, umgekehrt mit dem Kopfe nach unten, mit drei Augen und zwei Nasen und wie bei der Trauer mit entstellten Gesichtszügen. Die Katoptrik erweist sich nicht bloß für Schaustellungen nützlich, sondern auch im Hinblick auf notwendige Bedürfnisse. Denn wie sollte es etwa jemand nicht interessant und unterhaltsam finden, wenn er mithilfe eines optischen Apparats beobachten könnte, wie viele Leute auf der Straße sind und was sie gerade tun, ohne dabei das Zimmer verlassen zu müssen und gesehen zu werden?"

Über eine Sache waren sich alle Griechen einig, Philosophen wie Ingenieure: Das wirklich Wunderbare *kann* nicht nützlich sein. Wenn es wahr sei, meinte dazu Aristoteles, dass die Menschen nur deshalb zu philosophieren begannen, um dem Nichtwissen zu entrinnen, dann sei doch klar, dass sie dies nur in der Absicht taten, zu *wissen*, und nicht wegen irgendwelcher *praktischer* Bedürfnisse.

Der griechische Einfallsreichtum führte zur Konstruktion von Maschinen, deren einziger Zweck es war, Überraschung, Staunen und Bewunderung beim Publikum zu erregen. In den Augen der Griechen war die Beschäftigung mit Problemen der Technik nur durch die absolute Nutzlosigkeit ihrer Ergebnisse, durch rein spielerischen Umgang ohne Gedanken an irgendeinen Nutzen moralisch gerechtfertigt. Dasselbe Prinzip der praktischen Nutzlosigkeit ist im Übrigen typisch für die ganze griechische Wissenschaft. Die Geometrie beispielsweise spezialisierte sich auf die Untersuchung komplizierter konischer Schnitte, die zu jener Zeit nicht den geringsten praktischen Nutzen hatten. (Als aber Galileo im 17. Jh. entdeckte, dass Projektile eine Parabel beschreiben, und Kepler, dass die Planeten eine Ellipse beschreiben, wurde die enorme theoretische Arbeit, die die Griechen aus reiner Liebe zur Spekulation geleistet hatten, zum Schlüssel der Kriegskunst und Astronomie.)

Das, was sich die Griechen von den Ingenieuren erhofften, war nichts als die spektakuläre Darstellung von Genialität, das Vorführen von technischem Erfindungsreichtum. In seiner *Mechanik* zeigte Heron das Funktionieren von Getrieben, von Flaschenzügen und Zahnrädern, doch sucht man vergeblich nach nützlichen Anwendungen von so viel Wissen: Man stößt nur auf Wasseruhren (mit Alarm zu festgelegter Stunde), Orgeln, Maschinen zum Erzeugen von Donnergeräusch, pfeifende Vögel, Wunderpuppen und bewegliche Automaten, aber auf nichts, was die produktive Arbeit betrifft oder dazu dienen könnte, die Anstrengung auf dem Land oder in den Minen zu erleichtern.

All dies hat einige Historiker dazu bewogen, von einem **technologischen Scheitern** (→) der Antike zu sprechen.

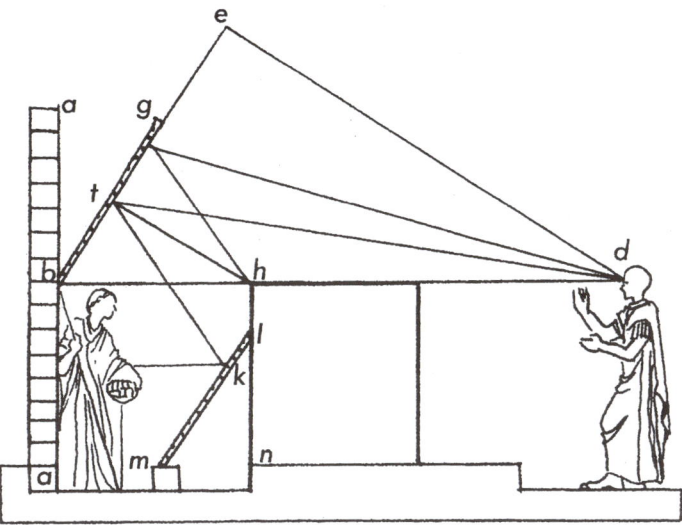

◀ Die **Illusion einer Geistererscheinung** (Heron). Die Statue links in der Abbildung ist dem Blick des Betrachters verborgen; ihr Abbild erscheint jedoch im Spiegel darüber und erzeugt im Halbschatten des Tempels sicherlich eine eindruckvolle Wirkung.

▼ Das von warmer Luft getriebene **Glockenspiel**. Ist das Feuer entzündet, dehnt sich die erwärmende Luft darunter aus und sucht aus den Musikinstrumenten der Figuren zu entweichen, wodurch sie diese in Bewegung setzt.

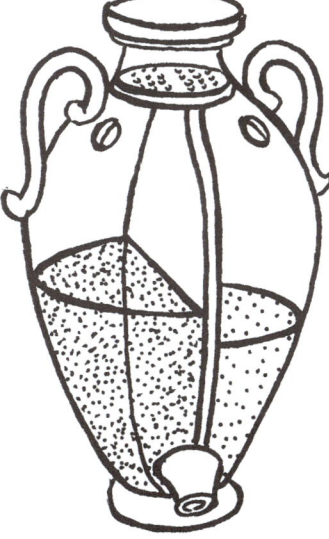

▲ Eines der Geräte von Heron, der **automatische Mischbecher** für Wasser und Wein. Indem man mit den Fingern die Öffnung der beiden Löcher im oberen Teil der Amphore reguliert, kontrolliert man die Luftzufuhr und damit den Austritt der Flüssigkeiten und deren Mischung.

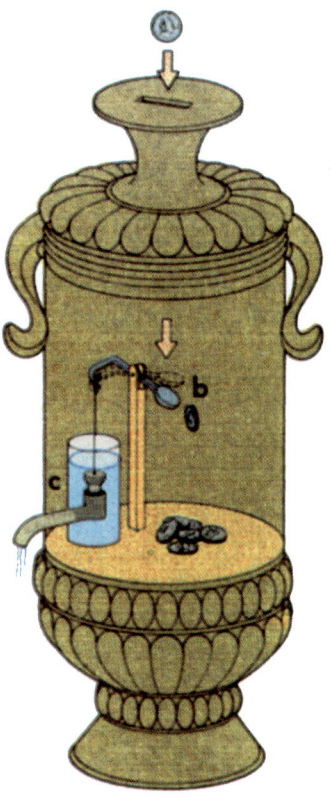

▲ Der **Weihwasserspender** (gegen Bezahlung). Am Tempeleingang untergebracht, funktionierte er wie ein regelrechter Münzautomat: Die Gläubigen warfen in den Schlitz der Kanne eine Münze (fünf Drachmen) ein, und diese betätigte beim Herunterfallen einen Hebel, der das Ausfließen von ein wenig Weihwasser verursachte.

Technologisches Scheitern

Hellenismus, Technologie / Wissenschaft
Siehe auch: *Museum, Wundermaschinen*

Nach Ansicht des Wissenschaftshistorikers Eduard J. Dijksterhuis (*Die Mechanisierung des Weltbildes*, 1956) verfügte die Antike auf theoretischer Ebene über eine Menge an Kenntnissen, die nicht viel kleiner war als jene, die dann im 17. Jh. die Grundlage der sogenannten „Wissenschaftsrevolution" bilden sollte. Dies könnte etwa eine der Wundermaschinen des Heron demonstrieren, die *Aeolipile* (**Heronsball**), die die Kenntnis des **Dampfantriebs** voraussetzt.

Die Griechen wussten jedoch nicht aus diesen Kenntnissen irgendeinen praktischen Nutzen zu ziehen. Tiere waren immer noch die wichtigste Energiequelle, die noch dazu auf die schlechteste Weise ausgebeutet wurde: Das den Ochsen und Pferden angepasste Geschirr, in dem sie auch unter Zug nicht gewürgt wurden, ist eine Erfindung des Mittelalters. Bis dahin wurde weiterhin der für den Esel erfundene Packsattel benutzt, der die Luftröhre im Moment der Beanspruchung zusammendrückte. Viele kleine, aber äußerst nützliche Erfindungen (Hufbeschlag und Steigbügel für Pferde, die Wasser- und Windmühle, der Hobel, der Kompass, die Linse, die Brille, die mechanischen Uhren, die Waage usw.) sind nicht vom griechischen Schöpfergeist hervorgebracht worden, sondern erst während der „dunklen Jahrhunderte" des Mittelalters. Um auf diesen Unterschied zwischen wissenschaftlicher Theorie und praktischen Anwendungen aufmerksam zu machen, spricht Dijksterhuis von einem technologischen Scheitern der Antike.

Eine alternative Interpretation bekräftigt jedoch, dass die theoretischen Prinzipien eine Sache sind, die praktischen Anwendungen eine andere. Nach Geoffrey Ernest Richard Lloyd (*Greek Science after Aristotle*, 1973) ist es „absurd zu behaupten, dass alle Elemente der Dampfmaschine potenziell bereits in der Aeolipile von Heron präsent gewesen wären. Die Kontrolle dieser Energie wird durch die Fähigkeit bedingt, große Metallzylinder in akkurater Weise zu schmieden, zwischen Kolben und Zylinder ein solch subtiles Spiel zu erreichen, dass bei Druckzunahme das Entweichen von Dampf verhindert wird, und eine effiziente Methode zu entwickeln, um die geradlinige Bewegung in eine Rotationsbewegung umzuwandeln. Die Probleme, die zwecks Konstruktion einer wirklichen Dampfmaschine überwunden werden mussten, waren nicht bloß theoretischer Natur, sondern auch an die notwendigen Qualitäts- und Präzisionsstandards gebunden. Erst Ende des 19. Jh.s hat man die Fähigkeit erlangt, die Metalle in Konstruktionen zu schmieden, die zugleich riesig und ausreichend präzise waren, wie eben gerade die ersten modernen Dampfmaschinen."

Andererseits vermuteten Historiker mit marxistischem Ansatz einen Zusammenhang zwischen technologischem Scheitern und der Verbreitung der **Sklaverei**. Diese habe die Notwendigkeit verringert, die Arbeitsbedingungen zu verbessern, weil die intensive Ausbeutung der sklavischen Handarbeit einfacher und günstiger war. Schließlich waren die Sklaven die am weitesten verbreitete und preiswerteste Energiequelle. Diese These, wenngleich sie Anlass zu mancher Kritik gibt (weil die Sklaven, deren Lebenserwartung in den Minen fünf Jahre nicht überschritt, stets eine knappe Ressource blieben), wird durch die Feststellung bekräftigt, dass in den Bereichen, in denen Sklavenarbeit keine Lösung darstellte (z. B. bei der Verwaltung der Wasserreserven und in der Kriegskunst), technische Fortschritte bereits in der Antike errungen wurden.

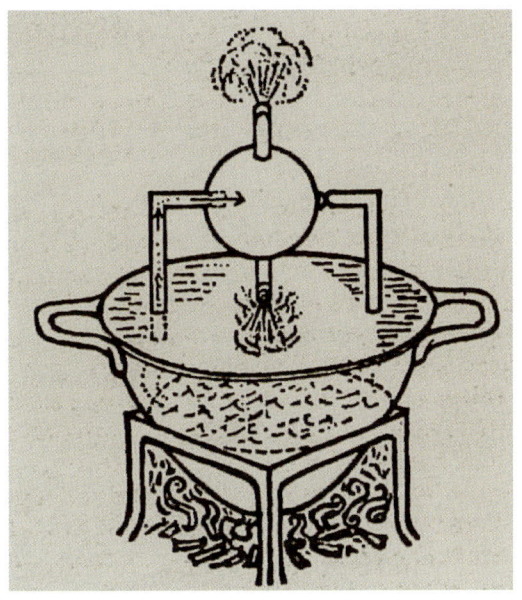

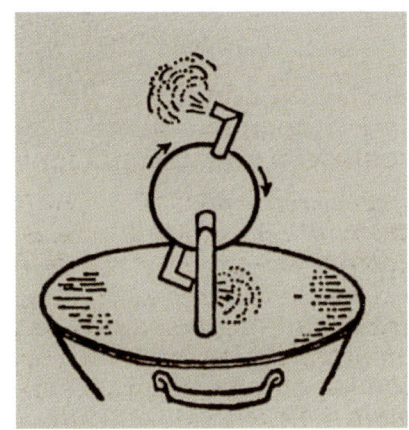

◄▲ Der **Heronsball** (Aeolipile) *bestand aus einer leeren Kugel, die von zwei angewinkelten, auf einem Heizkessel stehenden Stützen getragen wurde. Die Stützen waren hohl und fungierten als Entlüftung für den Kessel. Wenn das Feuer entzündet wurde, fing das Wasser im Kessel zu kochen an und der Dampf drang durch die hohlen Stützen in die Kugel ein, um sodann aus den Entlüftungen auszutreten. In diesem Augenblick begann sich die Kugel zu drehen.*

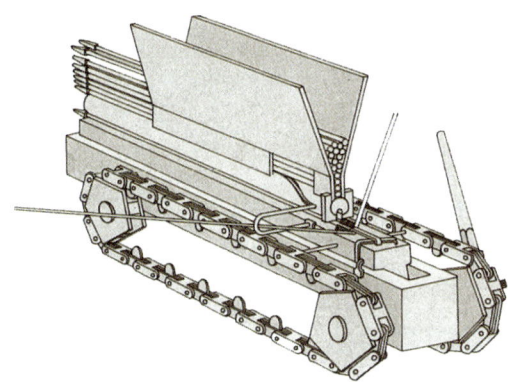

◄ *Die griechische Welt erzielte enorme Fortschritte im Bereich der Kriegführung. Die abgebildete **automatische Armbrust**, in den Arsenalen von Rhodos gebaut, war auf ein Kettenfahrzeug montiert und hatte größere Zerstörungskraft als die ersten Feuerwaffen.*

▶ *Bei den produktiven Tätigkeiten, in denen der Einsatz von Sklaven kein entscheidender Faktor war, verbuchte man wichtige technische Innovationen. Die Verwaltung der Wasserressourcen (ein dringliches Problem auf den trockenen griechischen Inseln) wurde durch die **Archimedische Schraube** erleichtert, die es erlaubte, mit wenig Mühe den Spiegel eines Wasserbeckens anzuheben.*

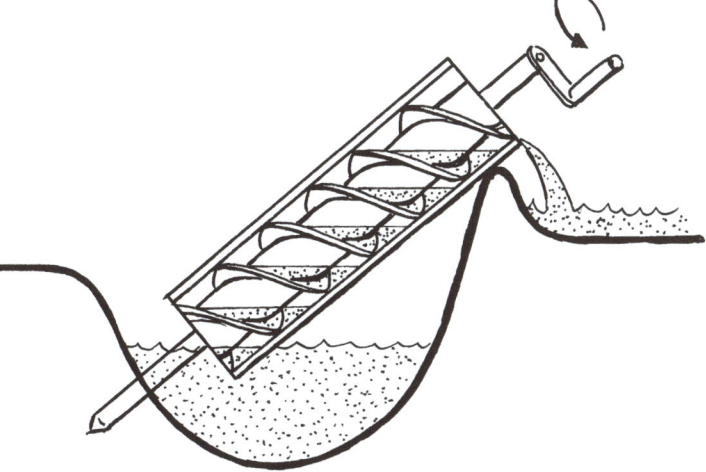

Neuplatonismus

Plotin

Siehe auch: *Transzendenz, Angelologie*

Der Neuplatonismus war eine philosophische Bewegung, die im 3. Jh. n. Chr. von **Ammonios Sakkas** im ägyptischen Alexandria begründet wurde und in den Metropolen des römischen Kaiserreichs bis zum 6. Jh. (bis zur Schließung der Akademie in Athen durch Justinian im Jahr 529) in Blüte stand.

Die wichtigste neuplatonische Schule wurde in Rom von **Plotin** (205 – 270 n. Chr.) gegründet. Mit seinem Schüler Porphyrios, später Iamblichos (lebte von 245 bis 325 in Syrien) und Proklos (in Athen von 410 bis 485) verlor der Neuplatonismus allerdings seine Originalität, weil er Gedanken aus dem Pythagoreismus, der Stoa, dem Aristotelismus, aus dem jüdischen Glauben und den östlichen Religionen aufnahm. Aus der Vermischung derartig disparater Ansätze, typisch für eine kosmopolitische und dem Orient zuneigende Zeit wie der des späten Kaiserreichs, entstanden die **Gnosis** (→), die hermetische Literatur (→ **Hermetismus**), die Astrologie und die **Magie** (→), orientalische Geistesströmungen und entsprechende Praktiken, die der griechischen Welt vorher größtenteils unbekannt waren. Als Charismatiker oder **Theurgen** (→ **Charisma** und → **Theurgie**) wurden die letzten neuplatonischen Philosophen bezeichnet, bei denen sich die philosophische Praxis mit der Weisheit des Magiers und des Priesters mischte.

Das, was die Neuplatoniker und besonders Plotin charakterisiert, ist eine erneute freie Lektüre von **Platon** unter religiösem Blickpunkt. Die christlichen Thesen, die sie ebenfalls gut kannten, erschienen ihnen inakzeptabel und philosophisch unausgereift: Insbesondere die für das Christentum zentrale Vorstellung, dass Gott ein mit eigenem Willen ausgestattetes Wesen sei, hielten sie für eine Form banalen theologischen **Anthropomorphismus** (→) (Vorstellung von Gottheiten nach dem Vorbild idealisierter Menschen).

Nach Auffassung der Neuplatoniker setzt ein philosophisch annehmbarer Begriff von Göttlichkeit dessen absolute **Transzendenz** voraus: Gott ist das unaussprechliche, unerreichbare, unausdrückbare Wesen. Um zu erklären, wie die Welt aus einem derartigen Gott entstehen könne, erarbeitete Plotin, in Auseinandersetzung mit der christlichen Vorstellung der „Schöpfung", den Begriff der **Emanation** (→), ein Prozess der ungewollten, automatischen und von niemandem verantworteten Erschaffung.

Die Begriffe „Emanation" und „Hypostase" (→) erwiesen sich, zusammen mit der Theorie von einer möglichen Rückkehr zu Gott über verschiedene Stufen der Reinigung bis hin zur **Ekstase** (→), in der Philosophiegeschichte als außerordentlich fruchtbar – weit über die Grenzen der neuplatonischen Schule hinaus.

Es gibt drei Perioden, in denen die neuplatonischen Lehren besonders großen Einfluss auf das europäische Denken ausgeübt haben:

• Im Mittelalter beeinflussten sie stark den christlichen **Mystizismus** (→), sodass man die **Negative Theologie** (→) des Dionysius als eine Mischung aus Neuplatonismus und Christentum betrachten kann.
• In der Renaissance regten sie die Humanisten (Cusanus, Ficino, Pico) dazu an, die Werke Platons in der mystischen Interpretation von Plotin zu lesen. Einige der Grundbegriffe der kulturellen Wiedergeburt des 16. Jh.s (→ **Archetypus** und → **Mathesis**) sind neuplatonischer Herkunft.
• In der modernen Philosophie greift **Hegels System** der Dialektik (→ **Hegels Dialektik**) (These, Antithese, Synthese) bewusst das triadische Schema von Plotin auf (Beharren, Emanation, Zurückkehren).

▲ ▲ ▲ *Drei Philosophen unbekannter Identität aus der Kaiserzeit. Die Wende des spätantiken Denkens in Richtung Religion führte zu einer deutlichen Veränderung der Bildes vom Philosophen. Der Beseelte, der „Göttliche", wurde stets mit breiter Stirn, nach oben gewandtem Kopf und vor allem mit zum Himmel gerichteten Blick, nicht mehr dem Gesprächspartner zugewandt, dargestellt. In der Abbildung oben (Ostia, 395 n.Chr.) ist der charismatische Philosoph mit den emphatisch geöffneten und leuchtenden Augen von einem **Nimbus** umgeben (einer Lichtaureole um den Kopf, ein Symbol, das später im Christentum üblich wurde). Damit wurden die Geisteskraft und der inspirierte Charakter des „göttlichen Philosophen" ausgedrückt.*

► *Der auf einen Sarkophagdeckel gemalte „Taucher" von Paestum ist ein besonders ausdrucksvolles Bild spätantiker Geistigkeit. Es erhebt keinen Anspruch auf naturalistische Objektivität. In einem leeren und unrealistischen Raum erscheinen derart abstrakte und feine Formen, dass sie einen deutlich symbolischen Wert annehmen: Das Meer (geradezu reliefartig gezeichnet), in das der Taucher sich wirft, stellt den Tod dar, oder, wenn man so will, das Leben, das Schicksal.*

Hypostase

Plotin, Neuplatonismus
Siehe auch: *Emanation, Archetypus*

In der Philosophie des **Neuplatonismus** bezeichnet der Begriff „Hypostase" die drei Stufen des Seienden, die aus Gott durch den Prozess der **Emanation** ausströmen.

• Die erste Hypostase, an höchster Spitze, ist Gott selbst: Plotin überwindet den traditionellen Polytheismus der griechisch-römischen Religion und betont mit Nachdruck die Einzigartigkeit Gottes („das Eine" ist sein einzig mögliches Synonym), womit er den christlichen **Monotheismus** akzeptiert. Gott stellt die Einheit dar, von der alles kommt: Wie das von einer Quelle ausgehende Licht abnimmt, so gehen aus dem Einen verschiedene **Stufen des Seienden** hervor, die immer weiter vom Mittelpunkt entfernt sind und deshalb ontologisch zur Unvollkommenheit hin abfallen.

• Von dem Einen Gott strahlt die zweite Emanation aus: Der **Geist** („Intellekt", „Intelligenz"), ein Begriff, den die plotinische Schule auf unterschiedliche Weise definierte, wobei sie ihn entweder als „Gedanken" oder **Weltseele** (→) verstand, oder als eine Form der Intelligenz in reinem Zustand, eine Art platonische Ideenwelt (→ **Platonische Idee**), in der alle Begriffe vor ihrer (eventuellen) Entdeckung durch den Menschen existieren. Auf dieser Seinsstufe liegt das ganze menschliche Wissen und alles, was man wissen kann, jede mögliche Wahrheit, eingeschlossen die, die vom Menschen in einer entfernten Zukunft erlangt werden wird. Hier befinden sich alle Gottesvorstellungen, die von allen Weltreligionen ausgearbeitet wurden. Plotin hoffte auf die Entstehung eines **vereinten Olymp**, in dem alle von allen Religionen erfundenen Formen des Göttlichen repräsentiert wären: Der griechische Zeus kann mit dem altägyptischen Osiris und den orientalischen Göttern von monströsem Aussehen zusammenleben, weil sie allesamt Darstellungen, Bezeichnungen des einzigen und unerkennbaren Gottes sind, ein menschlicher Versuch, das Unvorstellbare zu beschreiben.

• Die dritte Hypostase bezeichnet die Stufe der **Seele** (→), das Prinzip ewigen und geistigen Lebens, das in jedem menschlichen Individuum (nicht aber in Pflanzen und Tieren) präsent ist.

Plotin fasste seine Lehre in der Lichtmetapher (die später von Augustinus wieder aufgegriffen wurde) zusammen: Gott, die erste Hypostase, lässt sich als eine Quelle immerwährenden und unerschöpflichen Lichts darstellen, die zweite als die Helligkeit, die davon ausströmt, und die dritte als die Zone des Halbschattens, der das Lichtbündel von der Finsternis trennt. Die menschliche Seele offenbart nämlich zwei Tendenzen: Die eine wendet sich nach oben, dem Licht, der Kontemplation des Geistes und des Einen zu, die andere wendet sich nach unten, zum Körper und der Welt der Materie.

Mit der Seele endet die Abstufung des Seins: Die durch die Finsternis repräsentierte Welt der Materie ist das Nichtseiende (so wie die Finsternis die Abwesenheit von Licht ist). Die Materie, die das Böse und die Unvollkommenheit enthält, hat keine eigene Existenz, sie ist, wie die Dunkelheit im Vergleich zum Licht, ein Zustand des Mangels. Plotin entwickelt hier eine Vorstellung, die von allen Richtungen des philosophischen Idealismus wiederholt werden wird: Die Empfindungen, die Phänomene, die Materie existieren nur in der Seele, die sie erzeugt. Der Mensch steht demnach zwischen Sein und Nichtsein: Auch wenn seine Körperlichkeit vollkommen der illusorischen Welt der Dinge angehört, kann seine Seele, wenn sie es inständig möchte, von der Materie absehen und einen Prozess der Rückkehr zu Gott beginnen.

▲ Zwischen der heidnischen und der christlichen Vergeistigung stellte die neuplatonische ein Verbindungsglied dar. In der Darstellung des Jenseits auf diesem Grabmal einer heidnischen Frau gibt es einen guten Engel (links), der die Seele der Frau durch eine Pforte des Gerichts ins Paradies führt. In diesen elysischen Gefilden genießen die Gerechten sehr heidnische Freuden: Man isst in Gesellschaft, spielt im Gras, und die große Kanne rechts spielt auf einen Überfluss an Wein an.

▲ Plotins Lichtmetapher. Gott, das Eine, ist eine Quelle immerwährenden und unerschöpflichen Lichts (wie die Sonne). Intelligenz und Seele sind die zwei Hypostasen, die daraus hervorgehen. Im Menschen existiert also das Negative der Materie und, dank der Seele, die Möglichkeit einer Rückkehr zu Gott (→ Mystik) nebeneinander.

◄ Christus und Brahma in einer populären hinduistischen Abbildung. Plotin träumte von einem vereinten Olymp, in dem die Götter aller Religionen auf dieselbe Ebene gestellt würden.

Emanation

Plotin, Neuplatonismus

Siehe auch: *Hypostase, Transzendenz*

In bewusstem Gegensatz zum Christentum behauptete Plotin (205–270 n. Chr.), dass eine vollkommene Vorstellung der Göttlichkeit ihre absolute Transzendenz voraussetze, oder besser gesagt, eine völlige Verschiedenheit und Unvereinbarkeit mit unserer Realität. Nichts kann von Gott gesagt werden, als dass er das Eine und Gute ist, und jedes weitere Attribut ist das Ergebnis eines unangebrachten **Anthropomorphismus** (→).

In den *Enneaden*, der Sammlung seiner Abhandlungen, kritisierte Plotin insbesondere die christliche Vorstellung von der **Schöpfung** (→) der Welt durch Gott. Er wollte sie durch die Emanation ersetzen: einen Prozess, der keinen Willensakt darstellt, sondern zugleich spontan wie notwendig ist und durch den die Welt „infolge der Überfülle von Gott ausströmt", ohne sein *direktes* Eingreifen.

Die von dem Einen ausgehende Erzeugung des Universums kann nicht ein von der Vernunft oder der Liebe eingegebener „Plan" sein, denn das sind menschliche Empfindungen, die nicht mit Gott vereinbar sind. Außerdem kann Gott die Welt nicht gewollt haben, sonst wäre er für ihre Unvollkommenheit (das Böse, den Schmerz) verantwortlich; Gott kann die Welt letztlich nicht einmal denken, weil er sich jenseits allen Willens und Denkens befindet. Um den Prozess der Emanation zu erklären, bemühte Plotin eine Reihe berühmter Metaphern: Die niedrigeren Stufen des Seins (Hypostasen) strömen von Gott aus, wie das Licht von der Sonne ausstrahlt (ohne dass sich diese in irgendeiner Weise verringern würde), wie sich der Duft einer Rose ausbreitet oder Wasser aus einem Gefäß fließt, wie sich die Wellen in einem Teich ausbreiten, in den ein Stein geworfen wurde. Dieser Prozess unwillentlicher Erzeugung des Seins, der sich von Hypostase auf Hypostase überträgt, wird von Plotin als Verbindung von drei verschiedenen Momenten nach einem Kreisschema beschrieben.

• Die **Beharrung** deutet auf die Unwandelbarkeit des Einen hin, der sich ewig gleich bleibt.
• Das **Hervorgehen** ist der Moment, bei dem die Wesen aus dem Prinzip *herausaustreten*, ohne es in irgendeiner Weise zu verringern.
• Das **Zurückstreben** ist der Moment der Rückkehr, die Phase, in der jedes Wesen, nachdem es die eigene Existenz bestätigt hat, danach strebt, zur ursprünglichen Quelle zurückzukehren.

Dieses Schema, das als dialektisches Verfahren bekannt ist und das nicht als eine chronologische Abfolge, sondern als logische Koexistenz der drei Momente zu verstehen ist, wird von Philosophen in verschiedenen Kontexten aufgegriffen werden (→ **Hegels System** und → **Hegels Dialektik**).

Von besonderer Bedeutung für den menschlichen Zustand ist der dritte dieser metaphysischen Räume, das Zurückstreben. Hier drückt sich nämlich die Tendenz der Seele aus, die Körperlichkeit, das Nichtsein in der Materie, in dem sie sich befindet, zu verlassen, um zur vollkommenen Vergeistigung der höheren Hypostasen zurückzukehren. Plotin umreißt erstmals den Prozess der **Askese** (→ **Mystik**). Er behauptet nämlich, dass das Zurückstreben, d. h. die Notwendigkeit und das Bedürfnis der Seele, sich innig mit Gott zu vereinen, ein Überwinden der rationalen Dimension voraussetzt. Der Sprung auf eine höhere Ebene der Transzendenz verwirklicht sich durch eine völlige Verwandlung des Individuums, weil das, was die Seele zur **Ekstase** (→) treibt, die Liebe Gottes ist, ein Verlangen, das die Grenzen der Vernunft überschreitet.

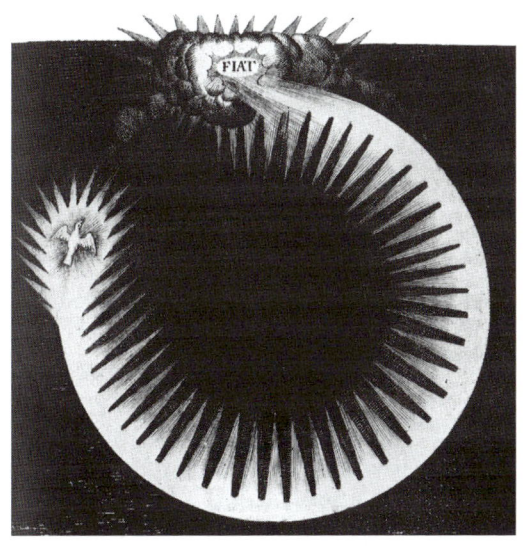

◄ *„Der göttliche Geist umschreibt mit dem Licht die Grenzen des Seins", aus* Utriusque cosmi historia *(1617) des englischen Philosophen und Magiers Robert Fludd. Das triadische dialektische Verfahren wird als ein Kreislauf beschrieben, bei dem ein Punkt zunächst in sich (Beharren), dann außer sich ist (Hervorgehen), und schließlich, nachdem er einen ganzen Kreis vollendet hat, zu sich, also zum Ausgangspunkt, zurückkehrt (Zurückstreben).*

◄ *In dieser Miniatur aus dem 12. Jh. wird die Vorstellung der Göttlichkeit Christi durch Symbole ausgedrückt, die direkt auf die neuplatonische Tradition zurückgehen. Gott ist ins Zentrum eines Systems konzentrischer Kreise gestellt, die Plotins Metapher des Teiches aufgreifen. (Abb. der Hildegard von Bingen aus dem* Rupertsberger Codex, *12. Jh.)*

Gnosis

Paganismus / Christentum
Siehe auch: *Neuplatonismus, Theurgie*

Die Gnosis („Erkenntnis", „Einsicht") war eine im römischen Kaiserreich vom 2. bis zum 4. Jh. n. Chr. verbreitete philosophische Richtung (keine organisierte Schule), die durch Synkretismus (eine Mischung verschiedener Theorien, ohne dass das Ganze sich zu einer neuen Synthese verbindet) gekennzeichnet war.

Es ist einfach, in den gnostischen Lehren Elemente zu erkennen, die aus dem Mythos, dem Christentum, dem Neuplatonismus, dem jüdischen Glauben und dem Orient stammen. Was derart verschiedene Eindrücke in gewisser Weise verband, war der Nachdruck, der auf das Wissen gelegt wurde. Die Gnostiker, beeinflusst von Plotins Theorie der **Emanation** (→), begriffen sie als Erleuchtung, als eine wenigen Auserwählten vorbehaltene, Erkenntnis stiftende **Ekstase** (→), durch die es möglich sei, eine unmittelbare Ahnung des Göttlichen und der wirklichen Realität der Welt zu erlangen.

Vom **Manichäismus** (→), orientalischen (persischen) Ursprungs, rührt der starke Dualismus her, der die gnostischen Thesen kennzeichnete: Die Welt wird als Ergebnis des Kampfes zwischen zwei gleichwertigen Prinzipien, dem Guten und dem Bösen, betrachtet, die in immerwährendem und ungelöstem Streit miteinander stehen. Daraus folgten eine hohe ethische Anspannung, eine dramatische Vorstellung vom Leben und eine heroische Auffassung von wahrhaft religiösem Verhalten. Weil sich in jedem Individuum ein Kampf ohne Möglichkeit des Kompromisses zwischen dem Bösen (Körper, Alltagsleben) und dem Guten (Geist) ereignet, predigte die Gnosis sehr asketische Verhaltensweisen. Auf der anderen Seite führte dieser rigorose ethische Dualismus, der jede Form des Kompromisses ausschloss, zu einer Abwertung der gängigen Moral und der anerkannten Normen, die im Vergleich zur Gnosis als minderwertig angesehen wurden, und gipfelte darin, exzentrische oder gesell-schaftlich anstößige Verhaltensweisen wie sexuelle Exzesse zu rechtfertigen (→ **Magie und Theurgie**). Zu diesen Tendenzen heidnischen Ursprungs gesellten sich die Einflüsse eines im Sinne Plotins interpretierten Christentums. Die Gnostiker sahen in der Menschwerdung Jesu nur ein Symbol des Prozesses der Emanation: Gott hat die Welt nicht erschaffen und ist nicht der Vater von Jesus, sondern ein abstraktes und vollkommenes Sein. Von ihm fließen *(emanatio)*, ohne Eingreifen seines Willens, nacheinander Äonen (von griech. *aiones:* „Zeiten", „Ewigkeiten") aus, d. h. nach unten abgestufte Zeitabschnitte von immer geringerer Realität (in der säkularen Geschichte werden die Äonen zu „Zeitaltern"). Einigen Gnostikern zufolge gibt es dreißig solcher Äonen, und die Menschwerdung Jesu ist nichts anderes als das Symbol für die Ankunft des letzten Äons, mit dem (dank der Gnosis) die Ära des Heils beginnt.

Ein mit der Geisteshaltung der ersten Christen gemeinsames Element war die **eschatologische Tendenz** (→ **Eschatologie**). Auch die Gnostiker sahen in der Inkarnation Jesu die Ankündigung eines bevorstehenden Endes der Zeiten. Aber die Folgerungen, die sie aus der sich daraus ergebenden zeitlichen Dringlichkeit zogen, waren doch ganz andere als die der Christen: Angesichts dessen, dass die Welt im Begriff sei, zu Ende zu gehen, sei es sinnlos, irgendetwas aufzubauen; der einzige Weg zum Heil bestehe im Eindringen in das Mysterium Gottes, in der mit allen Mitteln zu erwerbenden Erkenntnis der wahren (und noch nicht geklärten) Bedeutung der Menschwerdung Christi.

◄◄◄◄ *Man unterscheidet zwischen einer gelehrten Gnosis, die vorwiegend im ägyptischen Alexandria entwickelt wurde, und einer volkstümlichen Gnosis, die in zahlreiche, im ganzen Kaiserreich verteilte Sekten zersplittert war und bei der die magischen, symbolischen und astrologischen Elemente überwogen. Die gewöhnliche Gnosis verehrte den* Anguipes *(wörtlich: „Schlangenfüßler"), ein göttliches Ungeheuer, das dualistisch aus der Gegenüberstellung zweier verschiedener und gegensätzlicher Tiere gebildet war: im oberen Teil aus Hahn oder Löwe als Sonnensymbole, im unteren aus der Schlange, dem nächtlichen Tier. Der Dualismus zwischen Gut und Böse mit der daraus folgenden heroischen Hingabe, die von den Anhängern verlangt wurde, wurde durch das kriegerische Aussehen des Anguipes, eines mit Lanze und Peitsche bewaffneten Gottes, ausgedrückt. Der Einfluss des Judentums wird im hebräischen Namen für Gott, Jahwe, sichtbar, der beigefügt ist.*

▼ *In den Sekten der Ophiten oder „Schlangenbrüder" wurde der Schlangenkult praktiziert. So erklären sich Amulette wie das hier abgebildete, auf denen die dualistische Idee durch die Gegenüberstellung biologischer Formen ausgedrückt wird, die aus Sicht eines Naturwissenschaftlers nicht zusammenpassen.*

Charisma

Trotz der heftigen Polemik der Christen gegen die letzten Widerstände des Heidentums gab es bemerkenswerte Berührungspunkte zwischen diesen beiden Denkrichtungen. Das musste auch so sein, da beide aus dem gleichen, allgemein geteilten Bedürfnis nach Spiritualität und Religiosität entstanden waren.

Ein Brückenbegriff zwischen den beiden Welten war der des Charisma (eigentlich „göttliche Gnadengabe"). Der christlichen Theologie zufolge waren „charismatisch" zunächst die drei besonderen Gaben, die den Aposteln vom Heiligen Geist verliehen wurden, um ihr Missionierungswerk besser erfüllen zu können: Die Prophetie, die Kraft, Wunder zu bewirken, und die Glossolalie (die Fähigkeit, unbekannte Sprachen zu sprechen). Später begann man jene Kraft als charismatisch zu bezeichnen, die aus der Erkenntnis erwächst und die sich in der Fähigkeit ausdrückt, in außergewöhnlicher Weise die Natur zu beherrschen.

Diese Gleichstellung von Wahrheitsbesitz und Machterwerb gab es bereits in der Endphase der heidnischen Kultur, die die Philosophie zunehmend als Vertiefung in das Mystische verstand und damit zum ersten Mal in der Geschichte des Abendlandes der Gnosis, der Meditation, der **Magie** (→), den orakelhaften Praktiken (→ **Orakel**) und der **Theurgie** Raum gab.

In den heidnischen Schulen galt eine klare Unterscheidung zwischen den traditionellen Gelehrten, denen der Titel des „Philosophen" im etymologischen Sinne (d. h. des die Weisheit Suchenden) zukam, und den „Heroen", den **göttlichen Philosophen**, der begrenzten Schar von Meistern, die nicht mehr suchen, weil sie in mystischer und religiöser Erfahrung bereits die letzten Geheimnisse der Weisheit gefunden hatten.

Diese Tendenzen verstärkten sich im Neuplatonismus des späten Kaiserreichs. Neben immer spärlicherem spekulativen Schaffen behauptete sich in Opposition zum hebräisch-christlichen Monotheismus eine apologetische Literatur der antiken polytheistischen Religionen. Die Magie begann als legitimer Teil der Philosophie angesehen zu werden. Diese Tendenz ist schon bei Proklos (410–485 n. Chr.), dem letzten eigenständigen Autor der heidnischen Antike, sichtbar und dominiert bei Porphyrios und Iamblichos, mit denen die Antike abschließt (offizielles Datum für das Ende der antiken Philosophie ist das Jahr 529, in dem Kaiser Justinian den nichtchristlichen Philosophen untersagte, irgendein öffentliches Amt zu übernehmen und folglich auch zu unterrichten und Schulen zu eröffnen). Bei diesen letzten Autoren wandelt sich Plotins komplexer Diskurs bezüglich des Begriffs der **Hypostase** (→) in einen Versuch, den Polytheismus und die Magie rational zu beweisen (mit einer deutlichen Abgrenzung gegenüber den monotheistischen Positionen Plotins).

Diese Entwicklung der antiken Philosophie in religiösem Sinn veränderte die Figur des Philosophen, der zum Bewahrer eines okkulten Wissens wurde und dadurch mehr der Figur des Priesters und des Magiers ähnelte. Das lässt sich an seiner bildlichen Darstellung deutlich ablesen: Das Stirnband und der Kranz im Haar, in der griechischen Welt das Zeichen für die Zugehörigkeit zum Priesterstand, wurden zu einem üblichen Attribut auf Porträts charismatischer Philosophen. Es ist bezeichnend, dass die Künstler des späten Kaiserreichs dazu neigten, bei der Darstellung des Philosophen dieselben Merkmale zu betonen, die man später den Darstellungen Christi zuwies.

◄ *Bei dieser Statue eines unbekannten heidnischen Philosophen aus der Zeit um 400 n. Chr. wird dessen charismatische Kraft durch einen dichten und schulterlangen Haarwuchs ausgedrückt (er sollte später typisch für die Darstellungen Christi werden). Eine lange symbolische Tradition (die auf den Mythos von Samson zurückgeht) vermutete in den Haaren den Sitz der Stärke. Im Unterschied zu den Haaren der Kyniker, biblischen Propheten und christlichen Asketen sind die Haare der Theurgen akkurat und zweckmäßig gekämmt. Dass sie eine symbolische Bedeutung hatten, geht daraus hervor, dass auf vielen Porträts solche Mähnen auch sehr alten Personen gegeben wurden, die in Wirklichkeit wahrscheinlich kahlköpfig waren.*

◄▲ *Die Abbildung oben stammt aus dem 19. Jh. Sie versucht die Ausübung der antiken heidnischen **Theurgie** (→) zu beschreiben, dieser magischen, aus dem Polytheismus kommenden Kunst, Statuen zum Leben zu erwecken. – Die linke Abbildung, dieser sehr ähnlich, zeigt eine christliche Darstellung der Auferweckung des Lazarus durch Jesus. Unter den vielen Ähnlichkeiten beachte man den Gebrauch des Stocks (von diesen theurgisch-christlichen Praktiken leitet sich der Stab der heutigen Zauberkünstler ab).*

◄ *Unterricht bei einem Charismatiker (Ostia, Ende des 2. Jh.s n. Chr.). Der Philosoph macht feierliche Gesten, und sein Blick ist nach oben gerichtet, zur göttlichen Welt, aus der er seine **Inspiration** (→) empfängt. Sein Antlitz zeigt weder Konzentration noch intellektuelle Anstrengung, sondern ist von der Wahrheit erleuchtet; seine Überlegenheit gegenüber den gewöhnlichen Sterblichen ist durch ein Podest ausgedrückt, das ihn auf eine höhere Ebene stellt. Die Erregung der Zuhörer spielt auf ihren **Enthusiasmus** (→) an, während die beiden Schreiber nicht ein einziges der wertvollen Worte des Meisters verpassen wollen.*

Theurgie

Gnosis, Neuplatonismus
Siehe auch: *Wundermaschinen*

Die Theurgie (wörtlich: „Erschaffung von Göttern")
ist die zwischen **Magie** (→) und **Mystik** (→) stehende Praxis, Götterstatuen mittels entsprechender
mysteriöser Riten zu beleben. Entstanden während
der Kaiserzeit im Umfeld der Gnosis, wurde sie von
charismatischen Philosophen (→ **Charisma**) ausgeübt, deren berühmtester Julianus der Chaldäer war
(„der Theurg" genannt). Er lebte im 2. Jh. n. Chr. und
soll die *Chaldäischen Orakel* verfasst haben, einen
Text, der in der Renaissance wiederentdeckt wurde
und den **Hermetismus** (→) des 16. Jh.s sehr beeinflusste. Wir wissen nicht, wie diese okkulte Wissenschaft vorging, aber es ist nicht ausgeschlossen, dass
sie auch auf Spezialeffekte der neuesten technischen
Entdeckungen im Museum von Alexandria zurückgriff, dank denen sie Automaten einsetzen und
mittels eines raffinierten Arrangements von Spiegeln
Erscheinungen vortäuschen konnte.

Eine philosophische Beweisführung zur Verteidigung
der Theurgie wurde von dem Neuplatoniker Porphyrios ausgearbeitet. Selbst wenn die Heiden, schrieb
er in seinem Text *Gegen die Christen*, „je so einfältig
gewesen sein sollten, dass sie meinten, die Götter
wohnten in den Götterbildern, so wäre ihre Auffassung doch eine reinere als die von Menschen, die da
glauben, das Göttliche sei in den Leib der Jungfrau
Maria gekommen, zu einem Fötus geworden, sei
geboren und in Windeln gewickelt worden, ganz
beschmutzt von Blut, von Hautresten und Galle und
noch viel Ärgerem."

Philosophisch gestützt wurde die Theurgie durch
das Einsickern verschiedener orientalischer Kulte
nach Rom und die Verbreitung des **Neuplatonismus**
(→), der die heilige Funktion des Bildes als **Archetypus** (→) (Urbild) der Gottheit betonte. Das kann
nur verstanden werden, wenn man sich die antike
Haltung gegenüber den Statuen klarmacht: In einer
Bilder verehrenden Religion ist der Götze kein

Symbol (→), er verweist also nicht auf eine andere,
eigentlich gemeinte Realität, sondern ist selbst der
Sitz der Heiligkeit und der ihr entspringenden Kraft.

In der griechischen Welt waren alle heiligen Skulp-
turen ohne irgendeine Ausnahme in schreienden
und stark naturalistischen Farben bemalt (wie üb-
rigens auch der gesamte Bau und die Basreliefs der
Tempel): rosa Haut, rote Lippen, schwarzes Haar,
gefärbte oder vergoldete Kleider, dazu kam eine
Fülle an Accessoires: Kränze, Lorbeerblätter, echte
Gewänder usw. Aller Wahrscheinlichkeit nach war
die Wirkung tatsächlich sehr aufregend und konnte
durchaus jene besondere Stimmung hervorrufen, die
noch heute Millionen von Menschen in Wachsfigu-
renkabinette lockt. Man versuchte, jede Einzelheit
der menschlichen Erscheinung genau nachzuahmen.
In die Augen wurden glänzende Steine eingefügt,
um die Eindringlichkeit des Blicks zu reproduzieren.
Die Skulptur wurde täglich einer ganz menschlichen
Toilette unterzogen: Sie wurde gewaschen, besprengt,
eingesalbt, erneut in Gewänder gekleidet, mit Girlan-
den geschmückt, bekränzt und zur warmen Jahreszeit
mit Wasser erfrischt. Nachdem man sie mit Nahrung
versorgt hatte, erfreute man sie mit Darbietungen,
Spektakeln, Tänzen; regelmäßig gab man ihr die
Möglichkeit, sich zu bewegen, indem man sie auf
Prozessionen führte.

Es bestand also ein intensives und sehr enges, beinahe körperliches Verhältnis zum Götterbild. Einige
archaische Riten sahen sogar vor, zu bestimmten
Gelegenheiten rituelle Geißelungen der Statuen vorzunehmen.

▶ *Statue des Asklepios, die in Epi-*
dauros wiederentdeckt wurde und in
römischer Zeit entstand. Sehr schwer
ist bei der in Epidauros praktizier-
ten Schlaftherapie (Inkubation)
zu erklären, warum der Gott, wie
es aus den in den Tempelarchiven
aufbewahrten Beschreibungen der
Träume hervorgeht, den Gläubigen
(in Begleitung seiner Schlange) stets
mit den Zügen der hier abgebildeten
Statue erscheint – als alter Mann
in aristokratischer Haltung, mit
wohlwollendem und sympathischem
Ausdruck.

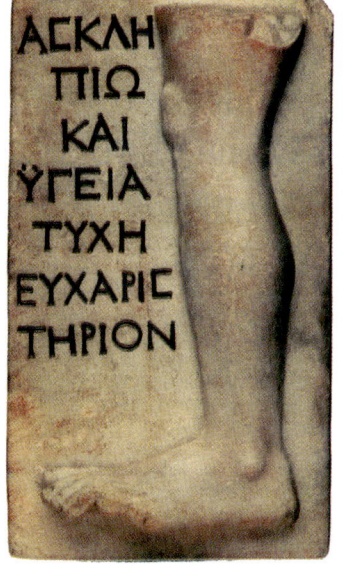

◀ Ex voto, *hinterlassen von einem*
Patienten, der von Asklepios, dem
griechischen Gott der Medizin,
geheilt wurde. Es stellt den geheilten
Teil des Körpers dar.

◀ *Der Inkubationsritus wurde in*
Epidauros im Tempel des Gottes
vollzogen, von dem man glaubte, er
könne auch unheilbar Kranke ret-
ten. Wie es die in die Tempelmauern
als Ex voto eingefügten Basreliefs
bezeugen, erschien Asklepios den
Kranken oft im Traum, um ihnen
geeignete Therapievorschläge zu
machen, sofern er nicht (wenn auch
sehr viel seltener) auf der Stelle eine
Wunderheilung vornahm.

Manichäismus

Theologischer Dualismus
Siehe auch: *Anthropologischer Pessimismus*

Die **Existenz des Bösen** ist das Grundproblem jeder Religion, insbesondere aller monotheistischen. Der Heilige Augustinus formuliert mit äußerster Deutlichkeit: *Si deus est, unde malum?* („Wenn Gott existiert, woher kommt das Böse?"). Wenn Gott das Böse beseitigen möchte, es aber nicht kann, ist er ein ohnmächtiger Gott; wenn er es kann, aber nicht möchte, ist er ein böser Gott, der Spaß daran hat, seine Geschöpfe zu quälen. Ob man das Böse als ein absolutes, dem Guten entgegengesetztes Prinzip versteht (metaphysisches Böses) oder als Sünde (moralisches Böses) – das Problem bleibt: Wie ist es möglich, die Realität des Bösen in jeder ihrer Formen mit der Güte Gottes zu vereinbaren? Ist es vielleicht ein Beweis dafür, wie Epikur behauptete, dass Gott an der Welt desinteressiert ist? Oder muss man die Existenz zweier Prinzipien gleicher Macht annehmen, einen guten und positiven Gott, der einem niederträchtigen und negativen gegenübergestellt ist?

Letztere Lösung ist die häufigste in archaischen und polytheistischen Religionen. Im Hinduismus wird die Göttin Kali mit ihren haarsträubenden Zügen, die Göttin des kosmischen Bösen, dem Gott Shiva gegenübergestellt, wobei eine Polarität antagonistischer Kräfte entsteht, die aber für beide notwendig ist.

Zur Zeit des Heiligen Augustinus wurde eine Variante dieses theologischen Dualismus vom Manichäismus verfochten, einer Religion iranischen Ursprungs, die von dem persischen Prinz **Mani** (216 – 277 n. Chr.) gegründet wurde. Den Manichäern zufolge sind der Kosmos, die Natur und die menschliche Seele das Schlachtfeld zweier göttlicher Prinzipien, deren Wesen und Substanzen „verschieden und gegeneinander gerichtet sind, zugleich aber ewig und in sich schlüssig, in ständigem Kampf, aber miteinander verwoben". Dies sind die Worte Augustinus', der die manichäischen Theorien sehr gut kannte, weil auch er dieser Sekte im Alter von neunzehn Jahren angehangen hatte. Die manichäische Lösung des Problems des Bösen wies tatsächlich zwei bemerkenswerte Vorteile auf:

Der erste bestand darin, dass er eine vereinfachende, aber durchaus faszinierende Beschreibung lieferte: Der psychologische Kontrast zwischen Güte und Bosheit wurde zum Schlüssel für die Erklärung des gesamten Universums.

Der zweite Punkt bestand in der heroischen Suche nach der vollkommenen Heiligkeit, zu der die Gläubigen aufgerufen waren. Die Manichäer nämlich, so erkannte selbst Augustinus mit intellektueller Redlichkeit, „reinigten das Gute nicht nur mit einem reinen Leben, mit Keuschheit und dem Verzicht auf die Familie, sondern sie enthielten sich auch handwerklicher Arbeiten und befolgten eine besondere Ernährung". In der dualistischen Vorstellungswelt gab es keinen Platz für Unsicherheit, noch gab es irgendeinen Kompromiss zwischen Wahrheit und Irrtum, zwischen Tugend und Verdammnis. Weil sie den Geist dem Guten in Welt gleichsetzten und das Fleisch dem Bösen, folgerten die Manichäer, dass der Geist durch die Qualen des Fleisches geläutert werden müsse.

Die mittelalterliche Bewegung der **Katharer**, einer religiösen Sekte, die sich in Südfrankreich vom 11. bis zum 13. Jh. ausbreitete und die manichäische Botschaft wieder aufgriff, ging sogar so weit, dass sie die *Endura* praktizierte, einen Ritus, der den endgültigen Sieg des Geistes durch die grausamste und langsamste Auszehrung des Fleisches verwirklichte, nämlich durch den freiwilligen Hungertod.

▲ Der gesamte Kosmos (dargestellt durch halbkreis-förmige Himmel) wird diametral durch den Gegensatz von Weiß und Schwarz (Licht und Finsternis, Gut und Böse, Geist und Materie, Seele und Körper) geteilt ohne irgendeine Zwischenzone oder Kompromissmöglichkeit. Die manichäische Moral lebte diesen Gegensatz in dramatischer Weise. Sie hielt die Rettung nur durch ein rigoros asketisches Leben für möglich, das nach der Trennung von Körper (dem großen Unheil) und Seele strebte: Die manichäischen Auserwählten legten das Gelübde der Keuschheit ab, befolgten eine vegetarische Diät, die u. a. Verzicht auf alkoholische Getränke und Fasten bedeutete.

▲ Der theologische Dualismus ist typisch für die orientalischen Religionen und Philosophien, die die Existenz eines Prinzips des Bösen annahmen, welches dem Prinzip des Guten entgegengesetzt, aber gleichwertig ist. Im Hinduismus ist Kali die Gottheit des Bösen (siehe Abbildung), deren furchtbare Zerstörungskraft durch die vielen Arme symbolisiert wird.

◄ Obwohl Mani als seine Vorgänger Buddha im Orient und Christus im Abendland betrachtet, zeigt seine Lehre tiefgehende Bindungen zum Zoroastrismus, der antiken iranischen Religion, welche die Existenz zweier Götter vorsieht: Angra Manju, den Gott des Bösen, und Ahura Mazda, den Gott des Guten, der den Vorstellungen der **Gnosis** (→) zufolge als ein geflügelter Genius – halb Mensch, halb Tier – dargestellt wird.

Zyklische / Lineare Zeit

Christentum, Judentum
Siehe auch: *Ewige Wiederkehr, Eschatologie*

In den archaischen Kulturen und in der griechischen Welt war eine **zyklische Zeitauffassung** vorherrschend. Wahrscheinlich war es die Beobachtung der zeitlichen Regelmäßigkeit in der Bewegung der Gestirne und in der Beständigkeit der biologischen Rhythmen, die zu der Vorstellung führte, auch die Zeit in ihrer Gesamtheit habe eine ähnliche kreisförmige (zyklische) Struktur. Wie die Jahreszeiten sich stets gleich bleiben, so geschieht nichts, was nicht bereits andere Male geschehen ist; die Zukunft verewigt die Vergangenheit, und es gibt kein Ereignis, das nicht wiederkehren würde. Alles wiederholt sich gleichförmig und periodisch gemäß der alten Maxime: „Es gibt nichts Neues unter der Sonne."

Aus dieser Vorstellung ergeben sich zwei unmittelbare Konsequenzen:
• Die Geschichte wie wir sie heute verstehen, d. h. als einmalige und unumkehrbare Aufeinanderfolge von Geschehnisse, existiert nicht;
• Die periodische Wiederkehr bedeutet zugleich eine fundamentale **Rationalität aller Geschehnisse.**
• Wie es einen Grund gibt, weshalb auf den Sommer der Herbst folgt, so bestimmt eine innere Notwendigkeit alles, was geschieht. Dies ist eine Vorstellung, die zu leben hilft, denn es gibt, auch wenn der Tod für jedes Individuum schmerzhaft ist, zumindest den Trost seiner Nützlichkeit: Nur das Ende jedes Organismus erlaubt den Wechsel der Generationen und das unbegrenzte Fortdauern des biologischen Kreislaufs. Und mehr als das: Wie die Vegetation in jedem Frühling wiedergeboren wird, so ist es auch möglich, dass im Menschen etwas existiert, das dazu bestimmt ist, wieder aufzuleben. Der in Religionen, die auf **Mysterien** (→) beruhen, weitverbreitete Glaube an eine **Seelenwanderung**, d. h. an die zyklische Reinkarnation der Seele, geht aller Wahrscheinlichkeit nach auf uralte Frühlingskulte zurück, in denen das zyklische Erwachen der Natur gefeiert wurde.

Die **lineare Zeitauffassung**, die in der jüdischen Kultur entstand und von dieser auf das Christentum übergegangen ist, geht dagegen von der Überzeugung aus, dass es eine einzige Richtung der Zeit gibt, und damit einen ihr innewohnenden **Sinn**, der ihr bereits mit der Geburt der Welt mitgegeben wurde und der sich in der Geschichte offenbart. Ihr prägnantestes Symbol ist das **Kreuz**, dessen deutliche Ausrichtung nach oben die Vorstellung des Weges der Menschheit zum Heil ausdrückt.

Nach Ansicht des Heiligen Augustinus, des Theoretikers dieser neuen Vorstellung, besitzt die Zeit eine lineare und fortschreitende Struktur, hatte einen Anfang, weil sie zusammen mit der Welt geschaffen wurde, und wird mit dieser am Tag des Jüngsten Gerichts enden. Gott steht außerhalb davon; die Ewigkeit, die ihm zu eigen ist, besteht darin, dass er vor und nach der Zeit, über ihren Verlauf hinaus, existiert.

Die christliche Vorstellung von der Zeit trägt demnach den Begriff der **Geschichte** in sich, die in einer Folge von entscheidenden und unwiederholbaren Ereignissen besteht, von Zeitabschnitten, die das Voranschreiten der Epochen unwiderruflich gliedern. Sie legt damit den Gedanken des **Fortschritts** (→) nahe, einer Grundvorstellung der gesamten abendländischen Zivilisation – nicht nur im religiösen Bereich. Der Terminus „Fortschritt" kann nämlich mit unterschiedlichen Inhalten gefüllt werden. Für das Mittelalter war er das Seelenheil der Menschheit, das durch eine Rückkehr zu Gott verwirklicht werden kann; für den heutigen Menschen kann er auch die Realisierung eines weltlichen Ideals bedeuten (wissenschaftlicher, gesellschaftlicher Fortschritt).

◀ Die ihren eigenen Schwanz verschlingende Schlange namens Ouroboro, ein Bild der Zeit, die zu sich selbst zurückkehrt, ist ein regelmäßig wiederkehrendes Symbol in unterschiedlichsten Zivilisationen.

▼ Der Heilige Augustinus war der Erste, der die Zeit mit einem Pfeil verglich. In dieser Abbildung aus dem Liber figurarum des Joachim von Fiore (13. Jh.) entspricht jedem Rechteck eine Geschichtsepoche. Die zwei Seiten auf dem **Pfeil der Zeit** geben den von der Zeit in ihrem unerbittlichen und unwiederholbaren Voranschreiten erreichten Punkt an.

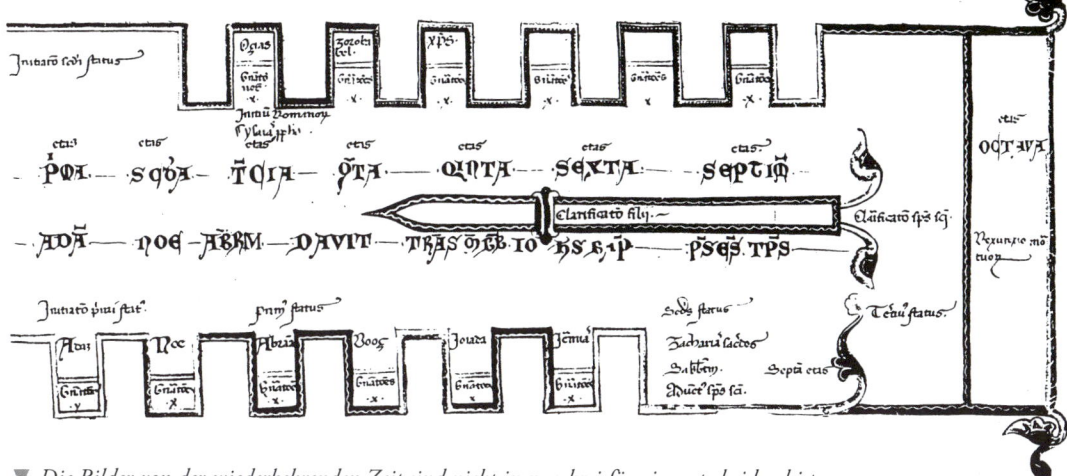

▼ Die Bilder von der wiederkehrenden Zeit sind nicht immer kreisförmig; entscheidend ist nur ihre **rhythmische Regelmäßigkeit**. Diese Abbildung orientalischen Ursprungs nutzt die Gewundenheit der Schlange, um die Rhythmik der Zeit auszudrücken.

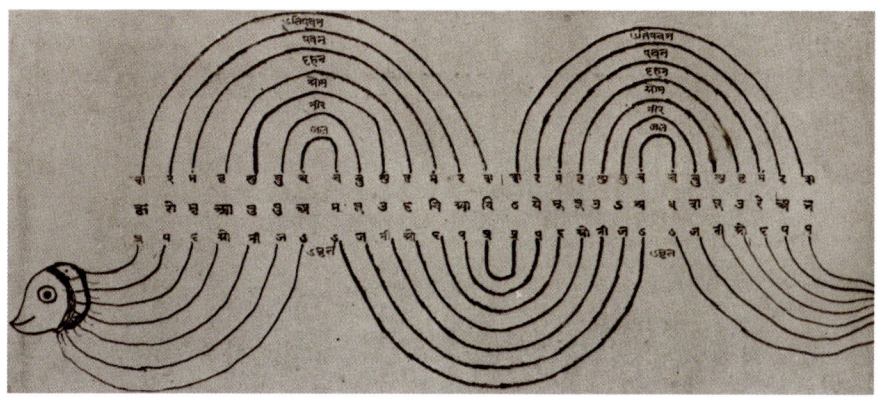

Eschatologie

Christliche Theologie

Siehe auch: *Zyklische / Lineare Zeit, Schöpfung, Fundamentalismus*

Die Eschatologie (von griech. *eschaton*: „das Letzte") ist die „Kunde von den **letzten Dingen**", d. h. die Vorhersage des Endschicksals des Menschen und der Welt.

Erste eschatologische Überlegungen entstanden im Umfeld der *Apokalypsen* (wörtlich: „Offenbarungen"). Diese Bezeichnung wurde als Titel für zahlreiche zwischen dem 2. Jh. v. Chr. und dem 2. Jh. n. Chr. unter dem Einfluss des jüdischen Glaubens verfasste Werke gebraucht, von denen einige in die apokryphen Schriften des *Alten Testaments* aufgenommen wurden. Alle zusammen bilden eine literarische Gattung, die durch eine Vielzahl von mysteriösen Symbolen und ausgesprochen eindrucksvollen Bildern sowie durch einen kaum zu entwirrenden und von Zahlenmystik noch erschwerten literarischen Stil charakterisiert ist. Der Inhalt besteht aus Offenbarungen über das Ende der Zeiten, d. h. Mitteilungen, die die Propheten zu ihrer Zeit nur innerhalb eines engen Kreises von Eingeweihten verbreitet haben sollen.

Die kanonische und neutestamentarische *Apokalypse* des Apostels Johannes, auch Verfasser des *vierten Evangeliums*, weicht kaum von dieser Tradition ab. Dieses kurze und seltsame Buch beruht nämlich auf der obsessiven Wiederholung der Zahl Sieben, derart, dass sich der Text sogar als ein an sieben christliche Gemeinden gesandter Brief gibt. Die erste Vision des Johannes bezieht sich auf ein Buch mit sieben Siegeln, das nur das „Lamm Gottes" (Christus) öffnen könne und damit eine Reihe außergewöhnlicher Ereignisse herbeiführen werde. Es folgen darauf sieben Posaunenstöße, denen sieben ekstatische Halluzinationen des Johannes entsprechen (der Drache, die aus dem Meer steigende Bestie usw.). Die Prophezeiung setzt sich mit der Beschreibung der sieben Engel fort, die die Erde mit sieben Plagen überschütten werden; an deren Ende werde sich das Wort Gottes offenbaren, mit dem das eschatologische Jahrtausend

beginnt, ein Zeitalter des absoluten Friedens und der Gerechtigkeit, das durch die Wiederkunft Christi auf der Erde gesichert ist. Erst am Ende dieser tausend Jahre werde mit dem Herabsteigen des Himmlischen Jerusalems vom Himmel, das Jüngste Gericht stattfinden.

Die *Apokalypse* des Johannes ist das beste Beispiel für eine eschatologische Vorstellung von Zeit, die auf eine mehr als radikale Veränderung, wenn nicht gar auf ein bevorstehendes **Ende der Geschichte** zustrebt. Der Gedanke, dass die endgültige Errichtung des Reiches Gottes nahe sei, war in den Gemeinden der **Urkirche** (→) sehr verbreitet. Gestützt auf zahlreiche Aussagen in den Predigten Jesu, glaubte man, die *Parusie*, die zweite Ankunft Christi auf Erden, seine endgültige Rückkehr, um sich im Jüngsten Gericht mit den Gläubigen zu vereinen, stehe unmittelbar bevor. Der Glaube an ein nahes Ende der Zeiten, der schließlich auch Hoffnung gab, begann mit dem 4. Jh. in Verbindung mit den großen Veränderungen infolge der Legalisierung der christlichen Kirche nachzulassen. Dies hat allerdings nicht zum Verschwinden der apokalyptischen Erwartungen geführt, die weitere Male in der Geschichte auftauchen, beispielsweise im **Chiliasmus** (Millenarismus, von lat. mille und griech. *chilioi*: „tausend"[-jähriges Reich]) im 13. Jh.). Seine wichtigste Figur ist der Zisterziensermönch Joachim von Fiore, geboren 1130 in Kalabrien und gestorben 1202, zu früh also, um dem Ende der Welt beizuwohnen, das er für das Jahr 1260 prophezeit hatte.

◄ *Die* Apokalypse *des Johannes, ein Text der* visionären Literatur, *hat die mittelalterliche Kunst tiefgehend beeinflusst. In dieser originellen ikonografischen Lösung wird das Ende der Welt (von sieben Posaunenstößen angekündigt und von der Hand Gottes gebilligt) durch den leeren Raum repräsentiert.*

▲ *Engel des Gerichts nach* **mohammedanischer** *Vorstellung: Die eschatologischen Überzeugungen des Islams sind den biblischen sehr ähnlich.*

▲ *Eines der von Johannes beschriebenen Ungeheuer aus einer der zahllosen mittelalterlichen Ausgaben der* Apokalypse. *Die Visionen des Johannes haben den Charakter von Halluzinationen. Sie prägten die mittelalterliche Vorstellungswelt mehr als jeder andere Text.*

◄ *Schema der apokalyptischen Voraussage von Joachim von Fiore. Die drei Kreise repräsentieren die drei Weltzeitalter, die des Vaters, des Sohnes und des Heiligen Geistes (die Äste spielen auf zwei verschiedene und entgegengesetzte Traditionen der Menschheit an, die der Christen und die der Ungläubigen). Nach Ansicht des kalabresischen Mönchs befindet sich der gegenwärtige Zeitpunkt der Welt unmittelbar vor zweiten Knoten, der das Eintreten des Heiligen Geistes in die Welt anzeigt (der erste stellt die Ankunft Christi auf der Erde dar). Indem er das Alter der Propheten zusammenzählte, ermittelte er, dass das erste Weltzeitalter (das biblische, das mit Christus abschließt) 1260 Jahre gedauert hatte und vermutete, dass demnach auch die zweite Phase der Menschheit genauso lange dauern müsse.*

Urkirche

Christliche Religiosität
Siehe auch: *Sakramente, Gnade*

Als „Urkirche" wird die Kirche der ersten drei Jahrhunderte bis zum Edikt des Kaisers Konstantin (313 n. Chr.) bezeichnet. Es besiegelte das Ende der Christenverfolgungen, indem es den Christen die gleiche Religionsfreiheit zubilligte, die auch die zahlreichen anderen im Kaiserreich verstreuten Religionen genossen. Binnen Kurzem sollte sich das Verhältnis von Christen und Heiden geradezu umkehren: Zunächst erklärte das Edikt von Thessaloniki (380) das Christentum zur Staatsreligion, verbot die heidnischen Kulte und begann mit der Verfolgung von ketzerischen Bewegungen (Sekten, Häresien); dann forderte der Heilige Ambrosius (339–397), Bischof von Mailand und Kirchenvater, eine Führungsrolle der Kirche für die gesamte Gesellschaft. Innerhalb von zwei Generationen hatte sich eine verfolgte Sekte zur tragenden Grundlage des Staates gewandelt. Der Übergang von der Ausgrenzung hin zur Macht führte zu großen Veränderungen. Wie tief greifend diese gewesen sind, ist noch heute umstritten. Martin Luther, Calvin und die andere Protagonisten der protestantischen Reformation im 16. Jh. sahen einen wesentlichen Bruch zwischen der Urkirche (zu der man ihrer Ansicht nach zurückkehren müsse) und der nachfolgenden Tradition.

In erster Linie änderte sich die gesellschaftliche Zusammensetzung, weil die Kirche, bislang ein Geheimbund von wahrhaften Gläubigen, die dem Martyrertod geweiht waren, zu einer **Massenorganisation** wurde. Die Folgen waren von großer Tragweite: Es kam zu einem Verfall der moralischen Ansichten, zum Aufkommen doktrinärer Dispute, zur Entstehung verschiedener Formen von Religiosität (Mönchstum, Askese, Volksfrömmigkeit), zur endgültigen Festlegung der Riten und einer härteren Auseinandersetzung mit dem heidnischen Erbe. Auch das Entstehen zahlreicher **christologischer Häresien** (→) ab dem 5. Jh. erklärt sich aus dem Massenbeitritt aristokratischer Schichten, die dazu neigten, die neue Konfession mithilfe des klassischen philosophischen Rationalismus zu interpretieren.

Es wandelte sich auch die **Liturgie**, weil die ersten Christen nur drei Sakramente, die einzigen, die im *Neuen Testament* gut bezeugt waren, zuließen: die **Taufe**, die **Eucharistie** und das **Glaubensbekenntnis** (das manchmal öffentlich vollzogen wurde, wodurch eine Atmosphäre entstand, in der sich alle mit der Gemeinde verbunden fühlten).

Obwohl Tertullian, einer der Kirchenväter, behauptete, dass „die Christen alles teilen müssten, nur nicht die Ehefrauen", ist das Vorhandensein eines wirklichen **Kommunismus der Güter** in der Urkirche äußerst unsicher. Wahr ist allerdings, trotz der Heimlichkeit, in der alles geschehen musste, dass die ersten Christen sich um die Bedürftigen kümmerten: Sie entwickelten eine Art von Armenfürsorge, wie sie in der heidnischen Welt bis dahin unbekannt war. – Es gab zwar einen **Klerus**, doch waren dessen Aufgaben, abgesehen von der zentralen Figur des Bischofs, dem Haupt der örtlichen Kirche, nicht genau definiert.

Die wichtigste Veränderung, Anlass für Luthers drastisches Urteil, ereignete sich jedoch bei der ursprünglich tiefen Spritualität: Die ersten Christen waren davon überzeugt, dass die von Christus verkündete Heilsbotschaft nur für eine ganz kurze Zeit gelten werde; und da sie fest daran glaubten, dass der Tag des Jüngsten Gerichts unmittelbar bevorstehe, lebten sie ständig in einer Welt der Endzeiterwartung (→ **Eschatologie**).

◄ *In den ersten Jahrhunderten betete man mit geöffneten Händen; die jetzige Form (kniend und mit gefalteten Händen), die sehr viel intimer und persönlicher ist, setzte sich erst nach dem Jahr 1000 durch.*

▲ *Nach Erlass des Edikts von Thessaloniki entwickelte sich das Bild von Christus als Herrscher, vom **Pantokrator**, dem Gebieter und Herr der Welt: symbolischer Ausdruck der politisch dominierenden Kirche. Mit völlig ausdruckslosem Antlitz, regungslos und versteinert in einer rituellen Geste des Segnens oder Herrschens sitzt der Gott des Triumphes (ein Motiv, das in vielen Varianten wiederholt wird) über dem Kosmos, umgeben von den Symbolen der Macht: dem prunkvollen Gewand, Thron, und Zepter, der Aureole, den Engeln und Aposteln.*

▼ ▼ ▼ *Bevor es sich in der heute gängigen Gestalt festsetzte, erfuhr das Antlitz Christi bemerkenswerte Veränderungen. In den ersten Jahrhunderten wurde er häufig als Jugendlicher dargestellt (links). Erst später fand man schließlich zu einem Abbild, das einen Mann im Alter von etwa dreißig Jahren zeigt. Die (noch spätere) Darstellung von Gott dem Vater (rechts) entstand dadurch, dass man die Gesichtszüge Christi einfach älter machte.*

Fundamentalismus

Offenbarung / Heidentum
Siehe auch: *Eschatologie*

Der Fundamentalismus ist jene religiöse Haltung, die eine **Rückkehr zur ursprünglichen Reinheit,** zum „Fundament" des Glaubens verlangt. Diese Rückkehr vollzieht sich mit der Lektüre des originalen Textes der Offenbarung, also des *Alten Testaments* für das Judentum, des *Alten* und *Neuen Testaments* für das Christentum und des *Korans* für den Islam. Aufgrund seines Wesens ist Fundamentalismus nur innerhalb dieser drei **Offenbarungsreligionen** möglich, da sie auf einem heiligen Text gegründet sind, in dem sich die Gottheit den Menschen unmittelbar offenbart. Nach dem Grundsatz, dass das Wort Gottes keiner bestimmten historischen Epoche zugehörig sein kann und in jeder Hinsicht wahr sein muss, verneint der Fundamentalismus die Möglichkeit einer allegorischen oder symbolischen Interpretation des heiligen Textes und behauptet, man müsse ihn wortwörtlich nehmen.

Ergebnis jedes Fundamentalismus ist eine Haltung, die rigoros und starr jede Interpretation des heiligen Textes ablehnt, da sie unvermeidlich darauf hinausläuft, dass die weltlichen Argumente vorherrschen werden und die revolutionäre Radikalität der ursprünglichen Botschaft geschwächt wird. Oft wird der Fundamentalismus vom **Chiliasmus** (dem Glauben an ein nahes Ende der Welt) und vom **Integralismus** begleitet, der Vorstellung, nach der alle Aspekte des Lebens durch religiöse Normen geregelt werden müssen, mit der Folge, dass es eine weltliche Sphäre der Existenz nicht geben darf.

Der Fundamentalismus ist ein Phänomen, das in der Moderne mit großer Wucht ausgebrochen ist, besonders am Ende des 19. Jh.s nach der Verbreitung der Darwin'schen **Evolutionstheorie** (→ **Evolutionismus**). Eine kleine, aber sehr aktive Minderheit des protestantischen Amerika (vor allem bestimmte evangelikale Kirchen) verurteilte diese Theorie als

mit der Erzählung in der *Genesis* nicht vereinbar und wandte sich mit großer Verbitterung gegen jede Form christlicher Modernität (Laizismus, Liberalismus, Modernismus). Sie will an der wörtlichen Aussage der Offenbarung festhalten: Sogar der Text der *Genesis*, in dem Gott der Schöpfung in sechs Tagen Leben einhaucht, um sich am siebten Tag auszuruhen, muss bis auf den Buchstaben genau angenommen werden, auch als wissenschaftliche Wahrheit. Berühmt geworden ist ein Prozess, bei dem während der 1920er-Jahren der Biologielehrer eines Gymnasiums angeklagt wurde, weil er die Evolutionstheorie unterrichtete – gegen die Gesetze von Tennessee, eines Staates, in dem die Fundamentalisten es geschafft hatten, per Gesetz jede „antichristliche" wissenschaftliche Theorie zu verbieten.

Wenn auch noch nicht so genannt, so entstanden doch in den ersten Jahrhunderten der christlichen Ära ebenfalls Formen des Fundamentalismus, als es darum ging, die Beziehungen zwischen dem Christentum und der Wissenschaft der heidnischen Welt zu regeln. Der Standpunkt des Heiligen Augustinus, der auf eine Bewahrung des antiken Wissens zielte, um es so weit wie möglich im Rahmen des neuen Glaubens einzubetten, setzte sich auf Dauer durch, wenn auch nicht ohne Schwierigkeiten. Auch damals stand im Zentrum der Kontroverse die Bedeutung, die die Geschichte der *Genesis* erhalten sollte, und auch damals gab es Befürworter einer wortwörtlichen Auslegung des Textes. Bezeichnend hierfür ist Kosmas Indikopleustes, der im 6. Jh. aus rein theologischen Motiven daran festhielt, dass die Erde eine Scheibe sei.

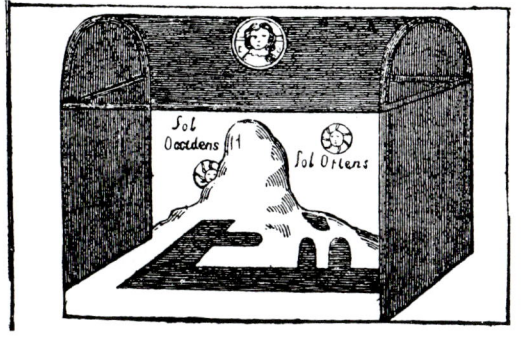

◀ *In der* Topographia christiana *behauptet Kosmas Indikopleustes, dass der Kosmos die Form eines Tabernakels habe (wie man vielen Textstellen der* Bibel *entnehmen kann), einer Art Schachtel, deren Deckel den Himmel und deren Boden die Erde darstellt. Bemerkenswert ist, dass der Verfasser dieser Behauptungen einer der größten Reisenden des Mittelalters war und mit dem Schiff sogar die Küsten Indiens erreicht hatte; deshalb auch der Name* Indikopleustes *("Indienfahrer"). Genauso wie die ersten vorsokratischen Kosmologen dachten, geht Kosmas zufolge die Sonne nachts nicht unter der Erde hindurch, sondern zieht hinter den nördlichen Bergen vorbei. Die schwarzen Streifen in der Abbildung sind die großen Flüsse der Welt.*

▼ *Die Weltkarte, wie sie in der* Topographia christiana *abgebildet ist. Obwohl Kosmas im 6. Jh. n. Chr. schrieb, "widerlegte" er die wissenschaftlich-heidnische Theorie von der Kugelform der Erde. Aus der Lektüre der* Bibel *leitete er ab, dass die Erde flach (rechteckig) und von allen Seiten vom Ozean umgeben sei. Wie man auf der Abbildung erkennen kann, befinden sich zu ihrer Rechten (sozusagen im Osten, wo die Sonne aufgeht) das irdische Paradies und die mythischen "Länder jenseits des Ozeans", in denen die ersten Menschen bis zur Sinnflut gelebt haben sollen.*

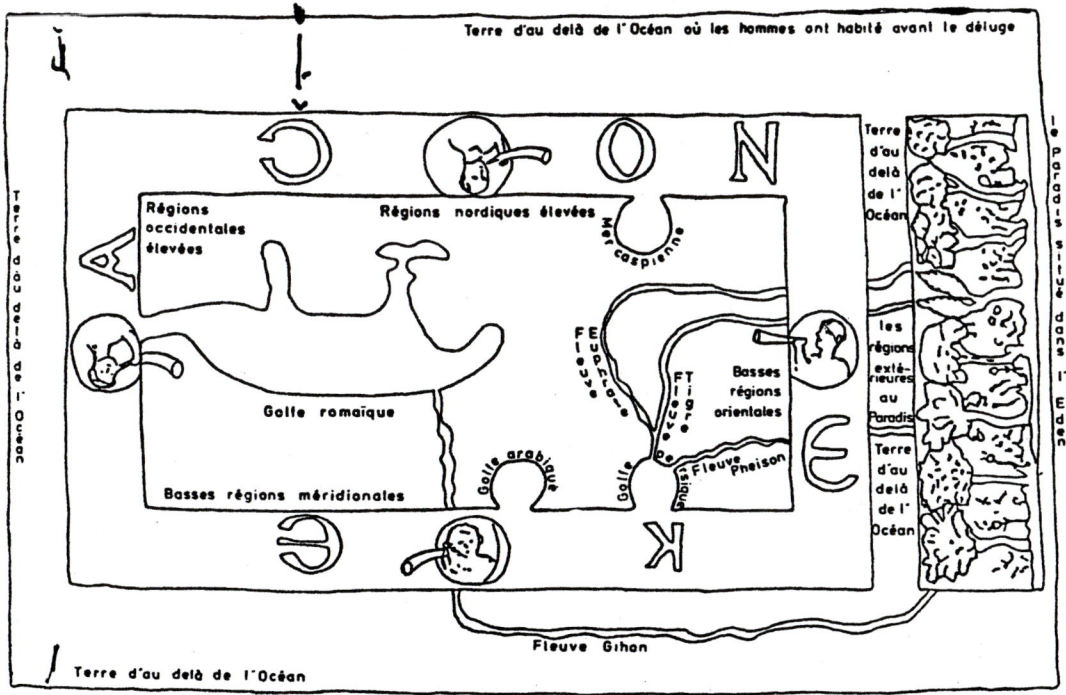

Christologische Häresien

Christliche Theologie
Siehe auch: *Urkirche*

Die Häresien, die im 4.–5. Jh. entstanden, als die **Urkirche** nicht mehr der Heimlichkeit unterworfen war, wurden christologisch genannt, da sie hauptsächlich die Person Christi betrafen. Sie verfolgten das Ziel, die Verbindung mit Gott einerseits und mit der Menschheit andererseits mit Christi Hilfe herzustellen. Im Folgenden werden hier die am meisten verbreiteten Häresien kurz vorgestellt:

• Der **Arianismus** behauptete, dass Christus, obwohl er ein Geschöpf höherer Ordnung ist, nicht von derselben Natur wie sein Vaters sei. Der Priester Arius (256–336) aus Alexandria in Ägypten behauptet die Unterlegenheit des Sohnes gegenüber dem Vater mit der These, dass das, was erzeugt wurde, nicht mächtiger als sein Schöpfer sein könne. Der Arianismus, eine durch die Verneinung der Göttlichkeit Christi und somit auch der Dreifaltigkeit vereinfachte christliche Lehre, wurde zur Religion der barbarischen Bevölkerung. Diese war kulturell zu rückständig, um die feinsinnige Doktrin der Dreifaltigkeit zu akzeptieren, die vom Konzil von Nicäa (325 n. Chr.) im *Glaubensbekenntnis* festgelegt worden war.

• Der **Monophysitismus**, im 5. Jh. von Eutychius aufgestellt, vertrat eine dem Arianismus entgegengesetzte Hypothese: die des ausschließlich göttlichen Wesens Christi.

• Der **Modalismus** (oder Monarchianismus) sah die Personen der Dreifaltigkeit als drei *modi* an, drei Funktionen oder Aspekte eines einzelnen Wesens.

• Der **Nestorianismus** setzte die Existenz zweier Wesen und zweier Personen in Christus voraus, die sich voneinander unterschieden, aber in einer rein geistigen Einheit miteinander verknüpft seien (eine der anderen „innewohnend", wie in einem Tempel). Entsprechend bestritt Nestorius, Patriarch von Kons-tantinopel 428–31 (gest. nach 439), dass Maria die Mutter Gottes sei, und tadelte die Vorstellung als heidnische Fabel, dass es einen Gott gegeben habe, der in Windeln gewickelt und gekreuzigt wurde.

• Der **Adoptionismus** ging davon aus, dass Jesus kein *erzeugter* Sohn sei, sondern von Gottvater adoptiert.

All diese Häresien hatten gleichermaßen die Schwierigkeit, die göttliche Macht mit dem Leiden Christi und der Schande der Kreuzigung in Einklang zu bringen. Die Mentalität jener Zeit konnte es nicht akzeptieren, dass die tote Person am Kreuz (eine entehrende Hinrichtungsart!) wirklich Gott sei. Die Unerträglichkeit der Vorstellung von den Leiden Christi wird an der Geschichte der Christusdarstellungen sichtbar: Im ersten Jahrtausend wurde Christus nie als am Kreuz Sterbender gezeigt.

Um den Häresien ein Ende zu setzen, legte das Konzil von Chalkedon (451) die orthodoxe Doktrin der **Wesensgleichheit** fest: Christus ist „wahrer Gott vom wahren Gott", dem Vater wesensgleich, beziehungsweise von derselben Essenz; in Christus gibt es zwei Naturen, die in einem Wesen verschmolzen sind und in einem hypostatischen Zusammenschluss verbunden sind, also untrennbar, ähnlich der Verbindung von Seele und Körper in einem menschlichen Wesen.

Die christologischen Kontroversen hatten großen Einfluss auf die Kunstgeschichte. Entgegen dem Nestorianismus verbreitete sich die Darstellung der Muttergottes mit dem Jesuskind auf dem Schoß. (Die Darstellung der Kindheit Christi erinnert offensichtlich an denkwürdige Geschehnisse.) Um das doppelte Wesen Christi, göttlich und menschlich, zu betonen, begann man, entgegen dem Monophysitismus, zusätzlich zum Nimbus auch die Buchstaben *alpha* und *omega*, den ersten und den letzten Buchstaben des griechischen Alphabets, abzubilden.

▲ *Diese ikonografische Lösung, die drei Gesichter an einem Kopf vereint, wurde von der kirchlichen Autorität verurteilt, da sie im Verdacht des* **Modalismus** *stand und die falsche Vorstellung hervorrufen konnte, die drei Personen seien die Gesichter eines einzigen Wesens.*

▼ *Die Darstellung der Trinität als Einheit von drei völlig identischen Figuren führt zur Verwirrung hinsichtlich der Rollen von Vater und Sohn. Die Modalisten, die die trinitarische Unterscheidung für irrelevant und vergänglich hielten, wurden bezichtigt, nicht den Sohn, sondern vielmehr den Vater zu kreuzigen.*

▲ *Das zweieinige Wesen Christi in einem ausdrucksvollen symbolischen Bild.*

Schöpfung

Im Sprachgebrauch der Theologie ist die Schöpfung der freie und willentliche (nicht notwendige) Akt einer transzendenten Gottheit (→ **Transzendenz**), die das Universum aus dem Nichts entstehen lässt (ohne dabei bereits vorhandene Materie umzuwandeln). Der Begriff, der im christlichen Gottesverständnis eine zentrale Rolle spielt, ist biblischen Ursprungs (Erzählung der *Genesis*, worin Gott die Dinge schafft, indem er sie beim Namen nennt), und war in der griechischen Welt nicht bekannt. Sie hatte für das Problem des Ursprungs der Welt im Wesentlichen zwei Antworten:

• Der **Demiurg**. Platon war der Überzeugung, das Universum sei nicht geschaffen worden, sondern ein *deus artifex*, der Demiurg, eine Gottheit minderen Ranges habe die Materie (die dem Zustand des Chaos vorausging) geformt und dabei die Ideen (→ **Platonische Idee**) als Vorlage benutzt. Daher handle es sich nicht um einen kreativen Vorgang im eigentlichen Sinne, sondern um einen technisch-handwerklichen: Der Demiurg erfindet die Geschöpfe nicht, er kopiert sie auf mehr oder weniger vollkommene Weise nach idealen (ewigen, und eben nicht geschaffenen) Prototypen. Außerdem wird seine Handlungsmöglichkeit eingeschränkt durch den Widerstand der Materie, die laut Platon nicht erschaffen wurde, sondern seit jeher existiert. Die Idee einer **Schöpfung** *ex nihilo*, d. h. dass etwas aus dem Nichts entstehen könne (selbst durch einen göttlichen Willen), blieb für die Griechen stets inakzeptabel. Sogar Aristoteles, der sich Gott als **unbewegten Beweger** vorstellt, von dem die Bewegung des Universums ausgeht, hielt die Materie für etwas, das, wie Gott selbst, ewig ist.

• Die **Emanation** (→). Plotin entwickelte den Begriff der Emanation, wonach die Welt aus Gott durch einen objektiven und notwendigen Prozess hervorgeht, der keine willentliche und von Gott zu verantwortende Handlung voraussetzt. Die unterschiedlichen Stufen des Seins (→ **Hypostase**) „gehen" aus Gott automatisch „hervor", als gleichsam unvermeidliche Konsequenz seines eigenen Seins. (Die Materie ist laut Plotin durchaus kein Teil jenes Prozesses; ganz im Gegenteil ist sie das, was sich ihm entgegenstellt und rein gar nichts mit dem Göttlichen zu tun hat.)

Was die hebräisch-christliche Anschauung kennzeichnet (und den Griechen unbekannt war), ist die Vorstellung von Gott als eine **Person** oder ein Wesen, von einem individuellen Seienden, das mit einem eigenen Willen ausgestattet ist und sich von der Welt deutlich unterscheidet. Es ist von ihr losgelöst und existierte bereits vor der Zeit und der Materie (auch diese ist Ergebnis seines Schöpfungswerkes, das vollkommen *ex nihilo* und ohne demiurgische Vermittler entstand).

Vorgestellt als rein göttlicher Willensakt, stellte der Schöpfungsbegriff das Christentum vor das enorme Problem der **Verantwortung Gottes** gegenüber seinem Werk, der Welt, in der offensichtliche Unvollkommenheiten existieren (Schmerz, Unrecht, Katastrophen). Dies ist ein Problem, das die griechische Welt nicht kannte, da alle antiken Philosophen dazu tendierten, die Gottheit so weit wie möglich von der Realität der Welt zu trennen, wodurch sich ihre Fehlerhaftigkeit auf unterschiedliche Weise „entschuldigen" ließ (mögliche Irrtümer des Demiurgen, Widerstand der Materie). Das christliche Konzept einer Erschaffung der Welt aus dem Nichts bindet dagegen Gott eng an sein Werk und wirft darum auf dramatische Weise die Frage nach der **Existenz des Bösen** in der Welt auf: Wenn Gott der allmächtige Schöpfer der Welt ist, warum hat er dann keine Welt erschaffen, die vollkommen ist?

▲ *Die heilige Silbe AUM. Die fernöstlichen Religionen des Hinduismus, Buddhismus und Dschainismus haben den Glauben an einen klanglichen (musikalischen) Ursprung der Welt bis zur äußersten Konsequenz getrieben: Sie entwickelten eine komplexe Glaubenslehre, die besagt, dass aus der Ursilbe AUM mithilfe eines Materialisierungsprozesses nach und nach die Götter, die Erde und all ihre Geschöpfe entstanden sind.*

▲ *Der Name Gottes (JHVH, Jehova), aus dem der hebräischen* **Kabbala** (→) *zufolge der Schöpfungsprozess hervorgegangen ist. Die hebräisch-christliche Kosmogonie stellt einen Klang an den Beginn des Kosmos („Im Anfang war das Wort" sagt die* Bibel*). Die Termini* Wort *und* logos *entsprechen streng genommen nur teilweise der ursprünglichen hebräischen Bedeutung, wo sie für etwas stehen, das offensichtlich jeglichem bestimmbaren Wort und jeglichem auf Logik basierendem Begriff vorausgeht. Diese Überzeugung, nach der die Welt aus einem Urklang geboren wurde, war in der archaischen Zivilisation weitverbreitet: Die Ägypter glaubten an ein „kosmisches Lachen", andere an eine „widerhallende Silbe", einen „Schrei Gottes" (→* **Sphärenmusik***).*

◄ *Bildfolge der biblischen Schöpfungsgeschichte in der* Genesis. *Das* Alte Testament *hatte keine Theorie zur Erschaffung der Welt durch Gott, sondern präsentierte sie als eine Geschichte von Gegebenheiten, in der Gott eine Reihe unterschiedlicher schöpferischer Prozesse in Gang setzt, wobei er sowohl das Wort gebraucht (Gott sprach: „Es werde Licht. Und es ward Licht.") als auch das* **Pneuma** (→) *(indem er Adam Leben durch die Nase einhaucht) und der Materie Gestalt verleiht (der aus Lehm geschaffene Adam).*

Transzendenz

Als transzendent bezeichnet man in der Theologie etwas, das sich außerhalb der Welt und aller Dinge befindet, etwas, das über die Schranken des menschlichen Bewusstseins hinausgeht und jenseits der Begrenztheit menschlicher Erfahrbarkeit liegt. Als immanent gilt dagegen jede Realität, die nicht die Grenzen des Menschlichen überschreitet und daher aufgrund weltlicher Erfahrungen erklärbar ist. Die beiden Begriffe werden für gewöhnlich dazu benutzt, zwei unterschiedliche Auffassungen des Göttlichen zu beschreiben. Als immanent gelten alle Formen des Pantheismus und des Animismus, die die Götter als einen Teil der natürlichen Wirklichkeit begreifen, wie dies in der griechisch-mythologischen Religion der Fall ist. Im Gegensatz dazu stand der Begriff der Transzendenz im Zentrum des christlichen Gottesverständnisses. Dabei gibt es jedoch unterschiedliche Ausprägungen:

• In der **Scholastik** wurde die Idee der Transzendenz niemals so übertrieben, dass dies zu einer unüberbrückbaren Kluft zwischen Gott und Mensch geführt hätte. Für die rationale Theologie blieb Gott, auch wenn er Inbegriff aller Vollkommenheit war, ein Wesen, das vom Intellekt untersucht werden konnte.

• Die **Negative Theologie** dagegen vertrat die **Unvergleichbarkeit** von Mensch und Gottheit. Da Gott absolut ist, kann er auf keine Weise definiert werden: Er ist gleichzeitig Licht und Dunkel, Ruhe und Bewegung; Gott ist ein Paradox, das nicht von einem menschlichen Geist gedacht werden kann.

Dennoch war die Transzendenz keine Erfindung des Christentums, denn schon die heidnische Spätantike war zu einer transzendenten Auffassung des Göttlichen gelangt: Im 2. Jh. n. Chr. hatte Plotin das „Eine und Gute" in unermessliche Entfernung von Natur und Mensch gerückt, indem er die platonische Tradition einer mystischen Lesart unterzog und die Vorstellung von der **Emanation** (→) entwickelte. Auf der anderen Seite entstanden im christlichen Denken – im Grenzbereich zwischen Orthodoxie und Häresie – auch immanente Gottesvorstellungen. Dazu gehören die pantheistischen Philosophien von Giordano Bruno (1548–1600) und Baruch Spinoza (1632–77), die beide den Gedanken ablehnten, Gott sei ein externes Wesen, das sich klar von der Welt abgrenze.

Die Unterschiede im Verständnis der Transzendenz Gottes führten zu unterschiedlichen Entwicklungen in der Kunst. Die Vorliebe für rein dekorative Formen, für geometrische Abstraktionen (Arabesken), die als typisch für die hebräische und die islamische Kunst gelten (ebenso wie die Tatsache, dass es nur sehr selten Abbildungen der menschlichen Gestalt gibt), lassen sich auf eben diese Weigerung zurückführen, Gott bildlich darzustellen. (Erlaubt sind aber abstrakte Symbole.)

Im Christentum dagegen war es die Idee der Fleischwerdung Christi, die die Diskussion komplizierter machte. Die Debatte wurde vor allem während der Zeit der Patristik (d. h. der Kirchenväter [bis ins 7. Jh.]) ausgetragen. Auf der einen Seite standen die *Ikonodulen* (wörtlich: „Sklaven des Bildes"), die die Meinung vertraten, eine Darstellung des Heiligen sei zulässig und nützlich, vor allem in einer Zeit des allgemeinen Analphabetismus wie dem Mittelalter. Auf der anderen Seite befanden sich die *Ikonoklasten* („Bilderstürmer"), die es nicht für erlaubt hielten, den transzendenten Gott in einer am Modell des menschlichen Körpers orientierten Abbildung darzustellen.

◀ Der **Islam** verbietet jegliche Darstellung der Gottheit. Selbst der Prophet Mohammed wird stets ohne Gesicht abgebildet, und dies, obwohl es eine reichhaltige historische Dokumentation seiner Figur gibt.

▼ Rekonstruktion der heiligen jüdischen Lade. Die zwei dargestellten Cherubim beten einen leeren Raum an, das im Judentum einzig mögliche Symbol, mit dem die Gottheit verkörpert werden kann.

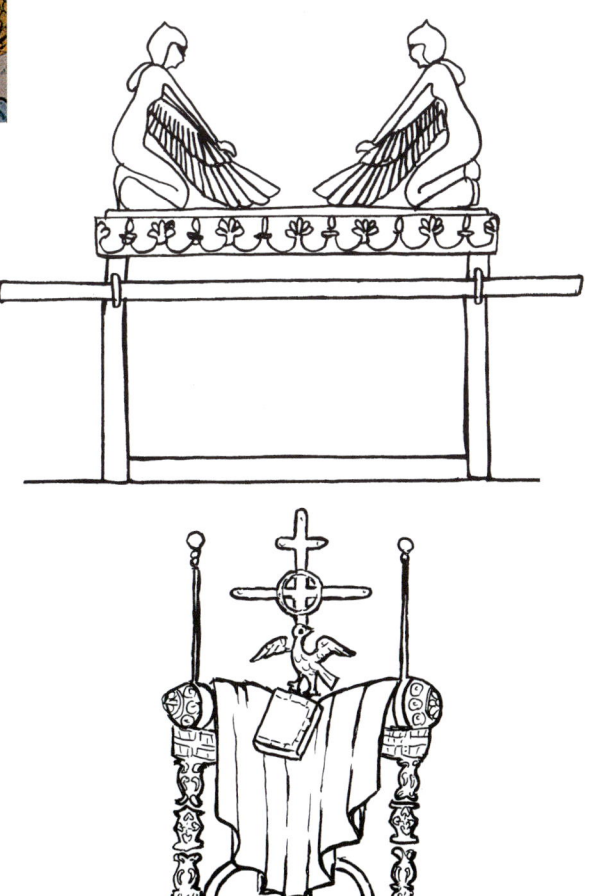

▲ ▲ In der Katakombenkunst zur Zeit der **Urkirche** (→) fand man die Lösung des ikonischen Problems im **Symbolismus:** Die Gottheit wurde auf indirekte Weise anhand von Diagrammen oder symbolhaften Bildern dargestellt, die aber nicht anthropomorpher Natur waren. Der Weinstock spielt auf eine der bekanntesten Passagen des Evangeliums an („Ich bin der Weinstock … "), der Anker ist ein Symbol der Rettung, das noch heute Verwendung findet. Die Fische haben ihren Ursprung in einem Anagramm: Um das christliche Bekenntnis: Jesus Christus theoy (h)yios soter („Jesus Christus [ist] Sohn Gottes und Heiland") vor Ungläubigen zu verschlüsseln, werden die Anfangsbuchstaben der fünf Worte verwendet, die im Griechischen ichthys („Fisch") ergeben.

▲ Das wichtigste Sinnbild, das die symbolische Phase der christlichen Ikonografie hervorgebracht hat, ist die Hetoimasia („Vorbereitung"), der königliche Thron, auf dem Gott am Tag des Jüngsten Gerichts sitzen wird. Die Zeichen der Gegenwart Christi liegen auf ihm und verweisen deutlich auf die bei den Juden übliche Darstellung der Bundeslade. Er selbst sitzt aber bezeichnenderweise nicht auf dem Thron.

Ikonentheologie

Transzendenz
Siehe auch: *Angelologie, Urkirche*

Für Religionen wie dem Judentum, dem Christentum und dem Islam, in denen die Gottheit als transzendent (→ **Transzendenz**) definiert wird, stellt sich die heikle Frage nach der Zulässigkeit einer Darstellung Gottes. Die liberale Entscheidung des Katholizismus beruht ganz auf theologischen Gründen, denn es ist die Inkarnation Christi selbst, die seine Darstellung mittels eines menschlichen Körpers ermöglicht.

Dies war jedoch keine Entscheidung ohne Konflikte. Das ganze Mittelalter hindurch bestand nämlich noch die Gefahr, die Götzenverehrung (Idolatrie) könne wieder aufleben, jener Kult, der sich auf die Statuen und Bilder als solche richtet, nicht auf die symbolischen Werte, auf die sich die Darstellungen beziehen. Sogar innerhalb des Klerus gab es Fälle, in denen Bilderverehrung weit über die erlaubte Praxis hinaus betrieben wurde. Es gab z. B. Priester, die die Farben von den Ikonen kratzten, um sie mit dem Abendmahlswein zu vermengen, oder Eltern, die Heiligenbilder zu Paten ihrer Kinder wählten.

Gegen diese Exzesse entwickelte sich die **ikonoklastische Bewegung**, die das byzantinische Reich zwischen dem 8. und 9. Jh. erschütterte. Im Jahr 730 ordnete Kaiser Leon III. die Zerstörung aller heiligen Bilder an, angefangen vom Kruzifix, das im kaiserlichen Palast aufbewahrt wurde. Das einzige zugelassene Abbild blieb das Symbol des Kreuzes. Die Synode von Hiereia (754) bekräftigte, dass Christus ausschließlich im Inneren des Bewusstseins zu finden sei. Sie verwarf – wegen des Verdachts, es könnte damit ein versteckter Monophysitismus, eine der **christologischen Häresien** (→), verbunden sein, – auch seine körperlose, symbolische Darstellung. Das war der Beginn des ikonoklastischen Streites, der mehr als ein Jh. dauerte und erst im Jahr 842 mit dem Sieg der liberalen Richtung endete.

Vor allem die byzantinische und russisch-orthodoxe Kunst wurde von diesen Auseinandersetzungen beeinflusst. Auch nach dem Sieg der *Ikonophilen*

(die für die Bilder waren) wurden für Gottesdarstellungen Grenzen gesetzt – bis hin zur Ausarbeitung einer originären visuellen Theologie der Ikonen, deren Grundprinzip in der Ablehnung realistischer Lösungen zugunsten eines deutlichen Symbolismus besteht. Der Antinaturalismus der Figuren dient dazu, die geistige Dimension der theologischen Ereignisse zu unterstreichen: Wenn der griechische Kanon (→ **Proportion**) die Größe des Kopfes mit einem Achtel der Körperlänge gleichsetzt, muss die der Engel in den griechischen Ikonen gleich einem Vierzehntel sein, verbunden mit deutlichem Abstand von naturalistischer Nachahmung der Realität. Eine entsprechende Ablehnung der sichtbaren Realität bestimmt auch die Darstellung des Raums, der in einer umgekehrten **Perspektive** (→), d. h. der realen Wahrnehmung des Auges entgegengesetzt, gemalt werden musste.

Die christlich-orthodoxe Sakralkunst hat sich im Unterschied zur europäischen innerhalb strenger, von den Theologen festgesetzter Vorschriften entwickelt. Der Begriff der Trinität beispielsweise kann nur indirekt und symbolisch ausgedrückt werden, indem man die biblische Passage von den drei Botenengeln nutzt, die Abraham unter der Eiche von Mamre um Gastfreundschaft baten. Aber darüber hinaus mussten die drei Figuren in einem Kreis angeordnet sein: Symbol für die mysteriöse Vereinigung dreier Wesen in einer einzigen Person.

▲ Die Trinität, *die 1422 von dem Maler, Theologen und Heiligen Andrej Rublev gemalt wurde, ist zu einem normativen und verbindlichen Vorbild für die orthodoxe Tradition der Ikonenmalerei geworden. Die Trinität wird durch die drei Engel und die Kreisförmigkeit der Komposition ausgedrückt: Es gibt einen idealen Kreis, der die Köpfe der Engel durchläuft und seinen Mittelpunkt in der Hostie auf dem Tisch hat. Die starke Vergeistigung der Figuren rührt von einem proportionalen Kanon her, der absichtlich sowohl von den klassischen Beispielen wie auch von der Realität weit entfernt ist: Die Köpfe der Engel sind im Vergleich zum Körper sehr klein.*

◄◄ *Die Ikonentheologie hat bewusst eine nicht naturalistische Formlösungen für den menschlichen Körper ausgearbeitet, z. B. die Einschreibung des Kopfes in einen perfekten Kreis, welches auch immer der angenommene perspektivische Schnitt sei. Viele der scheinbaren „Deformationen" der mittelalterlichen Kunst beruhen auf diesem Prinzip.*

Anthropologischer Pessimismus

Augustinus
Siehe auch: *Gottestaat, Prädestination*

Die Grundlage des theologischen Systems des Heiligen Augustinus ist sein anthropologischer Pessimismus: Das Böse existiert nur im Menschen, nicht in der Welt, und besteht vor allem in seinem Vermögen, zu **wollen**.

Die *voluntas* (der „Wille") war eine Dimension des Individuums, die dem Rationalismus der griechischen Philosophen fremd war. Sie lösten das moralische Problem innerhalb ihres kognitiven Systems, indem sie das Böse als falsche Berechnung, als Zerstreutheit der Intelligenz betrachteten. Dass man das Gute kennen und gleichzeitig das Böse wollen könne, erschien ihnen ein wahres Paradoxon. Mit Augustinus hingegen gelangte man erstmals in der Geschichte des Denkens zu einer Anerkennung der **psychologischen Komplexität** des menschlichen Individuums, das fähig ist, irrational zu handeln und manchmal sich selbst und manchmal anderen das Schlechte zu wünschen. Laster, Perversion, Übertretung der Normen sind selbst zu verantwortende Schuld (**Sünde**), nicht Irrtümer der Vernunft.

Die Sünde zeigt sich vor allem als der böse Wille, es mit Gott gleichzutun, als der **Hochmut**, der Adam und die aufständischen Engel antrieb. Im *Gottesstaat* definierte Augustinus den Hochmut, wobei er die philosophische Polarität vom Sein/Nichtsein gebrauchte: „Die wahre Ursache der Glückseligkeit der guten Engel besteht darin, dass sie dem anhängen, der im höchsten Sinne *ist*. Dagegen liegt die Ursache des Unglücks der bösen Engel darin, dass sie von dem, der im höchsten Sinne *ist*, abgefallen sind und sich zu sich selbst, die nicht im höchsten Sinne das Sein haben, gewandt haben; und diesen Fehler, wie soll man ihn anders nennen als Hochmut?" (*Civ. dei* XII, 6)

Wesentlich in der Lehre des Augustinus ist die Vorstellung, dass die **Erbsünde** unauslöschlich das Wesen des Menschen prägt: Mit Adam hat die ganze Menschheit gesündigt, sowohl die gegenwärtige als auch die künftige. (Nicht zufällig wird das Thema der Schuld von Adam und Eva in der mittelalterlichen Kunst immer wieder behandelt.) Augustinus verkündete die im 16. Jh. von Martin Luther erneut aufgegriffene These von der Allgegenwart der Erbsünde, die immer noch auf die Menschheit einwirke, trotz der nachfolgenden Ankunft Christi. Im Individuum äußere sie sich als eine angeborene Neigung zu wachsender Verkommenheit, sodass die Menschheit insgesamt als eine *massa damnationis* („Haufen von Verdammten") angesehen werden muss.

Augustinus entwickelte diese Lehre im Gegensatz zur **pelagianischen Irrlehre**. Der britische Mönch Pelagius (4./5.Jh.) interpretierte das Christentum entsprechend seiner rationalistischen und juristischen Mentalität, die typisch für die erst kürzlich konvertierten aristokratischen Schichten war. Er hielt es für absurd, die Menschen von heute wegen Adams Fehler zu verurteilen. Er sei nur als ein schlechtes Beispiel, aber nicht als ein die Menschheit belastender Fluch zu betrachten. Jedes Individuum, argumentierte Pelagius, könne eine freie Wahl zwischen dem Bösen und dem Guten treffen (Willensfreiheit). Wenn dem nicht so wäre, d. h. wenn der Mensch tatsächlich zum Bösen verurteilt sei, dann gebe es keine moralische Verantwortung. In diesen Theorien sah Augustinus das Wiederaufleben des antiken Hochmuts; denn der Mensch dürfe nicht glauben, er könne sich allein retten, nur indem er auf die eigenen guten Taten zählt. Das ewige Heil (→ **Gnade**) sei ein Geschenk, das Gott infolge seiner unergründlichen Beweggründe einigen zugestehe und anderen nicht.

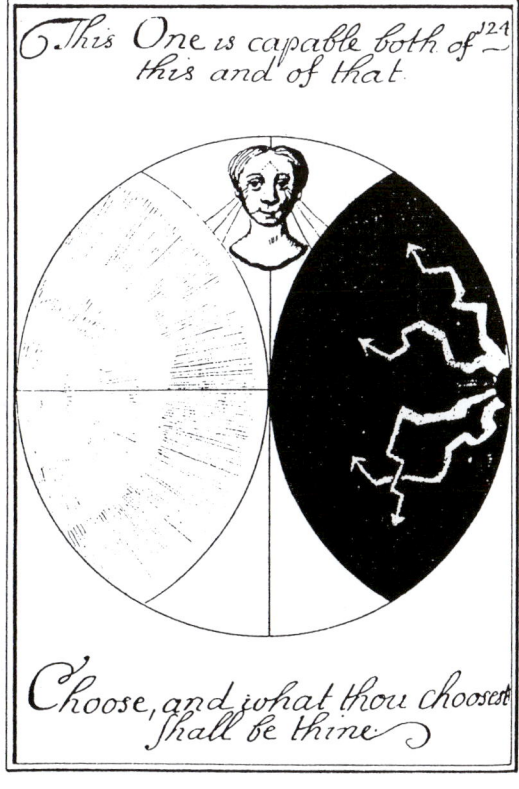

▲ *Der anthropologische Pessimismus in einer Vision der Hildegard von Bingen, einer Mystikerin des 12. Jh.s. Oben die Sterne, in denen „die Kraft des Feuers aufflammt, das alle lebendigen Funken entfacht" (aus ihrem Werk* Scivias *[„Wisse die Wege"]); unten, in allmählicher Abstufung, der schwarze und tiefe See, der die Hölle darstellt. Der Mensch, der im „unteren Gürtel" des Kosmos lebt, riskiert stets, von diesem „schwarzen Loch" verschlungen zu werden.*

▲ *Die Willensfreiheit: Der Mensch auf halbem Wege zwischen dem Guten und dem Bösen, aus den* Paradoxa emblemata *von D.A. Freher (18. Jh.). Dem augustinischen und mittelalterlichen Pessimismus sollte die Renaissance die Lehre des anthropologischen Optimismus entgegensetzen: Der Mensch ist gleich weit vom Guten wie vom Bösen (Licht und Finsternis) entfernt, weil er an beiden Naturen (an der göttlichen und der materiellen) teilhat. Er verfügt über Willensfreiheit, die Fähigkeit zu wählen und aus sich selbst einen Engel oder eine Bestie zu machen.*

Gnade

Augustinus, Luther
Siehe auch: *Freie Schriftauslegung, Sakramente*

„Der Gerechte aber wird aus dem Glauben leben": Dieser Passus aus dem Brief des Paulus an die Römer (1,17) war Ausgangspunkt der Diskussion über die Gnade (das ewige Seelenheil), diesen mit Sicherheit strittigsten Begriff der gesamten christlichen Theologie. Zu dem Problem, unter welchen Bedingungen die Rettung des Individuums möglich ist, haben sich zwei widersprüchliche Denkschulen entwickelt.

Auf der einen Seite steht eine Position, die im Mittelalter formuliert und dann in der Gegenreformation bestätigt wurde, bis sie heute zur vorherrschenden Auffassung unter den Katholiken geworden ist. Demnach gebührt die Seligkeit des Paradieses denen, die sie durch ihre **guten Werke** verdient haben: Am Tag des Jüngsten Gerichts wird Gott die Niederträchtigen strafen und die Seelen derjenigen neben sich versammeln, die ihr eigenes Leben gemäß dem Guten geführt haben.

Auf der anderen Seite steht die Position von Augustinus, die sich die Reformation Martin Luthers und der Jansenismus zu eigen machten. Nach ihnen muss der Satz des Paulus in dem Sinne gelesen werden, dass der Gerechte das Heil nicht durch seine guten, im Leben vollbrachten Werke erfährt (auch wenn diese offensichtlich etwas Gutes sind), sondern einzig und allein durch seinen Glauben. Das Gegenteil zu behaupten, d. h. dass das Paradies demjenigen garantiert ist, der im Leben gut gehandelt hat, würde bedeuten, Gott auf einen guten Richter zu reduzieren. Nur aus Hochmut kann der Mensch denken, er könne sich allein retten und mit seinen guten Taten das Urteil Gottes vorwegnehmen (und ihn damit in gewissem Sinne nutzlos zu machen). Triebe man diese juristische Heilsvision an ihre Grenze, würde man zu einem theologischen Paradoxon gelangen: Der Mensch, der frei ist, sich nach Belieben zu retten oder zu verdammen, wäre völlig sein eigener Herr, während Gott, der keinen Akt der Ungerechtigkeit ausführen könnte, etwa um einen Sünder zu retten, an eine höhere Norm gebunden und also unfrei wäre.

Augustinus zufolge besteht die wahre christliche Botschaft darin, die grundlegende Schwäche des Menschen zu erkennen, der seinem Wesen nach zum Bösen neigt (→ **Anthropologischer Pessimismus**) und deshalb unfähig ist, sich ohne Gottes Hilfe zu retten. Gottes Willen muss er sich also mit völliger Unterwürfigkeit hingeben, indem er jede seiner Entscheidungen annimmt, auch jene, die aus Sicht der menschlichen Gerechtigkeit ungerecht erscheinen. Gott ist bei seinen Entscheidungen nicht irgendeinem Gerechtigkeitskriterium verpflichtet und gewährt die Gnade als ein grundloses und unmotiviertes **Geschenk**. Die gegenteilige Lösung bedeutete eine Einschränkung seiner Omnipotenz.

Die Haupttugend des Christen besteht demnach nicht in den guten Werken, sondern in der **Unterwürfigkeit**, mit der er die unergründlichen göttlichen Pläne akzeptiert. Schließlich formulierte Augustinus das Prinzip der **Prädestination** (→) folgendermaßen: Der einzelne Mensch ist nicht gut, weil er bedeutende Werke vollbringt; im Gegenteil, er handelt gut, weil Gott ihn fromm zur Welt kommen ließ. Er darf sich also nicht arrogant der eigenen Gerechtigkeit brüsten, sondern muss Gott danken, dass er ihn nicht niederträchtig erschaffen habe.

◀ *Die augustinische Religiosität in zwei Abbildungen der mittelalterlichen Kunst. In der Darstellung des Herabkommens des Heiligen Geistes am Pfingsttag (aus einem Pariser Psalter des 13. Jh.s) zeigt die Haltung der Apostel (der ersten und beispielhaften christlichen Gemeinde) die vom Gläubigen verlangte Grundtugend: den* **Glauben.** *Die Apostel sind ruhig sitzend dargestellt, ohne jede Bewegung, jedoch in einem Zustand völliger Aufnahmebereitschaft, beinahe passiv. Man beachte außerdem die Haltung der rechten Hand über dem Herzen, in der Geste des Schwurs. Die Gnade (die vom Himmel herabkommende Taube) ist ein* **grundloses Geschenk Gottes,** *auf das man nur warten kann, im Glauben.*

◀ *Eine charakteristische Eigenart von Augustinus' Lehre ist der Verweis auf das „Innere": Der Mensch gelangt zur Wahrheit Gottes, indem er in den Tiefen seines eigenen Inneren sucht (nicht durch eine Beziehung zur Welt). In den Mosaiken der byzantinischen Kunst erscheinen die Individuen stets voneinander isoliert, auch wenn sie Gruppen bilden; die durch die Bäume symbolisierte Natur trennt die Individuen.*

Gottesstaat

Augustinus

Siehe auch: *Zyklische / Lineare Zeit, Gnade, Anthropologischer Pessimismus*

Die Plünderung Roms durch die Goten unter Alarich im Jahr 410 n. Chr. war ein dramatisches Ereignis. Es veranlasste Augustinus, sein Werk *Über den Gottesstaat* zu schreiben, den ersten Text der abendländischen Philosophie, der sich mit dem Problem der Geschichte befasst. Im engeren Sinne ist nämlich der Begriff der „Geschichte" (eine fortlaufende und sinnvolle Abfolge einzigartiger und unwiederholbarer Ereignisse) eine Errungenschaft des jüdisch-christlichen Denkens. In der griechischen Welt führte die vorherrschende zyklische Zeitauffassung nach dem Prinzip der **ewigen Wiederkehr** (→) dazu, dass man sich die menschlichen Ereignisse als in einem Kreis verlaufend vorstellte, wobei sich Zeiten der Entwicklung und Katastrophen regelmäßig abwechselten und damit die Welt zum Ausgangspunkt zurückbrachten.

Nach Augustinus wird die Menschheitsgeschichte vom Kampf zwischen zwei Staaten oder Reichen bestimmt.

• Der **irdische Staat** ist die Gesellschaft des Teufels. Er entspricht der Natur, der Materie, dem Körper (beim Individuum), der faktischen Geschichte und der Wirtschaft.

• Der **himmlische Staat** ist der Staat Gottes, die Gesellschaft der Gerechten, das Ewige und also Übergeschichtliche, die göttliche Offenbarung. Keine Zeit der Welt (auch nicht die heidnische) ist ausschließlich von einem dieser beiden Staaten dominiert worden, die in der Realität stets koexistieren und miteinander interagieren. Es ist nicht einmal möglich, den irdischen Staat mit dem Römischen Imperium gleichzusetzen und den himmlischen mit der Kirche: Die beiden Staaten lassen sich nicht auf irgendeine bestimmte Institution zurückführen, sondern sind einer Dimension der Seele gleichzusetzen, einer Entscheidung, zu der jeder Mensch aufgerufen ist. Es bleibt

dem Einzelnen überlassen zu entscheiden, ob er im Körper leben, sich selbst und die Welt lieben und Gott verachten möchte, oder ob er im Geist leben, Gott lieben und die Liebe zu sich selbst und zu allem Weltlichen (Ruhm, Geld, Gesundheit) verachten will. Kein äußeres Zeichen unterscheidet die beiden Menschentypen, doch wer im Staat Gottes lebt, stellt die Gründe seines Handelns in einen überirdischen Zusammenhang (das ewige Heil der Seele und der Menschheit) und blickt daher mit Distanz auf die beklemmenden Ereignisse der Politik (die damals den beginnenden Zusammenbruch des Römischen Reiches bedeuteten).

Der Staat der Menschen (zusammen mit den eigentlich historischen und politischen Ereignissen) findet seinen einzigen Daseinsgrund darin, die Entwicklung des Gottesstaats zu fördern, oder besser gesagt die Christianisierung der Menschheit gemäß dem Plan der Vorsehung zu unterstützen. Es ist also nicht wahr, wie die Heiden behaupten, dass der Zusammenbruch des Reiches von der inneren Zersetzung durch das Christentum verursacht wurde. Wahr ist hingegen, dass die ganze Geschichte des Reiches nur eine Episode des göttlichen Plans war. Die während der *Pax Romana* (Friedensperiode des Römischen Reiches) eingeführte Gebiets- und Sprachvereinigung war das Werkzeug der Vorsehung, um die für die Verbreitung der christlichen Botschaft günstigsten Voraussetzungen zu schaffen. Letztlich breche das Reich zusammen, weil es seine wichtigste Daseinsbegründung aus der Sicht des Gottesstaates verloren habe. Man brauche ihm auch nicht nachzutrauern, weil die bevorstehende christliche Gemeinschaft eine neue und überlegene Etappe auf dem Weg der Menschheit zum Heil vollziehen wird.

◄ *Der Staat Christi wurde zu einem der am häufigsten behandelten Themen der mittelalterlichen Bildkunst. Man stellt ihn sich mit zwölf Toren (analog zur Zahl der Apostel) und vollkommen regelmäßig vor, in deutlicher Antithese zum städtebaulichen Chaos der realen mittelalterlichen Städte.*

▼ *Die Gegenüberstellung des Gottesstaates und des Menschenstaates wurde zu einem wichtigen Element der mittelalterlichen Architektur. Die Kirchenportale ahmten in ihrer Struktur diesen Gegensatz nach.*

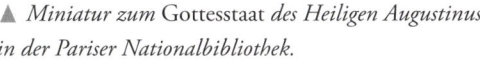

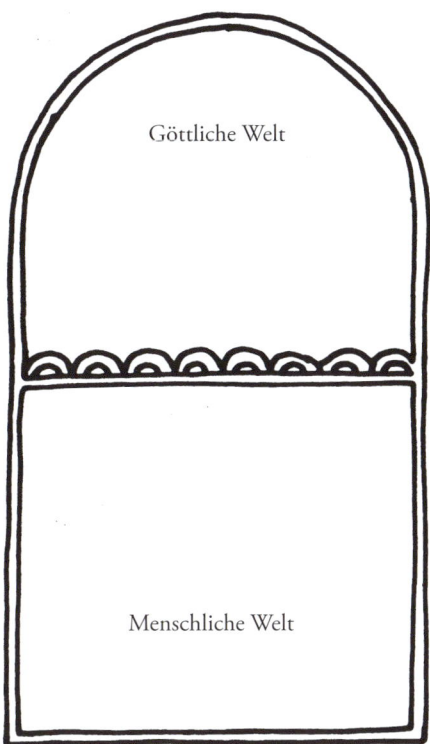

Göttliche Welt

Menschliche Welt

▲ *Miniatur zum* Gottesstaat *des Heiligen Augustinus in der Pariser Nationalbibliothek.*

Negative Theologie

Dionysius, Mystik
Siehe auch: *Meditation*

Die unter dem Namen des Dionysius Areopagita wohl im 5. Jh. veröffentlichte und ab dem 9. Jh. im abendländischen Denken weitverbreitete negative Theologie bildete das theoretische Fundament der christlichen Mystik (→ **Mystik**). Im Gegensatz zur rationalen Theologie, nach der es möglich ist, zu Gott mit den Mitteln der Vernunft vorzudringen, behauptete diese, man könne von Gott nur die Nichterkennbarkeit predigen. Jede der Gottheit zugeschriebene Eigenschaft (auch Güte, Gerechtigkeit, Liebe) ist eine missbräuchliche Übertragung von rein menschlichen Qualitäten, letztlich also eine Form des **Anthropomorphismus** (→).

Nach Dionysius besteht die einzig mögliche Theologie aus **Negationen**: Man kann nur über das nachdenken, was Gott *nicht* ist. „Nur durch den Verlust des Augenlichts und der Erkenntnisfähigkeit, nur durch die Tatsache des nicht Sehens und nicht Erkennens ist es möglich, das zu sehen und zu erkennen, was jenseits des Sehens und Erkennens steht. Gerade dies ist die Methode, wirklich zu sehen und zu erkennen und den Überseienden in überseiender Weise zu preisen. Je mehr wir uns nach oben erheben, desto mehr fehlen uns die Worte angesichts der umfassenden Schau des nur geistig Erfassbaren. So werden wir auch jetzt, wenn wir in die Dunkelheit eindringen, die höher ist als alle Vernunft, nicht etwa Mangel an Worten, sondern überhaupt keine Worte und Gedanken mehr finden." (*Über die Mystische Theologie*, Kap. II/III)

Zum Begriff der Unermesslichkeit Gottes gelangte Dionysius beim Nachdenken über die **Hierarchie** (wörtlich: „Ordnung der heiligen Dinge"). Sein Hauptwerk, die kurze Schrift über die *Himmlische Hierarchie*, gliedert sich in zwei Teile. Im ersten beweist Dionysius, wie hierarchische Ordnungen jede Seinsform strukturieren, sei es die in die drei Klassen der Arbeiter, Krieger und Geistlichen unterteilte menschliche Gesellschaft, sei es das physische Universum, das in konzentrischen Kreisen organisiert ist, denen jeweils eine himmlische Intelligenz vorsteht, oder das übernatürliche Universum: Auch die Gesellschaften der Engel sind nach Dionysius in einer genauen Rangfolge nach Prinzipien der Begabung und spezieller Fähigkeiten organisiert.

Im Gegensatz zur Hierarchie als universellem Prinzip ist die Botschaft des zweiten Teils des Werkes sehr beunruhigend: Gott beteiligt sich an keiner natürlichen, menschlichen oder himmlischen, Hierarchie. Im Rückgriff auf Plotin (→ **Transzendenz**) stellt Dionysius Gott nicht an den Gipfel einer hierarchischen Pyramide, sondern *extra ordinem*, außerhalb jeder Ordnung. Zu Gottessymbolen werden somit die Finsternis und die Stille, nicht mehr das Licht und das Wort oder dem menschlichen Intellekt unergründliche Paradoxa (Gott als „strahlendste Dunkelheit"). Trotzdem, und dies ist die erschütternde Wahrheit des Dionysius, ist Gott bereits in diesem Leben auf **mystischem Wege** fassbar, eine Erfahrung, die die traditionelle Gebetshierarchie *(cogitatio, meditatio, contemplatio)* zu überwinden vermag, um mit einem Sprung über die Vernunft hinaus zur *deificatio* zu gelangen, der direkten und intuitiven Teilhabe am Göttlichen.

Erste Hierarchie	1. Seraphim	sehen Gott als letztes Ziel aller Dinge an
	2. Cherubim	kennen die Gründe der göttlichen Vorsehung
	3. Thronoi	achten die Bestimmung der göttlichen Urteile an sich
Zweite Hierarchie	4. Herrschaften	haben Befehlsmacht über die anderen Engelsordnungen
	5. Kräfte	vollstrecken die göttlichen Gebote
	6. Gewalten	bewahren die von der Vorsehung auferlegte Ordnung
Dritte Hierarchie	7. Fürstentümer	wachen über das Allgemeinwohl
	8. Erzengel	kümmern sich um das menschliche Wohlbefinden
	9. Schutzengel	sorgen für das Wohlbefinden jedes einzelnen Individuums

ARHGELI

◄ Eine dauerhafte Wirkung der Überlegungen des Dionysius zum Begriff der Hierarchie war die ungestüme Entwicklung der **Angelologie** (→). Das Mittelalter stellte sich die himmlische Hierarchie als Spiegel und Rechtfertigung der irdischen vor. Auch unter den Engelsscharen gibt es Prestigeunterschiede (die sich in Nähe zu Gott ausdrücken) und eine strenge Aufgabenverteilung. Die Erzengel beispielsweise, die in der Hierarchie einen sehr niedrigen Platz, knapp über dem Schutzengel, einnehmen (siehe Schema unten), treten erst zum Zeitpunkt des Todes eines Menschen in Aktion, wobei sie die Aufgabe haben, dessen Seele in den Himmel zu tragen (die in der linken Abbildung, einem Mosaik aus dem Baptisterium von San Marco in Venedig, durch ein Neugeborenes dargestellt wird). Aus diesem Grund wurden die Erzengel als Psychopompoi, d.h. als „Seelengeleiter" bezeichnet.

◄ Da Gott begrifflich nicht zu fassen ist, riet Dionysius davon ab, die traditionellen Metaphern zu gebrauchen (Gott als Liebe, als Licht. usw.), die von den Gläubigen missverstanden (d.h. als wahre Erklärungen angesehen) werden könnten. Es ist hingegen angebracht, sehr ungewöhnliche Metaphern zu benutzen, sodass ihr rein symbolischer Wert deutlich wird. Gott sollte von ungeheuren und rätselhaften Wesen, wilden Tieren (Bär, Panther) oder durch möglichst spitzfindige Ähnlichkeiten repräsentiert werden. Eine dieser Metaphern ist der **Pelikan**, dem die mittelalterlichen Bestiarien die Gewohnheit zuschrieben, seine Jungen mit dem eigenen Blut zu ernähren, wozu er sich Wunden in der Brust zufügte (Symbol für das Opfer Christi). Die große symbolische Produktivität der mittelalterlichen Kunst beruht auch auf dieser Lehre.

Mystik

Mittelalterliche Relgiosität
Siehe auch: *Ikonentheologie*

Mit „Mystik" bezeichnet man eine besondere Art der religiösen Erfahrung, die vom Vertrauen in die Möglichkeit einer **Rückkehr zu Gott mittels Askese** gekennzeichnet ist. Es handelt sich also um eine Form der Meditation, die es der Seele erlaubt, sich von allem Körperlichen zu befreien und so in einen Zustand des Aufgehens in Gott, zur **Ekstase** (→), zu gelangen.

Dieser asketische Prozess vollzieht sich auf außerrationalen Wegen. Die verschiedenen Formen der Mystik, die des Orients wie die des Abendlandes, sehen in der gewöhnlichen rationalen Kenntnis der Welt (dem *Samsara* der indischen Terminologie) einen Zustand der geistigen Unruhe, der überwunden werden muss. Die Vernunft ist eine Illusion, ein falsches Wissen, das durch die Entleerung des Geistes zu bekämpfen ist; um zu dieser „Reinigung" der Psyche zu gelangen, schlägt jede Tradition besondere Techniken der **Meditation** (→) vor.

Der Verzicht auf Rationalität ist eine notwendige Bedingung, die aber nicht ausreicht, um das ekstatische Ereignis hervorzubringen. Der Geist muss nicht nur von dem Übermaß an Informationen befreit werden, das ihn erstickt, er muss von der Gewohnheit des abstrakten Denkens und von der angeborenen Neigung geheilt werden, zu unterscheiden, zu vergleichen, aufzuteilen, abzuwägen und in Kategorien einzuordnen. Insbesondere gilt es, den geistigen Vorgang des Einteilens zu überwinden, bei dem wir jedes Wesen identifizieren, indem wir es von anderen unterscheiden: Dies ist ein im alltäglichen Leben nützlicher Denkvorgang, der jedoch hinderlich ist, weil er die eigentliche Realität verdeckt. Sogar die Wahrnehmung muss überwunden werden. Das Bewusstsein seiner selbst als individueller Einheit, die getrennt ist von der Umwelt, in der man lebt, das Wahrnehmen der Welt als ein Nebeneinander verschiedener Elemente, kurzum die normale Art zu leben, ist das, was

überwunden werden muss. Grundüberzeugung jeder Mystik – nicht rational behauptete Wahrheit, sondern ein durch Erfahrung zu erreichender Zustand – ist die **Einheit des Universums**. Nach Dionysius Areopagita, dem Begründer der **negativen Theologie** (→), müsse man die Sinneswahrnehmungen ebenso aufgeben wie alle Denkvorgänge; zu entsagen sei allem, was man empfinden und denken könne, den Dingen, die es gibt und denen, die es nicht gibt. Stattdessen solle man in völligem Nichtswissen hinstreben zum Einswerden mit Jenem, der alles Sein und Erkennen übersteigt.

Mystik, deren archaischster Ausdruck der **Schamanismus** (→) war, gibt es in unterschiedlichen Formen in allen großen Religionen und insbesondere im Orient. Bis zur Entstehung der **Kabbala** (→) im 13. Jh. war sie aber im Judentum nicht vorhanden und trat im abendländischen Denken erstmals in der Lehre **Plotins** (2. Jh. n. Chr.) auf.

Die christliche Mystik, eine Randerscheinung in der **Urkirche** (→), entstand erst im hohen Mittelalter mit der negativen Theologie des Dionysius Areopagita und behauptete sich dann im Umfeld der Franziskaner. Auch wenn Paulus in seinem *Zweiten Brief an die Korinther* behauptet, sich mystisch bis zum dritten Himmel erhoben zu haben, nahm die Mystik mit ihrem Antagonismus gegenüber den Werten der Rationalität im christlichen Abendland stets eine untergeordnete Rolle ein.

◄ *Der Aufstieg der Seele durch die Himmelssphären, aus einem anonymen hermetischen Manuskript des 12. Jh.*

▲ *Darstellung der am 17. Januar 1871 in Lourdes erschienenen Jungfrau. Die mystische Tradition ist in der modernen Welt durchaus nicht untergegangen. Von den acht offiziell von der Kirche anerkannten Madonnenerscheinungen haben sich sieben nach 1831 ereignet. Bis heute sind Tränen vergießende Statuen, Erscheinungen und andere mit mystischen Erfahrungen verbundene Phänomene häufig.*

◄ *Eine Darstellung der Entscheidung für gesellschaftliche Selbstausgrenzung, die häufig mit dem Leben der Mystiker einherging: Die heilige Eremitin Maria Aegyptiaca ist wie eine Wilde dargestellt, die nackt und zerzaust durch die Felder streift und die Kleider ablehnt, die ihr von einer anderen Heiligen angeboten werden.*

Meditation

Mystik
Siehe auch: *Ekstase, Mystik*

Die verschiedenen Traditionen der Mystik haben eine Reihe von Meditationstechniken ausgearbeitet, die geeignet sind, das Eintreten der **Ekstase** (→) zu begünstigen.

Die christlichen Mystiker des Mittelalters entwickelten Methoden, die auf der völligen Isolation von allen Sinneswahrnehmungen beruhten. Indem sie allein, in vollkommener Stille in der Dunkelheit einer Höhle lebten, versetzten sie sich in einen ähnlichen Zustand, wie ihn heute Psychologen bei Versuchspersonen in isolierten Laborräumen herstellen. Dabei wird die Versuchsperson von beinahe allen Sinneswahrnehmungen isoliert; sie darf sich nur bewegen, um zu essen; die mit einer Binde verbundenen Augen nehmen nur eine matte und diffuse Helligkeit wahr; die Ohren hören nur das Summen der Klimaanlage, der Tastsinn wird durch Binden abgeschwächt. Unter solchen Bedingungen erleiden die geistigen Fähigkeiten und die Konzentration nach nur weniger Stunden einen drastischen Zusammenbruch. Da der Verstand, isoliert von der Außenwelt, nicht funktionieren kann, wird die sensorische Leere mit visuellen, taktilen und auditiven Halluzinationen gefüllt, die ständig zunehmen und immer überwältigender werden.

Derselbe „geistige Kurzschluss" kann auch durch die ständige Wiederholung eines einzelnen Impulses erreicht werden, mittels einer Technik, die im Orient als *Mantra*, in der muslimischen Welt als *Dikr* und im orthodoxen Christentum als *Hesychasmus* (Eremitentum) bezeichnet wird. Die griechischen Mönche nahmen das Gebot des Heiligen Paulus wörtlich: „Betet ohne Unterlass" und wiederholten pausenlos eine Formel wie etwa: „Herr Jesus Christus, hab Erbarmen mit mir." Die zwanghafte Wiederholung des Satzes bewirkt einen halb benommenen Zustand, eine Schwächung der rationalen Fähigkeiten bis hin zum Verlust der Kontrolle über das Bewusstsein.

Die Formel verliert recht schnell ihre ursprüngliche Bedeutung und wird zu einem rein phonetischen Laut; nach einer bestimmten Anzahl von Wiederholungen ist das Bewusstsein nicht mehr in der Lage, irgendeine Realität darin wahrzunehmen. Wird die Rezitationspraxis fortgesetzt, beginnt nach wenigen Minuten ein geistiges Leiden, das mit der Zeit zu einer heftigen Qual werden kann.

Die muslimische Welt hat mystische Techniken entwickelt, die vor allem mit Bewegungen des Körpers verbunden sind: Musik und Tanz, die bereits im Mittelpunkt der griechischen **dionysischen Riten** (→) standen. Die Bruderschaften der Derwische (der islamischen mystischen Sufi, die der Orient Fakire nennt) erlangten die Ekstase durch einen Kreistanz, ähnlich den Bewegungen der Planeten im Sonnensystem.

Die Atemkontrolle steht im Zentrum des **Yoga** (Indien ist der Ursprung fast aller meditativen Praktiken, auch jener, die sich dann im Abendland verbreiteten), während der **Tantrismus** die sexuelle Energie nutzte. In den tantrischen Tempeln sind Darstellungen des Beischlafs häufig (oft in deutlicher Genauigkeit): In der sexuellen Vereinigung (die allerdings nie zum Orgasmus gelangte) fand der tantrische Mystiker das am ehesten geeignete Mittel, um jede Form von Dualismus aus seinem Geist zu eliminieren.

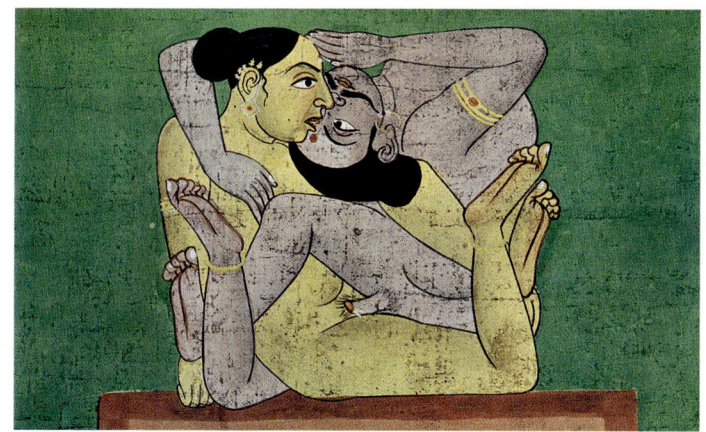

◀ *Eine komplizierte Stellung, die in einem tantrischen Text vorgeschlagen wird. Der Mystiker musste kurz vor dem Orgasmus innehalten, um das Sperma durch den axialen Kanal (das Rückgrat) bis zum Kopf fließen zu lassen. So sollte schlagartig eine Ekstase hervorgerufen werden.*

▶ *In der mystischen Tradition der orthodoxen Kirche (besonders unter den Mönchen der Bergkloster auf Athos in Griechenland) ging das ekstatische Gebet mit dieser besonderen Körperhaltung einher – mit dem Kopf auf den Knien. Beeindruckend ist die Ähnlichkeit zur Körperhaltung, die beim Flug des Schamanen (→ Schamanismus) eingenommen wurde.*

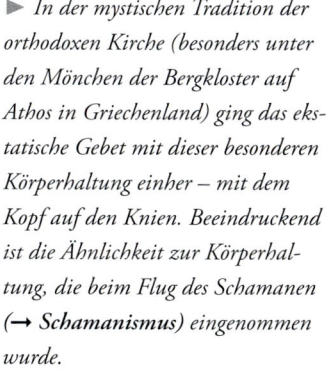

▲ *Beim „Yoga des Lichts" muss der Praktizierende einschlafen, nachdem er sich soweit auf die Leuchtkraft einer Kerze konzentriert hat, dass er sich mit ihr identifiziert. Das Licht wird ihn auch im Schlaf, in den Träumen und in den dunklen Tiefen des Unbewussten begleiten.*

◀ *Im Islam war die wichtigste mystische Lehre der Sufismus, der von den Bruderschaften der Derwische praktiziert wurde, die man wegen ihrer besessenen Tänze als „Dreher" bezeichnete. Typisch für diese Tradition war das Zurschaustellen der Unempfindlichkeit gegen Schmerz während der Ekstase (Fakirismus).*

Ekstase

Mittelalterliche Mystik
Siehe auch: *Meditation, Negative Theologie*

Das eigentliche Ziel jeder **Mystik** (→) ist die vollkommene Vereinigung mit dem Göttlichen, die in der christlichen Tradition als Ekstase (wörtlich: „außer sich sein") bezeichnet wird, in der buddhistischen als *Nirvana*, in der hinduistischen als *Brahman*, in der chinesisch-taoistischen Kultur als *Tao* und im japanischen Zen als *Satori*. Die Psychologie beschreibt dieses Phänomen als einen Zustand der *Trance*, als eine Bewusstseinsveränderung, die dem Schlaf sehr ähnlich ist, jedoch mit durchaus besonderen physiologischen Merkmalen. (Beispielsweise ähnelt das Elektroenzephalogramm dem des Wachzustandes, trotz des Bewusstseinsverlusts, der fehlenden Wahrnehmung der Umwelt und des Gedächtnisverlusts nach dem Aufwachen.)

Häufig haben die Mystiker die Ekstase als eine länger andauernde Eingebung oder Intuition beschrieben. Die Eingebung (das Verständnis von etwas ohne längeres Nachdenken) ist nämlich immer (wenn auch von geringerer Intensität) eine **Erleuchtung**, ein Augenblick, in dem die Wahrheit plötzlich aufblitzt und sich dem Bewusstsein offenbart, als ob sie von außen käme. Doch während solche Eingebungen im normalen Leben etwas Außergewöhnliches sind, vorübergehende, stets zeitlich begrenzte Ereignisse, ist das Verhältnis im ekstatischen Zustand umgekehrt: Der Mystiker hat intuitiv an der umgebenden Welt teil und erlebt eine umfassende und befreiende Erfahrung jenseits des Bewusstseins seiner selbst und jenseits jeder Form von Konflikt. Das egozentrische Bewusstsein ist in eine Art Bewusstseinerweiterung übergegangen. Der Heilige Dionysius, der bedeutendste Theoretiker der mittelalterlichen Mystik, sprach von einer „unaufhaltsamen Erregung", von einer Empfindung „des Losgelöstseins von sich selbst und allen anderen Dingen". Das Endergebnis dieses Prozesses ist die **Deifikation** *(deificatio)*, wörtlich: das „Sich-zu-Gott-Machen": Das Individuum als solches

verflüchtigt sich und im Zustand der *Trance*, jenseits der normalen Wahrnehmung der umgebenden Welt, fühlt es sich mit dem All und dem Göttlichen eins.

Der Psychoanalytiker Rudolf Otto (*Das Heilige*, 1917) definierte die psychologischen Aspekte der ekstatischen Erfahrung mit dem Begriff „numinos" (von lateinisch *numen*, „göttliche Macht"). Das Numinose bedeutet ein *mysterium tremendum*, d. h. jenes mit Verehrung gemischte Gefühl der Furcht, welches die Berührung mit dem Heiligen kennzeichnet.

Dieses für das begriffliche Verständnis unaussprechliche und unzugängliche „Gefühl kann mit milder Flut das Gemüt durchziehen in der Form schwebender, ruhender Stimmung versunkener Andacht. Es kann so übergehen in eine stetig fließende Gestimmtheit der Seele, die lange fortwährt und nachzittert, bis sie endlich abklingt ... Es kann auch mit Stößen und Zuckungen plötzlich aus der Seele hervorbrechen. Es kann zu seltsamen Aufgeregtheiten, zu Rausch, Verzückung und Ekstase führen. Es hat seine wilden und dämonischen Formen. Es kann zu fast gespenstischem Grausen und Schauder herabsinken".

Die Erleuchtung kommt stets unerwartet als eine dem Meditierenden geschenkte Gabe. Keine kontemplative Methode führt mit Sicherheit zu einem Ergebnis. Selbst nach einer systematischen Lehre, die oft ein ganzes Leben beansprucht, führt die unerwartete Berührung mit dem Numinosen immer zu einer Erschütterung der ganzen Persönlichkeit.

▼ ◀ *Die „mystische Vermählung". Eines der verwir-*
renden Merkmale der weiblichen Mystik sind die
deutlich erotischen Züge, mit denen viele Heilige ihre
ekstatische Hingabe bei der Liebe zu Christus beschrie-
ben haben. Unten empfängt Magdalena von Pazzi
(16. Jh.) die Hostie direkt aus den Händen Jesu, des
„Bräutigams", den die Heilige in Ekstase als einen mus-
kulösen, schönen und sinnlichen Mann beschreibt. Links:
Teresa von Avilas geistige Hochzeit mit Christus in der
berühmten Statue von Bernini: Die von Leidenschaft
erschütterten Gesichtszüge und der Engel mit dem Pfeil
(als traditionell mit **Eros** *(→) und Liebe assoziierten*
Symbolen) unterstreichen die erotischen Aspekte der
„mystischen Vermählung".

◀ *Der als Ekstase bezeichnete Zustand geistiger Erre-*
gung kann auf vielfache Weise erreicht werden (Fasten,
Sinnesdeprivation, anhaltendes Gebet, Benutzung be-
sonderer Substanzen). In der Kunst primitiver Kulturen
wird der ekstatische Zustand häufig als Solarisierung
(zur Sonne werden) des Kopfes beschrieben, der zu explo-
dieren oder sich in eine strahlende Sonne zu verwan-
deln scheint. Die pilzförmige Figur (ganz rechts) stellt
hingegen die Ekstase eines Schamanen der Vapués-India-
ner aus Kolumbien dar, die dem geheiligten Verzehr des
Peyote, eines halluzigenen Pilzes, ergeben waren.

Angelologie

Dionysius, Mystik
Siehe auch: *Dämonologie, Ikonentheologie*

Das Wort „Engel" (von griech. *angelos*: „Bote") bezeichnet ein übernatürliches Wesen mit Vermittlerfunktion zwischen Mensch und Gottheit. Engel spielen in den drei Offenbarungsreligionen (Judentum, Christentum, Islam) unterschiedliche Rollen.

Im *Alten Testament* war die Existenz von Engeln nicht Gegenstand einer besonderen Doktrin, sondern wurde als selbstverständlich und vor allem ohne jede theologische Spekulation vorausgesetzt: Der strenge biblische Monotheismus legte es nahe, die Rolle präexistenter oder autonomer geistiger Wesen angesichts Gottes nicht zu betonen.

Die Engel wurden erst im Mittelalter, ausgehend vom theoretischen Werk des Heiligen Dionysius Areopagita (→ **Negative Theologie**), Gegenstand einer regelrechten Wissenschaft, der Angelologie. Man behauptete, dass die Engel unkörperliche Wesen seien, reine Geister, aus derselben Substanz wie der Dämon (Teufel), die über Willensfreiheit und eine individuelle Eigenart verfügen, zu intuitivem, dem rationalen menschlichen überlegenen Wissen fähig seien; sie würden von Gott eingesetzt, um in die Geschehnisse der Welt einzugreifen (als Instrument der Vorsehung), als auch, um sie zu lenken. (Die Engel sind jene himmlischen Wesen, die die Himmel des Universums bewegen.)

Dieser Beschreibung fügte die Volksreligiosität etliche Symbole hinzu, die die heidnische Kunst den Göttern vorbehalten hatte: die Flügel, die Fähigkeit zu fliegen, die Möglichkeit, den Menschen sichtbar zu werden und besondere Erscheinungsformen anzunehmen. Diese Vermischung von Heidnischem und Christlichem nützte der freien Entwicklung von Engelsdarstellungen sicherlich nicht, weil sie bei den christlichen Theologen immer wieder den Verdacht erregte, ein Übermaß an Engelsverehrung könnte erneut Überreste des Polytheismus ans Licht bringen. Nur daraus erklärt sich das beinahe manische Bemü-

hen des Mittelalters, das Wesen der Engel genau zu definieren. Die Spitzfindigkeit, mit der die Angelologie bestimmte Fragen behandelte, ist berühmt geworden, so sehr, dass „darüber sprechen, welches Geschlecht die Engel hätten" noch heute bedeutet, über Nichtigkeiten zu sprechen. Jede Einzelheit im Leben der Engel wurde leidenschaftlich diskutiert: die Nahrung, die Kleidung (der Schnitt, die Farbe, die Leuchtkraft), die in den paradiesischen Chören benutzten Musikinstrumente, die genaue Nähe zu Gott (abgesehen von solchen Fragen: „Wie viele Engel passen auf eine Nadelspitze?").

Die immer rationalere Betrachtungsweise lässt sich an der Geschichte der Bilder gut ablesen. Während in der merkwürdigen und außerirdischen Physiognomie der archaischen Darstellungen eine bemerkenswerte symbolische und imaginative Spannung sichtbar wird (der Engel ist eine Schlange, ein nur von Flügeln umgebenes Gesicht ohne Körper, ein mit Augen übersätes Rad, ein Androgyn), fügte man sich seit der Renaissance in eine streng anthropomorphe Darstellung: Die Engel wurden zu mit Flügeln ausgestatteten, immer weniger eindrucksvollen Menschen bis hin zu den süßlichen Engelsputten des Barocks. Die übertriebene Festlegung hat dem Symbol geschadet, man hat es jeder gefühlsbetonten Ausstrahlung beraubt und ihm die Aura von Erhabenheit und Macht entzogen. Tatsächlich ist in der heutigen Religiosität wenig von der antiken Popularität der Engel geblieben.

Von der imposanten Schar, die die mittelalterliche Vorstellungswelt bevölkerte, bleiben heute nur die herausragendsten Figuren übrig (Gabriel, Michael, Raphael), wobei allerdings auch diese verblasst sind.

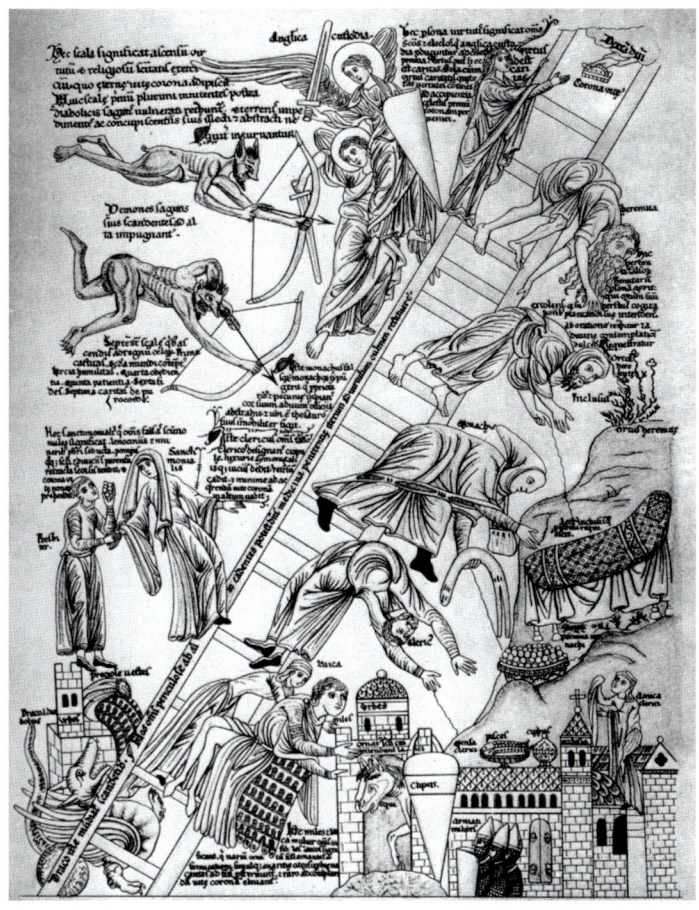

▶ *Die Jakobsleiter. Die den Engeln anvertraute Mittlerfunktion zwischen Menschen und Gott wird durch das häufige Auftreten des Symbols der Leiter unterstrichen. Der Ursprung dieses Symbols findet sich in der Erzählung des Propheten Jakob, der im Traum die Vision einer Leiter hatte, die von seinen Füßen bis in den Himmel reichte (auf jeder Stufe hatte ein Engel die Aufgabe, dem Mystiker beim Aufstieg behilflich zu sein).*

▲ *Die ersten Darstellungen von Engeln waren weniger vermenschlicht als die Modelle, die sich seit der Renaissance durchsetzten. Die Engel wurden häufig ohne Körper dargestellt, nur versehen mit Flügeln oder einer unbeschreiblichen Anzahl von Augen. Die Abbildung ist eine der ersten naiven „anthropomorphen" Darstellungen (Detail des Ratchis-Altars, langobardische Kunst).*

▲ *Die von der mittelalterlichen Religiosität vorgenommene Personifizierung geistiger Wesen beschränkt sich nicht auf die Figur des Engels. Da, wo die Griechen nur die Vernunft sahen, wird vom mittelalterlichen Mensch eine Vielfalt an Kräften entdeckt (und in der Kunst dargestellt): Tod, Seele, Teufel, Engel.*

◀ *Die Cherubim, weit oben in der himmlischen Hierarchie, wurden stets mit sechs Flügelpaaren dargestellt, die, um ihren Zustand der Wissensfülle zu symbolisieren, mit Hunderten von Augen übersät waren.*

Auctoritas

Scholastik
Siehe auch: *Thomismus*

Da sich vom 6. bis zum 14. Jh. das geistige Leben fast vollständig innerhalb der christlichen Schulen entfaltete (zunächst in denen, die den Klöstern angefügt waren, dann in den städtischen Kathedralen und zuletzt in den Universitäten), wird das philosophische, theologische und wissenschaftliche Denken des Mittelalters als **Scholastik** (Kultur der Schulen) bezeichnet. In all diesen Jahrhunderten war der christliche Intellektuelle (Mönch, Kleriker, Klosterbruder) ein „Mann der Schule", was bedeutete, dass er die Philosophie nicht als freie Forschung begriff, sondern als Lernen und Lehren.

Die christlich-scholastische Spekulation konnte sich nur innerhalb der Traditionen und der Orthodoxie entfalten, wie sie von den kirchlichen Autoritäten festgelegt waren. Darüber hinaus gab es den Scholastikern zufolge keine Wahrheit zu suchen, da alles Wichtige bereits Gegenstand der göttlichen Offenbarung gewesen und in den Heiligen Schriften enthalten ist. *Altes* und *Neues Testament* stellen als direktes Wort Gottes die höchste unter den Autoritäten dar, sie sind ein **Dogma**, ein fundamentaler und unverzichtbarer Glaube, dessen Inhalt nicht zur Diskussion gestellt werden kann, ohne sich der Sünde der Häresie schuldig zu machen.

Einzige Aufgabe des mittelalterlichen christlichen Denkers war es, den nicht immer evidenten *Sinn* der Schrift zu erklären, wobei man auf andere *auctoritates* (Texte, deren Glaubwürdigkeit aus dem Ansehen des Verfasser erwächst) zurückgriff. Als unbestreitbare „Autoritäten" wurden die *vier Evangelisten*, die Entscheidungen eines Konzils und das Urteil eines Kirchenvaters angesehen; weniger verlässlich, aber dennoch glaubhaft waren die Autorität eines Papstes oder die Meinung eines Gelehrten. Bei Fragen, die nicht die Theologie betrafen, ließ man als Autoritäten die großen Philosophen der griechischen

Epoche und sogar Denker islamischen Ursprungs gelten.

Diese Vorstellung von Philosophie spiegelte sich klar in der Struktur der Lehre wider, die in zwei verschiedenen Veranstaltungsformen vonstattenging: in der *lectio* („Lesung"), einer gemeinsamen Lektüre und Kommentierung des Textes einer *auctoritas*, und in der *quaestio* („Untersuchung"), bei der die Studenten Probleme vorbringen konnten, um die genaue Bedeutung einer Passage zu klären.

Die Auflösung der Scholastik gegen Ende des Mittelalters war notwendige Folge einer inneren, durch ihr Wesen selbst hervorgerufenen Krise, d. h. der Vorstellung, unser gesamtes Wissens sei ein **geschlossenes System**, das endgültig und für immer vorgegeben war. Mit dem Fortschreiten der Studien wurden nämlich die Fragestellungen zur Interpretation immer subtiler, und der Rückgriff auf die antiken Wissenschaften erwies sich als immer problematischer. Die Übersetzungen antiker Werke aus dem Arabischen und aus dem Griechischen (12.–13. Jh.) machten eine immer größere Zahl zuvor vergessener *auctoritates* zugänglich. Die Fortschritte der Philologie enthüllten, dass viele Autoren, insbesondere **Platon** und **Aristoteles**, die im Mittelalter ebenso geschätzt wie kaum bekannt waren, untereinander und mit der christlichen Lehre unvereinbar waren. Es war beispielsweise erschütternd zu entdecken, dass Aristoteles, endlich zugänglich in der Übersetzung des Averroes aus dem Arabischen, die Sterblichkeit der individuellen Seele (eine „Form des Körpers") behauptet hatte, eine absolut unchristliche und potenziell atheistische These (→ **Averroismus**).

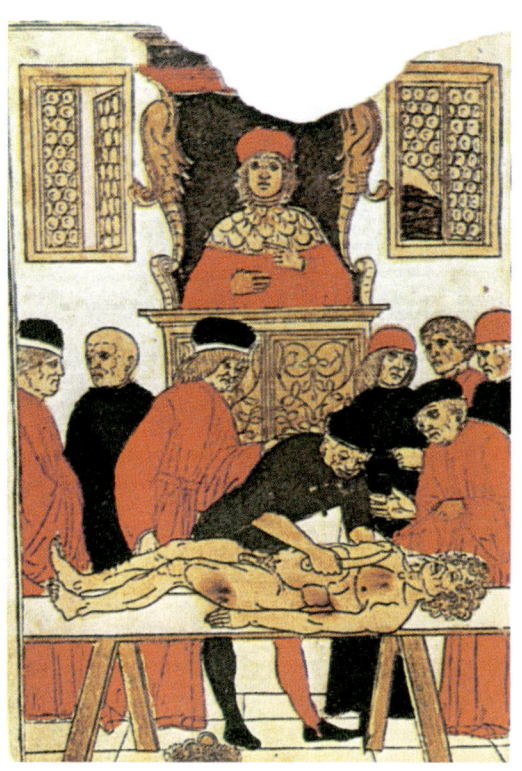

◄ In der Scholastik wurde das Prinzip der auctoritas *nicht nur auf die Heiligen Schriften und die Theologie angewandt, sondern auch auf das wissenschaftliche Denken. Jedem Wissensgebiet wurde ein Autor vorangestellt, von dem man annahm, dass er in jenem Bereich die endgültige Wahrheit verkündet habe. Exemplarisch ist der Fall der Anatomie, die so unterrichtet wurde, wie es die Abbildung zeigt: Der Meister, am Pult und ziemlich weit von der Leiche, auf die er keinen Bezug nimmt, liest den Text Galens vor, des bedeutenden Arztes aus dem 2. Jh. n. Chr. Die Sektion ist einem* ostensor *anvertraut, einem unbedeutenden Sezierer, fast immer ein Barbier. Wenn die Wirklichkeit den Text widerlegte, glaubte man nicht an einen Irrtum der* auctoritas, *sondern an eine pathologische Veränderung oder an eine Besonderheit der Leiche.*

► Der Heilige Johannes, dem ein Engel assistiert, beim Schreiben der Apokalypse. Die auctoritas *beruht auf der Offenbarung: Die Wahrheit ist nicht das Ergebnis rationaler Anstrengung, sondern Ausdruck des Göttlichen. Der offenbarte Text wird nicht vom Autor verfasst, sondern von Gott selbst.*

◄ Die auctoritas *konnte durch keinen konkreten Beweis dementiert werden, da dieser sehr viel weniger galt als die Meinung einer Größe aus der Vergangenheit. Exemplarisch ist der Fall der Musiktheorie, die erst im 16. Jh. dahin kam, die Existenz von Oktavakkorden zuzugeben, die von der* auctoritas *auf diesem Gebiet, Severinus Boethius (6. Jh. n. Chr.), nicht vorgesehen waren. Dieser hatte sich darauf beschränkt, die noch älteren pythagoreischen Lehrsätze zu referieren (→ **Musikalische Harmonie**). In der Abbildung ist eine Miniatur aus seiner Schrift* De arithmetica, de musica *wiedergegeben. Auf die pythagoreische Unterteilung der wissenschaftlichen Forschung in Arithmetik, Geometrie, Musik und Astronomie gehen die Künste des* **Quadriviums** *zurück, die die Grundlage der mittelalterlichen Erziehung bildeten.*

Averroismus (Averroes)

Thomas von Aquin
Siehe auch: *Thomismus*

Averroes war der lateinische Name von Ibn Ruschd, des arabisch-spanischen (1126 in Córdoba geborenen) Wissenschaftlers und Philosophen, der wegen der Übersetzung und Verbreitung von Aristoteles' Werken im Abendland als „der Kommentator" bekannt war. Sein *Großer Kommentar* erläuterte die aristotelischen Texte Satz für Satz; der *Mittlere Kommentar* beschränkte sich darauf, deren Sinn zu erklären; der *Kleine Kommentar* fasste deren allgemeine Bedeutung zusammen. Aus dieser minutiösen Exegese des Aristoteles folgerte Averroes eine Reihe von Thesen, die sowohl mit dem Islam als auch mit dem Christentum unvereinbar sind.

• Er behauptete die **Unvergänglichkeit der Materie**, die vor Gott existierte und demnach nicht von ihm in einem Akt der **Schöpfung** (→) geschaffen wurde.

• Er vertrat den **Monopsychismus**, die Existenz eines einzigen überindividuellen und universellen Geistes (oder Seele), dessen schlichter und provisorischer Ausdruck die Intelligenz (oder Psyche) der Einzelnen sei. Der Mensch besitzt folglich keine eigene Seele, sondern hat, solange er lebt, teil an der kollektiven Seele. Im Gegensatz zur christlichen und islamischen Lehre besteht aus Sicht des Individuums keine Hoffnung auf Ewigkeit: Die Seele ist dazu bestimmt, gemeinsam mit dem Körper zu sterben.

• Er definierte das Prinzip, nach dem in der wissenschaftlichen Forschung die Wahrheiten des Glaubens jenen unterliegen müssen, die mit der Vernunft erlangt wurden. Im umgekehrten Fall gilt nach Averroes das Kriterium der **doppelten Wahrheit**, nach der ein und dieselbe These zugleich wahr im theologischen und falsch im wissenschaftlichen Bereich sein kann.

Diese Argumentationen brachten Averroes eine Verurteilung zum Exil ein (im Jahr 1195) und erweckten den Verdacht der Häresie gegen den lateinischen Averroismus, die philosophische Richtung, die sich nach 1270 im Abendland, insbesondere in Paris, durch die Lehre des Sigier von Brabant verbreitete. Im Jahr 1277 verurteilte der Erzbischof Stephan Tempier 219 der von den averroistischen Aristotelikern vertretenen Thesen. Daraus entbrannte eine Kontroverse, die erst in der Renaissance beigelegt werden sollte. Trotzdem verbreitete sich der averroistische Ansatz, nach dem Aristoteles eine höhere **auctoritas** (→) habe als die *Bibel* selbst, ab dem 13. Jh. immer mehr, besonders unter den *magistri artium*, den Professoren der Laienausbildung, die in den Universitäten die Lehre der *scientiae* (Arithmetik, Musik, Geometrie) sowie der *scientia prima*, der aristotelischen Metaphysik, überwachten. Ihr Motto war: „Aus dem Studium der Theologie erfährt man nichts Neues."

Der Konflikt zwischen diesen Intellektuellen und der religiösen Orthodoxie erreichte mit dem **Thomismus** seinen Höhepunkt, doch trotz der Verketzerung durch den Heiligen Thomas (nach ihm hatte Averroes die Lehre des Aristoteles absichtlich verfälscht) überlebte der Geist des Averroismus in der aristotelischen Tradition der Renaissance (insbesondere bei Pomponazzi). Averroes' Appell an die Überlegenheit der Vernunft gegenüber dem Glauben, an den Wert der Naturphilosophie (die wissenschaftliche Praxis) im Gegensatz zur Theologie wurde ein Kernstück der modernen wissenschaftlichen Geisteshaltung.

◀ Das Abendland verhielt sich gegenüber der islamischen Kultur zutiefst ambivalent. Im 12. und 13. Jh. gibt es viele Darstellungen einer idealen Unterredung zwischen griechischen (oder christlichen) und islamischen Weisen (in der Abbildung Porphyrius und Averroes). In Wirklichkeit wurden die sprachlichen Barrieren nie überwunden, und die abendländische Annäherung war äußerst selektiv: Man interessierte sich nur für die wissenschaftlichen islamischen Werke (oder für deren griechische Übersetzungen) ohne irgendein Interesse für die Philosophie oder die Religion des Islam.

◀ In den Triumphen des Heiligen Thomas liegt Averroes, der von der überlegenen Wissenschaft des christlichen Philosophen besiegt wurde, zu dessen Füßen und wird von den Weisen als falscher Übersetzer des Aristoteles verspottet.

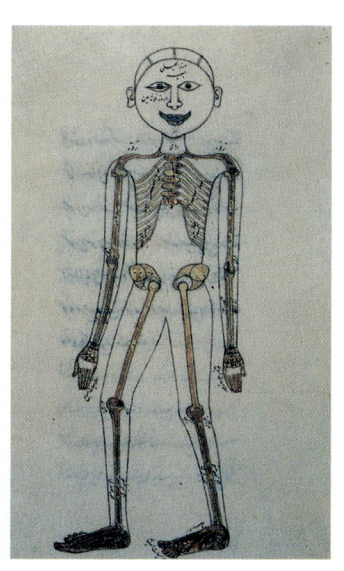

◀ Das dargestellte Skelett aus einem persischen Text zur Anatomie (1396) zeigt beträchtliche Ungenauigkeiten besonders im Bereich der Hüften. Die anatomische Sektion war aus religiösen Gründen auch in der islamischen Welt verboten. Sie entwickelte deshalb ihre Medizin, indem sie sich auf die Texte der Antike (insbesondere Galens) stützte. In allen Wissenschaften beschränkte sich der Beitrag der Araber auf die Weitergabe des antiken griechischen Wissens (ohne weitergehende kreative Ausarbeitungen). Trotzdem hatte die Übersetzung der Werke aus dem Arabischen in den letzten Jahrhunderten des Mittelalters einen tiefgehenden Einfluss auf die Wiederentdeckung des wissenschaftlichen Denkens.

Thomismus

Thomas von Aquin

Siehe auch: *Averroismus (Averroes)*

Der Thomismus, die von dem Dominikanermönch Thomas von Aquin (1225–1274) ausgearbeitete Metaphysik, stellt eine wichtige Etappe in der Entwicklung der christlichen Philosophie dar. Thomas entwickelt mit dem Thomismus eine noch heute fruchtbare Lehre. Sie besteht in dem Versuch, die tausendjährige Tradition der Kirche mit den Ansprüchen der menschlichen Rationalität zu versöhnen, die sich gegen Ende des Mittelalters im Averroismus und im Aristotelismus äußerten.

Erstens beansprucht Thomas auch für die Theologie den Rang einer Wissenschaft. Wie jeder Wissensform gelingt es auch der rationalen Theologie, die von bestimmten als sicher angesehenen Prämissen (dem Text der Offenbarung) ausgeht, auf deduktivem Wege einige wichtige Wahrheiten zu beweisen: die Existenz Gottes, die Unsterblichkeit der menschlichen Seele und vor allem die göttliche **Schöpfung** (→) der Welt (die entscheidende Streitfrage, weil sie von Aristoteles, dem Verfechter der Unvergänglichkeit der Welt, geleugnet wird).

Zweitens vertieft (oder verändert) Thomas die aristotelische Metaphysik, indem er zwischen den Begriffen **Essenz** und **Existenz** unterschied (was es im Denken des griechischen Philosophen nicht gab).

Die Bedeutung dieser Begriffe ist der im Alltagsleben üblichen ähnlich: Existenz bedeutet das konkrete Dasein, das Teilhaben an der Realität; Essenz dagegen (die *Quidditas*, d. h. die Antwort auf die Frage *quid est?*, lat. für „Was ist es?") drückt das tiefere Wesen einer Sache aus und umfasst all das, was in ihrer Definition enthalten ist (während sie ihre zufälligen und zusätzlichen Bestimmungen ausschließt). Die von Thomas eingeführte Neuheit besteht in der Gegenüberstellung dieses traditionellen Begriffs der Philosophie (der aristotelischen Essenz) mit dem der Existenz. Seiner Überlegung nach ist der menschliche

Geist in der Lage, die Essenz auch jener Dinge mit Genauigkeit zu definieren, die über keine Existenzform verfügen (z. B. phantastische Tiere wie das Einhorn oder fliegende Untertassen).

Drittens setzt Thomas das Begriffspaar Essenz – Existenz anstelle des aristotelischen Potenz – Akt. Auf diese Weise wird der Lebenszyklus jedes endlichen Wesens, das in aristotelischen Termini durch den Übergang von der Potenz zum Akt bezeichnet war, als Übergang von der Essenz zur Existenz beschrieben. So konnte Thomas zeigen, wie jede endliche Sache nur zeitweilig Leben genießt. Das, was existiert, lebt, doch ist es nicht das eigentliche Leben, es *besitzt* zwar die Existenz, aber es *ist* nicht die Existenz. Zu jeder endlichen Sache gelangt die Existenz von außen (jeder Geborene empfängt das Leben von den Eltern).

Doch all dies bedeutet mit Blick auf das Universum, dass es ein Urwesen (Gott) gibt, von dem die Kette der Existenzen ihren Anfang genommen hat; ein Wesen, das erzeugt, ohne jedoch seinerseits erzeugt worden zu sein.

Gott ist das Seiende *par excellence*, der sich im jüdischen Glauben definiert als „Ich bin der, der ich bin", weil in ihm (und nur in ihm) Essenz und Existenz zusammenfallen. Gott ist demnach unvergänglich, während die Welt zusammen mit allen Essenzen, die ihre Existenz einem äußeren Impuls verdanken, notwendigerweise die Frucht einer Schöpfung sein muss.

◀ Der Triumph des Heiligen Thomas *(Benozzo Gozzoli, 1468–1484). Die Inszenierung (wie bei einer Lehrveranstaltung) weist auf die Stärke der Kirche hin; zu Füßen des Heiligen liegen besiegt die für eine falsche Aristoteles-Interpretation verantwortlichen arabischen Philosophen Averroes und Avicenna. Obwohl die Bildertradition der Kirche das Thema des Triumphes häufig mit dem Heiligen Thomas assoziiert, wurde sein Werk bei den Zeitgenossen nicht immer wohlwollend aufgenommen. Im Jahr 1277 verurteilten die kirchlichen Autoritäten von Paris die thomistischen Thesen (zusammen mit den aristotelischen). Der Widerstand gegen ihn besonders im Umfeld der Franziskaner, die der Lehre des Augustinus anhingen, endete erst mit Thomas' Seligsprechung im Jahr 1323.*

▼ Die Vereinigung der verschiedenen Lehren: *Thomas fügte in seine einheitliche und christliche Doktrin, seinem Ideal der Harmonie folgend, auch die Philosophien von Platon und Aristoteles mit ein (die Philosophen sind in untergeordneter Stellung auf beiden Seiten angeordnet). Er versuchte – gegen die häretischen Interpretationen von Averroes – zu beweisen, dass Aristoteles christlich interpretiert werden kann. Alle Darstellungen von Thomas haben zwei Dinge gemeinsam: Bücher (deutliches Zeichen seiner gelehrten Bildung) und die würdevolle und symmetrische Abbildung des Philosophen, der auf einem beinahe königlichen Thron sitzt, Symbol für die Stärke seines philosophischen Lehrgebäudes.*

Quadrat der Gegensätze

Mittelalterliche Logik
Siehe auch: *Syllogismus, Axiom*

Die Logiker des Mittelalters bereicherten die aristotelische Behandlung des Syllogismus. Sie stellten fest, dass die Prämissen jeder Überlegung nach ihrer (bejahenden oder verneinenden) Qualität oder ihrer (allgemeinen oder partikulären) Quantität unterschieden werden können. Diese Parameter bilden notwendige Verbindungen zwischen den Prämissen, die die mittelalterlichen Logiker in dem Diagramm schematisierten, das als Quadrat der Gegensätze oder Gegenteile bekannt ist.

Aus Gründen mnemotechnischer Art kam man überein, das oben genannte Schema mit einer standardisierten Kennzeichnung zu versehen: A, erster Vokal des Verbs *adfirmo*, gibt die allgemein bejahenden Sätze an; I, der zweite Vokal desselben Verbs, die teilweise bejahenden; E und O sind entsprechend der erste und zweite Vokal von *nego* und geben demnach die allgemeinen oder die teilweisen Verneinungen an. Auf diese Weise ist es möglich, zwischen vier logischen Paaren zu unterscheiden, die im Folgenden analysiert werden:

• Das **konträre** Verhältnis besteht zwischen einem Satz vom Typ A, dem allgemein bejahenden, und dem vom Typ E, dem allgemein verneinenden. Beide Sätze können nicht wahr sein. Wenn es wahr ist, dass alle Professoren gelehrt sind, so ist das Gegenteil, d. h. dass kein Professor gelehrt ist, falsch. Auf der anderen Seite könnten beide falsch sein (im Fall, dass nicht alle, aber einige Professoren nicht gelehrt sind).

• **Kontradiktorische** Verhältnisse (zwischen A und O oder zwischen E und I) sind die, bei denen die Wahrheit des einen die notwendige Falschheit des anderen impliziert. Wenn alle Professoren gelehrt sind, so ist sicherlich derjenige im Irrtum, der behauptet, dass einige es nicht seien. Und wenn keiner von ihnen gelehrt ist, so irrt sich der, der behauptet, dass einige es seien.

• Das besonders schwache **subkonträre** Verhältnis (zwischen I und O) ist jenes, bei dem beide Sätze, der partikulär bejahende und der teilweise verneinende, wahr sein können, wobei, wenn der erste wahr ist, es der zweite nicht notwendigerweise auch sein muss (es ist nicht ausgeschlossen, dass alle es sind). Andererseits können nicht beide falsch sein.

• Bei den **subalternen** Verhältnissen (zwischen A und I oder zwischen E und O) impliziert die Wahrheit des ersten Satzes die Wahrheit des zweiten, aber nicht umgekehrt. Aus der Tatsache, dass alle Professoren gelehrt sind, folgt die Notwendigkeit, dass einige es sind, aber nicht das Gegenteil. Gleichermaßen folgt aus der Behauptung, dass kein Professor gelehrt sei, dass es einige nicht sind, doch wenn einige Professoren unwissend sind, folgt daraus nicht, dass keiner gelehrt ist.

Die Verhältnisse von Einschluss/Ausschluss der Behauptungen, die von dem Quadrat illustriert werden, dienten den mittelalterlichen Logikern beim Erarbeiten der syllogistischen Reduktion, d. h. bei der linguistischen und logischen Umwandlung eines Satzes, um dessen Zugehörigkeit zu einer der syllogistischen und als gültig anerkannten Figuren zu überprüfen. Z. B. der folgende Syllogismus: Es sind zwölf Apostel; Paulus und Petrus sind Apostel; dass demnach Paulus und Petrus zwölf sind, ist auf keine gültige Form rückführbar und daher als falsche Überlegung anzusehen.

Thesen	Qualität und Quantität	Beispiele
Typ A	allgemein bejahend	**Alle** Professoren **sind** gelehrt
Typ E	allgemein verneinend	**Kein** Professor **ist** gelehrt
Typ I	partikulär bejahend	**Einige** Professoren **sind** gelehrt
Typ O	partikulär verneinend	**Einige** Professoren **sind nicht** gelehrt

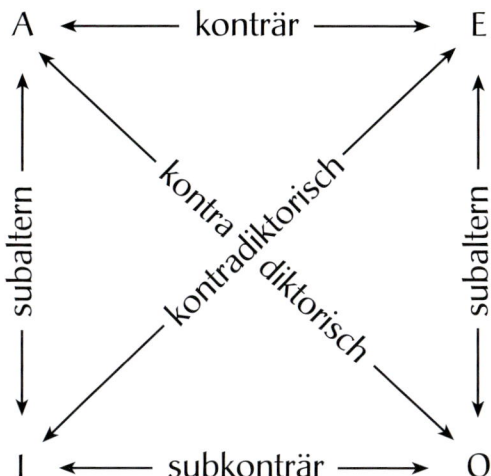

◀ *Schema des logischen Quadrats der Gegensätze. Die erste Ausformulierung der quadratischen Formel findet sich in* De dogmate Platonis *von Apuleius (geb. 125 n. Chr.), dem Verfasser der* Metamorphosen, *der sich auch mit Philosophie und Logik beschäftigte. Zu Beginn des Mittelalters durch Boethius erneut formuliert, wurde das Diagramm durch die Ergänzungen der mittelalterlichen Scholastiker vervollständigt, bis es schließlich die hier abgebildete Form erhielt.*

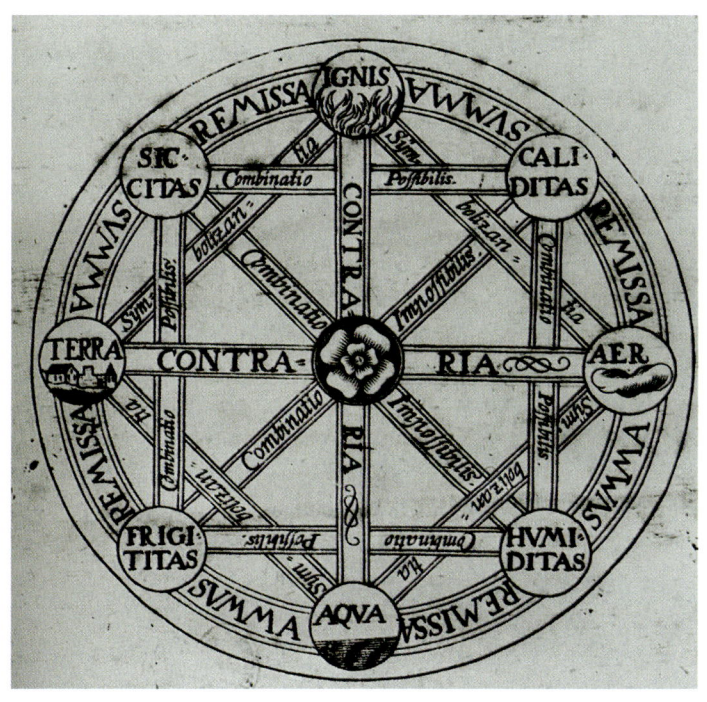

◀ *Das Frontispiz der* Ars combinatoria *(1666) von Gottfried Wilhelm Leibniz zeigt exemplarisch den antiken Ansatz der Logik: Das Quadrat der syllogistischen Gegensätze ist nämlich mit dem verschmolzen, das die vier natürlichen* **Elemente** *(→) einander gegenüberstellt. Mit andern Worten: Die Beziehungen, die die logischen Handlungen regulieren, sind dieselben, die in der natürlichen Welt die Beziehungen zwischen den materiellen Elementen bestimmen.*

Docta ignorantia

Cusanus

Siehe auch: *Gott als Weltbaumeister, Archetypus*

Nicolaus Cusanus (Nikolaus von Kues, 1401–1464), der im 15. Jh. wichtigste Philosoph des **Neuplatonismus** (→), bediente sich in seiner Abhandlung *De docta ignorantia* (1440) der Methode mathematischer Analogien (→ **Mathesis)**, um das Problem der Erkenntnis anzugehen. Ausgehend von dem Prinzip, dass alles Wissen auf Vergleichen basiert, definierte er das Wissen als eine Verhältnisgleichung zwischen dem, was bekannt und dem, was unbekannt ist (neue Dinge können nur erfasst werden, indem man von den bereits bekannten ausgeht). Das Erwerben neuer Kenntnisse erweist sich als einfach, solange die Herausforderung im Bereich des Möglichen liegt, d. h. bei Begriffen oder Ideen, die denjenigen ähnlich sind, die man schon besitzt. Anders verhält es sich, wenn man Probleme zu lösen versucht, die sehr weit von unseren gegenwärtigen Kenntnissen entfernt und gewissermaßen unverhältnismäßig im Vergleich zum menschlichen Wissen sind (beispielsweise das Wesen Gottes). In diesem Falle muss sich der Mensch eingestehen, dass er nicht in der Lage ist, sie zu begreifen.

Indem er die antike sokratische Aufwertung des Wissens, dass wir nichts wissen (→ **Mäeutik)**, wieder aufnahm, behauptete Cusanus die Existenz einer *docta ignorantia* (wörtlich: „gelehrte Unwissenheit", vielleicht verständlicher übersetzt mit „wissendes Nichtwissen"), die entsteht, indem der Mensch sich seiner Begrenztheit bewusst wird. Vergleicht man die Wahrheit mit einem Kreis, dann ähnelt der menschliche Verstand einem dem Kreis eingeschriebenen Vieleck: Wie sehr man auch die Anzahl der Seiten erhöht, wird sie doch nie ganz mit dem Kreisumfang übereinstimmen. Dasselbe gilt für den Verstand: Wie sehr er sich auch weiterentwickelt, wird er die Wahrheit nie so genau erfassen, dass er sie nicht stets noch unendlich besser erfassen könnte.

Cusanus griff das von der **negativen Theologie** (→) erörterte Thema der rationalen Unerkennbar-keit Gottes auf und bekräftigte, dass die gelehrte Unwissenheit das einzig mögliche Verhalten sei, mit dem wir dem Unendlichen und Gott entgegentreten können – Begriffe, die sich jedem Untersuchungskriterium entziehen. Gott übersteigt den menschlichen Verstand und alle Dinge und kann in keinerlei Definition gefasst werden.

Die einzige Weise, dem Problem „Gott" zu begegnen, ist, auf Vermutungen *(coniecturae)* zurückzugreifen, ein Begriff, mit dem Cusanus bestimmte Analogien geometrischer Art bezeichnete, die es vermögen, den Unterschied zwischen dem Endlichen und dem Unendlichen zu suggerieren. Beispielsweise sind die Gerade und der Kreis unterschiedliche (endliche) Figuren, doch wenn man einen Kreis ins Unendliche vergrößert, ist es nicht mehr möglich, ihn von einer Geraden zu unterscheiden. Daher kann man sagen, dass Gott, da er unendlich ist, das eine wie das andere ist: Er ist zugleich Gerade und Kreis.

Diese Analogien legen nahe, dass Gott jenseits des Prinzips des Nichtwidersprüchlichen steht. In ihm realisiert sich der **Zusammenfall der Gegensätze** (→): Gott ist das Mehr und das Weniger, der Punkt und der Umfang, das Minimum und das Maximum. Das Verhältnis zwischen Gott und der Welt kann man mit den Begriffen *complicatio/explicatio* (→) umschreiben: Gott vereint (verwickelt, kontrahiert) in sich alle Dinge: Er ist wie die Maßeinheit im Vergleich zu den Zahlen, wie der Punkt im Vergleich zu den geometrischen Figuren. Dagegen ist die Welt die Entfaltung dieser Einheit: Jeder ihrer Bestandteile ist eine Determinierung des Göttlichen, ein sich Aussondern in eine konkrete Individualität. Diese Überlegungen führten Cusanus dazu, die antiken Theorien Platons bezüglich des **mikrokosmischen Menschen** (→ **Mikrokosmos / Makrokosmos)** und der **Weltseele** (→) wieder aufzunehmen. Damit beeinflusste er entscheidend die gesamte Kultur des 16. Jh.s und den wiederauflebenden Neuplatonismus.

◀ Das geometrische Bild des Zusammenfalls der Gegensätze im Unendlichen in der Darstellung von Giordano Bruno (De Triplice Minimo et Mensura, 1591). Der Umfang eines Kreises mit unendlichem Durchmesser ist von einer Geraden nicht mehr zu unterscheiden.

▼ Eine Abbildung aus Cusanus' Docta ignorantia. Verlängert man zwei Seiten eines Dreiecks ins Unendliche, wird dieses einer Geraden vollkommen ähnlich. Gott, so folgert der Philosoph, ist ebenso Dreieck wie Gerade, weil in ihm alle getrennten und unterschiedlichen Dinge, wenn sie ins Unendliche erweitert werden, schließlich zusammenfallen.

▼ Eine herkömmliche Art, sich die **Versöhnung der Gegensätze** vorzustellen, ist die Figur des Androgynen (→ **Androgynie**), des mythischen Wesens, das in sich die Natur des Männlichen und des Weiblichen vereint und damit die in der natürlichen Welt vorhandenen Unterschiede überschreitet. Der Androgyn repräsentiert im biologischen Bereich die Quadratur des Kreises, die Überwindung jedes Endlichen und Besonderen.

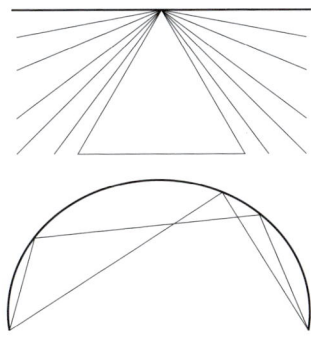

▲ Wenn die Wahrheit und die göttliche Allwissenheit ein Kreis sind, dann gleicht der menschliche Verstand einem eingeschriebenen Vieleck. Man kann die Anzahl seiner Seiten beliebig erhöhen und es dem Kreis angleichen, doch wird seine Begrenzungslinie niemals zu einem Kreisumfang.

◀ Cusanus definierte Gott als das unendliche Wesen, in dem sich der Zusammenfall der Gegensätze vollzieht. Dies führte dazu, dass Gott durch die Quadratur des Kreises symbolisiert wurde, jenem unlösbaren mathematischen **Rätsel** (→), über das die Griechen ausgiebige Spekulationen angestellt hatten.

Mathesis

Cusanus

Siehe auch: *Gott als Weltbaumeister, Docta ignorantia, Weisheitssprache*

Eines der Verdienste des Neuplatonismus der Renaissance ist es, die Bedeutung der **Mathematik** im weitesten Sinne erkannt zu haben. Dadurch wurde diese philosophische Strömung zu einer der notwendigen Voraussetzungen für die Entwicklung der modernen Wissenschaftsmethodik im 17. Jh. Das, was die Neuplatoniker unter dem Begriff Mathematik verstanden, unterscheidet sich jedoch von der modernen Bedeutung, einerseits, weil die mathematischen Kenntnisse im 15. Jh. noch nicht sehr entwickelt waren (die Trigonometrie wurde im 16. Jh. erfunden, die analytische Geometrie im 17. Jh.), andererseits, weil Cusanus, Ficino, Bruno und sogar Kepler in ihrer Geisteshaltung noch weit entfernt waren von den Kriterien der Genauigkeit und Strenge, die für die Wissenschaft notwendig sind. Aus neuplatonischer Sicht bedeutete „Mathematik" die spekulative Erläuterung bestimmter Diagramme (geometrischer Figuren und Zahlen), mit dem Ziel, in tiefere Wissensebenen vorzudringen. Das Dreieck, der Kreis, das Quadrat, die Zahl Eins, die grafische Form der Buchstaben des Alphabets, die Festkörper des Bacchus, die Platon in seiner **Stereometrie** (→) behandelt hatte, sowie noch weitere Figuren wurden allesamt als archetypische Formen betrachtet, oder besser gesagt als Entwürfe, sichtbare Äußerungen der vollkommenen platonischen Ideen (→ **Archetypus** und → **Platonische Idee**).

Diese eigentümliche philosophische Geometrie, die deutliche Einflüsse des Pythagorismus aufweist, nannte man **spekulative Mathesis**. Ihre Figuren sind nicht geeignet, irgendetwas zu beweisen; sie sind keine nützlichen Instrumente, um eine wissenschaftliche Theorie zu entwickeln; sie sind symbolische Bilder, die anders nicht ausdrückbare transzendente Begriffe beispielhaft erläutern; Figuren, die man betrachten (verinnerlichen) soll, um aus ihnen die versteckte mystische Botschaft zu gewinnen. Die

Mathesis ist eine Mathematik, die mit Vorliebe nachdenkt über Antinomien, **Paradoxa** (→ **Paradoxa des Zenon**), Probleme, die vom **Rätsel** (→) gekennzeichnet oder unlösbar sind (die Quadratur des Kreises, die Dreiteilung des Winkels).

Das Hauptverdienst dieser Disziplin in Hinblick auf die wissenschaftliche Entwicklung besteht darin, das Problem des **Unendlichen** aufgeworfen zu haben, das von Cusanus als **Zusammenfall der Gegensätze** (→) beschrieben wird. In der Sprache der Mathesis ist das Unendliche „jene geometrische Figur, die der menschliche Verstand nicht vorstellen kann und in der alle geometrischen Figuren zusammenfallen."

Cusanus behielt diese Art der Spekulation auf der Ebene der philosophischen Meditation stets bei. Er nutzt dabei die Figuren einfach als Anreize für seine Reflexionen. (Ein gutes Beispiel sind in *De coniecturis* die Betrachtungen zur Untersuchung des Buchstaben N, aus denen er eine regelrechte Theorie der **Dialektik** entwickelt.) Bei den Platonikern des folgenden Jh.s aber und besonders bei Bruno wurde die Mathesis in einem magisch-hermetischen Zusammenhang angewandt, den es bei Cusanus nicht gibt. Die Entdeckung der hebräischen **Kabbala** (→) in Italien nach der Vertreibung der Juden aus Spanien (1492) markieren den Übergang zur neuen Sichtweise. Die Magier der Renaissance sahen eine Bestätigung der Mathesis auf höherer theoretischer Bewusstseinsebene im Prinzip der *Gematria* (→), wonach jeder Buchstabe des hebräischen Alphabets (der Sprache, in der Gott alle Dinge erschuf, indem er sie schlicht benannte) eine transzendente Bedeutung und Macht besitzt.

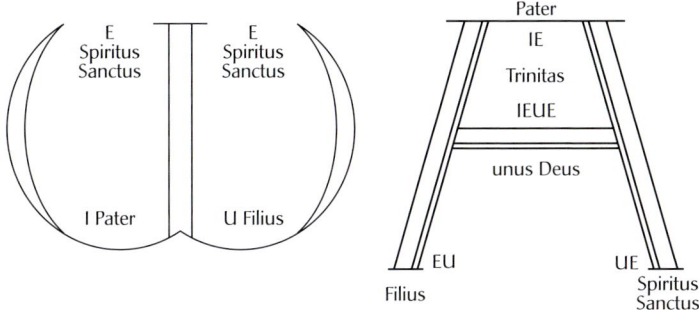

◄◄ *Eine der ältesten Techniken der Mathesis bestand in der mystischen Interpretation der Buchstaben des Alphabets. Die Figuren zeigen zwei Beispiele aus dem* Liber Figurarum *des Mönchs Joachim von Fiore (1130–1202). Aufgrund ihrer besonderen Form werden die griechischen Buchstaben* Omega *und* Alpha *als Symbole (als Archetypen in der neuplatonischen Terminologie) der göttlichen Trinität interpretiert.*

► *Cusanus' Überlegungen zum Buchstaben N (De coniecturis): „A bedeutet den Samen, D den Baum, G den anderen Samen, K den anderen Baum usw. Man sieht also dass der Same A, um den Samen G hervorzubringen, erst zum Punkt D aufsteigen muss und sich dabei von seinem Ziel zunächst entfernt. Aber auch der Baum D sieht, dass er sich nicht erhalten kann außer in einem ihm ähnlichen, und strebt zu K, aber kann es nur über G erreichen. Es gibt also nicht nur Kontinuität zwischen Geburt und Untergang, sondern die Geburt einer Sache ist der Untergang der anderen."*

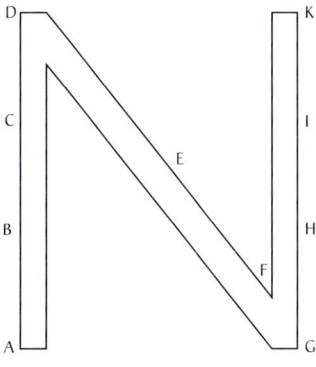

◄ *Indem sich die Mathesis mit der* hebräischen Gematria *verband, wurde sie in der Renaissance zu einer Variante der* Magie *(→). Cornelius Agrippa, Philosoph, Magier und Schüler des Cusanus, entwickelte Talismane unter Verwendung hebräischer Buchstaben und erfand neue kabbalistische Alphabete. Die abgebildeten Buchstaben sind die der himmlischen Schrift, die laut Agrippa von Weisen aus dem Alten Ägypten auf der Grundlage der Sternenkonstellationen erarbeitet wurden.*

Gott als Weltbaumeister

Architekt des Universums
Siehe auch: *Zusammenfall der Gegensätze, Goldener Schnitt, Arithmetische Geometrie*

Die Behauptung, Gott habe die Natur mittels der Geometrie geschaffen, findet sich zwar nicht ausdrücklich bei Platon, seit sie aber dem griechischen Philosophen im Jahre 100 n. Chr. durch den Schriftsteller Plutarch zugeschrieben wurde, ist sie als ein wichtiger Bestandteil in die platonische Tradition eingegangen.

Die mathematischen und geometrischen Ideen spielen im platonischen System tatsächlich eine herausragende Rolle: Sie sind das perfekte Beispiel dafür, dass die Ideen (→ **Platonische Idee**) etwas Absolutes sind: Sie bestehen *vor* den konkreten Dingen.

Zeichnet man ein Quadrat oder ein Dreieck, dann nimmt man ganz offensichtlich Bezug auf ideale Formen, und es ist vollkommen klar, dass sich die geometrischen Eigenschaften nur bei diesen perfekten, prototypischen Figuren finden. Der von Hand auf das Blatt gezeichnete Entwurf stellt lediglich einen wahrnehmbaren Verweis darauf dar. Nicht ohne Grund prangte am Eingang der antiken platonischen Akademie von Athen das Motto „Niemand betrete diesen Ort, der nicht Geometer ist!" Die Mathematik stellt einen privilegierten Zugang zur Welt der Ideen dar, einem zur Wahrnehmung des Göttlichen nützlichen Instrument.

Zu den Attributen Gottes zählte im Mittelalter das des **obersten Weltbaumeisters**, womit ausgedrückt werden sollte, dass Gott beim Schöpfungsakt dieselben Wissenschaften anwandte, wie sie der Mensch gebraucht, um die Natur zu erforschen: Die Arithmetik, mit deren Hilfe Gott die Zahl der Dinge festlegte; die Geometrie, mit der er über deren Form und Masse entschied; die Musik, die für Harmonie und dynamisches Gleichgewicht des Universums sorgte. Die Mathematik ist also das Instrument, mit dem Gott der Realität Form gegeben hat: Sie begrenzt das Unbegrenzte, ordnet die Materie des Chaos und bringt die Individuen hervor. Gott selbst hat eine ausgesprochen mathematische Natur.

Der Nachdruck, der sowohl vom Neuplatonismus als auch vom Christentum auf den absoluten, ja religiösen Wert der Mathematik gelegt wurde, führte zur Erfindung der **Mathesis** (→), einer Methode, die über die metaphysische Ausdruckskraft geometrischer Figuren spekuliert, die zu Archetypen, zu Symbolen einer höheren Wahrheit ernannt werden. Durch dieses Vorgehen, bei dem Ideen des Pythagorismus wie des **Hermetismus** (→) synkretistisch zusammenfließen, setzte sich die Vorstellung durch, dass die Mathematik eine Form höheren Wissens sei. (Die platonischen Philosophen wiederholten mit Vorliebe, dass „zwei und zwei immer vier ergibt, auch im Geiste Gottes".) Die Renaissance entwickelte diese Überlegungen unter magischen Gesichtspunkten, wobei sie die antike pythagoreische Tradition der **Zahlenmystik** (→), die Idee, dass den Zahlen Weisheit und Macht innewohnt, wieder zum Leben erweckte.

Heute haben Wissenschaftshistoriker bewiesen, dass im 17. und sogar 18. Jh. die Entwicklung der naturwissenschaftlichen Methode keine unmittelbare und radikale Anfechtung der neuplatonischen Idee, die die Mathematik als eine Art Teilhabe am Göttlichen ansah, mit sich brachte. Dies erklärt, warum noch Leibniz und selbst Newton reges Interesse an den außerwissenschaftlichen Aspekten der Mathematik zeigten und ihrerseits – wenn auch in einem bereits rationalistischen und wissenschaftlichen Gedankengerüst – die starke Faszination spürten, die von der **Kabbala** (→), der **Zahlenmagie** und der *Ars combinatoria* (→) ausgingen.

▲ *Gott mit der Waage und dem Zirkel, in einem Bild des 11. Jh.s. Es gibt eine enge Verbindung zwischen den Bildmotiven, die aus der Vorstellung von Gott als dem Weltbaumeister entwickelt wurden (Winkeldreieck, Lineal, Zirkel, Waage), und den Symbolen der im 18. Jh. entstanden Freimaurerei.*

▲ *In einer* Bibel *aus dem Jahr 1250 ordnet der Weltbaumeister-Gott die Elemente mithilfe eines Zirkels. In der mystischen und religiösen Überlegung zur Mathematik (Mathesis) flossen neuplatonische und pythagoreische Tradition zusammen. (Abb. aus der* Bible Moralisée, *um 1250).*

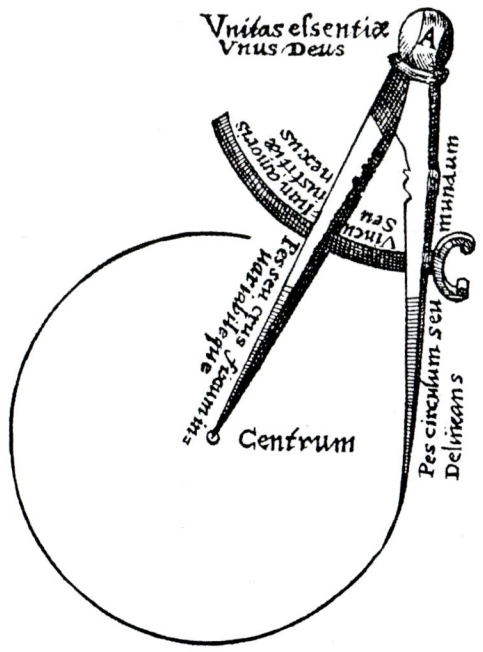

◄ ▼ *Der Zirkel als Symbol für die Perfektion der kosmischen Ordnung und der planerischen Tätigkeit Gottes. Diese Metapher wurde am häufigsten in den ersten Jahrzehnten des 17. Jh.s gebraucht (zu Beginn der modernen Wissenschaftlichkeit), vor allem in magisch-hermetischen Kreisen. Rechts der mystische Zirkel des englischen Magiers Robert Fludd* (Utriusque Cosmi); *links die Version des Deutschen Valentin Weigel (aus der* Philosophia Mystica, *1618).*

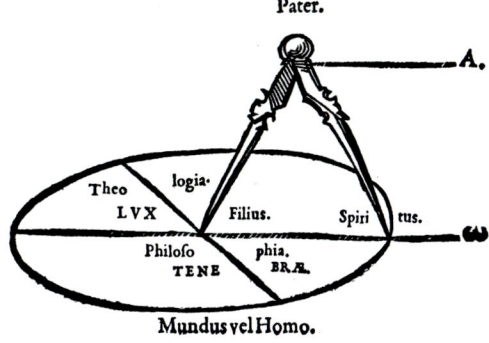

213

Zusammenfall der Gegensätze

Cusanus

Siehe auch: *Docta ignorantia, Mathesis, Complicatio / Explicatio*

Ausgehend von der *docta ignorantia* behauptete der Neuplatoniker Nicolaus Cusanus (1401–1464), dass menschliches Wissen zwar stets auf dem Vergleichen von Ähnlichem oder Verwandtem beruhe; die Gottheit aber stehe über dieser Bedingung, auch über jenem logischen Prinzip der Nichtwidersprüchlichkeit, das jedes menschliche Wissen begründet. Da Gott unendlich ist, kann er zur gleichen Zeit jedes nur mögliche Ding und dessen Gegenteil sein, sodass man von einem „Zusammenfall der Gegensätze" (*coincidentia oppositorum*) sprechen kann. In Gott vereinen sich das Mehr und das Weniger; das Maximum und das Minimum; man kann ihn als das absolut Größte, aber auch als das absolut Kleinste definieren; als unendliche Geschwindigkeit und absolutes Stillhalten. Diese Gegensatzpaare (und alle möglichen anderen) können *in unserer Welt* nicht nebeneinander bestehen, doch alles, was uns als begrenzt und festgelegt erscheint, ist immer und unendlich in der *Gottheit* vorhanden.

Die Theorie der *Coincidentia oppositorum*, von Cusanus nur in Bezug auf Gott entwickelt, wurde später von den Denkern der Renaissance übernommen und weit über den theologischen Bereich hinaus erweitert, wobei sie zu einem typischen Element der neuplatonischen philosophischen Geisteshaltung wurde. Marsilio Ficino (1433–1499) zum Beispiel machte darauf aufmerksam, dass sich auch im Menschen (in seiner Eigenschaft als → *copula mundi*) das Zusammentreffen zweier gegensätzlicher Naturen verwirklicht: der Körper, der auf die Materie verweist, und die Seele, die auf den Geist verweist. Die hermetischen Magier hingegen fanden in dieser Lehre eine theoretische Bestätigung der alchemistischen Praxis, in der die Verwandlung zu Gold infolge der Verschmelzung zweier gegensätzlicher Metalle stattfindet, in denen jegliche Art von Kontrast (Sonne und Mond, Hitze und Kälte, Mann und Frau) Gestalt annimmt.

Auf diese Weise wurde das paarweise Auftreten von Gegensätzen (Alles und Nichts, Kraft und Schwäche, das Weltliche und das Geistliche usw.) in der Renaissance zum philosophischen Ideal und zum Lebensstil. Pico della Mirandola (1463–1494) brachte sie in der Theorie der **Formbarkeit des Menschen** (→) zum Ausdruck, während zum Symbol der umfassenden Vollkommenheit des Menschen die Figur des Androgynen (→ **Androgynie**) gewählt wurde – jenes mythische, zweigeschlechtliche Urwesen, das Platon im *Symposion* eingeführt hatte, um einige Aspekte der erotischen Anziehung zu erörtern.

Darüber hinaus wurde auch die Theorie von den **Abstufungen der Liebe** (→) – ebenfalls von Platon im *Symposion* entwickelt – von den Humanisten unter diesem neuen Interpretationsgesichtspunkt gelesen. In dem von Platon hergestellten Zusammenhang zwischen sinnlicher Liebe und Liebe zur Weisheit wollte man ein ideales Einswerden von Fleischlichkeit und Spiritualität, von Liebe zum Weltlichen und Liebe zum Heiligen erkennen. Auf diesem Weg rechtfertigte man auch das Aufkommen einer neuen Geisteshaltung, in der der Körper, die körperlichen Triebe und die Leidenschaften aufgewertet wurden.

Der Zusammenfall der Gegensätze setze sich damit in der Gedankenwelt der Renaissance überall durch. Nur so lässt sich erklären, wie für kurze Zeit die Idee aufkam, man könne in einer einzigen, allumfassenden Philosophie den Aristotelismus mit dem Platonismus, das Christentum mit der Magie, die Kunst mit der Wissenschaft zusammenbringen.

◄ *In dieser alchemistischen Darstellung liefern sich Sonne und Mond (Frau-Mann, fest-flüchtig, Sulfur, Mercurius usw.) eine Schlacht; das Prinzip des Zusammenfallens der Gegensätze wird durch die vertauschten Abbildungen von Sonne und Mond auf den Schilden verdeutlicht.*

▲ *Das Zusammenfallen der Gegensätze in einem Gemälde von Tizian:*
Himmlische und irdische Liebe *(1515). Die irdische Liebe wird hier durch die reich gekleidete Frau repräsentiert, der bedeutungsvoll eine Naturlandschaft als Hintergrund dient. Die geistige Liebe wird dagegen von der nackten Frau dargestellt (nackt, wie die Wahrheit sein soll), die sich vom Himmel im Hintergrund abhebt. Ihre Überlegenheit zeigt sich in der Vorrangstellung der Figur, doch weist das Kind, das das Wasser im Sarkophag umrührt, auf die Notwendigkeit eines beständigen Austauschs zwischen der reinen Liebe zur Weisheit und der profanen Liebe zum Körper hin. Die Figuren, die man im Relief auf der Vorderseite des Sarkophags sieht (Pferde und Kampfszenen), weisen darauf hin, dass Leidenschaften und Instinkte die Grundlage für beide Arten der Liebe bilden.*

215

Complicatio / Explicatio

Cusanus

Siehe auch: *Mikrokosmos / Makrokosmos*

In der neuplatonischen Philosophie von Nicolaus Cusanus bezeichnet der Gegensatz *complicatio / explicatio* (wörtlich: „Zusammenfaltung / Entfaltung") das Verhältnis zwischen Gott und Welt. Gott ist ein Universum, weil er all das zu einer Einheit in sich vereint, was es an Vielfalt in der Welt gibt *(complicatio)*. Umgekehrt ist das Universum eine Entfaltung *(explicatio)* Gottes, da alle Objekte konkrete und individualisierte Ausformungen dessen sind, was bei Gott vollkommene Einheit ist.

Cusanus setzte voraus, dass dieser Prozess der Zusammenfaltung / Entfaltung, durch den sich die Vielfalt zur Einheit reduziert und sich umgekehrt die Einheit in der Vielfalt entfaltet, ein für jeden menschlichen Geist unerklärliches Paradoxon bleiben muss, da es die Möglichkeiten des Intellekts bei Weitem übersteigt (→ *Docta ignorantia*). Auf der anderen Seite zögerte er nicht, aus diesen Annahmen alle möglichen Schlussfolgerungen auf wissenschaftlicher, insbesondere astronomischer Ebene zu ziehen, und nahm damit in vielerlei Hinsicht die **kopernikanischen Wende** (→) des darauf folgenden Jh.s vorweg.

Wenn das Universum ein zusammengefalteter Gott ist, so argumentierte er, kann es nicht geschlossen und begrenzt sein; in ihm kann es kein Hoch und kein Tief geben, und auch kein Zentrum oder eine unüberwindbare äußere Grenze. Genau wie Gott im Himmel, auf Erden und an jedem Ort ist, so kann jeder beliebige Punkt des Universums sowohl Zentrum als auch Peripherie sein.

Cusanus war stets darauf bedacht, die Unterscheidung zwischen *Gott*, in dem der vollkommene **Zusammenfall der Gegensätze** (→) stattfindet, und der *Natur* hervorzuheben, in der sich das Leben in abhängigen, individuellen Formen ausprägt. Damit entging er dem Verdacht des **Pantheismus** (→). So gelang es ihm auch, das entschiedene Festhalten an

der **Transzendenz** (→) Gottes mit der strukturellen Identität von Gott und Welt in Einklang zu bringen. Aber es handelt es sich doch um ein empfindliches dialektisches Gleichgewicht zwischen zwei gegensätzlichen und eigentlich unvereinbaren Konzepten, das leicht Anlass zu unterschiedlichen Interpretationen geben musste.

Die neuplatonischen Denker der Renaissance sahen in dem von Cusanus vertretenen Begriffspaar *complicatio / explicatio* eine Bestätigung der Theorie vom „Menschen als Mikrokosmos": Genau wie in Gott alle Dinge *kompliziert* sind (im wörtlichen Sinne *zusammen-gefaltet*), ist es möglich, auch im Menschen, sofern er mit einem materiellen Körper und einer geistigen Seele ausgestattet ist, die ganze Schöpfung in kompakter Form wiederzufinden. „Auch der Mensch ist ein Gott, wenn auch nicht im absoluten Sinne, weil er eben nur Mensch ist. Er ist ein menschlicher Gott oder auf menschliche Weise Gott", wagte Cusanus zu behaupten, wobei er so die theoretischen Voraussetzungen für Ficinos Lehre vom Menschen als *copula mundi* (→) schuf.

Gegen Ende des 16. Jh.s spitzte Giordano Bruno die Theorie von der *complicatio / explicatio* zu einer der *Identität* (zwischen Gott und Natur) zu. Er verwandelte damit die Philosophie des Cusanus in einen vollkommen entchristianisierten und von der Richtung des Meisters weit entfernten **Pantheismus**. Für Bruno fallen Gott und die Welt in einer einzigen Wirklichkeit zusammen; die Gottheit ist der Geist, der Intellekt der Welt, sie ist nicht mehr ein (durch *complicatio*) von der Natur getrenntes Wesen, sondern die Natur selbst. Ihr werden daher all jene Eigenschaften zugeschrieben, die das Christentum Gott zuschreibt, angefangen bei der Unendlichkeit.

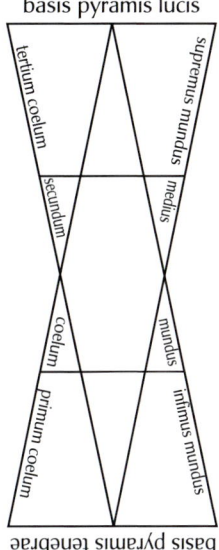

basis pyramis lucis

terium coelum · suppremus mundus
secundum · medius
coelum · mundus
primum coelum · infimus mundus

basis pyramis tenebrae

▲ *Cusanus formulierte das Verhältnis zwischen Gott und Welt mit den Begriffen „Einheit-Vielheit", wobei er so mit anderen Worten die antike pythagoreische Mystik der Eins wieder aufgriff, einer „Nichtzahl", die die* **Zahlenmystik** *(→) par impar („Gerade-Ungerade") nannte und aus der alle anderen Zahlen durch Entfaltung hervorgehen.*

▼▼ *Der englische Philosoph und Magier Robert Fludd (Utriusque cosmi historia, 1619) verwandelte das Diagramm von Cusanus in eine Darstellung des Menschen als Mikrokosmos, wobei er argumentierte, dass sich auch in jedem Individuum die göttliche Lichtpyramide und jene materielle, dunkle durchdringen. Auch die Sonne, der Punkt, in der sich die beiden Pyramiden treffen, muss als sichtbare Manifestation Gottes verstanden werden.*

▲ *In De coniecturis (1440) stellte Cusanus die Theorie von der complicatio / explicatio anhand des abgebildeten Diagramms dar, in dem er auf neue Weise die alte Lichtmetapher des* **Neuplatonismus** *(→) wieder aufgriff. Das Universum besteht aus zwei sich gegenseitig durchdringenden Pyramiden, von deren Fundamenten je ein Kegel aus Licht (Gott) und aus Dunkelheit (Materie, Körper) ausgeht.*

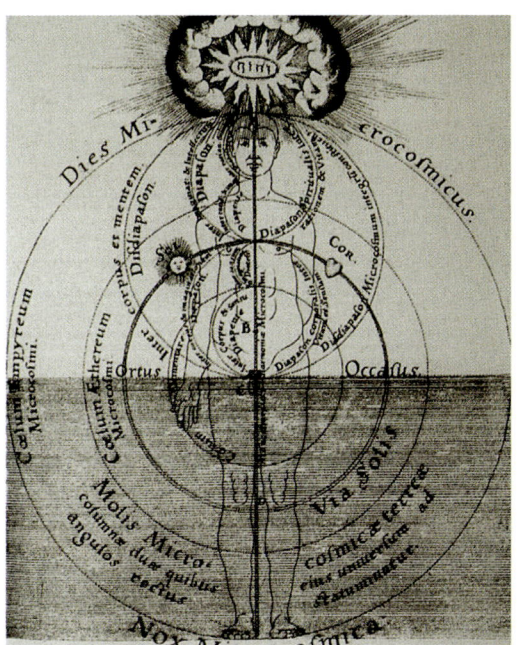

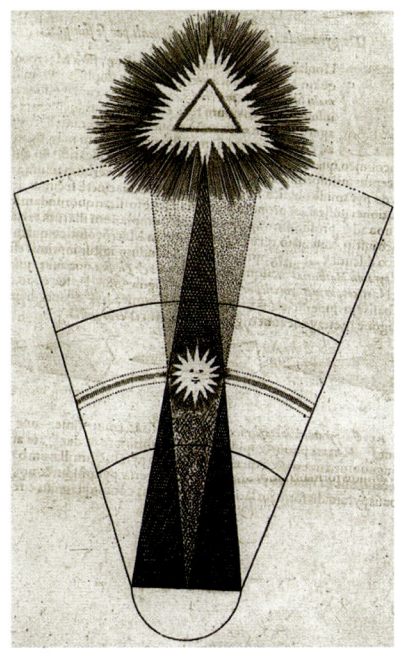

Mikrokosmos / Makrokosmos

Platonismus, Pythagorismus, Magie
Siehe auch: *Weltseele, Kosmische Sympathie, Androgynie*

„Jeder Mensch ist ein Mikrokosmos oder, besser gesagt, eine Welt en miniature, da sich in seiner Struktur (sowohl der anatomischen als auch der psychischen) im Kleinen die des Universums wiederholt. Umgekehrt sind die Erde, die Sterne, die Planeten und der ganze Kosmos in ihrer Gesamtheit dem Menschen ähnlich; sie sind große Tiere, lebendig und sowohl mit einer Seele als auch mit Organen und Gliedmaßen ausgestattet."

Dieses Konzentrat aus Vitalismus, Animismus und **Anthropomorphismus** (→), bekannt als Theorie der Gleichheit zwischen Mensch und Universum bzw. zwischen Mikrokosmos und Makrokosmos, ist eine sehr alte Lehre, die man in fast denselben Termini in den unterschiedlichsten Kulturen wiederfinden kann. Bevor sie ab dem 17. Jh. von der Wissenschaft abgelehnt wurde, durchquerte sie jede Phase der europäischen Kultur und lieferte die theoretische Grundlage für eine Reihe unterschiedlicher Theorien und Künste: für die Magie, die Astrologie, die **Mnemotechnik** (→ **Gedächtnisbilder**), die Medizin der **Körpersäfte** (→) und die Psychologie der Temperamente. In der griechischen Welt focht allein Aristoteles diese Doktrin an, weil er gegen jede Form des kosmologischen Animismus war (wenn auch nicht ausdrücklich; er sprach einfach nicht davon).

Im *Timaios* beabsichtigte Platon dagegen, diese Doktrin anhand eines detaillierten Vergleichs zwischen dem menschlichen Körper und dem Universum zu untermauern. So kam er dazu, eine eigenartige Physiologie symbolischer Art (gleichsam eine philosophische Medizin) auszuarbeiten, bei der alle Aufmerksamkeit auf die *Form* der Organe gerichtet ist (und nicht auf ihre *Funktion*). Nachdem er bemerkt hatte, dass die Knochen und das Skelett, die tragenden Strukturen des Menschen, mit der Erde verglichen werden könnten (so wie Blut mit Wasser,

Pneuma mit Luft und der Kopf als Sitz des Verstandes mit dem Feuer), weist Platon nachdrücklich auf das seltsamste und wichtigste Element der Formen des menschlichen Körpers hin: auf die Kugelform des Schädels. Es sei durchaus kein Zufall, argumentierte er, dass dies der einzige Körperteil ist, der annähernd rund ist: Der Kopf sei nämlich deutlich von den anderen Organen unterscheidbar, sei Sitz der rationalen Seele, des Denkens und der sinnlichen Fähigkeiten. Im Kopf, dem Bestandteil, der dem Göttlichen am meisten gleicht, dem Instrument der Intelligenz und der kognitiven Funktionen, sei der Mensch vollkommen kugelförmig. Und wenn die Menschen nun, so fügte Platon in einem amüsanten Mythos hinzu, nicht nur aus dem Kopf bestehen, sondern auch noch einen Körper besitzen, so sei der Grund dafür rein funktionaler Natur, nämlich wegen einer Notwendigkeiten mechanischer Art: Die ersten Menschen, vollkommen kugelförmige Androgynen, hätten nämlich Schwierigkeiten gehabt, sich rollend auf der Erde zu bewegen, da das Gelände zu uneben war. Vom Demiurgen erbaten und erhielten sie daraufhin ein geeignetes Federungssystem (Rumpf und Beine), das ihnen erlaubte, sich mit Leichtigkeit fortzubewegen.

Nachdem die Theorie von der Analogie zwischen Mensch und Kosmos wegen ihres offensichtlich animistischen und pantheistischen Charakters im Mittelalter einen Dämpfer erhalten hatte, erlangte sie in der Renaissance erneut große Aktualität. Daran hatten zunehmend jene Faktoren teil, die die Verbreitung des magischen Denkens *(→ **Magie**)* begünstigten. Noch zu Beginn des 17. Jh.s verglich der Astronom Kepler in seinem Aufsatz über die *Weltharmonik* (1619) die Erde mit dem Körper eines Wals (dessen mehr oder weniger starker Atem während des Wachens oder Schlafens als Erklärung für die Gezeiten dienen könne).

◄ Anonyme spätmittelalterliche Illustration des Menschen als Mikrokosmos. Man beachte die betonte Geradlinigkeit der Glieder (Rumpf, Beine und Arme) im Gegensatz zur Kugelform des Schädels, der entsprechend den Bemerkungen in Platons Timaios *die Form des Universums (symbolisiert durch den Kreis, der die Figur umgibt) im Kleinen wiederholt.*

▲ Die fernöstliche Version des Homo ad circulum, *dem deutlichsten Symbol der Lehre vom Menschen als Mikrokosmos.*

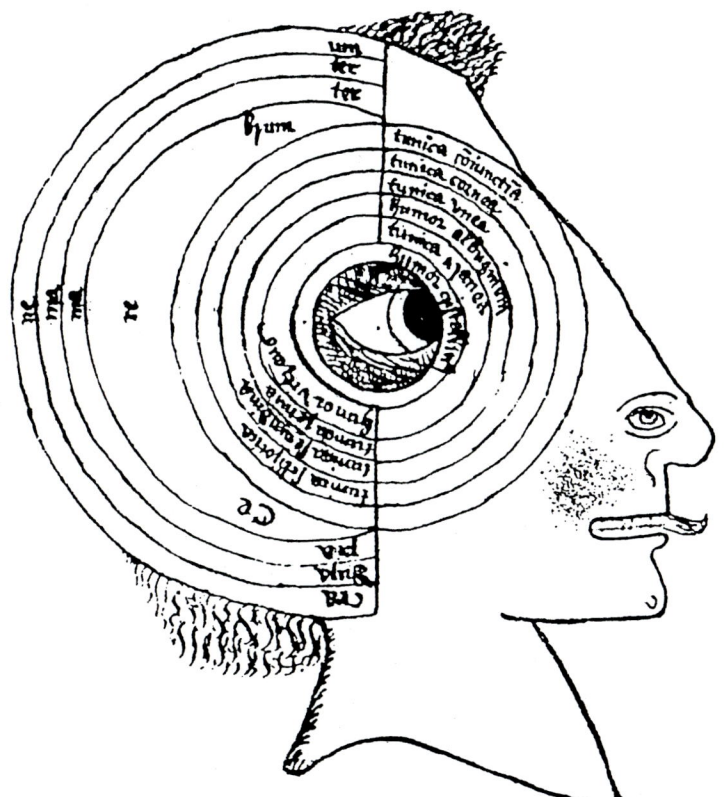

◄ In der Illustration aus einem medizinischen Traktat des 14. Jh.s, die sich auf das Funktionieren der visuellen Wahrnehmung bezieht, besitzt das Gehirn dieselbe Struktur konzentrischer Kreise wie der aristotelische Kosmos. Die Verstandestätigkeiten sind hier anhand von Windungen beschrieben, die gleich einer Antenne nur funktionieren können, wenn sie in Einklang mit den kosmischen Windungen treten (so die Regeln der platonischen Medizin).

Weltseele

Platonismus
Siehe auch: *Mikrokosmos / Makrokosmos*

Nach der Lehre von der Weltseele muss das physische Universum als ein lebendes Wesen angesehen werden, das Organe besitzt, sich bewegt und also auch eine Seele (→) hat. Die Welt ist ein großes Lebewesen, in dessen Inneren sich andere Lebewesen befinden (die einzelnen Himmelskörper, die Sonne, die Erde, der Mond, die Planeten), auf denen ihrerseits andere Formen von Lebewesen (darunter auch die Menschen) leben.

Diese Vorstellung, die man bereits in den alten mythischen Überlieferungen und im Gedankengut des Orients antrifft, ging mit Platons *Timaios* in die Geschichte der Philosophie ein. Er stellte sie als eine notwendige Konsequenz der Analogie von Mikrokosmos und Makrokosmos dar. Wenn nämlich Mensch und Universum in ihren Strukturen ähnlich sind, dann muss man auch dem Universum die Eigenschaften zugestehen, die für den Menschen typisch sind (Leben, Seele, sogar Denken).

Wie es oft bei den einfachsten und ältesten Ideen der Fall ist, so tauchte der Begriff der Weltseele bei vielen Gelegenheiten in der Philosophiegeschichte wieder auf, wobei er sich den verschiedensten Umständen anpasste. Die Stoiker (→ **Stoa**) setzten die Weltseele mit dem kosmischen **Pneuma** (→) gleich, jener göttlichen, aber der Natur innewohnenden Kraft, die das gesamte Universum regiert und am Leben hält. Plotin griff diese Idee in seinem System wieder auf, indem er aus der Weltseele eine der **Hypostasen** (→) des Seins machte, die zweite **Emanation** (→) zwischen dem Gott-Einen und der materiellen Welt, der sie Ordnung verleiht.

Im christlichen Denken (besonders in der Schule von Chartres) wurde die Weltseele dem Heiligen Geist gleichgesetzt, doch gelangte der Begriff vor allem im Zuge des magischen Denkens (also in der Renaissance: → **Magie**) zu höherem Ansehen, indem er sich als Grundlage für die Vorstellung der universalen Sympathie (→ **Kosmische Sympathie**) anbot, die wiederum die Ausübung der Alchemie und der Zauberei rechtfertigte. In der Geisteshaltung der Renaissance ist alles mit allem verbunden, denn jedes Ding ist nur ein Teil (ein Organ) eines einzigen großen Lebewesens: des Universums. Auch wenn sich nicht jeder einzelne Mensch dessen bewusst ist, so ist er doch eng mit der Gesamtheit des Kosmos verknüpft – so wie ein Fuß auch nicht wissen muss, dass er ein Teil des Körpers ist, oder wie ein Parasit im Inneren eines Organismus.

Indem man die Phänomene der pflanzlichen Fruchtbarkeit mit jenen der tierischen Fortpflanzung gleichsetzte (und jede Unterscheidung von Chemie und Biologie abschaffte), verstand man in der Renaissance die Erde tatsächlich als Lebewesen: Die Pflanzen sind ihr „Flaum", die Wälder ihre „Haare", das Holz die „Knochen", die unterirdischen Ströme sind die „Adern", das Wasser das „Blut"; Minen und Höhlen sind vergleichbar einem „Uterus" der Welt, aus dem Edelsteine und Mineralien wachsen. Vor diesem Hintergrund begriffen die Alchemisten die Herstellung von Gold einfach als eine Beschleunigung der Naturgesetze (und nicht als deren Widerlegung).

Von der neuzeitlichen Wissenschaft als eine Form des **Anthropomorphismus** (→) bekämpft, wurde das Konzept der Weltseele während der Romantik im Zusammenhang mit der Naturphilosophie (→**Endlich / Unendlich**) erneut aufgegriffen. Schelling (*Von der Weltseele*, 1798) bediente sich seiner, um daraus den Zusammenhang zwischen organischer und anorganischer Welt zu folgern – in einem Ganzen, das als lebender Organismus verstanden werden will (→ **Das Absolute**).

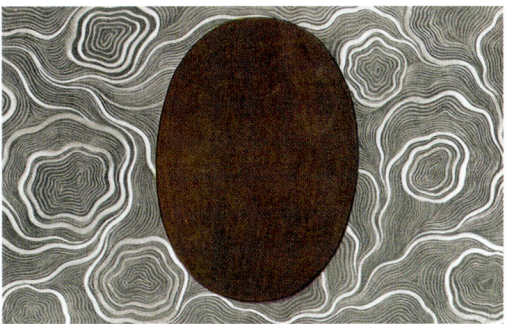

▲ Das kosmische Ei (indische Malerei aus dem 19. Jh.). Eine der Möglichkeiten, die Idee vom Universum als Lebewesen auszudrücken, ist es, sich ihre Geburt als einen biologischen Vorgang vorzustellen, so wie bei einem gewöhnlichen Lebewesen. Vor allem im orientalischen Denken gründeten sich viele antike Kosmogonien (Theorien über den Ursprung des Kosmos) auf der Idee eines sich nach und nach öffnenden kosmischen Eies: Die Schale wird die Sphäre der Fixsterne formen, das Eiweiß die Himmel, das Eigelb wird die Erde hervorbringen.

▲ Eine besonders fein ausgearbeitete Version des kosmischen Eies, geschaffen von der Mystikerin des 12. Jh.s, Hildegard von Bingen. (Rupertsberger Codex)

▲ Eine Darstellung des Kosmos als großes Lebewesen aus dem 17. Jh.

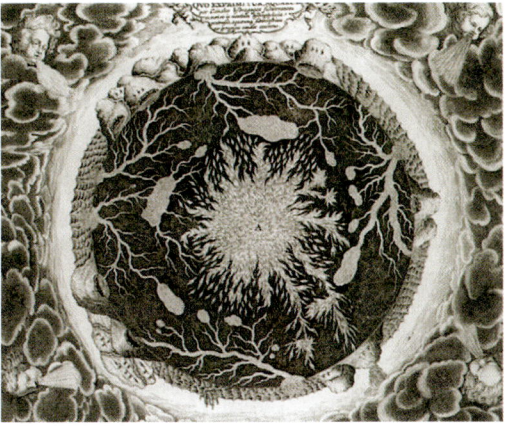

▲ Nach Athanasius Kircher (Mundus subterraneus, 1682) besitzt die Erde gleich einem lebenden Wesen eine Art Venensystem, bestehend aus unterirdischen Lavaströmen, die von einem „Herzen" – einem zentralen Feuer – gespeist werden.

Copula mundi

Ficino, Renaissance
Siehe auch: *Complicatio / Explicatio*

Der Begriff „Renaissance" wurde im Jahr 1859 von Jacob Burckhardt *(Die Kultur der Renaissance in Italien)* eingeführt, um jene Bewegung der Literatur, Malerei und Philosophie zu benennen, die Ende des 14. Jh.s in Italien aufkam und sich dann in ganz Europa ausbreitete. Voraussetzung dafür war die mit intensiver Arbeit verbundene Wiederentdeckung und Übersetzung der klassischen Texte durch die Humanisten der vorangegangenen Generationen, die sich hauptsächlich auf den literarischen und philosophischen Bereich erstreckte. Die Kultur der Renaissance kann man anhand der zwei folgenden Gesichtspunkte zusammenfassend charakterisieren:

• **Zentrale Stellung des Menschen.** Im Gegensatz zur Abwertung, die der Mensch im Mittelalter erfahren hatte, kam es in dieser Epoche zu einer Wiederentdeckung des Menschen, seines Wertes und seiner Würde. Ficino fasste dieses Konzept in seiner Doktrin vom Menschen als *copula mundi* zusammen: Der Mensch ist von Gott genauso weit entfernt wie von den niederen Schichten der Schöpfung, er bildet das Zentrum der Symmetrie zwischen der tieferen und der höheren Welt. Die metaphysische Seinsskala umfasst fünf Stufen: den Körper, die Qualität, die Seele (der Mensch), die Engel, Gott. Der Mensch nimmt dabei die zentrale Stellung im System ein, er ist das **Mittelglied** *(copula)* – ein einzigartiger, beneidenswerter Zustand, der dem Einzelnen erlaubt, frei zu entscheiden, was er sein möchte, ob er nach oben (zur Geistigkeit) streben will oder nach unten (zur Körperlichkeit). Von gleicher Bedeutung ist die Metapher von der **Formbarkeit des Menschen (→)**, die von Pico della Mirandola vorgeschlagen wurde.

• **Der Mensch in seiner Totalität.** Im Unterschied zur Mentalität des Mittelalters, die allein das Geistige für wertvoll hielt, vertrat man jetzt die Ansicht, alle Dimensionen des Menschen sollten angenommen und entwickelt werden, darunter auch die körperliche. Der vollständige Mensch ist nicht nur reine *Geistigkeit*, sondern auch konkrete *Körperlichkeit*.

Während des ganzen Jh.s blieb der menschliche Körper das bevorzugte Studienobjekt sowohl in der Kunst (die ihn zum Modell für Maß und Proportion erhob) als auch in der Wissenschaft. Das zeigt auch die Entstehung der Anatomie, einer Wissenschaft, die in der griechischen Welt unbekannt und im Mittelalter aus religiösen Gründen verboten war. Die ersten anatomischen Studien (→ **Körperbau**) standen noch zwischen Experimentalismus und Philosophie: Im Körper sah man nicht nur reine Materie (Gefängnis der Seele, Verderber des Geistes), sondern er wurde als der Sitz der Werte erlebt. Nachdem die Renaissance die antike platonische Lehre von der Gleichwertigkeit von **Mikrokosmos** und **Makrokosmos** (→) wiedergefunden hatte, feierte sie den Körper als Beispiel für die Struktur des gesamten Universums, durch dessen Studium es möglich sei, jeder Art von Wahrheit auf den Grund zu kommen. Eine neue **anthropologische** Sichtweise ersetzte die theologische des Mittelalters und die kosmologische des antiken Griechenlands.

Leonardo, der Wissenschaftler, Maler und Literat, war der Prototyp des vollständigen Menschen, der noch keine wissenschaftliche Spezialisierung kannte und seine Fähigkeiten in jeder Richtung erweiterte. Dieses Ideal des totalen Menschen (die im darauffolgenden Jh. in die **Didaktik** (→) münden sollte) machte aus der Renaissance die Epoche der Handbücher: Es gibt kein mit dem Wohlbefinden des Einzelnen und der Steigerung seiner physischen und psychischen Fähigkeiten verknüpftes Thema, über das in der Renaissance kein praktisches Handbuch veröffentlicht worden wäre. Nicht zufällig erlebte die Kunst der **Mnemotechnik** gerade in jenem Jh. einen Höhepunkt, in dem der Buchdruck erfunden wurde.

◄ *Die metaphysische Seinsskala, entwickelt von Charles de Bouelles (1479–1567), zeigt den Menschen als Synthese der Schöpfung, als Endprodukt der Natur.*

▼ *Das Anatomiebild aus dem 16. Jh. zeugt von einer religiösen Auslegung bei der Annäherung an den Körper. Die dornenartigen Lichtstrahlen, die von dem Leichnam (in Bewegung, als wäre er auferstanden) ausgehen, sind ein traditionelles Motiv der religiösen und alchemistischen Bildkunst.*

▼ *Der Körper als Sitz makrokosmischer Werte in einem Traktat zur Muttermalkunde, der magischen Wissenschaft, die im 16. Jh. von Giambattista Della Porta erfunden wurde. Nach ihr konnte man das Schicksal jedes Einzelnen an der Form und Lage seiner Muttermale erkennen.*

▼ *Zeichnung von Leon Batista Alberti. Die Idee, den menschlichen Körper als künstlerisches Modul zu benutzen, steht im Mittelpunkt der Renaissancekunst.*

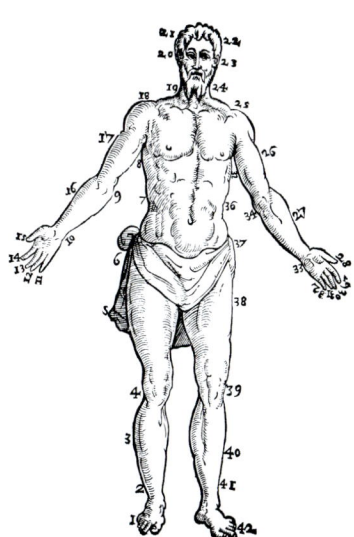

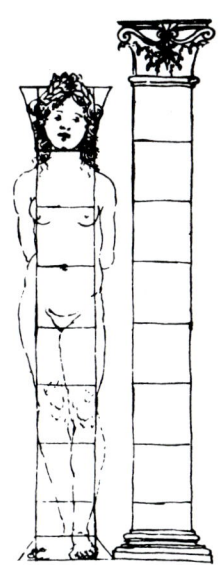

Formbarkeit des Menschen

Pico della Mirandola

Siehe auch: *Ursprungsmythos, Copula mundi*

Von entscheidender Bedeutung für die Denkweise der Renaissance war die Wiederentdeckung der Würde des Menschen und seiner einzigartigen Rolle in der Welt. Alle Philosophen des 16. Jh. behaupten einhellig, dass der Mensch eine *natura media* (wörtlich: „mittlere Natur") besitze, die ihm eine herausragende Position in der realen Welt zuweist. Ihr gegenüber kann der Mensch ein Machtverhältnis entwickeln, wie es Gott über das gesamte Universum ausübt. Nach einer Formulierung Marsilio Ficinos ist der Mensch *copula mundi* (→), d. h. er stellt eine vollständige Synthese all dessen dar, was im Universum vorhanden ist.

Pico della Mirandola (1463–1494) erläuterte diesen Begriff in einem Schlüsselwerk der Renaissance-Anthropologie (*Über die Würde des Menschen*, 1487) anhand einer kurzen Erzählung:

Als Gott in den Tagen der Weltschöpfung dahin kam, den Menschen zu erschaffen, bemerkte er, dass er alle verfügbaren Tugenden bereits an die verschiedenen Tierarten vergeben hatte. Er beschloss daher, dass der Mensch von allen bereits an die anderen Arten zugewiesenen Qualitäten jeweils anteilig ein wenig erhalten sollte. Pico stellt sich vor, Gott wende sich mit folgenden Worten an Adam: „Ich habe dir keinen festen Wohnsitz gegeben, Adam, kein eigenes Aussehen noch irgendeine besondere Gabe, damit du den Wohnsitz, das Aussehen und die Gaben, die du selbst dir aussiehst, entsprechend deinem Wunsch und Entschluss haben und besitzen kannst. Ich habe dich in die Mitte der Welt gestellt, damit du dich von dort aus bequemer umsehen kannst, was es auf der Welt gibt. Weder habe ich dich himmlisch noch irdisch, weder sterblich noch unsterblich geschaffen, damit du als dein eigener souverän und frei entscheidender Bildhauer dich selbst zu der Gestalt ausformst, die du bevorzugst. Du kannst zum Niedrigen, zum Hässlichen herabsinken; du kannst aber auch zum Höheren, zum Göttlichen aufsteigen, wenn du das willst. Wer wollte diesen Menschen mit den Fähigkeiten eines Chamäleons nicht bewundern?"

Im Menschen ist also die Natur zusammengefasst, er ist ein regelrechter Mikrokosmos, eine Art lebender Grundriss der übrigen Schöpfung.

Seine Haupteigenschaften sind die Flexibilität und die Unbestimmtheit. Wenn der Mensch auch nicht durch irgendeine Eigenschaft oder Gabe hervorsticht, so besitzt er doch von allen ein wenig. Daraus ergibt sich seine große Anpassungsfähigkeit: Der Mensch, so Pico, hat keinen eigenen, natürlichen Lebensraum wie alle anderen Lebewesen, aber er ist in der Lage, sich an die verschiedensten Umgebungen und Klimata anzupassen.

Diese Flexibilität verschafft dem Menschen eine Position, die ihn in gewisser Weise sogar den Engeln überlegen macht. Denn so wie ein Tier nichts anderes sein kann als ein Tier, so kann auch der Engel sein eigenes Wesen nicht verändern. Während also alle Kreaturen ontologisch durch ihr artbestimmtes Wesen festgelegt sind, kann allein der Mensch, da er keine bestimmte Position innerhalb der **Skala der Lebewesen** (→) innehat, sie alle einnehmen. Nur dem Menschen stehen daher auch die zwei Wege offen, der nach unten, der zum Tierischen und Hässlichen führt, oder der hinaufgeht zur geistigen Erhebung. Ohne diese Unbestimmtheit würde ja auch seine ethische Verantwortung geringer werden. Indem sie die berühmte Maxime *homo faber ipsius fortunae* („Der Mensch ist seines Glückes Schmied") wieder aufgreifen, behaupten Ficino, Pico und die anderen Humanisten, dass der Mensch Schöpfer seiner selbst, seines Glücks und seines Schicksal sei.

Die Skala der Lebewesen in der Interpretation von Charles de Bouelles (1483–1553) im Liber de sapiente (1509). Jeder Ebene der Natur (jeder Stufe der Leiter) entspricht eine Eigenschaft des Seins und eine Stufe des Bewusstseins: Dem Reich der Minerale ist nur das Dasein gegeben; dem der Pflanzen das Dasein und dazu das Leben; dem Tierreich ist das Dasein, das Leben und das Empfindungsvermögen gegeben; der Mensch schließlich ist mit Dasein, Leben, Empfindungsvermögen und Verstand ausgestattet. Er ist daher die höchste Synthese der Schöpfung, weil er in sich alle Fähigkeiten vereint, die in den anderen Bereichen der Wirklichkeit nur zum Teil vorhanden sind.

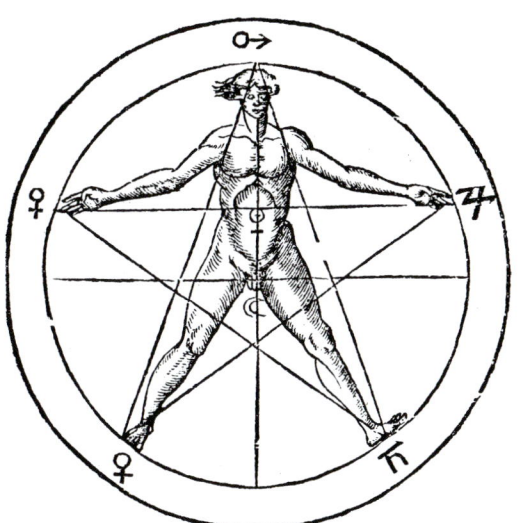

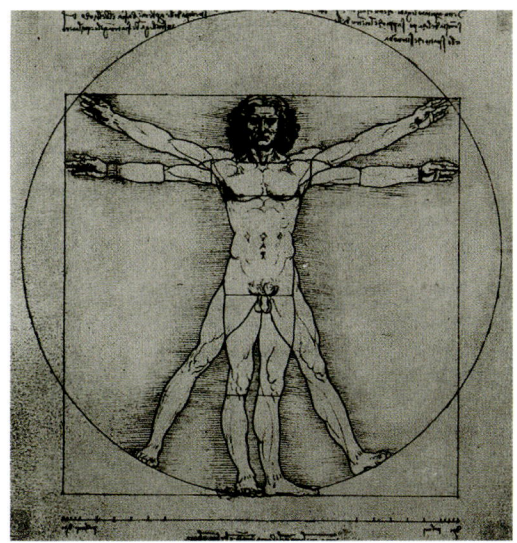

▲ ▲ Die metaphysische Zentralität des Mikrokosmos Mensch (→ **Mikrokosmos/Makrokosmos**) wird durch ein neues Symbol, den homo ad circulum bezeugt, das in der Renaissance weitverbreitet war. Rechts die berühmte Version von Leonardo da Vinci; oben eine magisch-hermetische Variante des Agrippa von Nettesheim (De occulta philosophia, 1533).

Archetypus

Plotin

Siehe auch: *Gott als Weltbaumeister, Zusammenfall der Gegensätze*

Der Begriff Archetypus wurde von den Neuplatonikern der Kaiserzeit geprägt, um damit die Ideen (→ **Platonische Idee**) als unvergänglichen Modelle der Dinge zu bezeichnen, als Urbilder, von denen die wahrnehmbaren Dinge als deren Kopien abstammen. Plotin und Proklos entwickelten eine einheitliche Theorie der Archetypen, wobei sie darunter die Stoffe verstanden, die den göttlichen Verstand bilden, die zweite **Hypostase** (→), die durch die **Emanation** (→) vom Gott-Einen ausgeht. Exemplarische Fälle sind die Mathematik und die Geometrie: Die konkret auf eine Tafel gezeichnete Figur eines Dreiecks ist lediglich ein sichtbarer Verweis auf ein ideales Muster, das vollkommen und sachlich, ewig und immateriell ist (der Archetypus des Dreiecks). Dieses abstrakte Bild des Dreiecks existiert in gleicher Weise sowohl in Gott als auch im Geist des Menschen: Wenn der menschliche Gedanke sich zu einer archetypischen Stufe erhebt, erreicht er die Ebene des Göttlichen. Diese Lehre gab Plotin die Möglichkeit, zwei wichtige Neuerungen in Bezug auf Platon einzuführen:
• Die Theorie der Ideen konnte ganz in religiösem Sinne interpretiert werden, was so weit ging, dass die mittelalterlichen Theologen, die Platons Lehre nur in der plotinischen Version kannten, meinten, das Christentum mit der Doktrin des griechischen Philosophen in Einklang bringen zu können. Eben dieser Begriff des Archetypus wurde von Augustinus als „Gedanke Gottes" aufgenommen, und die platonischen Ideen wurden schließlich als die unendlichen Arten angesehen, mit denen Gott die Welt erdacht hat (wobei er, als Ergebnis dieser Tätigkeit, alle Dinge schuf).
• Die Einstellung des Plotin erlaubte eine Revision von Platons Verurteilung der Kunst. Plotin vertrat die Ansicht, dass die Kunst sich nicht notwendigerweise im Kopieren der wahrnehmbaren Dinge gemäß dem Prinzip der **Mimesis** (→) erschöpfe; sie könne ebenso Formen aus der Natur verwenden, um etwas Geistiges auszudrücken und so zu einem Medium für den Zugang zur archetypischen Welt zu werden.

Wenn die Seele, wie es selbst Platon zugegeben hatte, von der transzendenten Liebe zur Schönheit angetrieben wird, so muss man auch die geistige Notwendigkeit der Kunst einräumen – der einzigen Tätigkeit des Menschen, die in der Lage ist, die Seele des Einzelnen zu rühren und ihm jenen **Enthusiasmus** (→), jene Leidenschaft für das Schöne zu verleihen, welche die notwendigen Voraussetzungen für ihren Aufstieg sind.

Während der Renaissance wurden die Entdeckungen Plotins von Marsilio Ficino und den Neuplatonikern vertieft, ja wurden geradezu das theoretische Instrumentarium einer künstlerischen Revolution.

Die Werke von Sandro Botticelli, einem Maler, der überlegte philosophische Überzeugungen besaß und mit der neuplatonischen Akademie eng vertraut war (besonders mit Ficino), sind Versuche, höhere Wahrheiten zu offenbaren, richtige Archetypen, die tiefgehende philosophische Gedanken sichtbar machen. Davon zeugen die Eigenartigkeit der Kompositionen, die Doppeldeutigkeit der Figuren und die Möglichkeit, die Bilder ganz verschieden zu deuten. In der *Geburt der Venus* beispielsweise, einem Werk, das er unter der Beratung Ficinos entworfen hatte, ist eine klare philosophische Bedeutung erkennbar: Die Seele (oder, nach Ficinos Terminologie, der Mensch) ist „mittlere Natur" *(natura media)* und „Zusammenfall der Gegensätze" *(coincidentia oppositorum)*, von Körper und Geist, Leidenschaft und Keuschheit.

▼ *Sandro Botticelli war ein Maler mit stark ausgeprägten intellektuellen und philosophischen Interessen, eng befreundet mit den bekanntesten Denkern (Ficino) und Literaten (Poliziano) der Platonischen Akademie. Die Sujets seiner berühmtesten Kunstwerke sind sehr doppeldeutig und laden zu unterschiedlichen Interpretationen ein. Neben den deutlichen Bezügen zur klassische Mythologie gibt es nämlich auch Hinweise, die auf den* **Hermetismus** *(→) und vielleicht sogar auf die* **Magie** *(→) zurückzuführen sind. Diese Komplexität wird besonders deutlich im Gemälde* Der Frühling *(um 1480), in dem die mythologischen Figuren (Flora, Merkur) versteckte Hinweise auf die platonische Philosophie enthalten. (Ein Beispiel: Die heftige Bewegung der Kleider spielt auf den Begriff des* **Enthusiasmus** → *an.)*

▶ Die Geburt der Venus, *ebenfalls von Botticelli, stellt sowohl den heidnischen Mythos der Geburt der Venus aus dem Meer dar, als auch den christlichen Ritus der Taufe – jenes Sakrament, das durch die heilende Funktion des Wassers die Wiedergeburt der Seele ermöglicht. Angesichts der Tatsache, dass Venus die Seele repräsentiert, ist ihr keusches und von erotischen Anspielungen freies Verhalten ein Verweis auf die Schlichtheit und Reinheit, die notwendig sind, um zum Geistigen aufzusteigen. Die personifizierten Winde auf der linken Seite – auch sie nackt dargestellt und in einer lasziven Pose ineinander verschlungen – stehen dagegen für die sinnliche Liebe, den Hauch der Leidenschaft, die Raserei, den* **Eros** *(→). Die Figur auf der rechten Seite, die Nymphe Hore, ist in schwere Stoffe gekleidet und versucht, die Nacktheit der Venus zu schützen, indem sie sie in einen Mantel (als*

Symbol für die spirituelle Liebe) hüllt. Es gibt hier also eine perfekte Symmetrie zwischen der himmlischen und der irdischen Liebe, zwei gegensätzliche, aber sich ergänzende Prinzipien. Die in der Luft verstreuten Blumen symbolisieren die Notwendigkeit und die Fruchtbarkeit dieser beiden Haltungen.

Platonischer Staat

Urbanistik
Siehe auch: *Utopie, Sonnenstaat*

Erste städtebauliche Überlegungen stellte im Zeitalter des Humanismus Leon Battista Alberti (1406–1472) an, Architekt und einer der berühmtesten Kunsttheoretiker und Philosophen des 15. Jh.s sowie Autor von drei Abhandlungen *(Über die Malerei; Über die Architektur; Über die Skulptur)*, die die Erneuerung der bildenden Künste in der Renaissance einleiteten. Eine vielseitige Persönlichkeit, reich an humanistischen Interessen (er schrieb und dichtete auch), mehr als nur ein großer Konstrukteur (wie Brunelleschi), war er durch und durch ein Intellektueller, ein Kenner der Klassik und vor allem Platons, in dessen Lehren er wertvolle Hinweise für Architektur und Urbanistik fand.

Vom Idealstaat hatte Platon in seinem Hauptwerk *Der Staat* gesprochen, wobei er weniger die bauliche Struktur als die politische beschrieb. Der Philosoph zeichnete den idealen Bürger, ohne das Bedürfnis zu verspüren, sich diesen in einer bestimmten städtischen Umgebung vorzustellen.

Trotz dieser Beschränkungen vermittelte Platons Ansatz den Architekten des 15. Jh.s einen völlig neuen Weg, die Probleme der Stadt in Angriff zu nehmen: Man stellte sie sich als einen „Mesokosmos" vor, das heißt als eine Realität zwischen dem Mikrokosmos Mensch und dem **Makrokosmos** (→).

Der platonische *Staat* ist nämlich ganz auf dem systematischen Vergleich zwischen der Struktur des Stadtstaates und der des Menschen aufgebaut; die Stadt muss als eine Erweiterung des Individuums geplant werden, als eine Vergrößerung (Vervielfältigung) seiner Struktur auf der Ebene der Gesellschaft, und deshalb stellt man ihn sich als einen Körper, einen lebenden Organismus vor. Umgekehrt ist der Mensch eine lebende Stadt: Den drei Seelen, aus denen er nach platonischer Psychologie zusammengesetzt ist (der rationalen, der leidenschaftlichen und der begehrenden, die in Kopf, Herz und Bauch

sitzen), entsprechen jeweils Teile der Stadt: die Akropolis, der Markt *(Agora)* und die urbane Struktur.

Aus dieser Lehre leitete der Humanismus eine organische Konzeption der Stadt ab. Laut Alberti muss diese ein so konsequent strukturiertes Ganzes darstellen, dass „eine jede Änderung sich wie eine vollständige Deformation auswirkt". Noch ausdrücklicher formulierte es der neuplatonische Architekt Francesco di Giorgio Martini (1439–1502): „Die Stadt muss Verstand, Maß und Form des menschlichen Körpers haben." Auf städtebaulichem Niveau konkretisierten sich diese Überlegungen in der Einteilung in Zonen (funktionale Einteilung der städtischen Bereiche nach Berufen), die schon von Hippodamos von Milet, dem berühmtesten griechischen Stadtplaner (→ **Ionische Gesellschaft**), angewandt wurde.

In den ersten beiden Jahrzehnten des 16. Jh.s wurde eine große Zahl von Abhandlungen zur Idealstadt veröffentlicht (die berühmteste ist die *Sforzinda* von Filarete). Es handelte sich um Projekte, die Entwürfe bleiben sollten, gedacht als – abgesehen vom Territorium – wahrhaftige Darstellungen einer platonischen und übergeschichtlichen Idee der Stadt. Das Interesse dieser Architekten galt in der Tat ausschließlich der geometrischen Form der Stadt, der grafischen Perfektion des Stadtplans, den ästhetischen Werten, die durch ihre Begrenzungslinie (dem Stadtmauerring) ausgedrückt wurden und als weit wichtiger angesehen wurden als die innerstädtische Struktur.

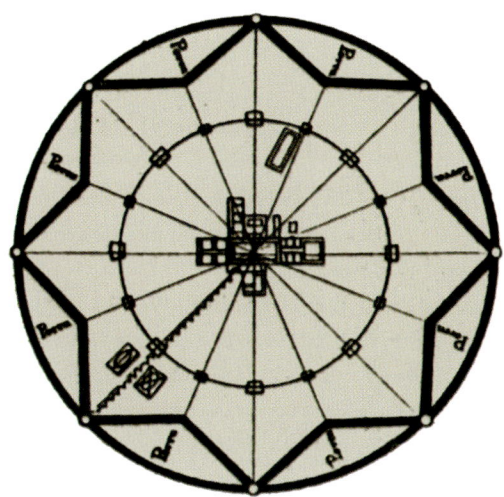

▲ *Der Plan der* Sforzinda, *des Projekts der Idealstadt von Filarete, gründete sich auf der Kombination von Quadrat und Kreis, Formen, denen im neuplatonischen Umfeld eine besondere Vollkommenheit und Heiligkeit zuerkannt wurde.*

▲▼ *Die starke Betonung des Geometrischen der neuplatonischen Entwürfe galt nicht so sehr für die idealen Städte, sondern für die militärischen Festungen.*

▲ *Strukturelle Gleichsetzung zwischen Mensch und Stadt in einer Zeichnung des* Codex Saluzziano *von Francesco di Giorgio Martini (1482). Der Bauchnabel entspricht einem runden Platz mit Kirche; der Kopf der Festung des Herrschers über die Stadt; die Füße und Ellbogen den Wachtürmen.*

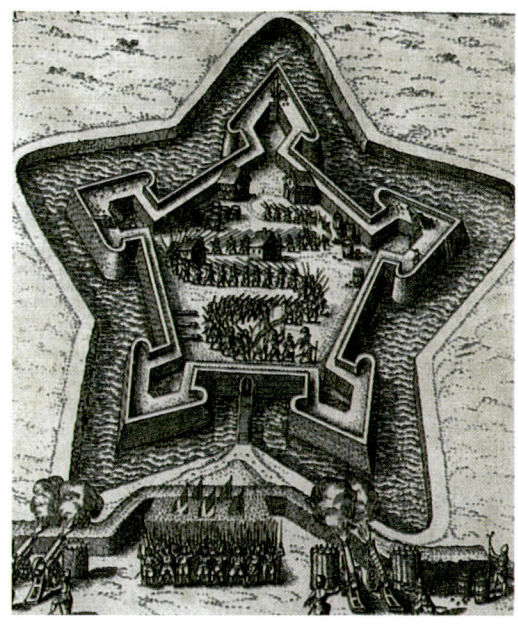

◀ *Fra Giocondo da Verona:* Ansicht der Idealstadt *(1513). Die Stadt besitzt eine kreisförmige Begrenzung und zwei Mauerringe; die innere Struktur ist radial und zentral auf einen Platz ausgerichtet, der von einem religiösen Gebäude beherrscht wird. Das Werk von Fra Giocondo war eine der Anregungen, die Campanella zu seinem* Sonnenstaat *inspirierten.*

Körperbau

Renaissance, Anthropologie, Anatomie
Siehe auch: *Copula mundi, Formbarkeit des Menschen*

Eine der größten Erfindungen der Renaissance war die Anatomie, eine medizinische Praxis, die der antiken Welt und den nicht europäischen Zivilisationen unbekannt war. Beispielhaft ist der Fall der Chinesen, die im 18. Jh. angesichts von Anatomiebüchern, die jesuitische Missionare mitbrachten, die neue Wissenschaft ablehnten und als unrein und unreligiös verurteilten.

Auch die ersten europäischen Anatomen hatten eine religiöse Vorstellung vom menschlichen Körper und glaubten, die Anatomie werde ihnen die Entschlüsselung der großen Geheimnisse des Lebens ermöglichen. Sie wussten, dass sie Untersuchungen unternahmen, die bis dahin noch nie in systematischer Form betrieben worden waren. Und sie wussten, dass sie damit starke und tief eingewurzelte kulturelle Barrieren einrissen.

Anatom der ersten berühmten Sektion (1537) war der flämische Arzt Andreas Vesalius (1514–1564), der sieben Jahre Professor an der Universität von Padua war, bevor er mit nur dreißig Jahren persönlicher Leibarzt des Kaisers Karl V. wurde und für immer die wissenschaftliche Forschung verließ.

De humani corporis fabrica, das Buch, in dem seine Forschungen zusammengefasst sind, stammt aus dem Jahre 1543, aus demselben Jahr, in dem ein anderes grundlegendes Werk, *De revolutionibus orbium coelestium* von Kopernikus erschien: zwei revolutionäre Bücher, die die Emanzipation der Renaissance vom wissenschaftlichen Prestige der Antike markieren.

Vesalius stellte die **Überlegenheit der empirischen Beobachtung** gegenüber der Theorie fest und fand Worte des Spottes für das traditionelle Wissen: Er bemerkte, dass dem großen Galen (2. Jh. n. Chr.) in einer einzigen anatomischen Sitzung (die an einem Affen vorgenommen wurde) gut zweihundert Irrtümer unterliefen, während die Anatomen des Mittelalters sich darauf beschränkten, die Texte eben dieses Galen, der *auctoritas* (→) auf diesem Gebiet, auswendig zu lernen.

Die philosophische Neuheit des Werks von Vesalius zeigt sich aber darin, dass er den menschlichen Körper *fabbrica* („Bauwerk") nennt, ein Begriff, der im 16. Jh. in der Regel im Zusammenhang mit der Architektur verwendet wurde. Der Bau ist das gemeinsame Unternehmen, bei dem die großen Bauwerke entstehen; es ist die Ausweitung einer Werkstatt auf ein höheres Niveau, auf dem der Künstler eine komplexe technische und kreative Arbeit leitet.

Den Körper wie ein Bauwerk zu zergliedern, bedeutet deshalb, ihn als lebendiges und unübertreffliches Kunstwerk zu feiern, seine ästhetische Schönheit ins Licht zu rücken, den engen Zusammenhang seiner Teile und seine kunstvolle Struktur zu entdecken.

Aus diesem Grund ist Vesalius' Interesse nicht mehr, wie es in der Antike nach dem Vorbild des Aristoteles üblich war, darauf gerichtet, den Zweck und die Beschaffenheit der einzelnen Organe zu bestimmen.

Im Mittelpunkt seiner Forschung stehen vielmehr die Prozesse des Zusammenwirkens, die Beziehungen zwischen den inneren Organen (das dynamische System der Gelenkbewegungen, das System des Skeletts, der Vorgang der Ernährung usw.). Deshalb führte Vesalius auf der praktischen Ebene ein neues Sektionsverfahren ein: Man muss der Logik der Körperstrukturen folgend vorgehen, um die Beziehungen, die zwischen den einzelnen Organen bestehen, und die Komplexität des Organismus zu zeigen (nicht mehr, wie es bis dahin der Fall war, nach ihrer höheren oder niedrigeren Verderblichkeit).

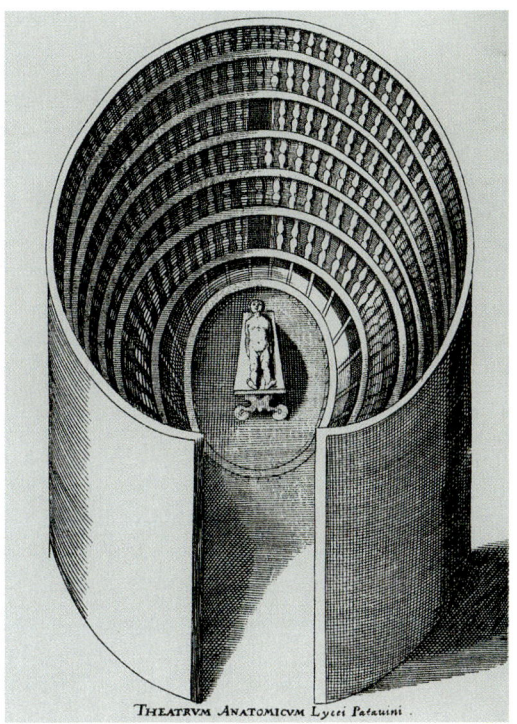

▲ *Das Anatomietheater, in dem man die Sektion des Leichnams in Gegenwart einer Masse von Neugierigen ausführte, ist eine der originellsten Erfindungen der Renaissance.*

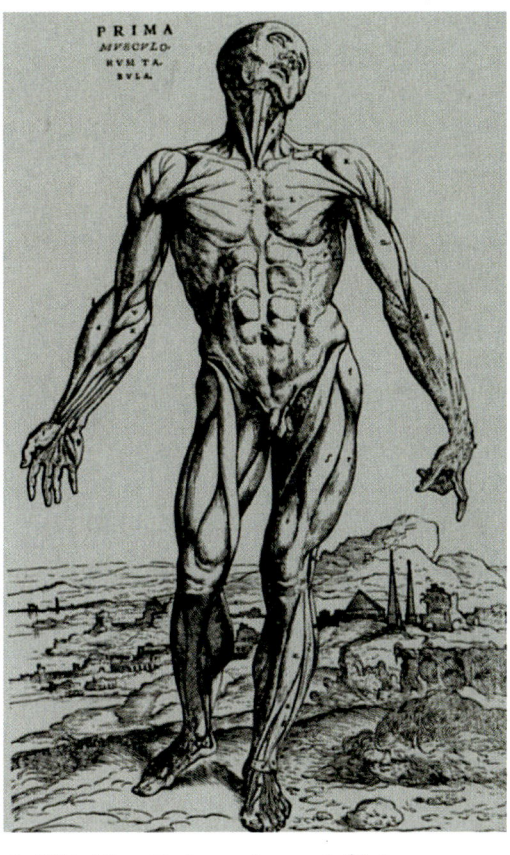

▲ *Bildtafel aus* De humani corporis fabrica *von Andreas Vesalius. Die ersten anatomischen Bildtafeln waren Darstellungen, die noch auf halbem Wege zwischen Kunst und Wissenschaft lagen: Der Leichnam war in eine mit Sorgfalt dargestellte Landschaft und Umgebung eingefügt.*

◄ *Ein sezierter Leichnam seziert einen anderen, darge-stellt wie eine griechische Statue, der ein Arm fehlt. Die anatomische Darstellung, wichtig im Studium der Me-dizin, führte zum Entstehen eines besonderen Sachgebiets der bildlichen Darstellung (wo sich Kunst und Wissen-schaft trafen), das sich im 16. und 17. Jh. sehr langsam entwickelt, bis es die didaktische Effizienz der modernen Bildtafeln erreicht.*

Heroische Leidenschaft

Giordano Bruno

Siehe auch: *Pantheismus, Zusammenfall der Gegensätze, Complicatio/Explicatio*

Aus der Lektüre des *Symposion*, des Textes, den Platon den Fragen nach Liebe und Schönheit gewidmet hat, leiteten die neuplatonischen Humanisten des 15.–16. Jh.s eine Gleichheit von **Eros** (→) und intellektueller Kreativität ab. Sie glaubten nämlich, daraus zwei sichere Erkenntnisse erschließen zu können:
• Die Liebe zur Schönheit in all ihren Formen, auch der körperlichen und erotischen, ist immer eine Quelle geistiger Erhebung.
• Eine der notwendigen Voraussetzungen für den wahren Wissenschaftler, also für den, der den Aufstieg zur Erkenntnis bis zur **Ekstase** (→) und zur Deifikation („sich selbst zu Gott zu machen") treiben will, ist die heroische Liebe zur Schönheit, eine in der Terminologie Ficinos „göttliche Leidenschaft".

Aus dieser Interpretation Platons, die wie eine laute Widerlegung der moralischen Unterdrückung im Mittelalter klang, entsteht die ausgeprägt erotische Lebenslust der Renaissancekunst. Sie geht in der Gleichsetzung des Guten und des Schönen soweit, dass sogar die Figuren der Muttergottes und Christi erotisiert und im 16. Jh. oft mit der Anmut eines *Pin-ups* dargestellt wurden.

Der Begriff „Leidenschaft" wurde bei Giordano Bruno, der dem Thema einen spezifischen Aufsatz widmete (*Von den heroischen Leidenschaften*, 1585) besonders wichtig. Bruno unterschied sorgfältig die göttliche Leidenschaft von der heroischen. Während erstere zur religiösen Mystik führt und ihre Erfüllung in der Ekstase findet, ist die heroische Leidenschaft denen eigen, die „mit einem leuchtenden, einsichtsfähigen Verstand begabt sind. Aus innerem Antrieb und natürlicher Inbrunst, die von der Liebe zu Gott, Gerechtigkeit, Wahrheit und Ruhm geweckt worden ist, schärfen sie im Feuer der Sehnsucht und im Wind des Wollens ihre Sinne und zünden im Schwefel der Erkenntnisfähigkeit das Verstandeslicht an..." (Teil I, 3. Dialog).

Die wichtigste unter den Wissenschaftlern, die sich mit Brunos Lehre befassen, die Engländerin Frances A. Yates, schreibt: „Das, wonach die religiösen Erfahrungen, die Bruno in *Von den heroischen Leidenschaften* beschreibt, wirklich streben, ist eine Form von hermetischer **Gnosis** (→), d. h. zur mystischen Liebeslyrik des Menschenmagiers, der göttlich, mit göttlicher Macht erschaffen wurde und sich anschickt, die Göttlichkeit wiederzuerlangen ... Obwohl es nicht leicht ist, die seltenen ausdrücklich magischen Elemente in *Von den heroischen Leidenschaften* herauszufinden, ist dieses Werk sozusagen das spirituelle Tagebuch eines Menschen, der danach strebt, ein religiöser Magier zu sein."

Nur eine heroische Liebe zur Schönheit – Platon zählt sie zu den nützlichen Formen des Wahnsinns und nennt sie **Enthusiasmus** (→), Bruno vorzugsweise *raptus mentis* – erlöst das Individuum von seiner animalischen Natur, von seiner „Eselhaftigkeit", und hebt seinen Geist bis zum Himmel empor, indem es ihn in einen wahren Menschen verwandelt, oder auch in eine irdische Gottheit.

In dem pantheistischen Zusammenhang, in den sich Bruno stellt, ist die Liebe zur Natur zugleich auch Liebe zu Gott und rechtfertigt in gewisser Weise die **Magie** (→). Tatsächlich bringt sich der Wissenschaftler, indem er in totaler und übermenschlicher Weise liebt, in Einklang mit der kosmischen Liebe, mit der universalen Sympathie, die in allen Dingen lebendig und verbreitet ist, und erfährt so die tiefe Einheit, die sie verbindet. Wenn er die Fähigkeit erlangt, diese Kräfte aufzufangen und für seine eigenen Ziele dienstbar zu machen, verwandelt er sich in einen Magier, gibt den eigenen Sinnen und Gedanken eine Kraft, die jenseits des Menschlichen liegt, überwindet die Grenzen, die die Natur binden, und erlangt die Macht, sie zu lenken und zu kontrollieren.

◄ Hermes, der göttliche Liebhaber, *ein im Kreis der hermetischen Philosophen verbreitetes Bildthema: Eros, vom Schwan dargestellt, der wie ein Blitz vom Himmel herabfährt, ist notwendig, um den Zweifel zu zerstreuen (ausgedrückt von der beredten Geste der Hand). In der überfeinerten und elitären neuplatonischen Kultur bedeutet das Niedersteigen Jupiters auf die Erde (sehr häufig in der Malerei) – in Gestalt eines Schwans, um sich mit Leda zu paaren – die Notwendigkeit einer übermenschlichen Liebe, um zur höchsten Erkenntnis zu gelangen.*

▼ *Die* Heroischen Leidenschaften *von Bruno drehen sich um den Mythos von Aktaion, dem Jäger, der, weil er die Göttin Diana gesehen hatte, in einen Hirsch verwandelt und deshalb von seinen eigenen Hunden zerfleischt wurde. Diana repräsentiert die Göttlichkeit (in der Bruno einen Teil der Natur sieht), Aktaion den menschlichen Intellekt, die Jagd die heroische Leidenschaft, ihr Streben nach Wahrheit und Schönheit. Die Hunde schließlich sind die Gedanken und Willensakte, die Instrumente des Intellekts. Die Metamorphose des Aktaion stellt folglich den qualitativen Sprung dar, den der Intellekt vollzieht, wenn er begreift, dass die so lange gesuchte höchste Wahrheit nicht außerhalb, sondern nur in ihm selbst gefunden werden kann.*

Pantheismus

Bruno
Siehe auch: *Kosmische Sympathie*

In der Theologie wird die Doktrin, die im Gegensatz zur transzendenten Auffassung einen Unterschied zwischen Welt und Gott abstreitet, Pantheismus genannt. Auch wenn der Begriff im 18. Jh. geprägt wurde, war die griechische Welt in all ihren Ausprägungen pantheistisch; denn sowohl der Mythos als auch die antike Philosophie teilen die Auffassung, dass Göttlichkeit das innerste Wesen des Universums darstellt. Es gab selbstverständlich verschiedene wichtige Nuancen: Der Pantheismus, zu dem sich die Neuplatoniker bekannten, die in der Welt einen **Archetypus** (→), eine Manifestation des Göttlichen sahen, war mystisch-religiöser Art, während der von den Stoikern ausgearbeitete zu einer Form von materialistischem Naturalismus tendierte und Gott als die Energie (→ **Pneuma**) verstand, die die Natur von innen her belebt.

Der griechischen Tradition stellte sich die jüdisch-christliche entgegen, die davon ausging, dass Gott ein von der Welt getrenntes und mit einer eigenen Existenz ausgestattetes Wesen sei. Dies verhinderte trotzdem nicht, dass pantheistische Elemente in das Denken einiger christlicher Schriftsteller eindrangen. Die neuplatonische Version des antiken Pantheismus beeinflusste die **Negative Theologie** (→) von Dionysius Areopagita, die mystische Tradition (→ **Mystik**), die beispielsweise von Meister Eckhart vertreten wurde, und das Denken von Nicolaus Cusanus, der die Beziehungen zwischen Gott und Welt in den Begriffen *complicatio / explicatio* (→) erfasste.

Die stoisch-naturalistische Variante, die in besonders entschiedener Opposition zum Christentum stand, tauchte in den letzten Jahren der Renaissance mit Giordano Bruno wieder auf. Der Irrtum, der es seinem Meister, dem frommen Marsilio Ficino, erlaubt hatte, sich für einen religiösen Magier zu halten und den **Hermetismus** (→) mit dem Christentum zu versöhnen, wurde von Bruno radikal zerstört: Die ägyptische Religion, deren Prophet er war, bestand aus einer bewussten Rückkehr zu einem animistisch-pantheistischen Naturkult; auch seine begeisterte Zustimmung zum **Heliozentrismus** (→) war nicht Folge von astronomischen Forschungen, sondern weil so die heidnische Sonnenverehrung wieder auferstehen konnte.

Nachdem Bruno die Möglichkeit eines Gottes *super omnia* („über allen Dingen", folglich losgelöst von der Welt und transzendent nach christlichem Modell) zugegeben hatte, richtete sich seine gesamte Aufmerksamkeit auf die gegenteilige These (die aufgrund des von Cusanus geprägten Prinzips des **Zusammenfalls der Gegensätze** (→) zugelassen werden muss): Gott ist eine Realität *insita omnibus* („allen Dingen eingepflanzt"), das logisch-formale Prinzip, das die gesamte Natur durchzieht und belebt, beschreibbar als **Weltseele** (→) oder als überall verbreiteter universeller und in jedem einzelnen Ding vorhandener Geist (Panpsychismus). Mit Begriffen, die das genaue Gegenteil von strikter Trennung zwischen *res cogitans* und *res extensa* (→) sind (mit denen Descartes in der folgenden Generation den modernen Gedanken einläuten wird), stellte Bruno am Ende des 16. Jh.s noch Theorien über den Vitalismus, den Animismus und die Geistigkeit der Materie auf und rechtfertigte so theoretisch die Praxis der **Magie** (→). Denn die göttliche Intelligenz, von der der Mensch ein Bewusstsein hat, ist überall in den tieferen Ebenen des Bewusstseins vorhanden, sogar in der Materie. Alles ist lebendig und alles ist göttlich; das Leben, das die Natur regelt, ist das Lebens Gottes, und seine Gesetze können aus diesem Grund Veränderungen unterworfen sein.

◀ Der christlichen Dreifaltigkeit stellte Giordano Bruno eine hermetische Dreifaltigkeit gegenüber, die er auf „ägyptische Art" mit drei Sonnen darstellte (eine Art christianisierte Heliolatrie). Die drei Prinzipien, die das Universum regieren (und die wir zusammenfassend „Gott" nennen), sind Geist, Verstand und Liebe.

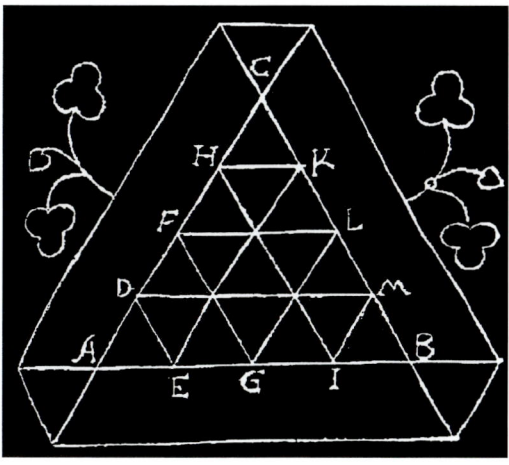

◀ Brunos Vitalismus, der die Unterscheidung zwischen belebter und unbelebter Welt verneint, kann vielleicht einige Sonderbarkeiten der hermetischen Werke und geometrischen Abhandlungen erklären, in denen pflanzliche oder biologische Elemente ohne erkennbare Motive mit mathematischen Konstruktionen verschmelzen (→ **Mathesis**).

▼ ▼ ▼ In seinen hermetischen Schriften stellt Bruno dem Geist, dem Verstand und der Liebe, diesen drei Prinzipien seiner magischen Dreifaltigkeit, die hier abgebildeten Darstellungen zur Seite. Es sind Formen göttlicher Geometrie, über die entsprechend der Mathesis reflektiert und meditiert werden muss. Ein interessanter Aspekt ist, dass es sich um Mandalas (→ **Kollektives Unbewusstes**) handelt, stark zentralisierte geometrische Zeichnungen, die im Orient seit jeher als Hilfe bei der mystischen Meditation verwendet werden.

Aristotelismus / Platonismus

Siehe auch: *Ursprungsmythos, Horizontales Denken*

Bei der Ausführung des großen Freskos (7 m breit) mit dem Titel *Die Schule von Athen* (1510) wurde Raffael vermutlich von einer Kommission aus Theologen und Philosophen unterstützt, der auch der Schriftsteller und Humanist Pietro Bembo angehörte.

Das Werk, das zahlreiche antike Gelehrte darstellt, die philosophierend umherwandeln, ist nicht nur wegen seines ästhetischen, sondern auch aufgrund seines dokumentarischen Wertes als visuelles Zeugnis der philosophischen Kultur der Renaissance von großer Bedeutung.

Das Fresko bezeugt das Ansehen, das die Philosophie genoss, die nun nicht mehr, wie noch im Mittelalter, als Dienerin der Theologie galt, sondern als eine gänzlich selbstständige und emanzipierte Wissenschaft (nicht zufällig wurde das Fresko von Papst Julius II. für seine Privatgemächer im Vatikan in Auftrag gegeben). Raffael entfaltet ein weites Spektrum visueller Lösungen, die die **Bewunderung für die antike Weisheit** hervorheben, und greift dabei ausgiebig auf die neuen Ausdrucksmöglichkeiten der Perspektive zurück.

Die wichtigste Botschaft des Werkes ist jedoch, dass es möglich ist, in einer einzigen idealen Weisheit die platonische und die aristotelische Tradition zu vereinen.

Die Komposition kreist um die zentralen Figuren Platon und Aristoteles: Alle Linien der Perspektive laufen in ihnen zusammen, und ihre Gesichter sind die einzigen, die sich vom Hintergrund des Himmels abheben.

Die anderen identifizierbaren Figuren sind entsprechend ihrer Beziehung zu den beiden großen Denkern angeordnet: Linker Hand befinden sich die Persönlichkeiten **mystischer** und **neuplatonischer Richtung** (z.B. Orpheus, Pythagoras); rechter Hand die **Naturphilosophen** und die Wissenschaftler (z.B. Ptolemäus, Euklid, Zarathustra). Es wird also davon ausgegangen, dass die zahlreichen Varianten der griechischen Lehre auf zwei grundsätzliche Ansätze zurückgeführt werden können (die durch die Gesten der Hände symbolisiert werden: Platon zeigt mit seinem rechten Zeigefinger in die Höhe, Aristoteles weist in Richtung Boden).

Die beiden großen Philosophen schauen sich an und scheinen sich miteinander zu unterhalten. Sie verweisen so auf das Ideal gegenseitiger Komplementarität. Das Bild bringt zum Ausdruck, dass zwischen den beiden wichtigsten Hinterlassenschaften der griechischen Welt eine vereinigende Synthese möglich und notwendig ist. Dies ist eine für die Zeit Raffaels neuartige Vorstellung, denn über die Fragen nach dem Vorrang und der Bedeutung der beiden großen Klassiker waren in den vorhergehenden Jahrhunderten des Mittelalters die bittersten Diskussionen entbrannt.

Die Hoffnung auf eine mögliche universale **philosophische Versöhnung** gründete sich auf ein noch unvollkommenes Verständnis der Texte. Marsilio Ficino und die anderen hermetischen Philosophen (→ **Hermetismus**) waren der Ansicht, dass Platon und Aristoteles nicht nur miteinander, sondern auch mit dem Christentum und mit der **Magie** (→) vereinbar seien. Auch Raffael ist ein Opfer solcher fehlerhaften Interpretationen: Er ordnet etwa den mythischen Zarathustra, dem die Renaissance die Komposition der *Chaldäischen Orakel* zuschreibt (eigentlich ein magisch-hermetischer Text aus der Kaiserzeit), den Naturphilosophen zu.

Mit dem Fortschreiten der Wissenschaften stellte sich die Verbindung der beiden Philosophien als idealistisch heraus. Die Renaissancekultur spaltete sich in zwei Stränge: in den **aristotelischen Naturalismus** (laizistisch-wissenschaftlich) von Bernardino Telesio und Tommaso Campanella und den **neuplatonischen Mystizismus** (metaphysisch-religiös) von Ficino und Giordano Bruno.

▲ *Raffael*, Schule von Athen. *Viele Figuren sind nicht identifizierbar, aber auch dies ist beabsichtigt: Neben der Bedeutung der großen Persönlichkeiten soll auf die Vielstimmigkeit des Strebens nach Weisheit verwiesen werden. Dass Platon die Gesichtszüge Leonardos trägt und Heraklit die Züge Michelangelos, kann als ein Hinweis darauf gedeutet werden, dass die antike griechische Größe in den modernen Werken weiterlebt.*

◄ *Aristoteles hält in der linken Hand seine* Nikomachische Ethik, *ein eher nebensächliches Werk angesichts der vorwiegend metaphysisch-wissenschaftlichen Interessen des Philosophen. Mit dem Verweis auf dieses Werk soll zum Ausdruck gebracht werden, dass Aristoteles nicht nur ein großer Wissenschaftler, sondern auch ein großer Humanist war. Analog dazu führt Platon ein wissenschaftliches Werk mit sich, den* Timaios. *Damit wird gezeigt, dass Platon nicht nur ein großer Humanist und Philosoph, sondern auch ein Wissenschaftler war.*

Ursprungsmythos

Die Renaissance zeichnet sich dadurch aus, dass sie einerseits mit der Vergangenheit brach und damit die Voraussetzungen für die moderne Welt schuf, andererseits eine Rückkehr zu den Errungenschaften der Antike einforderte: Die Humanisten wollten eine Rückkehr zu den Klassikern; Luther zur **Urkirche** (→); Machiavelli zum politischen System der antiken Gemeinschaften (→ **Polis**); die Philosophen zur griechischen Weisheit.

Dem Menschen des 16. Jh.s war das moderne Konzept des **Fortschritts** (→) fremd, die Idee eines kontinuierlichen und einheitlichen Fortschreitens der Geschichte, in der neue Errungenschaften sich auf vorhergehende in einer ununterbrochenen Optimierung häufen. In seinen Augen bestand der einzig mögliche Fortschritt in der **Wiedererlangung der Kenntnisse der Antike**, der einzigen und unübertrefflichen (griechischen, altägyptischen) Weisheit.

Das Archaische, das Ursprüngliche, das Natürliche, das Denken der Antike wurden zu einer absoluten Norm, zum Maßstab einer uneingeschränkten Vollkommenheit. Die Rückkehr zu dieser Norm beinhaltete allerdings den Kampf gegen verzerrende Interpretationen, die sich im Laufe des Mittelalters angesammelt hatten und den ursprünglichen Sinn der antiken Texte verschleierten oder oft einfach nur verdrehten.

Die **philologische** Beschäftigung mit den antiken Texten zeigte in der Tat die Notwendigkeit einer Auseinandersetzung mit deren wahrer Bedeutung. Immer häufiger deckte sie verblüffende Irrtümer, falsche Zuschreibungen, Sinnverdrehungen und sogar gefälschte Urkunden (wie z.B. die Konstantinische Schenkung) auf.

Aus diesem Bedürfnis nach Glaubwürdigkeit, das die Renaissance prägte, wurde die **historische Perspektive** der Neuzeit geboren: Es entstand die Forderung nach einer Chronologie von Werken und Autoren, die jedes Werk in seiner eigenen Epoche verankert, wechselseitige Einflüsse erklärt und die Werke in eine Reihe stellt. In der Praxis ging es darum, auch in Bezug auf die Zeit zu erreichen, was die Entdeckung der **Perspektive** (→) in Bezug auf den Raum seit Kurzem erlaubte: die analysierten Gegenstände durch die Anwendung einer historiografischen Methode in der richtigen Distanz zueinander anzuordnen.

Die ersten Ergebnisse dieser neuen Wissenschaft waren zum Teil Fehlschlüsse. An die Seite des antiken Griechenlands, dessen Ruhm offensichtlich war, trat Ägypten als Wiege der Zivilisation und Ursprung aller Weisheit. Der **Mythos Ägypten** war bereits bei Platon stark ausgeprägt (besonders im *Timaios*), weniger stark hingegen bei Aristoteles, der auf den ersten Seiten der *Metaphysik* – die Anfänge des philosophischen Denkens zusammenfassend – festhielt, dass er unmittelbar von Thales ausgehe, und zugleich alle vorhergehenden Gedankenformen herabsetzte. Hier liegt eventuell der Grund dafür, dass der Mythos Ägypten im Mittelalter wenn nicht vergessen, so doch zumindest relativiert war, Ägypten wurde keinerlei besondere Bedeutung beigemessen. Erst in der Renaissance kehrte der Mythos zurück. Es brach eine regelrechte Ägyptomanie aus, die vor allem die Weisheit der ägyptischen Priester hochschätzte: Die Hieroglyphen wurden nun als eine **Weisheitssprache** (→) interpretiert.

Der Mythos vom ägyptischen Ursprung der Weisheit verband sich mit dem Anliegen, neben dem griechischen Platon einen *wahren* Platon, einen altägyptischen Platon zu entdecken. Zu einem solchen erklärte man bald den aus altägyptischen Legenden bekannten Hermes Trismegistos (→ **Hermetismus**), den man für den Autor einer Sammlung hermetischer Texte hielt, die um die Mitte des 15. Jh.s gefunden worden waren.

► *Kritisch betrachtet wussten die Menschen der Renaissance eigentlich fast nichts über das historische Ägypten. Die ersten Reiseberichte zeigen, dass man nicht imstande war, eine Kultur zu verstehen, die sich so stark von der europäischen Tradition unterschied. Sie wirken in unseren Augen eher als eine Frucht der Fhantasie als ein Ergebnis von Beobachtungen. Die Darstellung der weiblichen Büste soll tatsächlich die Sphinx zeigen; so hat sie ein Augenzeuge in der ersten Hälfte des 16. Jh.s vor Ort gesehen und gezeichnet.*

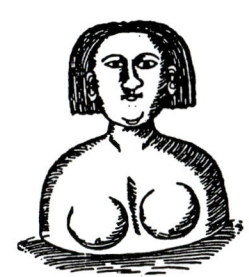

▲ ▲ *Die Renaissance stellte sich die Hieroglyphen als eine Weisheitssprache vor, als eine symbolisch-philosophische Struktur, die einem Bilderrätsel ähnelt. Hier dargestellt sind die Hieroglyphen der Begriffe der Unmöglichkeit und der Zeit (die die Stunden isst). Es sind Illustrationen von Albrecht Dürer für die* Hieroglyphica *von Horapollo.*

◄ *Ein Fantasiebild der Pyramiden aus der Renaissance. Die Vorstellungen vom antiken Ägypten waren in der Renaissance zu einem Großteil Erfindungen. In ihnen drückte sich vor allem das philosophische Bedürfnis nach einer ursprünglichen Weisheit aus.*

Magie

Siehe auch: *Charisma, Hermetismus*

Bei der Magie handelt es sich um eine sehr alte Form geistig-intuitiven Wissens, die bereits in der babylonischen Zivilisation gut entwickelt war. In der griechisch-römischen Antike spielte sie nur eine geringe Rolle, etwa bei der Befragung der göttlichen **Orakel** (→). Erst in den letzten Jahrhunderten des römischen Reichs begann sie an Einfluss zu gewinnen, vor allem in der **Stoa** (→) und im **Neuplatonismus** (→), bei Iamblichos und Proklos. Mit der Verbreitung des Christentums und dem Vorwurf vonseiten der Kirche, die magischen Phänomene seien vom Satan beeinflusst, wurde die Magie unterdrückt. Sie wurde von der theologischen Kultur kaum geduldet und in ein fest umrissenes Gebiet an den Grenzen von Orthodoxie und Wissenschaft verwiesen.

Mit dem Aufkommen einer laizistischen Lebensanschauung und eines Interesses für die Natur, das noch nicht von wissenschaftlichen Regeln bestimmt war, wurde die Magie in der Renaissance zu einem konstitutiven Teil des philosophischen Denkens. In dieser Zeit war es schwierig, zwischen **Philosophen** und **Magiern** zu unterscheiden. Nur der Konvention halber werden Persönlichkeiten wie der Schweizer Paracelsus (1493–1541), der die Alchemie zu den Anfängen der Pharmakologie weiterentwickelte, den Magiern zugeordnet; ebenso die Italiener Girolamo Fracastoro (1478–1533), Gerolamo Cardano (1501–1576), Giambattista della Porta (1535–1615) und auch der Deutsche Agrippa von Nettesheim (1486–1535), dessen *De occulta philosophia* Giordano Bruno ebenso beeinflussten wie die neuplatonischen Lehren des Marsilio Ficino.

In der Renaissance interessierten sich alle Denkschulen für die okkulten Künste: Neben dem Neuplatoniker Ficino wollten auch an der Natur interessierte Philosophen wie Bernardino Telesio und Tommaso Campanella Magier sein. Im Übrigen waren auch die Wissenschaftler kaum immun gegen die neue Leidenschaft: Alle, Galileo Galilei eingeschlossen, obwohl er mit seinem wissenschaftlichen Werk weit von jeglichem Okkultismus entfernt war, wussten die **Ephemeriden** anzuwenden, den astrologischen Almanach, der es erlaubte, Horoskope zu erstellen. Nikolaus Kopernikus und der Däne Tycho Brahe sahen keinen Widerspruch zwischen Astronomie und Astrologie, und Johannes Kepler wagte sich sogar so weit vor, eine Hungersnot und einen Krieg gegen die Türken für das Jahr 1595 vorherzusagen – als Folge schädlicher Sterneneinflüsse.

Das beachtliche Gewicht dieser Interessen in der Kultur des 16. Jh.s führte jedoch nicht zu einer theoretischen Weiterentwicklung der magischen Lehre, die von einem ihr innewohnenden Traditionalismus (ähnlich wie der der Religion) charakterisiert wird: Die Formel eines Zaubers kann nicht verbessert werden; sie drückt endgültiges und unveränderliches Wissen aus. Die Grundbegriffe des magischen Denkens der Renaissance blieben jene traditionellen, die man in den Begriffen **kosmische Sympathie** (→) und **okkulte Qualitäten** (die Eigenschaften der Materie, die nicht aus den von der Wissenschaft erforschten Beziehungen der Quantität stammen, sondern die Beziehungen von Form und Ähnlichkeit) zusammenfassen kann.

Aus den zahlreichen modernen Untersuchungen über die Magie stechen zwei hervor:
• James George Frazer (*Der goldene Zweig*, 1890) behauptet, dass die Magie ein Vorauswissen konstituiert, ein unvollkommenes Wissen, das noch unreif und kindlich ist;
• Claude Lévi-Strauss (*Das wilde Denken*, 1962) meint hingegen, dass es sich um eine unabhängige Form von Erkenntnis handelt, die sich von der Wissenschaft unterscheidet, mit ihr nicht vergleichbar, aber nicht weniger fruchtbringend ist.

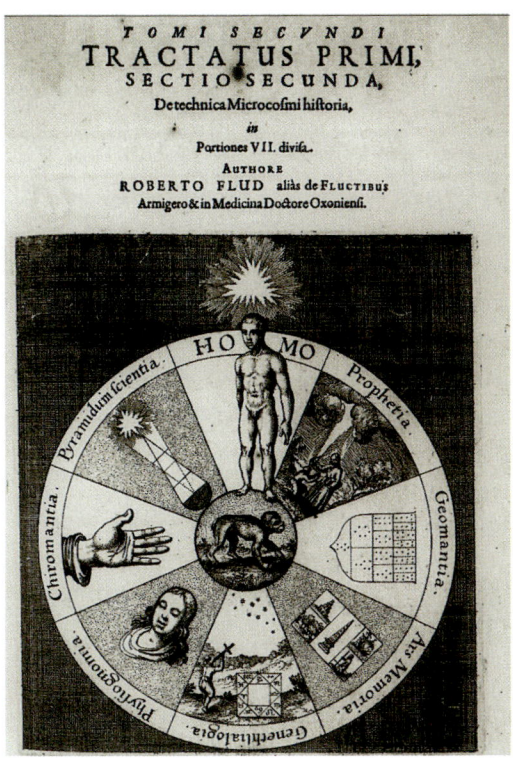

◀ *Eine von Robert Fludd* (Ultriusque cosmi historia, *1617*) *vorgeschlagene Synthese der okkulten Wissenschaften. Die Entwicklung des Menschen, dessen Füße auf der Erde stehen und dessen Kopf den Himmel berührt, wird von den magischen Wissenschaften sichergestellt: Prophetie, Geomantie, Mnemotechnik, Physiognomik, Chiromantie, Wissenschaft der Pyramiden.*

▼ **Abrakadabra**, *die berühmteste aller Zauberformeln. Sie wurde von oben nach unten gelesen (wobei das Wort sich immer weiter reduziert, bis auf den einzigen Buchstaben A) und wurde dabei wirksam (etwa als Schutz vor Krankheiten). In der entgegengesetzten Richtung gesprochen, erzielte sie die umgekehrte Wirkung und schadete der Person, gegen die sie gerichtet war.*

```
A B R A K A D A B R A
 A B R A K A D A B R
  A B R A K A D A B
   A B R A K A D A
    A B R A K A D
     A B R A K A
      A B R A K
       A B R A
        A B R
         A B
          A
```

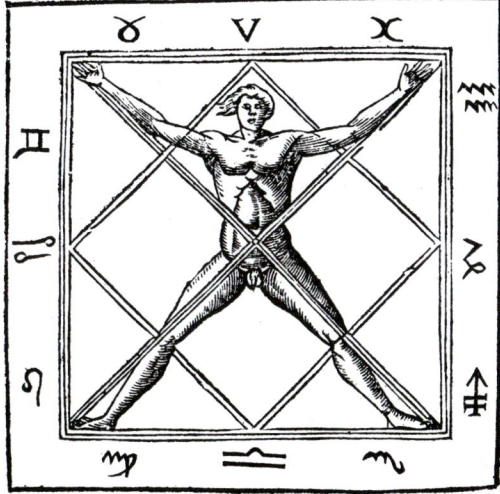

▲ *Ein von Giordano Bruno verwendetes magisch-astrologisches Bild. Die Vorstellung vom* **Mikrokosmos Mensch** (→ **Mikrokosmos/Makrokosmos**) *prägte die Magie der Renaissance.*

▲ *Der berühmteste Magier war der deutsche Arzt Johann Faust (1480–1536). Kurz nach seinem Tod begann die Legende zu kursieren, dass er seine Seele im Tausch gegen ewige Jugend dem Teufel verkauft habe. Die Legende war Ausgangspunkt zahlreicher Werke, vom* Doktor Faustus *Christopher Marlowes (1564–1593), den die Abbildung illustriert, bis hin zum gleichnamigen Werk Goethes.*

Dämonologie

Der christlichen Orthodoxie nach ist es nicht zulässig, den Teufel als ein einfaches Symbol psychologischer Tendenzen anzusehen, wie es die heutige rationalistische Geisteshaltung fordert. Noch in jüngerer Zeit hat Papst Paul VI. die Ansicht des Heiligen Thomas aus dem 13. Jh. bestätigt: Der Teufel ist eine reale und körperliche Entität, er lebt in der Hölle und in der Luft, von wo aus er die Menschen in Versuchung bringt.

Ein aus theologischer Sicht wichtiger Aspekt betrifft die grundsätzliche **Güte des Teufels**. Er wurde, wenn man dies so sagen kann, nicht böse geboren: Der Kirchenvater Origenes schreibt, dass Luzifer und die anderen Engel, die ihm in seiner Rebellion folgten, aus einem Akt bewussten Willens sündigten.

Der Teufel ist folglich nicht von Natur aus bösartig, sondern aus freien Stücken, und im Grunde gehört er derselben Spezies an wie die guten Engel. Nachdem die christliche Theologie die innerste Vollkommenheit jedes Aspekts der **Schöpfung** (→) postuliert hatte, konnte sie den Teufel nicht als ein vollständig und ontologisch böses Prinzip betrachten.

Die griechische Mythologie hat nichts hervorgebracht, das mit der christlichen Vorstellung eines Teufels vergleichbar wäre. Er wurde aber durch die mythologische Figur des **Satyrs** geprägt, eines Wesens halb Mensch und halb Tier, mit einem Schwanz und den Hufen eines Ziegenbocks, das oft hämisch grinst, der Wollust verfallen und mit **dionysischen Riten** (→) verbunden ist. Der Heilige Augustinus war der Ansicht, dass der Teufel im Reich der Finsternis lebe, empfindlich gegenüber Feuer sei, aus einem Körper aus Luft bestehe und ein irregeleitetes Sexualverhalten habe. Auf der Basis dieser Vorstellungen unterschied die mittelalterliche Dämonologie eine Reihe eindrucksvoller und klar von einander abgegrenzter **Dämonen**: Luzifer, der „Lichtbringer", eigentlich aber der Kopf der teuflischen Schar; Belzebub, der Herr der Fliegen; Ammon, der Wolf mit dem Schwanz einer Schlange, der Feuer spuckt; Mephistopheles, der Feind des Lichtes; Satan, Belphegor und viele mehr. Die große Vielfalt teuflischer Wesen hat einen Grund: Der Teufel hält sein wahres Wesen vor dem Menschen versteckt, er erscheint nie in seiner erschreckenden Form, sondern immer verkleidet. So wie die Essenz des Schlechten die Verneinung der Wahrheit ist, verwirklicht sich der Teufel in der Täuschung: Er kann deshalb schön, vernünftig, ja sogar logisch sein (der Argwohn, dass die Vernunft als Trägerin der Zweifel ein Instrument Satans sei, mit dem die Menschen von ihrem Glauben abgelenkt werden sollen, blieb während des gesamten Mittelalters lebendig).

Entgegen dem, was man gewöhnlich annimmt, erfährt die Präsenz des Teufels in der europäischen Kultur ihre größte Ausprägung nicht im Mittelalter, sondern während der Renaissance. Der *Hexenhammer*, das Handbuch, das den Inquisitoren während der Verhöre diente, wurde erst Ende des 15. Jh.s geschrieben, und die **Hexenverfolgung** erreichte ihren Höhepunkt in der Zeit zwischen 1575 und 1625.

Erst in dieser Zeit entwickelte sich in den extremeren Flügeln eines entchristlichten **Hermetismus** (→) (besonders bei Giordano Bruno) der Dämonismus, der zum Handel mit dem Bösen bereit war, in der Absicht, seine Macht durch magische Handlungen zu nutzen.

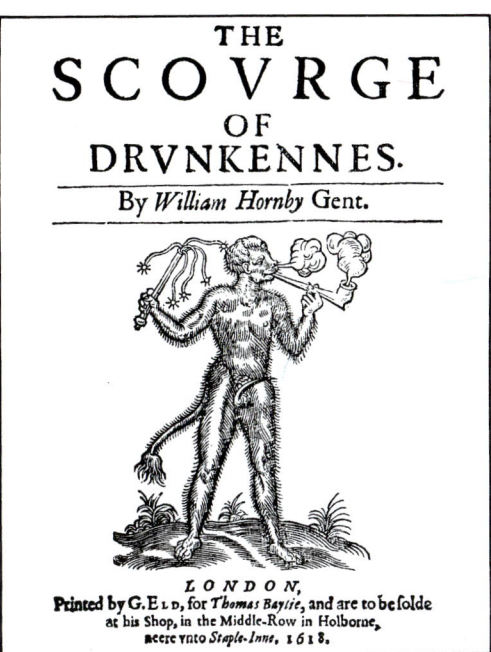

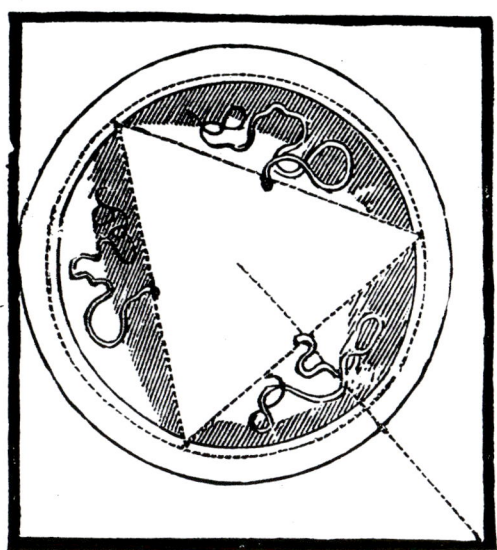

▲ *Die* Spitze des Arthur, *ein magisches Diagramm (ein Amulett, mit dem der Dämon heraufbeschworen werden kann), in einer Zeichnung von Bruno.*

▲ *Jedes Jh. hat dem Teufel ein eigenes Bild gegeben. Im 18. Jh. wurde er als Tabakraucher dargestellt. Tatsächlich genießt der Teufel gegenüber dem Engel einen ikonografischen Vorteil: Er unterliegt keinerlei Regeln. Wenn Gott der ist, der ist, dann ist der Teufel der, der sich ändert. Wie das Böse ist er ein Zustand des Nichtseins und hat deshalb kein spezifisches Wesen. Aus diesem Grund wurde er sehr unterschiedlich dargestellt, oft als Hybride zwischen Mensch und Tier. Der **biologische Polymorphismus** ist dabei ein Spiegel moralischer Verwirrung.*

◄▲ *Die Darstellung des Teufels als Verführer mit einem Schwanz und Tierfüßen (links) greift die antike Ikonografie des Satyrs (oben) auf. Die christliche Kirche fand in der heidnisch-religiösen Welt keine Vorstellung, die mit der vom Teufel vergleichbar ist. Also verwendete sie das Bild des dionysischen Satyrs, wobei sie dessen Bedeutung vollständig veränderte. Die Zurschaustellung von Sexualität, die in der griechischen Welt spielerischen Charakter hatte, wurde moralisch umgedeutet zum Kennzeichen einer unkontrollierten Bestialität.*

Kosmische Sympathie

Magisches Denken

Siehe auch: *Mikrokosmos/Makrokosmos, Anthropomorphismus*

Der Begriff der kosmischen Sympathie, das Grundprinzip der **Magie** (→), wurde erstmals im Umfeld des späten Heidentums (→ **Gnosis**) ausgeprägt. Er beschreibt die Vorstellung, dass in jedem Teil der Natur, auch in der Welt der Mineralien, Anziehung und Abstoßung existieren, Affinitäten und Antipathien zwischen Elementen, die sich suchen oder sich abstoßen.

Die Lehre der kosmischen Sympathie hängt mit den Vorstellungen des kosmischen **Pneumas** (→) und der **Weltseele** (→) zusammen, die sich gleichzeitig entwickelten. Wenn das Universum ein großes Lebewesen ist, überall vom feinen Geist des Pneumas durchdrungen, dann besteht zwischen allen Objekten der Realität dieselbe Abhängigkeit wie zwischen den Beinen, dem Magen, den Händen und den anderen Organen eines Lebewesens: Alles ist mit allem verbunden.

Das Prinzip der kosmischen Sympathie beinhaltet auch die Möglichkeit von **Fernwirkungen**: Alle Dinge, auch die räumlich voneinander entfernten, stehen in gegenseitiger kontinuierlicher und konstanter Beziehung. Die Magier der Antike dachten, dass magnetische Phänomene der Beweis für diese Theorie seien. Denn ein Magnet zieht Eisen auch dann an, wenn er unter einer Schicht Glas, Papier oder Stein verborgen ist; die magnetische Anziehungskraft, fähig durch Materie hindurch zu wirken, sei deshalb eine spirituelle Kraft. Von Thales ausgehend, der dem Magneten eine Seele zuschrieb, bis zu Nicolaus Cusanus, der im Verlangen des Eisens, sich mit dem Magneten zu vereinen, eine Analogie zum Streben des menschlichen Verstandes nach Weisheit sah, wurde der Magnetismus immer unter spiritualistischen und animistischen Gesichtspunkten betrachtet. Diese Vorstellung prägte noch das Werk William Gilberts, des englischen Arztes, der in *De Magnete* (1600) zum ersten Mal die Eigenschaften des Magnets auf der Grundlage von Experimenten untersuchte. Neben den magnetischen fanden auch elektrische und chemische Phänomene eine Erklärung in der Hypothese der sich anziehenden und abstoßenden Kräfte, die der Materie innewohnen (zwischen Wasser und Zucker existieren beispielsweise Beziehungen der Sympathie; zwischen Wasser und Öl der Antipathie).

In Wechselbeziehung mit dem Konzept der Sympathie steht das der **Entsprechung**: Jedes Objekt in einer bestimmten Ordnung der Realität genießt eine bestimmte Beziehung mit anderen Gegenständen verschiedener Ordnungen. Einer Rose aus der Pflanzenwelt entspricht beispielsweise der Löwe aus der Tierwelt, ein bestimmter Stein aus der Welt der Mineralien, ein Duft, eine Himmelskonstellation, ein Planet, ein Menschentyp usw.

Im späten Mittelalter fanden diese Theorien auf medizinischem Gebiet in der **Astromedizin** ihre Anwendung (die im Abendland im 12. Jh. von den Arabern eingeführt wurde): Der menschliche Körper wird als eine kosmische Landkarte angesehen, auf der jedes einzelne Organ dem Haus eines Tierkreiszeichens entspricht. Unter diagnostischem Blick konnten so pathologische Veranlagungen aufgedeckt werden (zum Beispiel glaubte man, dass das Sternzeichen Zwilling in einem astrologisch negativen Haus zu Lungenkrankheiten führe). Nach der Rückkehr der Pest nach Europa im 14. Jh. fand die Astromedizin eine Bestätigung im zyklischen Ablauf, mit dem die Epidemie auftrat (ungefähr alle zehn bis zwölf Jahre). Man erklärte dies mit der verhängnisvollen Verbindung negativer Sterne (Jupiter und Mars waren die gefürchtetsten).

▲ *Entsprechungen zwischen Pflanzen- und Tierwelt nach Giambattista della Porta* (De Humana Physiognomia, 1650).

◄ *Die* **Astromedizin**: *Schema der Entsprechungen zwischen Körperteilen und Konstellationen der Tierkreiszeichen (Brüder von Limburg, Miniatur aus:* Les trés riches heures du Duc de Berry, *1416).*

Kopf = Widder
Hals = Stier
Herz = Löwe
Lunge = Zwillinge
Becken = Schütze
Magen = Krebs
Geschlecht = Skorpion
Nieren und Leber = Waage
Gelenk = Steinbock
Milz = Jungfrau
Lymphsystem = Fische
Fußgelenke = Wassermann

▼ *Auf dem Prinzip der kosmischen Sympathie basiert das Handlesen oder die* **Chiromantie**: *Den Linien und Erhebungen auf der Hand entsprechen die Einflüsse bestimmter Himmelskörper. In der linken Hand ist dabei der ererbte Teil der Person abzulesen, die rechte zeigt hingegen sein persönliches Potenzial, seine spezifische Individualität.*

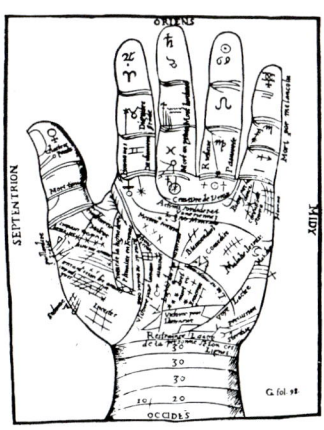

Hermetismus

Der massive Zustrom griechischer Gelehrter nach Italien nach dem Fall von Konstantinopel (1453) gab der Suche nach antiken Manuskripten einen neuen Impuls. Unter denen, die Cosimo der Ältere de' Medici, Gründer und großer Mäzen der florentinischen platonischen Akademie, mithilfe von Agenten, die er extra aus diesem Grund nach Griechenland entsandt hatte, erwerben konnte, rief eine Sammlung von 17 **Hermes Trismegistos** zugeschriebenen Traktaten (der später der Name Corpus Hermeticum gegeben wurde) großen Enthusiasmus hervor.

Die Tatsache, dass Marsilio Ficino die Übersetzung der Werke Platons aufgab, um sich jenen von Hermes zu widmen, zeigt die gültige Werteskala bei den Mitgliedern der Akademie. In der Tat gab es keinen Grund, an der Authentizität der Traktate zu zweifeln – in Anbetracht der Tatsache, dass sich schon berühmte Autoritäten zugunsten der Existenz und der Bedeutung Hermes' ausgesprochen hatten, wie der Heilige Augustinus, der im 4. Jh. dessen Werke gelesen hatte, wobei er dessen Aufforderungen zur Ausübung der Magie verurteilte, aber anerkannte, dass man in ihnen „von Gott wahrheitsgemäß sprach" *(De civitate Dei)*.

Die Wahrheit war eine gänzlich andere, wurde aber erst im Jahr 1614 vom französischen Philologen Casaubon entdeckt. Obwohl sehr stolz auf ihre philologische Wissenschaft, waren die Humanisten einem der kolossalsten und erfolgreichsten Irrtümer der Geistesgeschichte erlegen: Die Verfasser der hermetischen Werke waren tatsächlich unbekannte Schriftsteller heidnischer Religion, wahrscheinlich griechischer Herkunft, die im 2.–3. Jh. n. Chr. lebten und folglich nicht zur Zeit Moses' (13. Jh. v. Chr.), zu der, wie man annahm, Hermes gelebt haben soll. Mit dem Ziel, das Prestige ihrer Werke zu vergrößern, zogen sie es vor, diese älteren Schriftstellern zuzuschreiben: Einige wählten den thrakischen Poeten Orpheus

(→ **Orphik**), andere Hermes, den griechischen Namen des mythischen ägyptischen Weisen Toth, von dem bereits Platon gesprochen hatte.

Darüber hinaus gingen sie so weit, den Text geeignet zu verändern, damit die Fälschungen nicht entdeckt würden: Es war leicht für sie, eine Prophezeiung der Ankunft Christi zu fingieren, aus dem einfachen Grund, weil diese sich schon bewahrheitet hatte. Im Übrigen waren sie, obwohl heidnisch, nicht von vornherein gegen das Christentum gerichtet, in dem sie mehr als alles andere eine der vielen irrationalen und magischen Sekten sahen, die aus dem Orient stammten.

In der kosmopolitischen und universellen Gesellschaft geschrieben, die das Römische Reich bildete, ist das *Corpus Hermeticum* von einem starken **Synkretismus** gekennzeichnet, der die Grundsätze verschiedener Philosophien vermischt, ohne dass sich alles zu einer neuen und einheitlichen Lehre zusammenfügt. In den Texten sind Lehren präsent, die aus dem **Neuplatonismus** (→), dem Christentum, der **Gnosis** (→), dem **Manichäismus** (→) persischen Ursprungs und aus altägyptischen sowie orientalischen Kulten stammen.

Die Eingliederung der hermetischen Traktate in die Philosophie der Renaissance war einer der Gründe für die große Bedeutung, die der **Magie** (→), dem Okkultismus und der Erarbeitung einer **Weisheitssprache** (→) beigemessen wurde. Die Bedeutung dieser Denkrichtungen in der Kultur des 16. Jh.s ist erst in jüngerer Zeit erkannt worden, besonders dank der Untersuchungen der englischen Wissenschaftlerin Frances Amelia Yates (*Giordano Bruno and the Hermetic Tradition*, 1964).

◀ Den Boden des Doms von Siena schmückt ein Mosaik, das eine **Prophezeiung des Hermes** zeigt. Der Prophet hält in der linken Hand eine Tafel, auf der eine berühmte Passage aus dem Asklepios, dem wichtigsten der ihm zugeschriebenen Texte, zusammengefasst ist: „Gott, Schöpfer aller Dinge, schuf einen zweiten sichtbaren Gott, und dies war der erste Gott, den er schuf und an dem er sich erfreute, und dieser Sohn wurde das Heilige Wort genannt." Ficino deutet diesen Satz als Prophezeiung der Ankunft Christi. Vermutlich ist die Aussage, auch wenn sie sich auf christliche Konzepte der Menschwerdung und der Dreifaltigkeit bezieht, vom neuplatonischen Paganismus des späten Kaiserreiches geprägt, für den das Thema eines zweiten Gottes typisch war.

▼ In den Texten der Renaissance wiederholt sich häufig das Bild von Hermes, der der Menschheit durch die Darstellung ägyptischer Hieroglyphen mit astrologischer und kosmologischer Bedeutung Weisheit schenkt.

▲ Hermes ermahnt zur Ruhe. Die Themen der antiken Gnosis aufgreifend, versteht der Hermetismus das Wissen als ein Instrument der Macht über die Natur und die uneingeweihten Menschen. Wesentlich war die **Geheimhaltung** der Doktrinen oder ihre Darstellung in komplizierten und schwierigen Bildern (Abbildung aus: Achille Bocchi: Symbolicarum quaestionum …, 1555.)

Kabbala

Judentum, Magie
Siehe auch: *Hermetismus, Gematria*

Der Begriff Kabbala (hebräisch *Qabbalah*: „Tradition", „Empfängnis göttlicher Dinge") beschreibt die Gesamtheit der mystischen und esoterischen Praktiken im Judentum. Das gegenwärtige Wissen über diese Tradition basiert grundlegend auf dem Werk des Historikers und Judaisten Gershom Scholem (*Die jüdische Mystik in ihren Hauptströmungen*, 1957).

Die kabbalistische Tradition geht davon aus, dass Gott Moses, als er ihm die Gesetzestafeln übergab, auch bestimmte **geheime Bedeutungen der Offenbarung** anvertraute, die lange Zeit mündlich überliefert wurden und dann in Vergessenheit gerieten. Die Kabbala ist im Wesentlichen die Erforschung dieser kryptischen Bedeutungen der Heiligen Schrift. In der *Genesis* beispielsweise steht geschrieben, dass Gott jeden Teil der Realität schuf (den Tag, die Nacht, das Licht, die Tierwelt, den Menschen usw.), indem er einfach ihre Namen aussprach, aber es ist nicht festgehalten, wie die von Gott verwendeten Worte genau waren. Den Kabbalisten zufolge waren es Formeln magischer Natur, göttliche Emanationen, mit einer inneren Macht ausgestattet; jeder, der die Bedeutung dieser Emanationen von Grund auf versteht und sie sich insoweit zu eigen machen kann, dass er sie in der richtigen Reihenfolge aussprechen kann, würde eine kreative Fähigkeit, ähnlich der göttlichen, erlangen (Gematria).

Die kabbalistischen Überlegungen führten zur Bildung eines grundlegenden Schemas, das aus zehn dieser Emanationen bestand und als *Sefiroth-Baum* bekannt ist. Im Zusammenhang mit der noch älteren Tradition der *Merkaba* (Mystik des Gottesthrones) stellte man sich diesen Lebensbaum als ein Schema aus den zehn Sephirot und 22 Pfaden vor, die durch einen Namen, einen Buchstaben des Alphabets, eine Zahl bezeichnet sind. Da jedes *Sefiroth* in direkter Beziehung mit einer der zehn Himmelssphären steht, stellt das System in seiner Gesamtheit eine Beschreibung des Kosmos dar. Es ist zugleich eine vollständige Synthese der Realität, weil jedem *Sefiroth* ein Teil des Existierenden entspricht, sei es materieller, menschlicher oder übernatürlicher Natur.

Der Baum der *Sefiroth* ist aber auch eine Beschreibung Gottes, da die zehn Namen ebenso viele göttliche Attribute ausdrücken. Wenn der Mystiker sie in ihrer Gesamtheit besäße, würde er zur Erkenntnis des Wesens Gottes selbst gelangen.

Eine Grenze, die die Kabbalisten für unerreichbar hielten, ist die Kenntnis des wahren Gottesnamens, seines eigenen und geheimen Namens *En Sof* (nach der esoterischen Tradition aus gut 72 Buchstaben geformt), durch die man in den Besitz der Göttlichkeit gelangen würde. Im Versuch, dieses Ziel zu erreichen, schlug die Kabbala eine Form von **Meditation** (→) vor, einer mystischen Kontemplation der *Sefiroth*. Durch komplizierte esoterische Rituale, die einen Zustand tiefer Selbsthypnose hervorrufen, soll der Kabbalist den Weg der **Schöpfung** (→) zurückgehen, angefangen beim *Malkuth* (der irdischen Welt) bis zum *Kether* (der Krone Gottes).

Im 15. Jh. versuchten christliche Theologen und Philosophen, die Lehre der Kabbala mit dem christlichen Glauben in Zusammenhang zu bringen. Anführer dieser Bewegung war Giovanni Pico della Mirandola (*Conclusiones philosophicae, cabbalisticae et theologicae*, 1486).

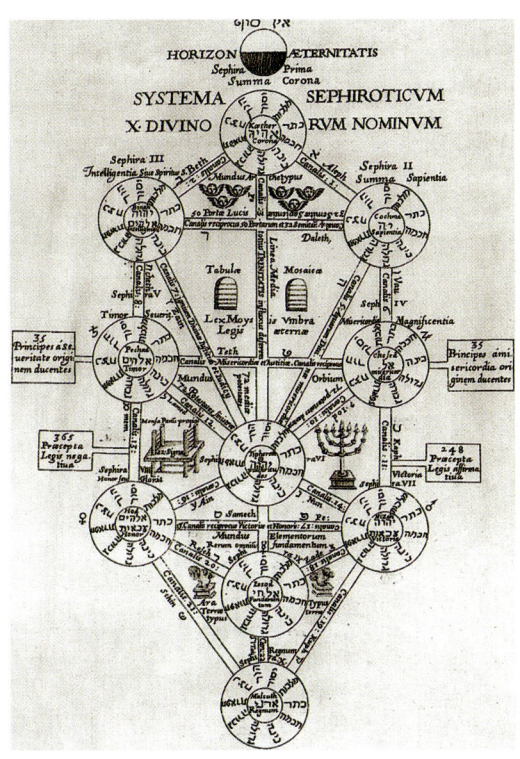

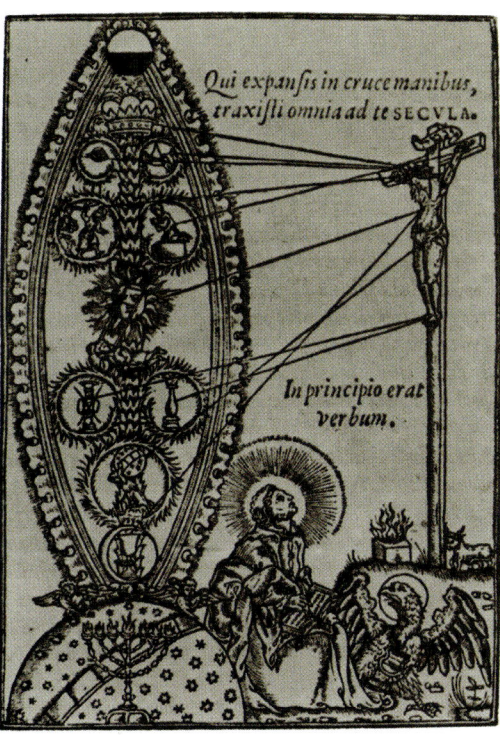

◀ *Das kabbalistische System nach Athanisius Kircher (Oedipus aegyptiacus, 1652). Kircher ordnete jedem Sefiroth eine Rangfolge von Engeln zu, deren Aufgabe darin besteht, dem mystischen Wanderer zu helfen. Dieser kann durch passende Anrufungen und rituelle Praktiken mit ihnen in Beziehung treten.*

▼ *Schema des* Sefiroth-Baums. *Jede Kammer bezeichnet ein Stadium des mystischen Parcours, einen Augenblick der Meditation über Gott. Die Namen der* Sefiroth *sind dem Tanach entnommen, der heiligen Schrift der jüdischen Religion.*

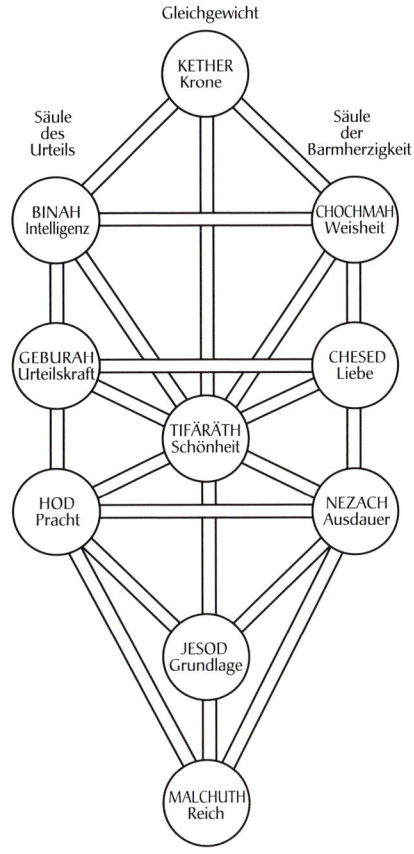

◀ *Die* **christliche Kabbala**, *nach der Vorstellung von Pico della Mirandola. Jeder Station des* Sefiroth-*Baumes, der sich über der Sphäre des Kosmos erhebt, entspricht eine Falte des Körpers des gekreuzigten Christus.*

Gematria

In Verbindung mit dem Weg der *Sefiroth* und doch von diesem unterschieden erarbeitete die spätmittelalterliche jüdische Kabbala eine zweite Strategie der mystischen **Meditation** (→), bekannt als **Pfad der Namen**. Man ging davon aus, dass der Text der Offenbarung, da er direkt von Gott geschrieben wurde, in jeglicher Hinsicht vollkommen sein müsse. In den Worten der *Heiligen Schrift* sei die ganze Wahrheit enthalten: nicht nur die Dogmen der Theologie, sondern auch das wissenschaftliche und natürliche Wissen; jede vom Menschen gestellte Frage kann hier eine endgültige Antwort finden. Falls diese Wahrheiten nicht offensichtlich sind, ist dies nicht im Buch begründet, sondern in einer unvollkommenen Lesart, die nicht fähig ist, den tieferen Sinn zu erfassen.

Um zu entdecken, was sich verschlüsselt im Text verbirgt, ist es deswegen notwendig, neue und gewagte Formen der Lektüre zu erproben, seien sie auch seltsam oder außerhalb der Norm. Man versuchte beispielsweise, vom letzten Wort auszugehen und rückwärts bis zum ersten zu lesen oder nur jedes zweite Wort zu lesen.

Es gab drei am häufigsten verwendete Methoden dieser **Buchstaben-Kabbala**:

• das *Notarikon*: jeder Buchstabe eines Wortes wird durch den Anfangsbuchstaben eines anderen Wortes ersetzt;

• die *Temura*: Buchstaben eines Wortes werden so umgekehrt, dass daraus ein neues Wort mit einer anderen Bedeutung entsteht;

• die *Gematria* oder der *Pfad der Namen*, die gebräuchlichste und komplexeste Technik, die auf der Äquivalenz von Wort und Zahlenwert basiert.

Betrachten wir das Vorgehen der *Gematria*. Man muss zuallererst jeden Buchstaben mit der entsprechenden Zahl ersetzen (A = 1; B = 2; usw.) und dann die Summe bilden, um den sogenannten **arithmetischen Wert jedes Wortes** festzustellen.

Zum Beispiel kann der Begriff „Papa" in die Zahlenfolge 16, 1, 16, 1 umgewandelt werden, und sein arithmetischer Wert ist demnach 34. Man nimmt an, dass unterschiedliche Wörter, die aber denselben numerischen Wert haben, einander entsprechen und untereinander austauschbar sind. Ein Beispiel: Eine besonders missverständliche Passage der *Genesis* lautet: „Es wird das Zepter von Juda nicht weichen noch der Stab des Herrschers von seinen Füßen, bis dass der von Schilo komme, und ihm werden die Völker anhangen." (Gen. 49,10) Nun hat der Satz „der von Schilo komme" im Hebräischen den Zahlenwert 358. Aber auch die Summe der Buchstaben des Wortes „Messias" ergibt dieselbe Zahl, und so ist bewiesen, dass die Passage in Wirklichkeit eine Prophezeiung der Ankunft Christi ist. Selbstverständlich können die numerischen Entsprechungen der Worte vielfältig sein, was aus der *Gematria* eine Interpretationsmethode macht, die strukturell dafür offen ist, immer neue mögliche Bedeutungen zu erkennen.

Eigentlich war die Kabbala eine Reflexion über das Unerkennbare, Absurde und Paradoxe, eine Praxis, die die Unerreichbarkeit der letzten Wahrheit durch einzig die Mittel der Vernunft zu unterstreichen suchte. Eine kabbalistische Maxime, zitiert nach Gershom Scholem (*Die jüdische Mystik in ihren Hauptströmungen*, 1957), behauptet: „Je unverständlicher sie sind, um so höher ist ihr Rang, bis du zur Wirksamkeit einer Kraft gelangst, die nicht mehr deiner Kontrolle untersteht, sondern vielmehr ist dein Verstand und dein Denken unter ihrer Kontrolle." (Kap. 4,8)

◄ *Der Name Gottes aus übereinanderliegenden Buchstaben gebildet, wie er in* De umbris idearum *(1582), einem hermetisch-mnemotechnischen Text Giordano Brunos erscheint. Es war ein von den Kabbalisten sehr geschätztes Symbol, da es die Idee der Meditation als unerschöpfliche Interpretation des heiligen Textes ausdrückte.*

13	22	18	27	11	20
31	4	36	9	29	2
12	21	14	23	16	25
30	3	5	32	34	7
17	26	10	19	15	24
8	35	28	1	6	33

► ► *Die Gleichwertigkeit, die die* Gematria *zwischen Zahlen und Buchstaben des Alphabets festsetzte, führte zur Erfindung der* **magischen Quadrate**, *in denen man immer dasselbe Resultat erhält, gleich, in welcher Weise man die Zahlen addiert. Wenn man beispielsweise die sechs Zahlen des oberen Quadrats addiert, so erhält man immer 111. Im unteren, dem* Quadrat Jupiters, *das von* Agrippa von Nettesheim (Philosophia occulta, *1510*) *erfunden wurde, ist das Ergebnis immer 34.*

4	14	15	1
9	7	6	12
5	11	10	8
16	2	3	13

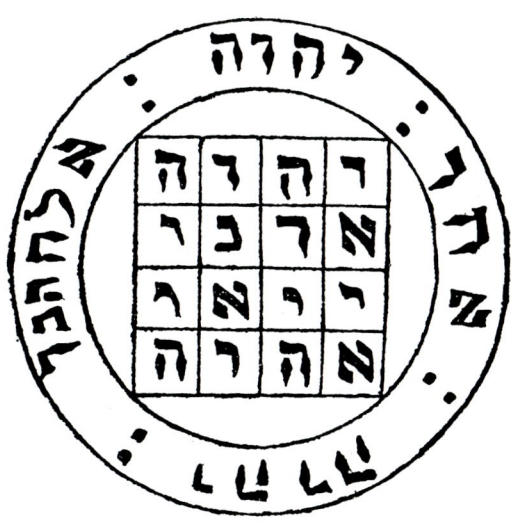

◄ **Talisman** *zur Heilung des Menschen von jeglicher Art von Leiden aus Agrippas* Philosophia occulta. *Im Inneren des Quadrates sind in der Horizontalen, einer über dem anderen, vier Namen Gottes so angeordnet, dass sie, wenn man sie von oben nach unten liest, „andere Namen, hochheilige Siegel der Göttlichkeit" ergeben.*

Ars combinatoria

Lull
Siehe auch: *Kabbala, Ars inveniendi, Gematria*

Die *Ars combinatoria* wurde von dem Theologen, Philosophen und katalanischen Missionar **Ramon Lull** (1232–1316) entwickelt, einem der schaffensfreudigsten (aber schwer zu lesenden) Autoren überhaupt: Ihm werden rund 280 in lateinischer oder katalanischer Sprache verfasste Werke zugeschrieben (ca. weitere zehn in arabischer Sprache gingen bei einem Schiffbruch verloren). Das Ziel seines frenetischen Schreibens war missionarischer Art: Er wollte die Araber und die Juden von der höheren Wahrheit des Christentums überzeugen, besonders vom Dogma der Dreifaltigkeit, dem größten theologischen Hindernis auf dem Weg zu einer Vereinigung der monotheistischen Glaubensrichtungen.

Im Spanien des 13. Jh.s standen die arabische und die jüdische Kultur auf einem Höhepunkt und lebten relativ friedlich mit dem Christentum in einem Klima gegenseitiger Toleranz zusammen (ein Einzelfall in der Geschichte). Lull war ein aufrichtiger Bewunderer der Kultur der Ungläubigen und hoffte, ihre Bekehrung durch rationale Überzeugung zu erreichen, indem er mit logischen und unumstößlichen Argumenten die höhere Wahrheit des Christentums demonstrierte. Die *Ars combinatoria*, die daraus entstand, war ein Miteinander von **Logik**, **Mnemotechnik**, **Rhetorik** und **Erfindungswissenschaft**. Lulls Ziel war ein korrekter Gebrauch des Intellektes mithilfe logischer Apparate, regelrechter Inferenzmaschinen, die in der Lage waren, Richtigkeit oder Falschheit einer Behauptung anzuzeigen. Der Intellekt erfordere, so Lull, dringend eine allgemeine, auf alle Erkenntnisse anwendbare Wissenschaft. Man kann in ihm geradezu einen Vorläufer der modernen Untersuchungen bezüglich **künstlicher Intelligenz** (→) sehen – auch weil Lull sich nicht auf die Formulierung von Theorien beschränkte, sondern entschieden zur tatsächlichen Konstruktion kombinatorischer Maschinen überging.

Eine seiner Ideen bestand darin, die grundsätzlichen Elemente, aus denen ein Begriff besteht (z.B. auf die Gottesvorstellung bezogen: Güte, Größe, Allmacht usw.), in einem Rad anzuordnen. Die so entstandenen Begriffsfelder werden dann mithilfe besonderer grafischer Figuren, die in der Mitte der Räder dargestellt sind, miteinander in Beziehung gesetzt. Da jede Überlegung eine Art Verbindung von Begriffen ist, wird eine **Darstellung der Erkenntnis** und ihrer Vorgänge nach geometrischen Mustern möglich. In moderner Terminologie bezeichnet **Lullismus** die topologische Beschreibung mentaler Vorgänge, d.h. dass die Beziehungen zwischen Begriffen, die einen Diskurs bilden, durch räumliche Verbindungen ausgedrückt werden.

Diese Diagramme sollen es erlauben, die Gesetze des assoziativen Denkens zu entschlüsseln. Lull bewies beispielsweise, dass bei den Rädern, die Naturproblemen gewidmet sind, immer das Schema des **Quadrats der Gegensätze** (→) überwiegt: Erde und Wasser sind Luft und Feuer entgegengestellt; Frühling und Sommer, Herbst und Winter usw.

Ähnlich sollte die Anwendung der kombinatorischen Räder in der Theologie das trinitarische Dogma beweisen: Das am besten geeignete Schema, um die Attribute Gottes (Güte, Größe, Allmacht) zu verbinden, ist immer dreieckig.

◄ *Das von Lull gefundene System dient als Universalschlüssel des Wissens* (clavis universalis), *als eine Methode, das Wissen von einem einzigen und höheren Gesichtspunkt in allen Bereichen des Realen zu ordnen. In ihm wird zum ersten Mal ein **enzyklopädischer Anspruch** zum Ausdruck gebracht, wie er in der modernen Zeit wichtig werden wird. Lull selbst erprobte seine kognitiven Schemata in den unterschiedlichsten Bereichen, von der Theologie bis zur Botanik.*

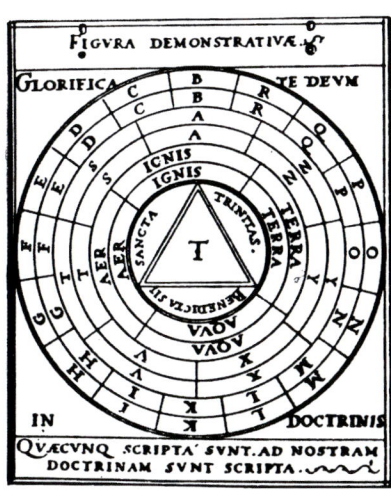

◄ *Der Gebrauch der Räder bestätigt, dass religiöse Probleme mit trinitären Figuren (das Dreieck im Radzentrum) in Zusammenhang stehen, wohingegen die wissenschaftlichen eine vierteilige Figur erfordern (Erde, Wasser, Luft und Feuer).*

▼ *Lull übernimmt von der jüdischen* Gematria *den Brauch, bestimmte Begriffe mittels Buchstaben des Alphabets zu bezeichnen.*

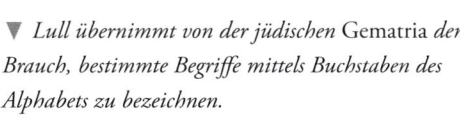

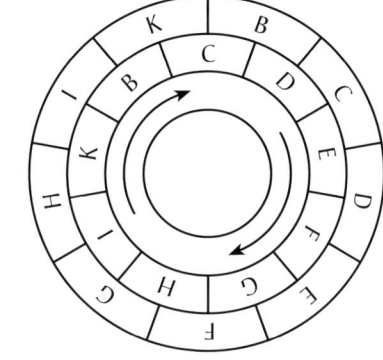

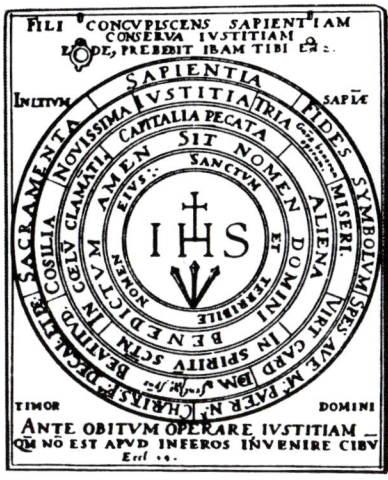

◄ *Indem man die Zahl der Begriffsräder vervielfachte und um den Mittelpunkt rotieren ließ, wurde es möglich, neue und ungewöhnliche mentale Assoziationen zu schaffen. Auf diese Weise neigte die von Lull verfolgte* **Ars demonstrandi** *(Fähigkeit, zu beweisen) dazu, sich in eine* **Ars inveniendi** *(Möglichkeit, Entdeckungen zu machen) zu verwandeln.*

Ars inveniendi

Ein Gebiet intellektueller Beschäftigung, das in der Renaissancezeit eine weite Verbreitung innerhalb des mannigfaltigen Feldes magischen Denkens erfuhr, war die *Ars inveniendi*, die Suche nach einer Methode, die auf rationale Weise spezifizierbar und geeignet ist, neue logische Entdeckungen hervorzubringen. Der italienische Philosophie-Historiker Paolo Rossi fasst die ehrgeizigen Ziele der *Ars inveniendi* so zusammen: „das Alphabet der Welt zu entziffern, es schaffen, im großen Buch der Natur die vom göttlichen Verstand eingeprägten Zeichen zu lesen; den vollständigen Zusammenhang zwischen den Ursprungsformen und der Kette der menschlichen Vernunft zu entdecken; eine vollkommene Sprache zu konstruieren, die fähig ist, Irrtümer auszulöschen und das Wesentliche zu enthüllen, indem man den Menschen in Kontakt nicht mit den Zeichen, sondern mit den Dingen bringt; umfassenden Enzyklopädien und geordneten Klassifikationen Raum geben, die der treue Spiegel der im Kosmos vorhandenen Harmonie sind."

Giordano Bruno vereinte in seinen hermetischen (auf Lateinisch geschriebenen) Werken Eindrücke aus der *Ars combinatoria* (→) von Ramon Lull, aus der **Gedächtniskunst** (→) und aus der jüdischen **Kabbala** (→) zu einer *Ars inveniendi*. „Indem er sich magischer und talismanischer Bilder als mnemotechnischer Bilder bediente, hoffte Bruno, Erkenntnis und universale Macht zu erwerben und, daraus folgend, durch die magische Organisation der Vorstellungskraft, höhere Mächte zu erlangen, die sich im Einklang mit jenen des Kosmos befinden." So schreibt die englische Wissenschaftlerin Frances Amelia Yates (*Giordano Bruno and the Hermetic Tradition*, 1964), die die Bedeutung dieser zuvor vernachlässigten Aspekte der Lehre Brunos und der magischen Traditionen für die Renaissance im Allgemeinen betont hat.

Der ambitionierteste Versuch Brunos, tatsächlich eine **Erfindungsmaschine** zu skizzieren, war das System der mnemonisch-assoziativen Räder, die er in *De umbris idearum* (1582) vorschlug. Die konzentrische Anordnung der sich frei und beweglich um einen zentralen Kern drehenden Räder geht eindeutig auf Lull zurück. Jedes Kästchen der einzelnen Räder ist mit einem Buchstaben gekennzeichnet, dem fünf **Gedächtnisbilder** (→) entsprechen; vorausgesetzt, dass es 30 Kästchen gibt und die Anzahl der Räder zwischen drei und sieben variiert, folgt daraus, dass das System in seiner Gesamtheit ein enzyklopädisches Ausmaß besitzt.

Wem es gelingen würde, sich ein ähnliches System von Räumen und Bildern zu eigen zu machen und es mental zu beherrschen, hätte die Synthese des gesamten Universums zu seiner Verfügung.

Wenn man die Kreise dreht, kann man eine unbegrenzte Anzahl von Assoziationen zwischen den Begriffsbildern herstellen: „Erinnern" bedeutet, Gedankengänge zu rekonstruieren; „erfinden" heißt, neue zu verankern; „Genie" wird genannt, wer ungewöhnliche, originelle, aber wahre Assoziationen entdeckt.

Das Problem, die Logik zu entdecken, die es erlaubt, die nützlichen Assoziationen zwischen den unendlich vielen sinnlosen aufzuspüren, wurde von Bruno mit magischen Termini gelöst, er schlug vor, bestimmte himmlische oder mythologisches Bilder, archetypische Schemata, die bei der Herstellung von Talismanen benutzt werden, oder Figuren der Astrologie (Planetenhäuser, Dekane) ins Zentrum des Systems zu stellen. Einmal tief in die Fantasie eingeprägt, würden diese Bilder die Suche nach assoziativen Verbindungen positiv beeinflussen.

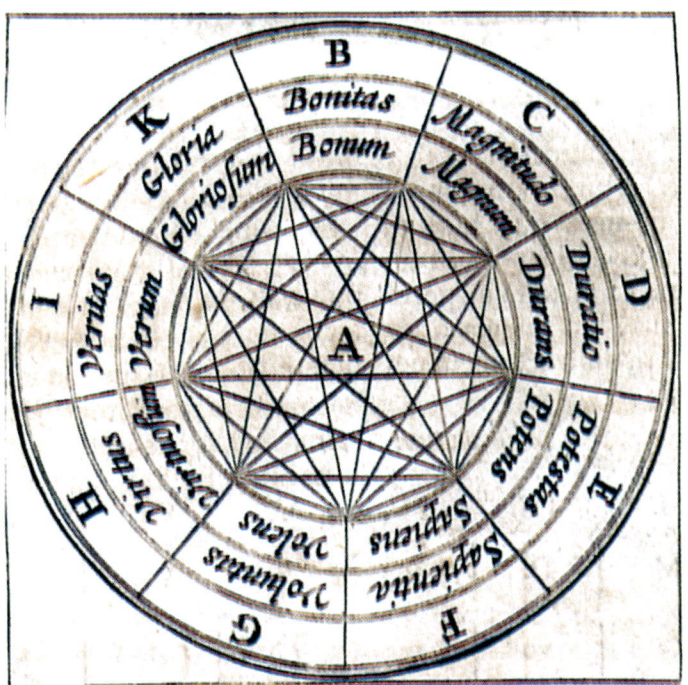

▲ *Darstellung des Geistes Gottes nach Lull. Alle Verbindungen seiner Attribute (Weisheit, Wille, Tugend etc.) sind gleichzeitig wirksam und erzeugen ein netzartiges grafisches Schema.*

▼ *Die Schatten der Ideen: Das von Bruno vorgebrachte System von beweglichen, mnemotechnisch-erfinderischen Rädern* (De umbris idearum). *Das Problem jeder kombinatorischen Logik ist das Aufspüren der nützlichen aus den unendlich vielen möglichen Verbindungen. Im Zentrum des Mechanismus sollten magische Bilder oder grafische Figuren (Kette, Baum, Netz) stehen, die in der Lage sind, den Verstand bei der Wahl von Assoziationen zu leiten.*

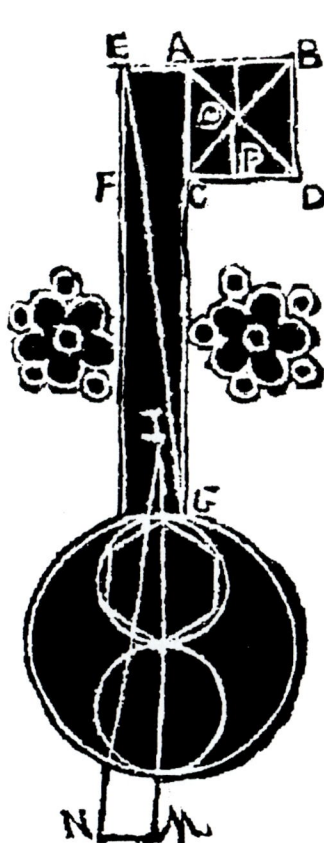

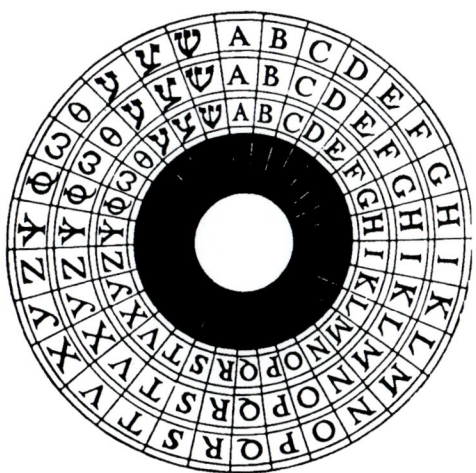

▲ *Darstellung des* clavis universalis, *wie sie Bruno in* De triplice minimo et Mensura *(1591) angibt, einem seiner schwierigsten hermetischen Texte. Eine weitverbreitete Vorstellung des Hermetismus war die Existenz eines* **universalen Schlüssels** *bzw. einer Methode, die zur Lösung aller Probleme führt und die Entwicklung der Kreativität fördert. (Abbildung aus: Athanasius Kircher:* Ars magna sciendi, *1669)*

Weisheitssprache

Bruno, Hermetismus
Siehe auch: *Hermetismus, Ars inveniendi*

Im Jahr 1419 wurden die *Hieroglyphica* wiederentdeckt und sofort übersetzt. Das einem ägyptischen Schriftsteller, Horus Apollo (Horapollo), zugeschriebene Werk ist die einzige aus der Antike überlieferte Schrift über die altägyptischen Hieroglyphen.

Aus seiner Lektüre entnahmen die Humanisten, dass der mythische Hermes Trismegistos nicht der Erfinder des Alphabets (eine bereits degradierte Kommunikationsform) war, sondern einer älteren Schriftform, der hieroglyphischen, einer Art vorsprachlicher Kommunikation, die auf der grafischen Visualisierung von Begriffen beruht.

Die Reaktion der Humanisten erfolgte prompt: Die **Hieroglyphen** wurden als Beispiel einer philosophischen und vollkommenen Weisheitssprache angesehen, der es gelang, sich unmittelbar (durch dessen Beschreibung) auf den Wesenskern der Dinge zu beziehen.

Während die Namen, die Wörter (Laute, die für sich genommen ohne Bedeutung sind) eine lediglich konventionelle Beziehung zu den Dingen, auf die sie anspielen, haben (aus diesem Grund sind sie in jeder Sprache verschieden), würde es der Darstellung eines Begriffs durch eine Zeichnung gelingen, sein innerstes Wesen auszudrücken oder auf jeden Fall seine okkulten und unbekannten Aspekte herauszustreichen.

Die alten Ägypter, so dachte man, zeichneten, um die Idee des Alters darzustellen, eine Sonne und einen Mond; um die Zeit darzustellen, malten sie eine Schlange, die sich in den Schwanz beißt, usw. Die Überzeugung, auf diese Art das Geheimnis der antiken ägyptischen Weisheit enthüllt zu haben, ist auch im Stil (zwischen finster, beunruhigend, magisch und weise) der Illustrationen gut erkennbar, die die zahlreichen Renaissance-Ausgaben der *Hieroglyphica* schmücken.

Giordano Bruno (*De magia*, 1590) sah die Hieroglyphen sogar als **Sprache der Götter** an: „Die heiligen Buchstaben der Altägypter waren Bilder, die der Natur oder deren Teilen entnommen waren. Da sie sich dieser Schriften bedienten, waren sie gewöhnt, mit bewundernswertem Geschick der Sprache der Götter habhaft zu werden. Die Erfindung des Alphabets bedeutete sowohl für die Erinnerung als auch für die göttlichen und magischen Wissenschaften einen Bruch." Die Entdeckung der altägyptischen Weisheit hatte große Auswirkungen auf Bruno. Das Wichtigste fasst Frances Amelia Yates (*Giordano Bruno and the Hermetic Tradition*, 1964) zusammen, „war, lebendige Bilder, Zeichen, Töne, Siegel zu finden, die den – durch Pedanten – verursachten Bruch in den Mitteln der Kommunikation mit der göttlichen Natur heilen könnten und, wenn diese lebenden Kommunikationsmittel (nachdem sie sich durch ekstatische Erfahrungen ins Bewusstsein eingeprägt haben) einmal gefunden sind, durch diese das Universum vereinen könnten, das sich in der Psyche widerspiegelt; infolgedessen könnten sie eine magische Macht erwerben und das Leben eines altägyptischen Priesters in magischem Einklang mit der Natur führen".

In Wirklichkeit ist die Interpretation der Hieroglyphen als figurative Sprache, wie sie sowohl von den Humanisten als auch von Horapollo vertreten wurde (der in spätkaiserlicher Zeit schrieb, vielleicht im 5. Jh. n. Chr., als Hieroglyphen nicht einmal in Ägypten mehr verwendet wurden), ein enormes Missverständnis: Die alten Ägypter verwendeten die Bilder als phonetische Zeichen, als Phonogramme, mehr oder weniger wie die Buchstaben des Alphabets. Im Übrigen würde die Komplexität einer tatsächlichen Bildersprache eine unbegrenzte Anzahl von Zeichen verlangen.

▲ *Aus Horapollos* Selecta hieroglyphica, *1597.*
Die Schlange, die sich in den Schwanz beißt, Ouroboros
genannt – Symbol der **zyklischen Zeit** *(→ Zyklische /*
Lineare Zeit)*, die immer zu sich selbst zurückkehrt.*
Marsilio Ficino deutete das Bild als eine Hieroglyphe.

▼ *Die Hieroglyphe, die die Vorstellung von Gott aus-*
drückt, ist das Auge (aus den Hieroglyphica*). Tatsäch-*
lich, argumentiert Ficino, „malten die Ägypter ein Auge,
um die Gottheit zu bezeichnen, denn so wie dieses sieht
und schaut, was ihm unterkommt, so betrachtet und
kennt Gott alle Dinge".

▼ *Die Ägyptologen der Renaissance verstanden nicht,*
dass die Zeichnungen der antiken Schriften nicht den
Zweck hatten, das dargestellte Objekt zu bedeuten,
sondern einen Laut, eine phonetische Eigenschaft an-
zuzeigen (der Vogel bezeichnet den Laut a; das Bein
den Laut b usw.).

▲ *So rekonstruierte der Humanist Giovanni Pierio*
*Valeriano (*Hieroglyphica sive de sacris Aegyptiorum
literis commentarii, *1556) einen altägyptischen Obelis-*
ken und seine Inschrift aus Hieroglyphen.

257

Gedächtniskunst

Psychologie
Siehe auch: *Gedächtnisbilder, Fähigkeiten der Seele*

Die Gedächtniskunst, auch Mnemonik oder *Ars memorativa* genannt, war bereits der griechischen Welt bekannt. Als ihr Erfinder galt der vorsokratische lyrische Schriftsteller Simonides von Keos (556–468 v. Chr.). Die wichtigsten Quellen über den Ursprung der griechischen Gedächtniskunst und über deren Funktionsweise sind Ciceros *De oratore*, Quintilians *Institutio oratoria* und das einzige erhaltene ausführliche Traktat über die antike **Mnemotechnik**, die Schrift *Rhetorica Ad Herennium*. Letztere wurde in den Jahren 86–82 v. Chr. von einem unbekannten Rhetoriklehrer für seine Studenten verfasst, im Mittelalter galt jedoch Cicero als ihr Autor. Das kurze Handbuch, das auf die zahlreichen, heute verlorenen griechischen Quellen zu dem Thema verweist, fasst in synthetischer Form die Prinzipien der Gedächtniskunst zusammen und war von essenzieller Bedeutung für die Überlieferung des mnemotechnischen Wissens an das Mittelalter.

Ihre größte Blüte erlebte die Gedächtniskunst zwischen dem 14. und dem 17. Jh., also in einer Epoche, in der die Druckkunst bereits verbreitet war; dies ist ein Beleg dafür, dass sie nicht lediglich als ein Ersatz von Notizen oder schriftlichen Aufzeichnungen diente. (Auch die heute existierenden zahlreichen Handbücher zur Steigerung der Gedächtnisleistung basieren auf den Prinzipien der antiken Mnemonik).

Das Verfahren der Gedächtniskunst sieht zwei Schritte vor: Zuerst muss man das, was man erinnern will, in entsprechende visuelle Repräsentationen umwandeln, in **Gedächtnisbilder** oder *imagines agentes*, die an die Begriffe gebunden sind, die im Gedächtnis verankert werden sollen. Diese Gedächtnisbilder müssen dann in eine genaue und standardisierte Reihenfolge gebracht werden, ein **System von Orten** (*loci*, Räume der Erinnerung), die ihre Abfolge fixiert.

Wenn man sich an die Begriffe erinnern will, vollzieht man eine mentale Reise und findet von Ort zu Ort die dort hinterlegten Bilder, durch die man, wenn man sie entschlüsselt, ohne Mühe die damit verbundenen Begriffe erinnern kann. Im Ganzen beruht das System also auf zwei verschiedenen Aspekten der Erinnerung: In modernen Worten sind die *imagines* eine Technik der **Registrierung** (etwas in das Gedächtnis zu schicken), wohingegen die *loci* die Funktionen der **mnemotechnischen Wiedererlangung** (die Fähigkeit, etwas Bekanntes zu erinnern, wieder wachzurufen) sind.

Wenn man viele Dinge erinnern will, ist es notwendig, dass der Verlauf der mnemotechnischen Orte gut konstruiert ist. Das System der *loci* (das eine leere Struktur darstellt) kann immer wieder verwendet werden, um sich an unterschiedliches Material zu erinnern. Es handelt sich also um ein nützliches Arbeitsinstrument für alle, die beruflich mit Worten zu tun haben (Rechtsanwalt, Politiker, religiöser Prediger, Lehrer und Schüler), das einmal für alle Zeiten und folglich mit der größten Sorgfalt mental konstruiert werden muss.

Die von den Handbüchern der Renaissance am meisten empfohlenen Systeme sind die architektonischen oder urbanistischen; jedoch ist jedes System gut, vorausgesetzt, es ist sequenziell und der Person bekannt (den Literaten wird beispielsweise vorgeschlagen, die Struktur der *Göttlichen Komödie* zu verwenden, dem Schüler die Reihe von Palästen, denen er jeden Tag auf dem Schulweg begegnet).

◄ Die **Gedächtnisräume**, die loci, in denen die Gedächtnisbilder hinterlegt werden, dürfen weder zu hell sein, damit die Bilder nicht funkeln, noch zu dunkel. Es ist gut, wenn sie von bescheidener Größe sind, im Maß des Menschen (wie die Figur zeigt), da ein zu großer Raum die hinterlegten Bilder undeutlich machen würde, die eine beinah ertastbare Deutlichkeit in der visuellen Vorstellung erlangen müssen.

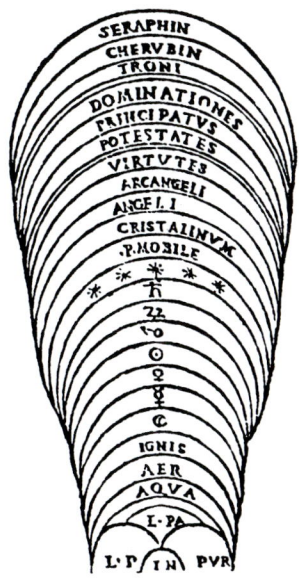

▲ Ein Parcours von loci, der auf der Abfolge natürlicher und kosmischer Wesen basiert. Man beginnt bei den vier Elementen im unteren Teil und fährt dann mit der Reihe der Planeten und den Engelsskalen fort. Diesem vorgeschriebenen System folgend, fand der Redner an jedem dieser Orte die Gedächtnisbilder, die vorher sorgfältig ausgearbeitet wurden. (Abbildung aus: Jacobus Publicius: Oratoriae artis Epitomata, 1482)

◄ Beispiel für ein urbanistisches System von loci, vorgelegt von Johann Horst von Romberch (Congestorium artificiosae memoriae, 1533). Er rät dazu, die Wege zu nutzen, die man jeden Tag geht. Man beginnt beim Stall, in dem der Schäfer die Schafe zusammentreibt (bubulcus), und fährt mit den Orten fort, wo der Fleischer (bovicida), der Buchhändler (bibliopola), der Waffenschmied (bellator) und der Friseur (barbitonsor) arbeiten, und endet bei der Abtei (abatia).

Gedächtnisbilder

Die Theorie der Gedächtnisbilder wird im Traktat *Rhetorica Ad Herennium* (anonym, 86 – 82 v. Chr.), dem klassischen Text der **Gedächtniskunst** (→), mit folgenden Worten formuliert: „Uns lehrt also die Natur selbst, was getan werden muss. Denn wenn wir im Leben unbedeutende, gewöhnliche, alltägliche Dinge sehen, prägen wir uns diese gewöhnlich nicht ein, deswegen weil unser Sinn durch keine neuartige und bewundernswerte Sache beeindruckt wird; aber sehen oder hören wir etwas ausnehmend Schändliches, Unehrenhaftes, Ungewöhnliches, Bedeutendendes, Unglaubliches, Lächerliches, so prägen wir uns dies gewöhnlich für lange ein. Aber was wir jüngst gehört haben oder hören, vergessen wir meistens; was sich in unserer Kindheit ereignet hat, das prägen wir uns oft am besten ein; und das kann aus keinem anderen Grund vorkommen als deswegen, weil gewöhnliche Vorkommnisse leicht aus der Erinnerung entschlüpfen, auffällige und neuartige länger im Sinn haften … Bilder müssen wir also in der Art festlegen, die man am längsten in der Erinnerung behalten kann. Das wird der Fall sein, wenn wir … Bilder hinstellen, die etwas in Bewegung bringen [*imagines agentes*], wenn wir ihnen herausragende Schönheit oder einzigartige Schändlichkeit zuweisen; wenn wir irgendwelche Bilder ausschmücken mit Kränzen oder einem Purpurkleid … oder wenn wir sie durch etwas entstellen, z.B. eine blutige oder mit Schmutz beschmierte oder mit roter Farbe bestrichene Gestalt einführen, damit diese um so hervorstechender sei, oder irgendwelche lächerliche Züge den Bildern verleihen …" (Buch III, 22)

Das Gedächtnis wird also von emotionalen Gegensätzen in Emphase versetzt, vom Schönen und Abscheulichen, vom Komischen und Obszönen. Die Regel ist eindeutig, doch das antike Traktat und die Handbücher aus späteren Zeiten sind sehr arm an visuellen Beispielen. Wichtig ist, dass der Schüler persönliche Figuren schafft, die an seine Fantasie

gebunden sind, und so eine eigene erfinderische Kraft entwickelt. Ein seltenes Beispiel von Gedächtnisbildern (von Johann Horst von Romberch im 15. Jh. im *Congestorium artificiosae memoriae* gezeigt) ist auf der nebenstehenden Seite zu sehen: Die Begriffe, die im Gedächtnis verankert werden sollen, sind die Attribute der Grammatik, der ersten der Freien Künste. Die *Predicatio* prägt sich durch eine Elster ins Gedächtnis ein, die in der rechten Hand die Grammatik hält; die *Applicatio* wird durch den Adler erinnert, der sich auf seinen Flügel stützt; die *Continentia* dürfte sich anhand der Inschrift CONT auf der Brust (mit einem visuellen Alphabet konstruiert) im Gedächtnis fixieren. Mit dieser Methode ist es möglich, im Gedächtnis eine enorme Zahl von Informationen zu speichern.

Die ungewöhnlichen Leistungen, die die Mnemotechnik ermöglichte, legten nahe, nach ähnlichen Techniken zu suchen, um die im eigentlichen Sinne verstandesmäßigen (kognitiven, nicht mnemotechnischen) Fähigkeiten zu entwickeln. Die *Ars memorandi* wurde dabei in eine ehrgeizigere *Ars inveniendi* (→) umgewandelt, eine Kunst, neue Wahrheiten zu entdecken. Dabei fand eine Annäherung von Mnemotechnik und **Magie** (→) statt, deren Höhepunkt im Werk Giordano Brunos zu finden ist, der im wörtlichen Sinne ein Magier des Gedächtnisses und darüber hinaus der bedeutendste Philosoph der Spätrenaissance war.

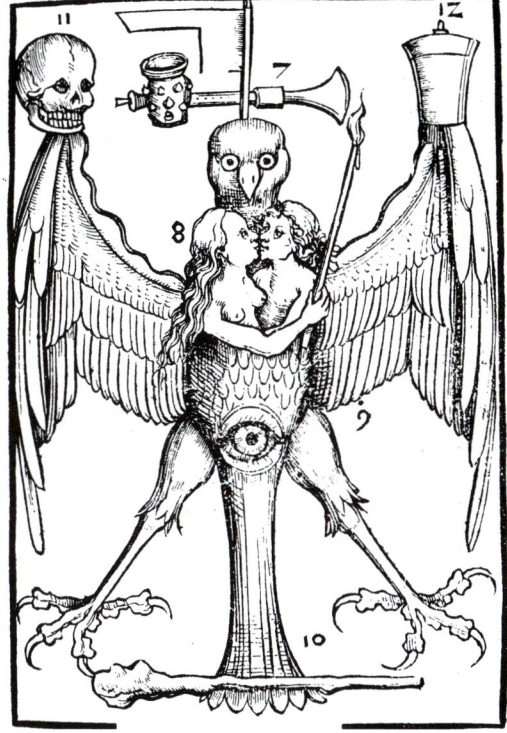

Secunda figura Ioannis

◄ *Dieses* imago agens *(aus dem anonymen* Memorabiles evangelistarum figurae, *1502/1505) fasst gut fünf Kapitel (das 7. bis 12.) des Evangeliums zusammen: Der Totenkopf erinnert an die Episode der Erweckung des Lazarus; die beiden miteinander verschlungenen Liebenden an die Figur des Ehebrechers; das aufgerissene Auge verweist auf den geheilten Blinden usw.*

▲ *Das bei Romberch dargestellte Gedächtnisbild der* **Gramatica***.*

◄ *Eine Karte des Tarot, jenes Kartenspiels, das zum Wahrsagen verwendet wurde und im Europa des 16. Jh.s weitverbreitet war. Die stilistische Verwandtschaft zwischen diesen magischen Bildern und den* imagines agentes *der Gedächtniskunst ist auffällig. Beide sind von einer* **unverhältnismäßigen Assoziation** *von Gegenständen, einer ausgesuchten Seltsamkeit und einer kompositorischen Absurdität geprägt, die den surrealistischen Stil in der zeitgenössischen Kunst vorwegzunehmen scheinen.*

Verweltlichung

Religiosität

Siehe auch: *Formbarkeit des Menschen, Christologische Häresien*

Ab dem Ende des Mittelalters findet eine wichtige Veränderung in der Religiosität statt, die von einer fortschreitenden **Vermenschlichung der Figur Christi** geprägt ist. Diese Veränderung zeigt sich beispielsweise darin, dass in der darstellenden Kunst immer häufiger Themen der irdischen Erlebnisse Jesu gewählt werden, wie die Ereignisse der Geburt und der Kindheit Christi oder jene Episoden, die sein familiäres Privatleben betreffen (Jesus, der Josef bei der Arbeit als Tischler hilft). Zum ersten Mal in der Geschichte des Christentums gab es nun ein Interesse für die Verwandtschaft Christi: Die Figur des Heiligen Josef, die bis dahin eine nebensächliche Rolle gespielt hatte, wurde bedeutend, und aus den Apokryphen entnahm man Angaben zu Personen, die für Jahrhunderte ignoriert worden waren (zum Beispiel Anna und Joachim, die Großeltern Jesu). Dieser Prozess der **Veralltäglichung** fand seinen eindringlichsten Ausdruck in der Erfindung der Krippe durch den Heiligen Franziskus.

In der sakralen Kunst setzte sich allmählich ein Christusbild mit menschlichem und keineswegs heldenhaftem Ausdruck und Haltungen durch: Von der unerreichbaren und übersinnlichen Erhabenheit des Christus Pantokrator, Selbstherrscher und Souverän der Urkirche, ging die Renaissance zum Gegenteil über, zu einem Christus als einen gewöhnlichen Mann, den *Nächsten* (den „armen Christus" aller Tage). Nicht nur Christus, sondern auch Gottvater wurde als menschliche Figur dargestellt (gestützt auf einen Ausspruch Christi selbst: „Wer mich gesehen hat, hat den Vater gesehen" [Joh. 14, 9]).

Der Prozess der Entsakralisierung des Göttlichen fand in der Renaissance mit der systematischen Reduzierung des Göttlichen auf das Menschliche ihren Höhepunkt. In dieser Zeit verloren das Heilige und die Bilder, die dieses darstellten, ihre Furcht einflößende (numinose) Wirkung, um einen weltlichen Aspekt anzunehmen. Das Insistieren auf die Menschlichkeit Christi wurde bis hin zu übersteigerten Effekten getrieben: In den Bildern von Jesus Christus als Kind kam man dahin, seine sexuellen Attribute hervorzuheben und zu betonen, dass er den allgemeinen physiologischen Bedürfnissen unterworfen ist, wie beispielsweise dem Stillen. Diese komplexe **Entmythisierung des Charismas** legte die Möglichkeit nahe, Göttlichkeit vermittelt durch die übermenschliche Schönheit des Körpers Christi auszudrücken.

Die Malerei der Renaissance bewirkte eine Revolution auf ästhetischer Ebene. Zugleich begann sie sich des religiösen Inhalts zu entleeren; sie hörte auf, das Instrument theologischer Überhöhungen zu sein, um immer mehr zu einer bloßen Aufzeichnung biblischer Ereignisse überzugehen, Ereignisse, wie sie ein Augenzeuge gesehen haben könnte. Die Leiden Christi schilderte sie oft ohne jegliche Zurückhaltung. Ein Handbuch der Zeit hält dementsprechend fest, dass „das Sehen eines blutenden und deformierten Christus mehr Reue auslöst, als ihn schön und sanft zu sehen. Der Maler zeigt die Kraft seiner Kunst, wenn er ihn gequält, blutig, voller Auswurf, mit aufgesprungener Haut, gebeugt, bleich und hässlich darstellt, als ob er keine Menschengestalt mehr habe. Auf diese Weise würden alle die Bitterkeit seines Schmerzes, die Verspottung, die Schmerzen, den Kummer und die anderen großen Leiden erfahren".

▲ *Der Heilige Josef, die menschlichste Person der Heiligen Familie, wurde oft mit der typischen Geste der* **Melancholie** *porträtiert, mit der Hand an der Wange, so wie es die aus der antiken Medizin der* **Körpersäfte** (→) *herrührende Ikonografie vorsah.*

▲ *Man beharrte auf dem Thema des physischen Schmerzes, den Christus erlitt: die Geißelung, das Aufsetzen der Dornenkrone, der Zusammenbruch unter dem Gewicht des Kreuzes. Zum Thema des* **Christus als Schmerzensmann** *gesellte sich das Thema der* **Arma Christi***, der Leidenswerkzeuge: Nägel, Hammer, Dornen, Geißel, Lanze sowie der Stock mit dem aufgesteckten Schwamm und sogar die Hand, die dem leidenden Jesus eine Ohrfeige gab.*

▲ *Im 16. Jh. verbreitete sich der Typus des* **Schmerzensmanns***, der die Verzweiflung eines untröstlichen, entmutigten, niedergeschlagenen und melancholischen, fast geschlagenen Christus zeigt (hier von Albrecht Dürer).*

◄ *Seit dem Ende des Mittelalters wurde das Thema des* **Stillens Jesu** *immer häufiger dargestellt, da es sich eignet, die menschliche Natur, die Christus durch die Menschwerdung erlangt, zu unterstreichen.*

Prädestination

Reform, Augustinus, Calvin
Siehe auch: *Gnade, Sakramente*

Auch wenn in einem Passus des *Alten Testaments* von einem „Buch des Lebens" (Ps. 69, 29) gesprochen wird, in das Gott, unmittelbar nachdem er die Welt geschaffen hat, die Namen jener (zukünftigen) Menschen geschrieben haben soll, die für das Heil bestimmt sind, enthalten die biblischen Texte keine systematische Doktrin in Bezug auf die Prädestination. Mit diesem Begriff bezeichnet die Theologie die Glaubensvorstellung, dass Gott einen Teil der Menschen unabhängig von ihrem Verhalten bereits von der Schöpfung der Welt an für die Freuden des Paradieses vorbestimmt hat.

Die Debatte über die Prädestination durchzieht die gesamte Geschichte des Christentums, und die unterschiedlichen Auffassungen über die Frage der Prädestination ist einer der Hauptunterschiede zwischen den verschiedenen christlichen Konfessionen. Der katholische Glaube lehnt die Idee der Prädestination ab und setzt ihr das Konzept der **Willensfreiheit** entgegen, nach dem das ewige Heil nur den Seelen derjenigen Menschen zugestanden wird, die es sich mit guten Werken während ihrer Lebens verdient haben. Es ist in der Tat offensichtlich, dass man schnell zu einem theologischen Problem gelangt, wenn man den katholischen Gesichtspunkt zu Ende denkt: Wenn sich Gott darauf beschränken würde, die Schlechten zu bestrafen und die Guten zu belohnen (ihre Handlungen abwägend und bedenkend), würde er berechenbar werden, ein *Buchhaltergott*, der im Grunde überflüssig ist, da seine Entscheidungen vorhersehbar wären. Dann wäre Gott weniger frei als ein einfaches Individuum: Während diese tatsächlich immer das eigene Verhalten wählen können (zwischen gut und böse), könnte Gott, gebunden durch die Ausübung einer vollkommenen Gerechtigkeit ohne Fehler, nicht nach Belieben **Gnade** verleihen. Wenn das Heil eines Menschen vollständig von seinem Leben abhängt, hört Gott auf, allmächtig zu sein, und wird auf einen bloßen Vollstrecker redu-

ziert. Der katholische Glaube geht jedoch davon aus, dass ein richtiges Leben nicht das Paradies garantiert und dass Gott darin frei bleibt, die ewige Gnade nach seinem unergründlichen Urteil zuzugestehen. Diese Position wurde zum ersten Mal vom Heiligen Augustinus vertreten (der sie der Häresie des Pelagius entgegenstellte, eines Verfechters der Willensfreiheit) und später hat sie Calvin systematisch theoretisiert.

Auch die Vorstellung, dass Gott in seiner Eigenschaft als Schöpfer in jedem Fall Souverän (Herr) seiner Geschöpfe ist – in dem Maße, dass er ohne Hindernisse mit ihnen tun kann, was er will – führt zu Überlegungen, die vom Gesichtspunkt einer menschlichen Ethik problematisch sind: Man muss zugestehen, dass der gute Mensch verdammt werden und der Böse unter den Glücklichen auserwählt werden kann. Der Streit ist auf abstrakter Ebene unlösbar, da es logisch ist, dass im Universum nicht zwei Allmächte nebeneinander existieren können, die Gottes und die des Menschen. Die völlige Freiheit des einen schränkt die des anderen ein.

Calvins Idee der Prädestination führt keineswegs zu einem Fatalismus, einer untätigen Resignation gegenüber dem göttlichen Vorurteil. Die Individuen anzutreiben, die Zeichen der Gnade in der eigenen Existenz (in der Fähigkeit rechtschaffen zu leben, in der Berufung und im beruflichen Erfolg) zu suchen, hat im Gegenteil geschichtlich in den vom Calvinismus dominierten Regionen (Holland, Schweiz) eine Geisteshaltung gefördert, die durch **Aktivismus**, **soziales Engagement** und **berufliche Initiative** gekennzeichnet ist.

Vnd ein ewiges leben/Amen.

◄ *Die zwei unterschiedlichen Vorstellungen des christlichen Glaubens werden in zwei Bildern des **Jüngsten Gerichts** sichtbar: Die Illustration zu Melanchtons protestantischem* Katechismus *(1546) zeigt einen Christus, dem jede gefühlsmäßige Nähe zum Menschen fremd ist, einen Richter mit erschreckendem Antlitz, cholerisch bis zur gestischen Unmäßigkeit. Es sind weder Heilige noch Patriarchen anwesend, die seine Wut mildern, und nicht einmal die Engel treten als einfache Verkünder und Vollstrecker des göttlichen Urteils für die Sünder ein. Seinem unergründlichen Urteil zufolge hat Christus die wiederauferstandenen Seelen bereits in zwei Scharen geteilt: die Glücklichen und die Verdammten, ohne dass es einen Hinweis auf die Art von Leben gibt, das die einen und die anderen erwartet.*

◄ *Das Bild des Jüngsten Gerichts mit dem **Wiegen der Seele** betont hingegen in extremer Weise die Idee, dass das ewige Heil von einem richtigen Verhältnis (Bilanzierung) zwischen guten und schlechten Taten abhängt. Nicht zufällig verbreitete sich dieses Thema in der Kunst des späten Mittelalters: Es bezeugt die neue individualistische und merkantile Mentalität, die in dieser Zeit entstand. Das Gericht wird Anlass einer Verhandlung, in der der Schutzengel und der Teufel der Versuchung argumentieren, streiten, verhandeln und sogar versuchen, falsch zu spielen.*

Sakramente

Reform, Luther

Siehe auch: *Fundamentalismus, Prädestination, Verweltlichung*

Das Prinzip der **freien Schriftauslegung** (→), das die Existenz der katholischen Kirche infrage stellte und mit dem Wunsch nach einer Rückkehr zum *Evangelium* verbunden war, führte Martin Luther zur Ausarbeitung einer neuen Sakramentenlehre. Sakrament wird in der Theologie ein von Christus eingeführtes sichtbares Zeichen genannt, durch das dem Menschen **Gnade** (→) zuteil wird. Die **Urkirche** (→) der ersten Jahrhunderte hatte keine Sakramenttheologie entwickelt. Sie wurde zum ersten Mal von Augustinus eingeführt und erst im 13. Jh. wurde die Zahl der Sakramente, die zuvor geschwankt hatte, durch Thomas von Aquin auf sieben festgesetzt: Taufe, Firmung, Eucharistie, Beichte, letzte Ölung, Weihe, Eheschließung. 1439, mit dem Konzil von Florenz, gingen die sieben Sakramente endgültig in die Orthodoxie über.

Nach der katholischen Lehre (bekräftigt auf dem Konzil von Trient in Opposition zu den reformierten Lutheranern) ist das Sakrament kein einfaches **Symbol** (→), sondern ein **wirkungsvolles Zeichen**. Kraft göttlicher Macht ist es genau das, was es bedeutet. Es stellt tatsächlich eine neue Realität her, erteilt dem, der es empfängt, wirklich die heiligende Gnade. Seine Wirksamkeit ist *ex opere operato*, entfaltet sich aus eigener Kraft, als notwendige Konsequenz der Handlung selbst, der verbalen Formeln und der sakramentalen Substanzen, die im Ritual verwendet werden (Wasser, Öl usw.), sodass sie völlig unabhängig von der moralischen Qualität des Zelebranten ist. So wenig tugendhaft der Priester auch sein mag, wenn er die Eucharistie in der vorgeschriebenen Art und Weise zelebriert, geschieht immer die **Transsubstantiation**, die vollständige Wandlung der Substanz (→) des Brotes und des Weines in den Körper und das Blut Christi. Der Sakramentsdiener muss nur im Fall der Eucharistie, der Beichte, der letzten Ölung, der Firmung und der Weihe ein Priester sein (bei den beiden letzten ist sogar ein Bischof nötig), wohingegen die Eheleute selbst die Rolle der Diener der Eheschließung innehaben. Die Taufe hat eine besondere Bedeutung, da sie das einzige Sakrament ist, das mehr oder weniger in allen Varianten des Christentums ähnlich praktiziert wird (nach dem Modell des Rituals, dem sich Christus selbst unterzogen hat): Der katholischen Theologie zufolge kann sie von jedem zelebriert werden (sofern es notwendig ist, als Nottaufe), sogar von einem Nichtchristen und einem Ungetauften, vorausgesetzt, er versteht es, in kirchenkonformer Weise zu handeln.

Die lutherische Theologie erkennt nur die beiden sicher vom *Evangelium* bestätigten Sakramente an: die Taufe und die Eucharistie. Das Verständnis der Eucharistie ist von der Vorstellung der **Konsubstantiation** bestimmt: Brot und Wein werden *auch* zu Körper und Blut Christi, ohne deshalb aufzuhören, aus fester Materie zu sein (was das Ereignis auf eine kaum mehr als symbolische Bedeutung reduziert). Die Ablehnung des Heilsmonopols der Kirche führte in der lutherischen Kirche zu einer Auflösung des Gegenübers von Klerus und Laien: Jeder Gläubige kann Diener des eucharistischen Rituals sein, dessen Wirksamkeit allerdings *ex opere operantis* ist oder besser gesagt in enger Verbindung mit der moralischen Qualität sowohl des Zelebranten als auch des Empfängers steht.

◄ *Während der **calvinistischen Eucharistiefeier** ist die gesamte Gemeinde wie zu einem normalen Mahl um den Tisch versammelt, in einem Ambiente, das völlig frei von religiösen Bildern ist. Der Vorsitzende, am Kopf des Tisches, leitet das Ritual, das sich darauf beschränkt, das letzte Abendmahl Jesu wieder wachzurufen, ohne den Anspruch, dass Brot und Wein, reine und einfache Symbole, sich in den Körper Christi (durch Transsubstantiation) verwandeln.*

► *Die starke Entsakralisierung der Liturgie, die für alle Varianten des Protestantismus gilt, bedeutet keineswegs eine Abnahme mystischer, visionärer und ekstatischer Instanzen. Diese Phänomene sind auch in den reformierten Religionen sehr präsent.*

◄ *Eines der außergewöhnlichen Rituale der **Quäker** (oder Shaker, engl. für „Zitterer", eine protestantische Bewegung des 19. Jh.s) ist sicherlich jenes, das an die Stelle der katholischen Messe getreten ist. Die Quäker, bekannt für ihren einfachen Lebensstil, drücken ihren religiösen Gemeinschaftssinn durch rituelle Tänze aus (z.B. die square-order, eine Art Quadrille).*

Freie Schriftauslegung

Reformation, Luther
Siehe auch: *Sakramente, Prädestination, Verweltlichung*

„Ich rufe: Evangelium, Evangelium! Und sie antworten einstimmig: Tradition, Tradition! Eine Übereinkunft ist unmöglich." Mit diesen schlichten Worten gelang es Luther, auf drei fundamentale Sachverhalte hinzuweisen:

• dass die Reformation aus einer **Rückkehr zum Evangelium** und zur Reinheit der **Urkirche** (→) bestehe;

• die Verurteilung jener Methoden, mit denen die altgläubigen Theologen sich der Reformation entgegenzustellen versuchten, indem sie in der **Tradition**, d.h. in den Schriften der Kirchenväter Argumente fanden, um ihre Praxis zu rechtfertigen („patristische Glossen, mühsame und künstliche Riten, die sich im Lauf der Jahrhunderte durchgesetzt haben");

• den Angriff auf die Existenz der **Kirche als Institution**.

Freilich stritt Luther nicht die Nützlichkeit einer säkularen Organisation der Gläubigen ab. In diesem engen Sinne gibt es eine *lutherische Kirche*, doch ist der **Pastor**, der sie leitet, bloß ein Laientheologe, der die meiste Zeit Seelsorger- und Predigeraufgaben erfüllt; im Vergleich zum katholischen **Priester** hat er keine sakramentale Rolle. Was Luther ablehnt, ist das theologische und institutionelle Fundament der Kirche, die Vorstellung einer notwendigen Vermittlungstätigkeit der Kirche zwischen dem einzelnen Individuum und Gott, den Glauben an die Kirche als einzige Instanz der orthodoxen Interpretation der offenbarten Texte und als einzige Macht, die die Sakramente erteilen kann.

Nach Luthers Vorstellung gründet sich die Glaubensnorm einzig auf die Schrift (*Altes und Neues Testament*), das direkte Zeugnis Gottes, dem sich zu nähern jeder Gläubige eingeladen ist, indem er die eigene Intelligenz und Kritikfähigkeit aufs Höchste mobilisiert. Der offenbarte Text ist Gegenstand einer freien Schriftauslegung. Die Kirche hat nicht das Monopol der richtigen Interpretation inne, sondern jeder ist zu einer persönlichen Suche nach Wahrheit aufgerufen, und jedem, nicht bloß den Priestern, muss es gewährt sein, auf doktrinärem Gebiet eine eigene Meinung zu äußern (nach einer ernsthaften, uneigennützigen und menschlichen Reflexion). Das Wort Gottes und seine exakte Bedeutung können nicht das Monopol irgendeiner Kirche sein.

Das lutherische Prinzip der freien Schriftauslegung wurde durch die Verbreitung des Buchdrucks begünstigt (und durch die Übersetzung der *Bibel* in die Volkssprachen) und wurde selbst zu einer der Grundlagen der Moderne, indem es weit über die Grenzen der reformierten Gemeinden hinaus dazu beitrug, die *forma mentis* des modernen Menschen zu bilden, kritisch, skrupellos und unduldsam gegenüber den dogmatischen Zwängen.

Auf der anderen Seite entging es bereits Luther nicht, dass das aus der Ablehnung jeder normativen Autorität erwachsende Element der **Subjektivität** die Zersplitterung der Reformierten begünstigte. Obwohl die Versuche vielfältig waren, zu einem einheitlichen Glaubensbekenntnis zu gelangen, in dem die Prinzipien des Christentums klar formuliert sind, bleiben die Divergenzen bis heute zahlreich – nicht nur zwischen der katholischen Kirche und der protestantischen Welt, sondern auch innerhalb der letzteren, die sich heute – vor allem in Amerika – als eine mannigfaltige Familie aus Kirchen, Sekten und Gruppen präsentiert.

◀ *Die Versammlung der reformierten Prediger von Antwerpen (1567). Der aus dem Prinzip der freien Schriftauslegung folgenden Zersplitterung wurde in Versammlungen entgegenarbeitet, in denen Prediger der verschiedenen reformierten Konfessionen nach einer freien Gegenüberstellung versuchten, zu universellen Konkordanzen über Prinzipien des Glaubens zu gelangen.*

◀ *Protestantische Bilder erkennt man häufig nicht an dem, was dargestellt ist, sondern an dem, was fehlt – im Unterschied zur katholischen Bildtradition. Hier z.B. fehlen Vermittler zwischen den Gläubigen und Christus (wie Engel, Heilige, Patrone). Die ikonografische Einfachheit entspricht einem didaktischen Bewusstsein, das eine auch einfachen Gläubigen verständliche Doktrin vermitteln möchte.*

▼ *Die von Lucas Cranach gemalte* Predigt Luthers *(1547, St. Marien, Lutherstadt Wittenberg) findet in einer Umgebung statt, die von Bildern und Dekorationen gänzlich frei ist. Das Nichtanerkennen der kirchlichen Tradition begünstigte eine beachtliche doktrinäre Vereinfachung: Die ganze lutherische Reflexion dreht sich um das Mysterium des Lebens und Todes Christi (**Theologie des Kreuzes**). Das Bild der Kreuzigung war in der protestantischen Kirchen besonders beliebt.*

Utopie

Morus
Siehe auch: *Sonnenstaat, Platonischer Staat*

Utopia (griech. „kein Ort", „Ort, der nicht existiert") ist der Titel des 1516 erschienenen und in lateinischer Sprache verfassten Werks von Thomas Morus (1478–1535). Es liefert die detaillierte Beschreibung einer imaginären Insel, auf der radikale Neuerungen in den Institutionen und in den gesellschaftlichen Sitten einen vollkommenen Staat schaffen, der allen Bürgern Wohlstand, Glück und Gleichheit garantiert. In Anlehnung an Platons *Staat* schuf Morus ein neues narratives Schema: die imaginäre Reise zu einem nicht existenten, jedoch in seinen Details minutiös beschriebenen Ort, der mit einer **Gesellschaftsvision** verbunden ist. Dieses Schema wurde sehr bald in zahlreichen Varianten repliziert. Morus begründete eine neue philosophisch-literarische (utopistische, phantastische) Gattung, deren bekannteste Werke der *Sonnenstaat* (1602) von Tommaso Campanella und *Nova Atlantis* (1627) von Francis Bacon sind. Ausgehend von der Nichtrealisierbarkeit, die all diese Gesellschaftsversionen verbindet, wurde der Begriff Utopie bald in die Alltagssprache übernommen, um eine erhabene und eindrucksvolle, jedoch in der Praxis nicht durchführbare Idee zu bezeichnen.

Über die Nützlichkeit eines utopischen Gedankens hat die moderne Kultur verschiedene und sich häufig widersprechende Vorstellungen entwickelt. Für die Fruchtbarkeit einer freien phantastischen Projektentwicklung machte sich Jean-Jacques Rousseau stark, selbst Autor einer pädagogischen Utopie (*Émile*), der beobachtete, dass „die Realisten, die Feinde der Utopie, mit der Entschuldigung sich bloß an das halten zu wollen, was machbar ist, schließlich nur das verteidigen, was gemacht wird". Jedoch erst Immanuel Kant erarbeitete eine wirkliche theoretische Rechtfertigung: Der Utopie, obwohl ihr (wie der Metaphysik) die Stütze der Erfahrung und der Machbarkeit fehlt, kommt indes die wichtige Aufgabe zu, der Vernunft eine Orientierung zu liefern, indem sie auf phantas-tischem Wege die möglichen Szenarien der Zukunft vorwegnimmt.

Als Utopisten im negativen Sinne bezeichnete Marx die Sozialisten des frühen 19. Jh.s (Charles Fourier, Robert Owen, Henri de Saint-Simon), die seiner Meinung nach die objektiven Gesetze der Geschichte verkannten, indem sie forderten, die neue antikapitalistische Gesellschaft sofort zu errichten. Friedrich Engels' Text *Die Entwicklung des Sozialismus von der Utopie zur Wissenschaft* (1882) markiert in der modernen Philosophie den Beginn einer **antiutopischen Strömung**, die, obwohl sie die Vorzüge der Absichten anerkennt, die üblicherweise die Utopisten inspiriert, deren Versuch, den Lauf der Geschichte abzukürzen, als unrealistisch beurteilt, weil er die Notwendigkeit von Zwischenetappen übersieht. Nach Engels zeigt sich die Gefährlichkeit dieser Strömung in der Entstehung einer neuen Art politischer Organisation, die der Antike unbekannt war: der geheimen Sekte professioneller Verschwörer, bei der sich der politische Utopismus mit einer **millenaristischen und eschatologischen Mentalität** (→ **Eschatologie**) zusammenschließt und die Praxis der Gewalt und sogar des Terrorismus rechtfertigt (*Die Verschwörung für die Gleichheit* von Gracchus Babeuf ist ein prototypischer Text dieser Strömung).

Die Kultur des 20. Jh.s (auch die marxistische) kehrte jedoch gemäß dem schon von Rousseau und Kant ausgearbeiteten Ansatz zu einer positiven Bewertung der Utopie zurück. Insbesondere Ernst Bloch (*Der Geist der Utopie*, 1918) äußerte sein Vertrauen gegenüber der kritischen und antreibenden Rolle der Utopie. Sie ist eine Kraft, stärker als jede Wissenschaft und jede Geschichtstheorie, die in der Lage ist, Menschen dazu zu bewegen, gegen die bestehende Ordnung der Dinge zu protestieren und die Zukunft zu entwerfen („aufrecht zu gehen").

▲ *Die* Nova Atlantis *von Bacon kann als ein Text betrachtet werden, der – historisch gesehen – die literarische Gattung* **Science Fiction** *vorwegnimmt. Das Buch beschreibt ein Paradies der Technik, ein riesiges Laboratorium, in dem die genialsten Erfindungen genutzt werden, um auf wissenschaftlichem Wege jede menschliche Problematik zu lösen. Das berühmte Frontispiz des Werkes zeigt das* **Schifflein des menschlichen Geistes**, *das jenseits der Säulen des Herkules, mythologisches Symbol für die dem menschlichen Wesen gesetzten Grenzen, unterwegs ist.*

▲ *Frontispiz der* Utopia *von Morus. Das Leben auf der imaginären Insel wird durch folgende Reformen charakterisiert: Fehlen des Privateigentums; staatliche Reglementierung der Wirtschaft; religiöse Toleranz; politische Freiheit; Wählbarkeit der Ämter; Einschränkung der Rolle der Familie, die durch öffentliche Institutionen ersetzt wird; Rotation der Produktionsbefugnisse, wodurch neben der rechtlichen auch eine wirtschaftliche Gleichheit sichergestellt wird.*

Sonnenstaat

Campanella, Utopismus
Siehe auch: *Didaktik, Pädagogik*

Die philosophisch-urbanistischen Visionen der Renaissance (→ **Platonischer Staat**) fanden einen letzten Ausdruck in dem von Tommaso Campanella (1568–1639), Philosoph, Magier, Astrologe, Prophet und politischer Agitator, herbeigesehnten *Sonnenstaat* (1602). Getrieben von der Sehnsucht nach einer universalen Reform und durchdrungen von einem militaristischen Geist (→ **Eschatologie**), versuchte er mit der Errichtung einer freien Gemeinschaft von *Solariern* in den Bergen Kalabriens seine eigene **Utopie** (→) zu realisieren. Diesen Versuch, der ihn in Konflikt mit den spanischen Autoritäten brachte, musste er mit gut 28 Jahren Gefängnis bezahlen.

Beim Projekt des Sonnenstaates sind die magischen und astrologischen Techniken, die für das 16. Jh. typisch waren, von großer Bedeutung; Campanella kann deswegen als letzter Autor der Renaissance betrachtet werden. Er wurde stark durch die Lektüre hermetischer Texte (→ **Hermetismus**) inspiriert, insbesondere durch den *Picatrix*, ein mittelalterliches Handbuch der astralen Magie und einer der wichtigsten Texte über **Magie** (→) der Renaissance, in dem bereits ein magischer Staat erwähnt wird.

Der von Campanella erträumte Sonnenstaat wird von einem Philosophen-Magier (dem Großen Metaphysikus) geführt und von den drei Magistraten Pon, Sin und Mor, d.h. von Macht, Weisheit und Liebe regiert, den drei Häuptern (notwendigen Essenzen), die Campanella als die metaphysischen Bestimmungen des ontologischen Seins ansah. Dies bedeutet im Wesentlichen, dass der vollkommene Staat von denselben Gesetzen regiert werden muss, die das Universum ordnen, sodass er zu einem regelrechten **Mediokosmos** zwischen dem Menschen (Mikrokosmos) und dem Universum (Makrokosmos) wird (→ **Mikrokosmos / Makrokosmos**).

Aus gesellschaftlicher Sicht soll der Sonnenstaat eine integrierte Gemeinschaft sein, in der die Familie überwunden ist. Dort wird Gemeinsamkeit der Frauen praktiziert, und die Auswahl zur Zeugung wird von der Gemeinschaft, nicht vom Einzelnen, auf der Basis eugenischer, d.h. auf die biologische Verbesserung der Art ausgerichteter, Kriterien getroffen. Diese Themen griff Campanella aus Platons *Staat* und Thomas Morus' *Utopia* auf.

Gänzlich innovativ ist indes Campanellas Ansatz bezüglich der Probleme der **Erziehung**: Weder Bücher noch Scholastik sollten seiner Auffassung nach dabei eine Rolle spielen. Der Staat selbst muss richtungsweisend sein: Tatsächlich sollten seine Mauern von Malern wie ein Lehrbuch illustrieren werden. „Auf der Innenseite der Mauer des ersten Kreises sind alle mathematischen Zeichen und Zahlen abgebildet, in bei Weitem größerer Anzahl als Archimedes und Euklid deren entdeckt haben … und ein erklärendes Verschen ist beigegeben, das eine Definition enthält. Auf der konvexen Außenseite dieser Mauer befindet sich eine Beschreibung der ganzen Erde. Darauf folgen Speziallandkarten der einzelnen Provinzen, worauf die Sitten und Gebräuche, die Gesetze … angegeben sind … Auf der Innenseite der Mauer des zweiten Kreises sind mithilfe der Malerei alle möglichen Steine abgebildet, sowohl Edelsteine als gewöhnliches Gestein und alle Arten von Mineralien …" usw. Durch die Alleen schlendernd, werden es, laut Campanella, die durch diese Abbildungen neugierig gemachten Kinder sein, die den Eltern die richtigen Fragen stellen, wobei sie so einen Erziehungsprozess in Gang setzen, der umso wirkungsvoller ist, je weniger scholastisch er ist.

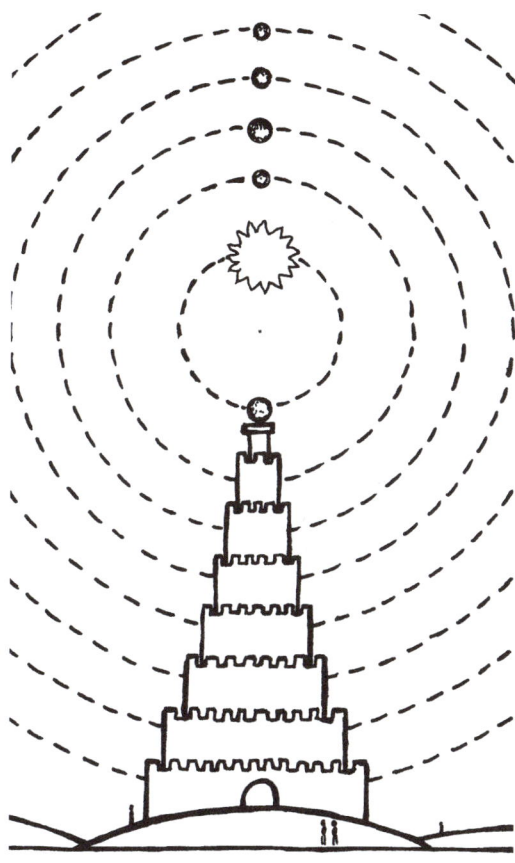

Das magische Geheimnis des Sonnenstaates liegt in seiner Architektur. Angesiedelt auf einem Hügel inmitten einer ausgedehnten Wüstenebene, ist er wie eine Pyramide oder ein Berg in übereinandergeschichteten Kreisen strukturiert. Einem modernen Schallwellenempfänger sehr ähnlich, dient der Staat dazu, die heilsamen Einflüsse der Gestirne über den Bürgern anzuziehen. Wie eine Empfangsantenne erfassen die übereinandergesetzten Kreise die positiven Einflüsse der Planeten und garantieren allen Solariern Glück und Ehrbarkeit. Von oben betrachtet zeigt der Sonnenstaat eine Struktur konzentrischer Kreise analog zum traditionellen ptolemäischen Bild des Kosmos. Campanella erträumte den magischen Staat als einen regelrechten Talisman in großen Dimensionen, der mit einer inneren, aus der Anordnung der Teile herrührenden Kraft ausgestattet ist.

Am höchsten Punkt der Stadt ist ein **Tempel** errichtet, in dem der Große Metaphysikus die günstigsten astralen Verbindungen bewirkt. Campanella stellt sich einen Rundtempel mit einer großen Öffnung in der Decke vor, die den stellaren Einflüssen Eintritt gewährt.

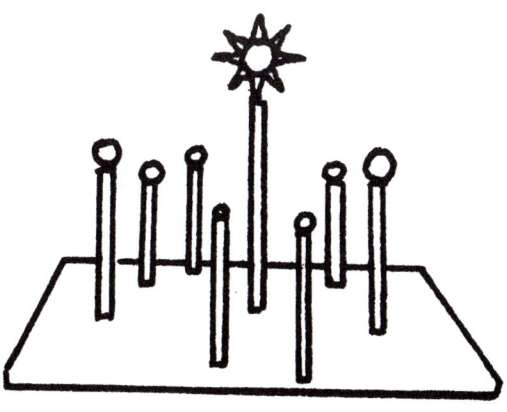

Über dem zentralen Altar des Tempels sind ein Globus und sieben planetarische Lampen aufgehängt, die der Große Metaphysikus in Verbünden anordnet, die jeweils günstig für die Gemeinschaft sind (eben diesen Ritus hatte Campanella 1628 für Papst Urban VIII. vollzogen, der sich wegen einer Todesprophezeiung infolge einer Sonnenfinsternis ängstigte).

Kontraktualismus

Hobbes, Locke, Politik
Siehe auch: *Der Edle Wilde*

Der Kontraktualismus, oder die Vertragstheorie, ist jene philosophisch-juristische Lehre, die den Ursprung der Zivilgesellschaft und des Staates in einer Konvention, einem zwischen seinen Mitgliedern vereinbarten Vertrag sieht. Bereits in der Antike wurde diese Perspektive von den Sophisten und von Epikur eingenommen – im Gegensatz zum politischen Naturalismus Aristoteles', der die Annahme eines Gesellschaftsvertrages ablehnte und Gesellschaft und Staat als natürliche und notwendige, vom Willen der einzelnen Individuen unabhängige und in jeder menschlichen oder tierischen Gemeinschaft stets präsente Realitäten betrachtete.

Der Kontraktualismus gelangte in der Neuzeit infolge des Verfalls der mittelalterlichen Theorien bezüglich der göttlichen Grundlage der politischen Macht zu neuerlicher Aktualität. Er wurde insbesondere im England des 17. Jh.s im Zusammenhang mit den Ereignissen der *Glorreichen Revolution* (1668) debattiert. Thomas Hobbes, der Theoretiker des **monarchischen Absolutismus**, und John Locke, der Verfechter des **liberalen** (parlamentarischen und demokratischen) **Konstitutionalismus**, stimmen in der Vorstellung von der Unnatürlichkeit des Staates überein, in der Annahme, dass die Menschen ursprünglich in einem vorgesellschaftlichen Zustand lebten, in einem Zustand primitiver Natur, desorganisiert und individualistisch. Durchaus unterschiedlich ist allerdings die Art, wie die beiden Philosophen den Vertrag zwischen Individuum und Staat beschreiben.

Hobbes stellte ihn sich als einen **Unterwerfungsvertrag** vor, in dem jedes Individuum im Namen der Sicherheit auf die Freiheit verzichtet. Auf ausgesprochen pessimistische Weise betrachtet er die vorgesellschaftlichen Wilden, die gemäß der Maxime *homo homini lupus* leben: In Abwesenheit jeden Gesetzes gilt nur der gegenseitige Machtmissbrauch.

Die einzige Art, die Unterdrückung aufzuheben, besteht darin, dass alle auf jegliche Freiheit verzichten, indem sie die Macht an einen Einzelnen (einen Souverän oder eine Versammlung) delegieren, damit dieser über das Wohl eines jeden (und folglich niemandes im Besonderen) entscheide. Im *Leviathan* (1651) schlägt Hobbes folgenden Text als Vertragsformel vor: „Ich übergebe mein Recht, mich selbst zu beherrschen, diesem Menschen oder dieser Gesellschaft, unter der Bedingung, dass du ebenfalls dein Recht über dich abtrittst." (*Leviathan* II, 17)

Anders sind die Vorstellungen Lockes, demzufolge auch in einem vorgesellschaftlichen Zustand die menschliche Aggressivität stets vom **Prinzip der Gegenseitigkeit** gemäßigt wird: Auch in einem Naturzustand gilt die rationale Regel, dass man von den anderen das zu erwarten hat, was man ihnen antut. Locke zufolge ist also der Übergang zur organisierten Gesellschaft und zum Staat ein gradueller und kein traumatischer Prozess: eine fortschreitende Perfektionierung der Regeln des Zusammenlebens. Der Bürger überlässt die eigenen Freiheiten nicht en bloc, sondern eingeschränkt in Bezug auf die Notwendigkeit, nicht in die Freiheiten anderer einzugreifen und die kollektive Sicherheit zu garantieren, während er Inhaber all jener Entscheidungen des Lebens, Denkens und religiösen Glaubens bleibt, die das zivile Zusammenleben nicht bedrohen. Des Weiteren ist als Garantie, dass die den Männern, die sich um die öffentliche Sache bemühen, verliehene Macht in festgesetzten Grenzen bleibt, die **Gewaltenteilung** (Legislative, Exekutive, Judikative) nötig, und es ist eine Möglichkeit des Aufstandes (auch des gewaltsamen) vorgesehen, falls die bürgerlichen Grundfreiheiten bedroht sind.

◄ *Der Staat ist nach Hobbes mit einem* **Leviathan** *(biblisches Unge-heuer mit zahlreichen Köpfen) zu vergleichen, „dem sterblichen Gott, dem wir unter dem ewigen Gott allein Frieden und Schutz zu ver-danken haben. Dieses von allen und jedem übertragene Recht bringt eine so große Macht und Gewalt hervor, dass durch sie die Gemüter aller zum Frieden unter sich gern geneigt gemacht werden".* (Leviathan II, 17) *Das berühmte Frontispiz von Hobbes' Werk zeigt den Staat-Le-viathan als ein riesiges Monstrum, dessen Körper aus zahllosen einen Vertrag schließenden Untertanen gebildet wird; der Kopf zeigt die absolute Autorität der Herrscher-macht an, das Schwert die bür-gerliche Macht und den Gebrauch der Gewalt, der Pastoralstab die religiöse und kirchliche Macht (die Hobbes zufolge ebenfalls dem Staat zugeordnet ist).*

◄ *Diese Darstellung des 17. Jh.s zeigt den* **Naturzustand** *des pri-mitiven Menschen in Einklang mit dem kontraktualistischen Ansatz Lockes. Die Atmosphäre des häusli-chen Idylls des wilden Paares drückt die Vorstellung von Kontinuität ohne traumatische Sprünge zwischen Individuum, Familie (der ersten organisierten Gesellschaft) und Staat aus. Die Burg und die modernen Gebäude, die im Hintergrund sicht-bar sind, zeigen den engen Zusam-menhang, der den wilden Zustand mit dem historisch-kulturellen der Menschheit verbindet.*

Kopernikanische Wende

Kopernikus, Astronomie
Siehe auch: *Geozentrismus, Unendlichkeit des Universums, Planeten*

Als kopernikanische Wende bezeichnet man den langen Wandlungsprozess der abendländischen Kultur, in dem die Auffassung, die Erde und damit der Mensch bilde das Zentrum des Kosmos, durch die Überzeugung abgelöst wurde, dass dem Menschen keine Sonderstellung im Kosmos zukomme. Eingeleitet wurde dieser Prozess mit der Schrift von den *Kreisbewegungen der Weltkörper* (*De Revolutionibus Orbium Caelestium*, 1543) des polnischen Astronomen Nikolaus Kopernikus (1473–1543), mit der Systematisierung der Physik durch Isaac Newton (1642–1727). Mit dessen Aufsatz *Die Mathematischen Prinzipien der Physik* (1687) fand er dann seinen Abschluss.

Der Hauptaspekt dieser Wende oder Revolution betraf mit der fundamentalen *heliozentrischen Theorie* (→ Heliozentrismus) die Astronomie, ihre Implikationen bezogen jedoch das gesamte wissenschaftliche System und darüber hinaus auch die wesentlichen philosophischen und religiösen Überzeugungen des modernen Menschen ein. Wie es der Wissenschaftshistoriker Thomas Kuhn (*Die kopernikanische Revolution*, 1957) zusammenfasste, bewerteten „Menschen, für die ihr irdisches Zuhause nur ein Planet war, der blindlings um einen von unendlich vielen Sternen kreise, ihren Platz im kosmischen Rahmen ganz anders als ihre Vorgänger, für die die Erde den einzigartigen Mittelpunkt der Schöpfung gebildet hatte."

Auch wenn Kopernikus das Verdienst gebührt, die Abkehr von der ptolemäischen Astronomie eingeleitet zu haben, war sein Ziel in Wirklichkeit sehr begrenzt: Er wollte lediglich das traditionelle System vereinfachen, das zu seiner Zeit einen Zustand äußerster Kompliziertheit erlangt hatte. Der Fortschritt der Beobachtungen hatte gut 80 Kreise (Epizyklen, Exzenter und Äquanten) notwendig gemacht, um die Bewegung von sieben Planeten zu erklären, ohne dabei ausreichend exakte Voraussagen liefern zu können. In dieser Situation ahnte Kopernikus, dass die heliozentrische Hypothese viele Schwierigkeiten beseitigen und es das System einfacher gestalten würde, wenn man im Zentrum des Kosmos die Erde durch die Sonne ersetzte und den Rest des Schemas unverändert beibehielte.

Es ist bemerkenswert, dass Kopernikus seinen revolutionären Heliozentrismus mit der Notwendigkeit rechtfertigte, die **göttliche Perfektion** (und die Schönheit) der Sternbewegungen zu wahren: „Wir finden in dieser Anordnung eine bewunderungswürdige Symmetrie der Welt und einen festen, harmonischen Zusammenhang zwischen der Bewegung und der Größe der Bahnen, wie man ihn auf andere Weise nicht finden kann." (*De Revolutionibus*) Im Zentrum des Kosmos, im exakten Mittelpunkt der kristallinen Sphären (deren Existenz Kopernikus nie bezweifelte), muss notwendigerweise die Sonne stehen, weil sie die *lucerna mundi* ist, die Lichtquelle, die die große Familie der Gestirne beleuchtet und regiert. Und wie ein Kronleuchter sinnvollerweise im Mittelpunkt des Zimmers hängt, so muss es auch die Sonne tun, „denn wer wollte diese Leuchte in diesem wunderschönsten Tempel [dem Universum] an einen anderen oder bessern Ort setzen, als dorthin, von wo aus sie das Ganze zugleich beleuchten kann?"

Der Heliozentrismus brachte als Konsequenz die Erkenntnis von der Bewegung der Erde um die Sonne (zusammen mit fünf weiteren Planeten) und um die eigene Achse mit sich.

Der ganze Rest des ptolemäischen Modells wurde von Kopernikus überhaupt nicht zur Diskussion gestellt, weshalb sein Weltbild im Lichte späterer Entwicklungen gesehen dem von Claudius Ptolemäus ausgearbeiteten tatsächlich noch außerordentlich ähnlich ist.

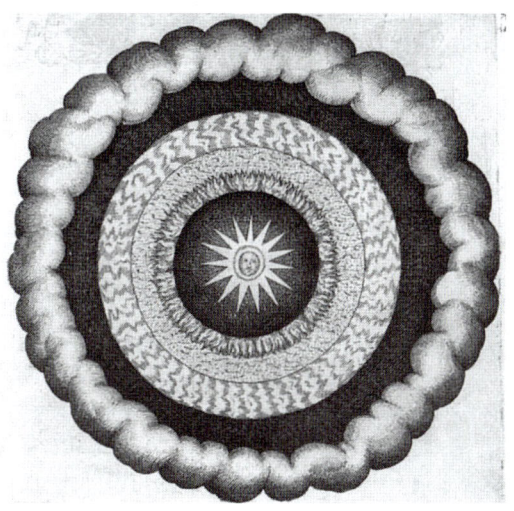

◄ *Einer der Gründe für den Widerstand gegen die Veränderung der astronomischen Theorien war die vom Mittelalter geschaffene starke Verbindung zwischen Astronomie und Theologie. Jedem physischen entsprach ein spiritueller Himmel.*

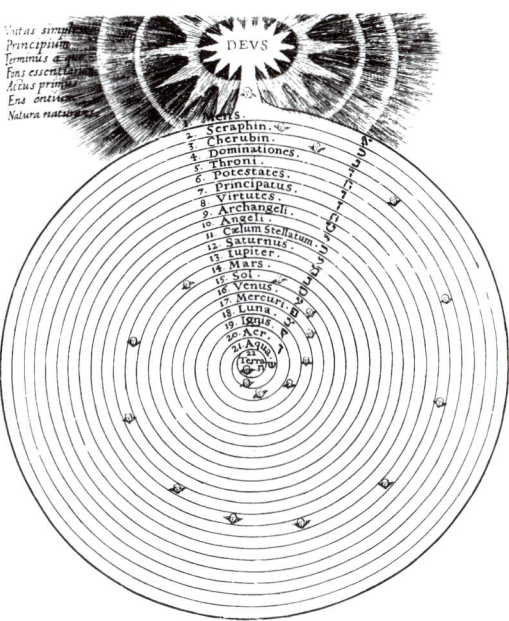

▶ *Die Rolle der Sonne bei der Schöpfung der Welt (Robert Fludd: Utriusque cosmi maioris, 1617). Die Häufigkeit astronomischer Darstellungen zwischen dem 16. und 17. Jh., die wenig detailliert, aber stark symbolisch sind, zeigt, dass die kopernikanische Wende vor allem das Aufkommen einer neuen Sensibilität für die Rolle des Menschen im Kosmos mit sich brachte.*

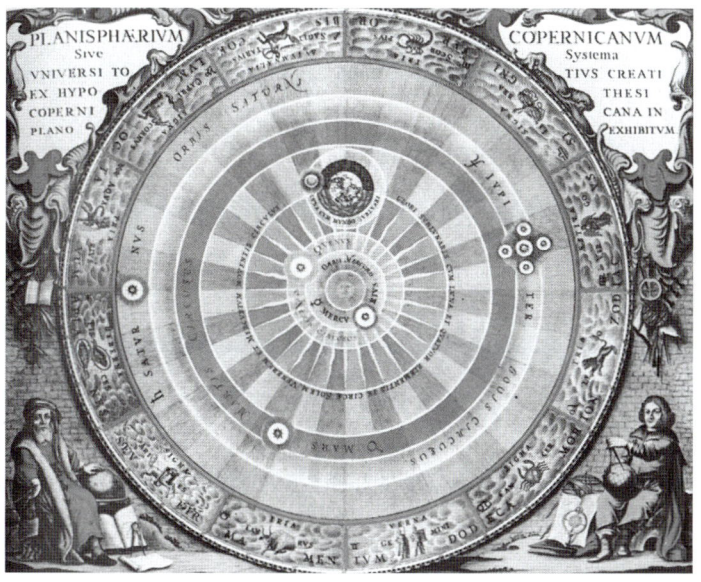

◄ *Das **kopernikanische System**. Auch wenn der Austausch von Erde und Sonne im Zentrum des Kosmos eine starke Vereinfachung bedeutet, erweist sich das kopernikanische Schema als dem aristotelisch-ptolemäischen noch sehr ähnlich: Der Kosmos bleibt noch geschlossen, sphärisch, in zwei Zonen unterteilt – eine sub- und eine supralunare (→ **Sublunare Welt**); die Planeten bewegen sich noch in perfekten Kreisbahnen auf transparent-kristallinen Sphären.*

Sublunare Welt

Aristoteles, Ptolemäus, Astronomie

Siehe auch: *Raum-Ort, Plenum / Vakuum, Planeten*

Um die Mitte des 2. Jh.s n. Chr. wurde das astronomische Wissen der Griechen von Claudius Ptolemäus, einem der bedeutendsten Forscher der Antike, systematisiert. Sein *Almagest* (eine arabische Abwandlung des Originaltitels *Großer Traktat)* beschreibt – aristotelische Theorien aufgreifend – den Kosmos als eine Struktur konzentrischer Schichten, aufgeteilt in zwei unterschiedliche, nicht homogene und von verschiedenen physikalischen Gesetzen geregelte Zonen.

• Die sublunare Welt umfasst die Erde und erstreckt sich bis zur Sphäre des Mondes. Wie der Kern einer Frucht erfreut sie sich einer einzigartigen, aber nicht privilegierten Situation: Nur in ihrem Innern existieren nämlich Tod, Unvollkommenheit und Schmerz (→ **Werden**). Die dort herrschende Unvollkommenheit schließt aus, dass sie sich mit den Instrumenten der Mathematik und Geometrie analysieren lässt (die Aristoteles und allen griechischen Denkern zufolge nur in der Astronomie und nicht in der Physik und den Naturwissenschaften anwendbar sind). Die dort ablaufende Bewegung ist, der Gravitation entsprechend, nur linear – nach oben und nach unten.

• Die **supralunare Welt** reicht bis zum Empyreum, der Grenze des Universums, und kennt keine Veränderung, weil sie von göttlicher Natur ist: Die Sonne, der Mond und alle Himmelskörper sind eine sichtbare Manifestation des Göttlichen. Die Bewegung der Gestirne muss demnach absolut vollkommen sein, kreisförmig, unvergänglich und beständig, ohne Beschleunigung oder Verlangsamungen. Die Planeten sind nicht frei in ihrer Bewegung, sondern in **kristalline Sphären** eingefasst, die so transparent sind, dass sie auf der Erde unsichtbar sind. Diese Sphären kreisen um ein Zentrum, eine kosmische Stütze, auf der die Erde angeordnet ist; zwischen ihnen ist keine Leere, sondern eine **fünfte Essenz** (oder Äther, eine halbspirituelle Substanz). Die Sonne ist ein Planet wie die anderen (und dies war sicherlich einer der Schwachpunkte der Lehre).

Ein Teil des *Almagest* ist den Beweisen der Unbeweglichkeit der Erde und ihrer Zentralität im Universum gewidmet (geostationäre oder **geozentrische Theorie**). Ptolemäus legt nur eine Überlegung vor, die heute noch wissenschaftlich gültig ist (das **Fehlen der Parallaxe**: → **Geozentrismus**), doch im Mittelalter hatten seine auf gesundem Menschenverstand basierenden Argumente großen Erfolg, insbesondere die vom Turm und von den Wolken:

• Das **Argument vom Turm**. Ptolemäus zufolge beweist das vertikale Fallen der Körper die Unbeweglichkeit der Erde; wenn diese sich nämlich bewegen würde, dürfte das Gewicht nicht genau unter den Turm fallen, sondern seitlich davon (weil sich die Erde in der Zwischenzeit verschoben hätte).

• Das **Argument der Wolken**. Wenn die Erde um sich selbst kreisen und dabei eine vollständige Umdrehung an nur einem Tag ausführen würde, müsste sie eine große lokale Geschwindigkeit haben; folglich könnte sich die Bewegung der Wolken nicht einmal nach Osten (der Erdbewegung entgegengesetzt), einmal nach Westen vollziehen. Auch der Vogelflug müsste schneller sein, wenn er der Erdbewegung nachkommt, und langsamer, wenn er ihr entgegengesetzt ist. Da aber all dies nicht eintritt, ist bewiesen, dass die Erde sich nicht bewegt.

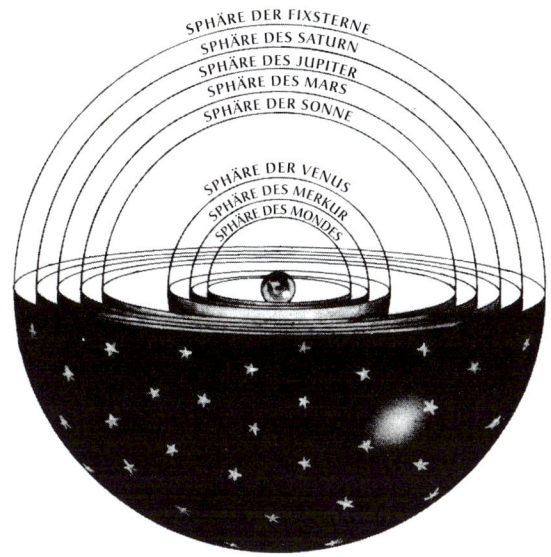

◀ *Konzeptuelles Schema des aristotelisch-ptolemäischen Kosmos. Es ist beobachtet worden, dass dieses Modell an die Struktur einer Zwiebel oder einer Frucht erinnert; tatsächlich stellte man sich vor, der Kosmos bestünde aus kompakten und kristallinen Sphären (Himmeln), eine in der anderen um die Erde angeordnet, die eine Art dichter, exakt ins Zentrum gesetzter Kern sei.*

◀ *Die* **Armillarsphäre**. *Das äußerst komplexe Gerät ist eine maßstabsgetreue Reproduktion des Kosmos aus beweglichen und konzentrischen Ringen. Es war das eindrucksvollste und komplizierteste Gerät, das man im Mittelalter konstruierte.*

▲ *Schema der Teilung in sub- und supralunare Welt. Die vollkommene Kreisförmigkeit der Umlaufbahnen der Gestirne, die alle Griechen (Aristoteles eingeschlossen) als sichtbaren Aspekt der Göttlichkeit deuteten, erlangte den Status eines religiösen Dogmas.*

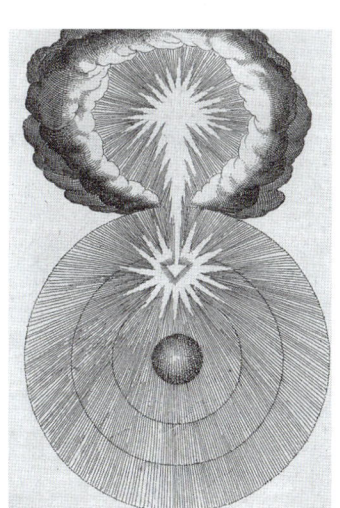

◀ *Die Sonne als sichtbare Manifestation Gottes nach einem der letzten Verteidiger des aristotelisch-ptolemäischen Geozentrismus, dem Magier-Wissenschaftler Robert Fludd* (Philosphia sacra, *1626*).

Geozentrismus

Ptolemäus, Kopernikus
Siehe auch: *Heliozentrismus, Planeten, Raum-Ort*

Im aristotelisch-ptolemäischen astronomischen System war der wichtigste Beweis zugunsten des Geozentrismus das Fehlen einer planetarischen **Parallaxe**. Der Begriff der Parallaxe wird gewöhnlich von den Geometern beim Anvisieren eines Gegenstandes gebraucht. Beobachtet man eine Sache von zwei verschiedenen und weit voneinander entfernten Punkten aus, so wird sie als dem Hintergrund an zwei verschiedenen Punkten vorgelagert erscheinen.

Der Abstand zwischen diesen beiden Punkten wird Parallaxe genannt und hängt von diesen drei Faktoren ab:
• dem Maß der Verschiebung des Beobachters;
• dem Abstand zum beobachteten Objekt;
• der Entfernung des Hintergrundes, der als Bezugssystem fungiert.

Der Überlegung Claudius Ptolemäus' zufolge müsste, wenn die Erde sich in einem jährlichen Umlauf um die Sonne bewegte, zwischen zwei Erhebungen im Abstand von sechs Monaten eine Stern-Parallaxe zu beobachten sein, d.h. eine Verschiebung der planetarischen Aufreihung vor dem Hintergrund der Fixsterne. Doch dafür gibt es keine Anzeichen und deshalb, so folgert Ptolemäus, kreist die Erde nicht um die Sonne und der Standpunkt des menschlichen Beobachters ist ein einziger und unbeweglich. Dasselbe Verfahren lässt sich auch anwenden, um die tägliche Bewegung der Erde um die eigene Achse zu leugnen: Beobachtet man nämlich einen Himmelskörper im Abstand von zwölf Stunden, bemerkt man vor dem Sternenhintergrund keinerlei Parallaxe.

Wichtig zu bemerken ist, dass Ptolemäus' Gedankengang **keinerlei theoretischen Fehler** beinhaltet; de facto existiert die Parallaxe, doch hat sie derart kleine Werte, dass es nur modernen Instrumenten gelingt, sie festzustellen. Diese Schwäche war bereits den antiken Astronomen gegenwärtig: Wäre der Abstand zwischen der Erde und dem beobachteten Planeten sehr klein im Vergleich zur Entfernung der als Hintergrund dienenden Fixsterne, würde die Parallaxe so winzig werden, dass sie sich mit bloßem Auge nicht feststellen ließe.

Die geozentrische Lehre war demnach aufs Engste an eine Schätzung der Dimension des Kosmos gebunden. Die theoretisch mögliche Erdbewegung könnte es nur in einem riesigen, wahrhaft unermesslichen und grenzenlosen Weltall geben, was für die Griechen auch gleichbedeutend mit unproportioniert, unverständlich, inkommensurabel und alles in allem unlogisch und inakzeptabel war. Nicht zufällig wurde die einzige **heliozentrische Hypothese** der Antike – von Aristarchos von Samos formuliert – zurückgewiesen, aus der wissenschaftlichen Gemeinschaft verbannt und als unreligiös erachtet, weil sie die Vorstellung stützte, dass der Kosmos außerhalb des menschlichen Maßstabs läge.

Im Übrigen war es mit den in der Antike angewandten mathematischen Methoden unmöglich, die effektive Entfernung der Himmelskörper zu berechnen. Der griechischen Astronomie fehlte stets das Instrument der **Trigonometrie**, jener Sektor der Mathematik, der es erlaubt, das Maß aller Elemente eines Dreiecks zu berechnen, sofern einige davon bekannt sind. Erst die Anwendung der trigonometrischen Methoden auf die Astronomie zu Beginn des 16. Jh.s erlaubte es, sich eine Vorstellung von der tatsächlichen Größe des Universums zu machen, womit das Argument der Parallaxe an Gültigkeit verlor.

▲ *Die Parallaxe in einer Abbildung aus der* Cosmographia *(1539) von Petrus Apianus. Wenn die Erde in Bewegung wäre, würde ein jeglicher Himmelskörper (hier der Mond) erscheinen, als sei er dem Hintergrund der Fixsterne an zwei verschiedenen Punkten vorgelagert.*

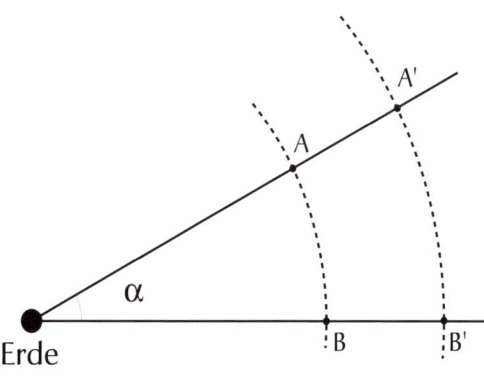

◀ *Die antiken astronomischen Beobachtungen basierten einzig auf den Vermessungen von Winkelgrößen. Die Bewegung eines Planeten A in Richtung B (aber auch die eines entfernteren A' in Richtung B') wurde jeweils durch Vermessen desselben Winkels* alpha *determiniert. Das Fehlen der Trigonometrie machte es unmöglich, die tatsächliche Entfernung der Planeten zur Erde zu berechnen.*

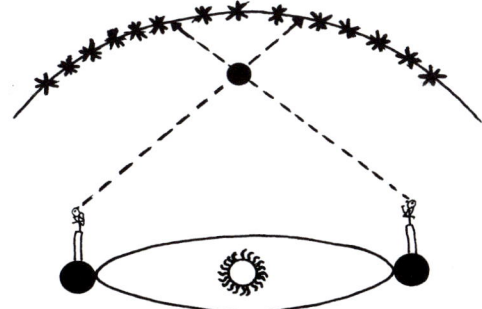

◀ *Das Fehlen einer Parallaxe war der wichtigste Beweis der Unbeweglichkeit der Erde. Der Gedankengang war theoretisch korrekt und konnte nur dementiert werden, indem man ein grenzloses Ausmaß des Universums annahm, bei dem die Entfernung zwischen der Erde und den Planeten unerheblich im Vergleich zur Gesamtgröße des Kosmos wäre.*

Planeten

Aristoteles, Ptolemäus, Kopernikus

Siehe auch: *Unendlichkeit des Universums, Heliozentrismus, Plenum/Vakuum*

Das größte Problem, vor das sich das aristotelisch-ptolemäische astronomische System, das auf den **Geozentrismus** (→) gegründet war, gestellt sah, blieb stets die Erklärung der rückläufigen Bewegung der Planeten (von griech. *planomai*: „ich wandle umher").

Für einen irdischen Beobachter erscheint die Bewegung der Planeten am Himmel komplex und scheinbar irregulär: Manchmal scheinen sie sich zu verlangsamen, anzuhalten, rückwärts zu wandern, um dann mit erhöhter Geschwindigkeit die ursprüngliche Richtung wieder aufzunehmen. Diese experimentell beobachtbaren Phänomene stehen im Gegensatz zur (ursprünglich mythischen, aber auch vom philosophischen Denken bekräftigten) Lehre der vollkommenen, konstanten, unveränderlichen und unvergänglichen Kreisbewegung der Himmelskörper.

Aufgabe der Astronomie wurde es also, diese beobachtbaren Anomalien zu erklären („die Phänomene zu schützen", wie man sagte): die am Himmel beobachteten Gegebenheiten mit dem religiösen Dogma der vollkommenen orbitalen Kreisform zu versöhnen und zu erklären, warum diese von der Erde aus nicht sichtbar war. Die Herausforderung, auf die sich die ganze astronomische Forschung bis hin zur **kopernikanischen Wende** (→) richtete, bestand darin, dem scheinbaren *Wandern* der Planeten zuzustimmen, ohne die Kreisbewegung zu leugnen. Dies erforderte die Erfindung einer speziellen Geometrie, die es, obwohl sie nur Kreise und Kugeln benutzte, vermochte, ungleichförmige Umlaufbahnen zu beschreiben. Die wichtigste Lösung, die gefunden wurde, war das **System der Epizyklen**: Der Planet rotiert in kleinen Kreisen um Punkte auf einem größeren unsichtbaren Kreis, der die Erde umgibt und als **Deferent** bezeichnet wird. Auf diese Weise bleibt seine Bewegung kreisförmig, doch scheint der Planet von der Erde aus betrachtet zyklisch anzuhalten, zurückzuwandern und erneut den Lauf aufzunehmen.

Diese Lösung erlaubte es, die Lehre von der Kreisbewegung den konkreten Beobachtungen anzunähern, doch gelangte man freilich nie zu einer vollkommenen Übereinstimmung zwischen den Daten und der Theorie. Es wurde folglich die Vorstellung von der **exzentrischen Bewegung** eingeführt: Es genügt anzunehmen, dass die Planeten in Umlaufbahnen rotieren, deren Zentrum lediglich nahe der Erde liegt, sich aber nicht exakt mit ihr deckt. Die Folge ist, dass ihr Orbit sich entweder in Erdnähe *(Perigäum)* oder Erdferne *(Apogäum)* befindet. Dies ist zwar ein beträchtlicher Verstoß gegen die vollkommene Symmetrie des Kosmos, doch sind die Vorteile der Hypothese bemerkenswert: Auch ohne das Dogma der Kreisförmigkeit zu verletzen, erklären sich so das Vorhandensein verschiedener Jahreszeiten und die Schwankungen der Entfernung und der Leuchtkraft der Planeten.

In jedem Fall wiesen die Voraussagen zur künftigen Position der Planeten weiterhin eine Fehlerspanne auf, die höher als zehn Prozent lag. Dies brachte eine beständige Komplikation der Berechnungen und eine fortwährende Suche nach von Fall zu Fall neuen Lösungen mit sich, mit dem Ziel, die planetarischen Unregelmäßigkeiten zu erklären. Als Nikolaus Kopernikus um die Mitte des 16. Jh.s die astronomische Revolution einleitete, bestand das Ergebnis der jahrhundertelangen Forschungen aus einem riesigen Komplex an Theorien, die mehr mathematisch als astronomisch und zugleich äußerst kompliziert und unzulänglich waren: Es waren mehr als 80 imaginäre Kreisbahnen (Deferenten) notwendig, um die Bewegung der bis dahin bekannten sieben Planeten ansatzweise zu beschreiben.

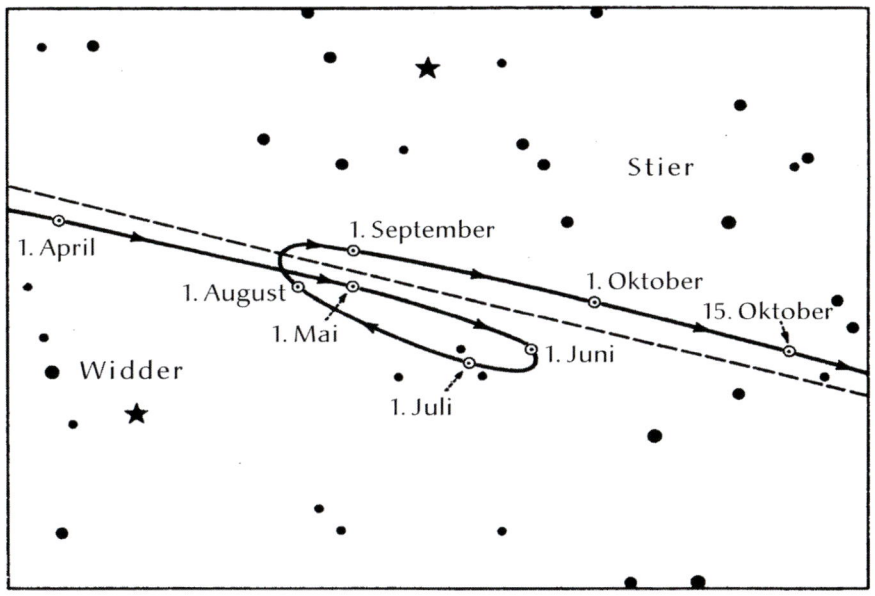

▲ *Die rückläufige Bewegung. Im Verlauf einiger Wochen scheint der Planet Mars fortzuschreiten, anzuhalten, zurückzuwandern und schließlich die Vorwärtsbewegung wieder aufzunehmen.*

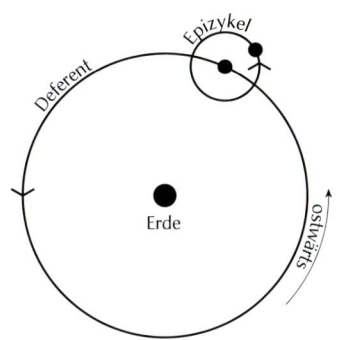

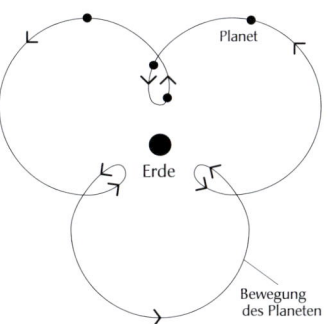

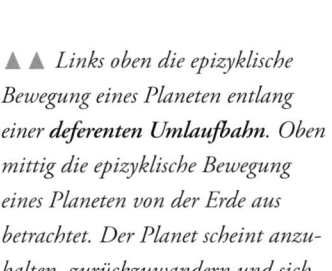

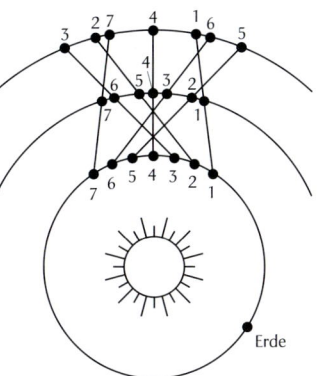

▲▲ *Links oben die epizyklische Bewegung eines Planeten entlang einer **deferenten Umlaufbahn**. Oben mittig die epizyklische Bewegung eines Planeten von der Erde aus betrachtet. Der Planet scheint anzuhalten, zurückzuwandern und sich von Neuem in Bewegung zu setzen.*

▲ *Die kopernikanische Lösung für das Problem der **rückläufigen Bewegung** der Planeten. Das scheinbare Zurückwandern der Planeten vor dem Hintergrund des Firmaments ist eine Folge der Zusammensetzung der Bewegungen von Erde und Himmelskörpern.*

Heliozentrismus

Kepler, Sonne, *Lucerna mundi*
Siehe auch: ***Sublunare Welt, Raum-Ort, Unendlichkeit des Universums***

Eine der Übereinstimmungen zwischen Christentum und ptolemäischer Astronomie (→ **Geozentrismus**) bestand in der Herabsetzung der Sonne auf einen einfachen Planeten. Zwar stimmt es, dass nach mittelalterlicher Auffassung die Sonne die Erde beleuchtet, doch ist es nicht die von ihr ausgehende Energie, die das System bewegt; um sich zu bewegen, benötigt auch die Sonne wie alle anderen Himmelskörper einen Impuls, der von der Peripherie des Kosmos (Empyreum) herkommt, wo Gott, von außerhalb der Welt, die Himmelssphären in Rotation versetzt und sie schließlich in ihrer bewundernswerten Ordnung erhält. Das mittelalterliche Universum ist kein autonomes, sondern ein labiles System; es besitzt keine eigene innere Kraft und würde ohne das beständige göttliche Eingreifen stehen bleiben.

Nichtsdestotrotz brach die heidnisch-antike Tradition einer **Sonnengottheit** (z.B. die des Mithras; → **Mysterien**) niemals vollständig ab, auch nicht im Mittelalter. Vielleicht setzte sich auch deshalb das heliozentrische Weltbild (→ **Kopernikanische Wende**) alles in allem rasch durch (im Laufe eines Jh.s), obwohl sie eine radikal innovative Anschauung des Kosmos mit sich brachte; mit ihr nämlich fand die Sonne, die *lucerna mundi* (Leuchte des Weltalls), zu ihrer natürlichen Zentralität zurück.

Den Menschen des 16. Jh.s war durchaus klar, dass der **Heliozentrismus** eine nicht nur astronomische, räumliche und geografische Bedeutung hatte; die neue kopernikanische Theorie implizierte, aus der Sonne das aktive und erzeugende Zentrum des Lebens zu machen, aus dem in unterschiedlichen Formen Energie hervorgeht, die die Welt beseelt (Licht, Wärme, Magnetismus, Gravitation). Indem sie zum Motor des Systems wurde (das erst jetzt als *Sonnensystem* bezeichnet wird), nahm die Sonne einige der Funktionen an, die bislang ausschließlich

Gott zuerkannt wurden. Johannes Kepler hielt fest, „dass wir daher mit dem höchsten Recht zur Sonne zurückkehren, die allein aufgrund ihrer Würde und Kraft für diese Bewegungsaufgabe geeignet ist, und wert ist, die Heimstätte von Gott selbst oder dem ersten Beweger zu werden". (Fragment einer frühen Disputation)

Auf diese Weise beschrieb der Kopernikanismus ein autonomes Universum, das in der Lage war, einzig von seinen Ressourcen und nicht mehr abhängig von Gott zu funktionieren. Überlegungen wie diese waren es, die eine klare **Entsakralisierung des Kosmos** implizierten und im 16. Jh. bei allen Konfessionen (der katholischen wie den protestantischen) auf Ablehnung stießen.

Insbesondere Kepler dachte über die aktive Rolle der Sonne nach. Nachdem er nämlich entdeckt hatte, dass die Planeten sich auf elliptischen Umlaufbahnen bewegen (von denen die Sonne einen der zwei Brennpunkte bildet), wollte er den Grund für eine solch merkwürdige Bewegung in der Natur der Sonne zu suchen. Seine erste Hypothese sah das Vorhandensein einer *anima motrix* vor, einer nicht spezifizierten, von der Sonne herrührenden Naturkraft, dem sich die Rotationsbewegung des planetarischen Systems verdankt. Im Folgenden jedoch überwand er diesen ersten Ansatz, der noch von magisch-animistischen Vorstellungen geprägt war (die *anima motrix* stellte er sich als eine Fernwirkung vor, die von einer Art **kosmischer Sympathie** (→) hervorgerufen wird) und zog es vor, von einer *vis corporea* magnetischer Natur zu sprechen. Die Sonne wird nach dieser Hypothese als ein riesiger Magnet betrachtet, dessen einer magnetischer Pol im Mittelpunkt liegt, während der andere auf der äußeren Oberfläche ausgebreitet ist.

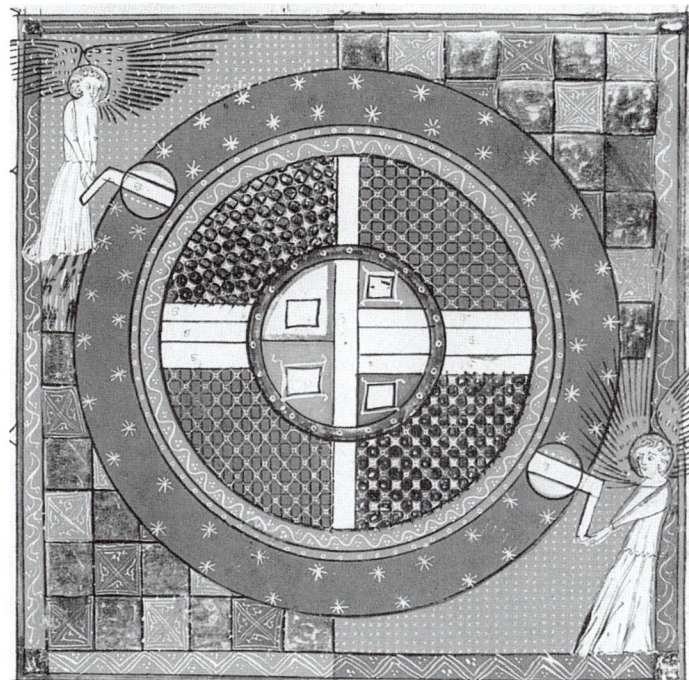

▲ *Am Tag des Jüngsten Gerichts rollt der Engel das Universum wie ein Pergament auf – eine symbolische Geste, die die Unfähigkeit und Unzulänglichkeit des mittelalterlichen Kosmos, sich selbst zu tragen, offenbart.*

▲ *Die mittelalterliche Kunst stellt auf eindrückliche Art und Weise die Abhängigkeit des Universums von Gott dar: Die Engel betätigen eine Art Kurbel, um die letzte Himmelssphäre (das Empyreum) in Rotation zu versetzen, deren Bewegung sich dann auf die inneren Teile des Kosmos überträgt.*

▼ *Der englische Philosoph und Magier Robert Fludd (*Utriusque cosmi maioris, *1617) begründete die Verteidigung der antiken geozentrischen Theorie mit Darstellungen wie der hier abgebildeten, die seiner Ansicht nach beweisen, dass Gott (oder ein* Erster Beweger*) sehr viel weniger Mühe hat, die konzentrischen Sphären von außen her in Bewegung zu versetzten (Situation rechts), als die Sonne, die dieselbe Funktion vom Zentrum des Systems aus erfüllt (Situation links).*

▲ *Diese von Kepler übernommene Darstellung interpretiert die Sonne als einen Magneten, dessen Anziehungskraft (vis corporea) die Planeten mitschleift und das dynamische Gleichgewicht des Systems aufrechthält. Die durch die Entfernung bedingte Abnahme der Magnetkraft sollte die elliptische Form der Umlaufbahnen erklären.*

Unendlichkeit des Universums

Bruno, Kosmologie
Siehe auch: *Geozentrismus, Raum-Ort*

Obwohl er nur mit knapper Not die Planeten am Sternenhimmel unterscheiden konnte, trug Giordano Bruno trotzdem und in entscheidender Weise zur **kopernikanischen Wende** (→) bei. Zweifelsohne hatte seine Zustimmung zum **Heliozentrismus** (→) eher philosophische als wissenschaftliche Gründe, und seine Kenntnisse von Kopernikus' Theorie waren gering: Sein Schema des Universums, das er im *Aschermittwochsmahl* (1584) entwarf, ist ein ungenaues Diagramm, das einzig die neue zentrale Rolle der Sonne betont.

Für Bruno blieb die kopernikanische Vorstellung des Universums immer eine Hieroglyphe, die hermetische Sigle einer **Weisheitssprache** (→), in der sich mächtige göttliche **Mysterien** (→) verbergen, die zu enthüllen Aufgabe des Magier-Philosophen ist. Auch seine revolutionärste Behauptung auf astronomischem Gebiet, die sich auf die Unendlichkeit des Universums bezieht, hatte ausschließlich religiöse Motivationen: In seiner **immanentistischen Perspektive**, in der Gott nicht von der Natur trennbar ist und mit dieser koinzidiert, kann nur eine unendliche Welt von einem unendlichen Gott geschaffen worden sein. Dennoch verdanken das kopernikanische Paradigma und die wissenschaftliche Revolution sehr viel den Intuitionen Brunos, die zu einem unentbehrlichen Teil des bis Newton dominierenden astronomischen Modells wurden.

Die Thesen des Philosophen:
• Es gibt keine *ultima sphaera mundi*, keine Barriere, die den Kosmos in sich einschließt. **Das Universum hat keine äußeren Grenzen**.
• Der Kosmos ist unendlich, und die zahllosen Sterne verteilen sich im Raum in alle Richtungen. Entsprechend ist der Kosmos **azentrisch** und weist keinen privilegierten Punkt auf.
• Es gibt eine **Pluralität der Welten**, die der unsrigen ähnlich sind. Um die Sterne herum kreisen andere Planetensysteme mit unendlichen bewohnbaren und bewohnten Welten, von denen man annehmen darf, dass darauf andere fühlende und vernunftbegabte Lebewesen leben, die vermutlich in vielen Bereichen fortschrittlicher sind als die Menschen.
• Das Universum ist in jedem seiner Teile **homogen**, sowohl von der Materie her, aus der es besteht, als auch was die Natur des Raumes anbelangt, der sich immer und überall in euklidischen Termini ausdrücken lässt. Die Sterne mit ihren Planetensystemen sind in einem Vakuum zerstreut und aufgehängt, nicht eingefasst in kristallinen Sphären, wie es die ptolemäische Astronomie behauptet hatte.
• **Der interstellare Raum ist leer**. Es existieren somit, wie für Demokrit, die Materie und die Leere.

Trotz der Bedeutung dieser Behauptungen war Brunos Beitrag zum Erfolg des kopernikanischen Paradigmas mehr von psychologischer als im engen Sinne wissenschaftlicher Art; man kann es als die Überwindung der **Angst vor dem Unendlichen** definieren. So fasste er sein Kredo zusammen (*Über das Unendliche, das Universum und die Welten*, 1584): „Der allgemeine Ort ist *einer*, *einer* der unermessliche Raum, den wir die Freiheit haben, das Leere zu nennen; in welchem unzählige und unendlich viele Kugelkörper sind, so wie dieser, auf dem wir leben, darin ist."

Die Unendlichkeit des unermesslichen Kosmos, die bis dahin Quelle des Schreckens und der religiösen Hochachtung gewesen war, wird mit Giordano Bruno denkbar und praktikabel – zumindest in der Vorstellung.

▶ *Zwei in Kontakt stehende Welten, wie sie von Bruno beschrieben werden. In seiner fantasievollen philoso-phischen Astronomie nehmen die Welten häufig die Form des geometrischen* **Mandala** *an (→* **Kollektives Unbewusstes***).*

▼ *Versuch Brunos* (De immenso) *darzustellen, wie die Welt einem im Kosmos reisenden Beobachter erscheinen würde.*

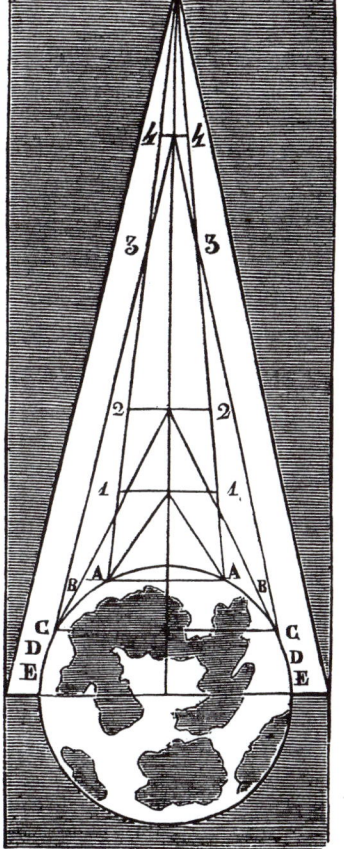

▼ *Darstellung des Universums in Brunos* Aschermittwochsmahl *(1584). Der obere Teil der Zeich-nung zeigt die kopernikanische Konzeption, der der Philosoph mit Enthusiasmus zustimmte, der untere Teil die traditionell-ptolemäische.*

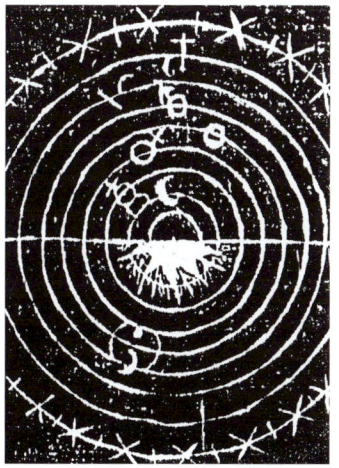

▼ *Die Sonne in Brunos* De Im-menso, *1591. Die Prinzipien der strukturellen und materiellen* **Ho-mogenität des Universums** *zu ihren extremen Konsequenzen führend, behauptet Bruno, dass die Sonne aus Feuer (hellen Feldern) und Wasser (dunklen Feldern) bestehe.*

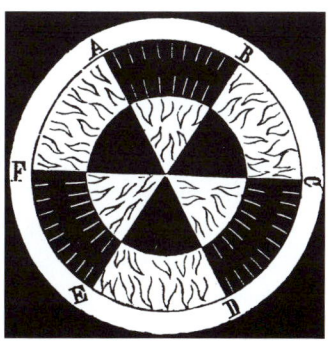

Galileos Entdeckungen

Astronomische Revolution

Siehe auch: *Instrumente, Experiment*

Mit dem Bau des **Fernrohrs** (1609) und der Veröffentlichung des *Sidereus Nuncius* (*Nachricht von den Sternen*, 1610), in dem er eine beachtliche Menge an Argumenten für den **Heliozentrismus** (→) vorbrachte, lieferte Galileo Galilei (1564–1642) der **kopernikanischen Wende** (→) die bis dahin ihre fehlende empirische Bestätigung. Seine wichtigsten Entdeckungen waren:

• die **Phasen der Venus**, das stärkste Argument zugunsten des Heliozentrismus: Der antiken Lehre gemäß befand sich die Venus immer zwischen der Erde und der Sonne. Unter diesen Umständen musste es notwendigerweise zwei Phasen (d.h. Zyklen ihrer Beleuchtung) geben. Galileo bewies indes, dass es vier Venusphasen gibt: ein Phänomen, das ausschließlich im Rahmen eines heliozentrischen Ansatzes erklärbar ist.

• Die **Jupitermonde** bewiesen, dass im planetarischen System nicht notwendig alles um die Erde oder die Sonne kreist; es gibt rotierende Untersysteme, die strukturell analog zum Sonnensystem sind.

• Die **Sonnenflecken** lieferten den Beweis für die Homogenität des Universums, zumindest was die Materie betrifft, aus der es zusammengesetzt ist. Bemerkenswert ist, dass die Deutlichkeit der Sonnenflecken, deren Abbild Galileo auf eine weiße Leinwand projizierte, nicht die sofortige Kapitulation seiner Gegner zur Folge hatte. Der Jesuit Christoph Scheiner brachte eine jener Hypothesen vor, die die heutigen Epistemologen als *Ad-hoc-Hypothese* definieren (d.h. eine partielle Lösung für ein bestimmtes kniffliges Problem, die geeignet ist, den gesamten Inhalt der Theorie zu bewahren): Nach Ansicht des Jesuiten befänden sich die Sonnenflecken nicht auf der Sonne (deren Perfektion somit gewahrt bliebe), sondern bestünden aus **Planeten** (→), die um sie herumkreisen.

• Die **merkwürdige Dreigestalt des Saturn**, den sich Galileo als einen Planeten aus drei eng miteinander verbundenen Körpern vorstellte. Erst Christiaan Huygens entdeckte ein paar Jahre später, dass der Saturn von Ringen umgeben ist.

• Die **grenzenlose Dimension des Kosmos** wurde durch die Unveränderlichkeit der sichtbaren Größe der Sterne bewiesen. Galileo bemerkte, dass, während die Planeten durch das Teleskop beobachtet merklich größer erscheinen, dies bei den Sternen ganz und gar nicht geschieht. Durch das *verlängerte Auge* betrachtet, erscheinen diese zwar ohne den sie umgebenden strahlenden Lichthof, doch nehmen sie nicht im Geringsten an Größe zu. Der Wissenschaftler folgerte zu Recht, dass ihre Entfernung derart groß ist, dass die mithilfe des Instruments bewirkte Annäherung wirkungslos bleibt.

• Das Fernrohr machte eine Vielzahl mit dem bloßen Auge nicht erkennbarer Sterne sichtbar. Galileo folgerte daraus, dass diese weiter entfernt sein müssten als die anderen und dass demnach das **Empyreum**, jener letzte Himmel, in dem die Sterne eingefasst sein müssten und der von Aristoteles als logische Konsequenz der Lehre vom **Raum-Ort** (→) angenommen wurde, **nicht existieren kann**. Er folgerte daraus auch, dass die Milchstraße, über deren Natur die Antike stets sehr im Unklaren war, schlicht aus einer Anhäufung zahlloser Sterne gebildet wird.

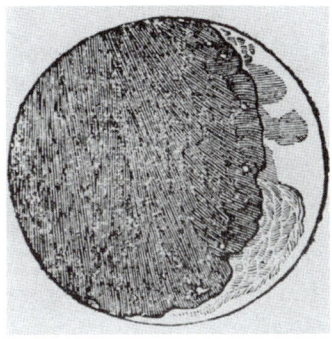 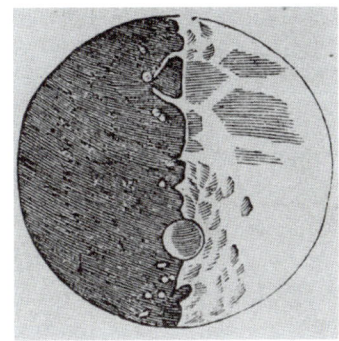

◀ *Zu den sensationellen Entde-ckungen Galileos gehörte die, dass der* **Mond** *– entgegen der allgemein akzeptierten Theorie – ein der Erde sehr ähnliches Aussehen hat (die Abbildungen zeigen zwei Zeich-nungen aus seinem Werk* Sidereus Nuncius*).*

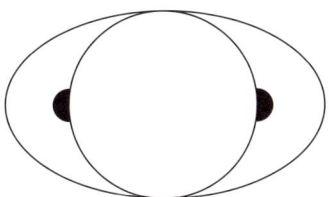

◀ *Der Planet* **Saturn***, der hier in einer Zeichnung Galileos wiedergegeben ist, besitzt eine merkwürdige Dreigestalt. Das Galileo zur Verfügung stehende Fernrohr erlaubte es ihm nicht, die Ringe des Planeten zu sehen, sondern zeigte den Planeten in einer nicht vollkommenen Kreisform, ähnlicher einem Ei als einer Kugel.*

◀ *Ein mit bloßem Auge betrachteter* **Stern** *im Vergleich zu einem durch ein Fernrohr betrachteten. Obwohl er den Lichthof verliert, erscheint er nicht größer. Die Planeten hingegen scheinen an Größe merklich zuzunehmen, wenn man sie durch ein Fernrohr betrachtet.*

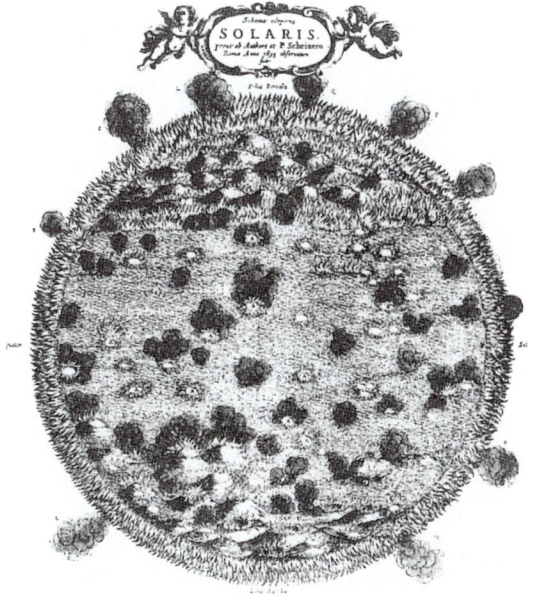

▶ *Stich aus* De maculis solaribus *(1612) des Pater Scheiner. Der Jesuit erklärte die* **Sonnenflecken** *trotz genauester Beobachtung als Schatten kleiner, um die Sonne kreisender Planeten.*

Experiment

Galileo
Siehe auch: *Instrumente, Galileos Entdeckungen*

Im Unterschied zur rein praktischen Erfahrung untersucht das wissenschaftliche Experiment nicht direkt die Natur, sondern bildet sie künstlich im **Laboratorium** nach, wobei nur ein vereinfachtes Modell der natürlichen Ereignisse produziert und somit die Zufälligkeit vermieden wird, die in der Natur die Phänomene verkompliziert. Weil dabei die Geschwindigkeiten verlangsamt werden, mit denen die natürlichen Prozesse normalerweise ablaufen, eliminiert das Experiment jegliche Störung und beseitigt jede Interferenz.

Das Experiment ist folglich keine zufällige Beobachtung, sondern dient der Beantwortung einer genauen Frage hinsichtlich eines Naturphänomens. Galileo Galilei bezeichnet diesen Vorgang als eine **Probe**, die Überprüfung einer Hypothese mittels der sinnlichen (d.h. wahrnehmbaren, experimentellen) Erfahrung.

Ein gutes Beispiel für die wissenschaftliche Untersuchung mithilfe experimenteller Erfahrungen (→ **Erfahrungen / Beweise**) ist die Art und Weise, mit der Galileo die Schwerkraft erforschte. Er entdeckte dabei das Gesetz der gleichmäßig beschleunigten Bewegung der Körper, ein aufsehenerregendes Dementi der aristotelischen Theorie, die die Fallgeschwindigkeit als proportional zum Gewicht aufgefasst hatte.

Die schiefe Ebene, die er zwecks **Untersuchung der Gravitationsbewegung** konstruierte, ist aus technischer Sicht relativ einfach: Sie besteht aus einem sechs Meter langen Balken aus hochwertigem Holz (um Krümmung zu vermeiden), der nach Belieben angehoben werden kann und mit einer sorgfältig geschliffenen Auskehlung versehen ist, um die Reibung der Kugeln möglichst gering zu halten.

Dieses derart einfache Gerät hat bereits die Eigenschaften eines modernen wissenschaftlichen Instruments, weil es erlaubt, jeden entscheidenden Parameter des Experiments nach Belieben zu verändern.

Die Neigung beispielsweise kann verkleinert werden, um die Fallgeschwindigkeit herabzusetzen, oder aber bis zum Erreichen der Vertikalität vergrößert werden (wobei mit dem freien Fall ein Grenzfall erreicht wird).

Anfangs nahm der Wissenschaftler ein zentrales Problem in Angriff, die exakte Berechnung von Fallgeschwindigkeiten. Er brachte in regelmäßigen Abständen Glocken an der schiefen Ebene an, die beim Durchrollen der Kugel läuteten. Galileo hatte Musik studiert und zählte auf das Empfindungsvermögen seines Gehörs, das für die Wahrnehmung von Rhythmen und Tonintervallen gut trainiert war. Allerdings war dies eine noch primitive Lösung, die keine genaue Bestimmung der Geschwindigkeiten zuließ.

Es ist ein Zeugnis für Galileos Einfallsreichtum, dass er das Problem mit dem Bau einer Wasseruhr schließlich brillant löste. Beim Fallen des Körpers wurde ein Wasserhahn geöffnet, dessen Strahl unten in einen Tank mündete (welcher bei allen Messungen unter konstantem Druck gehalten wurde). Wenn der Körper heruntergefallen war, wurde der Hahn zugedreht und die aufgefangene Flüssigkeitsmenge gewogen. Auf diese Weise wurden die Zeitmengen in Gewichtsmengen umgewandelt, die sich genau messen und vergleichen ließen. So entdeckte Galileo, dass, obwohl durch eine stärkere Neigung der Ebene die Fallgeschwindigkeit erhöht wird, das Verhältnis von zurückgelegter Strecke und benötigter Zeit für jede Neigung konstant bleibt (also auch für den Grenzfall des freien Falls). Vor allen Dingen aber entdeckte er, dass diese Beschleunigung – entgegen der Behauptung Aristoteles' – nicht vom Gewicht abhängig ist.

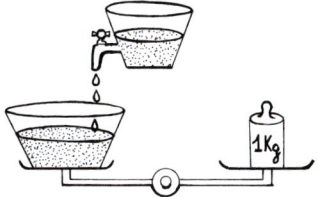

▼ *Schema der von Galileo erfundenen Wasseruhr zur Berechnung der
Fallgeschwindigkeiten der Körper.*

▼ *Galileos erste schiefe Ebene
war mit Glocken versehen, die die
Fallgeschwindigkeiten der Kugel
anzeigen sollten.*

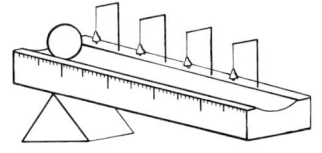

▲ *Ein kleines, aber bezeichnendes Beispiel für den Unterschied zwischen
Experiment und Erfahrung. Bis zur Entdeckung der Fotografie glaubte man
zu sehen, dass Pferde beim Galoppieren alle vier Hufe gleichzeitig anheben,
weshalb Théodore Géricault sie noch zu Beginn des 19. Jh.s so malte.*

◄ *Trotz gegenteiliger Überlieferung scheint gewiss, dass
Galileo den Fall der Körper nie am Turm von Pisa erforscht hat. Beim vertikalen Fall fallen zwei unterschiedlich schwere Körper in derartig großer Geschwindigkeit,
dass die Berechnung des Unterschiedes nicht möglich ist
(und dies war Galileos eigentliches Problem). Dass die
Fallgeschwindigkeit der Körper nicht im Verhältnis zum
Gewicht steht, wie es Aristoteles behauptet hatte, lässt
sich anhand eines **Gedankenexperiments** beweisen (das
in der Praxis nicht ausprobiert werden sollte). Angenommen, zwei Selbstmörder stürzten sich vom Turm: Hätten
sie das gleiche Gewicht, würden sie mit einer bestimmten
Geschwindigkeit fallen. Wenn sie sich jedoch während
des Fallens umarmten, sodass sie einen einzigen Körper
mit doppeltem Gewicht bilden, müssten sie Aristoteles
zufolge ihre Geschwindigkeit verdoppeln. Falls sie sich
dann trennen würden, müsste sich ihre Geschwindigkeit
verlangsamen bis sie sich halbiert hätte. Dies Beispiel
dürfte ausreichen, um zu verstehen, dass die Natur so
nicht funktioniert.*

Instrumente

Naturwissenschaft / Technologie
Siehe auch: *Galileos Entdeckungen, Experiment*

Galileo Galileis Beobachtungen mit dem Teleskop waren entscheidend für den Erfolg der **kopernikanischen Wende** (→); seine Experimente mit der schiefen Ebene erlaubten es ihm, das Problem der fallenden Körper zu lösen. In den nachfolgenden Jahrzehnten wurde diese von Galileo begonnene Verbindung von theoretischer Forschung und der Konstruktion neuer Instrumente zu einem dauerhaften und unverzichtbaren Verfahren der wissenschaftlichen Praxis: Galileo erfand noch das Thermometer (1592), Evangelista Torricelli das Barometer (1643), Marcello Malpighi führte das Mikroskop in die Naturwissenschaft ein (1660), Robert Boyle die pneumatische Pumpe (1660) usw. Die moderne Naturwissenschaft begann in engem Kontakt mit der Technik voranzuschreiten und stellte Apparate her, die die Sinne verstärken, das Auge von den Täuschungen des gewöhnlichen Sehens befreien und die Phänomene bestimmbar und folglich mathematisch erfassbar machen.

Die Entwicklung dieser Instrumente, denen man tiefe Erkenntnisse verdankt, ist kein nebensächliches, sondern ein konstitutives Merkmal der modernen Naturwissenschaft. Dennoch wurde das für die moderne Welt typische Vertrauen in diese Techniken zunächst nicht widerstandslos angenommen. Einige von Galileos Gegnern begründeten ihre Ablehnung, den Dingen einen Wert beizumessen, die sie durch das Teleskop sahen, mit religiösen Argumenten: Galileos *verlängertes Auge* konnte zwar als geeignet angesehen werden, wenn es irdische Gegenstände heranrückte (als Fernrohr wurde es von der Republik Venetien sofort zu militärischen Zwecken erworben), als ungeeignet jedoch, wenn es beanspruchte, als Teleskop göttliche und demnach per definitionem nicht analysierbare Sterne zu erforschen, die außerhalb der Reichweite jeder menschlichen Technologie zu liegen hatten.

Andere Gegner begründeten ihr Misstrauen mit subtileren Argumenten: Die Antike hätte in jedem Wissenschaftsbereich die reine Forschung deutlich von den operativen Techniken getrennt. Die Geometrie beispielsweise hätte sich gänzlich unabhängig vom Ingenieurswesen entwickelt (in dem Maße, dass es nach Ansicht einiger moderner Historiker in der griechischen Epoche neben dem zweifellosen Wachstum des theoretischen Wissens ein **technologisches Scheitern** (→) gegeben hat). Auch die Astronomie hätte enorme Fortschritte ohne die Hilfe von optischen Instrumenten erzielt und sogar deren Wirksamkeit geleugnet: Irgendetwas, und sei es auch eine Linse, zwischen Auge und Objekt zu schieben, sei als ein das Sehvermögen störendes Element angesehen worden.

In der Tat war es den Wissenschaftlern aus dem ägyptischen Alexandria möglich gewesen, komplexe Phänomene wie die Präzession der Äquinoktien (Tagundnachtgleichen) vorauszuahnen, indem sie sich auf eine schlichte Beobachtung des Himmels mit dem Auge verließen. Man entdeckte die langsame Bewegung der Fixsterne, die 28.000 Jahre benötigen, um wieder die gleiche Himmelsposition einzunehmen, indem man äußerst akkurate Sternkarten miteinander verglich, die im Abstand von 150 Jahren angefertigt worden waren.

In diesem Kontext bedeutete die Bildung von Vertrauen in die **Technologie** als solche eine wirkliche Umwälzung in der Haltung der Wissenschaftler. Das entscheidende Ereignis innerhalb dieser geistigen Revolution war Galileos Beweis, dass neben der Erde auch der Himmel mit einem optischen und mechanischen Instrument analysiert werden kann, das im Umfeld des Handwerks entstanden ist und mittels Praxis perfektioniert wurde (denn das Wort „mechanisch" hatte in der Antike eine negative Bedeutung).

▶ *Der **Gnomon** („Schattenstab"), eines der ältesten und einfachsten wissen-schaftlichen Instrumente, bestand aus einem fest in den Boden gerammten Stab. Indem man auf dem Boden den Schatten kennzeichnet, der von dessen Spitze geworfen wird, lassen sich viele Beobachtungen anstellen. Im Hochsom-mer beispielsweise, bewirkt der Tageslauf der Sonne den auf der Zeichnung abgebildeten unteren Bogen, im Winter den oberen. Wenn der Schatten während eines ganzen Tages auf einer exakt geraden Linie verläuft, befindet sich die Erde im Äquinoktium (Tagundnachtgleiche).*

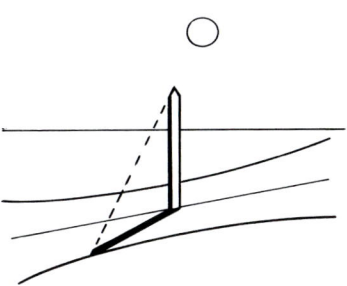

◀ *Auch die antike Astronomie besaß Instrumente (zwar keine optischen, doch solche, mit denen sich die Position der Himmelskörper exakt feststellen ließ). Das links zu sehende, eine* Dioptra, *diente dazu, präzise Zielortungen vorzuneh-men; das rechte besaß eine Schnur mit Senklot und erlaubte es, den Einfallswinkel zu berechnen, der aus dem Zusammentreffen von Peillinie und Vertikalen gebildet wird.*

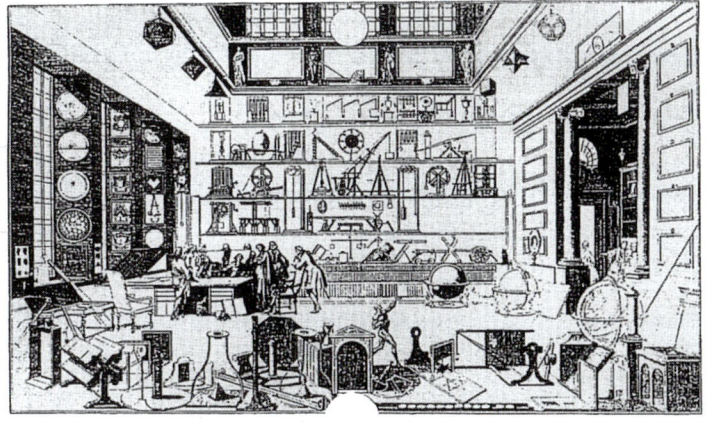

◀ *Das Innere eines Forschungska-binetts des 17. Jh.s zeigt deutlich die Wichtigkeit, die nach der neuen Geisteshaltung den Instrumenten beigemessen wurde.*

Erfahrungen/Beweise

Galileo

Siehe auch: *Streit der Alten und der Neuen, Empirismus*

Mehr als ein Wissenschaftstheoretiker (wie René Descartes und Francis Bacon) war Galileo Galilei ein um die Forschung bemühter Naturwissenschaftler. Er schuf kein System von Doktrinen, das sich dann in der Praxis anwenden ließ, sondern er stellte, ausgehend von seiner Tätigkeit als Erfinder, epistemologische Beobachtungen an. Seiner Ansicht nach müsse sich die Praxis der Wissenschaftler auf zwei Prinzipien gründen: die notwendigen Beweise und die sinnlichen Erfahrungen.

Notwendige Beweise sind auf **hypothetisch-deduktiver Logik** basierende Überlegungen, die alle möglichen Schlüsse aus einer Ausgangshypothese ableiten. Diese Beweise bilden den interpretativsten und rationalsten Aspekt der Forschungsarbeit, doch sind sie nicht autonom und unabhängig von der Erfahrung, durch die jedes irgendwie formulierte Gesetz geprüft werden muss. Der *notwendige* Charakter, der die zum Beweis führenden Überlegungen kennzeichnet, drückt einen Anspruch auf mathematische Strenge aus, wie aus einer berühmten Passage im *Saggiatore* („Der Goldwäger", 1632) hervorgeht: „Die Philosophie steht in jenem großen Buch geschrieben, das uns ständig offen vor Augen liegt (ich spreche vom Universum). Aber dieses Buch ist nicht zu verstehen, ehe man nicht gelernt hat, die Sprache zu verstehen, und die Buchstaben zu kennen, in denen es geschrieben ist. Es ist in der Sprache der Mathematik geschrieben, und die Buchstaben sind Dreiecke, Kreise und andere geometrische Figuren. Ohne diese Mittel ist es dem Menschen unmöglich, ein einziges Wort davon zu verstehen; ohne sie ist es ein vergebliches Umherirren in einem dunklen Labyrinth." Mit anderen Worten, die Natur ist eine objektive und messbare Ordnung von Beziehungen, die von präzise formulierten Gesetzen bestimmt werden. Tatsächlich waren die rein mathematischen Mittel, die Galileo zur Verfügung standen, überaus spärlich (sie enthielten keine Al-

gebra, sondern bloß eine elementare Arithmetik) und diese exakte Sprache, die Galileo Mathematik nennt, ist de facto eine **Geometrie**, weil sie von Dreiecken, Kreisen und anderen Figuren handelt. Es ist jedoch keine Geometrie im traditionellen Sinne, d.h. eine Wissenschaft des Raumes, sondern eine strenge, abstrakte und von allen räumlichen Verhältnissen gänzlich unabhängige Methode, um zu logischen Schlussfolgerungen zu gelangen. Die geometrischen Figuren, die Galileo konstruiert und über die er nachdenkt, stellen nicht immer Entfernungen und Räume dar; häufiger geben sie Intervalle von Zeit, Geschwindigkeit oder einer anderen physikalischen Variablen an. Die Geometrie ist somit kein Raummaß, sondern die Sprache der Natur in jedem ihrer Aspekte.

Die sinnlichen Erfahrungen (insbesondere das Sehen) stellen das **induktiv-beobachtende** Moment der Naturwissenschaft dar, das bei **Galileos Entdeckungen** (→) bezüglich der Himmelskörper vorherrschend ist.

Galileos These beinhaltet zwei Aspekte: Im Gegensatz zu den dogmatischen Theologen, die es ablehnten, das zuzugeben, was sie wirklich durch das Teleskop sahen, zeigt sie, dass man dem, was durch eine konkrete Erfahrung bewiesen ist, nicht *nicht* glauben kann. Im Gegensatz zu den aristotelischen Naturphilosophen zeigt sie, dass die wahrhaft wissenschaftliche Erfahrung sich von der allgemeinen und verworrenen Alltagsbeobachtung der Welt unterscheidet. Sie muss auf genauen Messungen basieren, die mittels geeigneter **Instrumente** (→) vorgenommen werden und in einem kritischen **Experiment** (→) auf die Probe gestellt werden.

◄ *Illustration nach einer Original-
zeichnung von Galileo Galilei (*Unterredungen und mathematische
Demonstrationen über zwei neue
Wissenszweige, *1632). Die Werke
Galileos sind voll von wissenschaftlichen Abbildungen, in denen ein
natürlicher Prozess in eng an die
sinnliche Wahrnehmung angelehnter
Weise beschrieben wird. Galileo war
ein guter Maler und seine künstlerische Kompetenz war ein wichtiges
Element bei der Präsentation seiner
Interpretation der Mondflecken, die
der Wissenschaftler richtigerweise als
Schatten hoher Berge interpretierte.*

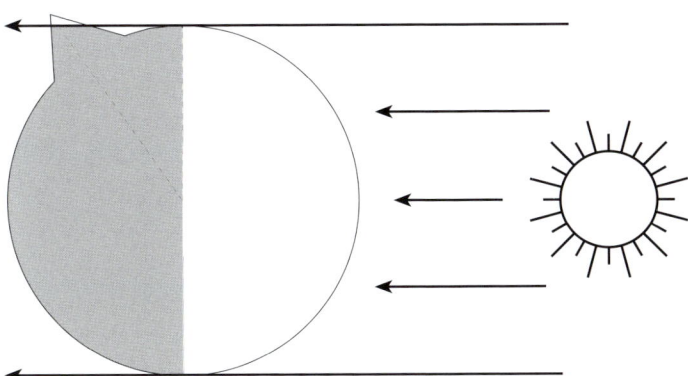

◄ *Galileo begriff, dass die Licht-
punkte im schattigen Teil des
Mondes die Spitzen von hohen
Bergen sind.*

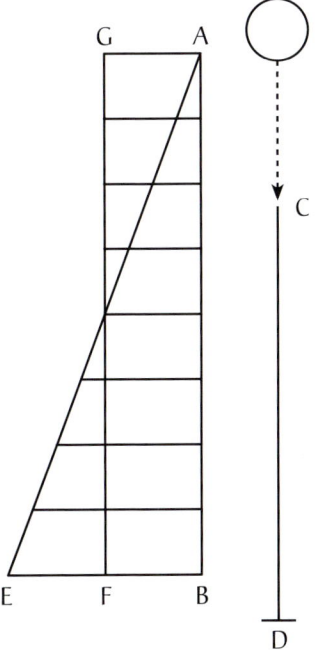

► *Schema aus den* Unterredungen ... *Das physikalische Ereignis, das*
Fallen eines Gewichts*, ist rechts dargestellt. Das linke Schema stellt das Ereignis geometrisch dar: Die vertikalen Linien zeigen die Zeiten des Falls an,
die horizontalen die Geschwindigkeiten, die Diagonale die Beschleunigung.
Auf diese Weise erzeugt ein Gewicht, das mit konstanter Geschwindigkeit
herunterfällt, das Rechteck GABF, ein Körper mit beschleunigter Bewegung
das Dreieck ABE. Diese geometrische Umwandlung erlaubte es Galileo zu
beweisen, dass ein Körper mit konstanter Geschwindigkeit in der gleichen
Zeit dieselbe Strecke zurücklegt wie ein Gewicht mit beschleunigter Bewegung (Rechteck und Dreieck haben nämlich denselben Flächeninhalt).*

Streit der Alten und der Neuen

Bacon
Siehe auch: *Utopie, Rationalismus, Empirismus*

Als „Streit der Alten und der Neuen" (oder frz. *Querelle des Anciens et des Modernes*) wird eine Debatte um die Funktion und die Ziele der Wissenschaft bezeichnet, die zu Beginn des 17. Jh.s entbrannte. Hauptauslöser war die **kopernikanische Wende** (→), die, indem sie Ansehen und Autorität der Antike infrage stellte, eine befreiende Wirkung auf alle Wissenschaften hatte. Die Folgen des Streits waren beträchtlich: Das Streben der Renaissance, den als Norm geltenden Erkenntnisstand der Antike wiederzuerlangen (eine vollkommene und endgültige Weisheit, die im Mittelalter zeitweilig verloren gegangen war: → **Ursprungsmythos**) wurde von der Idee des **Fortschritts** (→) verdrängt, die wiederum von einer neuartigen Vorstellung der Erkenntnisgewinnung geprägt war:

• die **Verbesserungsfähigkeit des Wissens.** Es kam die Überzeugung auf, dass Erkenntnis ein in ständigem Wachsen begriffener Prozess sei und niemals, auch nicht in ferner Zukunft, endgültig sein kann.
• die Notwendigkeit einer konstruktiven **Zusammenarbeit unter den Wissenschaftlern**, um den Fortschritt zu beschleunigen und sich – durch einen effizienten Austausch des Wissens – der traditionellen priesterlichen Verwaltung des Wissens (als Machtinstrument) entgegenzustellen.
• die Verbindung von **Wissenschaft und Technologie**. Erstmals in der Geschichte kam die Vorstellung auf, dass mit dem wissenschaftlichen Fortschritt wichtige Verbesserungen sowohl für die materiellen Bedingungen als auch für die moralische Haltung der Menschheit einhergehen.

Das Frontispiz des Werkes *Über die Würde und den Fortgang der Wissenschaften* (1605) von Francis Bacon (1561–1626) veranschaulicht die neue Geisteshaltung mit einer überaus erfolgreichen Metapher: Die neuen Wissenschaftler sind wie Kinder im Vergleich zu den großen Denkern der Vergangenheit, doch erfreuen sie sich eines substantiellen Vorteils: Sie wissen sich auf den Schultern der antiken Größen und damit näher an der Wahrheit als diese, von deren Erfahrungen (und Fehlern) sie profitieren können.

In einer berühmten Passage des *Neuen Organon* (1620) verkehrt selbiger Bacon, obwohl er das zentrale Problem (das unauflösbare Verhältnis von Wissen und Zeit) unangetastet lässt, die traditionelle Vorstellung von der Antike als *Vorbild* zur Antike als *Vorstufe*: „Wie wir eine größere Kenntnis der menschlichen Verhältnisse und ein reiferes Urteil mit Recht von einem Greis als von einem Jüngling erwarten … so kann man auch von unserer Zeit, wenn sie nur ihre Kräfte erkennen, anwenden und anstrengen wollte, weit mehr als von den alten Zeiten erwarten, ist sie [unsere Zeit] doch für die Welt die ältere und um unzählige Experimente und Beobachtungen vermehrt und bereichert." (1. Buch, Aphorismus 84) Die Akzeptanz dieser innovativen Thesen machte einen **Wandel der wissenschaftlichen Methoden** notwendig. Man kam überein, dass, wenn die antiken Denker Irrtümern verfallen waren, dies nicht an mangelnden Fähigkeiten gelegen hatte, sondern am Mangel wirksamer Verfahren. Auf das **Problem der Methode** und der Lehre, die nicht mehr ein abgeschlossenes Wissen vermitteln, sondern innovative Forschung betreiben sollte, richteten sich demnach die Überlegungen der bedeutendsten Philosophen der Epoche (neben Bacon auch Galileo Galilei und René Descartes).

◄ Im 17. Jh. erkennt die Forschung den Nutzen einer gezielten Konfrontation der Wissenschaftler, wie sie sich in den **Akademien der Wissenschaften** realisieren lässt. Dies ist eine Neuerung, die auf den Frontispizen der akademischen Texte hervorgehoben wird: Sie zeigen häufig eine Auseinandersetzung zwischen Wissenschaftlern.

► *Das Frontispiz von Bacons Werk* Über die Würde und den Fortgang der Wissenschaften *(1605). Die Wissenschaftler der modernen Epoche sind, verglichen mit den großen Denkern der Vergangenheit, wie Kinder; doch sind sie Kinder auf den Schultern der Giganten.*

◄ *Eines der bemerkenswertesten und ausdrucksstärksten Symbole des neuen Vertrauens in die Verbindung von theoretischer Wissenschaft und praktischen Techniken ist ein Auge in der Handfläche. Die Hand verweist auf das, was Galileo als sinnliche Erfahrungen bezeichnete (→ Erfahrungen/Beweise), das Auge spielt auf die Fähigkeit rationaler Bewertung und Unterscheidung der Phänomene (die notwendigen Beweise in Galileos Terminologie) an.*

Rationalismus

Descartes, Deduktionismus
Siehe auch: *Mechanizismus*

Mit dem Begriff des Rationalismus wird im weiteren Sinne jede philosophische Haltung bezeichnet, die – im Gegensatz zum **Irrationalismus** (→) – die Wirklichkeit als geordnet, entzifferbar und von intelligiblen Prinzipien geleitet ansieht. Galileo Galilei (1564–1642) erfand dafür die eindrücklichste Metapher: Die Welt ist wie ein in mathematischen Zeichen geschriebenes Buch (und folglich ist die Natur wie ein Buch lesbar und verständlich). In diesem weitreichenden Sinne werden als rationalistisch einige doch sehr unterschiedliche Lehren bezeichnet (Platonismus, Stoizismus, Hegelianismus).

Unter Rationalismus im engen Sinne bzw. klassischem Rationalismus versteht man indes die im 16. Jh. von René Descartes (1596–1650) begründete und dann von Thomas Hobbes, Baruch Spinoza und Gottfried Wilhelm Leibniz weitergeführte philosophische Tradition. Die Vorstellung, die diese Philosophen kennzeichnete, war, dass man einzig durch **Deduktion** gemäß dem Vorbild der euklidischen Geometrie, die mehr als vierhundert Theoreme aus fünf einfachen Axiomen (Postulaten) ableitet, zu gültigen wissenschaftlichen Erkenntnissen gelangen kann.

Descartes' *Abhandlung über die Methode* (1637) kann als das Manifest des Rationalismus angesehen werden: Descartes stellt darin die These auf, dass es möglich sei, das gesamte Wissen zu erlangen, indem man auf deduktivem Wege einige Evidenzen entwickelt, die der Geist intuitiv als klare und deutliche Vorstellungen aufnimmt, beispielsweise die Begriffe von Ausdehnung und Materie.

Das historische Urteil über den Rationalismus ist ambivalent. Aufgrund des Angriffs der Rationalisten auf den Aberglauben der Vergangenheit war der Rationalismus eine revolutionäre Lehre und trug dazu bei, die moderne Wissenschaftskultur auszubilden. Descartes behauptet, dass die **Vernunft** (→ *Res cogitans / Res extensa*) nicht nur in allen Menschen identisch ist und diese von den Tieren unterscheidet, sondern auch, dass sich der Wissenschaftler allein von der Vernunft leiten lassen dürfe. Der Rationalist darf sich nicht von Vorurteilen oder religiösen Überzeugungen beeinflussen lassen, er darf auch nicht zulassen, dass unbeweisbare oder suggestive Theorien (die im magischen Denken häufig sind) die logischen Wege des Intellekts durchkreuzen.

Aufgrund dieser Erwägungen wurde der Mathematik von den Rationalisten große Bedeutung beigemessen, und dies trug entscheidend zur Entstehung einer wissenschaftlichen Methodik bei. Der Versuch, die **axiomatisch-deduktive Methode** auf alle Wissenschaften auszudehnen und sie zur Richtschnur für Wissenschaftlichkeit überhaupt zu machen, führte allerdings zu großen Misserfolgen. Zum Beispiel brachte Descartes' Versuch, eine Naturphysik zu begründen, indem er diese von der Vorstellung von der Ausdehnung ableitete, keine fruchtbaren Ergebnisse (→ **Kartesianischer Deduktionismus**).

Die schwerwiegendste Kritik am Rationalismus ist jedoch, dass ihre Vertreter die Rolle der Vernunft verabsolutieren und der Erfahrung und der praktischen Überprüfung von Theorien (→ **Experimentalphilosophie**) jeglichen Wert absprechen.

Wo die Rationalisten ihre Positionen in Auseinandersetzung mit dem **Empirismus** (→) radikalisierten, verließen sie die strengen Pfade der Wissenschaft: Es entstanden wissenschaftliche Traktate, die keine Beschreibungen der Realität, sondern Konstruktionen theoretischer, nicht prüfbarer Modelle enthielten. Im 18. Jh. mündete das positive Erbe des klassischen Rationalismus in die **Aufklärung** (→), die der Realität einen angemessenen Wert beimaß.

In Gullivers Reisen *(1726) bringt der englische Schriftsteller Jonathan Swift folgende Parodie der rationalistischen Methode vor (Teil III, 5. Kap.): An der Akademie
von Lagado ist ein verrückter Professor (in dem sich
leicht die Figur Leibniz' erkennen lässt) damit beschäftigt, die spekulative Erkenntnis durch praktische und
technische Verfahren zu verbessern. Auf seinen Befehl
ergreifen 40 Schüler je eine Kurbel eines **spekulativen
Apparats** und machen eine kräftige Umdrehung – mit
dem Ergebnis, dass die Anordnung der Wörter auf den
Würfeln vollständig geändert wird. Der Professor befiehlt
daraufhin, die Wörter vorzulesen: Die drei oder vier
benachbarten Wörter, die den Teil eines Satz bilden
könnten, werden sofort den Schreibern diktiert und die
Aktion beginnt von vorn. Auf diese Weise, behauptet der
Professor, hätten sie schon einige spekulative Traktate
zusammengestellt.*

▼ *Dem Rationalismus zufolge ist der Geist ein selbstge-
nügsames System, das Ideen hervorbringt (kombiniert)
und in etwa dem spekulativen Apparat gleicht, den Swift
in* Gullivers Reisen *beschreibt.*

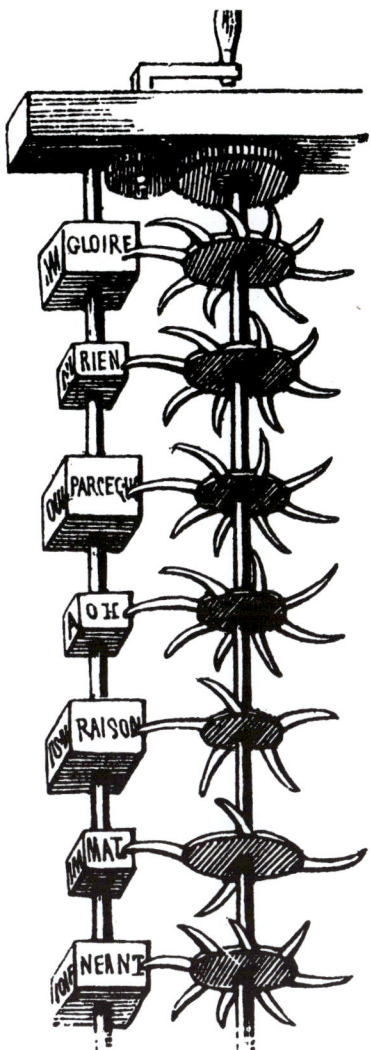

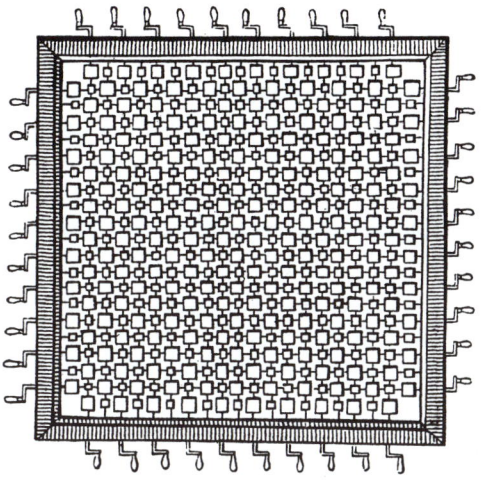

▲ *Die von Swift erdachte spekulative Maschine, eine
Parodie auf Leibniz' Idee einer formalen Sprache, ist aus
einem Rahmen aus Holzwürfeln gebaut, die untereinander durch drehbare Metallstäbe verbunden sind. Auf die
Würfel sind, ohne jede Ordnung, möglichst alle Wörter
einer Sprache in allen möglichen Modi, Tempora und
Deklinationen geschrieben.*

Hyperbolischer Zweifel

Descartes, Metaphysik
Siehe auch: *Res cogitans / Res extensa*

In der Gnoseologie bezeichnet der Begriff Zweifel einen psychologischen Zustand der Ungewissheit angesichts zweier gegensätzlicher Alternativen. Üblicherweise unterscheidet man zwischen **skeptischem Zweifel**, sofern die Unmöglichkeit, ein Urteil zu fällen, sich als Ergebnis einer Suche nach Wahrheit darstellt, und **methodischem Zweifel**, wenn der Appell, jegliches Urteil aufzuheben, ein Mittel ist, um zu einer fundierten Kenntnis zu gelangen. Im ersten Fall ist der Zweifel die einzige Gewissheit, im zweiten ist er die Bedingung für eine authentische Gewissheit. Obwohl bereits Sokrates sich der **Mäeutik** (→), der Praxis des methodischen Zweifels, bediente, ist dieser eng mit dem Denken René Descartes' (1596–1650) verbunden, der ihn auch als hyperbolischen Zweifel bezeichnete und zur Grundlage seiner Metaphysik machte.

Descartes zufolge muss man damit beginnen, seine eigenen Überzeugungen in Klammern zu setzen und alles provisorisch als falsch ansehen, was zwar bewiesen und dennoch bezweifelbar ist. Wenn man, nachdem man das gesamte eigene Bewusstsein dieser radikal kritischen Prüfung unterzogen hat, zu einem positiven Rest gelangt ist, zu einer Vorstellung, die tatsächlich nicht bezweifelt werden kann, muss man diese als absolut wahr und derart gewiss annehmen, dass man sie als Grundlage für weitere Erkenntnisse nutzen kann.

Das Problem ist, dass es keine Erkenntnis gibt, die man nicht in Zweifel ziehen könnte. Selbst die **Sinneswahrnehmung** ist nicht vertrauenswürdig: Auch wenn sie manchmal den Anschein von Gewissheit hat, wurde bewiesen, dass die Sinne in einigen Situationen täuschen und es folglich immer tun können. Nicht nur das: Im Traum, in den Fantastereien und in den Halluzinationen kann man geistige Vorstellungen haben, die denen des Wachzustandes so ähnlich

sind, dass es unmöglich erscheint, eine klare Grenze zu ziehen. Angesichts dessen, dass man beim Aufwachen aus einem Traum manchmal den Eindruck hat, aus der wirklichen Realität herauszutreten, kann keine besondere Erfahrung jemals endgültig den Zweifel auflösen, nicht auch in dem Moment zu träumen, wenn man überzeugt ist, wach zu sein. Sogar die mathematischen Erkenntnisse lassen sich bezweifeln, wenngleich diese, wie Descartes bemerkte, sich im Wachsein wie im Traum gleichen; es lässt sich geradezu die ganze Welt zur Diskussion stellen (hyperbolischer Zweifel), wenn etwa man annimmt, dass ein „boshafter Geist" alle Menschen von Geburt an systematisch getäuscht hat und sie das als wahr annehmen lässt, was nicht existiert, während er die authentische Realität verbirgt.

Der radikale Charakter des hyperbolischen Zweifels diente Descartes dazu, die Stichhaltigkeit seiner Schlussfolgerung zu unterstreichen: In dem Augenblick, wo ich alles bezweifle, kann ich nur auf eine Gewissheit zählen – mein eigenes Zweifeln. Meine Existenz als denkendes Subjekt ist so ungewiss, wie es die ungewisse Existenz der wahrnehmbaren Dinge ist. „**Cogito ergo sum**" ist die berühmte Formel, in der Descartes diese Überlegungen zusammenfasste: „Ich denke [zweifle], also bin ich" (*Abhandlung über die Methode*, 1637). Die These „ich bin, insofern ich denkend bin" (als Geist oder *res cogitans*) ist die Urgewissheit, auf die sich die Metaphysik und die Wissenschaft gründen lassen.

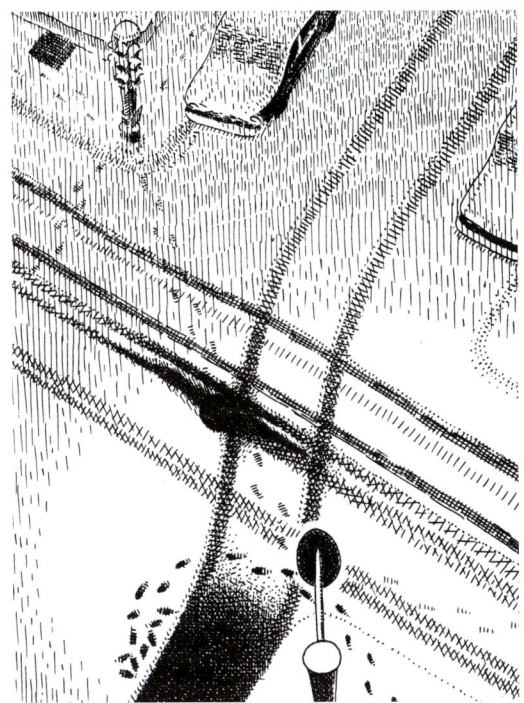

◀ Descartes' Anwendung des Zweifels auf jede Erkenntnisform warf das heikle Problem der Unterscheidung zwischen dem normalen **Zustand des Geistes** (Wachsein) und den alternativen Zuständen (Traum, Fantastereien mit offenen Augen, Halluzinationen…) auf. Das Problem erwächst aus der Tatsache, dass der Geist in diesen Zuständen ebenso detaillierte (und manchmal detailliertere) Vorstellungen hervorrufen kann wie die sinnlichen Erfahrungen. Traumvisionen sind häufig derart realistisch, dass sie uns beim Aufwachen für einen Moment ihre Wirklichkeit suggerieren. Die Abbildung zeigt die Halluzination einer verschneiten Stadt, wie sie von oben von einem fliegenden Individuum gesehen wird. Es handelt sich um die Beschreibung einer durch LSD hervorgerufenen Halluzination, die das Subjekt mit einem vollkommenen Realitätsgefühl erlebt.

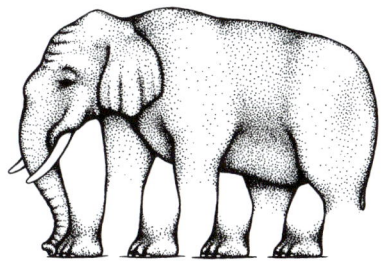

▲ ▼ In außergewöhnlichen Zuständen ist der Geist in der Lage, nicht existente Dinge mit einem Höchstmaß an Deutlichkeit zu visualisieren. Das sonderbare Bild des Elefanten ist eine hypnopompische Vision (beim Aufwachen), die von dem Psychologen Shepard aufgezeichnet wurde; unten treten zwei Buhmänner in Erscheinung, jene Monster, die schon immer Kinder in Schrecken versetzt haben – hier von einem Kind gezeichnet, nachdem es sie gesehen hat (die kindliche Fantasie zeigt oftmals stark halluzinatorische Züge). Descartes zufolge gibt es keine einfachen und endgültigen Mittel, um solche Visionen von dem zu unterscheiden, was wir im Wachzustand sehen: Wer garantiert dir, dass das, was du jetzt gerade siehst, nicht das Produkt deines Geistes ist?

▲ Manche Halluzinationen schildern Bilder von der Realität viel minutiöser und detaillierter als sinnliche Wahrnehmungen.

Res cogitans / Res extensa

Descartes, Metaphysischer Dualismus
Siehe auch: *Leib-Seele-Problem*

Die von René Descartes (1596–1650) vorgenommene Begründung der **dualistischen Metaphysik** war das wesentliche philosophische Ereignis der Neuzeit. Gemäß dieser Theorie ist die ganze Welt ausschließlich aus zwei Arten von **Substanzen** (→) zusammengesetzt, zwei gegensätzlichen und inkommensurablen Realitäten, zwischen denen es keine Gemeinsamkeit gibt: dem **Geist** und der **Materie**.

Descartes zufolge wird die Existenz der *res cogitans* (lat. „denkendes Ding") durch das Verfahren des **hyperbolischen Zweifels** (→) bewiesen: Sofern man alles bezweifeln kann, ist es unmöglich, sich nicht als zweifelnden Geist anzuerkennen – gemäß der berühmten Maxime „cogito ergo sum".

Die *res cogitans* ist unausgedehnt, sich ihrer selbst bewusst und frei; sie hat keine materielle oder räumliche Dimension. Im gesamten Universum ist sie nur in den Menschen präsent, deren Ich, deren bewussten Geist sie bildet.

Der Begriff der *res extensa* (lat. „ausgedehntes Ding") wurde von Descartes als Gegenteil der *res cogitans* eingeführt: Materie ist all das, was nicht Geist ist, reine räumliche Ausdehnung ohne Bewusstsein. In den *Meditationen über die Erste Philosophie* (1641) erklärte Descartes die Eigenschaften der *res extensa* am Beispiel Wachs: „Nehmen wir z.B. dieses Stück Bienenwachs. Es ist ganz frisch aus dem Bienenstock gewonnen worden. Noch hat es nicht allen Honiggeschmack verloren. Ein wenig bewahrt es von dem Duft der Blumen, aus denen es gesammelt wurde. Seine Farbe, seine Gestalt, seine Größe liegen offen zutage. Es ist hart, kalt, man kann es anfassen, und wenn man darauf klopft, gibt es einen Ton von sich. Kurz, alles ist ihm eigen, was zur ganz deutlichen Erkenntnis eines Körpers erforderlich erscheint. Doch sieh da, während ich rede, kommt es dem Feuer nahe; der Rest des Geschmacks vergeht; sein

Duft verflüchtigt sich; seine Farbe ändert sich; seine Form verschwindet. Es nimmt zu an Größe, wird flüssig, wird heiß, kaum kann man es noch anfassen, und schlägt man darauf, so gibt es keinen Ton mehr. Bleibt es nun noch dasselbe Stück Wachs? … Was wurde denn an ihm so deutlich aufgefasst? Sicherlich nichts von alledem, was ich mit den Sinnen erreichte, denn alles, was unter den Geschmack, den Geruch, das Gesicht, das Gefühl oder das Gehör fiel, hat sich jetzt geändert; das Stück Wachs bleibt." (*Meditationen* II, 11) Das, was übrig bleibt, liefert den exakten Begriff der Materie: etwas Ausgedehntes, Biegsames und Veränderliches, kurzum die reine Fähigkeit, einen Raum einzunehmen (erst wenn es keinen Raum mehr einnähme, würde das Wachs zu existieren aufhören).

Die Erkenntnis über die natürlichen Phänomene muss demnach von den **sekundären Qualitäten** (Geruch, Geschmack) absehen, die von den Sinnesorganen suggeriert werden. Die wahre Erkenntnis ist ein Sehen des Geistes, eine im Vergleich zur realen Welt stark vereinfachte Vorstellung, die jedoch sicher, exakt und unanfechtbar ist, weil sie sich auf die einzigen **objektiven Parameter** gründet: die räumliche Ausdehnung und ihre Ableitungen (Höhe, Breite, Tiefe, Fläche, Größe, Gestalt, Bewegung, Lage, Dauer, Anzahl).

Was den **Menschen** betrifft, so besteht die Polarität *res cogitans / res extensa* im Gegensatz zwischen Geist und Körper, deren Beziehungen problematisch sind. Descartes versuchte den Gegensatz mit seiner Theorie der **Zirbeldrüse** (→) aufzulösen, einer Drüse im Gehirn, die Geist und Körper miteinander verbindet.

▲ *Die Methode der Perspektive, wie sie Albrecht Dürer (1471–1528) beschrieben hat. Die Welt (in diesem Fall ein weibliches Modell in aufreizender Stellung) muss mit unbedingtem Abstand beobachtet werden. Indem er die Realität als rein räumliche Ausdehnung der Körper beschreibt, postuliert Descartes eine Entgeistigung der Natur, die in deutlichem Gegensatz sowohl zu Aristoteles' finalistischer Sicht als auch zum magischen Denken steht. Zwischen Subjekt und Objekt schiebt sich wie eine Trennwand die Erkenntnis, eine objektive und **mathematische Vorstellung der Welt**. Descartes definiert die Erkenntnis als* speculum universi, *einen Spiegel (ein Gemälde), der die Komplexität des Realen reduziert und dessen rationales Gerüst beschreibt. Das Subjekt der Erkenntnis (die* res cogitans) *ist abgetrennt und extern im Vergleich zu den Objekten der Welt. Erkennen impliziert eine distanzierte Haltung, weil die Anteilnahme an der Welt (die Leidenschaften, Empfindungen, Emotionen und die Wünsche, die aus dem Willen erwachsen) nur eine Quelle von Irrtümern ist.*

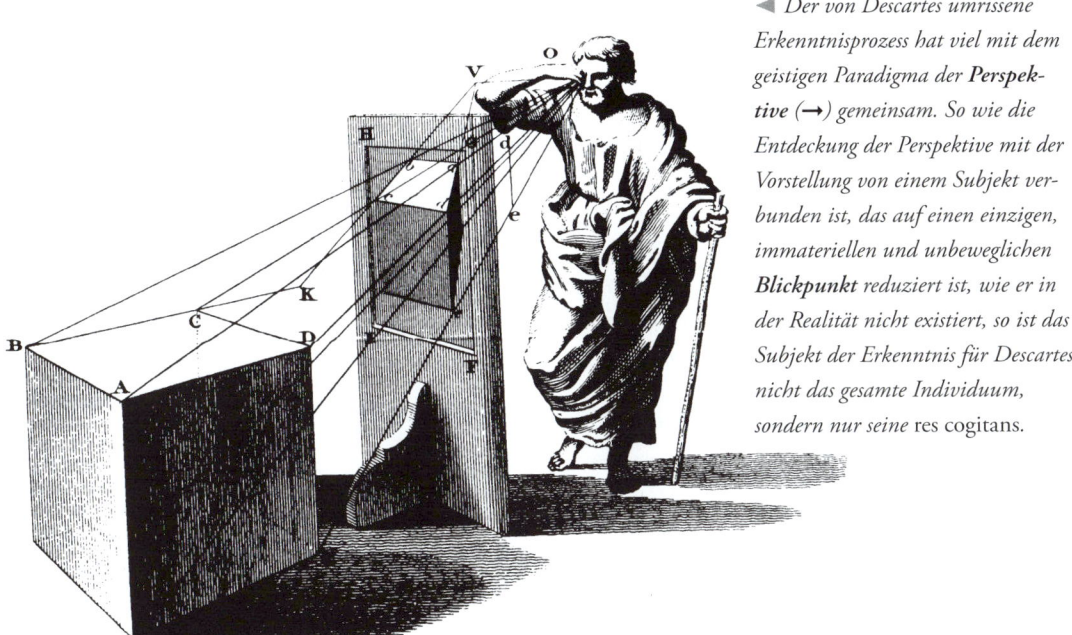

◄ *Der von Descartes umrissene Erkenntnisprozess hat viel mit dem geistigen Paradigma der* **Perspektive** *(→) gemeinsam. So wie die Entdeckung der Perspektive mit der Vorstellung von einem Subjekt verbunden ist, das auf einen einzigen, immateriellen und unbeweglichen* **Blickpunkt** *reduziert ist, wie er in der Realität nicht existiert, so ist das Subjekt der Erkenntnis für Descartes nicht das gesamte Individuum, sondern nur seine* res cogitans.

Zirbeldrüse

Descartes

Siehe auch: *Leib-Seele-Problem*

Der von René Descartes (1596–1650) aufgestellte Dualismus von *res cogitans* und *res extensa* (→) brachte eine Reihe von Schwierigkeiten mit sich: Wenn sich die beiden **Substanzen** (→) durch ihre gegenseitige Opposition definieren – die eine als reine Vergeistigung ohne Ausdehnung, die andere als reine Ausdehnung ohne Vergeistigung –, wie ließe sich da an eine Beziehung zwischen beiden denken? Als einziges Lebewesen vereint der Mensch sowohl die *res cogitans* (den Geist), als auch die *res extensa* (den Körper) in sich. Das Denken vermag, obwohl es keine räumliche Dimension besitzt und sich folglich in keinem Teil des Körpers befindet, mit diesem beständig und scheinbar mühelos zu interferieren. Der Mensch denkt nicht nur, sondern zeigt sich in der Lage (und darin liegt die Schwierigkeit), den Zustand seiner *res extensa* zu modifizieren.

Die von Descartes vorgeschlagene Lösung war der **Interaktionismus** (ein Erklärungsversuch, der im vergangenen Jh. von Karl Popper mit seiner „Theorie der drei Welten" aufgegriffen wurde): Er geht davon aus, dass es innerhalb des menschlichen Körpers einen physischen Ort gebe, an dem der Kontakt realisiert und der gegenseitige Austausch von Informationen und Einflüssen gewährleistet wird. Descartes lokalisiert diese Schnittstelle (heute würden wir von *interface* sprechen) zwischen Geist und Körper in einer kleinen Drüse, die als Zirbeldrüse (Epiphyse) bezeichnet wird und die sich „in der Mitte der Gehirnsubstanz befindet" (*Über die Leidenschaften der Seele*, 1649). Er rechtfertigt seine Auffassung mit dem Argument, dass diese Drüse als einziges Organ nur einfach im Gehirn vorkommt (während alle anderen Hirnstrukturen doppelt vorkommen und symmetrisch auf die rechte und linke Gehirnhälfte verteilt sind).

Die Hypothese ist zweifellos schwach. Allerdings wollte Descartes keine Wahrheit im anatomischen Sinne vorbringen, sondern ein theoretisches Modell, das der Realität möglichst nahekommt (er beschäftigte sich sogar selbst mit der anatomischen Sezierung von Tieren), das jedoch nicht absolut zutreffend sein musste. Die Prinzipien des **Mechanizismus** (→) und des Deduktionismus (→ **Kartesianischer Deduktionismus**) auf medizinischem Gebiet anwendend, beabsichtigte er zu zeigen, wie sich die Beziehung zwischen Geist und Körper ausnehmen *könnte*.

Descartes stellte sich das **menschliche Gehirn** als eine Höhle vor, die nach außen hin von der Hirnrinde begrenzt und in seinem Inneren mit einer flüssigen Materie gefüllt ist. Im hinteren Teil dieser Höhle befestigt, in das Rückenmark eingelassen, befindet sich die Zirbeldrüse. Die Gehirnhöhle ist eine Art Kompensationskammer, in der winzige Schwingungen der Drüse die Sinnesinformationen interpretieren und den Gliedern Befehle erteilen. Die Interaktion Geist-Körper wird durch einen Prozess realisiert, der sich als eine Art Warenaustausch zwischen der Zirbeldrüse und der Hirnrinde beschreiben lässt. Als Vermittler fungieren die sogenannten **Lebensgeister** (bzw. pneumatische Geister: → **Pneuma**), die sich im Herz durch Blutverdünnung bilden. Auf diese Weise lassen sich Denkprozesse als Übertragung zwischen den von der Zirbeldrüse aufgenommenen Dispositionen und den in der Hirnrinde vorhandenen Nervenenden verstehen.

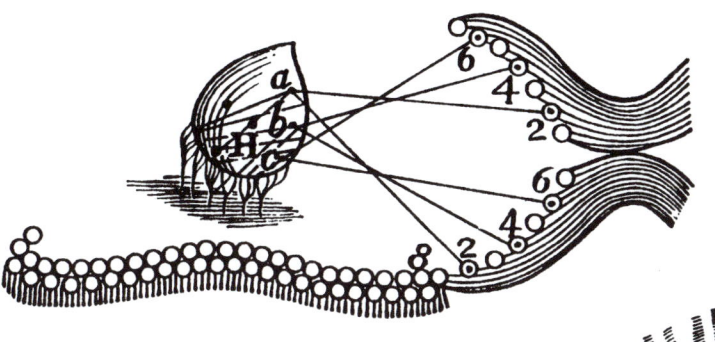

▼ *Die Zirbeldrüse kann frei in alle Richtungen oszillieren. In ihrer Bewegung, die nach Ansicht Descartes' nicht den Gesetzen der Gravitation unterworfen ist, läge das Geheimnis der Physiologie des Denkens.*

▲ *Die Zirbeldrüse im Inneren der Hirnhöhle (aus Descartes' Traktat* Über den Menschen, *1662). Die Linien zeigen den Austausch von Pneuma zwischen der Drüse und den Nerven an; letztere stellte sich Descartes als kleine Röhren vor, durch die die Lebensgeister geleitet werden.*

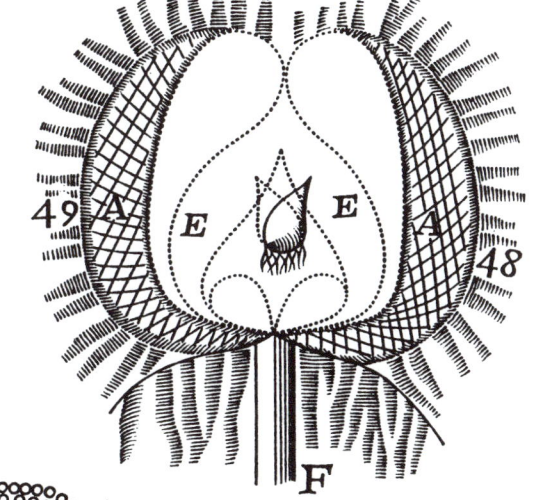

▼ *Wie die Wand der Gehirnhöhle, so hat auch die Drüse eine poröse Oberfläche aus zahllosen kleinen Löchern, durch die die Lebensgeister ein- und ausströmen.*

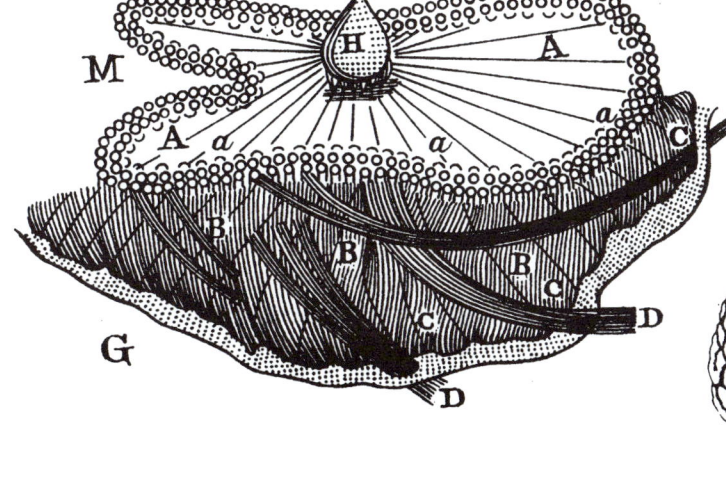

▶ *Die Darstellung zeigt ein engmaschiges Netz von Nerven, durch das Descartes zufolge die Zirbeldrüse mit allen peripheren Organen verbunden ist und das somit einen engen Informationsaustausch zwischen Geist und Körper ermöglicht.*

Leib-Seele-Problem

Kartesianischer Dualismus
Siehe auch: *Zirbeldrüse*

Die von René Descartes (1596–1650) auf metaphysischer Ebene vorgenommene streng dualistische Unterscheidung zwischen *res cogitans* (Geist, Seele, Verstand) und *res extensa* (Materie, Körper, Instinkt, zwei gegensätzlichen und inkommensurablen Substanzen, wurde eine der Grundlagen der modernen Philosophie.

Die aufkommende Wissenschaftstheorie bediente sich der diesem Dualismus impliziten **Entgeistigung der Materie**, um eine radikale Kritik an der **Magie** (→) zu üben, die auf genau entgegengesetzten Prinzipien basierte – dem Animismus (dem zufolge auch die Materie eine geistige Dimension besitzt) und der **kosmischen Sympathie** (→) (nach der alles mit allem interagiert). Der kartesianische Wissenschaftler, ob Physiker, Astronom oder Chemiker, begann, die Materie als reine Ausdehnung zu behandeln, als eine Entität, die frei von psychischen Qualitäten, immanenten Energien, geistigen Werten oder finalen Ursachen war. Auch kartesianische Biologen oder Zoologen tendierten dazu, die Objekte ihrer Wissenschaften so zu betrachten. Eine der relevantesten und meist diskutierten Konsequenzen des Dualismus war die Reduzierung tierischen Lebens auf die Prinzipien des **Mechanizismus** (→).

Weil nämlich die *res cogitans* (die mit Bewusstsein versehene intellektuelle Fähigkeit) nur im Menschen und nicht in der Natur existiert, müssen die **Tiere** als zwar sehr komplexe, aber zu bewussten Gefühlen unfähige **mechanische Automaten** angesehen werden. Ihnen psychologische Züge zuzuschreiben ist das Ergebnis einer Form von vorwissenschaftlichem **Anthropomorphismus** (→). Ein Hund ist kein Freund des Menschen; seine Verhaltensweisen drücken keine Gefühle aus, und wenn man ihn schlägt, so sind die Laute, die man vernimmt, kein Schmerzgejaule, sondern – nach einhelliger Meinung der kartesianischen Biologen – eine automatische, unwillkürliche und unbewusste Konsequenz jener hydraulischen Mechanismen, aus denen seine Physiologie besteht. Ein bemerkenswerter Aspekt dieser fragwürdigen Lehre ist der, dass, so wie es in einer Maschine kein unnötiges Teil gibt, es auch in der Natur nichts Verachtenswertes gibt. Jedes Phänomen hat seinen eigenen spezifischen Wert.

Ein heikles Problem stellte sich hinsichtlich des Menschen, des einzigen Wesens der **Schöpfung** (→), bei dem die beiden metaphysischen **Substanzen** (→) nicht nur nebeneinander bestehen (jedes Individuum ist Körper und Geist), sondern auch kommunizieren und interagieren: Dem rein geistigen Wunsch, einen Arm zu heben, entspricht eine Handlung des Körpers.

Die von Descartes ausgearbeitete Lösung dieses schwierigen Problems (→ **Zirbeldrüse**) ließ selbst seine Anhänger unbefriedigt. Doch sie legten noch weniger überzeugende Vorschläge vor. Nicolas Malebranche (1638–1715) suggerierte, dass geistige und körperliche Natur des Menschen aufgrund eines beständigen Eingreifen Gottes miteinander agieren (**Okkasionalismus**). Gottfried Wilhelm Leibniz (1646–1716) brachte den Vorschlag der **prästabilierten Harmonie** vor, die nur ein anfängliches Eingreifen Gottes vorsieht, welches es vermag, das ganze Leben eines Individuums zu programmieren, indem es in jedem Augenblick die Handlungen seines Körpers mit dessen Willen in Übereinstimmung bringt (auf diese Weise hätte der Wunsch, den Arm zu heben, keinen direkten Bezug zur entsprechenden Handlung).

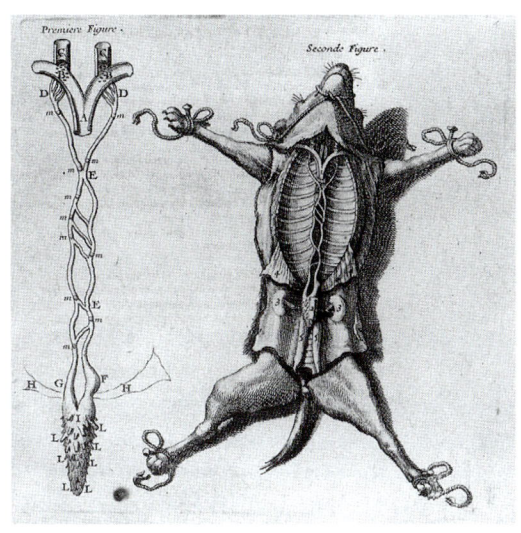

◀ *Das 17. Jh. erfand nicht nur die **Vivisektion** von Tieren, sondern praktizierte sie auch häufig und mit heutzutage unvorstellbarer Grausamkeit. Das Experiment der Pankreasentfernung, das nur zeigt, dass es dem Hund gelingt, trotz der Entfernung der Bauchspeicheldrüse zu überleben, wurde das ganze Jh. lang mit solcher Leidenschaft durchgeführt, dass es beinahe zur Ausrottung einiger Rassen kam. Die anatomischen Spektakel wurden in öffentlichen Sälen abgehalten, und es erschien stets ein großes Publikum. Aus der Sicht der heutigen Ökologie begründete Descartes die Vorstellung, die Natur sei ein reines Herrschaftsgebiet des Menschen, eine Vorstellung, die heute infrage gestellt wird.*

▲ *Der Theoretiker der künstlichen Intelligenz Marvin Minsky (Mentopolis, 1986) hat den kartesianischen Dualismus mit der Metapher der Hantel definiert.*

▶ *Der kartesianische Dualismus sieht sich einer Reihe von Schwierigkeiten gegenübergestellt, deren größte darin besteht, jede einfache freiwillige Bewegung zu erklären: Wenn Geist und Körper vollkommen getrennt sind, wie ist es dann möglich, dass eine Hand sich ausgerechnet dann anhebt, wenn der Geist sich entschließt, diese Bewegung auszuführen? Wie die Abbildung aus dem Traktat* Über den Menschen *zeigt, obliegt es nach Ansicht Descartes' der **Zirbeldrüse**, die Beziehungen zwischen Sehen und Bewegung einerseits und Denken anderseits zu lenken.*

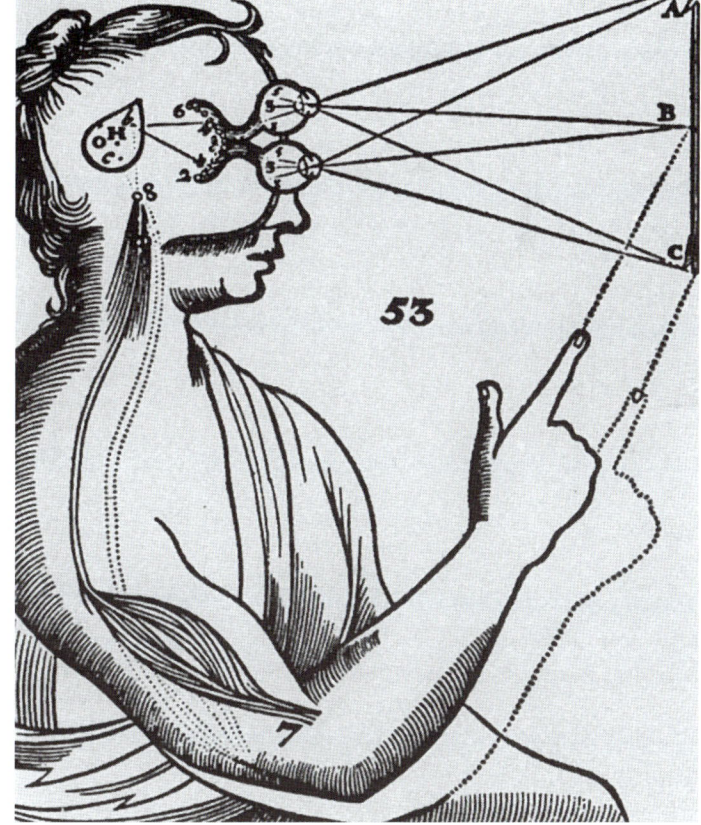

Kartesianischer Deduktionismus

Descartes, Wissenschaftsmethode
Siehe auch: *Mechanizismus*

Im Gegensatz zu Galileo Galileis wissenschaftlicher Praxis, die auf dem **Experiment** (→) und der von Francis Bacon empfohlenen Methode der **Induktion** (→) basiert, beruht René Descartes' (1596–1650) Wissenschaft auf Deduktion: Das gesamte Wissen soll durch **logische Schlussfolgerungen** erworben werden, ausgehend von festgelegten, intuitiven und allgemein geteilten Wahrheiten (klaren und deutlichen Vorstellungen), die als nicht diskutierbare Grundaxiome anzunehmen sind.

Ein solches Grundaxiom ist z.B. in der Physik die Vorstellung der **Identität von Materie und Raum**. Sie ist derart offensichtlich, dass sie als sicher angenommen werden kann, und zwar in dem doppelten Sinne, dass alles, was materiell ist, eine räumliche Ausdehnung haben muss und entsprechend all das, was ausgedehnt ist, materiell sein muss. Daraus ergeben sich unmittelbar die folgenden Schlussfolgerungen: Der ganze Raum wird von Materie eingenommen; das Leere existiert nicht (in Divergenz zum Atomismus → **Atom**); die Materie ist unendlich teilbar; das Universum ist unendlich ausgedehnt und besteht überall aus der gleichen Materie.

Setzt man diese deduktive Kette fort, so muss man nach Ansicht Descartes' zugeben, dass sich das Vorhandensein von Bewegung in einer so beschaffenen Welt nur erklären lässt, wenn man drei verschiedene Arten von Materie annimmt:
• die **erste Materie**, gebildet aus Anhäufungen von Körperchen von großen Dimensionen, der sichtbare Teil der Körper;
• die **zweite Materie**, gebildet aus sphärischen Partikeln, die derartig klein sind, dass sie mit bloßem Auge nicht sichtbar sind, was die Phänomene der Flüssigkeit und der Schmelzbarkeit von Metallen erklärt;
• die **feine Materie** (dritte Materie), die aus unterschiedlich geformten Körperchen besteht, welche derartig klein sind, dass sie jeden Zwischenraum

ausfüllen und sogar ins Innere der Massen der ersten und zweiten Materie einzudringen vermögen, deren Kompaktheit nur eine scheinbare ist.

Diese dritte Materie, fein, formbar, dehnbar (vor allem unsichtbar und also vor jedem empirischen Widerruf sicher) und in vielerlei Hinsicht der **fünften Essenz** (Äther) der Antike ähnlich, erlaubte es Descartes, auf mechanischem Wege (Kontakt, Aufeinanderprallen und Antrieb der Partikel) auch eine Lösung für jene Naturphänomene zu finden, die von den Magiern der Renaissance als Beweis für die Existenz der **kosmischen Sympathie** (→) angeführt wurden, insbesondere den Magnetismus. Tatsächlich scheint Descartes alles mit Rekurs auf spezifische Formen der feinen Körperchen erklären zu wollen: Die Wärme wäre demnach eine Tätigkeit der wärmeerzeugenden Partikel, der Magnetismus die der schraubenförmigen Teilchen usw.

Es ist offensichtlich, dass dieser Versuch, die Natur auf deduktivem Wege zu interpretieren, zu keinem Fortschritt in der wissenschaftlichen Forschung führte, sondern im Gegenteil in vielerlei Hinsicht einen Rückschritt gegenüber der Praxis Galileos darstellte. Sie zeigte weniger metaphysische Tiefe, aber war stärker an die Verifizierbarkeit der Phänomene gekoppelt. Der kartesianische Deduktionismus, der auch als ein „Roman" oder eine „Schreibtischphysik" bezeichnet wird, bietet eine Konstruktion abstrakter Modelle, idealer Maschinen, deren Funktion es durchaus nicht ist, die reale Natur zu beschreiben, sondern theoretische Mechanismen zu erarbeiten, die in der Lage sind, deren Wirkungen zu simulieren: Möglicherweise existieren die schraubenförmigen Teilchen nicht, jedoch – und dies ist für Descartes der entscheidende Punkt – kann das magnetische Phänomen auf diese Weise dargestellt werden.

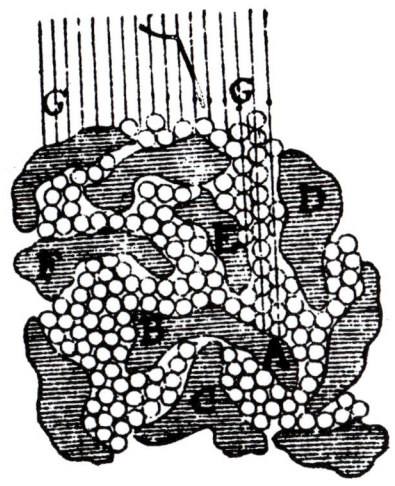

▲ *Die erste und die zweite Materie, wie sie in den*
Prinzipien der Philosophie *dargestellt sind. Die dritte*
Materie, die aus so kleinen Partikeln besteht, dass sie sich
als unsichtbar erweisen, ist in die Zwischenräume ein-
gezwängt und bildet dabei Wirbel – ein Mechanismus,
der bereits vom **Determinismus** *(→) in der Tradition*
Demokrits hervorgehoben wurde.

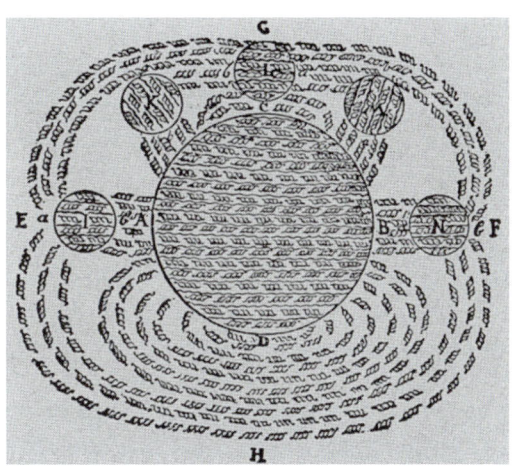

▲ *Der die Erde umgebende* **magnetische Wirbel** *in*
einer Abbildung aus den Prinzipien der Philosophie
(1644). Der Wirbel wird aus unsichtbaren schrauben-
förmigen Körperchen gebildet, die in Eisen eindringen
können, das, wie Descartes vermutet, Aushöhlungen von
gleicher Form aufweist.

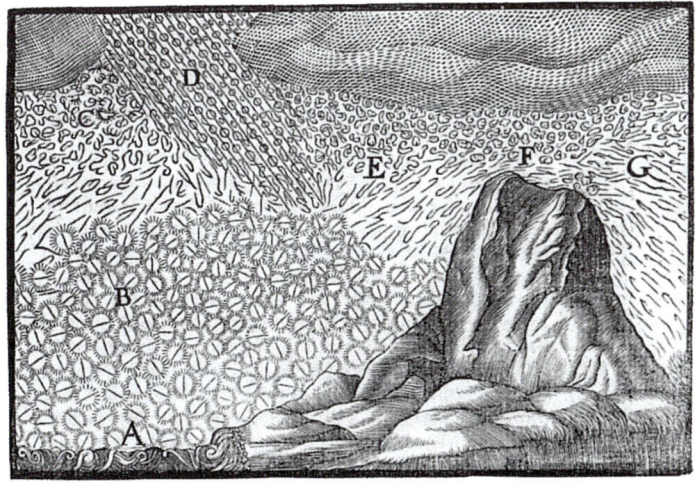

▶ *Die schraubenförmigen Körper-*
chen der dritten Materie erklären
nach Descartes' Auffassung das Phä-
nomen des Magnetismus.

◀ *Die nebenstehende Abbildung*
ist den Prinzipien der Philosophie
entnommen. Die Artenvielfalt der
Körperchen der dritten Materie in
wirbelnder Bewegung (jedes ist mit
einer eigenen Form ausgestattet)
schließt die Existenz der Leere aus
und erklärt eine Reihe physikalischer
Phänomene: die Gravitation, den
Magnetismus, die Schmelzbarkeit
der Metalle, die Bewegung der
Sterne, die Wärme und die Kälte
(eine Wirkung der wärme- bzw.
kälteerzeugenden Partikel).

Mechanizismus

Rationalismus, Wissenschaft
Siehe auch: *Determinismus, Rationalismus*

Indem sie sich jeder Erklärung finalistischer, magischer, animistischer oder spiritualistischer Art entgegenstellte, hatte die im 17. Jh. im Umfeld des kartesianischen Rationalismus entstandene mechanizistische Wissenschaft den Anspruch, die gesamte natürliche Realität zu erklären und dabei nur auf zwei Prinzipien zurückzugreifen: **Materie** und **Bewegung**. Die Grundvorstellung der kartesianischen Wissenschaftler war es, dass mit Ausnahme des Menschen (des einzigen Wesens des Universums, das mit einer *res cogitans* begabt ist: → *Res cogitans/Res extensa*) die Welt in ihrer Gesamtheit als Maschine angesehen werden muss, die zwar komplex ist, jedoch auf der Basis der Gesetze der Dynamik erklärbar ist, jener Wissenschaft, die die Körper in Bewegung untersucht. Im Prinzip war sie auch auf die lebende Natur ausgedehnt: Sogar die Tiere (bei denen René Descartes das Vorhandensein des Denkens ausschloss) müssen lediglich als sehr komplizierte, aber auf Mechanismen zurückführbare Automaten betrachtet werden (**biologischer Mechanismus**).

Die **Idee der Maschine** beherrschte sicherlich die Vorstellungswelt des Menschen im 17. Jh. Der Schöpfergeist des Jh.s fand seinen Ausdruck in der Konstruktion großer Uhren, Theaterbühnenbilder, Brunnen, die reich an sich bewegenden Statuen und singenden Vögeln waren, und großartiger Festapparate, die dazu bestimmt waren, für eine einzige Abendveranstaltung Wunder zu wirken, um danach zerstört zu werden.

Die Maschine wurde in den Händen der Wissenschaftler zur hauptsächlichen Interpretationskategorie. In Verbindung mit der Technologie der Zeit bedeutete dies den Versuch, die ganze Natur auf der Basis eines **hydraulischen Modells** zu erklären. Exemplarisch ist eine Passage aus dem Traktat *Über den Menschen*, in der Descartes die Physiologie des menschlichen Körpers mit der Funktionsweise eines Brunnens vergleicht. In den Gärten der reichen

Leute, so behauptete er, „gibt es Brunnen, bei denen die alleinige Kraft des Wassers diverse Maschinen in Bewegung setzt, Instrumente zum klingen bringt oder Statuen Worte aussprechen lässt, je nach Anordnung der sie antreibenden Röhren. Die Nerven des menschlichen Körpers sind wie die Röhren dieser Brunnen, die Muskeln und die Sehnen sind Mechanismen, die ihrer Bewegung dienen, die Lebensgeister sind das Wasser, das Herz die Quelle, aus dem das Wasser kommt, und die Gehirnhöhlungen sind das castellum [die Zisterne]. Sogar die Seele ist mit dem Wassermeister vergleichbar, der im castellum, von dem alle Röhren dieser Maschinen ausgehen, die Öffnung der Röhren kontrolliert und verändert."

Im Vergleich zu den nachfolgenden Epochen war der Mechanizismus des 17. Jh.s kaum mit den effektiven Fortschritten der Wissenschaft oder der Technologie verbunden. Das ganze Jh. über behielt die Leidenschaft für die Mechanik den Charakter von **Spiel**, utopistischer Fantasterei, rein philosophischem Erstaunen angesichts des perfekten Mechanismus und des erstaunlichen Synchronismus der Getriebe, die das Mysterium der Natur imitieren und offenlegen konnten.

Anders als der historische Vorläufer, der antike Atomismus (→ **Atom**), nach dem Atome und Leere ausreichten, um die ganze Realität zu erklären, zeichnet sich der moderne Mechanizismus durch die Ablehnung einer antireligiösen Haltung aus. Im Gegenteil: So wie eine vom Menschen erbaute Maschine dessen Geschicklichkeit offenbart, so verweist die Perfektion der Welt-Maschine – nach Ansicht der kartesianischen Wissenschaftler – auf einen göttlichen Urheber.

▶ *Die von dem Ingenieur Jacques de Vaucanson (1709–1782) konstruierte mechanische Ente stellt die höchste Stufe in der Konstruktion von **Automaten** dar, die je erlangt wurde. Mittels eines aus mehr als hundert beweglichen Elementen bestehenden inneren Mechanismus konnte das Tier zahlreiche Bewegungen ausführen, wie z.B. laufen, picken, Nahrung aufnehmen und diese wieder ausscheiden, nachdem es sie verdaut hatte.*

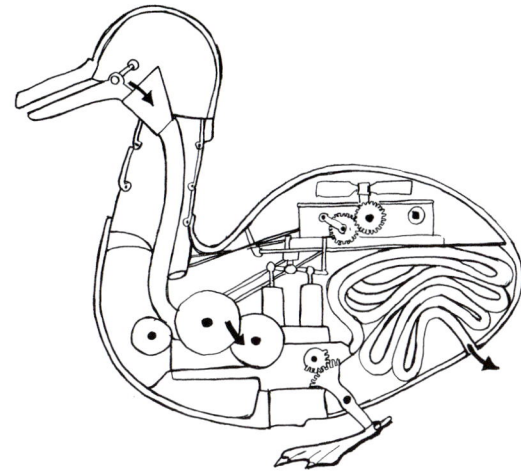

▼ *Am kartesianischen Mechanizismus orientierte sich die **iatromechanische Medizin** von Giovanni Alfonso Borelli (1608–1679): Er analysierte die Physiologie des menschlichen Körpers und die Funktionsweise der Muskeln auf der Basis des Prinzips des mechanischen Hebels. Der wichtigste Erfolg der mechanizistischen Medizin war die Entdeckung des **Blutkreislaufes** durch William Harvey* (Die Bewegung des Herzens und des Blutes, 1628), *der das von Descartes ausgearbeitete hydraulische Modell auf den menschlichen Körper anwandte.*

▼ *Hydraulische Maschine zum bequemen Zapfen von Wein, ohne in den Keller zu steigen, von Giovanni Branca* Le macchine *(„Die Maschinen", 1629), ein Beispiel für den spielerischen und vorindustriellen Charakter der mechanizistischen Technologie des 17. Jh.s (erst im 18. Jh. wurde die Anwendbarkeit für die Produktion wichtig).*

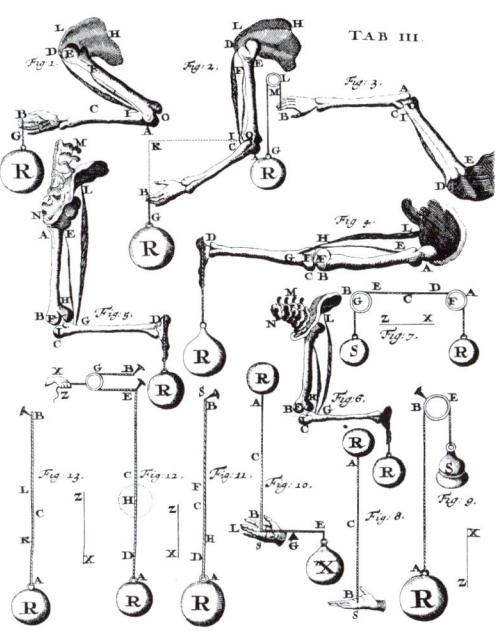

Leidenschaften der Seele

Descartes
Siehe auch: *Physiognomik*

Die klare Unterscheidung zwischen Geist und Körper (→ *Res cogitans / Res extensa*), die René Descartes' (1596–1650) dualistische Metaphysik charakterisiert, ließ die Leidenschaften zu einem heiklen Thema werden. Offenbaren denn die Gefühle – seien es die mitreißenden wie Liebe oder Angst oder die subtileren wie Nostalgie – etwa keine evidente enge Verbindung von geistiger und physischer Dimension? Der Widerlegung dieses Einwands widmete der Philosoph kurz vor seinem Tod einen besonderen Aufsatz (*Über die Leidenschaften der Seele*, 1649).

Nach Ansicht Descartes' spielen die Leidenschaften eine wichtige Rolle bei der Erhaltung des Lebewesens; sie haben nämlich die Aufgabe, der Seele (dem Bewusstsein) den Zustand des Wohlbefindens (oder Unwohlseins) kundzutun, in dem sich der Körper befindet. Das physiologische Instrument, mit dem diese Wechselbeziehung zwischen Seele und Körper realisiert wird, ist durch den Lebensgeist (→ **Pneuma**) gegeben, der im Herz infolge von Blutverdünnung gebildet wird, im ganzen Körper zirkuliert, wobei er an den Nerven vorbeikommt (die Descartes sich als kleine Röhren vorstellt), und mit der Seele über die **Zirbeldrüse** (→) interagiert. Sieht man einmal von dieser archaischen pneumatischen Medizin ab, so ist Descartes' Diskurs ein äußerst moderner: Erstmals werden nämlich die Emotionen in einen **physiologischen Zusammenhang** gestellt und werden somit Objekt einer wissenschaftlichen Analyse.

Die Wut ist jener besondere physische Zustand, in dem die Lebensgeister stärker als üblich in Aufruhr sind; die Angst ist derjenige, in dem die Geister am stärksten verdünnt sind (wie es jeweils die Röte und Blässe des Gesichts beweisen). Freude und Liebe werden hingegen durch einen gesunden und energetischen Zustand des pneumatischen Geistes hervorgerufen, der das Ergebnis eines reinen und wohltemperierten Blutes ist.

Aufgrund ihrer außerordentlich informativen Natur lassen sich die Emotionen auf zwei hauptsächliche reduzieren: die **Freude**, die dem Individuum das anzeigt, was nützlich und angenehm ist, und die **Traurigkeit**, die es auf die schädlichen Dinge aufmerksam macht. Von dieser grundlegenden Polarität stammen alle sekundären Leidenschaften ab: Die Traurigkeit wird zum Hass, wenn sie den Grund des Übels zu bestimmen vermag; die Freude lässt Liebe entstehen, wenn sie in Beziehung zu einer bestimmten Person gesetzt wird; das Begehren ist die Vorwegnahme einer Freude, die nützlich ist, weil sie das Individuum zu dem drängt, was wohltuend ist; die Bewunderung ist das Zeichen einer potenziellen Quelle der Freude usw.

Die wesentliche Frage, ob die Leidenschaften das geistige Denken konditionieren können, wird von Descartes in Termini der **Affektion** (Pathologie) beantwortet: Die Emotionen beeinflussen den Verstand nur negativ, weil sie dessen Effizienz herabsetzen und seine Arbeit stören. Wenn auch essenziell für das Leben, stellen sie sich doch im Hinblick auf die Rationalität wie eine Krankheit dar.

Der kartesianische Mensch muss folglich die vollständige Kontrolle über seine emotionalen Neigungen besitzen, weil sich ihre Wirkung auf geistiger Ebene stets als eine Verminderung der Urteilsfähigkeiten offenbart. Es ist schwierig, die Vernunft bestmöglich zu gebrauchen, wenn man Opfer irgendeiner Leidenschaft geworden ist; dann muss man sich beruhigen, d.h. die emotionale Neigung aufgeben.

◄ ◄ *Während die physiognomische Forschung der Renaissance (mit einem neuplatonischem Ansatz) die Betonung auf die Augen (die Fenster der Seele) und den Blick gelegt hatte, legten die an Descartes orientierten Studien die Betonung auf die Physiologie des* **Gesichtsausdrucks**, *insbesondere der Augenbrauen. Die Polarität Freude–Traurigkeit findet in dieser Hinsicht eine genaue physiologische Entsprechung: Alle mit Freude verbundenen Leidenschaften führen zum Anheben der Brauen, die traurigen zum Senken.*

◄ ◄ *Gegenüberstellung der Profile eines Urmenschen und eines griechischen Modells. Nach Charles le Brun ist die Schräge des Gesichts der entscheidende Faktor bei der hierarchischen Bestimmung der menschlichen Rassen: Die niedrigeren seien mit einem geringeren Maß an rationaler Selbstkontrolle ausgestattet.*

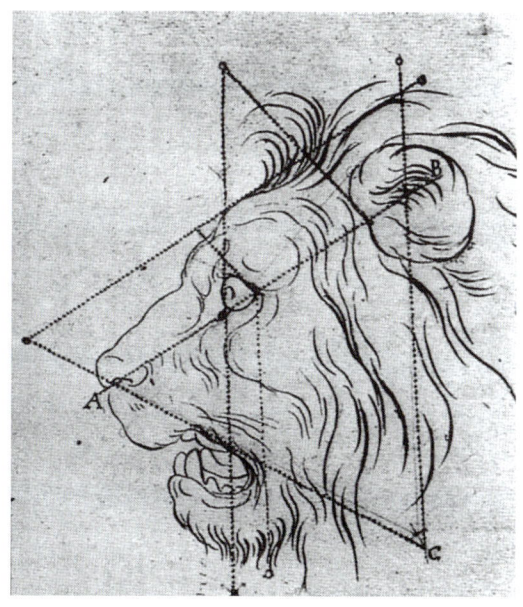

◄ *Im 17. Jh. ließ die vom Kartesianismus eingeleitete enge Beziehung zwischen Physiologie und Leidenschaften den magisch-anthropomorphen Glauben an die Äquivalenz von Leidenschaften und bestimmten Tieren in wissenschaftlichen Termini wieder aufleben. Der Urheber der abgebildeten Zeichnungen, der Maler und kartesianische Theoretiker le Brun, formulierte das bestimmende Prinzip für eine bedeutende Entwicklung in der Anthropologie des 18. Jh.s: Die Schräge des Gesichts, d.h. das von Nase und Stirn gebildete Gefälle (das bei hässlichen Tieren am größten und beim Menschen minimal ist), sei Ausdruck einer* **psychischen Tierhaftigkeit** *des Subjekts. (Abb. aus:* Geometria fisiognomica*)*

Physiognomik

Biologie der Leidenschaften
Siehe auch: *Leidenschaften der Seele*

Die von René Descartes definierte *res cogitans* (→ *Res cogitans / Res extensa*) umfasst ausschließlich das reine Denken (die Intelligenz, die logisch-deduktive Fähigkeit). Die Leidenschaften, die Emotionen, der Charakter (psychologische Merkmale, die auch die Tiere besitzen) führt der Philosoph in letzter Analyse auf die physiologische Dynamik des Körpers zurück. Diese Einführung von Elementen des **Mechanizismus** (→) in die Psychologie bewirkte die Wiederaufnahme der Physiognomik, jener bereits von Aristoteles betriebenen antiken Wissenschaft, die die psychologischen, charakterlichen und moralischen Qualitäten eines Individuums durch die Analyse seines physischen Aussehens (insbesondere seines Gesichts) erklärte. Man sehe sich auf der gegenüberliegenden Seite den „abscheulichen Schandkerl" an, das Porträt des *Salbers*, der in Mailand die Pest verbreitet haben soll, wie es in Manzonis *Die Verlobten* erzählt wird: Die Physiognomik glaubt bestimmen zu können, welche spezifischen Züge dieses Gesichts – abgesehen von seiner Hässlichkeit – den Eindruck eines niederträchtigen Menschen hervorbringen.

Die Physiognomik ist eine äußerst heikle Wissenschaft. Als Versuch, Geist und Körper gemeinsam zu analysieren, wobei man von einer starken gegenseitigen Beeinflussung beider ausgeht, ist sie eine Disziplin auf halbem Wege zwischen Psychologie, Physiologie und Kunst.

Heute wird der **physiognomische Determinismus**, der von einer engen Interaktion zwischen Gesicht und Charakter ausgeht, als antiwissenschaftlich angesehen (was eine ausführliche Populärliteratur zu diesem Thema nicht verhindert). Doch in der Vergangenheit wurden auf diesen Hoffnungen gesetzt, die uns gänzlich absurd erscheinen: Für einen Philosophen und Magier des 16. Jh.s, Giambattista della Porta, war die Physiognomik „die Kunst, auf den ersten Blick Freunde von Feinden zu unterscheiden". Für Johann Caspar Lavater, Naturalist des 17. Jh.s,

war sie ein nützliches Instrument zur Vorsorge gegen gesellschaftliche Abnormitäten. Für Georg Wilhelm Friedrich Hegel, der von ihr in der *Phänomenologie des Geistes* (1807) spricht, war sie eine Wissenschaft „des Inneren und des Äußeren", das höchste Moment der beobachtenden Vernunft.

In der Renaissance blühte die Physiognomik, mit der sich z.B. auch Leonardo da Vinci ausführlich beschäftigte, am Rande der **Magie** (→): Die Entsprechungen zwischen **Psyche und Gesicht** wurden in Termini der **kosmischen Sympathie** (→) erklärt. Im 17. Jh. zu einer Wissenschaft geworden, diente sie als Grundlage einer breiten Palette von mehr oder weniger phantasievollen Lehren, u.a. der Phrenologie und der Kriminalanthropologie innerhalb des **Positivismus** (→) des 18. Jh.s.

Den größten Nutzen aus der Physiognomik zogen zweifellos die Künstler für ihre Arbeit. Nach Ansicht des Kunsthistorikers Flavio Caroli ist die Physiognomik als Analyse der Psyche, indem sie sich rein visueller Instrumente bediente, zu einem charakteristischen Element der Maltradition des Abendlandes und einem Unterscheidungsmerkmal im Vergleich zu anderen künstlerischen Zivilisationen geworden: „Die Studien Leonardos bilden den Anfang einer Kette, die sich Glied um Glied rekonstruieren lässt und die das physiognomische Denken bis in unsere Gegenwart trägt und es zur tragenden Säule des abendländischen visuellen Ausdrucks macht. … Während die chinesische Malerei lyrisch, die byzantinische hieratisch, die islamische abstrakt und die afrikanische synthetisch ist, **verdankt die abendländische Kunst der Physiognomik ihre psychologische und introspektive Essenz.**" (*Storia della fisiognomica* [„Geschichte der Physiognomik"], 1995)

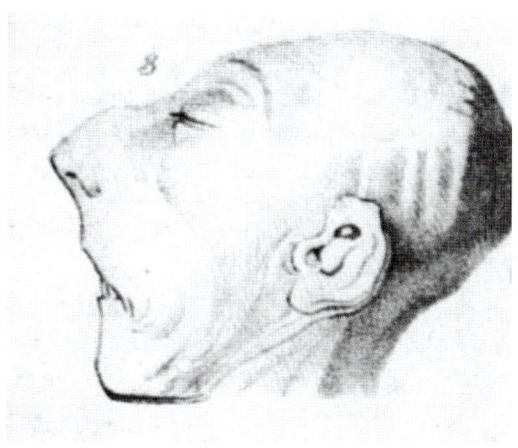

▲ *Die Physiognomik des 18. Jh.s wandelte sich im 19. Jh. zur* **Phrenologie** *(→* **Szientismus***), einer Pseudo-Wissenschaft, die versuchte, die geistigen Qualitäten des Individuums aus der Schädelform abzuleiten. Dem Phrenologen Johann Gaspar Spurzheim (1776–1832) zufolge zeigt der hier abgebildete Schädel – eine Zeichnung aus dessen Aufsatz* Beobachtungen über den Wahnsinn *(1818) – eine Person mit der typischen Schädelform eines Idioten.*

▲ *Porträt des Philosophen Gottfried Wilhelm Leibniz aus der* Anatomie und Physiologie des Nervensystems *von Franz Joseph Gall. Vorstellungen Aristoteles' aufgreifend, konstatierte die Physiognomik das typische Aussehen eines Philosophen: eine übermäßig ausgeprägte Stirn und eine Reihe von Merkmalen, die als Folge intellektueller Anstrengung galten: Denkerfalten, also verdrossene Augenbrauen, angespannter Blick.*

▼ *Aus* La Sentenza data a Guglielmo Piazza *(„Sentenz gegen Guglielmo Piazza", 1631): Porträt des vermeintlichen* Salbers, *der wegen der Verbreitung der Pest in Mailand verurteilt wurde.*

L'ABBOMINEVOLE RITRATTO DI ALDRVI D'ORSA INFAME.E PRIMA CAGIONE DELLA PESTILENSIA DI MILANO.

▲ *Überzeugt von den antiken Lehren vom Menschen als Mikrokosmos (→* **Mikrokosmos / Makrokosmos***) und vom* **Pneuma** *(→), betrachtete Leonardo da Vinci die Physiognomik als eine Erforschung der Art und Weise, mit der sich die die Welt durchdringende kosmische Energie in den* **Bewegungen der menschlichen Seele** *ausdrückt, jenen unaufhaltsamen Emotionen, die die Psyche und das Gesicht erschüttern (Zorn, Angst, Schrecken). Daher die Überakzentuierung, die gewaltsame Verformung in seinen Kopfstudien.*

Binärlogik

Leibniz
Siehe auch: *Orient und Okzident*

Weil er die symbolische Bedeutung logischer Termini ahnte und somit den Gedankengang zu einer Form des **rationalen Kalküls** (→) machte, wird Gottfried Wilhelm Leibniz (1646–1716) als der Vater der modernen Logik angesehen. Unter den Überlegungen auf diesem Gebiet nimmt die Entdeckung der Binärlogik einen besonderen Platz ein, v. a. wegen der außergewöhnlichen Ereignisse, die diese herbeiführten.

Leibniz war, wie auch die Anhänger der hermetischen Tradition (→ **Hermetismus**), sehr interessiert an der chinesischen Sprache. Besonders faszinierte ihn ihr ideogrammatisches Wesen. Er glaubte, dass die chinesische Schrift eine visuelle (nicht alphabetische) **Weisheitssprache** (→) sei, die es – wie die ägyptischen Hieroglyphen – vermochte, Begriffe durch stilisierte Zeichnungen auszudrücken. Dies schien die Möglichkeit einer **unmittelbar bedeutungstragenden Kommunikationsform** jenseits der konventionellen Vermittlung der Wörter zu bestätigen. Von diesem Interesse angetrieben veröffentlichte der Philosoph im Jahr 1697 die *Novissima Sinica (Das Neueste von China)*, eine Sammlung von Briefen der Missionare der Gesellschaft Jesu in China. Einer dieser Missionare, der gerade aus dem Orient zurückgekehrt war, machte Leibniz mit dem *I Ging*, dem *Buch der Wandlungen* vertraut, dem ältesten der klassischen chinesischen Texte, der dem Kaiser Fu Xi zugeschrieben wird und als Instrument zur orakelhaften Wahrsagung *(→ Orakel)* benutzt wurde.

Leibniz war fasziniert von dem System aus 64 Hexagrammen, deren jedes aus nur zwei Symbolen gebildet ist: einer unterbrochenen Linie und einer durchgezogenen. Diesem Phänomen maß der Philosoph einen mathematischen Sinn bei (den es ursprünglich überhaupt nicht hatte) und entdeckte darin ein perfektes Beispiel für die Reihe der Binärzahlen, so wie sie an der Figur aus seiner *Explication de l'Arithmétique Binaire* („Erklärung der binären Arithmetik", 1705) offenbar wird. Liest man die unterbrochen Linie als 0 und die durchgezogene als 1, bilden die chinesischen Hexagramme Sequenzen, die als Zahlen gelesen werden können. Umgekehrt lässt sich jede Zahl des Dezimalsystems als eine Sequenz darstellen, die aus den beiden Symbolen gebildet wird (1, 2 und 3 werden jeweils zu 001, 010 und 011).

Das binäre Notationssystem, das von dem Mathematiker George Boole (1815–1864) entwickelt wurde, bildet die Basis der aktuellen **Programmierungssysteme** (der Computer ist eine Maschine, die die Symbole 1 und 0 durch den Status *offen* oder *geschlossen* eines Stromkreises ersetzt). Leibniz hatte somit das grundlegende Prinzip vorausgeahnt, aus dem sich die moderne Informatik-Revolution entwickelt hat (eine Wissenschaft, die in gewisser Weise mit jenem Kalkül des Denkens verwandt ist, das er stets unter dem Namen *Characteristica universalis* weiterverfolgte).

Er kam jedoch nicht auf die Möglichkeit, die Entdeckung auf seine kombinatorischen Interessen anzuwenden, und der binäre Kodex blieb für ihn wenig mehr als eine mathematische Kuriosität. Er neigte im Gegenteil eher dazu, darin den Ausdruck mystischer Werte zu erkennen: Betrachtet man die Eins als Gott (das Eine gemäß einer antiken theologischen Terminologie) und die Null als Symbol für das Nichts, nimmt das ganze Dualsystem eine ontologische und religiöse Konnotation an, die nach Leibniz' Ansicht die religiöse Überlegenheit des **christlichen Monotheismus** zu beweisen vermag.

◀ *Übersicht der Hexagramme des chinesischen* I Ging, *das Leibniz die Eingebung zur Binärlogik gab. Es gibt 64 Hexagramme, deren jedes aus sechs Linien gebildet ist, die unterbrochen oder durchgezogen sein können. Die hellseherische Konsultation geschieht nach dem Gesetz des* **Zufalls** *(→), d. h. indem man eine Münze wirft. Jedem Hexagramm entspricht eine bestimmte Antwort. Die Anordnung innerhalb des Kreises legt die Vorstellung nahe, dass gegenüberliegende Hexagramme einander entsprechen und sich, gemäß dem taoistischen Prinzip des* **Werdens** *(→) und der Harmonie der Gegensätze, eins in das andere verwandeln können.*

▶ *Reproduktion der Medaille, die von Leibniz entworfen wurde, um seine Entdeckung der binären Mathematik und ihren theologischen Wert zu veranschaulichen. Im oberen Teil erscheint das Motto „Einer hat alles aus nichts gemacht"; unten: „Eins ist noht". Auf den zentralen Säulen werden das Binär- und das Dezimalsystem miteinander verglichen und die Entsprechungen zwischen den ersten 16 Zahlen angezeigt. Das Ganze wird als ein „Bild der Schöpfung" präsentiert.*

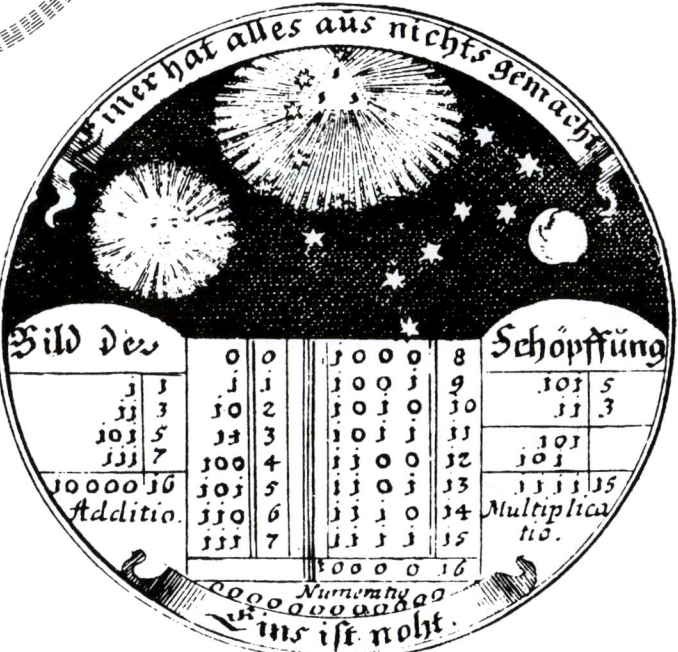

▼ *Aus der* Explication de l'Arithmétique Binaire *(„Erklärung der binären Arithmetik", 1705). Leibniz sah im Hexagramm-System des* I Ging *eine perfekte grafische (symbolische) Darstellung der binären Nummerierung. Lässt man jeder unterbrochenen Linie die 0 entsprechen und jeder durchgezogenen die Zahl 1, dann können die chinesischen Symbole als mathematische binäre Notation benutzt werden.*

Empirismus

Locke

Siehe auch: *Induktion, Experimentalphilosophie, Nativismus*

Ein grundlegendes Merkmal des englischen Empirismus ist die Ablehnung des Vorhandenseins von angeborenen und der Erfahrung vorausgehenden Ideen. Nach John Locke (*Versuch über den menschlichen Verstand*, 1688) ist der Verstand zum Zeitpunkt der Geburt vollkommen leer: „Wir wollen also annehmen, die Seele sei, wie man sagt, ein **weißes, unbeschriebenes Blatt Papier** *[tabula rasa]*, ohne irgendwelche Vorstellungen." (2. Buch, 1. Kap). Während des ganzen Lebens wird sie nur das enthalten können, was sich ihr von außen aufprägt, und zwar in zweifacher Form – durch **Empfindungen**, die aus der Außenwelt kommen, und **Reflexionen**, die dem Innenleben entspringen (sich z. B. glücklich, gekränkt usw. fühlen).

Locke zufolge kann die gegenteilige Theorie (das Vorhandensein von angeborenen Ideen, von dem René Descartes und die Rationalisten ausgehen) auf experimentellem Wege widerlegt werden: Es gäbe nämlich auf der Welt keine einzige Idee, über die ein allgemeiner Konsens bestünde, und sogar was die logisch-mathematischen Begriffe (das Prinzip des Nichtwidersprüchlichen) anbelange, so zeige die bloße Beobachtung eines Kindes (oder eines Verrückten), dass sich ohne Erfahrung oder Anweisung keine Idee von diesen entwickeln könne. Locke schloss die Möglichkeit aus, dass angeborene Ideen im Kind existieren, ohne dass es sich dessen bewusst ist, und behauptete, dass zu denken und sich des eigenen Denkens nicht bewusst zu sein, ein Paradox sei (auf diese Weise entwickelte der Philosoph erstmals die Hypothese des **Unbewussten** (→), um sie jedoch sofort wieder zu verwerfen). Indem sie diese Gedankengänge weiterentwickelten, gelangten die Empiristen zu bedeutenden Schlussfolgerungen.

• Die Priorität von **Erfahrung und Empfindung**. Alle Inhalte des Geistes basieren letztlich auf Kombinationen oder Umwandlungen sinnlicher Eindrücke (**einfache Ideen**), gemäß der bereits von Aristoteles behaupteten Maxime: „Es gibt im Geist nichts, das nicht zuvor in den Sinnen gewesen wäre."

• **Nominalismus** und **sprachlicher Konventionalismus**. Die Begriffe und Wörter, die in der Sprache verwendet werden, drücken keine metaphysische Realität aus, sondern sie sind nur konventionelle, arbiträre und vergängliche Zeichen, um bestimmte psychische Inhalte zu signalisieren.

• Psychischer Assoziationismus (→ **Assoziationspsychologie**): Der Geist verarbeitet die einfachen Ideen, wobei er **komplexe Ideen** schafft, die durch Assoziationen der Ähnlichkeit oder Angrenzung strukturiert sind.

• Der **psychische Atomismus**, nach dem sich jede komplexe Idee auf einfache und molekulare Elemente reduzieren lässt.

Locke legte dar, dass sogar die metaphysische Vorstellung der Antike von der **Substanz** (→) sich vom empirischen Standpunkt aus auf einen sinnfreien Begriff reduzieren lässt: Der Gebrauch von Substanzen bezeichnenden Begriffen ist nämlich schlichtweg das Ergebnis der Konstanz, mit der bestimmte Eindrücke übermittelt werden: Beispielsweise ist das Wort „Katze" weder, wie Platon forderte, die Erinnerung an eine vollkommene (angeborene) Idee des Katzenhaften, noch bezeichnet es, wie Aristoteles wollte, eine Substanz, einen allgemeinen Begriff. Es ist vielmehr ein arbiträres Zeichen, das dazu dient, eine Reihe typischer einfacher Eindrücke (etwas Haariges, Belebtes und Warmes mit Schnurrhaaren …) aus sprachlicher Bequemlichkeit knapp zusammenzufassen.

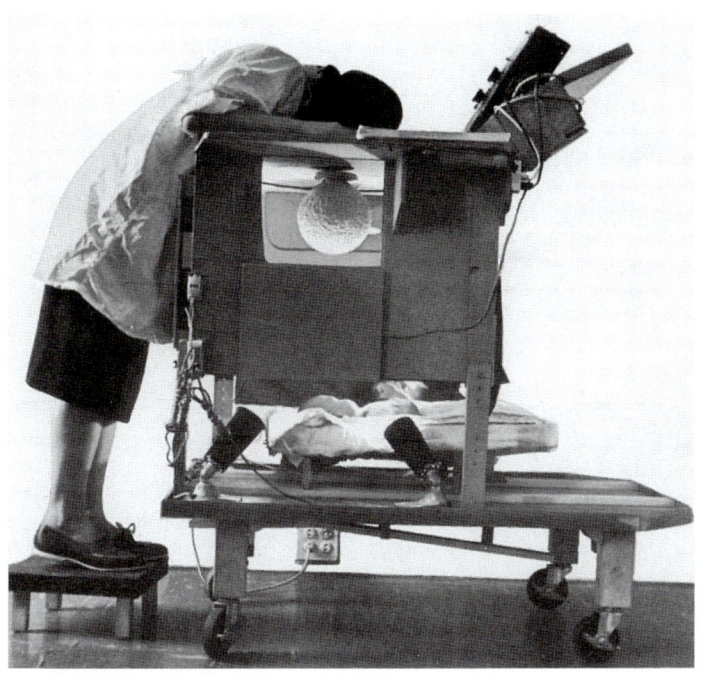

◀ Was befindet sich im Geist eines Neugeborenen? Die einzige Möglichkeit, das Vorhandensein geistiger Vorgänge bei einem Säugling zu überprüfen, ist es, dessen Augenbewegungen unter der Annahme zu verfolgen, dass eine erkannte oder interessante Sache seine Aufmerksamkeit mehr erregt. Mit dem von dem Psychologen Robert Fantz 1958 entwickelten Apparat können diese Beobachtungen objektiv und streng experimentell durchgeführt werden.

▼ Die tabula rasa. *Locke zeigt den Geist eines Neugeborenen: Ein weißes Blatt, dem Umweltreize und Erziehung ihre Merkmale aufprägen werden.*

▲ ▲ *Das Problem des* **Innatismus** *und des Wertes, den man der Erfahrung beimessen muss, bleibt bis heute brandaktuell. Freilich behauptet heute niemand mehr, wie noch die Rationalisten des 17. Jh.s, dass es pränatale Ideen (organisierte geistige Konstrukte) geben könne, doch wird von der wissenschaftlichen Forschung das Vorhandensein bestimmter angeborener Kompetenzen und Fähigkeiten nachgewiesen (beispielsweise bestimmte Gesten auszuführen, Gesichter und Emotionen zu erkennen und später die Sprache zu erlernen). Die moderne Diskussion über den Innatismus wird zudem durch die Tatsache verkompliziert, dass man heute – im Unterschied zu Locke – die Möglichkeit einräumt, dass es* **unbewusste Gedanken**, *eine vollständige psychische Sphäre unterhalb des Bewusstseins, geben könne. Zeigt man einem auch sehr kleinen Kind die hier dargestellten Abbildungen (in einem Fantz-Apparat, also ohne jeden Ablenkungsfaktor), so registriert man eine sehr viel stärkere Fixierung auf die Figur, die ein Gesicht wiedergibt.*

Experimentalphilosophie

Rationalismus / Empirismus
Siehe auch: *Empirismus, Induktion*

Rationalismus (→) und Empirismus, jene zwei Lehren, die sich im 17. Jh. durchsetzten, einigten sich schließlich auf ein gemeinsames Prinzip: Sofern möglich, sollten die philosophischen Kontroversen auf experimentellem Wege gelöst werden. Die wichtigste Anwendung dieser Methode betraf die entscheidende Frage nach der Bedeutung des **Erlernens**, ein Problem, das sich klären ließ, indem man geheilte Blinde untersuchte.

William Molyneux, ein Freund von John Locke, war der Erste, der die Frage auf vollkommen theoretischer Ebene stellte: „Denk dir einen blind geborenen und nun erwachsenen Mann, der gelernt hat, durch seinen Tastsinn zwischen einem Würfel und einer Kugel aus dem gleichen Metall zu unterscheiden. Nimm ferner an, dass Würfel und Kugel auf einem Tisch liegen und der Blinde plötzlich sehen kann. Wäre er imstande, ohne die Gegenstände zu berühren, Kugel und Würfel zu unterscheiden und zu benennen?" (Brief an Locke, 1688)

Für die Empiristen, die **Erfahrung** und Erlernen für grundlegende Vorraussetzungen von Erkenntnis hielten, war die Antwort negativ. Locke versicherte, dass der geheilte Blinde die Formen nicht unterscheiden könne, weil die neuen visuellen Empfindungen in ihm noch von den taktilen getrennt seien, an die er gewöhnt sei. George Berkeley nahm an, dass „wir in genau der gleichen Weise sehen lernen wie sprechen und lesen", und behauptete folglich die Notwendigkeit einer langen visuellen Lehrzeit.

Gottfried Wilhelm Leibniz verteidigte hingegen die Argumente des Rationalismus. Dem Prinzip gemäß, dass die Empfindungen ein schlichter Träger der intellektuellen Aktivität sind, argumentierte er, dass der geheilte Blinde die Formen wieder erkennen könne, weil Tast- und Sehsinn der **Vernunft** vorausgehen und von dieser konditioniert seien. Indem er nur den Tastsinn nutzt, wird der Blinde verstehen können, dass es bei einer Kugel keine Ecken gibt, während ein Würfel durch ebene Flächen und Ecken strukturiert ist. Dies wird ihm ermöglichen, das Problem zu lösen und die fortlaufende Form von der unterbrochenen zu unterscheiden, indem er einzig das Sehen benutzt.

Im Jahr 1728 wurde das Experiment tatsächlich durchgeführt: Ein Junge von 14 Jahren, der von Geburt an wegen des Katarakts fast blind war, gewann nach einer Operation sein Augenlicht wieder und wurde von dem Chirurgen William Cheselden dem von Molyneux vorgeschlagenen Experiment unterzogen. Er konnte die Formen nicht unterscheiden und die schleppenden Fortschritte, mit denen er das Sehen wiedererlangte, bestätigten die empiristischen Thesen: Lange Zeit war für den Jungen die Assoziation zwischen visuellen und taktilen Daten sehr viel schwieriger, als alle erwartet hatten. Erst nach Monaten gelang es ihm seinen Hund zu sehen, d.h. zu verstehen, dass jene Farben und visuellen Wahrnehmungen den taktilen Empfindungen entsprachen, über die er das Tier bislang gekannt hatte. Es gelang ihm nicht, die Bedeutung gemalter Bilder zu verstehen: Er sah die Bilder nur als ein Nebeneinander von Farbflecken; erst nach vielen Monaten gelang es ihm plötzlich und zu seiner Freude, ein Stillleben der Perspektive gemäß zu interpretieren und Töpfe und Teller in dem zu erkennen, was für ihn bislang nur sinnlose Formen gewesen waren.

Doch in der Psychologie (und noch weniger in der Philosophie) gibt es keine entscheidenden Experimente: Leibniz machte darauf aufmerksam, dass der Junge unter dem Intelligenzdurchschnitt lag, weil er wegen seiner Blindheit nicht erzogen worden war; ganz anders wäre die Antwort „eines wahren Philosophen" ausgefallen.

► *Die nicht sehr häufigen Fälle von geheilten Blinden haben immer das Interesse von Philosophen und Psychologen geweckt. Interessant ist z. B., dass auch Blinde über rein räumliche und sogar visuelle geistige Vorstellungen verfügen, die sie mit speziellen Stiften aufzeichnen können: Die Abbildung zeigt einen Elefanten, wie ein erwachsener Blinder ihn aufgrund von Beschreibungen gesehen hat.*

◄◄◄ *Vom psychologischen Standpunkt aus bereitet das Lernen des Sehens bei geheilten Blinden unvermutete Schwierigkeiten. Viele untersuchte Fälle endeten tragisch: Auf eine euphorischen Anfangsphase, die sich aus der Wiedererlangung der visuellen Fähigkeiten erklärt, folgte das Bewusstsein, dass es einem nicht mehr gelingt, die Welt in visuellen Begriffen zu interpretieren (beispielsweise ohne Berührung die Bedeutung eines Gesichtsausdrucks zu verstehen). Der jüngste Fall eines erwachsenen Blinden, der geheilt wurde, ist von Richard L. Gregory (Auge und Gehirn, 1966) untersucht worden. In der Abbildung oben ist ein Bus zu sehen, der von dem Patienten vor dem chirurgischen Eingriff gezeichnet wurde, darunter zum Vergleich zwei, die zwei Wochen bzw. sechs Monate später entstanden sind. Bemerkenswert ist, wie erstere Zeichnung auf taktilen Grundlagen konstruiert ist: Der Bus ist von innen heraus gesehen, so wie der Blinde ihn fahrend und tastend wahrgenommen hat (die Fenster sind das vorherrschende Element).*

Assoziationspsychologie

Locke

Siehe auch: *Empirismus, Induktion, Ursache und Wirkung, Experimentalphilosophie*

Die Assoziationspsychologie (oder Assoziationismus) ist jene philosophische Richtung, der zufolge sich das ganze Leben als eine **Kombination einfacher Ideen sinnlichen Ursprungs** erklären lässt, die sich aufgrund von assoziativen Gesetzen einander angliedern. Der Assoziationismus impliziert den psychologischen Atomismus, d. h. den Glauben, dass komplexere psychische Vorkommnisse wie die Intelligenz auf kleinste, nicht mehr weiter spaltbare Elemente reduziert werden können.

Das Prinzip der Assoziation wurde erstmals von Aristoteles formuliert, der es lediglich in Bezug auf das Gedächtnis annahm (und also ausschloss, dass der ganze Geist auf dieser Basis funktioniert: → **Fähigkeiten der Seele**). Die assoziativen Gesetze, die dem griechischen Philosophen zufolge die Erinnerungen zusammenfügen, sind dreierlei: räumliche Nähe, zeitliche Kontinuität und Ähnlichkeit bzw. Kontrast (jede Erinnerung ruft das ihr Ähnliche und das ihr Entgegengesetzte auf).

Bis zum 17. Jh. zogen die assoziativen Vorgänge nicht mehr die Aufmerksamkeit der Philosophen auf sich, bis John Locke im Rahmen des Empirismus ihnen eine Schlüsselstellung für das gesamte Denken einräumte: All das, was im Bewusstsein ist (nicht nur im Gedächtnis), entstünde aus der Kombination von einfachen Elementen (Molekülen des Denkens), die von der Erfahrung geliefert würden. Den assoziativen Gesetzen Aristoteles' fügte Locke das Gesetz des **Zufalls** (→) hinzu, die zufälligen Kombinationen von Ideen, die sich spontan in Form von **Intuition** (→ **Einsicht**) einstellen. Zugleich bestand er auf der **Gewohnheit** (→), die am Anfang jeder Kombinationen von Ideen stehe, welche sich beständig und eben infolge einer Gewöhnung im Verstand fixieren.

Die Assoziationstheorie erklärte die Intelligenz als die Fähigkeit, Verbindungen zwischen zugleich fruchtbaren wie ungewöhnlichen Ideen zu schaffen.

Darüber hinaus lieferte sie ein Argument für eine Reihe von **psychischen Phänomenen**: Aberglaube, Phobien, irrationale Ängste, der Abscheu vor einigen Tieren könnten aus assoziativen Pathologien entstehen, unpassenden Verbindungen von bestimmten Bildern und der Angstvorstellung. Andererseits würden auch Sympathie und Liebe aus oftmals nicht bewussten Verbindungen zwischen dem Bild einer Person und anderen angenehmen Vorstellungen entstehen.

Die philosophische Auswirkung dieser Theorien war die, den Begriff der Vernunft zunehmend zu schwächen: Die Assoziationsgesetze sind nämlich nicht zwingend und ihr Ergebnis ist stets ein eventuelles und nicht durch logische Gesetze gestützt. Der **Skeptizismus** von David Hume war die extreme Konsequenz eines radikalen Rationalismus: Sogar die Verbindung zwischen der Vorstellung einer Ursache und der ihrer Wirkung (→ **Ursache und Wirkung**), die Basis jeder wissenschaftlichen Überlegung, gründet sich auf kein solideres Kriterium als auf die schlichte Gewohnheit.

Von Kants Kritik überwunden, spielte der Assoziationismus auf philosophischer Ebene keine Rolle mehr (als erklärendes Prinzip des gesamten geistigen Lebens). Im 19. Jh. wurde er von der entstehenden Wissenschaftspsychologie als Erklärung für einige geistige Mechanismen (insbesondere das Sehen) erneut aufgegriffen; heute ist er auch auf diesem Gebiet von der **Gestalt-** (→)Psychologie abgelöst worden.

► *Der Assoziationismus wandte die Vorgänge, die traditionell dem* **Gedächtnis** *zugeschrieben werden, auf die
gesamte Psyche an. Schon seit Aristoteles und der Praxis
der* **Gedächtniskunst** *(→) war klar, dass das mnemo-
technische Wachrufen durch Assoziation (Ähnlichkeit,
Unterschied, Nähe) geschieht.*

▼ *Das Gedächtnis in der Darstellung René Descartes'
(Über den Menschen). Die im Rahmen eingespannte
Leinwand ist vergleichbar mit der Hirnrinde; die
äußere Umwelt wird von der Bürste repräsentiert, die,
wenn sie wiederholt auf die gleiche Stelle fällt, beständig
die Struktur der Leinwand verformt. Das Gedächtnis
ist demnach eine gewohnte Disposition. Die äußeren
Reize fixieren sich in komplexen und typischen geistigen
Konfigurationen, die dann (durch Assoziation) auch
von einigen Elementen ausgehend aufrufbar sind. „Die
Erinnerung an eine Sache kann durch die an eine andere
angeregt werden. So wirst du, wenn du zwei Augen und
eine Nase siehst, sofort an ein Gesicht denken.“*

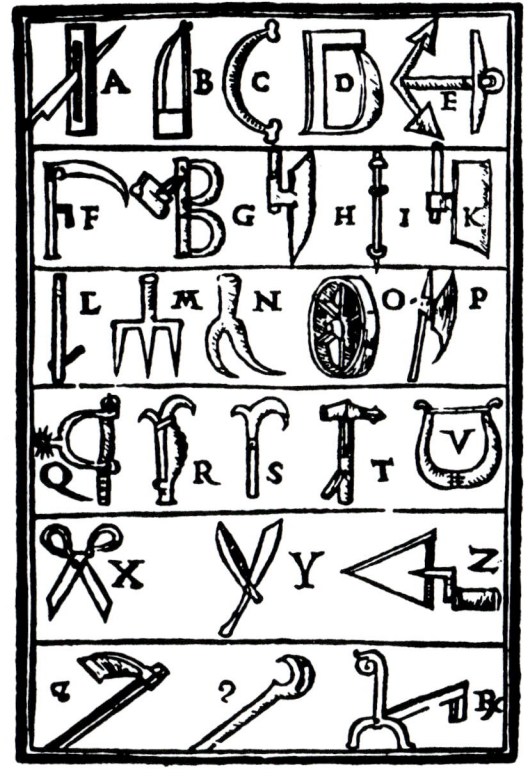

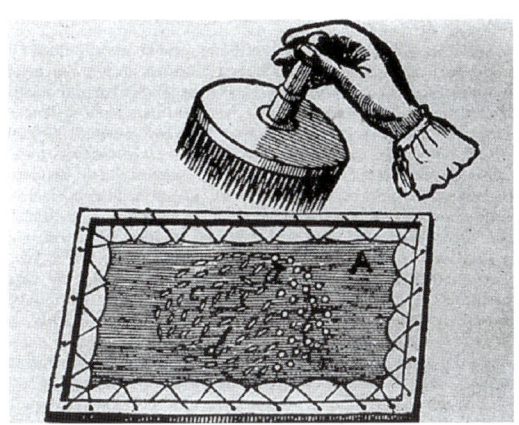

▼ *Das konzeptuelle* **Schema der
Assoziationspsychologie** *(Karl
Jaspers* Allgemeine Psychopathologie, *1913). Die Kreise sind die
molekularen Elemente des Denkens.
In der Horizontalen sind die Asso-
ziationsverbindungen angeordnet:
mechanische und häufig unbewusste
Assoziationen, die bei allen Individuen gleich sind und bei denen
ein Begriff einen anderen aufgrund
von Ähnlichkeit oder Angrenzung
aufruft. In der Vertikalen sind die
bewussten Aktverbindungen (Asso-
ziationsakte) dargestellt, die von der
Erfahrung des Subjekts und seiner
Intelligenz abhängen (der Fähigkeit,
immer tiefere assoziative Verbindungen zu entdecken).*

○ Element

∧ Aktverbindung

---- Assoziations-
verbindung

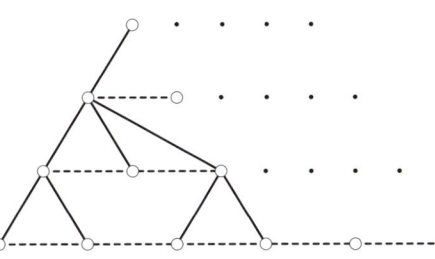

Gewohnheit

Hume
Siehe auch: *Assoziationspsychologie*

Die Gewohnheit ist ein von einem beliebigen (psychologischen, biologischen, gesellschaftlichen …) Mechanismus hervorgerufenes Verhalten, das sich durch **Wiederholung** in festen Formen zu fixieren neigt. Das Annehmen einer durch Übung geförderten Gewohnheit verursacht automatische Aktionen, die ein Eingreifen der Überlegung und manchmal sogar des Bewusstseins nicht vorsehen. Bereits Aristoteles bemerkte, dass „aus Gewohnheit das geschieht, was man tut, weil man es schon oft getan hat" (*Rhetorik*, I, 1369b), und dass „die Gewohnheit in gewisser Weise der Natur ähnlich ist, da *häufig* und *immer* nahe beieinander liegen: Die Natur ist das, was immer ist, die Gewohnheit das, was häufig ist".

In der Philosophie begann der Begriff der Gewohnheit vom englischen Empirismus (→ **Empirismus**) ausgehend eine wichtige Rolle zu spielen. Die Empiristen griffen auf ihn zurück, um wichtige Phänomene zu erklären:

• Die Vorgänge der **Assoziation**, die das Bewusstsein steuern. Sowohl für Thomas Hobbes (1588–1679) als auch für John Locke (1632–1704) haben die Gemeinsamkeiten, die unterschiedlichen Vorstellungen verbinden, ihren Ursprung stets in der gewohnheitsmäßigen Konstanz, mit der wir uns die Phänomene vorführen. Wie schon Platon bemerkte, erweckt das Kleidungsstück einer geliebten Person nur aufgrund von Gewohnheit ähnliche Gefühle wie die von der Person selbst hervorgerufenen.

• Der Glaube an das Prinzip von **Ursache und Wirkung** (→). Nachdem David Hume (1711–1776) die Gewohnheit als „das Verlangen, dieselbe Handlung oder denselben Vorgang zu erneuern, ohne dazu durch einen Denkakt oder Verstandesvorgang gedrängt zu sein" definiert hatte (*Untersuchung über den menschlichen Verstand*, 1758, 5. Abschn., 1. Teil),

erklärte er daraus das Prinzip der Ursache: Haben wir viele Male die Vereinigung zweier Ereignisse gesehen (die Wärme und die Flamme), erwarten wir schließlich das eine, wenn sich uns das andere zeigt. Hume erkennt, dass diese Verkettungen im täglichen Leben nützlich sind, weil nur die Gewohnheit, die Wärme mit der Flamme zu assoziieren, Verbrennungen verhindert. „Ohne den Einfluss der Gewohnheit würden wir absolut nichts von jeder Tatsache wissen, die jenseits dessen liegt, was Gedächtnis und Sinnen unmittelbar gegeben ist. Wir würden niemals Mittel den Zwecken anzupassen wissen oder es verstehen, unsere naturgegebenen Kräfte zur Erzeugung irgendeiner Wirkung zu gebrauchen." (ebd.) Andererseits unterliegen diese Gewohnheiten jedoch zwei Grenzen: der **Notwendigkeit des Erlernens** (jede Gewohnheit stellt sich nur infolge einer tatsächlichen Erfahrung ein: Um die geistige Verbindung zwischen Flamme und Schmerz herzustellen, war es notwendig, dass Adam und jedes Kind konkret versuchte, das Feuer zu berühren); das **Fehlen eines logischen Inhalts** (nur die Praxis und nicht die Vernunft lehrt, dass das Feuer Verbrennungen verursacht). Die gewohnheitsmäßige Assoziation zwischen Ursachen und Wirkungen ist derart stark, dass der Mensch, wenn er die Erfahrungsgrenzen überschreitet, dazu neigt, das Vorhandensein einer notwendigen (logischen) Beziehung zwischen beiden Ereignissen anzunehmen. Hume bemerkt aber, dass selbst ein aus einem Land ohne Feuer stammender Außerirdischer, sofern er intelligent ist, die schädliche Wirkung des Feuers verstehen könnte, sobald er sich nur an ihm verbrannte.

Indem er die Beziehung von Ursache und Wirkung auf reine Gewohnheit reduziert, übte Hume die schärfste Kritik an der Anmaßung der Wissenschaft, Ereignisse (Wirkungen) aufgrund der Ursachen vorauszusehen. Jedes Wissen bezüglich der Zukunft hat keine andere Grundlage als die von der Vergangenheit hervorgebrachte Gewohnheit.

▲ ▲ *Ein experimentelles Beispiel dafür, wie die Gewohnheit die visuelle Wahrnehmung konditioniert. Die beiden Fotografien stellen dasselbe Objekt dar (einen Eierkarton), der links von oben beleuchtet wird und rechts von unten. Im ersten Fall hat man den offenbaren Eindruck eines Reliefs; im zweiten ist dieselbe Wirkung umgekehrt und das Bild erscheint wie eine Summe aus konkaven Teilen. Dreht man jedoch das Buch um, verkehrt sich die Wirkung: Man sieht das als konvex, was zuvor konkav war und umgekehrt. Die Erklärung für des Phänomens liegt in der menschlichen **Gewohnheit** begründet, die Objekte in ihrem natürlichen Zustand, d.h. von oben (von der Sonne) beleuchtet zu sehen, sodass die Schatten stets unten, unterhalb des Objekts erscheinen. Diese Gewohnheit ist so stark, dass sie die Sinneswahrnehmung modifiziert (und es ist bezeichnend, dass die Illusion bei Kindern weniger stark ist).*

▼ ▼ *Den Empiristen zufolge hängt die Zuweisung einer Bedeutung zu einem Bild einzig und allein von zwei Faktoren ab, die beide von der Gewohnheit gesteuert werden: vom **Vergleich mit den vorausgegangenen Erfahrungen** und von dem in Gang gesetzten **System assoziativer Beziehungen**. Die Figur auf der linken Seite beispielsweise wird im Allgemeinen als Baum interpretiert, wenn sie jedoch (rechts) mit einem anderen elementaren Eindruck (dem kleinen Ast) in Verbindung gebracht wird, ändert sich die Bedeutung und sie erscheint wie das Profil einer Frau, die raucht.*

Induktion

Bacon, Wissenschaftsmethode
Siehe auch: *Empirismus, Assoziationspsychologie*

Als Induktion (von lat. *inductio* = „Hineinführen") bezeichnet man jenen Gedankengang, der von der Analyse einer größeren Anzahl besonderer Fälle ausgeht, um zu einer allgemeingültigen Schlussfolgerung zu gelangen. Sie stellt eine **Verallgemeinerung** dar, deren Tragweite sich über die untersuchten Fälle hinaus erstreckt: Indem man eine Vielzahl von Raben beobachtet und sie alle stets als schwarz vorfindet, gelangt man zu der Schlussfolgerung: „Alle Raben sind schwarz." Obwohl in psychologischer Hinsicht sehr verbreitet, ist diese Art zu argumentieren nicht sehr fundiert, insbesondere was zwei Fragen anbelangt: die **Anzahl der untersuchten Fälle** und die **Ausnahmen**.

• Eine beliebige Anzahl von Raben bringt nie die Gewissheit, dass die Regel allgemein gelte, weil es logisch gedacht nicht unmöglich ist, einen weißen Raben zu finden, obwohl man zuvor sehr viele schwarze angetroffen hat. Die einzige Möglichkeit, auf induktivem Weg zu einer unanfechtbaren Sicherheit zu gelangen, ist es, alle möglichen Fälle eines Phänomens zu untersuchen (**vollständige Induktion**). Doch weil dieses fast nie möglich ist, reduziert sich die Induktion auf eine probabilistische Vorhersage.

• Es gibt eine Asymmetrie zwischen Beweisen und Gegenbeweisen: Weitere Beweise tun nichts anderes, als eine induktive Theorie zu bestätigen, doch genügt eine einzige Ausnahme, um sie zu dementieren: Ein einziger weißer Rabe reicht aus, um die Behauptung „Alle Raben sind schwarz" für falsch zu erklären. Freilich ist es möglich, die allgemeine Regel zu wahren, indem man eine gewisse Anzahl von **Anomalien** einräumt (z.B. Albino-Raben), doch schwächt dies die Theorie (indem ihr die Allgemeinheit genommen wird) und verlagert das Problem auf die annehmbare Quantität von Anomalien (es gibt keine logische Methode, um die annehmbare Anzahl der Ausnahmen innerhalb einer Norm zu bestimmen).

Mit andern Worten, die Induktion ist im Vergleich zur Erfahrung eine Form der **Erkenntnis** *a posteriori* im Gegensatz zur unabhängigen und der Erfahrung vorausgehenden Erkenntnis *a priori*, die charakteristisch für die mathematischen Wissenschaften und die deduktive Methode ist. Diese liefert sichere und unzweifelhafte, doch stets spezielle Informationen zu einem einzigen Ereignis, und das erst, nachdem dieses eingetreten ist.

Trotz dieser Schwierigkeiten erweist sich die induktive Methode in Wissensgebieten als fruchtbar, die von einem geringen logisch-rationalen Inhalt und folglich einem niedrigen Grad an Vorhersehbarkeit gekennzeichnet sind. Nicht zufällig erzielte sie ihren größten Erfolg bei den naturalistischen Untersuchungen des 17./18. Jh.s, als Zoologie und Botanik noch mit Erforschen und Klassifizieren beschäftigt waren.

Auf philosophischer Ebene wurde die Induktion von Francis Bacon im *Neuen Organon* (1620) als Wissenschaftsmethode vorgeschlagen. Seiner Ansicht nach ist es möglich, durch den Vergleich dreier Tafeln zu einer wissenschaftlichen (nicht wahrscheinlichen) Wahrheit zu gelangen: die der **Anwesenheiten**, bei denen das Phänomen eintritt, die der **Abwesenheiten**, bei der es nicht eintritt, und schließlich die der **Grade**, bei der es nur teilweise eintritt. Diese starke Version der Induktion (**Induktivismus**) wurde mehrfach kritisiert, sowohl seitens der englischen empiristischen Philosophen des 18. Jh.s als auch im 20. Jh. seitens des Falsifikationismus Karl Poppers (→ **Verifikation / Falsifikation**).

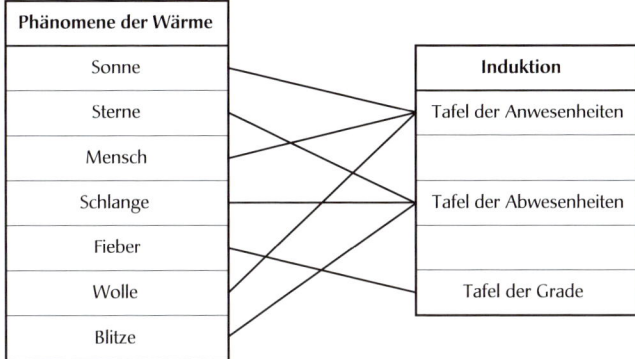

Phänomene der Wärme
Sonne
Sterne
Mensch
Schlange
Fieber
Wolle
Blitze

Induktion
Tafel der Anwesenheiten
Tafel der Abwesenheiten
Tafel der Grade

▲ *Schema des **induktiven Verfahrens** von Bacon. Um eine Theorie zu erarbeiten, die das Wesen der Wärme erklärt, muss man 1) eine größere Anzahl an natürlichen Fällen auffinden, in denen das Phänomen erscheint; 2) die Fälle gruppieren, in denen das Phänomen immer gegenwärtig ist (Sonne, Flamme, Wolle); 3) die Fälle gruppieren, bei denen es trotz naiver Erwartungen nicht erscheint – die Sterne z. B., obwohl sie der Sonne ähnlich sind, produzieren keine Wärme; 4) die Fälle gruppieren, bei denen das Phänomen variabel erscheint (Fieber, Gärung). Weitere Ausarbeitungen des so gesammelten Materials (unter Ausschluss der seltenen Fälle, der Ausnahmen) würden es laut Bacon ermöglichen, im ersten Moment alle falschen Hypothesen zu eliminieren, um schließlich auf dem Wege des Ausschlusses zur einzig richtigen Hypothese zu gelangen.*

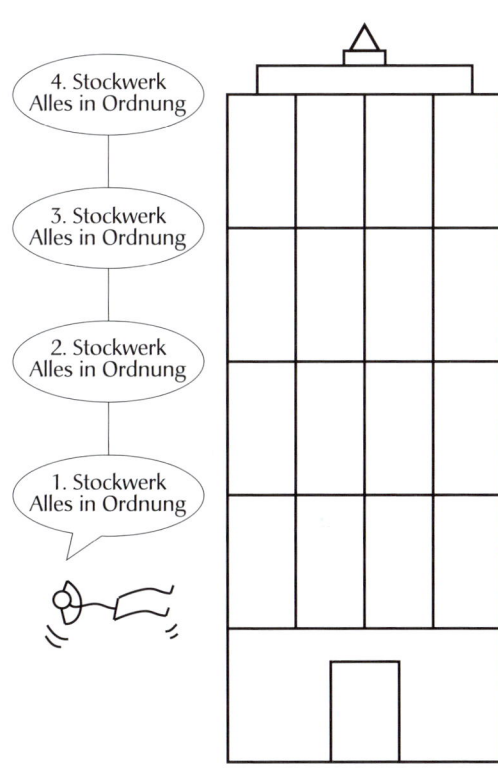

▲ *Ein radikaler Induktivist im freien Fall von einem Wolkenkratzer hätte keinen Grund, sich Sorgen zu machen: Bei jedem Stockwerk könnte er die eigene Lage überprüfen und feststellen, dass alles (für den Augenblick) zum Besten steht. Dies ist eine geistreiche Bemerkung, mit der Bertrand Russell, einer der wichtigsten Logik-Philosophen des letzten Jh.s, den Irrtum eines extremen **Induktivismus** an den Tag bringen wollte, der nur Tatsachen Achtung schenkte.*

▲ *__Klassifikationstafel__ aus einem Handbuch zur Botanik aus dem 18. Jh. Obwohl sie als ausschließliches Modell der Wissenschaft nicht brauchbar war, hat die Induktion zu Beginn der wissenschaftlichen Ära eine führende Rolle gespielt. Sie förderte die Entwicklung der Naturwissenschaften, die in jenen Jahrhunderten hauptsächlich von der Feldforschung geprägt war.*

Rationales Kalkül

Hobbes, Berechnung
Siehe auch: *Empirismus, Assoziationspsychologie*

Auch wenn sie in fast allem voneinander abwichen, waren sich die Vertreter von Empirismus und **Rationalismus** (→) des 17. Jh.s doch in einem Punkt einig: der **Bedeutsamkeit von Mathematik und Geometrie.** Fasziniert vom euklidischen Modell sahen die Rationalisten im mathematisch-deduktiven Verfahren den Inbegriff jeder Form von Erkenntnis (→ **Kartesianischer Deduktionismus**).

Die Empiristen, obwohl sie diese Überbewertung nicht akzeptierten, leugneten den Wert der Mathematik nicht, sofern nur klar war, dass sich ihre Gültigkeit nicht an der Realität der Welt bemisst, sondern einzig an der inneren Kohärenz des Verfahrens. Arithmetik und Geometrie drücken keine Tatsachen aus (zu denen sich nur die Erfahrung aussprechen darf), sondern einfache Beziehungen zwischen Vorstellungen, geistige Konstrukte, die nichts mit der Natur zu tun haben. Von einem Theorem verlangt man nur, dass es korrekt im Hinblick auf die Prämissen ist, und nicht, dass es die Existenz von irgendetwas bezeugt. Sobald auf dem Wege der Konvention einmal festgelegt ist, was eine Zahl und eine Figur bedeuten sollen, muss der mathematische Diskurs nur darauf achten, keine Antinomien hervorzubringen (d. h. das Prinzip des Nichtwidersprüchlichen beobachten).

Es darf deshalb nicht verwundern, dass ein empiristischer Philosoph, der Engländer Thomas Hobbes (1588–1679), heute als derjenige gilt, der die aktuelle kybernetische Wissenschaft (wörtlich: „die Kunst zu steuern", die Wissenschaft der Kontrolle über Maschinen, die durch Methoden mathematischer Berechnung *intelligent* gemacht wurden) vorweggenommen hat. Hobbes legte nahe, den Geist als ein Berechnungssystem anzusehen, eine Maschine, die in der Lage ist, Wörter mittels arithmetischer Operationen zu verarbeiten. So wie die Mathematik operiert, indem sie Zahlen berechnet, so addiert oder subtra-

hiert der Geist Namen: Zwei Begriffe verbinden sich zu einer Behauptung, zwei Behauptungen bilden einen **Syllogismus** (→), mehrere Syllogismen einen Beweis. „Unter rationeller Erkenntnis vielmehr verstehe ich Berechnung. Berechnen heißt entweder die Summe von zusammengefügten Dingen finden oder den Rest erkennen, wenn eins vom andern abgezogen wird. Also ist rationale Erkenntnis dasselbe wie Addieren und Subtrahieren" (*Grundzüge der Philosophie*, 1642–58, 1. Teil, 1. Kap., 2. Abschn.), gemäß dem berühmten Beispiel:

TIER + VERSTAND = MENSCH
MENSCH − VERSTAND = TIER

„Man darf also nicht meinen, dass das eigentliche Rechnen nur bei Zahlen stattfindet … denn auch Größen, Körper, Bewegungen, Qualitäten, Handlungen, Begriffe, Verhältnisse, Sätze und Worte … können addiert und subtrahiert werden" (ebd.): Wie die Arithmetiker auf dem Gebiet der Zahlen Addieren und Subtrahieren lehren, so lehren auch die Baumeister dieselben Dinge auf dem Gebiet der Linien und Figuren; die Logiker auf dem Gebiet der Konsequenzen aus Worten; die Politiker rechnen Vereinbarungen zusammen, um die Pflichten der Menschen herauszufinden; die Juristen die Gesetze und Tatsachen, um über Richtig und Falsch bei den Tätigkeiten der Privatpersonen zu entscheiden.

Eine ähnlich universelle Ausdehnung der Berechnungsmethode beinhaltete die – ursprünglich rein empiristische – Erkenntnis des **sprachlichen Konventionalismus**: Hinter den Begriffen gibt es keine **Substanz** (→), sondern nur eine vereinbarte Bedeutung.

◄ *Das Interesse für das mathematische Modell der rationalen Erkenntnis brachte die Philosophen des 17. und 18. Jh.s dazu, die ersten automatischen Rechenmaschinen zu erfinden, womit eine Forschungstradition ihren Anfang nahm, die noch heute anhält. Die erste* intelligente *Maschine, bekannt als* **Pascaline***, kann addieren und subtrahieren. Sie wurde 1645 von dem 22-jährigen Blaise Pascal für seinen Vater, von Beruf Steuereinzieher, konstruiert. Im Laufe der folgenden Jahre verbesserte er diese Maschine ständig: Mehr als fünfzig Versionen der Maschine hat Pascal entworfen und gebaut.*

◄ *Die Pascaline enthält acht Rädchen, die so miteinander verzahnt sind, dass eine volle Umdrehung des rechten das Weiterdrehen um nur eine Einrastung bei den linken bewirkt. Die Rädchen haben eine unterschiedliche Anzahl von Zähnen (12, 20, 10), um dem komplizierten französischen Geldsystem Rechnung zu tragen (welches duodezimale, dezimale und vigesimale Untersysteme umfasst).*

▼ *Im 18. Jh. gelang es Leibniz, eine wirkliche Rechenmaschine zu konstruieren, die in der Lage war, bis zu sechsstellige Zahlen zu multiplizieren und zu dividieren.*

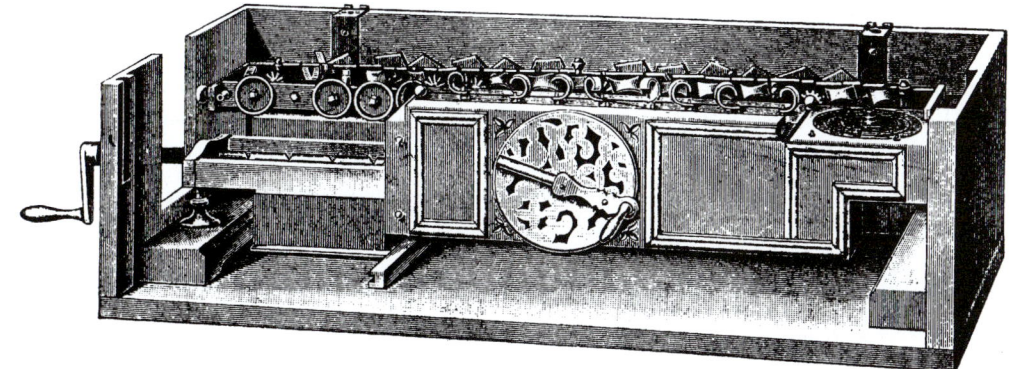

Geschmack

Hume, Ästhetik
Siehe auch: *Gewohnheit*

Die Aufmerksamkeit der Philosophen des 18. Jh.s galt der Entstehung eines neuen, bislang unbekannten Phänomens: der **Mode**. Zunächst in den wohlhabenderen Klassen und sehr bald auch in der ganzen Gesellschaft begann Kleidung ein Mittel der Persönlichkeitsverherrlichung zu werden, und die individuelle Wahl überwog zunehmend gegenüber den von der Gesellschaft auferlegten Zwängen. Das Phänomen offenbarte sofort starke Eigenarten: Mode ist subjektiv, kurzlebig, exzentrisch, in beständiger Oszillation zwischen Konformismus (Imitation) und Extravaganz; vor allem steht sie in einer merkwürdigen Beziehung zur Idee der Schönheit. Es kann nämlich sowohl eine **aus der Mode gekommene Schönheit** als auch eine **Mode der Hässlichkeit** geben (der heutige Punk beispielsweise).

Das gesellschaftliche Phänomen der Mode bewegte David Hume (1711–1776) zur Entwicklung einer Ästhetik, die auf den Begriffen von Geschmack und Gemeinsinn basiert (*Von der Grundregel des Geschmacks*, 1741). In die Fußstapfen der platonischen Idee der **mimetischen Kunst** (→ **Mimesis**) tretend, argumentierte Hume, dass die Schönheit immer als eine der Natur, den Dingen selbst inhärente Qualität angesehen worden sei, mit der Konsequenz, dass die menschliche Wertschätzung (d. h. die ästhetische Bewertung) als Anerkennung einer Tatsache aufgefasst wurde. Jede Idee der Schönheit müsse jedoch als Ausdruck eines **Gefühls** verstanden werden, oder besser, als reine Entscheidung des Geistes, eine Reflexion der Seele über sich selbst ohne jede Verbindung zur Umwelt. Im Unterschied zu den Leidenschaften der **Seele** (→), die abhängig sind von der Natur des auslösenden Objekts, sind die ausschließlich vom Subjekt abhängenden Gefühle immer wahr (auch die Liebe zu einem imaginären Freund ist als Gefühl gänzlich wahr und real).

Nach Ansicht Humes sind die ästhetischen Urteile, die sich auf die Schönheit oder Hässlichkeit der Objekte beziehen, immer (nicht rationale) **Gefühlsurteile**. Dies zeigt die Tatsache, dass ein und dasselbe Objekt bei unterschiedlichen Individuen verschiedene, ja sogar gegenteilige Gefühle wecken kann, ohne dass eines richtiger als das andere wäre. In diesem Sinne trifft die antike Maxime zu: „Schön ist, was gefällt"; das Geschmackskriterium, d. h. die Fähigkeit, Schönheit wahrzunehmen, ist stets subjektiv, spontan, intuitiv und variabel im Lauf der Zeiten und sogar im Subjekt selbst.

Es gibt jedoch eine Grenze dieses radikalen, dem **Gemeinsinn** entgegengesetzten Subjektivismus. Die Menschen enthüllen in ihren Urteilen nämlich eine bemerkenswerte Einstimmigkeit und lassen erkennen, dass sie Schönheit auf der Basis von breit geteilten Kriterien zu schätzen wissen, gemäß dem **guten ästhetischen Geschmack** (ohne den es den entgegengesetzten Begriff der Exzentrizität, der beim Phänomen der Mode so wichtig ist, gar nicht geben würde). Daraus folgt, dass es gewiss möglich ist, zu bestimmen, was man im Allgemeinen unter Schönheit versteht, allerdings nur durch eine Bestandsaufnahme der faktischen Urteile. Die faktischen, von den Menschen gebrauchten ästhetischen Kriterien sind nicht rational bestimmbar, doch auf empirischem Wege spezifizierbar. So wie es bei der Mode geschieht, wird der Begriff der Schönheit der Erfahrung niemals *a priori* (in einer Definition) zugrundegelegt, sondern *a posteriori*, als Überprüfung des Konsens und der gesellschaftlich am meisten verbreiteten Standards.

▶ *In der* Theorie der feinen Leute *(1899) untersucht der amerikanische Soziologe Thorstein Veblen (1857–1929) die politischen Aspekte der Mode, die er als beachtliche Verschwendung, eine Zurschaustellung des gesellschaftlichen Privilegs versteht. Die Bedeutung vieler Moden, die antifunktional, unbequem und sogar gesundheitsschädlich seien (beispielsweise das Korsett, das die Frauen des 18. Jh.s am Sich-Bücken und sogar am Sitzen hinderte), sei es, die Befreiung ihres Trägers von handwerklicher Arbeit hervorzuheben und damit dessen Zugehörigkeit zur Klasse der Wohlhabenden zu demonstrieren.*

◀ *In seiner* Philosophie der Mode *(1905) betrachtet der Philosoph und Soziologe Georg Simmel (1858–1918) die Mode als ein Produkt der gesellschaftlichen* **Dynamik zwischen Imitation und Differenzierung.** *Die Spitze der Gesellschaftspyramide verwendet einen Schnitt, den sich die untergeordneten Klassen durch Imitation zunehmend zu eigen machen. Wenn die Verbreitung des neuen Modells dessen Fähigkeit schmälert, denjenigen zu unterscheiden, der es trägt, wird es von der kulturell herrschenden Klasse verworfen und durch ein neues ersetzt. Simmels Erklärung trifft insbesondere auf die ersten Jahrhunderte der Neuzeit zu, in denen die aristokratische Exzentrik ein außerordentliches Niveau erreichte, das – wie man anhand der Perücke der nebenstehenden Person sieht – jenseits jeder Schönheits- oder Funktionalitätsvorstellung lag.*

▼ *In* Die Sprache der Mode *(1967) betrachtet Roland Barthes (1915–1980) die Mode als eine* **Kommunikationsstruktur** (**→ Struktur**), *die, wie die Sprache, einen Kodex und eine Grammatik aufweist. Ein Beispiel für diesen Standpunkt stellt die von Desmond Morris vorgenommene Analyse der Rocklänge als Wirtschaftsbarometer dar (*Der Mensch, mit dem wir leben, *1977). Nach Ansicht des Anthropologen würden die Röcke in Zeiten des Booms kürzer, während sie in Phasen der Rezession dazu tendierten, länger zu werden.*

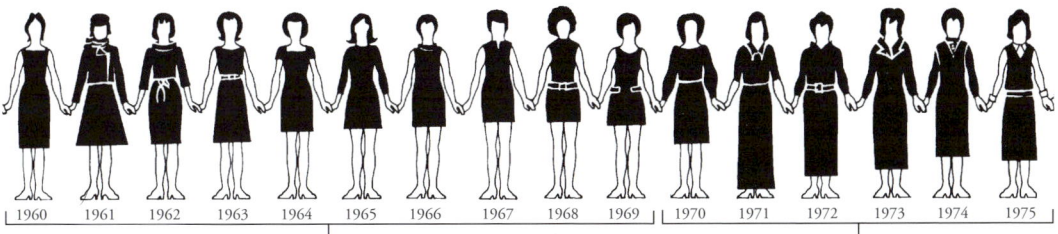

| 1960 | 1961 | 1962 | 1963 | 1964 | 1965 | 1966 | 1967 | 1968 | 1969 | 1970 | 1971 | 1972 | 1973 | 1974 | 1975 |

Kurze Röcke: Der Boom der 60er-Jahre   Lange Röcke: Die neue Rezession

Aufklärung

Vernunft / Vernünftigkeit
Siehe auch: *Pädagogik, Materialismus, Rasse*

Als Aufklärung bezeichnet man jene kulturelle Bewegung, in der die Gesellschaft danach strebte, sich durch den richtigen Gebrauch der **Vernunft** von religiösem Fanatismus und von überkommenen Vorstellungen zu emanzipieren. Sie entstand im 17. Jh. in England und weitete sich dann nach Frankreich und auf den restlichen Kontinent aus.

Immanuel Kant (1724–1804) definierte die Aufklärung als den „Ausgang des Menschen aus seiner selbst verschuldeten Unmündigkeit. Unmündigkeit ist das Unvermögen, sich seines Verstandes ohne Leitung eines anderen zu bedienen. Selbstverschuldet ist diese Unmündigkeit, wenn die Ursache derselben nicht am Mangel des Verstandes, sondern der Entschließung und des Mutes liegt, sich seiner ohne Leitung eines andern zu bedienen. Sapere aude! Habe Mut, dich deines eigenen Verstandes zu bedienen! ist also der Wahlspruch der Aufklärung". *(Beantwortung der Frage: Was ist Aufklärung?)*

Vom englischen **Empirismus** (→) übernahm die Aufklärung die Anerkennung der Bedeutung von **Erfahrung** und **Konkretheit**, und damit einen Wissenschaftsstil, der auf der konstanten experimentellen Überprüfung von Theorien basiert. Die klassische Physik (→ **Newtonismus**) diente ihr als Vorbild für solch eine streng durchgeführte Forschung.

Komplexer waren die Beziehungen der Aufklärung zum französischen Rationalismus. Auf der einen Seite erbte sie den Wunsch nach Klarheit und das Bedürfnis nach unumstößlichen **evidenten Wahrheiten**; auf der anderen Seite lehnte sie den Systemgeist der Rationalisten ab, jene Vorstellung des **kartesianischen Deduktionismus** (→), dass der Verstand **Axiome** (→) begründen müsse, aus der alle Wahrheiten der Welt abzuleiten seien.

Tatsächlich wies es die Aufklärung zurück, aus der Rationalität einen absoluten Faktor, die einzige Quelle der Erkenntnis zu machen. Die **aufgeklärte Vernunft** ist keine metaphysische Größe, sondern ein nützliches Instrument: Sie muss vom Menschen gebraucht werden, nicht ihn beherrschen. Der eisernen logischen Rationalität ist die Vernünftigkeit vorzuziehen, eine schwächere Version, die nicht den Anspruch hat, unfehlbar zu sein, die sich jedoch als fruchtbar herausstellt und in der Lage ist, sich mit der Erfahrung und der realen Komplexität der Welt zu vereinen. Die Vernünftigkeit ist in konstruktiver Weise zu gebrauchen: Sie unterzieht jeden Aspekt des privaten und gesellschaftlichen Lebens ihrer Kritik, insbesondere jene Bereiche des Denkens, die traditionellerweise der religiösen Autorität unterworfen sind, wie die **Ethik** und die **Politik**. Die Aufklärung war eine Bewegung, die sich entschieden um die **Veränderung der Welt** bemühte. Ihr Programm, der größtmöglichen Anzahl von Personen ein Maximum an Glückseligkeit zu ermöglichen, wurde zu einer der bedeutendsten Ursachen der Französischen Revolution.

Eines der gewichtigsten philosophischen Themen der Aufklärung war die **Rückkehr zur Natur** (→ **Der Edle Wilde**), die als Inbegriff von Authentizität und Rationalität galt und in Gegensatz zu dem Künstlichen und Willkürlichen der Kultur der Vergangenheit gestellt wurde. Zugleich kämpften die **Philosophes** (→), wie sich die aufgeklärten Denker nannten, gegen den Fanatismus der Religion (weil diese sich als Trägerin einer absoluten Wahrheit versteht und sich das Recht anmaßt, Andersdenkende zurückzuweisen). Der Glaube (als irrationale Überzeugung) und das Prinzip der *auctoritas* (→) müssen durch eine **natürliche Religion** ersetzt werden (deren Grenzen die Vernunft setzt), gemäß den Prinzipien des **Deismus** (→): Gott werden nur die Qualitäten zugesprochen, die die Vernünftigkeit für plausibel (nicht gewiss) hält, d. h. die Schöpfung der Welt, das Bereithalten einer Belohnung oder einer Bestrafung nach dem Tod.

◀ *Die **Erkenntnis** in einer Allegorie des 18. Jh.s Sich der mythologischen Sprache bedienend, wird der Geist von einer Göttin repräsentiert, die als Vermittlerin zwischen Göttlichkeit (Sonne) und Natur gestellt ist. In der rechten Hand hält sie einen Spiegel (die Vernunft), der das Licht der Wahrheit nach unten reflektiert. In der Linken hält die Göttin den Krug der Weisheit: Das Wasser, das aus ihm quillt (das Wissen), wird von einer Figur zu ihren Füßen, der Allegorie der **Erfahrung** und der experimentellen Wissenschaftspraxis, in einem Kelch aufgefangen. Der Knabe repräsentiert denjenigen, der unterrichtet werden muss – der Adressat des Erkenntnisprozesses.*

▶ *Emblem der Vernunft mit ihren Symbolen: der Zahlenkette, dem Auge der Weisheit auf der Brust und dem Löwenfell auf dem Kopf. Letzteres steht für die Instinkte, den irrationalen, unter Kontrolle gebrachten Teil des Menschen.*

◀ *Bedlam in London, die erste je gebaute Irrenanstalt, in einem Gemälde von William Hogarth mit dem bezeichnenden Titel Das Leben eines Wüstlings (1735). Die Betonung des Vernunftwertes führte zu einer Neudefinition des **Wahnsinns** (→), den die Aufklärung in ethischem Sinne interpretierte: Der Wahnsinn ist die logische Folge aus einem Leben gegen die Natur. Die Damen auf der linken Seite, die den Tobsüchtigen beobachten, sind zwei Schaulustige. Im 18. Jh. war die Irrenanstalt ein Ort des Zeitvertreibs: Neugierige amüsierten sich gegen eine Eintrittsgebühr damit, die Kranken zu beobachten und zu verspotten (bestärkt durch die Überzeugung, dass, wo die Intelligenz fehlt, auch kein Schmerz existieren könne).*

Deismus

Religiosität
Siehe auch: *Aufklärung, Philosophes*

Die Aufklärung war eine weltliche Bewegung, die den Angriff auf Mythen und Aberglauben sowie auf religiösen Fanatismus, der verantwortlich war für die Kriege, die Europa im vorausgehenden Jh. zuvor mit Blut befleckt hatten, zu ihrem hauptsächlichen Ziel ernannte. So begann im 18. Jh. jener Prozess der **Säkularisierung** (die Abschwächung des religiösen Faktors), der die Zivilisation des modernen Abendlandes kennzeichnet. Die ersten Ergebnisse der skeptischen Kritik waren Deismus und Atheismus.

Der Deismus, eine lang andauernde, unter den aufgeklärten Denkern *(Philosophes)* vorherrschende Haltung, war der Versuch, die Religion auf die **Grenzen der Vernunft** zu reduzieren. Jede Gültigkeit eines Glaubens unkritischer und irrationaler Ausprägung wurde abgelehnt. Die Deisten duldeten nur jene äußerst wenigen theologischen Prinzipien, die ihrer Auffassung nach nicht in Widerspruch zum **gesunden Menschenverstand** (→) stehen: die Existenz Gottes, die nur in allgemeinen Ausdrücken wie dem (notwendigen, ewigen) *höchsten Wesen* definierbar ist, und die Schöpfung der Welt. Als wahrscheinlich, aber nicht sicher galten die Unsterblichkeit der Seele und das Vorhandensein einer Belohnung oder Bestrafung nach dem Tod. Nach Ansicht der englischen Deisten beherrscht die Gottheit die Welt; laut Voltaire ist sie gegenüber den irdischen Ereignissen völlig gleichgültig. Dies sind die einzigen Wahrheiten, die auf rationaler Ebene vertretbar sind; der ganze Rest ist Mythos und Legende, wenn nicht entschiedener Betrug. **Moses, Christus** und **Mohammed** sind die drei großen Betrüger der Geschichte, und die zentrale Idee des Christentums, dass Christus Mensch geworden und auf die Erde gekommen sei, ist eine „jüdische Fabel", die auch nach Jahrhunderten der theologischen Spekulation noch absurd bleibt. Alle bejahenden Religionen, insbesondere die drei Offenbarungsreligionen (Judentum, Christentum, Islam) sind antirational, weil sie auf Dogmen gegründet sind, Pseudowahrheiten, die unkritisch akzeptiert werden sollen. Für die Deisten sind alle Kirchen als ein pathologisches Phänomen der **natürlichen Religiosität** anzusehen: In den besten Fällen ist ihre historische Bedeutung nichtig gewesen; häufiger war sie schädlich, weil die priesterliche Kaste oftmals den wissenschaftlichen Fortschritt behinderte und dazu beigetragen hat, das Volk im Unwissen zu belassen und Hass und Fanatismus zu fördern.

Während der Deismus die Religionen verurteilte, die natürliche Religiosität aber bewahrte, trieb der **Atheismus** die Kritik so weit, dass er den Begriff der Religion selbst zur Diskussion stellte, wobei er jede Vorstellung von Gott als das Ergebnis von Angst und Interessen ansah. Paul Henri Thiry Baron d'Holbach (1723–1789) vertrat die These der politischen Instrumentalisierung: Die Religion sei stets eine List der mächtigen Klasse gewesen, um die Herrschaft über die Untertanen zu behalten (der Gehorsam gegenüber Gott, dem König der Könige, gewöhnt daran, auch gegenüber dem Tyrannen folgsam zu sein). Jede Religion sei per se das Ergebnis der Angst, der menschlichen Unfähigkeit, der nackten Existenz ins Auge zu blicken; sie sei nichts weiter als eine phantastische Projektion des Geistes, der Traum von einem Leben ohne Widersprüche. Gegen den Vorwurf, dass der Atheismus notwendigerweise Unmoral hervorrufe, führt Holbach ins Feld, dass die wahren Prinzipien der **Ethik** auch auf rationalem, außerreligiösem Wege abgeleitet werden könnten, indem man über das Funktionieren der **Natur** reflektiert: Das, was natürlich ist, kann nicht unmoralisch sein und umgekehrt.

◄ Leichtgläubigkeit, Aberglaube, Fanatismus *ist der Titel des hier abgebildeten Druckes (1760) von William Hogarth. In der Aufklärung war der **destruktive Deismus** vorherrschend, der einen vollständigen Bruch mit dem religiösen Aberglauben der Vergangenheit forderte und dies mit den Waffen der **Ironie** (→), des bissigen Sarkasmus und der Respektlosigkeit zum Ausdruck brachte. Maler und Kupferstecher spielten eine beachtliche Rolle in dieser Pressekampagne (der ersten in der Geschichte), die sich vor allem an die weniger gebildeten Schichten wandte.*

▶ *Der **konstruktive Deismus** war der Versuch, ein neues Denken über Gott gemäß der Vernunft und der Natur zu erarbeiten, im Gegensatz zur theologischen Tradition. Nach Ansicht der Deisten müsse die Darstellung Gottes den **Anthropomorphismus** (→) vermeiden und symbolische Analogien wie das Allsehende Auge vorziehen oder geometrische wie das Dreieck (das als Trinitätssymbol bereits von Augustinus verurteilt worden war).*

◄ *„Nirgendwo Finsternis" („Nusquam tenebrae") ist das Motto der Darstellung, die die typische neue und antirationale Konzeption Gottes zeigt: Dieser wird als ein Auge dargestellt, welches vom Zentrum des Kosmos aus alle Dinge sieht. Der Versuch, eine neue religiös-symbolische Vorstellungswelt zu entwerfen, war die Grundlage der **Freimaurerei** und zahlreicher philanthropischer Sekten und geheimer Gemeinschaften, die im 18. Jh. entstanden.*

Philosophes

Aufklärung, Intellektuelle
Siehe auch: *Pädagogik, Didaktik, Deismus*

Einer der charakteristischen Züge der **Aufklärung** (→) war die neue Art und Weise, wie die Intellektuellen, die sich als *Philosophes* bezeichneten, ihre gesellschaftliche Rolle verstanden. Der Eintrag „Philosoph" in der von Jean-Baptiste Le Rond, gen. d'Alembert, und Denis Diderot herausgegebenen *Encyclopédie* (1751–1772) zeichnet folgendes Porträt: Philosoph ist derjenige, der

• den Gefühlen die **Kontrolle der Vernunft** auferlegt („Die anderen Menschen lassen sich durch ihre Leidenschaften hinreißen, ohne dass den Handlungen, die sie ausführen, die Überlegung vorausgeht; solche Menschen gehen ihren Weg in die Finsternis, wogegen der *Philosoph* immer, auch in seinen Leidenschaften, erst aufgrund einer Überlegung handelt. Er sucht den Weg in der Nacht, aber ihm leuchtet eine Fackel voraus.");

• sich nicht von der Einbildungskraft mitreißen lässt, sondern auf systematische Weise eine **Beobachtung ohne Vorurteile** vornimmt. („Die Wahrheit ist für den *Philosophen* nicht etwa eine Geliebte, die seine Einbildungskraft verführt und die er überall zu finden glaubt; er begnügt sich damit, dass er sie zu erkennen vermag, sobald er sie bemerkt. … Der *Philosoph* hängt nicht so sehr an einem System, dass er nicht die volle Stärke der Einwände empfindet.");

• sich der **Grenzen des Verstandes** bewusst ist („Die Welt ist voll geistreicher Leute – sehr geistreicher Leute, die stets und überall urteilen … ohne zu erkennen, ob man eigentlich einen Beweggrund für das Urteil hat. Sie kennen nicht die Reichweite des menschlichen Geistes; sie glauben, er könne alles erkennen. … Der *Philosoph* bringt es, wenn er keinen eigentlichen Beweggrund zum Urteilen hat, sogar fertig, die Dinge unentschieden zu lassen.");

• dem **Wissen** einen **praktischen und nützlichen Wert** beizumessen versteht („Er ist ein rechtschaffener Mensch, der sich gefällig und nützlich erweisen will. … Er will als kluger Ökonom die Güter genie-

ßen, die ihm die Natur bietet.");

• **sozial engagiert** ist („Unser *Philosoph* glaubt nicht, er sei in diese Welt verbannt; er glaubt auch nicht, er befinde sich in Feindesland. … [Er ist] mehr als irgendein anderer dazu veranlagt, besonders viel Reiz und Vergnügen am Zusammenleben mit seinen Nächsten zu finden, sich ihr Vertrauen und ihre Achtung zu erwerben und die Pflichten der Freundschaft und der Dankbarkeit zu erfüllen. … Die gesittete Gesellschaft ist für ihn sozusagen etwas Göttliches auf der Erde; er verherrlicht sie, er ehrt sie … durch genaue Beachtung seiner Pflichten und durch den aufrichtigen Wunsch, kein unnützes oder störendes Mitglied der Gesellschaft zu sein.");

• sich als ein **moralischer Führer der Gesellschaft** anbietet („[Er] ist auf alles bedacht, was Ehre und Rechtschaffenheit bedeutet. … Das Gefühl der Rechtschaffenheit gehört ebenso sehr zum gewohnheitsmäßigen Zustand des *Philosophen* wie die Aufgeklärtheit des Geistes.")

Der *philosophe* ist, kurz gesagt, ein freier weltlicher Denker, ein Berufsdenker und Held des Geistes: Er rechtfertigt seine Rolle als **kritisches Bewusstsein** der Gesellschaft, wobei er systematisch die unbequemsten Debatten herausfordert und einen beständigen Protest der gesetzlichen Macht anregt. Die engagierten französischen Philosophen verstanden es, diesen Aufgaben mit großer persönlicher Zielstrebigkeit nachzugehen, was sie manchmal mit dem Gefängnis und noch häufiger mit verlegerischer Verbannung bezahlen mussten. Es galt für alle das Beispiel der *Encyclopédie*, die mehrfach auf Druck der Jesuiten und der rückschrittlichsten Kreise des Hofes verboten wurde. Trotz der großen Bedeutung der Reflexionen über einige spezifische Themen ist das Denken der französischen Aufklärer mehr auf politischer (als grundlegende Ideologie der großen Revolution von 1789) als auf philosophischer Ebene ins Gewicht gefallen.

◄ *Das Voltaire-Porträt in Marmor von Jean Antoine Houdon (1781, zwei Jahre nach dem Tod des Philosophen entstanden) ist das berühmteste Monument, das einem Intellektuellen der Neuzeit gewidmet wurde. Dem antiken griechischen Brauch gemäß wird die vom Philosophen erreichte Weisheit durch dessen fortgeschrittenes Alter symbolisiert: Die physische Gebrechlichkeit ist vor allem am Gesicht erkennbar, zusammen mit dem Scharfsinn und der geistigen Klarheit. Die gesellschaftliche Rolle des Intellektuellen wird durch den Sessel (ein Thron), auf dem er sitzt, unterstrichen. Die Weiterführung der antiken Erfahrung wird sowohl durch den Philosophenmantel, der den Denker bekleidet, als auch durch die Binde der Unsterblichkeit im Haar angezeigt.*

◄ Voltaire und König Friedrich von Preußen, *dessen mächtigster Schüler, in einem Stich des 19. Jh.s Der bemerkenswerteste Wortführer der französischen Aufklärung wurde zu Jugendzeiten zwei Mal verhaftet und in der Bastille eingesperrt, das zweite Mal, weil er gegen die Rücksichtslosigkeit eines arroganten Aristokraten protestiert hatte. Voltaire und die Schöpfer der* Encyclopédie *hielten trotz ihrer Bewunderung für die englischen Konstitutionalisten an der Notwendigkeit eines aufgeklärten Despotismus fest, wobei sie die Souveräne davon überzeugen wollten, die philosophische Rationalität zu befolgen, „so wie die Mathematiker den Despotismus Euklids akzeptieren".*

Optimismus

Voltaire
Siehe auch: *Aufklärung, Pädagogik*

Den Optimismus zu kultivieren, bedeutet zu glauben, dass alles gut ist: Es ist richtig, dass alles geschieht, was geschieht, weil auch das, was negativ erscheint (physischer Schmerz, Naturkatastrophen, soziale Ungerechtigkeit …) in Wirklichkeit (langfristig, nach reiflicher Überlegung) positiv und jedenfalls für die Ökonomie des Ganzen notwendig ist. Die gegenteilige Ausprägung ist in der Philosophie weniger der Pessimismus (nach dem die Welt von ihrer Konstitution her zum Schlechten tendiert) als die Vorstellung, dass es in der Welt keine Form von Organisation gebe und dass alles akzidentiell, durch **Zufall** (→) geschehe.

Historisch betrachtet hat sich der Optimismus als ein typischer Zug zweier großer Konzeptionen präsentiert:

• des **Finalismus**, jene erstmals von Aristoteles bekundete Konzeption, nach der die Welt im Hinblick auf ein Ziel organisiert ist und die einzelnen Ereignisse in jedem Bereich der Realität mit Rekurs auf den Endzweck erklärbar sind, zu dem hin sie tendieren;

• des **Rationalismus** (→), jene bereits in der Antike vom Stoizismus und in der Neuzeit von Georg Friedrich Wilhelm **Hegels System** (→) bezeigte Vorstellung, nach der Realität und Rationalität koinzidieren und folglich die Dinge nicht anders sein können, als sie tatsächlich sind.

Über den Optimismus wurde insbesondere in der zweiten Hälfte des 18. Jh.s diskutiert. Ein wichtiger Anstoß hierfür war die enorme geistige Erschütterung, die das Erdbeben in Lissabon (1755) hervorrief, eine Katastrophe, bei der 30.000 Personen starben. Voltaire (1694–1778) schrieb sofort sein *Poème sur le désastre de Lisbonne* („Gedicht über die Katastrophe von Lissabon") und 1759 *Candide*, den philosophischen Roman der Aufklärung. Die Polemik Voltaires richtete sich gegen die Lehre von Gottfried Wilhelm Leibniz (1646–1716), nach der

Gott nicht entschieden hat, die Welt absolut perfekt zu schaffen (was sich als unmöglich erweist), sondern als beste aller möglichen Welten, d. h. eine Welt, die gleichzeitig in den Hypothesen die einfachste und in den Phänomenen die reichhaltigste ist: „Wenn es nicht das geringste Übel gäbe, würde es sich nicht mehr um die Welt handeln, welche, alles in allem bedacht, von dem Schöpfer, der sie ausgewählt hat, als die beste beurteilt wurde." Nach Ansicht Voltaires verhindert diese Neigung alles zu rechtfertigen, überhaupt irgendetwas zu verstehen. Es bedeutet, die Augen zu verschließen vor dem kosmischen Skandal des Leidens der Unschuldigen und allen Unglücks, das die Menschheit quält. Wenngleich es vielleicht stimmt, dass eines Tages alles gut sein wird, so ist es aber keineswegs wahr, dass es das bereits heute ist – und dies zu behaupten, bedeutet, eine Hoffnung in eine Illusion zu verwandeln.

Voltaires Stärke besteht darin, diese Überzeugungen nicht auf theoretischem Wege auszudrücken, sondern durch den Gebrauch der **Ironie** (→). *Candide*, ein auch aus literarischer Sicht wichtiges Werk, ist eine in flüssigem und leichtem Stil geschriebene tragikomische Geschichte, die die **Rechtfertigungslehre** nicht widerlegt, sondern sie zum Objekt eines brillanten Sarkasmus macht. Der Philosoph legte die (moralische) Schlussfolgerung der Erzählung einem muslimischen Weisen in den Mund: „Wir müssen unseren Garten bestellen." (Kap. XXX) Mit andern Worten, es ist abwegig, sich in fruchtlosen Versuchen zu verlieren, die Güte der Welt zu definieren, weil nicht alles gut ist, so wie auch nicht alles schlecht ist. Die Welt ist essenziell problematisch: Sie ist nicht die beste, doch sie ist verbesserbar, so wie sie jederzeit schlechter werden kann, wenn die konstruktiven Bemühungen abnehmen.

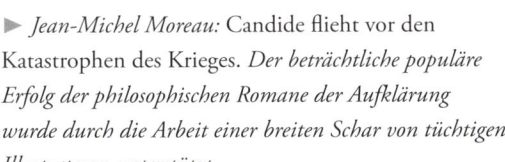

▶ *Jean-Michel Moreau:* Candide flieht vor den Katastrophen des Krieges. *Der beträchtliche populäre Erfolg der philosophischen Romane der Aufklärung wurde durch die Arbeit einer breiten Schar von tüchtigen Illustratoren unterstützt.*

◀ *„Es ist erwiesen, dass die Dinge nicht anders sein können, als sie sind, denn da alles um eines Zwecks willen geschaffen ist, dient alles notwendigerweise dem besten Zweck. Bemerken Sie bitte, dass die Nasen geschaffen wurden, um Brillen zu tragen, so haben wir denn auch Brillen. Die Füße wurden sichtlich gemacht, um Schuhe zu tragen; und so haben wir Schuhe."* (Candide, Kap. I). *Neben dem* **finalistischen Optimismus***, der in diesem Zitat von Doktor Pangloss, dem Meister von Candide in Voltaires gleichnamigem Roman zur Sprache kommt, kam um 1700 auch ein* **humanistischer Optimismus** *auf, der in* Robinson Crusoe *von Daniel Defoe (1660–1731) eine große Rolle spielt. Der Held, der in einer natürlichen, von der Zivilisation unbefleckten Umwelt Schwierigkeiten jeder Art begegnet und sie allein, ohne sich niederwerfen zu lassen, meistert, verkörperte die Überzeugung, dass der Mensch in jedem Fall im Zentrum der Schöpfung steht (die Abbildung stammt aus der ersten Ausgabe des Romans von Defoe).*

Pädagogik

Aufklärung, Encyclopédie
Siehe auch: *Didaktik, Émile*

Eine charakteristische Erfindung der **Aufklärung** (→) war die Pädagogik, die Wissenschaft, die die Erziehung untersucht und daraus eine Theorie entwickelt, die dann in der Didaktik (der Kunst zu unterrichten) anwendbar ist. Freilich gab es auch vor dem 18. Jh. schulische Ausbildung, doch hatte die Vorstellung, dass der Unterricht aus einer einfachen Übertragung von Inhalten bestehe, es mit sich gebracht, dass das Phänomen der Erziehung nie der Gegenstand einer spezifischen Untersuchung war.

Das Meisterwerk der Pädagogik der Aufklärung war die *Encyclopédie*, ein „erläutertes Wörterbuch der Wissenschaften, Künste und Berufe", d. h. ein populärwissenschaftliches Werk. Der erste Band erschien 1751, der siebenundzwanzigste und letzte 1772 – nach zwei Jahrzehnten der Auseinandersetzung, Beschlagnahmung und Zensur seitens der Jesuiten, die sich über den respektlosen Umgang mit der Religion in einigen Einträgen empörten. Ziel des Unterfangens, mit dessen Leitung Jean-Baptiste Le Rond, gen. d'Alembert (1717–1783), und Denis Diderot (1713–1784) betraut waren (die auf die Mitarbeit einer Vielzahl von Spezialisten zurückgriffen), war es, „alles, was die Wissenschaften und Künste betrifft, in die Form eines Wörterbuches" zu bringen, „das zur Anleitung derer, die sich stark genug fühlen, bei der Belehrung der anderen mitzuarbeiten, ebenso dienlich wäre wie zur Aufklärung derer, die sich nur selbst belehren wollen". Niemand, so verkündet es der *Prospectus* des Werks stolz, „hatte bisher ein so großes Werk geplant oder doch wenigstens niemand ein solches in die Tat umgesetzt".

Tatsächlich war der Einfluss der *Encyclopédie* auf die europäische Kultur einschneidend. Nicht nur war sie das erste Vehikel zur **Verbreitung aufklärerischer Vorstellungen** (in den vielen Einträgen, die religiösen, philosophischen, ethischen und politischen Argumenten gewidmet sind), sondern auch das hauptsächliche Mittel zur Bildung einer neuen **technischen Denkweise** (die Einträge zu Angelegenheiten der Arbeit und Technologie sind die zahlreichsten). Dieses Verdienst gebührt zum Teil den Tafeln, mit denen der Text systematisch ausgestattet ist. Von einer kleinen Schar an tüchtigen Illustratoren gezeichnet, dokumentieren sie, wie die „Welt des Ungefähren", die typisch für die spielerische Technologie des 17. Jh.s (→ **Mechanizismus**) war, bereits den Schritt zu einem streng wissenschaftlichen Universum der Präzision vollzogen hatte.

Die *Encyclopédie* war nicht der einzige Ausdruck des Interesses der Aufklärung für die Erziehung – ein Wert, der in jedem Wissensbereich vorrangig wurde. Charakteristisch für das Jh. war beispielsweise die Erfindung einer **Wissenschaft für Frauen**, populärwissenschaftliche Handbücher im Salon-Stil für das weibliche Geschlecht, wie etwa *Newtons Welt-Wissenschaft für das Frauenzimmer* (1737) von Francesco Algarotti. Sogar die Kunst, insbesondere die **Malerei**, wurde in der neoklassischen Ästhetik mehr als Mittel moralischer und bürgerlicher als ästhetischer Bildung verstanden. Diese Tendenz zeigt sich besonders im Schaffen des englischen Malers und Kupferstechers William Hogarth (1697–1764). Es reicht, die Titel seiner Werke aufzuzählen, die passender für einen Konferenzsaal als für ein Museum wären: *Gegen die Gewohnheit, Vierfüßer zu verprügeln* beispielsweise, der zweite Stich der Serie *Die vier Stufen der Grausamkeit*; oder *Die Wahlen*; oder die sechs Stiche des Zyklus *Die Modeheirat*, eine Erklärung der Immoralität von interessengeleiteten Ehen.

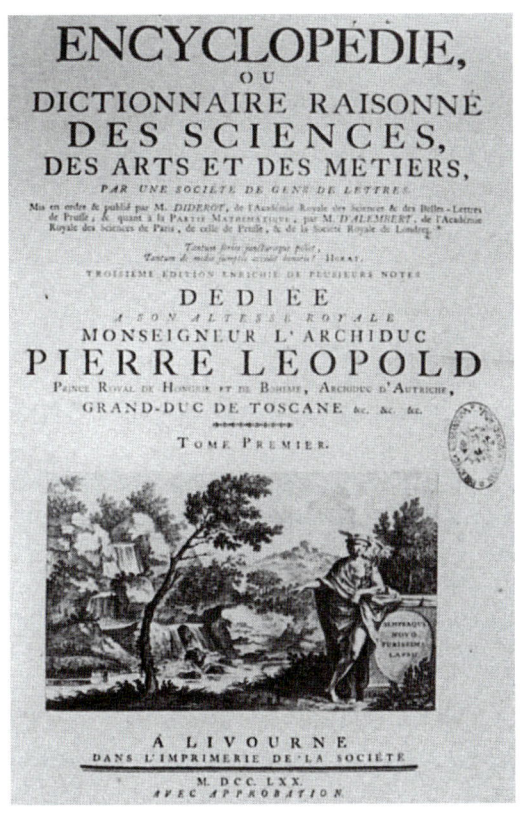

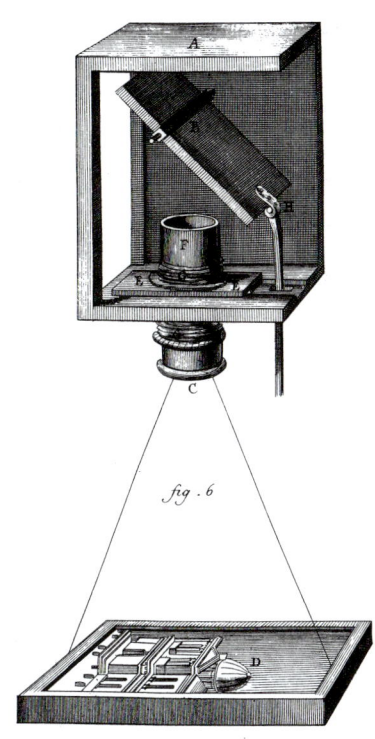

▲ *Die Camera obscura auf den Tafeln der* Encyclopédie. *Die Sorgfalt, Präzision und didaktische Klarheit dieser Darstellungen waren ein energischer Antrieb zum Übergang von der „Welt des Ungefähren" zur modernen industriellen Zivilisation.*

▲ *Die Malerei hatte auf exemplarische Weise Anteil am pädagogischen Programm der Aufklärung. Ein Beispiel dafür ist Hogarths Werk* Die Schnapsgasse *(1785, Ausschnitt). Nach der Erfindung der Gin-Destillation gab es eine außergewöhnliche Verbreitung des Alkoholismus, der für einige Jahre epidemische Formen annahm. Hogarth griff mit zwei zusammengehörigen Werken ein, die eine* ähnliche These veranschaulichen wie diejenige, die derzeit den Konsum leichter Drogen verteidigt: Während die Schnapsgasse *eine Erklärung der negativen Wirkungen der Spirituosen ist, wollte der Künstler mit einer zweiten Radierung,* Die Bierstraße, *die wohltuenden Wirkungen eines gemäßigten Konsums des weniger zerstörerischen traditionellen Getränks aufzeigen.*

Didaktik

Comenius
Siehe auch: *Pädagogik, Émile*

Es ist das Verdienst der Denker der **Aufklärung** (→), über die Pädagogik hinaus auch die Didaktik erfunden zu haben, jenen Wissensbereich, der sich für die Unterrichtstechniken interessiert. Gründer dieser neuen Wissenschaft war Comenius (1592–1670) (latinisierter Name von Jan Amos Komensky), ein blinder Pädagoge und erster Priester (Bischof) der Gemeinde der Böhmischen Brüder.

Im Jahre 1650 bekam Comenius von Seiten des Fürsten Georg I. Rákóczi von Siebenbürgen den Auftrag, das ungarische Schulsystem neu zu strukturieren. Die daraus hervorgehende Reform, die mehr von der Realitätsbeobachtung als von Buchwissen angeregt wurde, führte neben vielen modernen Aspekten (beispielsweise, dass der Muttersprache anstelle des Latein mehr Raum gegeben wurde) die zyklische Methode (**Vier-Stufen-Modell**) ein, die Grundvorstellung jeder modernen Didaktik, nach der sich jede schulische Etappe einem organischen Zusammenspiel von dem Alter angemessenen Kenntnissen und individuellen Fähigkeiten des Schülers stellen muss. Erstmals wurden das Kind und seine konkreten Lerntempi, die sich gemäß den Entwicklungsphasen äußern und nicht erzwungen werden können, ins Zentrum der pädagogischen Aufgabe gestellt.

Comenius' Werk war seiner Zeit weit voraus; es sollte fast zwei Jahrhunderte dauern, bis der Schweizer Johann Heinrich Pestalozzi (1746–1827) einen vergleichbaren Diskurs über die Pädagogik anstieß. Allerdings blieb seine Pädagogik aus moderner Sicht noch merklich erwachsenenzentriert, weil ihr der präzise Begriff von der **Alterität des Kindes** im Vergleich zum Erwachsenen fehlte, der erst im Folgenden mit Jean-Jacques Rousseaus *Émile* (1762) eingeführt wurde. Tatsächlich entstanden viele von der Didaktik des 17. Jh.s entwickelte Innovationen aus historisch-religiösen Motivationen, nicht aus einer neuen Sicht

auf die Kindheit. Die protestantische Reformation hatte, indem sie die Notwendigkeit einer **freien Schriftauslegung** (→) der *Bibel* und somit einer persönlichen Lesart betonte, das Problem einer **universellen Bildung** eindringlich zum Ausdruck gebracht. Diese ethisch-religiöse Motivation war es, die eine besondere Aufmerksamkeit für die Ausbildung der Frauen, für die Alphabetisierung armer Kinder und die Wiedereingliederung von erwachsenen Analphabeten hervorrief. In diesem Rahmen stellte sich das Problem der Kindererziehung als ein besonderer Fall der universellen Bildung dar, gemäß dem Ideal, das Comenius in seinem Hauptwerk *Große Didaktik* (1657) **Pansophie** nannte: die Überzeugung, dass es möglich und notwendig sei, alle zu unterrichten, sodass jeder Mensch durch einen beständigen Prozess der Vervollkommnung eine möglichst vollständige und umfassende (jede Form der Spezialisierung vermeidende) Bildung erlangen könne.

Bezeichnend ist die Geschichte der **Fibel**, Comenius' kleine aber außergewöhnliche Erfindung, die er 1658 unter dem Namen *Die sichtbare Welt* präsentierte. Die Eingebung dazu entstand durchaus nicht aus der Beobachtung eines spezifisch kindlichen Bedürfnisses des Wissenserwerbs, sondern war eines der vielen Nebenprodukte der visuellen Kultur des 16. Jh.s Comenius hatte nämlich die Idee, die traditionellen **Gedächtnisbilder** (→) zu didaktischen Zwecken zu nutzen.

◀ *Das Kind als **kleiner Erwachsener** (Ausschnitt aus* Las Meninas *von Diego Velasquez, 1656). In den aristokratischen Familien des 17. Jh.s wurden die Kinder mit Kleidern angezogen, die die der Erwachsenen en miniature nachbildeten und derart unbequem waren, dass sie nicht nur beim Spielen, sondern auch für die freie Bewegung des Körpers hinderlich waren. Die Entdeckung des wesentlichen Unterschieds zwischen Erwachsenem und Kind (dessen Alterität) geschieht erst im 18. Jh. mit Rousseau. Der französische Philosoph behauptete, dass „die Natur will, dass Kinder Kinder sind, ehe sie Männer werden. … Die Kindheit hat eine eigene Art zu sehen, zu denken und zu fühlen, und nichts ist unvernünftiger, als ihr unsere Art unterschieben zu wollen." (Émile, II,4)*

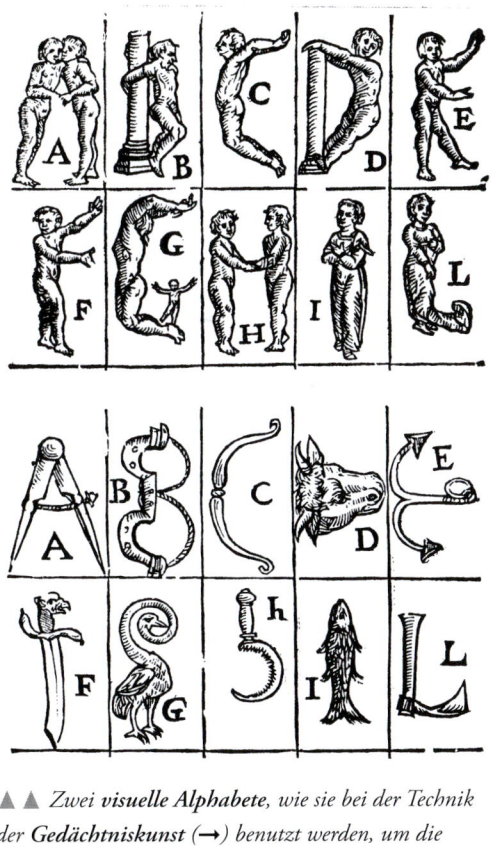

▲ ▲ *Zwei **visuelle Alphabete**, wie sie bei der Technik der **Gedächtniskunst** (→) benutzt werden, um die Initialen der Worte visuell aufzurufen.*

◀ *Eine Seite aus der ersten Fibel,* Die sichtbare Welt, *von Comenius.*

Émile

Rousseau, Pädagogik
Siehe auch: *Aufklärung, Didaktik*

Wegen seines neuen Verständnisses von Erziehung gilt Jean-Jacques Rousseau (1712–1778) als der Vater der modernen **Pädagogik** (→). In seinem Werk *Èmile oder über die Erziehung* (1762) wies er den Adultismus der vorangegangenen Didaktiken zurück und verkündete erstmals in der Geschichte das Prinzip der Alterität der Kindheit. Das Kind ist kein kleiner Mensch, kein Erwachsener *en miniature*, sondern ein anderes Wesen, das eine ihm eigene Art besitzt, mit der Welt in Beziehung zu treten. Entsprechend muss die Erziehung auf dessen Bedürfnisse ausgerichtet sein, nicht auf die des Lehrers oder der unterrichteten Disziplin.

Trotz dieser Verdienste war die Motivation, aus der *Émile* entsprang, nicht pädagogisch, sondern rein philosophisch. Mit dem Ziel, die Barbareien der Zivilisation und die Vortrefflichkeit des **Edlen Wilden** (→) aufzuzeigen, wollte Rousseau beschreiben, was ein Mensch werden könne, wenn er auf eine seine natürliche Güte respektierende Weise erzogen würde. Er schrieb demnach keinen systematischen Traktat, sondern einen Roman, eine **pädagogische Utopie**.

Die philosophischen Anliegen sind von großer Bedeutung für den Inhalt des Werks und haben beispielsweise zur Folge, dass Rousseau für Émile eine vom gesellschaftlichen Kontext vollkommen losgelöste Erziehung vorschlägt. Als idealen Ort der Erziehung stellt er sich die ländliche Einsamkeit eines Landguts vor, wo der Junge, beaufsichtigt von einem engen Kreis Erwachsener, vor jedem schädlichen Kontakt des modernen Lebens bewahrt sein könnte. Auch die von Rousseau vorgelegten konkreten didaktischen Vorschläge stehen unter dem Einfluss seiner philosophischen Überzeugungen. Tatsächlich ging der in vier Phasen gegliederte erzieherische Werdegang, den er sich für Émile vorstellte, auf die sensualistische Lehre (→ **Materialismus**) seines Zeitgenossen, des Marquis de Condorcet (Marie-Jean-Antoine-Nicolas Caritat), zurück.

- Die gesamte Zeit der Kindheit bis zum 12. Lebensjahr sollte der **Erziehung der Sinne** gelten: „Die Sinne üben heißt nicht nur sie gebrauchen, sondern lernen, mit ihrer Hilfe richtig zu urteilen, ja sogar zu fühlen. Denn wir können weder tasten noch sehen oder hören, wenn wir es nicht gelernt haben." (*Émile*, II, 13)

- In der zweiten Phase, von zwölf bis 15 Jahren, sollte man die **intellektuelle Erziehung** vornehmen, welche ebenfalls durch möglichst konkrete und praktische Erfahrungen zu verwirklichen ist. Mehr als Begriffe zu liefern, handelt es sich für Rousseau darum, in wissenschaftlichem und systematischem Sinne die natürliche Neugier Émiles zu entwickeln.

- Erst mit dem 15. Lebensjahr (für die modernen Eltern spät) beginnt die **moralische Erziehung**, die dem Heranwachsenden Erfahrungen vermittelt, durch die er Mitgefühl entwickeln kann, die Fähigkeit, die Leiden anderer als eigene zu empfinden.

- Die letzte Etappe des Werdegangs ist die **soziale Erziehung**, die im Wesentlichen auf eine besonnene eheliche Wahl ausgerichtet ist. Rousseau äußert sich nicht zum Problem der kindlichen Sozialisation: Für Émile findet der Eintritt in die Gesellschaft nicht am Anfang, sondern am Ende des erzieherischen Werdegangs statt, wenn die individuelle Ausbildung abgeschlossen ist.

◄ Ein Erwachsener spielt mit einem Kind, wobei er sein Gesicht hinter einer Maske zeigt und verbirgt. Dies ist das **Spiel „da – nicht da"**, welches charakteristisch für das Alter ist, in dem das Kleinkind das Bewusstsein für das Fortbestehen der Objekte erlernt (auch wenn sie sich dem Blick entziehen). Niemand vor Rousseau hatte es für nützlich erachtet, die Spiele eines Kindes zu beobachten, und dabei hinter der scheinbaren Nichtigkeit deren bemerkenswerte Bedeutung auf kognitiver Ebene entdeckt.

◄ Rousseau unterstreicht die Notwendigkeit, dass die **natürliche Erziehung** den Bedingungen der Entwicklung des Jugendlichen folgen und ausschließlich auf dessen Bedürfnissen basieren soll. Zum ersten Mal wird die Rolle des Lehrers als ein reine Dienstleistung angesehen; nach einer Art pädagogischen Paradoxons ist der beste Lehrer derjenige, der im Erziehungsprozess am wenigsten in Erscheinung tritt, sodass er dem Jugendlichen ermöglicht, aus sich selbst zu lernen, indem er seinen natürlichen Forschungsinstinkt diszipliniert und mit seinem Kopf seine Erfahrungen reflektiert. Das didaktische Eingreifen soll vor allem darin bestehen, die Aspekte der Regelmäßigkeit, Wandlungsfähigkeit und Gleichförmigkeit der Natur systematisch hervorzuheben, sodass Émile mehr als eine Wissenschaft zu erlernen, diese aus sich selbst erschaffen könnte. Es ist dies die Vorstellung des **Selbstlernens**, nach der das Ziel des Unterrichts nicht die Übertragung spezifischer Begriffe ist, sondern die Entwicklung bereits bestehender Möglichkeiten.

Materialismus

La Mettrie, Der Mensch als Maschine
Siehe auch: *Atom, Determinismus*

In den *Regeln zur Leitung des Geistes* (1701) sieht René Descartes (1596–1650) die Möglichkeit vor, jedwedes Problem analytisch in seine einfachsten Bestandteile zu zerlegen (2. Regel). Die dritte Regel schreibt sodann vor, die synthetische Wiederzusammensetzung dieser Elemente durchzuführen, sodass man die ursprüngliche Komplexität wiederherstellt. Mit anderen Worten, es können auch Inhalte des Geistes (Gedanken) wie eine Maschine zerlegt und wieder zusammengesetzt werden.

Indem solcherart Überlegungen zum Extrem geführt und Descartes' Absichten weitergetrieben und verzerrt wurden, entwickelte sich im 17. Jh. aus dem kartesianischen **Mechanizismus** (→) der Materialismus: Alles, sei es natürliche oder psychologische Realität, könne auf der Basis automatischer und **mechanischer Prozesse** erklärt werden, meinten dessen Anhänger. Auf diese Weise geriet der Begriff des Geistes selbst in eine Krise und das heikle, vom kartesianischen Dualismus aufgeworfene Problem bezüglich der Beziehung von Körper und Seele (→ **Leib-Seele-Problem**) wurde drastisch mit der Leugnung der Existenz einer Seele gelöst. Antike Theorien von Demokrit und Epikur aufgreifend, leugnete der Materialismus des 18. Jh.s die Existenz einer geistigen Substanz (→ *Res cogitans / Res extensa*) und erkannte **nur die der körperlichen Substanz** an.

Der wichtigste Interpret der neuen Richtung war der Franzose Julien Offray de la Mettrie (1709–1751). In der Zeit, in der er als Militärarzt arbeitete, konnte er an Soldaten (und an sich selbst) die psychischen Folgen einer organischen Pathologie beobachten. Aus seinen Beobachtungen zog er den Schluss, dass sich auch die geistigen Funktionen des Menschen erklären lassen, ohne auf den Begriff der Seele zurückzugreifen. In seinem Aufsatz *Der Mensch eine Maschine* (1748) legt er nahe, dass nicht nur die Phänomene des biologischen Lebens, sondern auch die der

sogenannten Seele („ein nichtiger Ausdruck, von dem man keine rechte Vorstellung hat", ebd.) von mechanischer Natur seien. La Mettrie zufolge ist das Denken eine Modifikation der Hirnsubstanz: „Wie eine Violinsaite oder eine Klaviertaste erbebt und einen Ton von sich gibt, so sind die Saiten des Gehirns, von hellen Funken getroffen, zur Überlieferung oder Wiedergabe der Worte, welche sie berührten, angeregt worden." (ebd.) Der Unterschied zwischen Mensch und Tier ist quantitativer Natur (nicht qualitativer) und besteht in der größeren Komplexität des menschlichen Gehirns.

Étienne Bonnot de Condillac (1715–1780) untermauerte die materialistische Theorie, indem er die **sensualistische Hypothese** vorbrachte (*Abhandlung über die Empfindungen*, 1754): Alle kognitiven Tätigkeiten (Gedächtnis, Aufmerksamkeit, Urteil, Bewertung, Verlangen, Wille) seien nichts anderes als mehr oder weniger komplexe Umwandlungen von Empfindungen. Die Gesamtheit des psychischen Lebens vollzieht sich, indem man die Ergebnisse der Wahrnehmung verarbeitet, ohne dass man das Eingreifen höherer Prinzipien oder Funktionen annehmen müsse. Es würde ausreichen, meinte Condillac in seinem berühmten Gedankenexperiment, eine Marmorstatue mit einfachem Geruchssinn auszustatten, um in ihr zunehmend höhere Geistestätigkeiten entstehen zu sehen: die Aufmerksamkeit für das Phänomen des Dufts, das Vergnügen (an den Düften) und das Leiden (ob des Gestanks), das Urteil und den Vergleich (gute und schlechte Gerüche) usw. Das gesamte Bewusstsein ist ein Prozess der Umwandlung von Empfindung, weiter nichts.

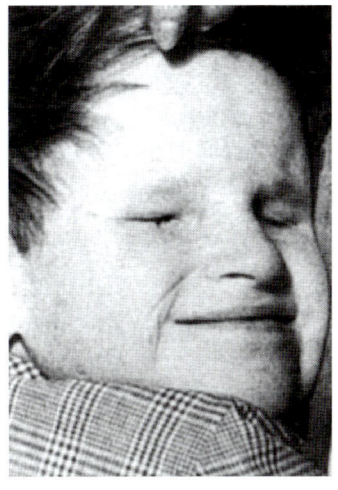 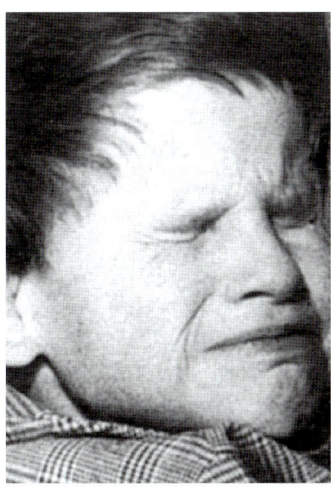

◀◀ Die Hypothese von Condillacs Statue beinhaltet eine interessante, weil auf experimenteller Ebene überprüfbare Implikation: taub, stumm und blind geborene Kinder könnten keine höheren Geistestätigkeiten entwickeln. Die moderne Psychologie hat jedoch das Gegenteil bewiesen: Auf diesen zwei Abbildungen drückt ein blind, taub und stumm geborenes Mädchen Zustände des Wohlgefallens und der Traurigkeit durch eine (allgemein verständliche) Gesichtsmimik aus, die sie nicht aus Erfahrung gelernt haben kann.

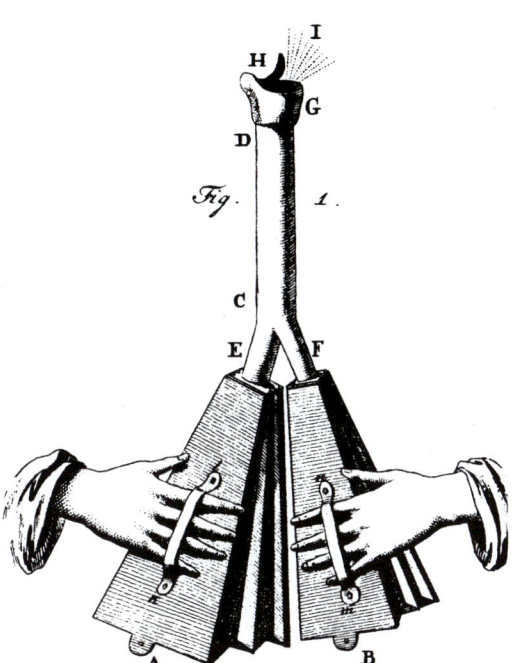
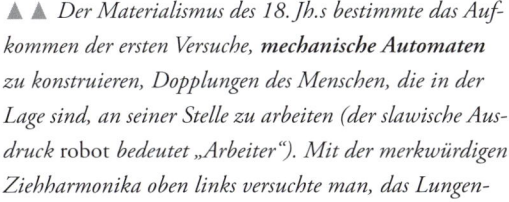
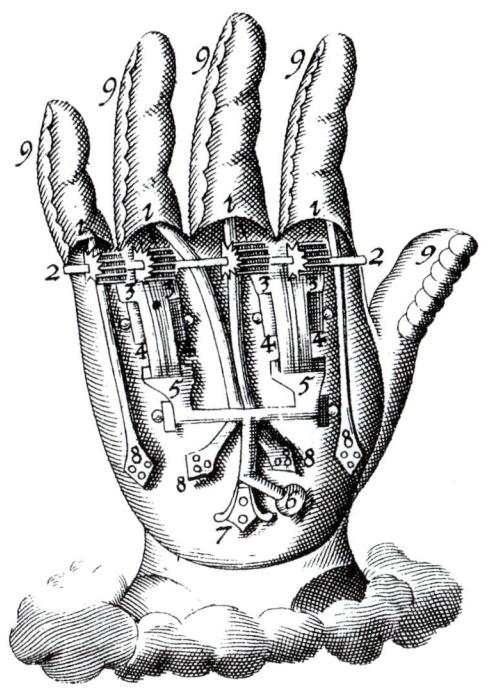

*▲▲ Der Materialismus des 18. Jh.s bestimmte das Aufkommen der ersten Versuche, **mechanische Automaten** zu konstruieren, Dopplungen des Menschen, die in der Lage sind, an seiner Stelle zu arbeiten (der slawische Ausdruck* robot *bedeutet „Arbeiter"). Mit der merkwürdigen Ziehharmonika oben links versuchte man, das Lungen-* *und phonatorische System des Menschen in Hinblick auf eine sprechende Maschine zu imitieren. Wie so häufig hatten die philosophischen Spekulationen interessante technologische Auswirkungen und führten beispielsweise den Aufschwung der Technologie anatomischer Prothesen (rechts) herbei.*

Skala der Lebewesen

Aufklärung, Naturvorstellung
Siehe auch: *Rasse, Waldmensch*

Das gesamte 18. Jh. über blieb die Naturphilosophie noch vom mittelalterlichen Schema der Skala (oder Kette) beherrscht. Nach diesem Modell eindeutig metaphysischer Herkunft besteht die Natur aus einer geordneten Abfolge der Lebewesen. Die Arten der mineralischen, pflanzlichen und tierischen Welt sind wie ansteigende Stufen angeordnet: Die Basis bilden die vier **Elemente** (→), d. h. Erde, Luft, Wasser und Feuer; es folgen die großen Pflanzen- und Tierreiche, dann der Mensch und schließlich, für die religiösen Geister, eine schwankende Zahl engelsgleicher Intelligenzen. Der starke Akzent auf der **Kontinuität**, gemäß der Maxime *natura non facit saltus* (lat. für „Die Natur macht keine Sprünge"), legte das Vorhandensein unendlich vieler intermediärer Stadien zwischen den verschiedenen Naturreichen und sogar zwischen den einzelnen Spezies selbst nahe. Wie Gottfried Wilhelm Leibniz in den *Neuen Abhandlungen über den menschlichen Verstand* (1701–1704) behauptete, bilden „alle Ordnungen der natürlichen Körper eine einzige Kette, bei der die verschiedenen Klassen – als wären es ebenso viele Glieder – so eng miteinander verknüpft sind, dass es unmöglich ist, genau den Punkt zu bestimmen, wo die eine aufhört und die andere beginnt". Dies ist eine finalistische, optimistische (→ **Optimismus**) und anthropozentrische Konzeption, die charakteristisch für denjenigen ist, der glaubt, dass Gott (oder die Natur) beim Schöpfungsprozess nur einem einzigen Weg gefolgt sei, wobei die Ebenen immer größerer Perfektion stufenweise durchschritten wurden, bis sie im Menschen, der Krone der Schöpfung, kulminierten. Sie impliziert eine Anschauung der **Natur als Spiegel des göttlichen Plans**, die von Kriterien der Fülle, Hierarchie und Rationalität beherrscht wird.

Jeder theologischen Komponente entledigt, bildete diese Naturvorstellung die Grundlage der ersten wissenschaftlichen Forschungen zwischen dem 17. und 18. Jh. Ihr hingen Naturalisten und Philosophen jeder Tendenz an: der Empirist John Locke, der Rationalist Leibniz, der Materialist Julien Offray de la Mettrie, der Enzyklopädist Denis Diderot, Jean-Jacques Rousseau und sogar Immanuel Kant. Sie geriet erst in die Krise, als man versuchte, das Schema auf die konkreten naturwissenschaftlichen Untersuchungen anzuwenden. Man stellte nämlich ein unkontrollierbares Anwachsen der Anzahl der notwendigen Stufen fest. Schon die von Leibniz vorgeschlagene Skala sah eine Hierarchie von nicht drei, sondern sechs Etappen vor (Mineralien, Fossilien, Pflanzen, Zoophyten, Tiere, Mensch): Zwischen dem Mineralien- und dem Pflanzenreich befinden sich die Fossilien, die bis Charles Darwin eines der kompliziertesten Rätsel der Wissenschaft bleiben sollten; zwischen Pflanzen und Tieren wurden zahllose Zwischenwesen entdeckt, die der Natur des einen wie des anderen angehören (die Zoophyten, wörtlich: „Tierpflanzen", wie die Schwämme und die Korallen). Im Jahr 1745, als die Skala erstmals von dem Schweizer Naturforscher Charles Bonnet in einem Diagramm formuliert wurde, sah sie gut zweiundfünfzig Ebenen vor. Auch wenn die abnorme Vermehrung der Stufen die Unzulänglichkeit des Skalenschemas angesichts der **natürlichen Komplexität** offenbarte, hielt man in Ermangelung von Alternativen bis zum Aufkommen des **Evolutionismus** (→), der es durch das **Baummodell** ersetzte, an ihm fest.

◀ *Die mittelalterliche Skala der Lebewesen von Raimond Lull aus dem* Liber de ascensu et descensu intellectus *(1512).*

CHAOS CONFUSUM

SPIRITUS MUNDI VOLATILIS INCORPOREUS

SPIRITUS MUNDI ACIDUS CORPOREUS

SPIRITUS MUNDI FIXUS ALCALICUS CORPOREUS

MATERIA PRIMA OMNIUM CONCRETORUM

ANIMALIA

VEGETABILIA

MINERALIA

SPIRITUS MUNDI CONCENTRATUS

QUINTA ESSENTIA UNIVERSI

▲ *Die* Kette des Homer, *eine traditionelle Darstellung der metaphysischen Skala der Lebewesen.*

◀ *Der Kopf der von dem Naturalisten Bonnet ausge-arbeiteten* **zoologischen Skala***: Die letzten drei Stufen zeigen den Menschen, den Orang-Utan und den Affen. Die freigelassenen Zeilen zwischen einer Spezies und der nächsten suggerieren die Möglichkeit, dass die fortschrei-tende Forschung weitere Verbindungsglieder, d. h. neue Zwischenwesen entdecken könnte.*

349

Der Edle Wilde

Anthropologie
Siehe auch: *Waldmensch, Rasse*

Der in den Debatten der Philosophen der **Aufklärung** (→) so gegenwärtige Begriff des Naturzustands war mit der Vorstellung von einem Menschen ohne Zivilisation, ohne Geschichte, Politik und Gemeinschaftssinn verbunden; dieser befindet sich in einem Zustand, der offensichtlich nicht mit irgendeiner historisch datierbaren Realität vereinbar ist. Die Vorstellung von einem **natürlichen Zustand des Menschen** war das Ergebnis eines theoretischen Experiments: Es beschrieb den Rest, der übrig bliebe, nachdem man dem modernen Individuum alles Künstliche, Gesellschaftliche und Bürgerliche entzogen hätte. Mit dem so entstehenden *Edlen Wilden* haben sich in moderner Zeit drei verschiedene Denkschulen beschäftigt.

• Jean-Jacques Rousseau (1712–1778) behauptet die **ethische Überlegenheit** eines hypothetischen wilden Menschen, der, in vollkommener Harmonie mit der Natur lebend, die von der Kultur hervorgebrachte Bosheit nicht kennt (*Abhandlung über den Ursprung und die Grundlagen der Ungleichheit unter den Menschen*, 1755). Diese Hypothese war eine intellektuelle Provokation, mit der mehr der bürgerliche Mensch kritisiert, als die wahren Eingeborenen idealisiert werden sollten. „Somit könnte man sagen, dass die Wilden nicht böse sind, gerade weil sie nicht wissen, was gut sein heißt; denn weder die Entwicklung des Denkvermögens noch der Zügel des Gesetzes, sondern vielmehr der Schlummer der Leidenschaften und die Unkenntnis des Lasters hindern sie, Böses zu tun." (1. Teil)

• Der Engländer Thomas Hobbes (1588–1679) vertrat im *Leviathan* (1651) die entgegengesetzte Hypothese: die **Überlegenheit des bürgerlichen Menschen** gegenüber dem wilden. Die Menschen, die noch nicht in einem organisierten Staat, d. h. „ohne eine einschränkende Macht" leben, befänden sich in einem Zustand, der Krieg genannt wird und der „ein Krieg aller gegen alle" sei. (Buch I, Kap. 13)

• Der Philosoph und Schriftsteller Michel de Montaigne (1533–1592) vertrat die dazwischen liegende Hypothese, den **Relativismus**, nach dem sich Bräuche und moralische Sitten der Völker nicht in eine einheitliche Werteskala einordnen lassen, weil sie geografisch determiniert, d. h. von der Umwelt abhängig sind, insbesondere vom Klima. In den *Essays* (1580) behauptete er, dass „jeder das *Barbarei* nennt, was bei ihm ungebräuchlich ist – wie wir ja in der Tat offensichtlich keine andere Messlatte für Wahrheit und Vernunft kennen als das Beispiel und Vorbild der Meinungen und Gepflogenheiten des Landes, in dem wir leben" (1. Buch, Kap. 31).

Im 17. und vor allem im 18. Jh. entspann sich zu diesen Themen eine **mehr philosophische als anthropologische Debatte**. Es hätte nicht an Argumenten gefehlt, die sich aus dem Feld durchgeführter Beobachtungen hätten speisen können, im Gegenteil: Aber die Beobachtung der Wilden *in loco* erwies sich als fruchtlos, weil sich in der großen Menge an gegensätzlichen und ohne systematischen Bezugsrahmen gesammelten Nachrichten, die aus den unerforschten Regionen kamen, Argumente für den Beweis jedweder Theorie finden ließen. Ein systematischer Rahmen begann sich erst am Ende des Jh.s zu entwickeln, als der Naturforscher Georges Cuvier (1769–1832) von Seiten der Pariser Gesellschaft zur Beobachtung des Menschen (der ersten anthropologischen Institution) den Auftrag erhielt, einen wissenschaftlichen Leitfaden zu verfassen, einen standardisierten Fragenkatalog zum Gebrauch für die Forscher.

▲ *Illustration von Rousseaus Theorie des* Edlen Wilden. *Ein Eingeborener weist einer Gruppe von Zivilisierten den Weg, oder besser gesagt die* **Rückkehr zur Natur**, *die ob dieser Wegweisung anscheinend ein wenig perplex sind.*

▼ *Das gesamte 18. Jh. über blieben die Reiseberichte über die „primitiven" Völker gänzlich unglaubwürdig. Diese unwahrscheinliche Beschreibung des Kannibalismus der südamerikanischen Indios stammt aus dem Bericht eines Augenzeugen.*

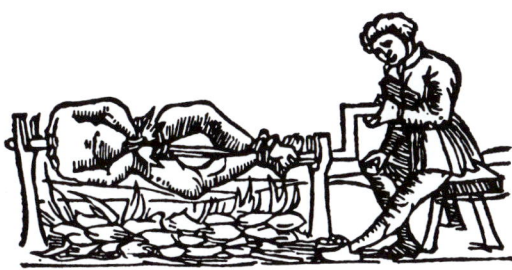

▲ *Das Auffinden von* wilden Kindern, *die im Urwald gelebt hatten (113 Fälle vom 14. bis zum Ende des 18. Jh.s), brachte die Philosophen auf die Idee, dass es tatsächlich einen* **Waldmenschen** *geben könne – isoliert, glücklich und in Kontakt mit der Natur, wie auf dieser Abbildung von Ulisse Aldovrandi (1642).*

▼ *Neben dem wilden Mann vermutete man offensichtlich auch die Existenz einer* **wilden Frau**.

Waldmensch

Anthropologie, Biologie
Siehe auch: *Skala der Lebewesen, Rasse*

Bereits im 18. Jh., lange vor dem Aufkommen des **Evolutionismus** (→), wurden durch den Fortschritt der vergleichenden Anatomie die **Verbindungen des Menschen mit der Tierwelt** aufgezeigt. Carl von Linné (1707–1778), dem bedeutendsten Naturforscher des 18. Jh.s, gelang es auf anatomischer Ebene nicht, irgendein ausschließliches Kennzeichen des Menschen zu finden, das einen qualitativen Unterschied zwischen ihm und den höheren Tieren ausgemacht hätte. Freilich stand die hierarchische Vorrangstellung der menschlichen Gattung, ihre Einzigartigkeit in der Schöpfung angesichts ihres Verstandes außer Frage. Dennoch erwiesen sich, vom rein physiologischen Standpunkt her, die Ähnlichkeiten mit den Menschenaffen als beeindruckend. Man entdeckte, dass der Mensch, biologisch gesprochen, mit Sicherheit der Tierwelt angehört.

Diese experimentellen Evidenzen trafen auf eine traditionell der Kontinuität verhaftete Naturvorstellung, die auf dem Prinzip der Skala der Lebewesen basierte, nach dem es in der fortlaufenden Reihe der Gattungen – von den primitiven bis zu den höheren – keine Sprünge oder Lücke geben könne. In einer Kultur, in der das religiöse Dogma von der Vollkommenheit der Natur noch lebendig war, akzeptierten die Forscher wie selbstverständlich die metaphysisch begründete Annahme, dass *natura non facit saltus* (lat. für „Die Natur macht keine Sprünge). Die Konsequenz war, dass, so wie man die Existenz einer mittleren Spezies zwischen Pflanzen- und Tierwelt annahm, man selbiges auch zwischen Mensch und Affe vermutete.

Dieses Verbindungsglied, eine natürliche Entität, die nicht entdeckt, sondern aus einem biologischen Axiom deduziert wurde, nannte man Waldmensch oder „Orang-Outang" (indonesisch für „Mensch der Wälder"). Die Naturforscher des 18. Jh.s rechneten damit, mehr oder weniger eine solche Spezies zu finden, wie sie häufig von den mittelalterlichen Reisenden beschrieben und von Erhard Reuwich (um 1445 – nach 1505) dargestellt worden war: ein den Affen ähnliches Zwitterwesen, womöglich mit einem Schwanz, doch mit aufrechter Haltung und in der Lage, Werkzeuge zu gebrauchen.

Letzten Endes wurde das **quasi-menschliche Tier** im Pygmäen erkannt: So wurde ein **Schimpanse** benannt, den 1699 der Naturforscher Edward Tyson (1650–1708) aus Angola mitbringen ließ. Die auf der gegenüberliegenden Seite gezeigte Abbildung ist dem offiziellen Bericht des Forschers entnommen: Man beachte die starke Vermenschlichung des Tieres, die stark menschliche Plastizität der Hände, der fast intelligente Blick, den bei einem Affen absolut unnatürlichen Gebrauch des Spazierstocks, um die aufrechte Haltung zu bewahren (in Wirklichkeit bewegte sich der Affe fort, indem er die Handknöchel auf der Erde abstützte, doch Tyson erklärte diese Offensichtlichkeit mit dem labilen Gesundheitszustand Tieres, das in England erkrankt war).

In den zwei Monaten, die der Affe überlebte, wurde er so behandelt, wie es seinem halbmenschlichen Status entsprach. In seinem Bericht behauptete der Forscher, ihn wie ein Kind weinen gehört zu haben, und lobte dessen Mäßigkeit beim Alkohol. „Nachdem sich der Affe ein wenig daran gewöhnt hatte, Kleidung zu tragen, war er glücklich, sie sich anzuziehen. Er lag mit dem Kopf auf dem Kissen im Bett und zog sich die Decke hoch, so wie es ein Mensch macht, war dabei aber derart unbekümmert und in dieser Hinsicht tierhaft, dass er dort auch alle seine natürlichen Funktionen verrichtete." (*Orangoutang, sive Homo sylvestris, …*, 1699)

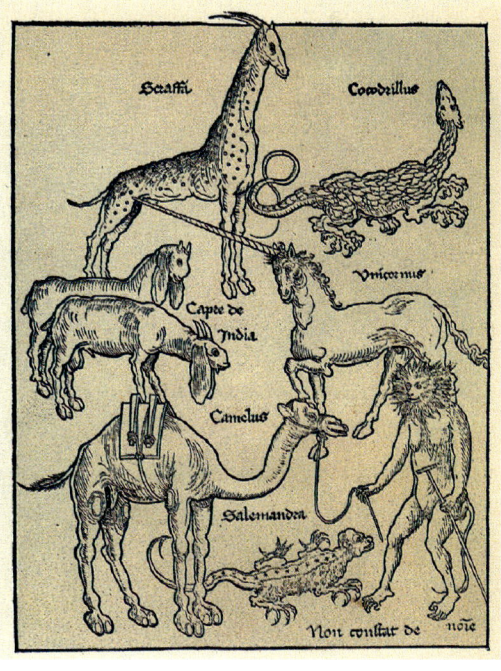

▲ Tafel der sonderbaren und seltenen Tiere *von Reuwich (1483). Neben genau beschriebenen exotischen Tieren (Krokodil, Kamel, Giraffe) gibt es das Einhorn, den Salamander und einen* Wilden, *ein Zwitterwesen auf halbem Weg zwischen Affe (er hat einen Schwanz) und Mensch (er benutzt Werkzeuge und bändigt Tiere).*

▲ *Der nach London gebrachte Pygmäe, an dem Tyson 34 anatomische Wesenszüge ausmachte, die er mit den höheren Affen teilt, und 48, die er mit dem Menschen gemeinsam hat.*

◀ *Tafel aus Linnés* Anthropomorpha *(1760). In der ebenso präzisen Klassifikation von Linné waren neben dem* Homo sapiens *weitere halbmenschliche Spezies aufgeführt: der* Homo selvaticus, *der* Homo troglodytes *und der* Homo caudatus, *d. h. der mit einem Schwanz versehene Mensch, der die Regionen der Antarktis bewohnt haben soll.*

Rasse

Anthropologie
Siehe auch: *Waldmensch, Der Edle Wilde*

Die Idee der Rasse (jede Klassifikation der menschlichen oder tierischen Typen auf der Basis physiologischer Parameter) und diejenige des Rassismus (die Erklärung der unterschiedlichen Zivilisationen bzw. der Überlegenheit der westlichen auf biologischer Grundlage) sind eine Erfindung des 18. Jh.s, ohne Vorstufen in der Antike oder im Mittelalter. Obwohl ihre geschichtlich-ideologische Bedeutung offensichtlich scheint (als Rechtfertigung des europäischen Kolonialismus), wurden diese Vorstellungen von den Naturalisten als Konsequenz der Entdeckung der engen biologischen Verbindung zwischen dem Menschen und der Tierwelt eingeführt. Sie folgerten, dass die verschiedenen menschlichen Rassen zwischen dem Affen und dem entwickelten (europäischen) Menschen stünden und die Stufen einer **Skala der Lebewesen** (→) seien.

Die erste rassische Skala wurde 1761 von dem Naturalisten Jean Baptiste Robinet (1735–1820) entwickelt: Zwischen dem Farbigen (in dem der Intellekt nur um weniges höher stünde als der Instinkt der Tiere) und dem Europäer (der im griechischen Typ die höchste Perfektion erreichte) stehen bei ihm der Hottentotte, schon vollkommen menschlich, aber noch „dumm und unerziehbar", der Lappländer, der Asiate, der Tartare, der Chinese, der Inder und der Perser.

  Indem der Naturalist Peter Camper (1722–1789) die Geometrie der Seelenaffekte (→ **Leidenschaften der Seele**) von Charles Le Brun weiterführte, entwickelte er eine Wissenschaft der Rasse, die auf der objektiven Erhebung des **Gesichtswinkels** basierte. Mit der fortschreitenden Verringerung dieses Winkels ginge man vom Menschen zum Tier über: Von den 40 Grad eines Affen mit Schwanz, zu den 58 eines „Orang-Outang", zu den 70 eines Farbigen, zu den 80–90 eines Europäers bis zu den 100 des griechischen Typs, der das vollkomme und definitive

Modell des menschlichen Wesens sei. Der Begriff der Menschheit wäre also mathematisch präzisierbar: Er würde die Gruppe von Wesen bezeichnen die einen Gesichtswinkel von 70 (der Farbige) bis zu 100 Grad besitzen; darunter befinden sich der Affe, dann der Hund und andere Tiere, um schließlich bei den Vögeln zu enden, deren Gesichtswinkel fast gleich null ist.

Der schweizerische Naturalist Johann Caspar Lavater (1742–1801) erweiterte die von Camper entworfene Skala soweit, dass er eine direkte Verbindung zwischen dem Menschen und dem Frosch herstellte, und versuchte, die Rassentheorie mit der **Physiognomik** (→) zu verbinden, um eine **Klassifikation der Menschentypen** nach dem Modell der Botanik Carl von Linnées zu erreichen: „Von der entstellten Bestialität zur idealen Schönheit, von der fanatischen Bösartigkeit zur göttlichen Güte, vom tierischen Wesen des Froschs zu den Anfängen der Menschheit, je spitzer der Gesichtswinkel, desto mehr wird die Kreatur zum Tierischen neigen." (*Physiognomische Fragmente*, 1775–1778)

Diese wissenschaftlichen Theorien ohne Vorbehalt übernommen zu haben, zeigt eine Beschränkung der Philosophen der **Aufklärung** (→). Sogar Voltaire (1694–1778) zweifelte in seinem *Versuch über die allgemeine Weltgeschichte und die Sitten …* (1756) nicht daran, dass die intellektuellen Fähigkeiten von der Hautfarbe abhingen: „Die Rasse der Neger ist eine von der unsrigen völlig verschiedene Menschenart, wie die der Spaniels sich von der der Windhunde unterscheidet. Ihre Intelligenz ist stark unterlegen, da sie nicht zu großer Aufmerksamkeit fähig sind. Die Schleimhaut der Neger, der Grund ihrer schwarzen Farbe, ist ein klarer Beweis, dass es in jeder Menschenart, wie bei den Pflanzen ein Prinzip der Differenzierung gibt. Die Natur hat diesem Prinzip unterschiedliche Stufen der Genialität zugeordnet."

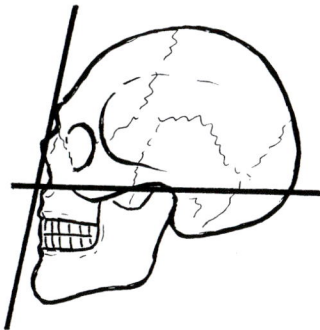

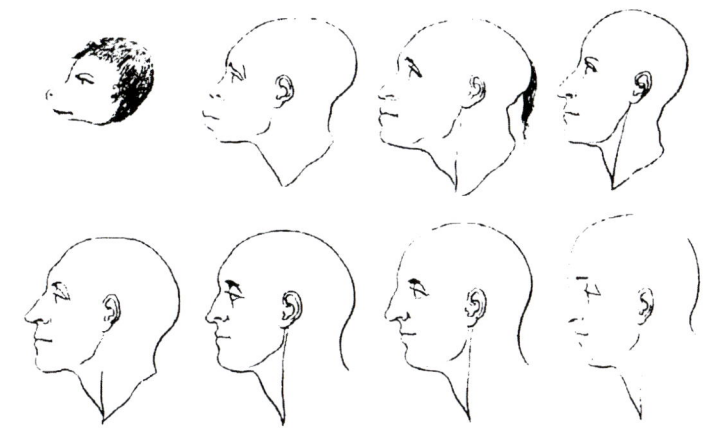

▲ Der **Gesichtswinkel** wird gebildet von der Überschneidung
zwischen der Linie, die Lippen und
Stirn verbindet, und derjenigen, die
von der Nasenwurzel ausgeht und
zum Ohransatz reicht.

▲ Tafel von C. White (1795), die die Kontinuität vom Affen (links oben)
zum zivilisierten Menschen (rechts unten) in Bezug auf den Gesichtswinkel
illustriert. Die Zwischenfiguren stellen die menschlichen Rassen dar.

▼ Vom Frosch zum (Dichter)-Apoll: Lavaters Idee einer Kontinuität zwischen Frosch und Mensch, messbar an der
Beugung der Gesichtswinkels, in einer Illustration des Kupferstechers Grandville.

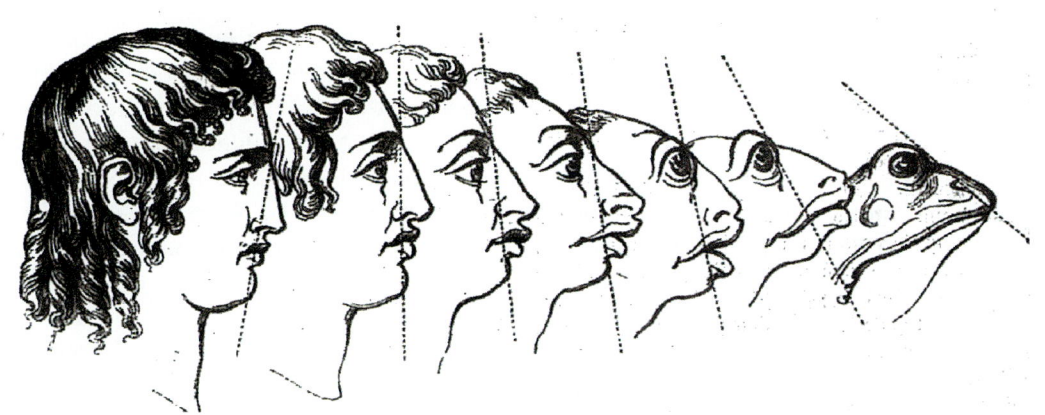

◀ Zur Idee der Aufklärung von der Rasse trug die
Entdeckung der **Menschenaffen** bei, die sofort als
Bindeglieder zwischen tierischer und menschlicher Welt
interpretiert wurden. Darum erscheinen die genannten
Tiere in den Darstellungen der Naturalisten des 18. Jh.s
immer stark vermenschlicht, besonders in den Gesichts-
zügen. Der hier abgebildete „Orang-Outang" wurde
von den Naturalisten für die am meisten entwickelte
Rasse der Tierwelt gehalten, wenig unter der Rasse der
Farbigen, der nach ihrer Meinung niedrigsten unter den
Menschenrassen.

355

Wahnsinn

Aufklärung
Siehe auch: *Genie*

Jede Definition des Begriffs Wahnsinn bezieht sich immer auf die Kriterien von Rationalität und gesellschaftlicher Korrektheit, die als Norm gelten: Verhaltensweisen, die heute als pathologisch angesehen werden, wurden das früher nicht, und umgekehrt. Wenn ein Vater seinen Sohn in einem Versöhnungsritus als menschliches Opfer für eine grausame Gottheit umbringen würde, hätte er gute Aussichten, in die Gefängnispsychiatrie gesperrt zu werden; dennoch müssten wir, wenn wir diese unsere Normen verabsolutierten, auch Abraham verurteilen, den biblischen Propheten, der aus Gehorsam zu Gott genau diese Tat auszuführen bereit war. Es ist also nachvollziehbar, dass jede Epoche ihre eigene Definition des Irrsinns entwickelt hat.

Die platonische Idee, dass der Wahn auch eine Form von göttlichem **Enthusiasmus** (→) sein kann, die Vereinnahmung des menschlichen Geistes durch einen Gott, wurde im Mittelalter wieder aufgenommen. In einer Kultur, in der die Grenzen zwischen dem Göttlichen, dem Menschlichen und dem Dämonischen fließend waren, wurde es schwierig, die Symptome einer Pathologie von denen der **Ekstase** (→) oder der mystischen Besessenheit zu unterscheiden. In der Tat waren die *dunklen Zeiten* des Mittelalters die einzigen, in denen eine gewisse Toleranz herrschte: Sicherlich wurden einem geistig Verwirrten die Menschenrechte genommen und er wurde an den Rand der Gesellschaft verwiesen, aber wenigstens wurde er nicht eingesperrt, und man kann sagen, dass er in gewissem Maß von der Gesellschaft akzeptiert war. In der Rolle des Spaßmachers (des Verrückten) konnte er sich sogar über die Mächtigen lustig machen.

Mit der Renaissance begann die **Kriminalisierung des Wahnsinns**. Er wurde nun nicht mehr als die Gegenwart eines Anderen gesehen, einer fremden Macht, die sich zum Herrscher über das Individuum macht und sich durch dieses manifestiert, sondern im Gegenteil als das Aufsteigen der dunklen Seite der Psyche des Subjekts selbst. Als Folge fing man an, den Geisteskranken für seine Verschiedenheit verantwortlich zu machen, ihn wegzusperren und aus der Gesellschaft auszustoßen. Das *Narrenschiff*, ein Thema, das in der Renaissance in Literatur und Malerei häufig wiederkehrt, war vor allem eine Realität: Boote, die Ladungen geistig Verwirrter von einer Stadt in die andere transportierten (wenn sie sich nicht von ihnen befreiten, indem sie sie ins Meer warfen), existierten wirklich. Die Irrsinnigen vorüberfahrenden Schiffen anzuvertrauen und dafür zu bezahlen, das sie anderswohin gebracht würden, war eine primitive, aber sichere Methode, sich von ihrer störenden Gegenwart zu befreien.

Erst im 18. Jh. kam es zur ersten Formulierung der **organistischen These**, die im Wahnsinn die Folge einer körperlichen Pathologie sah. Die Aufklärer betonten in diesem Zusammenhang die moralischen Aspekte: Sie nahmen an, dass die psychische Demenz das Ergebnis eines so vernunftlosen und ausschweifenden Lebens war, dass es zunächst die körperliche und dann die psychische Ordnung des Subjekts zerstörte. Gegen Mitte des 18. Jh.s führte diese Pathologisierung des Wahnsinns zur Erfindung der ersten Irrenanstalten und gab so den Anstoß zur Praxis der **sozialen Haft** der geistig Verwirrten, dem einschneidenden Ereignis in der Geschichte des Wahnsinns.

Heute kritisiert die Bewegung der **Antipsychiatrie** nicht nur die oft grausamen Mittel des Vorgehens im 19. Jh., sondern hat auch die Existenz eines spezifischen Irrenanstalt-Wahnsinns aufgedeckt: Die soziale Haft ist in sich pathogen, indem sie ein Syndrom hervorruft, das als institutionelle Neurose bezeichnet wird.

◄ Jede Epoche hat den Geisteskranken in einer besonderen Weise dargestellt. Im Mittelalter war er ein einsames, gesellschaftlich unangepasstes und unbeholfenes, aber nicht gefährliches Wesen, der Dorftrottel, gegen den ein relativ tolerantes Verhalten üblich war (gemischt mit Spott und Unterdrückung).

▲ Die **organistische Theorie** führte zur Entstehung von therapeutischen Instrumenten wie dem abgebildeten besonderen Stuhl (der euphemistisch „beruhigend" genannt wurde), mit dem man die absolute Unbeweglichkeit der geistig Verwirrten erlangte – ein Vorgänger der modernen Zwangsjacke.

◄ Die Idee, dass der Wahnsinn eine psychische Pathologie sei, setzte sich am Ende des 18. Jh.s durch. Das Bild Zum Idiot gewordener Kirchenmann (1831 von Georges-François-Marie Gabriel), das im Rahmen eines Projekts über die Ikonografie der Irrenanstalt unter der Leitung des Psychiaters Jean Etienne Dominique Esquirol entstand, zeigt zum ersten Mal eine angemessene Aufmerksamkeit für die physiognomischen Deformationen in Haltung und Gesten der geistig Verwirrten, die zur Diagnose verwendet werden konnten.

▲ Erst seit der Renaissance wurde der Wahnsinn als Gegen-Vernunft, soziale Rebellion und Einspruch gegen das Wertesystem für **gefährlich** gehalten.

Verbrechen und Strafe

Cesare Beccaria
Siehe auch: *Aufklärung*

Der kurze, 1764 erschienene Aufsatz *Dei delitti e delle pene* („Über Verbrechen und Strafen") von Cesare Beccaria (1738–1794) stellt den bekanntesten (und einzigen) italienischen Beitrag zu der im 18. Jh. begonnenen Reform der gesellschaftlichen Sitten dar. Sofort in alle europäischen Sprachen übersetzt, prägte er den allgemeinen Standpunkt der **Aufklärung** im juristischen Bereich.

Beccaria ging von den Prinzipien des **liberalen Kontraktualismus** aus, die bereits im europäischen Bewusstsein konsolidiert waren: Staat und Gesellschaft entstehen aus einem freien Pakt der Bürger, die die Inhaber der Souveränität bleiben. Von diesem modernen Standpunkt aus ging er zwei Themen an, die noch heute von großer Aktualität sind: Die Praxis der Folter bei gerichtlichen Ermittlungen und die Institution der Todesstrafe.

Die Anwendung von **Folter** mit dem Ziel, das Geständnis zu erpressen (oder auch nur zu bestätigen) müsse allem voran verurteilt werden, weil sie irrational sei: „Entweder ist das Verbrechen erwiesen oder nicht; ist es erwiesen, dann gebührt dem Täter nur die vom Gesetz bestimmte Strafe, und nutzlos sind dann die Foltern, weil nutzlos das Geständnis des Schuldigen. Wenn es aber nicht erwiesen ist, dann darf nicht ein Unschuldiger gequält werden; unschuldig nämlich ist nach den Gesetzen ein Mensch, dessen Verbrechen nicht bewiesen ist." (Kap. XVI)

Auch die Verurteilung der **Todesstrafe** wurde von Beccaria formuliert, ohne auf Gefühlsappelle oder rührende Töne zurückzugreifen. Mit klarer Rationalität stellt der Philosoph fest, dass der Entzug des Lebens kein wirksames Mittel gegen das Verbrechen sei. „Der Scharfrichter hat die zur Tat entschlossenen Menschen niemals von Angriffen auf die Gesellschaft abgehalten" (Kap. XXVIII), während hingegen die Gefängnishaft ein gutes Abschreckungsmittel sein

könnte: „Nicht das schreckliche aber vorübergehende Schauspiel des Todes …, sondern das lange und fortwährende Beispiel eines der Freiheit beraubten Menschen, der, zum dienstbaren Tier geworden, durch seine Arbeit die von ihm beleidigte Gesellschaft entschädigt, hält am stärksten vom Verbrechen ab." (ebd.)

Die Irrationalität der Todesstrafe wird besonders evident, wenn sie systematisch auferlegt wird, auch für weniger schwere Verbrechen; in diesem Fall besteht ihre Wirkung nämlich darin, die unschuldigen Opfer zu vervielfachen, indem sie die Straftäter dazu treibt, die Zeugen zu beseitigen. In einem Land, in dem der Diebstahl mit der Todesstrafe geahndet wird, trägt man nicht zu einer Verringerung der Diebstähle, sondern zu einer Zunahme der Delikte mit Raubabsicht bei (ähnlich wie die Todesstrafe auf die Straftat der Pädophilie eine größere Zahl von Kindestötungen nach sich ziehen würde, um deren Geständnis zu verhindern). Es sind somit Gründe der pragmatischen Opportunität, die die aufklärerische Kritik Beccarias stützen, nicht ethische oder religiöse Erwägungen; dies zeigt sich auch darin, dass er nicht zögerte, die Todesstrafe in einzelnen Ausnahmen zuzulassen, beispielsweise wenn jemand die Staatssicherheit selbst gefährdet oder wenn ein Tyrann „auch unter dem Entzug der Freiheit noch derartige Beziehungen und eine so große Macht hat, dass die Sicherheit der Nation davon betroffen ist" (ebd.).

Am Schluss seines Werkes fasst Beccaria seine Gedanken folgendermaßen zusammen: „Damit die Strafe nicht die Gewalttat eines oder vieler gegen einen einzelnen Bürger sei, muss sie durchaus öffentlich, rasch, notwendig, die geringstmögliche unter den gegebenen Umständen, den Verbrechen angemessen und vom Gesetz vorgeschrieben sein." (Kap. XLVII)

◀ *Im gerichtlichen Bereich basierte die voraufklärerische (noch heute in einigen abendländischen Kulturen praktizierte) Strategie auf der Hypothese, dass eine öffentliche und entsetzliche* **Hinrichtung** *eine Abschreckungswaffe gegen das Delikt wäre. Die neue Strategie basiert indes auf der Idee der* **Haft:** *„Nicht die Heftigkeit der Strafe hat die größere Wirkung auf das menschliche Gemüt, sondern ihre Dauer; denn unsere Empfindsamkeit wird leichter und nachhaltiger durch kleine doch wiederholte Eindrücke bewegt als durch eine starke doch vorübergehende Bewegung",* behauptet *Beccaria. (*Über Verbrechen und Strafen, *Kap. XXVIII)*

◀ *Die auf dem Frontispiz von Beccarias Traktat* Über Verbrechen und Strafen *vorgebrachte Allegorie stellt die* Justitia *dar, die den Henker zurückweist, welcher in der Hand drei abgeschlagene Köpfe hält, während sie ihr Haupt wohlwollend den Symbolen der Gefangenschaft und der Arbeit zuwendet. Trotz der Emphase dieser Darstellung müssen die Gründe für Entscheidungen laut Beccaria utilitaristisch-pragmatischer und nicht ethischer oder religiöser Art sein (man beachte das betonte Fehlen jedes Verweises auf den traditionell religiösen Symbolismus bezüglich der* Justitia*).*

Klassizismus

Die Kultur der **Aufklärung** (→) hatte starken Einfluss auf die Entstehung der klassizistischen Kunst im 18. Jh. Der neue Stil besaß drei konstitutive Merkmale: Vernünftigkeit, Klassizismus, Lehrhaftigkeit.

• Die Idee, dass auch die Kunstproduktion sich am Prinzip der **Vernunft** inspirieren müsse, hatte besonders revolutionäre Folgen für die Architektur, in der sich die Regel durchsetzte, dass ein Gebäude **funktionell** für seinen Zweck sein müsste. Im Gegensatz zur Bewegt- und Überladenheit des Barockstils (geschwungene Linien, Übermaß an Schmuckelementen, Eindringen in den Raum) setzte sich ein schlichter Linearismus durch, der auf der geraden (logischen, funktionellen) Linie und der Einhaltung der Regeln der **Proportion** (→) basierte.

Das führte auch zu stilistischen Veränderungen beim Kunsthandwerk (Einrichtungsgegenstände, Kleidung, die Etikette bei Tisch), das im 17. Jh. noch von einem Geschmack am Unregelmäßigen, Bizarren, Asymmetrischen und Kapriziösen beherrscht gewesen war. In diesen kleineren Kunstformen setzte sich mit der Aufklärung das revolutionäre Prinzip der **Achtung vor dem Material** durch (in der Tat widerspricht es der technischen Vernunft, Möbel mit runden Formen zu bauen oder ihre Oberfläche vollständig mit dekorativen Elementen zu bedecken). Auch die Regeln des gesellschaftlichen Lebens, im 17. Jh. sehr unnatürlich, zeremoniös und gekünstelt, wurden durch einen direkteren Stil ersetzt, der der Mentalität des aufkommenden **Bürgertums** entsprach, der sozialen Klasse, in der die Ideen der Aufklärung entstanden und Verbreitung fanden.

• Als **Klassizismus** im engeren Sinne versteht man das Streben der Kunst, den Vorbildern der griechisch-römischen Antike, der klassischen Kunst, nachzueifern. Diese werden als unüberwindbare Norm für eine Kunst angesehen, die die **Natur** achtet (nicht künstlich oder gekünstelt ist) und daher sowohl **Schönheit** als auch **Rationalität** in sich vereint, zwei Werte, die in der Ästhetik der Aufklärung notwendig in Einklang stehen müssen. Die klassizistische Haltung war nicht neu in der Geschichte der Kunst (es gab sie schon in der Renaissance, wo sie vom **Ursprungsmythos** (→) geprägt war), aber im 18. Jh. beherrschte sie den Stil der bildenden Künste umfassend. Gründe hierfür waren die bewusste Abkehr von den barocken Bizarrerien, aber auch der Einfluss, der von der Wiederentdeckung und Ausgrabung der vom Vesuv verschütteten antiken Städte Herculaneum (1738) und Pompeji (1748) ausging (es entstand die Archäologie, erste Museen wurden gegründet).

• **Lehrhaftigkeit**: Genau wie die Philosophie sich nach Ansicht der Aufklärer nicht auf theoretische Spekulation beschränken, sondern der Veränderung der Welt dienen soll, so soll auch die Kunst nicht nur Ästhetik sein (Suche nach dem Schönen), sondern eine ethische und gesellschaftliche Funktion übernehmen. Deshalb, um sozial nützlich zu sein und ihre erzieherische Aufgabe zu erfüllen, muss die Kunst sich in einer überall und von jedem – besonders von allen, die kein hohes kulturelles Niveau haben – **verständlichen Sprache** ausdrücken. Die Maler sollen formale Lösungen entwickeln, die die Verständlichkeit fördern, und erbauliche Themen wählen, vorzugsweise aus der Geschichte (das republikanische Rom war z. B. ein beliebtes Thema während der Französischen Revolution, das Kaiserliche Rom während der Napoleonischen Zeit). Vielleicht aufgrund des übertriebenen Gewichts dieser pädagogischen und utilitaristischen Bemühungen wird die klassizistische Malerei heute manchmal als kalt, zu stark an bindenden Vorbildern orientiert, in weniger geglückten Fällen als pedantisch und gelehrsam empfunden.

◄ Der Schwur der Horatier (1784) des französischen Malers Jacques-Louis David, das berühmteste Werk der klassizistischen Malerei, wirkt auf den heutigen Betrachter kalt. Das ist der Effekt des aufklärerischen Strebens, in der Kunst die größtmögliche Verständlichkeit durch typische und stereotype Posen (die drei Horatier), emphatische und ausdrucksstarke Gesten (die Verzweiflung der Frauen) zu erreichen. Nichts wird poetisch suggeriert, alles wird gezeigt wie auf einer Theaterbühne und ist gut dokumentiert (mit dem Aufwand großer Genauigkeit in der Beschreibung der Kleidung).

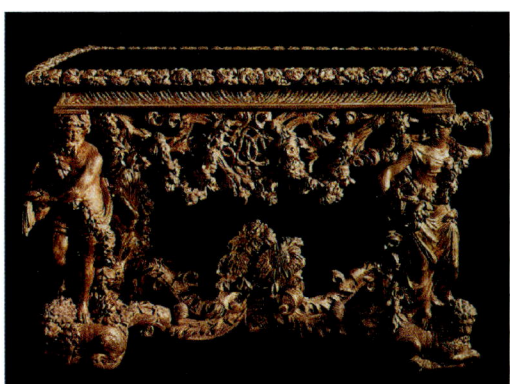

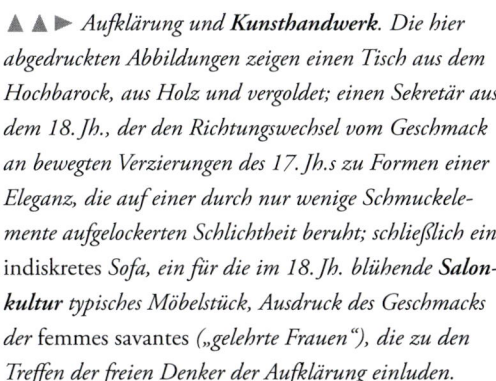

▲ ▲ ▶ Aufklärung und **Kunsthandwerk**. Die hier abgedruckten Abbildungen zeigen einen Tisch aus dem Hochbarock, aus Holz und vergoldet; einen Sekretär aus dem 18. Jh., der den Richtungswechsel vom Geschmack an bewegten Verzierungen des 17. Jh.s zu Formen einer Eleganz, die auf einer durch nur wenige Schmuckelemente aufgelockerten Schlichtheit beruht; schließlich ein indiskretes *Sofa*, ein für die im 18. Jh. blühende **Salonkultur** typisches Möbelstück, Ausdruck des Geschmacks der *femmes savantes* („gelehrte Frauen"), die zu den Treffen der freien Denker der Aufklärung einluden.

Newtonismus

Newton, Epistemologie
Siehe auch: *Absolute Raum-Zeit, Ursache und Wirkung*

Nach Ansicht des Wissenschaftshistorikers Alexandre Koyré (*Von der geschlossenen Welt zum unendlichen Universum*, 1957) bestand der Newtonismus in der Zerstörung der Idee des Kosmos, also des Glaubens an ein endliches und hierarchisch geordnetes Universum, das in seinem Innern in unterschiedliche Zonen (→ **Sublunare Welt**) eingeteilt ist, die sich nach Qualität, Materie und Gesetzen unterscheiden und von denen jede ihren eigenen ontologischen Status besitzt. Nach Isaac Newton (1643–1727) wurde das **Universum** zu einer offenen und unendlichen oder jedenfalls unbestimmten Struktur, deren Bestandteile auf gleicher ontologischer Stufe angesiedelt sind: die Himmel, die Sterne und die Erde bestehen alle aus der gleichen Substanz und sind den gleichen physischen Gesetzen unterworfen. In diesem Universum kann es keinen Unterschied zwischen himmlischer und irdischer Physik, zwischen der Erforschung der Sterne und derjenigen der Bewegung der Objekte auf der Erde geben. Astronomie, Physik und Dynamik, Wissenschaften, die Aristoteles klar trennte, werden voneinander abhängig und eng miteinander verbunden; alle können mit **mathematischer Methode** interpretiert werden (die Aristoteles nur mit der Astronomie, dem Studium der himmlischen und göttlichen Welt, verband).

Die Auffassung Newtons spiegelt sich in der berühmten (wohl legendären) Episode, nach der der Wissenschaftler das Gesetz der universalen Schwerkraft beim Beobachten des Falls eines Apfels erahnt hätte. Der geniale Aspekt seiner Überlegung bestand in der Hypothese, dass sowohl der Mond als auch der Apfel derselben Anziehungskraft zur Erde unterliegen; das bedeutet eine völlige **Entheiligung der Natur,** da der Mond zu einem physischen Körper wie so viele andere gemacht wird, der sich vom Apfel nur in der Größe unterscheidet.

Newton betonte jedoch auch die religiösen Voraussetzungen seines Denkens: Er war der Meinung, dass das perfekte Funktionieren der komplizierten kosmischen Maschine als Beweis eines Schöpfergottes angesehen werden kann: „Dieses uns sichtbare, höchst erlesene Gefüge von Sonne, Planeten und Kometen konnte uns allein durch den Ratschluss und unter der Herrschaft eines intelligenten und mächtigen wahrhaft seienden Wesens entstehen." (*Mathematische Grundlagen der Naturphilosophie*, 1687) Wie Voltaire pointiert zusammenfasste: „Die Uhr setzt den Uhrmacher voraus"; trotzdem legte der implizite **Determinismus** (→) der Newton'schen Wissenschaft zum ersten Mal die Grundlagen für eine Erforschung der Natur jenseits von religiösen Wertvorstellungen. Für den englischen Wissenschaftler bleibt Gott nur notwendig, um den Anfang des Universums, nicht sein aktuelles Funktionieren zu erklären. Die Rolle Gottes beschränkt sich auf die Schöpfung, also die Erzeugung der Materie und der Bewegungsgesetze; von jenem Moment an läuft der kosmologische Mechanismus selbständig, beherrscht von inneren und unveränderlichen Gesetzen. Alle Erscheinungen der Natur, die Bewegung der Sterne, die Gezeiten, das Fallen schwerer Körper, die Unregelmäßigkeiten der Planeten, die Dynamik der bewegten Objekte auf der Erde, sind mit zwei fundamentalen und universell gültigen Gesetzen erklärbar: dem Prinzip der Trägheit und den Regeln der Schwerkraft.

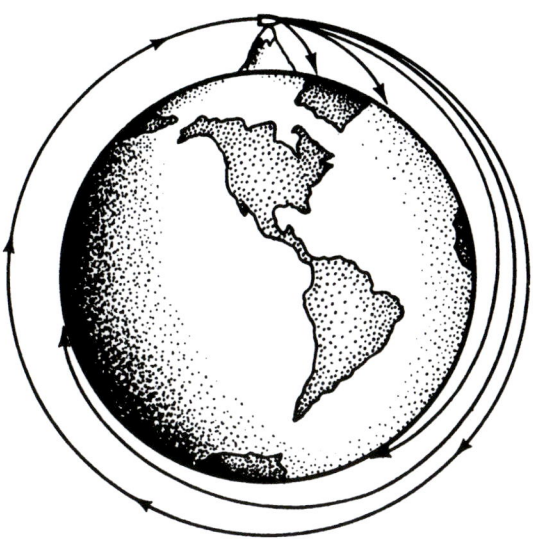

◄ *Ein geistiges Experiment Newtons. Ein vom Gipfel eines Berges geworfenes Geschoss fällt umso weiter je größer die angewendete Kraft ist. Daher dürfte es jenseits einer bestimmten Schwelle, wenn die Energie des Wurfs eine längere Laufbahn als der gesamte Erdumfang hat, gar nicht mehr fallen. Die vollkommen richtige Überlegung setzt voraus, dass im Himmel dieselben Gesetze gelten, die die Bewegung der Körper auf der Erde regulieren.*

► *Bild aus* Newtons Welt-Wissenschaft für das Frauenzimmer *(1745) von Francesco Algarotti, einem der am weitesten verbreiteten Texte des 18. Jh.s Die ideologische Macht der neuen Wissenschaft war auch in der großen Einfachheit ihrer Prinzipien begründet. In der Tat war das 18. Jh. das erste, in dem* **Frauen** *zum Studium der Physik und Astronomie zugelassen wurden.*

▼ ▼ ▼ *Konzeptuelles Modell der drei großen* **kosmologischen Theorien**. *Links das aristotelisch-ptolemäische System, ein geschlossener, endlicher und hierarchisch geordneter Kosmos; in der Mitte das Universum des antiken Atomismus (→ **Atom**), unendlich und von Chaos beherrscht; rechts das Newtonsche Universum, unendlich, aber von mathematischen Grundsätzen geregelt.*

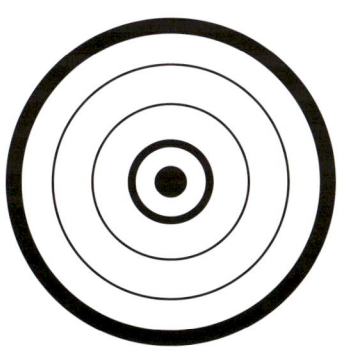  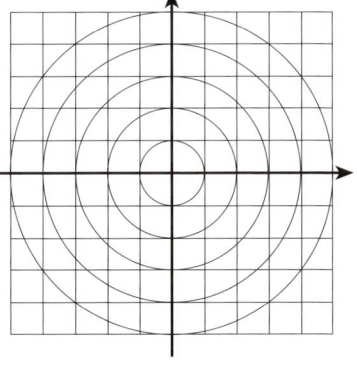

Absolute Raum-Zeit

In einer berühmten Bemerkung im einleitenden Teil der *Mathematischen Grundlagen der Naturphilosophie* (1687) formuliert Isaac Newton (1643–1727) die Existenz eines absoluten Raums und eines relativen Raums. Der absolute Raum habe seiner Natur nach keine Beziehung mit irgendetwas ihm Äußerlichen und sei immer unbeweglich und unveränderlich; relativ sei der Raum hinsichtlich seiner beweglichen Dimension, seiner Größe, die mit den dem Menschen verfügbaren Instrumenten erfasst wird. Auch für die Zeit muss die Unterscheidung zwischen absolut und relativ gemacht werden: „Die absolute, wirkliche und mathematische Zeit fließt in sich und in ihrer Natur gleichförmig" *(Mathematische Grundlagen der Naturphilosophie)*; im Gegensatz dazu ist die relative oder scheinbare Zeit deren mehr oder weniger genaue Messung.

Für Newton ist die Existenz dieser absoluten Dimension der Raum-Zeit aus den **physischen Bewegungsgesetzen** ableitbar. In der Tat setzte er in seinen Studien über die Dynamik der Körper Begriffe (wie „absolute Ruhe", „einförmige geradlinige Bewegung", „Beschleunigung") ein, die die Möglichkeit voraussetzen, einen Bewegungszustand unabhängig vom einem verwendeten Bezugspunkt zu beurteilen. Z. B. impliziert das **Prinzip der Trägheit** (nach dem ein Körper, auf den keine Kraft einwirkt, für immer in seinem Zustand der Ruhe oder der einförmig geradlinigen Bewegung verbleibt) die Notwendigkeit, dass diese Bewertungen, wenigstens theoretisch, objektiv vollzogen werden können, also im Verhältnis zu einer neutralen Raum-Zeit, die unabhängig von den betrachteten Körpern wie auch vom Beobachter ist.

Die wahren Begriffe von Raum und Zeit sind auch **ewig** und **unendlich**. Es handelt sich nicht um Eigenschaften, die durch Wahrnehmung oder Experimentieren nachgeprüft werden können: Die Unendlichkeit des Raums und die Ewigkeit der Zeit können nur als unvermeidliche Folge aus der Anwendung des **Prinzips der Schwerkraft** auf das ganze Universum abgeleitet werden. Wenn nämlich die Planeten nicht in Richtung der Sonne fallen, geschieht das aufgrund der von Gott (am Anfang der Welt) dem gesamten Sonnensystem eingeprägten Kreisbewegung; wenn die Galaxien nicht eine in die andere zusammenfallen, da sie gegenseitig von der Schwerkraft angezogen werden, so nur aus dem Grund, dass das Universum ein System ohne Schranken und Grenzen bildet, in dem sich unendliche Anziehungen untereinander wieder ausgleichen und so eine relativ stabile Struktur schaffen. In der Newton'schen Logik würde ein endliches Universum, auch wenn es riesig wäre, auf die Dauer schließlich aufgrund der Schwerkraft implodieren (auf sich selbst zurückfallen).

Trotz der Unterstützung dieser Argumentationen bleibt der Begriff der absoluten Raum-Zeit ein experimentell nicht bewiesenes und auch mit keinem erdenklichen Apparat nachweisbares Konzept (denn einen absoluten und unendlichen Wert zu messen ist auch theoretisch undenkbar). Es handelt sich demnach um eine metaphysische und als solche problematische Annahme im Rahmen eines streng wissenschaftlichen Denkens. Sie stellte das kritische Element des Newton'schen Systems dar, mit dem sich die Empiristen und Immanuel Kants beschäftigten (→ **Raum a priori**).

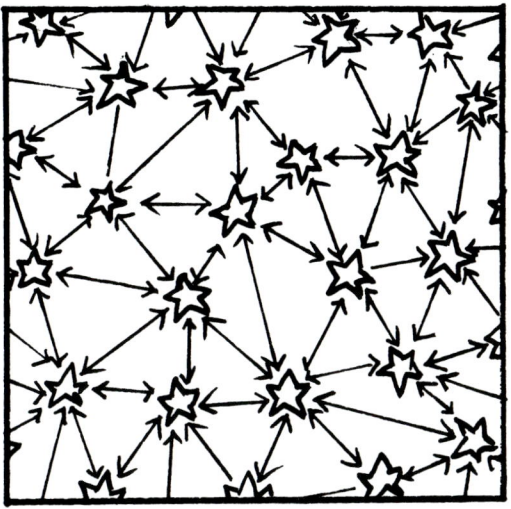

▲ *Schema des **Universums nach Newton**: Die Him-melskörper, die gegenseitig von der Schwerkraft angezo-gen werden, fallen nur aus dem Grund nicht ineinander, weil das System von Anziehungen unendlich in jede Richtung des Kosmos ausgedehnt ist.*

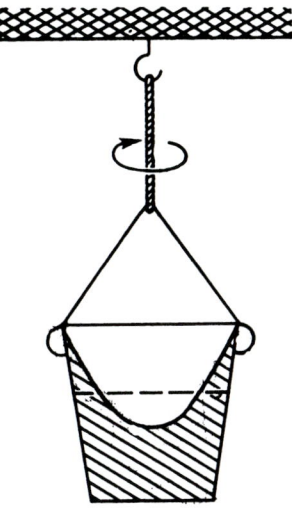

▲ *Nach Newton ist die Existenz einer **absoluten Bewe-gung** und daher einer absoluten Zeit und eines absoluten Raums nachweisbar, wenn man das Kreisen eines mit Wasser gefüllten Eimers betrachtet. Zuerst nimmt das Wasser nicht am Kreisen des Eimers teil; seine Oberfläche bleibt eine horizontale Ebene: „Aber nachdem das Gefäß durch die allmählich auf das Wasser von außen übertra-gene Kraft bewirkt hat, dass auch dieses Wasser merklich sich zu drehen beginnt, so wird es selbst allmählich von der Mitte zurückweichen und an der Wand des Gefäßes emporsteigen [...] Dieser Anstieg zeigt ein Bestreben zur Entfernung von der Achse der Bewegung an, und durch dieses Bestreben wird die wirkliche und absolute Kreisbewegung des Wassers feststellbar und messbar, die seiner relativen Bewegung hier völlig entgegengesetzt ist."* (Mathematische Grundlagen der Naturphilosophie)

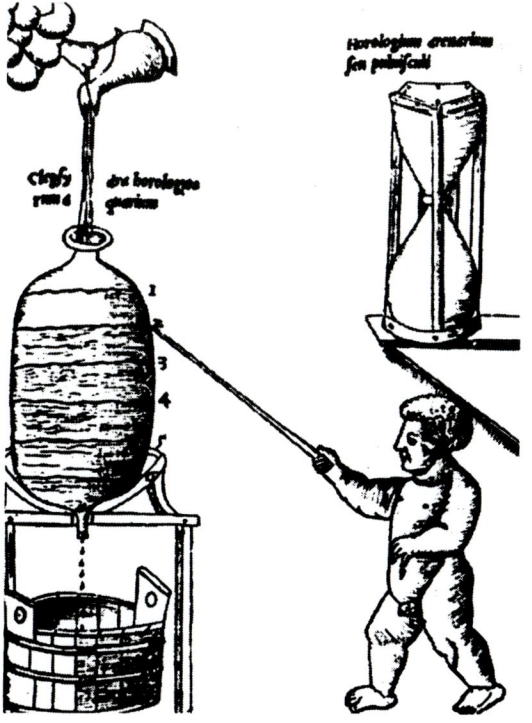

◄ *Die philosophische Idee der **absoluten Zeit** geht Newton voraus. In der Abbildung aus der Renaissance werden die wirklichen, wahre und objektive Zeit, die mit vollkommener Regelmäßigkeit aus dem oberen Krug fließt (gehalten von der Hand Gottes), und die mensch-lichen Messungen gegenüber gestellt. Die Zeit ist also keine Erfindung des Menschen, sondern eine unabhän-gige Realität, die jener sich nur zu messen beschränkt.*

Synthetische Formen a priori

Kant
Siehe auch: *Absolute Raum-Zeit*

Gegen Mitte des 18. Jh.s gerieten der **Rationalismus** (→) und der **Empirismus** (→), die beiden vorherrschenden Theorien des vorhergehenden Jh.s, in eine Krise. Da der klassische Rationalismus die *a priorischen* Inhalte des Geistes als einzige Quelle der Erkenntnis ansah, vertrat er einen wissenschaftlichen **Deduktionismus** (→), der nicht sehr befriedigend war. Auf der entgegengesetzten Seite war der Empirismus, der den Wert der Erfahrung verabsolutierte, mit David Hume zu skeptischen Schlussfolgerungen gelangt, die sogar das Prinzip von **Ursache und Wirkung** (→) infrage stellten. Beide Denkrichtungen schienen auf diese Weise unfähig, die konkrete Praxis der **wissenschaftlichen Arbeit** zu beschreiben, die mit der Entwicklung des **Newtonismus** (→) große Erfolge erzielte.

Ausgehend von dieser Situation versuchte Immanuel Kant (1724–1804), eine **Theorie der Erkenntnis** zu entwickeln, die in der Lage sein sollte, die Fehler der vorhergehenden Auffassungen zu vermeiden, also die Vorteile sowohl der **Vernunft** wie auch der **Erfahrung** genau zu bestimmen, ohne dem Irrtum zu verfallen, eines der beiden als einzigen Parameter absolut zu setzen. Die Rationalisten haben Recht, wenn sie sagen, dass die wissenschaftliche Erkenntnis nicht von der Zufälligkeit einer konkreten Erfahrung abhängen kann, sondern eine eigene, ihr innewohnende Notwendigkeit besitzen muss (sie muss also ein Wissen *a priori* der Praxis sein); dennoch, bemerkt Kant, beschränken sich die wirklich *a priorischen* Aussagen auf **analytische oder tautologische Urteile**, darauf zu erklären (zu analysieren), was schon im Subjekt enthalten ist. Z. B. zu behaupten, dass „dieser Körper ausgedehnt ist", fügt nichts zu dem hinzu, was schon in dem Wort Körper ausgesagt ist, da jeder Körper irgendeine Ausdehnung besitzt. Der als Beispiel zitierte Satz hat den gleichen Wert wie $4 = 2 + 2$, bei dem klar ist, dass der zweite Teil der Aussage sich darauf

beschränkt, auszuführen, was im ersten enthalten ist. Auch die empiristische Vorgehensweise hat Vorzüge: die in der Folge von Erfahrungen formulierten **Urteile** sind **synthetisch**, d. h. sie ermöglichen es, wirklich eine neue Information zu erlangen. Andererseits kann, wie die Kritik am Empirismus Humes deutlich zeigt, jede beliebige empirische Aussage, da sie keinen logischen Gehalt hat, immer von einer anderen gegensätzlichen Beobachtung widerlegt werden und erlaubt es daher nicht, ein solides wissenschaftliches Wissen zu begründen.

Kant wollte das Dilemma lösen, indem er die Vermutung aufstellte, dass der menschliche Geist in der Lage sei, synthetische (also wirksame, produktive) Erkenntnisoperationen *a priori* durchzuführen, vor und unabhängig von der Erfahrung. Auf der Ebene der Sinneswahrnehmung regulieren diese Funktionen des Geistes die Wahrnehmung der **Zeit** und des **Raums**; auf der Ebene der höheren Erkenntnisvorgänge bestehen sie in den **Kategorien** (Qualität, Quantität, Modalität, Relation und hier vor allem der Ursache und Wirkung). Diese synthetischen Formen sind Erkenntnismuster, die dem menschlichen Geist eingeboren sind (und daher universell für die ganze Menschheit gelten) und auf deren Basis das Individuum in Beziehung zur Welt tritt und sie erkennt. Das bedeutet, dass jede Erkenntnis von dem Verhältnis zwischen dem Ding an sich und der (typisch menschlichen) Art sie vorzustellen abhängt, d. h. sie nach den Parametern der Zeit, des Raums und des Kausalitätsprinzips zu strukturieren.

▼ *Die prägnanteste Metapher der Kantischen Idee stammt aus der Kybernetik. Der Geist, wie er von Kant beschrieben wird, interpretiert die Informationen, die ihm von außen zukommen, wie ein* **Computer** *mit den eingegebenen Daten arbeitet. Die feststehenden Programme (die Funktionscodes der Maschine) spielen die gleiche Rolle wie synthetischen Formen* a priori *des Geistes.*

▲ *Um seine Idee des Geistes zu erklären, greift* **Kant** *auf einige berühmt gewordenen Metaphern zurück, deren bekannteste juristischer Art ist. In der* Kritik der reinen Vernunft *(1781) schreibt er, als er von den Grenzen der menschlichen Vernunft spricht: „Es ist notwendig, einen Gerichtshof einzurichten, der die Vernunft in ihren legitimen Ansprüchen unterstützt, aber jene, die keine Grundlage haben, verurteilt, nicht willkürlich, sondern nach seinen ewigen und unveränderlichen Gesetzen" An anderen Stellen vergleicht Kant den Geist mit einem Gefängnis, aus dem man nicht ausbrechen kann. Der Geist kann nämlich ausschließlich durch die synthetischen Formen* a priori *von* **Raum, Zeit und Kausalität** *denken. Es ist ein vielsagender Zufall, dass die Metapher des Gefängnisses, die Kant so gefiel, in der Poetik eines Künstlers seiner Zeit zentral war: Giovanni Battista Piranesi, Autor eines Zyklus (*Kerker der Erfindung, *1761), der dem Begriff der Grenze Gestalt gegeben hat.*

◄ *In einer weiteren berühmten Metapher vergleicht Kant die synthetischen Formen* a priori *mit einer* **Brille**, *die permanent vor die Augen des Subjekts gesetzt ist und so dessen Wahrnehmung der äußeren Welt strukturiert. Der Psychologe Ivo Kohler hat Kants Idee in die Praxis umgesetzt, indem er mit einer Brille experimentierte, die in der Lage war, rechts und links zu vertauschen. Nach einer Phase wachsender Unangepasstheit mit großen Schwierigkeiten in den Beziehungen zur Umwelt, haben alle Versuchspersonen sehr bald eine neue Koordination des Raumes angenommen und konnten sich mit Erfolg in der Welt bewegen (sie durchlebten allerdings eine weitere Phase der Unangepasstheit, als sie die Brille wieder abnahmen).*

Phänomenalismus

In der Philosophie bezeichnet der Begriff Phänomen nicht (wie in der Alltagssprache) etwas Außerordentliches oder Monströses, sondern ist ein Synonym für den Begriff Erscheinung. Phänomenalismus ist demnach die gnoseologische Theorie, die die Möglichkeiten der Erkenntnis auf das beschränkt, was erscheint, auf die äußerlichen und sinnlichen Eindrücke im Gegensatz zu der wahren Wirklichkeit. Er schließt also aus, dass die **Dinge** *an sich* (die *Noumena*) in ihrer Objektivität erkannt werden können.

Diese Terminologie wird von Immanuel Kants (1724–1804) Denken ausgehend wichtig. In der *Kritik der reinen Vernunft* (1781) stellt Kant das bloß auf die Erscheinung bezogene Wesen der menschlichen Erkenntnis fest: Alle Informationen, die man von der Umwelt empfängt, sind vermittelt von den **synthetischen Formen a priori** (→) des Raums und der Zeit, die im Geist vorgegeben sind. Was man sieht und fühlt, hängt daher auch vom Subjekt ab.

Die Anerkennung dieser Beschränkung führte Kant allerdings nicht zum **Subjektivismus**, da seiner Ansicht nach die raum-zeitlichen Formen und die Kategorien des Verstandes der tiefen Struktur der menschlichen Psyche eingeboren sind. Es ist möglich, dass andere Lebewesen eine unterschiedliche Wahrnehmung des Raums haben: Die Fledermäuse zum Beispiel entdecken die Umwelt mithilfe eines Radarsystems, und der allergrößte Teil der Arten erkennt sie durch den Geruchssinn. Innerhalb der menschlichen Gattung aber haben die Erfahrung des Raums und der Zeit einen universellen Charakter (die individuellen Verschiedenheiten sind pathologisch und irrelevant).

Man unterscheidet mehrere Typen des Phänomenalismus, je nach der Art von Wirklichkeit, die hinter den Erscheinungen angenommen wird. Kant argumentiert, dass unsere Wahrnehmungen der Welt, wenn sie auch auf die Erscheinungen bezogen sind, dennoch eine Quelle haben müssen; es muss eine Realität an sich existieren *(noumenisch)*, von der ebenso ihre Existenz wie ihre Unerkennbarkeit festzustellen notwendig ist. Dieser **gemäßigte Phänomenalismus**, nach dem die Erkenntnis auch von der Welt *an sich* abhängt und die Folge einer Beziehung zwischen Subjekt und Objekt ist, wurde von den idealistischen Philosophen im Rahmen der Kritik an Kants Konzept des *Noumenon* abgelehnt. Wenn nämlich das *Noumenon* definiert wird als das, was „auf keine Weise erkannt werden kann" (*Kritik der reinen Vernunft*), so ist die Versuchung groß, ganz darauf zu verzichten.

Es war Arthur Schopenhauer (1788–1860), der diesen **radikalen Phänomenalismus** zu seinen extremen Konsequenzen führte: Jede Form der Erkenntnis ist immer subjektiv, relativ und zweideutig. Die wahre und wirkliche Welt bleibt der menschlichen Wahrnehmung verborgen, sie erscheint uns nur wie hinter einem vom Spinnennetz unserer geistigen Strukturen deformierten Schleier, sodass es keine sicheren Anhaltspunkte gibt, um zwischen der im Traum und im Wachzustand erlangten Erkenntnis zu unterscheiden. (→ **Hyperbolischer Zweifel**). Für Schopenhauer ist jede menschliche Erfahrung, möglich oder einbildbar, wissenschaftlich oder künstlerisch, immer eine Vorstellung, flüchtig, illusorisch und auf das denkende Subjekt bezogen.

◄ *Das Thema der Beziehung von Erscheinungen und Wirklichkeit (im Sinne des Ansatzes Schopenhauers) inspirierte die* **metaphysische Malerei** *von Giorgio de Chirico (1888–1978). Die Idee, dass die Welt nur in der Vorstellung des Subjekts existiere, wird von dem Maler durch die systematische Wahl von Objekten ausgedrückt, die etwas anderes darstellen als sie sind: die Kleiderpuppe ist kein Mensch, sondern stellt ihn dar, so wie der Schatten auf etwas anderes verweist, das nicht da ist. Der Raum wird von Theaterkulissen hergestellt, und alles erscheint wie auf einer Bühne: Die ganze Welt ist ein Bühnenbild.*

▲ *Eines der Prinzipien der metaphysischen Malerei ist das Anwenden von zufälligen perspektivischen Fehlern, nicht so groß, dass sie das Bild vollkommen verkehren, aber ausreichend, um die normale Wahrnehmung des Raums zu stören und so ein Gefühl von* **Fremdheit** *im Betrachter hervorzurufen.*

► *Die beiden abgebildeten Spiralen scheinen auch bei längerer Betrachtung, und selbst wenn man weiß, dass sie es nicht sind, weiterhin gleich. Um die Ungleichheit einzusehen, ist es notwendig, die Bahnen mit einem Stift zu verfolgen und so nachzuweisen, dass die rechte Spirale in der Mitte unterbrochen ist, während die andere aus einer durchgehenden Linie besteht. Es handelt sich um ein extremes Beispiel dafür, wie das Phänomen (das, was der optischen Wahrnehmung erscheint) nicht mit der Wirklichkeit der Fakten übereinstimmt. In diesem Fall ist der Beweis der Wirklichkeit einfach, doch wie kann man sicher sein, dass nicht viele oder alle unsere Wahrnehmungen dieser Art sind?*

Raum a priori

Kant, Euklidische Geometrie

Siehe auch: *Absolute Raum-Zeit, Newtonismus, Synthetische Formen a priori*

Nach Immanuel Kant (1724–1804) ist das, was wir Raum nennen, eine synthetische Form *a priori* unserer Psyche, ein unbewusstes Anschauungsmuster, durch das wir die Informationen der Außenwelt strukturieren und mit Sinn belegen. Indem er das Fundament des Raums nicht in der Natur, sondern im **Geist des erkennenden Subjekts** begründete, schuf Kant die Voraussetzung einer wahrhaft kopernikanischen Revolution im Bereich der Erkenntnislehre und überwand die Schwierigkeiten, an denen die Philosophie auf diesem Gebiet in der ersten Hälfte des 18. Jh.s gescheitert war.

Isaac Newton (1643–1727) hatte angenommen, dass die Gesetze der Bewegung die Existenz eines absoluten Raumes erforderten, der eine eigene, von menschlichen Maßstäben und Vorstellungen unabhängige ontologische Wirklichkeit besäße. David Hume (1711–1776) hingegen hatte den Raum als eine einfache psychologische Gewohnheit definiert, einen der Erfahrung entnommenen empirischen Begriff, der sich auf nichts Festerem gründet als der Gewohnheit, in einer bestimmten Umgebung zu leben (→ **Ursache und Wirkung**).

Die von Kant vorgeschlagene Lösung nahm zum Teil Aspekte beider vorhergehenden Denkrichtungen auf: Im Gegensatz zu Hume besteht seiner Auffassung nach der Raum vor der Erfahrung, doch im Gegensatz zu Newton ist die Idee des Raumes im Inneren des Subjekts begründet, kein objektiv in der Welt Gegebenes (die These, dass der Raum nur drei Dimensionen hat, kann nicht das Resultat eines Erfahrungsurteils sein). Nach Kant wird die menschliche Wahrnehmung des Raumes von den Gesetzen der **Perspektive** (→) und der **Euklidischen Geometrie** reguliert, die der Philosoph für apodiktische (notwendige und endgültig sichere) Wahrheiten hielt: Die Rationalität und Systematik des Euklidischen Modells zeigen, wie tief es im menschlichen Geist verankert ist. Die Universalität der Wissenschaft und ihre Gültigkeit für die ganze Menschheit basiert gerade auf der Tatsache, dass das räumliche Gitter allen Menschen (in jeder Zeit und jedem Land) auf gleiche Weise angeboren ist.

Kants Theorie enthält einen Punkt, der experimentell überprüft werden kann: Die menschliche Allgemeingültigkeit der Euklidischen Auffassung vom Raum. Anthropologen haben die räumliche Wahrnehmung in Volksgruppen analysiert, die unter anderen Umweltbedingungen leben als wir. Die Ergebnisse scheinen die Kantische Idee, dass die Anschauung des Raumes notwendigerweise mit dem Euklidischen Modell übereinstimmt, nicht zu bestätigen. Man hat zum Beispiel herausgefunden, dass die Menschen in den Wäldern des Amazonas-Gebiets unsere perspektivische Einschätzung von Abständen nicht anwenden: Außerhalb ihrer gewohnten Umwelt, in der es aufgrund der Vegetation keine weiten Räume gibt, neigen sie dazu, die Objekte nicht als entfernt, sondern als klein wahrzunehmen. Das ist ein Effekt, dem auch der westliche Mensch unterliegt, sobald er sich in einer anomalen Situation befindet, zum Beispiel wenn er Gegenstände von oben betrachtet. Während eines Flugzeugstarts erscheinen die Häuser immer kleiner und nicht immer weiter entfernt, weil man gewohnt ist, die perspektivischen Regeln nur auf der horizontalen Ebene anzuwenden.

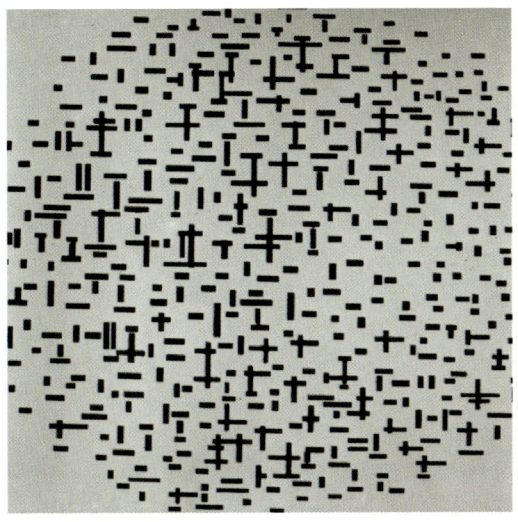

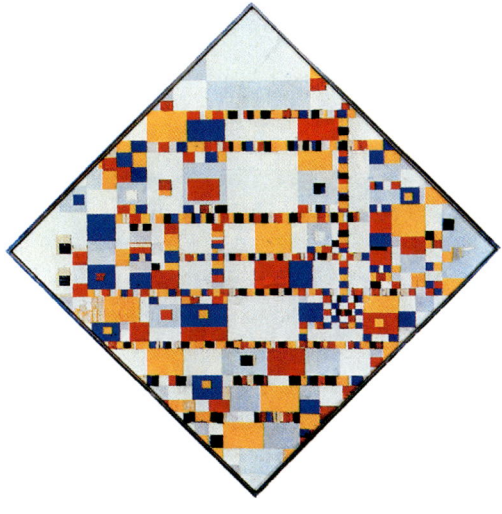

◄ ◄ ▲ *Nach Kant ist der* **Raum** *eine* **transzendentale Funktion** *der menschlichen Psyche. Das bedeutet, dass der Raum, obwohl er eine Bestimmung des Verstandes ist, nicht allein für sich, abstrakt, gedacht werden kann, sondern nur in der Konkretion irgendeiner Form. In gleicher Weise ist es unmöglich, die Zeit an sich zu denken und nicht in der Form einer beliebigen Maßeinheit (eine Minute, eine Stunde usw.). Man kann die Werke von Piet Mondrian (1872–1944), einem frühen Vertreter der abstrakten Malerei (→* **Abstraktion***), als (unmöglichen) Versuch interpretieren, einen Raum a priori zu beschreiben, bevor er in Formen oder Gegenstände gegliedert wird.*

◄ *Die afrikanischen Zulù leben in einer Welt ohne jedes perspektivische und eckige Element: Die Behausungen sind rund ebenso wie die Türen, die Gegenstände, und sogar die Felder sind in kurvigen Furchen gepflügt. Anthropologen haben entdeckt, dass diese Volksgruppen nicht den optischen Täuschungen unterliegen, die aufgrund von Verzerrungen durch Rechtwinkligkeit entstehen (→* **Phänomenologie***).*

Ursache und Wirkung

Hume, Kant

Siehe auch: *Raum a priori, Empirismus*

Der Begriff der Kausalität zeigt eine Verbindung zweier Dinge oder Ereignisse an, in der aus dem ersten (Ursache) unvermeidlich das zweite (Wirkung) folgt. Dieser Begriff ist von grundlegender Bedeutung für die Wissenschaft, die mit ihm die Möglichkeit begründet Ereignisse vorauszusehen. Das Prinzip der Kausalität besagt nämlich, dass bestimmte Folgen in vorhergehenden Geschehnissen begründet sind, und zwar im Sinne einer Verbindung, die nicht nur zeitlich ist, sondern essenziell und notwendig. Auch wenn die Entwicklung der Wahrscheinlichkeitstheorien im 20. Jh. dessen Bedeutung relativiert zu haben scheint, war die Annahme oder die Kritik des Prinzips von Ursache und Wirkung während der gesamten Philosophiegeschichte das wichtigste Unterscheidungskriterium zwischen der rationalistisch-wissenschaftlichen und der skeptischen Tradition.

Die schlüssigste Kritik am Kausalitätsprinzip stammt von dem Empiristen David Hume (1711–1776): Hält man sich streng an die Richtlinie der Erfahrung (die sich immer auf konkrete Ereignisse bezieht), so ist in der Welt der Tatsachen die Idee, dass eine Wirkung mit (logisch ableitbarer) Notwendigkeit von einer Ursache abhängt, nicht nachweisbar. In der Wirklichkeit der Fakten kann man lediglich bestätigen, dass bestimmte Ereignisse anderen vorhergehen. Daraus folgt, dass keine empirische Erkenntnis (*a posteriori*) Anspruch auf absolute oder universale Gültigkeit erheben kann.

   Sicher, in der Alltagssprache behaupte ich, dass die Kugel B, wenn ich mit ihr die Kugel A treffe, die Bewegung der letzteren hervorruft; einem guten Spieler wird es sogar gelingen, die Richtung der getroffenen Kugel zu bestimmen. Doch Humes grundsätzlicher Einwand lautet: Wären wir in der Lage, solche Voraussagen zu treffen, wenn wir das Phänomen zum ersten Mal sähen? Wenn wir zum Beispiel in diesem Moment erst zur Welt gekommen

wären? Wir könnten aus der Bewegung der Kugel A nicht den folgenden Lauf der Dinge ableiten, so wie man beim ersten Anblick von Wasser nicht *a priori* begreifen könnte, dass man erstickt, wenn man in ihm untertaucht. Daher, so schließt Hume, stammt die Idee, es existiere ein Verhältnis von Ursache und Wirkung zwischen den Ereignissen, nur aus der **Gewohnheit** (→): In der Vergangenheit haben sich in einem bestimmten Winkel getroffene Kugeln in eine feststehende Richtung bewegt und das hat zu der Überzeugung geführt, dass es zwischen den beiden Dingen eine notwendige Verbindung gebe. Der Grundsatz der Kausalität ist nur die Konsequenz der starken Neigung der Menschen zum **Anthropomorphismus** (→), dazu, die Natur mit psychologischen Begriffen zu erklären.

Das Bedürfnis, diese skeptischen Schlussfolgerungen zu widerlegen, führte Immanuel Kant (1724–1804) zu seinen Überlegungen. Einerseits lehnte er die alte ontologische Auffassung des Kausalitätsprinzips ab (nach der die Realität selbst durch die Beziehung Ursache-Wirkung strukturiert wäre) und gestand Hume zu, dass keine empirische Regel ein universelles Gesetz begründen kann.

   Andererseits hielt er an der Kausalität als einer **synthetischen Form a priori** (→) der Psyche fest, d. h. als einem der Modi, mit denen der menschliche Geist die Welt strukturiert und ihr Sinn gibt. Die Wissenschaft liefert daher gültige Erkenntnisse, wenn sie auch nicht auf der Notwendigkeit der Tatsachen beruht, sondern auf der Universalität, auf Denkmustern, die alle Menschen gemein haben.

◄ *Das Billardspiel, das im 17. Jh. in England einge-*
führt wurde, war für die empiristischen Philosophen
(viele leidenschaftliche Billardspieler) die zentrale
Metapher für den menschlichen Geist: Die Stöße, die
den Kugeln mit dem Billardqueue zugefügt werden,
stellten die Impulse dar, die die Umwelt der Psyche durch
die Empfindungen gibt; das gegenseitige Abprallen der
Kugeln bedeutete hingegen den Assoziationsmechanismus
zwischen den psychischen Elementen.

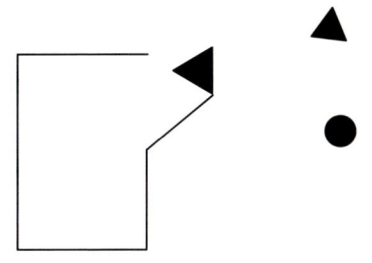

◄ *Der Psychologe Albert Michotte* (Die phänomenale
Kausalität, *1954) hat die Macht des* **anthropomorphi-**
schen Prinzips *aufgezeigt, das wir instinktiv sogar auf*
die Welt der Geometrie anwenden. Auf die Bitte hin,
einen Kurzfilm zu beschreiben, in dem zwei Dreiecke
und ein Kreis sich in verschiedenen Richtungen bewegen,
schildern fast alle der gefragten Personen die Bewegungs-
abfolgen als Handlungen lebender Wesen, als ob die
Figuren miteinander kämpften, Übereinkommen schlös-
sen und von Motiven oder Zwecken getrieben wären.

◄ *Nach Hume sind nur zwei Schlussfolgerungen legi-*
tim, wenn man mit empiristischer Strenge das Zusam-
mentreffen zweier Billardkugeln analysiert: 1) es existiert
eine räumliche Berührung (die Kugel B hat dort begon-
nen sich zu bewegen, wo die erste Kugel zum Stillstand
gekommen ist); 2) es existiert eine zeitliche Berührung
(die Kugel B hat ihre Bewegung genau dann begonnen,
als A zum Stillstand gekommen ist).

Das Erhabene

Die Ästhetik des 18. Jh.s unterscheidet zwischen dem Begriff des Erhabenen und dem des Schönen. Als erster in der neuzeitlichen Philosophie beschäftigte sich Edmund Burke um die Jahrhundertmitte mit dem Erhabenen (*Philosophische Untersuchung über den Ursprung unserer Ideen vom Erhabenen und Schönen*, 1756). Seine besondere Bedeutung erlangte es aber vor allem durch Immanuel Kants (1724–1804) *Kritik der Urteilskraft* (1790).

Während als schön gilt, was harmonisch, maßvoll und nach den Regeln der Kunst komponiert ist, wird das Erhabene als das Extreme, Ungeordnete bestimmt, das sich nicht am Maß des Menschen orientiert, sondern am Übermaß, zum Beispiel das Leere, Abgründe, unermessliche Räume, absolute Stille, Dunkelheit, riesige Gebirge … Schön sind die Blumenbeete eines Gartens, sagt Kant, erhaben die hohen Eichen; schön der Tag, erhaben die Nacht. Für Kant gibt es ein **Mathematisch-Erhabenes**, das durch das unfassbar Große erzeugt wird: die grenzenlose Folge von Zahlen, der Gedanke der kosmischen Unendlichkeit oder die zeitliche Ewigkeit.

Die Betrachtung der Macht der Natur ruft hingegen das **Dynamisch-Erhabene** hervor: die großen Naturereignisse (Gewitter, Erdbeben …), die von den entfesselten Naturgewalten hervorgerufenen Katastrophen, die erschrecken, aber gleichzeitig auch anziehen und faszinieren. Es ist möglich, sich sogar von Hässlichem angezogen zu fühlen, solange es nur schrecklich schön ist (die modernen Horrorfilme sind ein Beispiel für dieses Phänomen).

Das Erhabene wird also nicht von den Eigenschaften des betrachteten Objekts erzeugt, sondern von der Geistesverfassung des Subjekts. Während die Schönheit ein Gefühl einfacher Lust (Befriedigung, Erfüllung) hervorruft, provoziert die Erhabenheit eine zwiespältige Emotion, einen **lustvollen Schrecken**

(Burkes „delightful horror"), einen Zustand, in dem sich Lust mit Furcht mischen.

Kants Abhandlung fährt fort, indem sie den unterschiedlichen Ursprung des Erhabenen und des Schönen aufzeigt. Etwas wird als schön beurteilt, wenn es zu einem Zusammenspiel von Empfindung und Vernunft kommt, da das Subjekt in dem, was es betrachtet, die gleichen Kriterien, Vorstellungen von **Maßstab** und **Proportionen** wiederfindet, die seine eigene Geistestätigkeit bestimmen. Das Gefühl des Erhabenen dagegen entsteht durch einen **Konflikt zwischen Gefühl und Rationalität**. Wir fühlen uns klein im Verhältnis zur Unermesslichkeit der Natur und hilflos gegenüber der Macht ihrer entfesselten Gewalten, aber diese Unlust der Vorstellungskraft wird von einer Lust der Vernunft begleitet: Der Anblick der höchsten Berge, die steilsten Abhänge wecken das Gefühl des Unendlichen und führen so zum Nachdenken über die Natur des Menschen und der Welt.

Im Erklimmen der höchsten Gipfel oder in der Einsamkeit der Wüste wird der Mensch philosophischer, er ist sich bewusster darüber, dass er durch die Auszeichnung, vernunftbegabt zu sein, frei wird – wenn auch schwach, so doch jeder Art sinnlicher Wirklichkeit überlegen. Aufgrund der Fähigkeit, diese Wirkung hervorzubringen, steht das Erhabene folglich an der Grenze zwischen Ethik und Ästhetik.

Die Künstler der **Romantik** nahmen den Begriff des Erhabenen, den sie als einen Ausdruck der **Neigung zum Unendlichen** begriffen, verschiedentlich auf; in der zeitgenössischen Ästhetik, die in ihm keinen fruchtbaren Interpretationsansatz sieht, ist das Konzept in Vergessenheit geraten.

◄ *Das Erhabene in der Kunst. Als sich nach dem Tod Kants die romantische Empfindsamkeit entwickelte, wurde der Begriff des Erhabenen auch auf die Kunstwerke der griechischen und besonders römischen* **Antike** *ausgedehnt, die oft ebenso maßlos (zyklopisch, enorm) wirken wie ein Naturschauspiel. Auf diese Weise bekam das Erhabene für die romantischen Künstler die Bedeutung eines Unerreichbaren, Perfekten, Unendlichen, wie es die Abbildung suggeriert (*Der Künstler verzweifelnd vor der Größe der antiken Trümmer *von Johann Heinrich Füssli, 1778/80).*

◄▼ Der Abgrund *von Füssli und eine* Lawine in den Alpen *(Ausschnitt, 1803) von Philipp Jakob de Loutherbourg. Kant erkennt allein die Existenz eines Erhabenen in der Natur an: „Kühn überhängende, gleichsam drohende Felsen, am Himmel aufgetürmte Donnerwolken, mit Blitz und Krach einherziehend, Vulkane in ihrer ganzen zerstörenden Gewalt, Orkane mit ihrer zurückgelassenen Verwüstung, der grenzenlose Ozean in Empörung gesetzt.“ (*Kritik der Urteilskraft *II, § 23–29) Alle diese Themen sind ausgiebig von der romantischen Malerei aufgenommen worden.*

Romantik

Das Unendliche

Siehe auch: *Genie, Streben, Endlich/Unendlich*

Romantik wird eine Geistesbewegung genannt, die sich in Deutschland während der Jahre nach der Französischen Revolution entwickelte und sich dann in den ersten drei Jahrzehnten des 19. Jh.s in ganz Europa verbreitete, wobei sie verschiedene nationale Ausprägungen annahm. Da das Phänomen der Romantik entgegengesetzte Elemente umfasst, ist es unmöglich, seine Eigenheit in einer einfachen Definition zu bestimmen. Es ist aber möglich, einige typische Themen aufzuzeigen.

• Die Suche nach dem **Absoluten**, einem Begriff, von dem für die romantischen Denker eine besondere Anziehungskraft (eine Art von Drang, ein sehnliches Verlangen) ausging. Sie drückt sich in der idealistischen Philosophie (Johann Gottlieb Fichte, Friedrich Wilhelm von Schelling, Georg Wilhelm Friedrich Hegel) in einem allgemeinen und eher literarischen Gefühl des Absoluten aus.

• Die Betonung des **Gefühls**, bis zum Sentimentalismus getrieben, die Sehnsucht nach allem, was heftige Emotionen erregt (daher galt die Musik als vollkommenste Kunst).

• Die Rückbesinnung auf den **Glauben** und in der Folge das wiedererwachte Interesse für alle Religionen.

• Die Liebe zur Geschichte, sowohl der (idealisierten) griechischen Antike als auch der antiklassischen Phasen: des Mittelalters, der Urgeschichte, der Zeiten der Barbaren.

• Die Neugier an den **irrationalen Aspekten** des Lebens (→ **Leben**) und an außergewöhnlichen Erfahrungen, daraus resultierend die Wiederbelebung von Mystizismus und **Magie** (→).

• das Interesse für alle veränderten **Bewusstseinszustände**: der Traum, die *rêverie* (Fantasterei mit geöffneten Augen) und halluzinatorische Erfahrung aufgrund von Drogen, die dazu befähigen, die Grenzen der Normalität zu überschreiten und eine Art von Rausch des Unendlichen hervorrufen.

• Die Wiederaufnahme der antiken vorwissenschaftlichen Lehren von der **Weltseele** (→) und der Gleichartigkeit von **Mikrokosmos** und **Makrokosmos** (→), die das Fundament der romantischen **Naturphilosophie** (→) bilden.

• Das Interesse an der **phantastischen Literatur** und der Fabel, die Neugier am Exotischen und Primitiven. Im 19. Jh. entstand der Mythos des **Reisens**, das die Romantiker als eine Rückkehr zu den Wurzeln der Zivilisation ansahen, ein Wiederfinden ihres eigenen Wesens, eine Flucht vor der gegenwärtigen Realität. Aber die Reise kann auch als Ausbruch in andere Zeiten verstanden werden, in die Zukunft (die Gattung des **Science-Fiction** ist eine romantische Erfindung) oder in die Vergangenheit (mit *Ivanhoe* (1819) von Sir Walter Scott entstand der **historische Roman**).

• der **Titanismus** oder Prometheismus: die Auflehnung gegen die Endlichkeit der Welt, man nimmt die Herausforderung an, einengende Bedingungen zu bekämpfen und ebenso maßlose wie unrealisierbare Ideale zu verfolgen, während man die unvermeidbare Niederlage im Voraus akzeptiert (**Viktimismus**).

• Die Bedeutung, die dem Ausdruck der freien subjektiven Kreativität zugesprochen wird, und die daraus folgende Vorliebe für offene, fragmentarische und lyrische Wissensformen.

Unter diesen vielen unterschiedlichen, oft gegensätzlichen Elementen bleibt das vereinigenden Moment das **Thema des Unendlichen**, das schließlich zu einem psychologischen Dämon wurde, die Grenzen des Ichs zu überwinden, ein Verlangen nach der Überschreitung des Raumes, der Zeit, des Schmerzes; das Unerkennbare zu erkennen und das Unendliche zu fühlen.

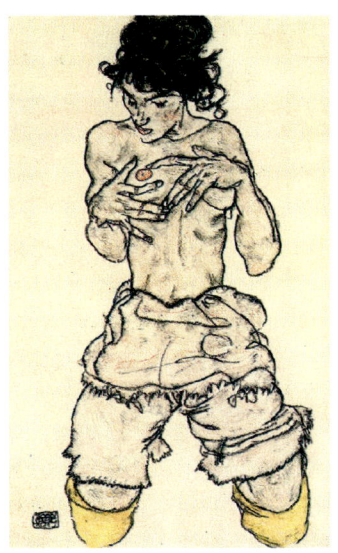

▲ *Schwarze Romantik wird das Verhalten genannt, das das Verbotene und den Bruch mit den Gewohnheiten schätzt und das Makabre, das Heikle, das Gespenstische, das Schaurige, das Erschreckende aufwertet, da es auch dem Bösen ästhetische Bedeutung zuspricht. Auf literarischem Feld war Edgar Allen Poe der Gründer der schwarzen Romantik. Hier handelt es sich um eine Illustration aus seinen Grotesken Geschichten (1843), aus denen die Gattung, die wir heute* **Horror** *nennen, entstanden ist.*

▲ *Ein Beispiel schwarzer Romantik auf dem Gebiet der Malerei sind die Werke von Aubrey Beardsley, die durch eine morbide Empfindsamkeit, eine skrupellose Erotik und die Zurschaustellung von Formen der Perversion gekennzeichnet sind (das Bild zeigt eine Illustration zur Salomé von Oscar Wilde).*

▲ *Die Romantik hatte eine ambivalente Beziehung zur Sexualität. Einerseits brachte das 19. Jh. ihre Unterdrückung zu ungekannten Ausmaßen (in den feineren Kreisen war es ungehörig, auch nur das Wort Bein auszusprechen), andererseits mündete das Interesse an der Erotik und der Sensualismus am Ende des Jh.s in die* **Psychoanalyse** *Sigmund Freuds (Egon Schiele,* Kniender Halbakt, *1917).*

◄ *Sinnlichkeit, Morbidität und Lust am Makabren bilden die Basis des hier gezeigten Werks von Jan Toorop:* Religiöse Trauer von zwei Frauen *(1893).*

Streben

Fichte, Romantik

Siehe auch: *Endlich / Unendlich, Das Absolute, Romantik*

Die Empfindsamkeit des romantischen Menschen wird durch den Begriff des Strebens bestimmt (im Sinne von Spannung, aber auch Verlangen, Sehnsucht, Unruhe), das einer Auffassung des Lebens als **unaufhörlicher Anstrengung** entspricht, dem ständigen Versuch, jedes Hindernis, sei es materieller oder geistiger Natur, zu überwinden. Im Streben, dem Drang oder dem Gefühl des Unendlichen, zeigt sich die Unduldsamkeit gegen jede Art der Bindung, die mit dem Wunsch einhergeht, die Alltagswirklichkeit hinter sich zu lassen. Es sind dies typische Haltungen der literarischen und philosophischen Kultur zu Beginn des 19. Jh.s Stand im Zentrum der Überlegungen Immanuel Kants der Begriff der Grenze (der menschlichen Erkenntnisfähigkeit), so setzte die Romantik diesem diametral die **Überwindung aller Grenzen** als Schlüsselmotiv entgegen: Sicherlich ist das Unendliche unerreichbar, doch man kann sich ihm dennoch annähern in dem, was zur Unendlichkeit neigt: Solche Formen sind zum Beispiel das Unbegrenzte, das Enorme, das Unermessliche, das Endlose, das Unerschöpfliche, das Maßlose, das Grenzlose, das Unzählbare, das Ewige, das Transzendente, das Unbestimmte, das Unbeschränkte.

Es ist Johann Gottlieb Fichtes (1762–1814) Verdienst, das Konzept des Strebens philosophisch durchdacht und aus ihm einen umfassenden ethischen Entwurf entwickelt zu haben. Er betrachtet das Absolute, das als **unendliche Subjektivität** definiert wird, als die notwendige metaphysische Voraussetzung, um auf einer sicheren Basis die Idee einer totalen Freiheit des Menschen begründen zu können (einer unerlässlichen Voraussetzung für jede Anstrengung, das Unendliche zu begreifen). Der komplexe metaphysische Gedankengang Fichtes (*Grundlage der gesammten Wissenschaftslehre*, 1794 / 95), der in einer sehr technischen Sprache gehalten ist, führt letztendlich zu der Feststellung, dass die Natur (das *Nichtich*

für das einzelne Individuum) in keiner Weise durch irgendeinen unüberwindbaren objektiven Einfluss bedingt ist. Die gegenständliche Welt kann für einen wirklich entschlossenen menschlichen Willen (ein *Ich*) kein Hindernis sein, und zwar aus dem einfachen Grund, dass die Wirklichkeit insgesamt ein (unbewusstes) Produkt der Aktivität des Subjekts selbst ist (**absoluter Subjektivismus**).

Dieser Grundsatz, der dem gesunden Menschenverstand so fremd ist, kann empirisch durch die Feststellung nachgewiesen werden, dass jeder Menschentyp sich sein eigenes Weltbild schafft: Ein Korrupter sieht in jeder dunklen Machenschaft eine Bestätigung seiner Meinung, verwirft die Fälle von Ehrlichkeit als Ausnahmen und wählt unbewusst alle äußeren Anreize, die seine Lebensauffassung unterstützen. Am Ende lebt der Korrupte in einer korrupten Welt, so wie der Idealist eine Wirklichkeit erfährt, die von Geist durchdrungen ist, und der Dogmatiker sich von jeder scheinbaren Notwendigkeit beeinflussen lässt.

Da er die Überlegenheit des Geistigen über die Endlichkeit des Körperlichen vertrat, war Fichte der Philosoph der **Unendlichkeit des Ichs**: einziges Prinzip und Quelle der Erkenntnis, unbeschränkter Geist, absolut freie Kreativität. Natürlich ist die Suche nach dem Unendlichen *per definitionem* dazu verurteilt, unbefriedigt zu bleiben, aber was zählt, ist nicht das Erreichen eines beliebigen Ergebnisses, das immer partiell und überwindbar bleibt. Das entscheidende ist, so Fichte, „nicht frei zu sein, sondern frei zu werden, **sich frei zu machen**".

◀ Das Kreuz auf dem Berg *(1808) von Caspar David Friedrich. Einer der nachhaltigsten Beiträge der romantischen Ethik des Strebens ist die Entstehung des Alpinismus, einer vor Beginn des 19. Jh.s unbekannten Sportart: Die Bergersteigung rechtfertigt sich nämlich als Schule für das Leben, eine Herausforderung der Möglichkeiten des Individuums. Nicht durch Zufall ist das Gebirge ein häufiges Thema in der Malerei des frühen 19. Jh.s; in den Bildern von Friedrich wird es als moralischer und religiöser Wert erlebbar.*

▶ *Eine Zeichnung des sogenannten Titanenmalers, eines anonymen romantischen Malers, der während seiner Reisen durch Italien zahlreiche Zeichenhefte mit phantastischen Bildern von Giganten füllte. Der* **Titanismus,** *der Hang, sich unmöglichen Herausforderungen zu stellen, Werke zu schaffen, die menschliche Dimensionen übersteigen, ist ein typisches Moment des Strebens.*

◀ *Mit dem Streben ist die* **Sehnsucht** *(ganz wörtlich der Wunsch nach dem eigenen Wunsch) verbunden, das quälende Gefühl, das aus dem Bewusstsein der Unerreichbarkeit des Unendlichen entsteht. Die Sehnsucht nach dem, was man nie haben wird, das Verlangen nach dem, was jenseits ist, die starke Empfindung eines Mangels (an Glück, Liebe) sind deutlich sichtbar in der intensiven verinnerlichten Atmosphäre (große träumende Augen, die in die Weite schauen, melancholische Falten an den Mundwinkeln) der Selbstporträts der romantischen Maler, die das neue intellektuelle Rollenverständnis der Künstler widerspiegeln.*

Genie

Romantik

Siehe auch: *Welthistorische Individuen, Pathografie*

Der Genie-Begriff, der in der Romantik große Bedeutung erlangte, hat Eingang in den modernen Sprachgebrauch gefunden. Er bezeichnet die Verfassung einiger Menschen, die eine angeborene und außergewöhnliche kreative Begabung haben, Werke zu schaffen, welche die allgemeinen Erwartungen übertreffen und daher oft das Verständnis ihrer Zeitgenossen übersteigen. Für die Romantiker war Michelangelo die Inkarnation des Genies; sein Erfolg wuchs bei den Kritikern zu Beginn des 19. Jh.s dermaßen an, dass ein eigener Terminus (Michelangelismus) nötig wurde, um die Versuche zu beschreiben, seiner Größe, der titanischen, übermenschlichen und mächtigen Natur nachzueifern.

Es gibt einen paradoxen Aspekt in der romantischen Beschreibung des Genies: Wenn es keiner vorhandenen Disziplin unterstehen soll und der Kern seiner kreativen Arbeit darin besteht, allen Regeln zuwider zu handeln, ist es offensichtlich unmöglich, Genialität exakt zu definieren; sie bleibt ein auf theoretischer Ebene nicht fassbarer Begriff. Das hinderte die Denker des 19. Jh.s jedoch nicht daran, sich mit diesem Problem zu befassen; denn wenn die Genialität auch dazu verurteilt ist, unerklärbar zu bleiben, so ist es trotzdem möglich, die individuellen Besonderheiten der großen Genies der Vergangenheit auszumachen (eine Analyse, die vor allem von der Geschichtsmalerei betrieben wurde).

Die Romantik betonte die gemeinsamen Elemente von Genie und **Wahnsinn** (→). Beide sind von Natur aus **Grenzüberschreitungen**, bezeichnen einen menschlichen Zustand jenseits der Schranken der Normalität, des allgemeinen **gesunden Menschenverstands** (→) und der Regeln der Logik. Der einzige Unterschied zwischen den beiden Geistesäußerungen ist das gesellschaftliche Resultat: Denn das Werk des Wahnsinnigen ist originell, revolutionär und weicht von der Norm ab wie das des Genies,

doch es bleibt exzentrisch und rein subjektiv; es ist nicht meisterhaft, wie Immanuel Kant feststellt, d. h. nicht fähig, Nachahmer anzuziehen und eine Schule zu gründen.

Arthur Schopenhauer bestimmt als genial den **reinen Betrachter der Ideen**, der in der Lage ist, einen Zustand totalen Desinteresses (Gleichgültigkeit) gegenüber der Welt zu erreichen und auf diese Weise die universalen Werte in den konkreten Dingen zu erkennen, ein „klares Weltauge" zu werden. „Während dem gewöhnlichen Menschen sein Erkenntnisvermögen die Laterne ist, die seinen Weg beleuchtet, ist es dem Genialen die Sonne, welche die Welt offenbar macht" (*Die Welt als Wille und Vorstellung*, § 36) schreibt der Philosoph, fügt allerdings hinzu, dass diese Verfassung, da sie das Vernunftprinzip übersteigt, gefährlich an den Wahnsinn grenzt.

Der Positivismus machte aus dieser angedeuteten Gleichstellung von Wahnsinn und Genialität eine wissenschaftliche und sogar anatomische Wahrheit: Die **Phrenologie** (→ **Szientismus**) vertrat die Auffassung, es sei möglich, die Besonderheiten des Genies in seiner Schädelbildung zu erkennen. Der Psychiater Cesare Lombroso (*Studien über Genie und Entartung*, 1864) analysierte die Leben von Benvenuto Cellini, Johann Wolfgang von Goethe, Giambattista Vico, Torquato Tasso, Isaac Newton und Jean-Jacques Rousseau als Fälle von **kreativem Wahnsinn** und stellte die Hypothese auf, dass die Genialität großer Talente die Folge einer **Psychose** als Entartungserscheinung sei.

◄ Giotto als Kind, *porträtiert in dem Moment, als entdeckt wird, dass er einen perfekten Kreis zeichnet (nach einer berühmten Legende); Giotto stand für die Themen der* **frühreifen Berufung** *und der* **Unaufhaltsamkeit des Talents**, *das in der Lage ist, sich auch gegen sozial und wirtschaftlich schwierige Bedingungen durchzusetzen.*

▼ *Das Interesse der Romantik an der Vergangenheit führte in der Kunst zur Entstehung der* **Geschichtsmalerei***, einer Strömung, die für die Rekonstruktion der Kultur des 19. Jh.s interessant ist. Bevorzugte Themen waren die großen Genies der Vergangenheit, abgebildet im bedeutendsten Moment ihres Lebens.* Newton (1795/1805), von William Blake (1757–1827) als antiker griechischer Gott gemalt, stellt die Genialität auf dem Gebiet der Wissenschaft dar. Kant schloss aus, dass **wissenschaftliche Kreativität** mit dem Begriff des Genies (der die Möglichkeit eines Umsturzes der Regeln mit einschließt) erklärt werden könne, und begrenzte dessen Bedeutung auf das Gebiet der Kunst.

◄ Christopher Kolumbus, *der Prototyp des Entdeckers, zeigte den Mut, den derjenige, der in neue Welten eindringen will, nicht entbehren darf. Die Variante* Kolumbus in Ketten *(von Gustav Wappers, um 1840) illustriert das* **soziale Scheitern** *des Genies, das unverstanden bleibt und der Anfeindungen seiner Mitbürger ausgesetzt ist.*

Endlich / Unendlich

Schelling, Naturphilosophie
Siehe auch: *Romantik, Streben*

Der Drang nach Unendlichkeit kennzeichnete die Romantik und führte zu einem neuartigen Nachdenken über die Bindungen zwischen dem Endlichem (dem Konkreten, Individuellen) und der Unendlichkeit. Der deutsche Dichter Novalis (1772–1801) fasste die neue Empfindsamkeit in folgende Verse (*Heinrich von Ofterdingen*, 1802): „Eins ist in allem und alles in Einem/Gottes Bild auf Kräutern und Steinen/Gottes Geist in Menschen und Thieren/dies muss man sich zu Gemüthe führen." Novalis will sagen, dass ein sensibler Geist der Unendlichkeit in jedem beliebigen Ding gewahr werden kann, in jedem einzelnen Element der Welt, denn das Unendliche manifestiert sich in den Formen der Endlichkeit. Diese Idee prägte die Epoche der Romantik entscheidend. Überall sah man die Gegenwart von etwas Höherem und Geheimnisvollem.

Wenn jedoch jedes Detail als Fragment des Universums verstanden werden kann, wird auch jedes Ereignis Ausdruck eines höheren Wertes. Die gesamte Kultur des 19. Jh.s wird von dieser Vorstellung beherrscht: Auf ihr aufbauend formulierten Friedrich Wilhelm von Schelling und Johann Wolfgang von Goethe eine **Naturphilosophie** (→) vitalistischer und organistischer Art: Die Naturphänomene sind nicht mit den Gesetzen der Chemie zu erklären, denn die ganze Natur lebt, auch in ihren kleinsten Elementen; man kann in einem einfachen Grashalm das **Wirken kosmischer Mächte** erkennen, die durch eine innere Polarität der Kräfte (Zusammenziehen und Auseinandertreten) die Komplexität der Natur und ihre fortschreitende Entwicklung hervorbringen. Goethe, der sich als Wissenschaftler *Pantheist* und als Dichter *Polytheist* nannte, sah in der Natur eine lebende, dynamische, beseelte und zweckgerichtete Kraft; ein organisches Ganzes, das so strukturiert ist, dass jedes Ding (die Individuen, die Arten) nur als Teil des globalen Zusammenhangs Sinn erhält. Er stellte fest, dass zwischen Kunst und Philosophie eine Gemeinsamkeit erkennbar ist: Denn sowohl letztere als auch Malerei, Musik oder Poesie neigen dazu, das Band zu erfassen, das Endlichkeit und Unendlichkeit zusammenhält.

Das Verhältnis zwischen Endlichem und Unendlichem bildet auch den Ausgangspunkt des Denkens Georg Wilhelm Friedrich Hegels (1770–1831), der als grundlegende These des Idealismus folgendes Motto formulierte: „Alles, was endlich ist, ist kein wahres Sein." Was in einem bestimmten Moment der Weltgeschichte existiert, hat für sich betrachtet kein eigentliches Dasein und ist jedenfalls nicht erfassbar. In anderen Worten: Es ist nicht möglich, die Wirklichkeit (sowohl die natürliche Welt als auch die Kulturgeschichte) zu analysieren, wenn man einen Teil isoliert betrachtet und versucht, ihn für sich zu erklären und von seinen Verbindungen mit dem Rest abzusehen; denn nur und ausschließlich im Licht eben dieser wird er verständlich. Was partiell, begrenzt und unvollständig, kurz gesagt endlich ist, besitzt keine eigene autonome Existenz: Es ist eine Nichtrealität, die nur begreifbar wird, indem sie sich in der Unendlichkeit einlöst. Diese ist idealer, wenn auch nicht transzendenter Natur und wird von Hegel als **Geist** (→ **Das Absolute**) bezeichnet.

◀ Dame vor Laokoon, *Zeichnung von Johann Heinrich Füssli (1741–1825). Wenn das Endliche das Abgeschlossene, Bestimmte und in seinen Einzelheiten Vollendete ist, so scheint durch den einfachen Gegensatz alles, was nicht beendet ist, auf die Unendlichkeit zu verweisen. In der Romantik entstand die Ästhetik des Unabgeschlossenen, des* **offenen Werk***s, die das Fragment, die Skizze und den Entwurf als Formen aufwertete. Das Kunstwerk soll weniger erklären als anspielen, einen Weg beginnen, der, da er nicht beendet ist, Raum für den Betrachter lässt. Dieser hat die Aufgabe, das Werk in seiner eigenen Innerlichkeit zu einem Schluss zu bringen.*

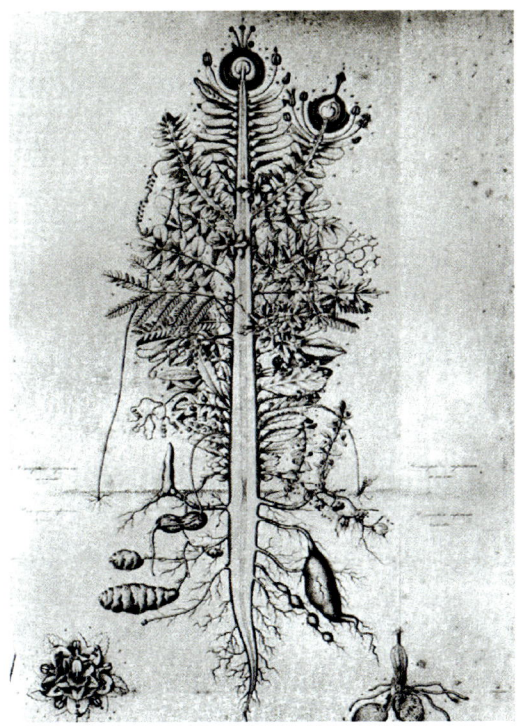

◀ *Die Naturphilosophie von Schelling und Goethe war der Versuch (fern von der Linie der experimentellen Wissenschaft), den verborgenen Sinn der Natur, ihre Bedeutung, zu entdecken. Indem sie das in der Renaissance entwickelte Thema der* **Weltseele** *(→) wieder aufnahmen, verstanden die beiden Denker die Natur und den Geist als zwei parallele Aspekte eines einzigen* **Absoluten***. Goethe, der die Natur als „der Gottheit lebendiges Kleid" (*Faust I, *V. 509) bezeichnete, hat die nebenstehenden Zeichnung angefertigt. Es handelt sich um eine Art philosophischer Biologie, in der alle pflanzlichen Formen von der Knolle bis zur Blume in einem einzigen Exemplar zusammenkommen. Die Zeichnung suggeriert, dass in der Pflanzenwelt eine Intelligenz wirkt, die zwar noch nicht ausgereift ist, doch immer komplexere Strukturen hervorbringt.*

Naturphilosophie

Schelling, Goethe

Siehe auch: *Das Absolute, Streben*

Als Naturphilosophie bezeichnet man den Versuch deutscher Philosophen in den ersten Jahrzehnten des 19. Jh.s, ein Bild der Natur zu entwerfen, das mit den Prinzipien des Idealismus vereinbar und dennoch fähig sein sollte, die modernsten wissenschaftlichen Erkenntnisse einzubeziehen.

Indem sie sich die von Baruch de Spinoza (1632–1677) formulierte Idee einer substanziellen Einheit zwischen der Welt des Geistes und der Welt der Natur zu eigen machten, gingen die romantischen Wissenschaftler von der Existenz einer **einzigen Kraft** in allen Erscheinungsarten aus, seien sie nun physisch-chemischer, organischer oder geistiger Ordnung. Um nicht in die für das 17. und 18. Jh. typische mechanistische Anschauung (→ **Mechanizismus**) zurückzufallen, nahm man an, dass diese Kraft sich dynamisch durch die Polarität entgegengesetzter Strömungen ausdrücke (ein Prinzip, das versuchte, den Grundsatz vom → **Zusammenfall der Gegensätze** aus der Renaissance auf eine wissenschaftliche Ebene zu bringen). Eine enorme Menge an Phänomenen wurde mit diesem **Polaritätsprinzip** erklärt: Zentrifugal- und Zentripetalkräfte bestimmen das Funktionieren der Planetenwirbel im Sonnensystem; positive und negative Ladungen strukturieren die Erscheinungen der Elektrizität und des Magnetismus; Anziehungen und Abstoßungen sind die Ursachen für die Welt der Chemie, also für das, was man Materie nennt. Das Polaritätsprinzip wurde so von einem Beschreibungsmodell für ganz bestimmte Gebiete zum allgemeinen **Paradigma** (→), einem Muster, das in jedem Bereich Anwendung finden konnte. Es prägte sich die Idee aus, dass die Natur eine untrennbare Einheit von Materie und Geist sei und die Fähigkeit besitze, durch eine dynamische Verwandlung ständig ihre eigenen Voraussetzungen umzugestalten.

Friedrich Wilhelm Joseph Schelling (1775–1854), der unter den Naturphilosophen der idealistischste war, vermutete, dass diese Interpretationsannahmen eine Bestätigung in den jüngsten Erkenntnissen der experimentellen Wissenschaft fänden, vor allem in den Phänomenen der **tierischen Elektrizität**, die der italienische Physiker Luigi Galvani entdeckt hatte. Es genügt jedoch, den Titel von Schellings wissenschaftlichem Hauptwerk *Von der Weltseele: eine Hypothese der höhern Physik zur Erklärung des allgemeinen Organismus* (1798) zu betrachten, um zu verstehen, dass dessen Zugang zum größten Teil auf der philosophischen Tradition aufbaut, besonders dem **Neuplatonismus** (→), wenn nicht sogar der Magie und dem **Hermetismus** (→). Für Schelling ist das gesamte Universum von einer Seele durchdrungen, und zwar in dem Sinne, dass die Materie in sich nach einem **Immanenzprinzip** etwas Absolutes und Göttliches enthält, das sie zu immer komplexeren Organisationsformen drängt, bis sie in den entwickeltsten Stadien zu dem wird, was wir gemeinhin Geist nennen.

Aufgrund ihres spekulativen und metaphysischen Überzeugungen verpflichteten Charakters, ist die Naturphilosophie von den Wissenschaftshistorikern traditionell als unverständliche Verirrung der modernen Wissenschaft aufgefasst worden, als ein Abgleiten der „entfesselten Kräfte der Fantasie, das die lächerlichsten Absurditäten hervorgebracht hat" (L. Geymonat, *Storia del pensiero filosofico e scientifico*, 1975).

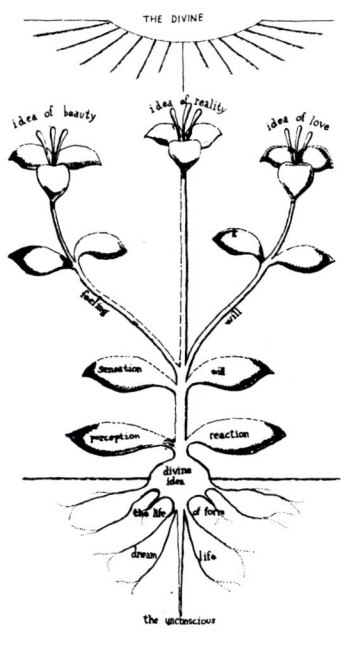

Am Beginn der Spekulationen der Naturphilosophie stehen Immanuel Kants Metaphysische Anfangsgründe der Naturwissenschaft (1786), in denen der Philosoph die Unmöglichkeit behauptet, die Erscheinungen der tierischen Welt auf der Basis der Prinzipien des Mechanismus zu untersuchen. Nach Kant ist nämlich jedes Lebewesen gleichzeitig Ursache und Wirkung seiner selbst, gemäß dem Prinzip der Kreisförmigkeit, das nicht auf die Mechanik zurückzuführen ist.

◄ Das Diagramm von Carl Gustav Carus (aus Natur und Idee oder das Werdende und sein Gesetz, 1861) zeigt die menschliche Sensibilität als eine Pflanze, die im „Leben des Traums" wurzelt. Man beachte die Assoziation von **Unbewusstem** (→) und „Leben des Traums", die in gewisser Weise schon auf die Theorien vorausdeutet, die Freud am Ende des Jh.s entwickelt hat.

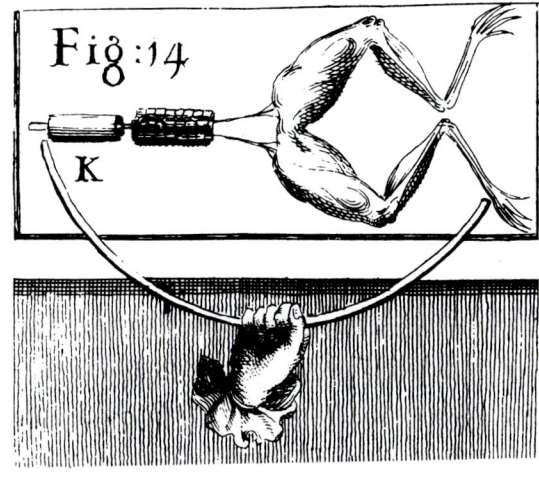

▲ Der **Galvanismus**. Für die Naturphilosophie hatte Galvanis Entdeckung im Bereich der Elektrizität eine große Bedeutung. Die verblüffende Erfahrung, dass man, nachdem man einen Frosch zweigeteilt hatte, mit elektrischen Methoden die Bewegung der Beine hervorrufen konnte, schien den Schleier von den grundlegenden Erscheinungen des Lebens gehoben zu haben.

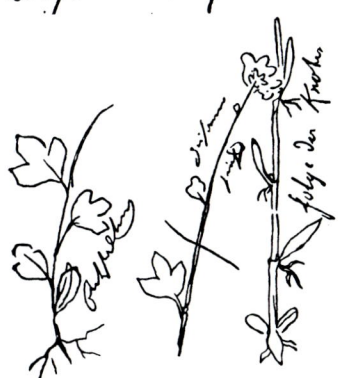

◄◄ Die Metamorphose der Pflanzen, Zeichnungen von Johann Wolfgang von Goethe, einem der bedeutendsten Vertreter der Naturphilosophie. Im Gebiet der Botanik betrieb er seine Forschungen besonders leidenschaftlich: Der große Dichter ging von der Existenz einer **Urpflanze** aus, von der die gesamte Blumenwelt abgeleitet sein sollte. Er vertrat auch die Idee, dass alle Teile der Pflanzen (Stamm, Stiel, Blüten …) durch **Metamorphose** von einem einzigen Grundorgan abstammen würden, das nach seiner Meinung im Blatt ausgemacht werden könne.

Das Absolute

Fichte, Schelling, Hegel
Siehe auch: *Endlich / Unendlich, Streben*

Der Begriff „absolut", der ebenso als Adjektiv (Absoluter Staat) wie auch als Substantiv gebraucht werden kann, leitet sich vom Perfektpartizip des lateinischen *absolvere* her: „von jeder Bindung loslösen", „von jeder Bedingtheit befreien". Er bezeichnet also das Ursprüngliche, das von nichts abhängt und keine Einschränkung erlaubt, frei, unbedingt, ohne Grenzen und unendlich ist. In der theologischen Terminologie meint er ein **transzendentes Prinzip** (→ **Transzendenz**) oder einfacher Gott. In genau diesem Sinne ist er das erste Mal von Nikolaus Cusanus eingeführt worden, der in der *Belehrten Unwissenheit* (1440) erklärt, dass allein Gott, insofern er der **Zusammenfall der Gegensätze** (→) ist, Anspruch auf diesen Titel erheben kann. Den größten Erfolg (bis zum Missbrauch und zur Inflation) erlangte der Begriff allerdings in der deutschen Romantik, für die er das **Fundament der Wirklichkeit** (ihr unendliches Prinzip) darstellte. Man unterscheidet gewöhnlich die Theorien der drei größten Philosophen des Idealismus eben auf der Grundlage der Bedeutung, die sie dem Absoluten geben.

• Johann Gottlieb Fichte (1762–1814) verstand das Absolute als **Subjektivität** und **Aktivität**. Es ist das reine Ich, ein geistiges Prinzip, unendlich und unbedingt, das jeder Realität zugrunde liegt (in der zweiten Phase seines Denkens, setzt Fichte es, zu einer traditionelleren Auffassung zurückkehrend, mit Gott gleich). Das Absolute schafft sich selbst und ebenso sein Gegenteil, das *Nichtich*, das nicht Geistige, das nicht Aktive, das nicht Subjektive, oder anders gesagt die Natur, die materielle und passive Wirklichkeit (*Grundlage der gesammten Wissenschaftslehre*, 1794 / 95). Als Quelle seiner selbst und dessen, was es nicht ist, wird das Absolute zur unendlichen Subjektivität, einer dynamischen und schöpferischen Aktivität, die unaufhörlich die Hindernisse zu überwinden sucht, die sie sich selbst gesetzt hat. Das Ich,

d. h. der menschliche Geist, schafft das *Nichtich*, also die Natur, nur, um sie überwinden zu können und die eigene Herrschaft zu behaupten.

• Friedrich Wilhelm von Schelling (1775–1854) sah im Absoluten die ununterschiedene Einheit oder **Identität von Natur und Geist**. In der materiellen Natur, die Fichte als *Nichtich* entwertete, sah er einen grundlegenden Wert, symmetrisch zum Geist und gleichermaßen notwendig. Man kann vom Geist aus zur Natur kommen, aber man kann auch den entgegengesetzten Weg gehen und von der Natur aus beim Geist ankommen; was beiden zugrunde liegt, das ununterschiedene Prinzip (weder stofflich noch geistig in sich, sondern potenziell das eine und das andere), ist das Absolute.

• Georg Wilhelm Friedrich Hegel (1770–1831) kritisierte Fichtes Auffassung des Absoluten (unendliche Geistigkeit, die die Natur erschafft) und ebenso die Schellings (Identität von Geist und Natur). Er war der Meinung, dass das Absolute als Ergebnis verstanden werden müsse, als Prozess, der sich in der Zeit vollzieht, nicht als seiendes Wesen und statischer Begriff. Das Absolute ist die **fortschreitende Vergeistigung der Materie**, das schrittweise Sich-zum-Geist-Machen der Natur, das langsame aber konstante Aufsteigen der Materie zu immer höheren Organisationsformen. Es ist ein **metaphysisches Werden** nach der Entwicklungsregel der Dialektik *(→* **Hegels Dialektik** und **Hegels System***)*.

▲ *In diesem Bild* (Lebensstufen, *Ausschnitt, um 1835*) *von Friedrich entsprechen den drei Zeitaltern des Menschen (durch drei Personen dargestellt) drei Schiffe, die sich immer weiter entfernen (zum unendlichen Horizont hin), in vielschichtiger Anspielung auf die idealistische Philosophie des Absoluten.*

▲ Der Wanderer über dem Nebelmeer *(um 1818) von Friedrich. Der Mensch (der in seinen Bildern meist von hinten gesehen ist, wohl um nicht so sehr ein Individuum, sondern die Idee des Menschen selbst darzustellen) ist verloren in einer tiefen Bezauberung, oder in Erschütterung, über die Grandiosität der Schöpfung: Er ist in gewisser Weise der Unermesslichkeit des Naturschauspiels gegenübergestellt.*

▶ *Das Thema des Absoluten steht im Zentrum der Poetik Caspar David Friedrichs (1774–1840), eines Malers mit ausgeprägten intellektuellen Interessen, der in Kontakt mit den Dichtern Novalis, Ludwig Tieck und später mit Johann Wolfgang von Goethe stand. Der Kunsthistoriker Giulio Carlo Argan schreibt: „In den Werken dieses einsamen und kontemplativen Geistes ist die Gegenwart eines grandiosen und unendlichen, mächtigen und schreck-*

*lichen metaphysischen Wesens spürbar, eines großartigen Schöpfers des Universums." Friedrich drückt die Idee des Absoluten durch die Natur aus: der Horizont, der Abgrund, die Wüstenlandschaften (Felsen und Eis), der Regenbogen, das Gebirge. In seinen Bildern ist die Landschaft auf die Gegenüberstellung weniger Linien reduziert, es fehlt jegliches ornamentale Element. Die extreme Vereinfachung der Formen und der Komposition führt zu einer **Vergeistigung des Naturszenarios**. Der Mensch ist, wenn er erscheint, ein winziges Wesen (Der Mönch am Meer, um 1808/09).*

Hegels Dialektik

Hegel

Siehe auch: *Hegels System, Das Absolute*

Den Prozess, in dem das Endliche sich in das Unendliche (→ **Endlich / Unendlich**) auflöst, nennt Georg Wilhelm Friedrich Hegel (1770–1831) Dialektik. Dieses **Werden** (→), das man auch Leben des Geistes nennen könnte, vollzieht sich in einem dreischrittigen Rhythmus: Das erste Moment ist die **These** (das Sein in sich), das zweite ist die **Antithese** (das Sein außerhalb seiner selbst), das dritte ist die **Synthese** (die Rückkehr zu sich selbst).

Die Dialektik wirkt in allen Teilen des Seienden; in der natürlichen Welt erklärt sie zum Beispiel den Vorgang des biologischen Werdens: Im Samen (These) ist potenziell schon die Pflanze (Synthese) enthalten, doch damit die Entwicklung stattfindet, muss der Samen sich radikal verändern, oder anders gesagt sich im Moment der Antithese als solcher negieren.

Der gesamte Prozess ist auch als **Kreis** beschreibbar, der eine Geburt, eine Entwicklung und schließlich eine Rückkehr zum Ursprungselement, bereichert durch eine neue Dimension, umschließt. Man kann die Pflanze als einen realisierten Samen betrachten, der seine innerste Natur vollständig entwickelt hat. Es ist aber offensichtlich, dass man den Samen nicht als Anfang des Prozesses ansehen muss. Auch wenn das der Gewohnheit widerspricht, könnte man auch von der Pflanze als These ausgehen und sie als Mittel verstehen, das von den Samen (die nun zur Synthese geworden sind) gebraucht wird, um sich zu reproduzieren und vervielfältigen. Das Ergebnis wäre jedenfalls das gleiche, denn die Dialektik vollzieht sich in einem kontinuierlichen Verlauf, in dem jedes Sein – und das ist der entscheidende Punkt – sich realisiert, indem es sich in etwas anderes verwandelt.

Die dialektische Methode impliziert, dass kein Aspekt der Wirklichkeit, insofern er endlich ist, definitiv und absolut ist. Hegel teilte mit Heraklit die Ansicht, dass es nichts Bleibendes gibt, die Realität vielmehr in einem Prozess unaufhörlichen Werdens besteht: Kein Wesen kann fortbestehen, indem es sich selbst gleich bleibt. Ein Samen wird nur im Licht des Schicksals, das ihn erwartet (eine Pflanze zu werden), begreifbar.

Wenn das Unendliche in der Endlichkeit der Dinge lebt, so hat jedes Teil oder Bruchstück der Wirklichkeit, obwohl dem Anschein nach unbedeutend, eine eigene und tiefe *raison d'être*, einen spezifischen Wert und eine Würde. „**Alles Wirkliche ist vernünftig**" (*Grundlinien der Philosophie des Rechts*, 1820), behauptet Hegel: Was wir gewöhnlich Zufall (oder Schicksal) nennen, existiert überhaupt nicht, sondern ist das Produkt eines typisch menschlichen Irrtums, Resultat der Gewohnheit, das Endliche als solches anzusehen und nicht als Moment eines Prozesses. Jedes Ereignis findet im Licht des Ganzen seine Erklärung.

Vor allem in ihrer **Anwendung auf die Geschichte** hat die Hegelsche Betrachtungsweise zu höchst interessanten Ergebnissen geführt: Sein bedeutendstes Werk, die *Phänomenlogie des Geistes* (1807), ist die Erzählung der Stufen, in denen sich die fortschreitende Entwicklung des Geistes vollzogen hat. Alle diese Stufen (die Hegel „Gestalten des Geistes" nennt) sind wie die einzelnen Räderwerke in einem Mechanismus notwendig und unverzichtbar; in der Geschichte gibt es keine richtigen oder falschen, positiven oder negativen, legitimen oder illegitimen Ereignisse: Alles, was geschehen ist (auch Kriege und die grausamsten Untaten) hat seinen präzisen und unleugbaren Grund (diese Theorie wird **Rechtfertigungstheorie** genannt).

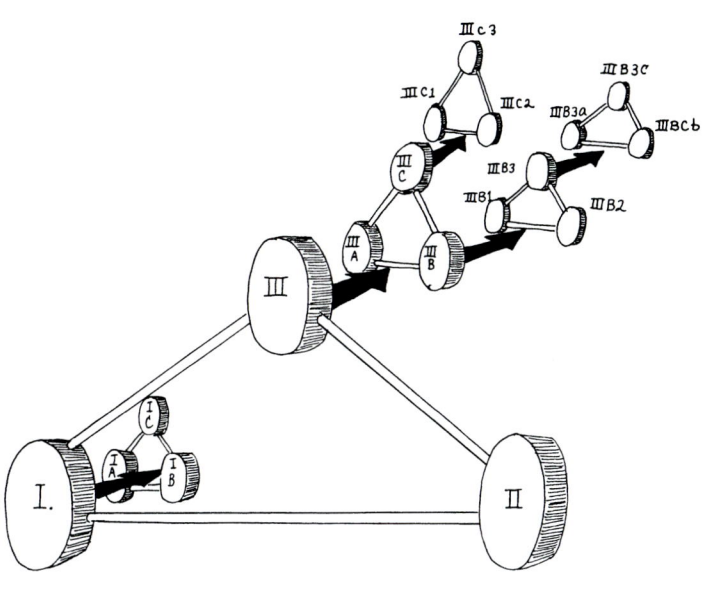

◀ *Einige didaktische Modelle, die in den philosophischen Handbüchern verwendet werden, um den dialektischen Prozess zu illustrieren, können zu Missverständnissen führen. Das hier nebenstehende Schema, das die triadische Verbindung von **These**, **Antithese** und **Synthese** zeigt, könnte die Idee nahelegen, die Dialektik sei ein unendlicher Prozess, offen für ein Fortschreiten ohne Abschluss. Das entspricht nicht dem Denken Hegels, der in der Dialektik einen endlichen Vorgang sah, vollendet mit dem Eintreten des Absoluten Geistes.*

▶ *Für Hegel ist das **schlechte Unendliche** ein Prozess, der nie zu einer Lösung findet (wie einen Punkt auf einer Geraden hinzuzufügen oder eine beliebige Zahl um eine Einheit zu erhöhen). Das schlechte Unendliche ist dazu bestimmt, ewig unaufgelöst zu bleiben: Das Sein läuft dem Sollen auf ewig hinterher. Das hier vorgeschlagene Modell zeigt die Dialektik gemäß einem **guten** (geschlossenen) **Unendlichen**: Der anfängliche Kreis dehnt sich aus, bleibt aber immer er selbst (ein größerer Kreis).*

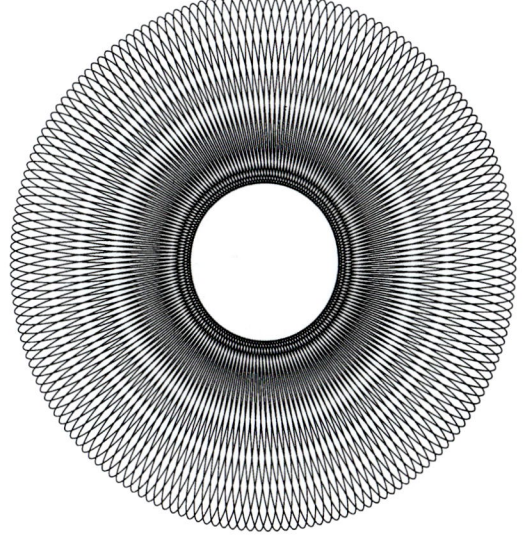

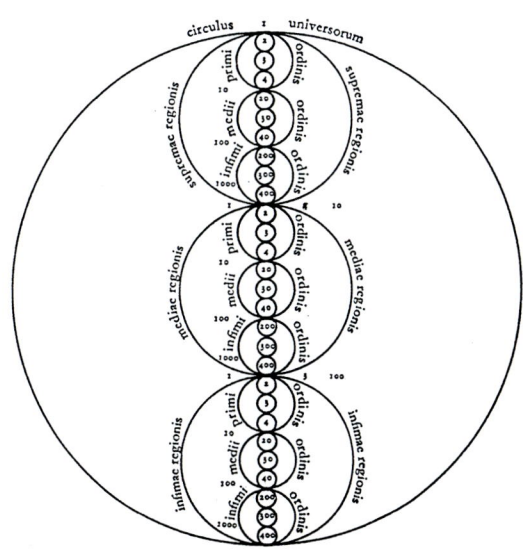

◀ Der Kreis des Alls (circulus universorum) *von Nikolaus Cusanus* (De coniecturis, 1441). *Hegels Dreierfolge von These, Antithese und Synthese nimmt die Formel von Ruhe,* **Emanation** *(→) und Rückkehr des antiken* **Neuplatonismus** *(→) auf. Die beiden Systeme haben auch ihren geschlossenen Charakter gemein: Es gibt eine absolute und ursprüngliche Triade, die alles in ihrem Innern mit einschließt (unzählige, aber nicht unendliche, andere dialektische Dreischritte, die sie strukturieren).*

Hegels System

Hegel, Dialektik
Siehe auch: *Das Absolute, Endlich / Unendlich, Welthistorische Individuen*

Das Eigentümliche des Hegelschen Denkens ist sein systematischer Geist, die Auffassung, nach der ein Teil nur ausgehend vom Ganzen, zu dem es gehört, verständlich wird. Nach Georg Wilhelm Friedrich Hegel (1770–1831) bleibt jeder besondere Aspekt der Wirklichkeit (ein Individuum, eine historische Tatsache, eine wissenschaftliche Regel) in sich unerklärbar, wenn er vom **dialektischen Kreis (→ Hegels Dialektik)**, an dem er teilhat und der ihn in Beziehung mit dem Rest der Welt setzt, isoliert wird. Das Gegenteil zu behaupten, also dass irgendetwas isoliert von seinem Zusammenhang verstanden werden könne, würde heißen zu sagen, dass die Funktion eines Organs begreifbar wäre, ohne auf den Körper, dem es angehört, Bezug zu nehmen. Alles Endliche hat in sich keine wahre Wirklichkeit, so wie ein Organ nicht außerhalb seines Körpers leben kann. Wahrhaft und absolut wirklich ist nur das Ganze.

Wenn alles Endliche in einen höheren globalen Zusammenhang eingeschlossen ist, erreicht man, der Logik eines immer weiteren Aufstiegs folgend, bald die **Totalität aller Totalitäten**, einen abschließenden Begriff, aus dem nichts ausgeschlossen ist und den Hegel **Absoluter Geist** nennt. Die Wahl dieses Terminus hat seine guten Gründe: Er zeigt an, dass das Unendliche, die Wirklichkeit in ihrem ganzen Umfang, geistigen Wesens ist, eine ideale, wenn auch nicht **transzendente (→ Transzendenz)** Natur besitzt. Eine alte philosophische Tradition, die bis auf Plotin zurückgeht, wieder aufnehmend, betrachtet Hegel die Materie (aus der doch alle endlichen Dinge bestehen) als ein Nichtsein, eine flüchtige und paradoxe Manifestation des Geistes, den vorübergehenden Moment der Antithese, in dem der Geist, um sich vollkommen zu realisieren, sich als solcher negiert. Auf diesen theoretischen Grundannahmen, erarbeitete der Philosoph eine lange und komplexe Rekonstruktion der **Geschichte des Geistes** entlang den Stufen (den „Gestalten"), in denen das **Werden**

(→) sich vollzieht. In einem grandiosen Nachvollzug der Entwicklung des Kosmos und der Menschheitsgeschichte erstellt Hegel ein System, in dem alles, was je existiert hat und existiert, einen Sinn erhält.

Nach Hegel hat das geschichtliche Dasein des unendlichen Geistes ein Ende. Das ist eine Idee, die unserem Verständnis merkwürdig erscheint, da wir uns das Unendliche gewöhnlich als einen seiner Natur nach offenen und unabgeschlossenen Vorgang vorstellen (wie eine Zahlenfolge, in der es immer möglich ist, eine Einheit hinzuzufügen). Diese Auffassung aber ist genau das, was Hegel als das **schlechte Unendliche** bestimmt und mit dem Fichteschen Streben gleichsetzte. Dagegen ist es für ihn notwendig, auch in der Analyse der Totalität insgesamt jenes dialektische Vorgehen anzuwenden, das jede Form von Werden regelt. Auch das Leben des unendlichen Geistes entwickelt sich demnach in drei Momenten als zirkulärer Prozess. Als These besteht der Geist in der **Logik**, die sein vernünftiges Wesen abstrakt ausdrückt; als Antithese ist er **Materie**; als Synthese besteht er im Vorgang einer fortschreitenden **Vergeistigung der Materie**. Diesem Aufbau entspricht die Einteilung der *Enzyklopädie der Wissenschaften* (1817), Hegels aufwendigstem Werks, in Logik, Naturphilosophie und Philosophie des Geistes.

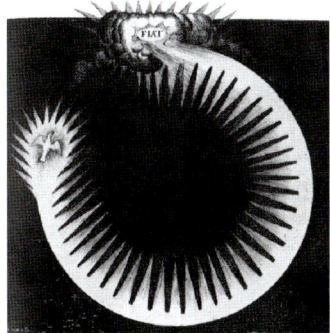

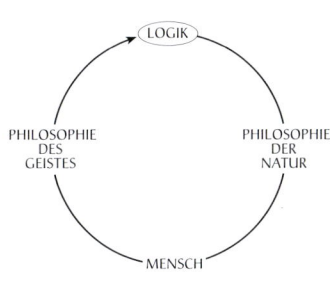

◀◀ Es besteht eine enge Beziehung zwischen Hegels Modell der Entwicklung des Geistes (rechts) und dem linken Bild, mit dem der Mystiker und Magier Raimond Fludd zu Beginn des 17. Jh.s die Schöpfung beschrieb. Die Taube stellt die Handlung des Heiligen Geistes dar, der, von Gott ausgesandt, zu ihm in einem zirkulären Prozess zurückkehrt, nachdem er die Aufgabe erfüllt hat, die Welt und die Materie zu vergeistigen. Hegel verstand seine Lehre als Rationalisierung des Christentums, in der die Logik den Platz Gottes einnimmt, und der Moment, in dem sich der Geist seiner selbst bewusst wird, mit Christus' Abstieg auf die Erde vergleichbar ist.

◀ Die beste bildliche Interpretation des Hegelschen Systems ist das Projekt für die Dritte Internationale (Moskau, 1920) von Wladimir Jewgrafowitsch Tatlin. Karl Marx akzeptierte zwar nicht die idealistische Ausrichtung Hegels, hielt aber an der Idee fest, dass die Geschichte in dialektischem Rhythmus verliefe. Diese Konzeption verbildlichte Tatlin in seinem Projekt als Spiralform. Der Sieg der kommunistischen Gesellschaft ohne Klassen (der Gipfel der Spirale) repräsentiert den Augenblick des endgültigen Abschlusses der Kreisbewegung, die Vollendung der Geschichte.

Welthistorische Individuen

Georg Wilhelm Friedrich Hegels (1770–1831) System fand seinen vollendetsten Ausdruck in der Geschichtsphilosophie. Er leugnet nicht, dass die Geschichte auf den ersten Blick als eine chaotische Anhäufung zufälliger bzw. von der Launenhaftigkeit einzelner Individuen abhängiger Ereignisse erscheinen kann. Er stellt jedoch fest, dass dieses Unverständnis immer von dem Versuch herrührt, die Fakten isoliert zu analysieren. Betrachtet man hingegen die Geschichte mit der Methode der Dialektik, so zeigt sich deutlich das Vorhandensein einer rationalen Entwicklung, eines **Plans der Vernunft**, der allen Ereignissen unterliegt (das, was die Religion, die noch in einer mythischen Sprache befangen ist, Vorsehung nennt). Die Geschichte insgesamt ist die Entfaltung Gottes (als Absoluter Geist, Rationalität verstanden) in der Welt, und die Geschichtsphilosophie ist demnach eine **Theodizee**, eine Erzählung des Werdens von Gott.

Auch was in der Geschichte als schlecht erscheint (Krieg, Gewalt, Unterdrückung) ist eine für diese Entwicklung notwendige Stufe; es stellt den unleugbaren Aspekt der Negativität (Antithese) innerhalb der Dialektik dar. Hegels Philosophie löst sich in der historischen **Rechtfertigungstheorie** ein: Alles Geschehene ist gerecht, weil es geschehen musste, und diejenigen, die Geschichte (die Rationalität selbst) lehren wollen, indem sie die Frage stellen: „Was wäre geschehen, wenn…", sind lächerlich. Eine lapidare Formulierung Hegels lautet: „Alles was wirklich ist, ist vernünftig, alles was vernünftig ist, ist wirklich." (*Grundlinien der Philosophie des Rechts*, 1820)

In seinem historischen Werden entäußert sich das Absolute als Geist der Völker (das eigentümliche Weltbild einer bestimmten Kultur), dessen verschiedene Ausprägungen im Verlauf der Geschichte aufeinander folgen. Hegel verstand die alte orientalische Zivilisation als den Moment der anfänglichen These, die mediterrane Kultur vom Römischen Reich bis zur Renaissance als Antithese, schließlich die Gesellschaft der deutschen Völker in Nordeuropa als abschließende Synthese.

Obwohl der Wille der Individuen in dieser Darstellung nur als Mittel erscheint, mit dem die Geschichte ihre eigenen Ziele verfolgt, schrieb Hegel den welthistorischen Individuen eine außergewöhnliche Rolle zu – Persönlichkeiten, denen es gelingt, den Geist der Zeit und des Volkes, dem sie angehören, vollständig zu erfassen, und die auf diese Weise in der Lage sind, den Lauf der Ereignisse zu beschleunigen. **Alexander der Große**, **Julius Cäsar** und vor allem **Napoleon** sind solche außergewöhnlichen Männer gewesen, von denen der Philosoph meinte, dass sie über der geläufigen Moral stehen und vor keinem Gericht für ihre Untaten (real und daher rational, immer gerechtfertigt) Rechenschaft ablegen müssen. Während der Bürger (der Untertan) sich selbst verwirklicht (seine eigene Freiheit) indem er den Gesetzen des Staats gehorcht, welche es auch seien, setzt sich Hegels Meinung nach das welthistorische Individuum, insofern es als Protagonist das Werden des Geistes interpretiert, über alle Gesetze, besitzt ein **absolutes Recht**, das höher steht als das natürliche. Andererseits, schreibt Hegel als Kommentar zu Napoleon, zeigt das unglückliche Ende, das fast immer das Leben dieser welthistorischen Individuen begleitet, dass auch sie in Wirklichkeit nur Marionetten sind, deren sich der Absolute Geist für seine eigenen Zwecke bedient.

SAINT NAPOLÉON,
OFFICIER ROMAIN.

▲ ▲ Napoleon im Gewand Jupiters *(1807), Gemälde des italienischen Malers Andrea Appiani. Hegels Theorie der welthistorischen Individuen hob den romantischen Mythos von Napoleon, dem ersten modernen Politiker, der zum Objekt eines echten Persönlichkeitskultes wurde, auf philosophisches Niveau. Zu seinen Lebzeiten wurde Napoleon von Presse, Literatur und Malerei als Friedensstifter, Restaurator des Katholizismus, Held von Frankreich, Befreier der Unterdrückten gefeiert. Man stellte ihn an die Seite Prometheus', denn wie der mythische Held wurde er, nachdem er über das Schicksal bestimmt hatte, von diesem beherrscht. An seiner Gestalt inspirierten sich die bekanntesten Literaten der Epoche.*

Allein die Episode seines Todes in Sant'Elena wurde von Alessandro Manzoni (Der fünfte Mai), *Christian Dietrich Grabbe* (Napoleon oder Die hundert Tage), *Alphonse de Lamartine* (Bonaparte), *Pierre-Jean de Béranger* (Der fünfte Mai; Sainte Hélène) *und anderen in Szene gesetzt. Den Malern verdankt sich die Parallele mit Jupiter und der Sonne (und manch einer fand auch magische Sonnenkonstellationen in seinem Horoskop). Die Kirche stand dem in nichts nach und erfand aus dem Nichts einen der Fantasie entsprungenen San Napoleon, einen nie existierenden römischen Beamten und Märtyrer (in der Abbildung), der sich noch heute im französischen Kalender findet.*

Tod der Kunst

Hegel, Ästhetik
Siehe auch: *Avantgarde*

In Georg Wilhelm Friedrich Hegels (1770–1831) System bildet die Kunst die erste Stufe **des Absoluten** (→), der letzten Phase der Geschichte, in der der Geist beginnt, sich selbst zu denken. Die Kunst ist also die These eines abschließenden und höchsten dialektischen Dreischritts (→ **Hegels Dialektik**), der mit der Religion (Antithese) fortfährt und sich mit der Philosophie (Synthese) vollendet. Zwischen diesen **drei höchsten Geistestätigkeiten** besteht kein Unterschied im Inhalt (alle reflektieren das Absolute); verschieden ist nur die Form, denn die Kunst drückt konkret und exemplarisch in Objekten die gleichen Konzepte aus, die auch im Zentrum der Religion und Philosophie stehen. Für die Geschichte der Kunst führt Hegel ebenso einen dialektischen Dreischritt ein.

• Die These wird von der **symbolischen Kunst** gebildet, die in der archaischen Epoche im Orient entstand und ihren Höhepunkt in Ägypten erreichte. In dieser Phase war die Geistigkeit der Menschen noch so schwach ausgebildet, dass sie keine ihr angemessene Form fand; die älteste Kunst war daher eine Vor-Kunst: Das Selbstbewusstsein zur Zeit der Ägypter „ist noch nicht zur Frucht gereift", sodass „sie instinktartig bauen, wie die Bienen ihre Zellen". (*Vorlesungen über die Ästhetik*, 1835–1838) Hegel hatte das Unglück, nur wenige Jahre vor der Entzifferung der Hieroglyphen zu schreiben; er hielt sie noch für eine ideografische **Weisheitssprache** (→), die Konzepte durch Figuren ausdrückte: Aus diesem Grund sah er in der Sphinx eine Hieroglyphe, das bildliche Symbol einer philosophischen Idee: der Kampf des Geistes um Selbstbehauptung.

• Die **klassische Kunst** (→ **Klassizismus**) bildet die Antithese. Die griechische Skulptur und die Renaissancemalerei schufen nach Hegel ein empfindliches Gleichgewicht zwischen Inhalt und sinnlicher Form.

Im Zentrum des Interesses dieser Kunstausrichtung stand die menschliche Gestalt, das einzige Thema, das die Feinheiten der entstehenden Geistigkeit auszudrücken fähig war.

• Die Synthese, die moderne **romantische Kunst**, zerstört das klassische Gleichgewicht wieder. In dieser Endphase der Geschichte hat der Geist Inhalte aufgenommen, die keinen materiellen Ausdruck mehr zulassen; keine denkbare Form genügt mehr der reifen geistigen Innerlichkeit. Daher kündigt Hegel den Tod der Kunst an, die dazu verurteilt ist, von der Religion und schließlich von der Philosophie abgelöst zu werden. In Wirklichkeit sagte Hegel nicht das Ende jeglicher Kunstproduktion vorher, sondern lediglich das steigende Ungenügen aller künstlerischen Entwürfe in der Übersetzung der tiefen Geistesinhalte der Moderne. Eine solche Theorie kann als Vorwegnahme der ästhetischen Revolution verstanden werden, die am Ende des 19. Jh.s zur Entstehung der zeitgenössischen Kunst führte.

Hegels Dialektik systematisiert auch die Kunstdisziplinen in einem Entwicklungsschema. Als erstes ist die Architektur entstanden, die von der Materie, von statischen Fragen und Gebrauchszwecken bedingt wird. Dann folgten die Skulptur und darauf die Malerei, die durch ihre Arbeit mit dem Licht die fortgeschrittenste (am meisten vergeistigte) unter den bildlichen Künsten ist. Die Malerei wird von der Musik übertroffen, die sich durch ein vollkommen unmaterielles Medium ausdrückt, und schließlich von der Poesie, die mit reinen Bedeutungen arbeitet und der Philosophie unmittelbar vorausgeht.

▲ *Hegel nennt als Beispiel für die **klassische Kunst** die* Sixtinische Madonna *(1512/13) von Raffael. Seiner Ansicht nach zeigen die stark architektonische Komposition und die symmetrische Anordnung der Objekte, die eine Pyramide bilden, ein perfektes Zusammenspiel von geistigem Inhalt und Ausdrucksform.*

▶ *Hegel sah in der Vorliebe der archaischen Kulturen für die Monstrosität das augenfälligste Beispiel für eine **symbolische Kunst** mit geringem geistigen Gehalt. Er bezeichnet die Sphinx, die zur Hälfte Mensch, zur Hälfte Tier ist, als Symbol des Symbolischen. In der ägyptischen Sphinx sähe man, wie „aus der dumpfen Stärke und Kraft des Tierischen der menschliche Geist hervordringen will, ohne zur vollendeten Darstellung seiner eigenen Freiheit und bewegten Gestalt zu kommen." (Vorlesungen über die Ästhetik)*

Wille zum Leben

Schopenhauer
Siehe auch: *Verneinung des Willens, Irrationalismus*

Im zweiten Teil seines Hauptwerks *Die Welt als Wille und Vorstellung* (1818) schreibt Arthur Schopenhauer (1788–1860), nachdem er postuliert hat, dass die Welt nicht nach der Methode des **Phänomenalismus** (→) erkennbar ist, dass es nur einen Teil der Natur gibt, den wir wirklich erkennen können. Dieser Teil, der einzige, den man *in sich* (als *Noumenon* und nicht nur als *Phainomenon*) begreifen kann, ist unser Körper – den wir leben (oder der uns lebt). Zur Erkenntnis unserer selbst kommen wir nämlich nicht durch das Prinzip der Individuation, sondern durch ein unmittelbares und intuitives Verstehen. Hier wird zum ersten Mal in der Geschichte der Philosophie die **physische Person** des denkenden Subjekts Thema der Reflexion.

Körperlichkeit zeigt sich für Schopenhauer als reiner Wille zum Leben, als der dringliche und gewaltbereite Instinkt, immer und in jedem Fall weiterzubestehen. Das tiefste Wesen des Ichs (des eigenen Körpers) ist die Anstrengung, dass seine Existenz fortdauere, und dieser Impuls ist so stark und offensichtlich, dass es naheliegt anzunehmen, er sei auch in allen anderen Wesen beherrschend. Schopenhauer schließt daraus, dass die **metaphysische Substanz** der Welt eben dieser Wille zum Leben ist, diese universale Kraft, die alles dazu drängt, sich zu verewigen, die aktive Energie in jedem Teil der Natur, nicht nur im Tierreich, sondern auch in der pflanzlichen Welt und sogar in der mineralischen.

Der Wille zum Leben erfordert nämlich kein Gewissen, Bewusstsein oder Erkenntnisfähigkeiten, da er sich auch unbewusst ausdrücken kann. Er ist die Kraft, die Knospen und Kristalle wachsen lässt, die die magnetischen, chemischen und elektrischen Phänomene erklärt und in der biologischen Welt die Zoophyten produziert (die Mittelwesen zwischen der Pflanzen- und der Tierwelt, wie der Schwamm und die Koralle).

Er beherrscht sogar den Menschen, auch wenn das Individuum es häufig nicht bemerkt. Schopenhauer führte den Begriff des **Unbewussten** (→) in die Geistesgeschichte ein und nahm den der **Sublimation** (→) vorweg. Er erklärte alle Manifestationen der Liebe (auch die literarischsten) zu Folgen des Reproduktionsinstinktes, der eine Ersatzerscheinung des Willens zum Leben ist.

Obwohl der Wille zum Leben eine universelle Kraft ist, vergegenständlicht er sich in den einzelnen Individuen, wobei er Kampf und allgemeine Konfliktsituationen hervorruft. Schopenhauer antizipierte das darwinistische Konzept des **Existenzkampfes** und bestimmte die Natur als Ort der erbarmungslosesten Konflikte. Da jedes lebende Wesen sterben muss, ist der Wille zum Leben ein irrationaler Impuls, der nur dazu fähig ist, das Leben in eine ewig andauernde **Angst** (→) vor dem Tod zu verwandeln.

In der irrationalistischen Sicht Schopenhauers dient die **Vernunft** allein zur Vergrößerung des Schmerzes der Existenz; denn der Mensch weiß im Unterschied zu den Tieren, dass er sterben muss. Und wenn dieses Bewusstsein ihn einerseits vom Instinkt entfernt (und ihn so daran hindert, wie die Tiere erfüllt und froh zu leben), bietet es andererseits keine Lösung für das unvermeidbare Schicksal. Das Ergebnis jeder geistigen Reflexion über die Existenz ist der Schmerz.

▲ *Um die blinde und brutale Macht zu verbildlichen, die alle Lebewesen in ewigem Kampf ums Überleben gegeneinanderstellt, schlägt Schopenhauer die Metapher der australischen Ameisen vor, die, wenn sie entzweigeschnitten werden, beginnen sich selbst zu bekämpfen: Der Kopf beißt den Schwanz, der sich mit dem Stachel verteidigt. Der erbarmungslose Selbstkannibalismus dauert 30 Minuten bis zum Tod beider Teile. De Chirico zeigt in seinem Zyklus der* Gladiatoren *mit den bildlichen Mitteln der Malerei, dass der Wille zum Leben eine* **ursprüngliche** *und* **moralisch gleichgültige Kraft** *ist.*

▲ ▶ *Inspiriert von der Lektüre von* Die Welt als Wille und Vorstellung *von Schopenhauer hat der italienische Maler Giorgio de Chirico (1888–1978) den Begriff des Willens zum Leben im Thema der* Gladiatoren *verbildlicht: quasi-menschliche Wesen, die sich unaufhörlich (und nur scheinbar heiter) gegenseitig bekämpfen.*

Verneinung des Willens

Schopenhauer, Buddhismus
Siehe auch: *Phänomenalismus, Irrationalismus, Ekstase*

Die *noluntas*, die Verneinung des lateinischen Begriffs *voluntas*, also ein Nichtwollen, ist die von Arthur Schopenhauer (1788–1860) aufgezeigte Möglichkeit, der Tyrannei des **Willens zum Leben** (→) zu entfliehen, d.h. der blinden und irrationalen Macht, die der Philosoph für die metaphysische Grundlage der Welt und daher auch des Individuums hielt (*Die Welt als Wille und Vorstellung*, 1818).

Die Befreiung des Menschen von dem Schmerz, den der Wille zum Leben hervorruft, kann nur durch die Unterdrückung jeder Art von Verlangen verwirklicht werden. Schopenhauer verwies auf die verschiedenen Techniken der asketischen **Meditation** (→), wie sie von den Heiligen im Mittelalter ausgeübt wurden: die Keuschheit (die den Impuls zur Zeugung, eine der fundamentalen Bestimmungen des Willens zu Leben, ausmerzt), das Fasten, die freiwillige Armut, die Enthaltung von allem Angenehmen und das systematische Aufsuchen des Unangenehmen, die spontan gewählte Sühne, die unaufhörliche Abtötung des Willens.

Resultat dieser Seelenqualen ist nicht die Ekstase, die von den christlichen Asketen so ersehnte Verbindung mit Gott. Der **atheistische Mystizismus** Schopenhauers führt zu einer Erfahrung des Nichts, einem Zustand totaler Ruhe, der dem buddhistischen Nirvana sehr ähnlich ist. Schopenhauer (ein Vorreiter des zeitgenössischen **Orientalismus**) hat sich in der Tat als erster Philosoph der europäischen Tradition mit der orientalischen Weisheit beschäftigt: „In Indien fassen unsere Religionen nie und nimmermehr Wurzel: Die Urweisheit des Menschengeschlechts wird nicht von den Begebenheiten in Galiläa verdrängt werden. Hingegen strömt Indische Weisheit nach Europa zurück und wird eine Grundveränderung in unserm Wissen und Denken hervorbringen." *(Die Welt als Wille und Vorstellung)*

Unter dem Gesichtspunkt der Verneinung des Willens bleibt die einzige ausführbare Aktivität die **Kunst**, der Schopenhauer eine **kathartische Funktion** zuschrieb (die Reinigung der Seele von den schmerzhaften Leidenschaften). Fragestellungen des antiken **Neuplatonismus** (→) wieder aufgreifend, stellte er fest, dass die Kunst die Fähigkeit besitzt, Archetypen (→ **Archetypus**) darzustellen: in einem Bild oder einem Roman finden sich immer universale Modelle, allgemeine Menschheitstypen, nicht wirkliche Individuen. Aufgrund genau dieser archetypischen Funktion gelingt es dem Subjekt im Kunstgenuss, sich mit den Protagonisten zu identifizieren und sich auf diese Weise, wenigstens für einige Zeit, von dem Leiden in seinem Leben lösen. Die Kunst unterbricht nämlich den Lauf des Lebens und führt zu einem **interesselosen Schauen** der Welt, das auch eine Form der Befreiung des Individuums von sich selbst ist. Die Lust, die man nach einem fesselnden Kinoabend empfindet, entsteht dadurch, dass man sich selbst während der ganzen Dauer der Vorstellung vergessen hat.

Schopenhauer erarbeitete eine Hierarchie der Künste auf der Grundlage ihrer Fähigkeit, das Individuum Anteil nehmen zu lassen. Auf die unterste Stufe stellt er die Architektur und auf die höchste die Musik, die höchste Kunst, eine wahrhafte Metaphysik in Tönen. Ausschließlich beim Hören von **Musik** (besonders der mitreißenden romantischen Musik Ludwig van Beethovens und Richard Wagners) ist es möglich, die totale *noluntas* zu erreichen, oder anders gesagt die Entfremdung des Individuum von sich selbst, die Vernichtung des Willens zum Leben.

◀ Das **Nirvana**, eine der vier edlen Wahrheiten Buddhas, ist der Zustand des höchsten Heils, der schon im empirischen Leben erfahrbar ist. Es besteht im vollkommenen Ende allen Schmerzes, das durch die Vernichtung jeder Art von Wunsch erreicht werden kann. Nachdem er jegliches Bedürfnis in sich ausgelöscht hat, gelangt der buddhistische Mystiker zu einem Zustand der **Leere**, der Erfahrung des Nichts. Zwischen dem Buddhismus, einer Religion, die nicht die Existenz eines Gottes vorsieht, und der Philosophie Schopenhauers bestehen große Berührungspunkte.

◀ Die Askese wird manchmal als eine Praktik des Bruchs mit der gesellschaftlichen Ordnung dargestellt, die verblüffende und pittoreske Verhaltensweisen der Ausgrenzung hervorruft. Der Lebensstil des Heiligen Simeon und der Styliten im Allgemeinen, die auf ewig auf der Spitze einer Säule lebten, war unbequem, aber dennoch gesünder als derjenige der Heiligen Alexandra aus Ägypten (4. Jh.), die ein Grab zu ihrem Heim auswählte (aus dem sie sich nie herausbewegte, mit der Außenwelt nur durch eine schmale Öffnung kommunizierend). Einer der Kritikpunkte, die gegen Schopenhauer vorgebracht wurden, ist die ungenügende persönliche Kohärenz: In der Tat wählte der Philosoph für sich nicht das Leben der Askese und übte nie die qualvollen Praktiken aus, zu denen er riet. In der Abbildung sieht man den Heiligen Simeon auf der Spitze einer Säule, auf der er das ganze Leben zu bleiben beschloss. Die Schlange repräsentiert die Versuchung des aktiven Lebens.

Angst

Kierkegaard, Existenzialismus

Siehe auch: *Stadien des Lebens, Dasein*

Der Begriff der Angst ist Mitte des 19. Jh.s von dem Dänen Sören Kierkegaard (1813–1855) in die Philosophie eingeführt und später vom **Existenzialismus** (→) wieder aufgenommen worden. In der Schrift *Der Begriff Angst* (1844) stellt Kierkegaard klar, dass Angst sich von der Furcht, der Befürchtung und der angstvollen Beklemmung (Emotionen, die immer ein bestimmte Ursache voraussetzen) unterscheidet: Die Angst bezieht sich auf nichts Konkretes, sie hängt nicht von einer realen Gefahr ab, sondern ist eine scheinbar grundlose Verzweiflung. Sie ist der emotionale Zustand des Menschen, wenn er seine Situation in der Welt reflektiert. Dieses schmerzhafte Empfinden der Existenz ist kein nebensächlicher, sondern ein essenzieller und unaufhebbarer Bestandteil des menschliches Geistes: „Man wird darum beim Tier Angst nicht finden, eben weil es in seiner Natürlichkeit nicht als Geist bestimmt ist" (und aus dem gleichen Grund wird sie bei einem Individuum mit einem schwachen Geist geringer sein).

Die Angst ist Folge der *conditio umana*, die von der **Kategorie der Möglichkeit** bestimmt ist – ein Begriff, den Kierkegaard in polemischem Gegensatz zu dem der Notwendigkeit einführt, auf dem **Hegels System** (→) gründet. Der konkrete Mensch, das Individuum (→ **Der Einzelne**), ist weit davon entfernt, nur ein notwendiger Spielstein in einem alles umfassenden System zu sein, und ständig der Vernichtung seiner eigenen Projekte ausgesetzt. Jedes Individuum neigt dazu, die Zukunft zu planen, zu wählen und zu entscheiden, aber wie sehr es sich auch bemüht, konstruktiv zu sein, so unterliegt doch jedes menschliche Projekt der Alternative, sich zu verwirklichen oder nicht, unabhängig von allem guten Willen. „Im Möglichen ist alles möglich", bemerkt Kierkegaard: In der Welt der Wünsche und menschlichen Ereignisse hat die günstigste Möglichkeit nicht mehr Hoffnung auf Erfüllung als die tragischste. Die Angst entsteht gerade aus diesem Bewusstsein; sie ist „die Wirklichkeit der Freiheit, die Möglichkeit der Freiheit". Aus diesen Gründen bezieht sich die Angst immer auf die **Zukunft**: Die Vergangenheit kann nur im Fall einer eventuellen Wiederholung zur Quelle der Sorge werden; eine vergangene Schuld ist nur Ursache von Furcht, wenn sie noch nicht wirklich vergangen ist, denn andernfalls erzeugt sie lediglich Reue.

Kierkegaards Reflexionen haben die **moderne Kultur** jenseits des philosophischen Denkens beeinflusst, indem sie einen ganzen Bereich der Literatur und Dramaturgie, vor allem in Skandinavien, inspiriert haben: den Norweger Henrik Ibsen, den Schweden August Strindberg, den Deutschen Thomas Mann und den böhmische Schriftsteller Franz Kafka, dessen Meisterwerk *Der Prozess,* in dem der Protagonist in der Bedrohung einer unbestimmten Strafe lebt, als literarische Bearbeitung des Schuldgefühls angesehen wurde, das Kierkegaard sein ganzes Leben in Furcht hielt.

In der neueren Philosophie ist der Kierkegaard'sche Begriff der Angst von Martin Heidegger (1889–1976) aufgenommen worden, der auf ihr seine Analyse der Existenz *(Dasein)* stützt. Für Heidegger begleitet das Gefühl der Angst die authentische Existenz des Individuums, das Bewusstsein darüber erlangt (so evident wie inakzeptabel für die Psyche), „für den Tod" zu sein.

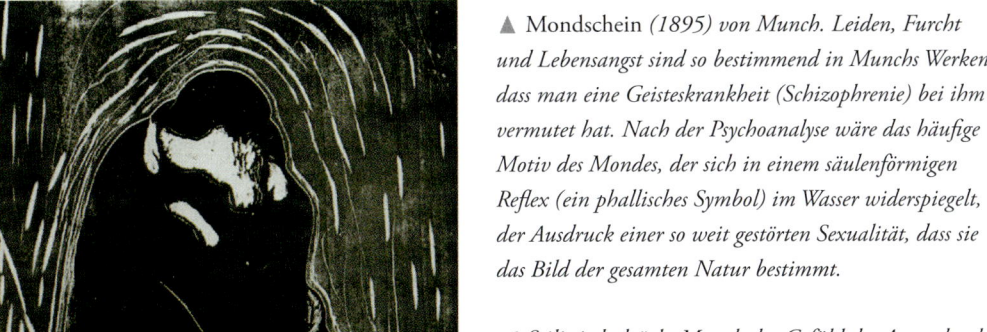

◄ Der Begriff der Angst ist zentral für die Poetik des norwegischen Malers Edvard Munch (1863–1944). Das hier gezeigte Bild (Der Schrei) bezieht sich auf einen wirklich vom Künstler erlebten Moment: „Ich ging mit zwei Freunden die Straße entlang, die Sonne ging unter – der Himmel färbte sich plötzlich blutig rot. Meine Freunde gingen weiter – ich stand da zitternd vor Angst – und ich fühlte wie ein langer unendlicher Schrei durch die Natur ging." (Tagebuch) Munch wurde von dieser Episode so sehr verfolgt, dass er mehr als fünfzig malerische und grafische Varianten dieses Werks anfertigte.

▲ Mondschein (1895) von Munch. Leiden, Furcht und Lebensangst sind so bestimmend in Munchs Werken, dass man eine Geisteskrankheit (Schizophrenie) bei ihm vermutet hat. Nach der Psychoanalyse wäre das häufige Motiv des Mondes, der sich in einem säulenförmigen Reflex (ein phallisches Symbol) im Wasser widerspiegelt, der Ausdruck einer so weit gestörten Sexualität, dass sie das Bild der gesamten Natur bestimmt.

◄ Stilistisch drückt Munch das Gefühl der Angst durch einen übertriebenen Gebrauch von Kurvenlinien aus, die die Figuren (immer ohne klar umrissenes Gesicht) oft umgeben wie in einer Spirale oder einem Wirbel (in der Abbildung, Der Kuss, 1897/98). Die Annäherung von Munch und Kierkegaard zeigt ein gemeinsames Empfinden und nicht eine Abhängigkeit, da der Maler die Werke des Philosophen nicht kannte.

Der Einzelne

Kierkegaard
Siehe auch: *Existenzialismus, Stadien des Lebens, Angst*

Der originellste Aspekt im Denken Sören Kierkegaards (1813–1855) ist die Wiederaufwertung der konkreten Momente der Existenz, des ganz eigenen Werts des Individuums, jedes Einzelnen – im Gegensatz zu den abstrakten Theorien anderer Philosophien. **Hegels System** (→) ablehnend behauptet Kierkegaard, dass ein wirklicher Mensch nicht auf einen Begriff reduziert werden kann, denn Geburt und Tod repräsentieren für ihn mehr als die Stufen eines dialektischen Prozesses. Im Unterschied zu den Tieren ist jeder Mensch ein *Unicum*, das nicht durch einfache Einordnung in die Gattung, der er angehört (Menschheit), erklärt werden kann.

Die Eingebung, dass die grundlegende Kategorie der Philosophie das Individuum sein müsse, machte Kierkegaard zu einem **subjektiven Denker**. Das bedeutet nicht nur, dass sein gesamtes Werk stark biografisch ausgerichtet ist; es heißt auch, dass der Philosoph seine eigene Existenz zum Kern seiner Philosophie machen wollte.

Aus Sicht der herrschenden Wertvorstellungen ist er im Leben gescheitert: Er studierte Theologie, um den Willen seines sterbenden Vaters zu erfüllen, doch er wurde nie Pastor; er verliebte sich, löste die Verlobung aber kurz vor der Hochzeit; er verbrachte sein Leben damit zu schreiben, akzeptierte jedoch nie, ein Schriftsteller zu sein (er veröffentlichte daher unter Pseudonymen: Victor Eremita, Frater Taciturnus). Diese Ablehnung jeder Bestimmung, jeder Wahl, welche sie auch sei, war die Konsequenz eines Lebens, das nie aus dem Feld einer **ewigen Möglichkeit** heraustreten wollte. In gewissem Sinn verweigerte sich Kierkegaard der Reife, d. h. dem Übergang der unbegrenzten Möglichkeiten der Jugend zur konkreten Bestimmtheit des erwachsenen Lebens (Beruf, Familie …). Er lehnte es ab, wählen zu müssen, indem er beschloss, in einer ewigen Jugend zu leben und für immer an der qualvollen Unentschiedenheit dieses Alters zu leiden. In diesem Schwebezustand blieb alles für ihn immer ungewiss, im Stadium der Potenzialität; sein systematisches Nichtwählen machte Kierkegaard sich selbst zu einem Fremden, zu einem Wesen aus einer anderen Welt.

In der Abwesenheit konkreter Ereignisse sammelten sich die Gedanken des dänischen Philosophen um kleine Dinge, die er jedoch mit immer tieferer Bedeutung belegte. So erklären sich seine **geistigen Qualen** aufgrund eines nicht weiter präzisierten Fluches, der auf ihm und seiner Familie lastete – ein „Dorn im Fleisch", ein „Erdbeben", ein „Stachel". Viele Biografen haben sich daran abgemüht, diese stets gewollt allgemein gehaltenen Anspielungen zu entschlüsseln: Es ist gesichert, dass Kierkegaard fünf seiner sechs Geschwister sterben sah und überzeugt war, dass eine vom Vater begangene Schuld (vielleicht eine schwere Lästerung, vielleicht ein Ehebruch) der Grund für diese Unglücksfälle war. Doch er entschied sich nie, seinen Verdacht zu beweisen, und zog es vor, keine Erklärung vom Vater zu verlangen (auf diese Weise hielt er auch diese geistig äußerst qualvolle Angelegenheit im Bereich der reinen Möglichkeit).

▲ ▲ *Als Grabinschrift wählte Kierkegaard die einfachen zwei Worte: „Jener Einzelne". Und wenn er schrieb, wandte er sich an „jenen Leser". Seine Überzeugung von der Irrealität all dessen, was nicht individuell ist, brachte ihn dazu, Konzepte wie die Menschenmasse, die Demokratie, die Mehrheit oder das Öffentliche zu kritisieren und so Themen der zeitgenössischen Analyse der Massengesellschaft vorwegzunehmen. 1837 lernte der 24-jährige Kierkegaard Regine Olsen kennen, verliebte sich und fand Erwiderung. Nach weniger als einem Jahr löste er jedoch die Verlobung ohne ein besonderes Motiv, um seiner Berufung zu einem einsamen Leben zu folgen. Auch nachdem er jede Beziehung zu der jungen Frau abgebrochen hatte, liebte der Philosoph sie noch und verehrte sie als mythische und legendäre Gestalt. In Kierkegaards Werken sind alle Nuancen einer komplexen psychischen Verfassung zu erkennen: Einerseits gestand er starke Schuldgefühle wegen seiner Wahl (oder besser: die Verweigerung der Wahl), andererseits gab er nie die Idee (die paradoxe Hoffnung) auf, dass das Leben ihm am Ende auf unergründlichen Wegen seine verlorenen Liebe zurückgeben würde.*

◀ *Aus Sicht der Tiefenpsychologie von Carl Gustav Jung verkörpert Kierkegaard den Typus des* Puer aeternus *(der ewige Knabe), verführerisch, kreativ, leidenschaftlich, aber unfähig zu Beziehungen, die einen Verzicht auf die unbegrenzte Möglichkeit der Jugend zu wählen mit sich bringen, und ebenso unfähig, dauerhaft Verantwortung zu übernehmen (die Abbildung zeigt das* Porträt von Ari Redon *von Odilon Redon, 1897).*

Stadien des Lebens

Kierkegaard

Siehe auch: *Transzendenz, Negative Theologie, Der Einzelne*

Die Analyse der Art und Weise, wie die Individuen ihr Leben verbringen, ließ Sören Kierkegaard (1813–1855) drei alternative Grundmöglichkeiten der Existenz feststellen.

• Ein **ästhetisches Leben**, wie es im *Tagebuch des Verführers* (1843) beschrieben wird, führt der Mensch, der Augenblick für Augenblick lebt, jede Gelegenheit, die sich ihm bietet, ergreift und auf keine Befriedigung verzichtet. Auf diese Weise verliert und vergisst das Individuum sich selbst in der Suche nach einer nie befriedigten Lust, die außerdem in der Langeweile endet, in der Gleichgültigkeit gegenüber allem und sogar in der Verzweiflung. Ästhet ist der Mensch, der sich leben lässt, und die literarische Figur des Don Giovanni ist für ihn paradigmatisch.

• Das **ethische Leben** ist kennzeichnend für den guten Ehemann und Vater, den Bürger, der beflissentlich seine Pflichten erfüllt, in der Lage ist, die notwendigen Opfer zu bringen, und die Gesetze respektiert. Grundsatz für diesen Menschentyp ist der Gehorsam gegenüber dem eigenen Pflichtgefühl, der sicherlich einen moralischen Fortschritt gegenüber dem Hedonismus des ästhetischen Lebens darstellt. Doch diese Wahl kann noch nicht wahrhaft christlich genannt werden. Auf zentrale Themen des Mystizismus rekurrierend (besonders auf die negative Theologie), sieht Kierkegaard den **Sprung in den Glauben** als einzigen Weg zu einem authentischen Leben an.

• Das **religiöse Leben** erfordert nach der grundlegenden These Kierkegaards eine totale Aufgabe seiner selbst in einem immer innerlicheren Verhältnis zu Gott. Zu dieser Lebensweise kommt man nicht stufenweise, sondern durch die Konversion, eine vollkommene Veränderung des Individuums. Christ zu sein bedeutet, Ungeduld nach der Ewigkeit zu verspüren (die höchste Unruhe des Geistes), in einer sakralen Dimension zu leben, einem Zustand von *Furcht und Zittern* (Titel eines wichtigen Werks von Kierkegaard) vor der Gottheit, und demnach im Bewusstsein, sich in einer perversen Welt zu befinden, die die Liebe kreuzigt. Kierkegaard verurteilt mit sehr harten Worten die bloß formale und rituelle Annahme des Glaubens. 2000 Jahre nach dem Tode Christi, so schreibt er, existiert das Christentum überhaupt nicht mehr; was hingegen existiert, und das ist der größte Skandal, ist das „Christentum spielen".

Der wahre Glauben, der einzige Weg, der den Menschen von der Verzweiflung der **Angst** (→) befreien kann, sind nicht Beruhigung oder Trost, sondern **Grenzüberschreitung** und **Paradox**. Dieser Glauben verstößt gegen die gewöhnliche Moral, den harmlosen Konformismus und die anerkannten ethischen Grundsätze: Um sich Gott völlig zu ergeben, überwindet das wahre Christentum die beruhigenden Traditionen und die Normen der Vernunft, geht über die Beschränktheit der gesellschaftlichen Ethik hinaus, akzeptiert es, zum Skandal zu werden. Die biblische Erzählung, in der Gott von Abraham verlangt, seinen Sohn Isaak zu opfern, ist für Kierkegaards Denken zentral. Obwohl er den lang erwarteten Sohn liebt und ein solches Opfer dem menschlichen Gesetz und den Prinzipien der natürlichen Ethik widerspricht, zögert Abraham nicht (es fällt wenig ins Gewicht, dass am Ende, im Moment, in dem er zum tödlichen Schlag ausholt, ein Engel vom Himmel herabsteigt, um die mordende Hand anzuhalten).

▶ *Kierkegaard verstand die biblische Erzählung vom Opfer des jungen Isaak durch den Vater als Beispiel für die Gott geschuldete* **Unterwerfung**, *sich vollständig und unbeschränkt seinem Willen zu überlassen, auch wenn das bedeutet, gegen gesellschaftliche Normen und jede Form von natürlichem Recht zu verstoßen.*

◀ *Fünf Kokotten (1914/15) des Expressionisten Ernst Ludwig Kirchner. Die Kernaussage Kierkegaards, die Anklage aller nicht authentischen Formen des Lebens, ist eines der zentralen Themen der* **expressionistischen Malerei** *geworden, in der es sich allerdings mit Elementen der politischen und gesellschaftlichen Kritik mischte, die dem dänischen Denker fremd waren.*

◀ *Die Forderung eines Bruchs mit der traditionellen Ritualität zugunsten einer intensiveren Religiosität wird in diesem Bild des expressionistischen Malers Emil Nolde deutlich (*Heilige Maria von Ägypten, *1912). Während die Menge der braven Bürger aus der Kirche tritt, wirft Maria, die öffentliche Sünderin, sich vor der Jungfrau auf die Knie und fleht um Vergebung. Die Intensität des Schmerzes wird durch die brutale Deformation ihrer Gestalt angezeigt: Der gewollt hässliche und plumpe Stil und der Gebrauch reiner und schreiender Farben sind eine bewusste Überschreitung der festgelegten Regeln religiöser Ikonografie.*

Dialektischer Materialismus

Marx

Siehe auch: *Entäußerung, Hegels Dialektik, Hegels System*

Die Philosophie von Karl Marx (1818–1883) war die bedeutendste Wiederaufnahme von Georg Wilhelm Friedrich Hegels System in der der zweiten Hälfte des 19. Jh.s. Von Hegel übernahm Marx die Methode der Dialektik, da er dieses Vorgehen sowohl für die beste Beschreibung der Wirklichkeit hielt als auch für notwendig, um diese zu begreifen.

In Übereinstimmung mit der Hegelschen Auffassung ist auch für Marx jede historische Epoche:
• eine strukturierte Totalität (Hegel nannte es „Gestalt"), in der alle Äußerungen des Lebens stark miteinander verbunden sind;
• ein Ensemble von Widersprüchen, das den Übergang zur nachfolgenden Phase unvermeidbar macht.

Was Marx am Hegelianismus anfocht, war die These von der Vorherrschaft des Geistes, die idealistische Sicht, nach der die Ideen die Triebfedern des dialektischen Prozesses seien. Seiner Meinung nach musste Hegels System als abstraktes Schema beibehalten, aber vollkommen in sich verkehrt werden, indem das Werden der materiellen (ökonomischen) Welt an die Stelle des Absoluten Geistes träte. Für Marx sind, zusammenfassend gesagt, in jeder Gesellschaft folgende Ebenen zu unterscheiden:
• Die **Überstruktur**, das Ensemble der Manifestationen des Geistes (philosophische, religiöse, ästhetische Theorien) und der rechtlich-politischen Institutionen, die sich auf den Geist beziehen (Staatsapparat, Bürokratie …).
• die **Struktur**, also die wirtschaftliche Basis, das Ensemble der **Produktionsverhältnisse** mit dem jede Gesellschaft das eigene materielle Überleben sichert (im Kapitalismus durch die Produktion und den Konsum der Waren).

Für Marx ist die Struktur die tragende Säule einer Gesellschaft; was überstrukturell (ideologisch) ist, bleibt immer von der materiellen Grundlage abhängig. Die Widersprüche, die die Geschichte bewegen, müssen daher auf dieser Ebene gesucht werden. Alle Äußerungen des menschlichen Geistes (Kunst, Philosophien, Ethiken …) sind Reflex bestimmter materieller Bedingungen: „Es ist nicht das Bewusstsein der Menschen, das ihr Sein, sondern umgekehrt ihr gesellschaftliches Sein, das ihr Bewusstsein bestimmt." (*Zur Kritik der politischen Ökonomie*, 1859)

Deshalb kann für Marx keine Geschichte der Ideen existieren, denn diese ändern sich nicht aufgrund eines Prozesses innerer Entwicklung, sondern hängen Mal für Mal (als Wirkungen bestimmter Ursachen) von den Produktionsverhältnissen ab, der wahren Triebfeder der Geschichte. Die Illusion, dass die Überstruktur (die Kultur) autonom und selbstgenügsam sei, ist eine Folge der Trennung von körperlicher und intellektueller Arbeit, die ihrerseits die Konsequenz der Unterteilung der Gesellschaft in Klassen ist. Außerdem sind für Marx die vorherrschenden Ideen in jeder Gesellschaft diejenigen der herrschenden Klasse, d. h. derjenigen, die die Schalthebel der wirtschaftlichen Produktion in der Hand hat. Um ihre Herrschaft ganz zu verwirklichen, muss sie eine **ideologische Hegemonie** herstellen, indem sie ihre eigene Sichtweise als objektive und universale Wahrheit darstellt.

◀ Marx stellt Hegel auf den Kopf, *Karikatur von Donald Palmer (*Looking at philosophy, *1988). In seiner Schrift* Die deutsche Ideologie *(1845) bestimmt Marx die Beziehung zwischen seiner materialistischen Interpretation der Geschichte und der idealistischen von Hegel als Umkehrung. Hegel habe, obwohl er in der Dialektik den Prozess der geschichtlichen Entwicklung richtig erkannte, daraufhin fälschlicherweise die Termini der Problemstellung vertauscht, indem er die Triebfeder des gesellschaftlichen Werdens nicht in den Verhältnissen der wirtschaftlichen Produktion sah, sondern im Fortschreiten des Absoluten Geistes.*

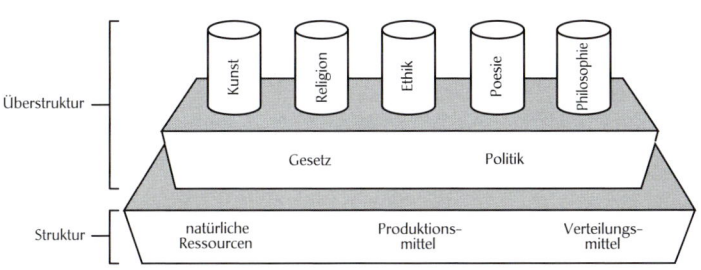

◀ *Begriffsschema der Beziehungen zwischen den marxistischen Begriffen der Struktur und Überstruktur.*

◀ *In dem dargestellten spätmittelalterlichen Bild zeigt sich deutlich, dass Gott die gesellschaftliche Trennung von* oratores *(Redner),* bellatores *(Kämpfer) und* laboratores *(Arbeiter) gutheißt und segnet. Für Marx erfordert die wirtschaftliche Herrschaft einer sozialen Klasse immer eine theoretische Rechtfertigung, um so die Ausgebeuteten von der Unvermeidbarkeit (der Richtigkeit) der Ausnutzung, der sie ausgesetzt sind, zu überzeugen. Um die Macht zu stabilisieren, muss die herrschende Klasse die eigene* **Ideologie** *(ein umfassendes Weltbild) auf die gesamte Gesellschaft übertragen, um so ihr Interesse zu einer objektiven Notwendigkeit oder einem religiösen Dogma zu machen.*

Entäußerung

Feuerbach, Marx

Siehe auch: *Dialektischer Materialismus*

Der Begriff Entäußerung bedeutet Verkauf, Verlust, Aufgabe eines Guts (in der Psychiatrie benennt er den Verlust des Verstandes). In der Moderne hat Georg Wilhelm Friedrich Hegel ihn zur Beschreibung des dialektischen Moments der Antithese (→ **Hegels Dialektik**) verwendet, in dem die These sich aufgibt, um sich dann in der Synthese auf höherem und bedeutungsvollerem Niveau wiederzufinden. In seinem System zeigt die Entäußerung des Geistes die Phase an, in der die Logik (die Rationalität in der reinsten und abstraktesten Form) sich als Materie (dem größten Gegensatz zum Geist) vergegenständlicht.

Eine ähnliche, stark negative Bedeutung entwarf der posthegelianische Philosoph Ludwig Feuerbach (1804–1872), der die Idee der Entäußerung anwendete, um den Mechanismus der Hypostasierung (Verwandlung eines Konzepts in etwas Reales) im religiösen Bereich zu beschreiben, eines Prozesses, durch den die Menschen ihr Wesen auf die Gottheit übertragen (*Das Wesen des Christentums*, 1841). Für Feuerbach ist **Gott** nicht der Schöpfer der Welt; es ist im Gegenteil der Mensch, der Gott geschaffen hat. Indem er die besten Eigenschaften seiner selbst (Vernunft, Wille, Güte) objektivierte (hypostasierte), machte er Gott zu einer phantastischen Projektion der Menschheit nach dem Prinzip des **Anthropomorphismus** (→): Gott ist eine idealisierte Version des Menschen selbst, in ein erdachtes Jenseits versetzt (man denkt, Gott sei Liebe und Gerechtigkeit, da dies die höchsten Qualitäten des Menschen sind). Alle Religionen (die Feuerbach im Namen eines strengen **Atheismus** ablehnt) sind die Frucht dieser Trennung des Menschen von sich selbst, einer Entäußerung, die ihn arm und abhängig von den Produkten seiner eigenen Einbildung macht.

Karl Marx (1818–1883) spricht von Entäußerung, um die Lage des Proletariats in der kapitalistischen Gesellschaft zu beschreiben, wobei er sich der negativen Aura, die diesen Begriff umgibt, sehr bewusst war. Indem die kapitalistische Gesellschaft die Arbeitsteilung auf die Spitze treibt (bis zu dem Punkt zerstückelt, dass ein Erwerbstätiger das ganze Leben lang ein und dieselbe Bewegung ausführt), beraubt sie den Arbeiter jeder kreativen Beziehung mit dem Produkt seiner Tätigkeit und reduziert ihn auf einen bewusstlosen Anhang der Maschine. Andererseits, so Marx, bildet die Fähigkeit zur Arbeit die konstitutive Grundlage und das wahre Wesen des Menschen (das, was ihn von den Tieren unterscheidet). Und daher, weil das Individuum seine Menschheit verwirklicht, wenn es sich in einem schöpferischen Werk ausdrückt, lebt der Proletarier, der gezwungen ist, seine Arbeitskraft zu verkaufen, in einem Zustand der **Entfremdung** von sich selbst: Er ist ein entmenschlichter Mensch.

Der Entäußerung des Individuums entspricht auf gesellschaftlicher Ebene der **Fetischismus der Waren**: In der kapitalistischen Epoche existieren soziale Verhältnisse nicht mehr unmittelbar zwischen den Personen selbst, sondern sind an die Waren delegiert. Die zwischenmenschlichen Beziehungen werden zu Beziehungen zwischen Dingen, die den Charakter eines Fetischs (eines Objektes, das Macht besitzt) annehmen. Der Kapitalismus vernichtet die wahre Natur der Waren, indem er sie wie äquivalente Zeichen des „Gottes Geld" behandelt. Genau wie in den Stammesgesellschaften, werden die Gegenstände nicht in Hinblick auf ihren Gebrauchswert betrachtet, sondern nach dem, was sie bedeuten, nach ihrem Wert (der Menge von Geld, mit der sie getauscht werden können).

► *An gotischen Kathedralen erscheint manchmal die Figur eines Verdammten, der an Stelle von Exkrementen Geldstücke ausscheidet. Die Psychoanalyse hält dieses ikonografische Motiv für eine typische unbewusste Identifikation von Geld und Exkrementen (von der Geldrolle mit Fäkalien). In einem Ersatzmechanismus, wie er für die Vorgänge des* **Unbewussten** *(→) kennzeichnend ist, wird das, was einen höheren Wert (Geld) hat, symbolisiert durch das, was einen geringeren Wert (Kot) hat. Da die Geldrolle auch mit dem Penis identifiziert werden kann, würde sich so die Kastrationsangst erklären, die jede Furcht vor Geldverlust hervorruft.*

▲ *Die Konzepte des Warenfetischismus und der Verdinglichung der sozialen Beziehungen (die zu Beziehungen zwischen Dingen, Waren werden) sind ausführlich vom marxistischen Denken des 20. Jh.s wieder aufgenommen worden, vor allem von der Frankfurter Schule (Max Horkheimer, Theodor Adorno, Herbert Marcuse). Ihr Vorhaben, den Marxismus zu aktualisieren, indem sie ihn für die Erkenntnisse der Psychoanalyse und Soziologie öffneten, hat in der Entäußerung (verstanden als Zustand von Unbehagen und Isolation des Menschen in der modernen Industriegesellschaft, wie sie René Magritte in* Golconde *(1953) darstellt) einen Brückenbegriff gefunden, der fähig war, die klassische Marxistische Wirtschaftsanalyse (historischer Materialismus) mit einer Kritik der zeitgenössischen* **Massengesellschaft** *zu verbinden.*

Anthropomorphismus

Feuerbach
Siehe auch: *Mythos, Physiognomik, Entäußerung*

Anthropomorphismus nennt man die natürliche Neigung (natürlich aus Sicht der Psychologie), die physische und sogar die göttliche Welt in Analogie zur inneren Erfahrung des Menschen zu interpretieren.

In der Antike beklagte Xenophanes aus Kolophon (565–465 v. Chr.) als Erster diese Tendenz des Geistes. Er kritisierte die für den Homerischen **Mythos** typische Beschreibung der Götter als menschliche Erscheinungen mit den moralischen Prinzipien der Menschen und argumentierte: „Doch wenn die Ochsen und Rosse und Löwen Hände hätten oder malen könnten mit ihren Händen und Werke bilden wie die Menschen, so würden die Rosse rossähnliche, die Ochsen ochsenähnliche Göttergestalten malen und solche Körper bilden, wie jede Art gerade selbst ihre Form hätte. / Die Äthiopen behaupten, ihre Götter seien schwarz und stumpfnasig, die Thraker, blauäugig und rothaarig." (*Fragmente*, 15–16)

Spuren einer anthropomorphischen Sichtweise sind, wenn auch abgeschwächt, bei zahlreichen Denkern des antiken Griechenlands zu erkennen. Zum Beispiel vermenschlicht die *Physik* von Aristoteles, die ein starker **Finalismus** kennzeichnet, sogar das Verhalten der Materie, indem sie Thesen wie die folgenden aufstellt: „Die Natur macht nichts umsonst"; die Natur „empfindet Schrecken" vor dem Nichts; die Schwerkraft ist der „Wunsch" der Elemente, an ihren natürlichen Platz zurückzukehren (→ **Plenum /Vakuum**).

Während das anthropomorphische Prinzip vom **magischen Denken**, vor allem in der Renaissance, akzeptiert blieb, wurde es von der modernen Wissenschaft bekämpft, die in ihm das größte Hindernis für eine korrekte (objektive, unparteiische) Beziehung zur Welt der Natur sah. Die Psychologisierung der Erscheinungen hindert nämlich in der Tat daran, die Natur als eine Welt für sich zu analysieren, die auf ihren eigenen Regeln beruht *(juxta propria principia)* und nur auf dieser Grundlage erklärbar ist.

In der Neuzeit spielte die Kritik des **religiösen Anthropomorphismus** eine wichtige Rolle in der Philosophie Ludwig Feuerbachs (1804–1872). Im Anthropomorphismus sah er den Beweis für den weltlichen Ursprung der Mythen und der Idee Gottes, der für ihn eine Projektion rein menschlicher Bestrebungen war. Gott ist nichts anderes als eine Objektivierung (auf dem Niveau absoluter Perfektion) dieser tiefen menschlichen Bestrebungen (unendliche Güte, Liebe, Weisheit). Jede Religion ist eine unbewusste Form der Entäußerung (Entfremdung von sich selbst), durch die der Mensch aus dem Nichts (aus seinem Geist) die Idee einer vollkommenen Gottheit schafft, um sich ihr dann zu unterwerfen, in der Illusion, auf diese Weise die untilgbaren Konflikte der *conditio umana* zu lösen.

In der Wissenschaft unseres Jh.s hat sich der Anthropomorphismus als Problem innerhalb der **Verhaltensforschung** (→) gestellt. Konrad Lorenz (*Über tierisches und menschliches Verhalten*, 1965) verfolgte die Linie Darwins weiter und vertrat die Ansicht, anthropologische Ansatz sei nützlich, um tierische Verhaltensweisen zu erklären und mit dem menschlichen Modell zu vergleichen. Dieser Behauptung widersetzte sich jedoch der holländische Ethologe Nikolaas Tinbergen, nach dessen Meinung keine objektiven Anhaltspunkte existieren, um die Analogie von subjektiven Erfahrungen von Menschen und Tieren zu beweisen.

▲ *Die abgebildete Tafel aus* De humana physiognomia *(1586) des Philosophen und Magiers Giambattisa della Porta, will zeigen, dass eine vollkommene Übereinstimmung zwischen den Tieren (in diesem Fall einem Schaf) und einem bestimmten Typ Mensch existiert. Für das magische Denken bezieht sich die Analogie der beiden Wesen auch auf psychologische und charakterliche Aspekte.*

◄◄ *Wir belegen auch geometrische Figuren mit psychologischen Werten. Die Aufgabe, diesen Zeichnungen die (bedeutungslosen) Namen Malumba und Taketé zuzuordnen, lösen die meisten, indem sie (ohne rationalen Grund) Malumba mit der runden Form verbinden.*

▲ *Da er ein voreingenommenes und vermenschlichendes Bild der Tiere vermittelte, war der Anthropomorphismus besonders hemmend für die biologischen und zoologischen Wissenschaften. Die Tradition der* **mittelalterlichen Bestiarien**, *in denen jedes Tier als Verkörperung einer psychologischen Qualität verstanden wird, setzt sich in der kollektiven Vorstellung noch heute fort. Der Wolf ist demnach ein böses Tier, der Hahn symbolisiert, wie das Bild Pablo Picassos deutlich zeigt, noch immer Dummheit, Hochmut und Aggressivität.*

▼ ▼ ▼ *Beispiele anthropomorpher Lesarten: Man neigt dazu, in der Form der Architektur, in den Gegenständen und in den Wolken menschliche Gesichter zu erkennen.*

Positivismus

Der Positivismus war eine umfassende Denkbewegung, die um 1840 in Frankreich entstand und sich dann in ganz Europa verbreitete, bis sie zur herrschenden Richtung in der Kultur mit wichtigen Auswirkungen auf die Literatur (Naturalismus, Verismus, Realismus) und auf die bildenden Künste (Divisionismus) wurde. Ein besonders kennzeichnendes Element des positivistischen Einstellung war das Vertrauen in den wissenschaftlichen und technologischen **Fortschritt** (→), der innerhalb kurzer Zeit, so glaubte man, die Probleme der Menschheit lösen würde, und zwar die materiellen wie auch die geistigen.

Der Positivismus interpretierte einerseits die tiefen **gesellschaftlichen Veränderungen** der zweiten Hälfte des 19. Jh.s und begünstigte sie andererseits. Die Verbreitung der industriellen Revolution und die folgende Entstehung der großstädtischen Bevölkerung, die außerordentlichen wissenschaftlichen Entdeckungen, die Steigerung des Lebensstandards, die Befriedung Europas (die positivistische Ära fällt mit der *Belle Époque* zusammen) und die Vereinigung der Welt durch den Kolonialismus schafften ein soziales und philosophisches Klima von übertriebenem Optimismus. Es setzte sich die Überzeugung durch, dass Europa in eine Phase unaufhaltsamer Entwicklung eingetreten sei.

August Comte (1798–1857), der als Begründer des Positivismus gilt, leitete aus dem Studium der Entwicklung des menschlichen Geistes das **Drei-Stadien-Gesetz** ab, nach dem sich die Geschichte in drei grundlegenden Stadien entwickelt hat:
• Das erste ist das **theologische Stadium** (seinerseits in drei Abschnitte unterteilt: Fetischismus, Polytheismus, Monotheismus), das typisch für die primitiven Menschen (und die Kinder) ist, die die Welt mithilfe der Kategorien der **Magie** (→), des **Anthropomor**phismus (→) und der Religion interpretieren. Die Fantasie herrscht über das rationale Denken.
• Das **metaphysische** oder **abstrakte Stadium** stellt eine Krisenphase dar (die Jugend der Menschheit): Die religiösen Mythen lösen sich unter dem Einfluss der beginnenden Philosophie auf, werden jedoch durch die abstrakten Begriffe der Metaphysik ersetzt. Die Vernunft vollzieht in jedem Fall ihre ersten Schritte, und nach 2000 Mühe erreicht sie im 17. Jh. mit den Werken von Galileo Galilei, Francis Bacon und René Descartes die dritte Stufe.
• Im **wissenschaftlichen** oder **positiven Stadium** setzen sich die Vernunft und die Achtung vor den Fakten an die Stelle der Fantasie und der Metaphysik. Die inzwischen erwachsene Menschheit hört auf, nach dem *Warum* der Dinge zu fragen, und konzentriert sich stattdessen darauf, *wie* diese sich ereignen, indem sie die Gesetze der Veränderung wissenschaftlich nachvollzieht.

Für Comte sind die Mathematik, die Astronomie, die Physik und die Naturwissenschaften schon in das positive Stadium eingetreten; daher muss der Zweck einer positiven Philosophie die Ausweitung dieser Tendenz auf das humanistische Wissen sein, indem sie eine Soziologie und Politik auf wissenschaftlicher Basis einführt.

Das historische Urteil über den Positivismus muss ambivalent ausfallen. Einerseits verpflichteten die positivistischen Überzeugungen dazu, die antiken philosophischen Problemstellungen das erste Mal experimentell auf die Probe zu stellen und führten so zur Entstehung der modernen **Humanwissenschaften** (Soziologie, Anthropologie, Psychologie, Ökonomie). Andererseits hatte der blinde Glaube an die Wissenschaft den **Szientismus** (→) zur Folge, der in unserem Jh. von einer **antipositivistischen Reaktion** (→) kritisiert wird.

▲ ► Die Chemie enthüllt das Werk Gottes, *Fronti-spiz von George Wilsons Werk* Religio chemici, *1862. Rechts: Werbeplakat des 20. Jh.s, Calciumcyanamid als „Vorzeichen des Reichtums". Der Rückgriff auf religiöse Terminologie und Ikonografie ist nicht rhetorisch: Die Entdeckung des Sauerstoffs zu Beginn des 19. Jh.s löste eine wahrhafte* **Religion der Chemie** *aus. Die neue Wissenschaft machte zum ersten Mal eine Analyse der vier* **Elemente** (→) *möglich und nahm ihnen so ihre antike mythische Aura; sie gab eine Erklärung des Feuers (in der Begrifflichkeit der Verbrennung), die in der Lage war, das Geheimnis des* **Werdens** (→) *der Materie zu lüften.*

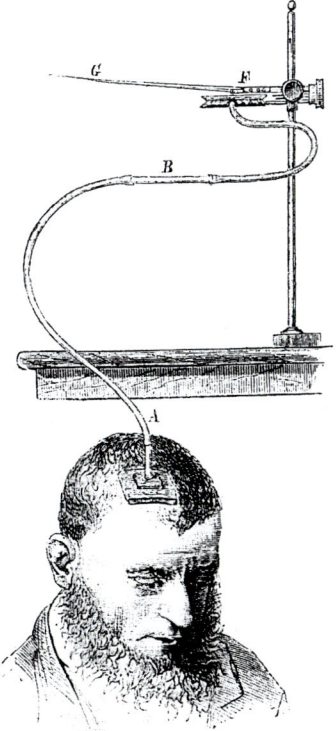

► *Die ehrgeizigste Forschung der Positivisten war der Versuch, die Vorgänge des Denkens auf physischer und materieller Basis zu erklären. Obwohl sich die wissenschaftliche Psychologie und die Psychiatrie von diesen Studien ableiten, war der positivistische Ansatz außerordentlich vereinfacht und vom Szientismus geprägt. Das Bild zeigt den von dem Psychiater Angelo Mosso erfundenen Apparat, mit dem die Emotionen psychisch Kranker gemessen werden sollten. Die Sonde, die an Patienten mit Schädelspalten angewendet wurde, registrierte die Veränderungen der Temperatur und stellte (durch die Bewegungen einer Gänsefeder) ein mentales Autograf her.*

Szientismus

Positivismus, Epistemologie
Siehe auch: *Fortschritt*

Der Positivismus polemisierte gegen die Philosophie, der er Abstraktheit und Dogmatismus vorwarf. Dennoch arbeitete er selbst eine neue stark dogmatische **Wissenschaftsmetaphysik** aus, deren Analyse folgende kennzeichnenden Elemente ergibt.

• **Optimismus**: Der Enthusiasmus für die Errungenschaften der industriellen Revolution führte zu der Idee, dass der unaufhaltsame **technologische und wissenschaftliche Fortschritt** schließlich alle Probleme und Konflikte lösen würde, und zwar zum einen durch die Herstellung wirtschaftlichen Wohlstands, zum anderen mithilfe einer positiven Wissenschaft der gesellschaftlichen Umstände. Man war der Ansicht, dass die Wissenschaft für alle Fragen eine Lösung hätte, auch im politischen, moralischen und ästhetischen Bereich.

• **Mechanizismus** (→) und **Determinismus** (→): Die Positivisten gingen von der Überzeugung aus, dass alle Erscheinungen, natürliche wie psychische, miteinander in notwendiger Weise durch das Prinzip von **Ursache und Wirkung** (→) verbunden sind; sie schlossen jede Erklärung aus, die mit Begriffen wie dem **Zufall** (→) oder Endzweck arbeitete. Dieses Interpretationsmodell hatte in den Naturwissenschaften schon zu beeindruckenden Ergebnissen geführt, und man hielt es daher für nötig, es auf alle Wissensfelder auszudehnen.

• **Reduktionismus**: Die Überzeugung, dass alle lebendigen und biologischen Erscheinungen Produkte von – sicherlich komplexen – Systemen seien, die jedoch stets in ihre einfachen, mechanischen und materiellen Komponenten zerlegt werden könnten.

• **Materialismus**: Die Überzeugung, dass auch geistige Phänomene als Ergebnisse materieller und mechanischer Vorgänge erklärbar seien. In der Psy-chologie nahm man den **psychischen Atomismus** an, d. h. man behauptete im Rückgriff auf die Thesen der **Assoziationspsychologie** (→), dass die kompliziertesten geistigen Prozesse (Gedächtnis, Intelligenz) auf winzige Komponenten (Moleküle des Denkens) zurückgeführt werden könnten.

• **Physikalismus**: Die Forderung, dass alle Wissensformen die von den Naturwissenschaften ausgearbeiteten Untersuchungsmethoden übernehmen müssten. Man erklärte die Newtonsche Systematisierung (→ **Newtonismus**) der Physik als definitiv und absolut (eine wahre Beschreibung der Natur). Sie sollte zum Prototyp jeder Wissenschaftlichkeit werden. Alexander Comte unterteilte daher die von ihm begründete Soziologie in eine Statik und eine soziale Dynamik.

• **Experimentalismus**: Die Forderung, dass jede Erkenntnis sich (nach dem Modell der Physik) an die Fakten halten müsse, und dass alles, was nicht in einem wiederholbaren Experiment bewiesen werden könne, außerhalb jeder Möglichkeit des Verständnisses liege (den Problemstellungen der metaphysischen Tradition fehlt daher jede Grundlage). Die Psychologie kann zum Beispiel psychosomatische Reaktionen eines Individuums erforschen und auf diese Weise spezifische Verhaltensweisen (Fakten) feststellen, aber sie kann nicht versuchen, innerpsychische Vorgänge zu analysieren. Für die Positivisten waren Begriffe wie Bewusstsein und Geist leere Worte ohne Sinn, und es muss deshalb nicht überraschen, dass sich in den ersten Jahrzehnten des 20. Jh.s starke **antipositivistische Strömungen** (→) feststellen lassen.

► Materialismus und Reduktionismus bilden die Grundlage einer typisch positivistischen Wissenschaft: Der **Phrenologie** oder Organologie, die von dem Physiologen Franz Joseph Gall (1758–1828) begründet wurde. Sie entdeckte auf neuer Basis die Thesen der **Physiognomik** (→) wieder. Als positive Wissenschaft des Denkens reduzierte sie die Dimension des Geistes auf diejenige des Schädels, den man mit dem dafür bestimmten **Kraniometer** messen konnte, dessen 1885 von dem italienischen Psychiater Enrico Morselli erfundener Prototyp rechts zu sehen ist.

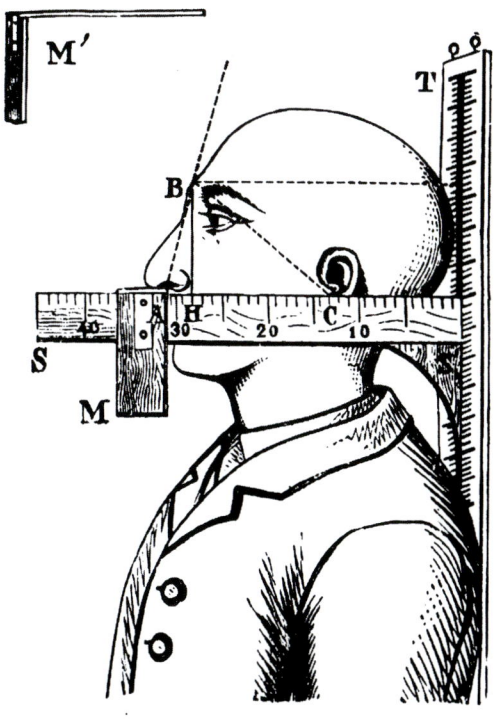

◄ Die **Kriminalanthropologie**, eine Erfindung des italienischen Psychiaters Cesare Lombroso (1835–1909), ist ein Beispiel des evolutionistischen Positivismus. In Genie und Irrsinn (1887) stellt Lombroso die These des **Atavismus** auf: Eine abweichende Persönlichkeit entsteht immer aufgrund von erblicher Belastung, die an der physischen Beschaffenheit des Subjekts nachgewiesen werden kann. Ein besonders großer Unterkiefer, ein viereckiges und hervorstehendes Kinn und breite Wangenknochen wären die Indizien für eine angeborene Neigung zum Verbrechen. Auf dem hier gezeigten Foto sind zwei geistig Gestörte zu sehen, die Lombroso eilig als Schwachsinnige katalogisierte.

Evolutionismus

Darwin
Siehe auch: *Fortschritt, Verhaltensforschung*

Aus rein wissenschaftlicher Sicht kann Charles Darwins (1809–1882) Theorie in zwei Grundaussagen zusammengefasst werden:
• das Prinzip der **zufälligen Variation** besagt, dass es zwischen Individuen derselben Art zu veränderten Ausprägungen in Morphologie, Physiologie und Verhalten kommt; diese individuellen Besonderheiten sind zum Teil erblich;
• das Prinzip der **Selektion** besagt, dass Tiere jeder Art die Neigung haben, sich in geometrischer Steigerung zu reproduzieren, doch die Knappheit der zur Verfügung stehenden Ressourcen sie zu einem Kampf ums Leben mit selektiven Wirkungen zwingt. So sind die Individuen mit weniger effektiven Eigenschaften zum Tod bestimmt, während umgekehrt die besser Ausgestatteten eine größere Möglichkeit haben, sich fortzupflanzen und ihr Erbgut weiterzugeben. Im Verlauf vieler Generationen werden die für das Lebensumfeld besonders geeigneten Ausprägungen zum Erbe der gesamten Art (aus dem einfachen Grund, dass die Individuen, die sie nicht besitzen, schließlich alle sterben) und bestimmen so die Evolution.

Im Gegensatz zum Aristotelischen Fixismus existieren die Tierarten für Darwin nicht schon immer, sondern sind das Resultat eines Vorgangs evolutionären Wachstums, der auch die menschliche Gattung umfasst.

In den ersten Jahrzehnten des 20. Jh.s fand der Mechanismus der erblichen Übertragung bestimmter Kennzeichen, den Darwin als Vermutung einführte, eine genaue Erklärung in der **Genetik**, die sich auf der Grundlage der Forschungen des österreichischen Abtes Gregor Mendel entwickelte. Die Zusammenführung der beiden vollkommen miteinander zu vereinbarenden Lehren war der Ursprung des zeitgenössischen **Neoevolutionismus**.

Darwins Theorie hatte Auswirkungen auf die Kultur weit über die Grenzen der Biologie hinaus:

• Im Bereich der **Religion** galt die Evolution als unvereinbar mit der Theologie der **Schöpfung** (→) und führte daher zu einem Konflikt zwischen Glauben und Wissenschaft, vergleichbar nur mit demjenigen, den im 16. Jh. die **kopernikanischen Wende** (→) auslöste.

• Auf politischem Feld setzte sich am Ende des 19. Jh.s der **Sozialdarwinismus** durch, d. h. die Idee, dass der Evolutionismus als Programm zur Verbesserung der menschlichen Art übernommen werden könnte, und zwar sowohl durch die Methoden der Eugenetik (Planung der Paarung zwischen den am besten Ausgestatteten) als auch durch die Aussonderung der weniger Geeigneten. Indem der Nationalsozialismus den Sozialdarwinismus mit der Idee der **Rasse** (→) verband, verbog er das Konzept der biologischen Selektion in ein Programm zur Vernichtung der als abweichend verurteilten sozialen Gruppen (geistig Kranke, Homosexuelle, Ausgegrenzte, Juden). Gleichermaßen falsch ist die liberale Lesart des Darwinismus, die die natürliche Selektion mit der freien Konkurrenz im Kapitalismus gleichsetzt. Heute ist man der Meinung, dass alle politischen Interpretationen des Darwinismus fehlgeleitet sind.

• Im Bereich der **Philosophie** bildet der Evolutionismus die Grundlage der Theorien des universalen Fortschritts von Herbert Spencer und der schöpferischen Entwicklung von Henri-Louis Bergson.

▲ *Eine der zahlreichen Karikaturen zu Darwins Theorie, Zeugnis der Schärfe der Kontroverse, die in der zweiten Hälfte des 19. Jh.s von der Evolutionstheorie ausgelöst wurde.*

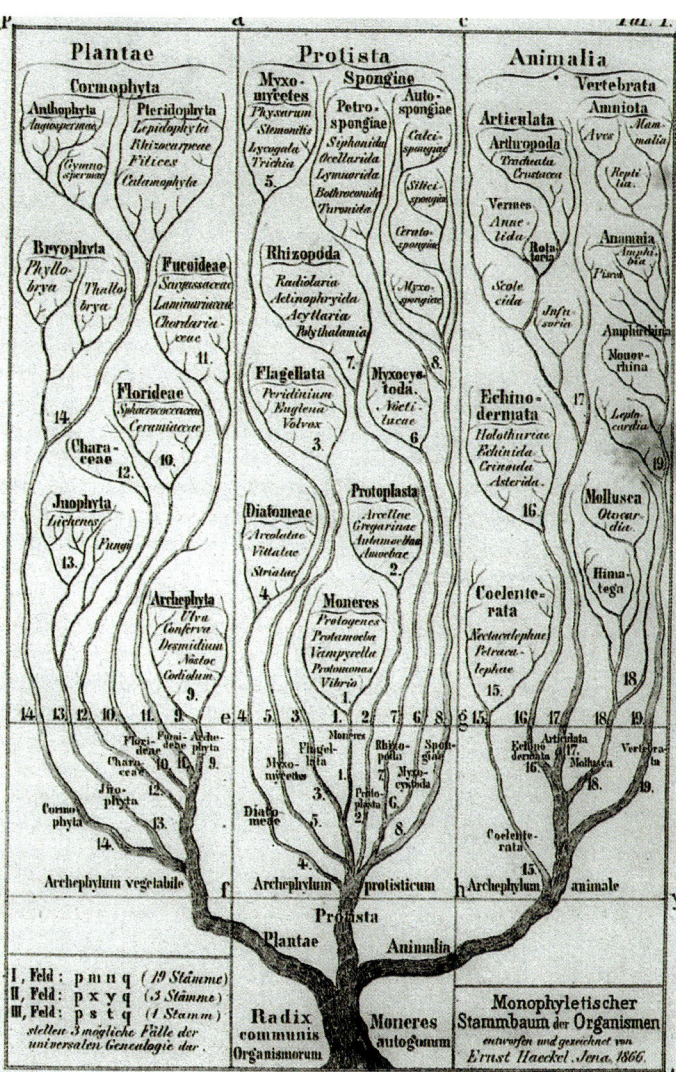

▲ *Die Evolutionstheorie basiert auf der grundlegenden Idee, dass auch die Natur wie die Menschheit eine Geschichte hat. Das macht es möglich, ihre Entwicklung mithilfe von Stammbäumen zu beschreiben. Das Modell des Baumes hat nicht Darwin, sondern Ernst Haeckel in der* Generellen Morphologie der Organismen *(1866) eingeführt.*

◀ *Deckblatt einer Broschüre der Eugenics Society in London vom Beginn des 20. Jh.s Der erste internationale Kongress zur* **Eugenetik** *fand 1912 in London unter der Leitung von Leonard Darwin, Charles' Sohn, statt.*

Fortschritt

Positivismus, Evolutionismus
Siehe auch: *Positivismus, Schöpferische Entwicklung*

Der Hauptverantwortliche für die irrtümliche Gleichsetzung des biologischen Begriffs der Evolution und dem Begriff des Fortschritts (der Idee, dass die Menschheit unaufhörlich zum Besseren fortschreitet) war der englische Philosoph Herbert Spencer (1820–1903): In den *Ersten Prinzipien der Philosophie* (1867) machte er Darwins Evolutionismus zu einem metaphysischen Prinzip, indem er in jedem Wirklichkeitsbereich die Existenz einer kontinuierlichen Spezifizierung vom Gleichartigen zum Heterogenen, vom Einfachen zum Komplexen annahm. Für Spencer bestimmt diese langsame aber stetige Vervollkommnung die gesamte Wirklichkeit, die tierische wie die menschliche Welt, sowohl die Natur als auch die Geschichte.

Heute halten die Biologen diese optimistische und positivistische Auffassung für eine Art des **Adaptionismus**, der sich nicht auf wissenschaftlicher Beweisführung, sondern auf einer langen Reihe von metaphysischen Thesen und ideologischen Werten gründet: Man nimmt an, dass die Natur weise, ökonomisch und sparsam sei, immer mit minimalen Voraussetzungen das maximale Ergebnis realisiere und die Vorteile optimiere, indem sie den Aufwand verringere. Man vermutet, dass jede Art für den biologischen Kreislauf gleichermaßen nützlich und notwendig sei, dass jedes Organ den Zweck, dem es dienen soll, entspricht (die Vögel haben die Flügel entwickelt, um zu fliegen), dass die Evolution in gleichmäßigem Rhythmus voranschreite, in kleinen aber kontinuierlichen Schritten (**Gradualismus**).

Die neoevolutionistischen Biologen lehnen heute diesen naiven Evolutionismus ab und beschreiben die Geschichte der Natur deutlich anders. Die Paläontologie zeigt, dass sich die Evolution durch **einschneidende Revolutionen** entwickelt hat und nicht in kleinen Schritten: Die Tierarten sind über lange Zeiträume stabil geblieben, um sich dann in beeindruckender Geschwindigkeit (auf der biologischen

Skala) zu verändern. Die Geschichte des Lebens ist weniger ein Triumphmarsch zum Besseren als ein Vorgang der Vernichtung von Masse, gefolgt von Differenzierungen innerhalb der wenigen überlebenden Stämme (**Dezimierungsmodell**). Die Probleme der Evolution haben außerdem nie einen einzigen und definitiven Ausgang, und die Natur scheint nicht unbedingt immer die besten Lösungen zu suchen, sondern begnügt sich mit den besseren und zeitweilig befriedigenden. Sie folgt merkwürdigen und opportunistischen Wegen, indem sie sich an die Veränderung der lokalen Lebenswelten nach den Kriterien der Kontingenz und des **Zufalls** (→) anpasst, statt sich nach der Notwendigkeit in einem allgemeinen Plan zu richten. Die Natur erscheint heute als *wilde Maschine*, da sie zu Beginn enorme Möglichkeiten zur Verfügung hatte, die sich im Laufe der Entwicklung immer weiter auflösten.

Die Zukunft der Evolution ist also in keiner Weise vorhersehbar. Der Evolutionstheoretiker François Jacob vergleicht die Aktivität der Evolution mit der Arbeit eines Zinnhandwerkers, der unaufhörlich repariert, was schon existiert (nicht des Ingenieurs, der plant). In der Tat haben viele Organe ihre spezielle Funktion ganz zufällig erhalten: Die Flügel zum Beispiel sind nicht entstanden, um den Vögeln das Fliegen zu ermöglichen, sondern um den Wärmeaustausch mit der Umwelt zu fördern.

▶ *Die Fortschrittshypothese der Evolution der Primaten.*

Mensch
Schimpanse
Affe der Alten Welt
Koboldmaki
Lemur
Spitzhörnchen

▼ *(links) Nach der traditionellen optimistischen Sichtweise (Spencers), folgt der Stammbaum der Evolution einem Modell, das als **Kegel wachsender Unterschiedlichkeit** bekannt ist. Die Äste wachsen immer nach oben und nach außen, wobei sie sich ab und zu verzweigen; das Leben beginnt mit der Einfachheit und entwickelt sich zu größerer Komplexität.*

▼ *(rechts) Das Modell der **Dezimierung**. An die Stelle des Baumes tritt ein Busch, der zahlreiche Äste bildet, die jedoch ständig vom Aussterben entlaubt werden. Heute leben auf unserem Planeten ungefähr 1,5 Millionen Arten, weniger als 0,1 % aller je auf ihm aufgetretenen Lebensformen: Der Rest (99,9 % der Arten) ist ausgestorben. Außerdem gab es nur am Anfang der Evolutionsgeschichte eine große Entwicklung der biologischen Differenzierung.*

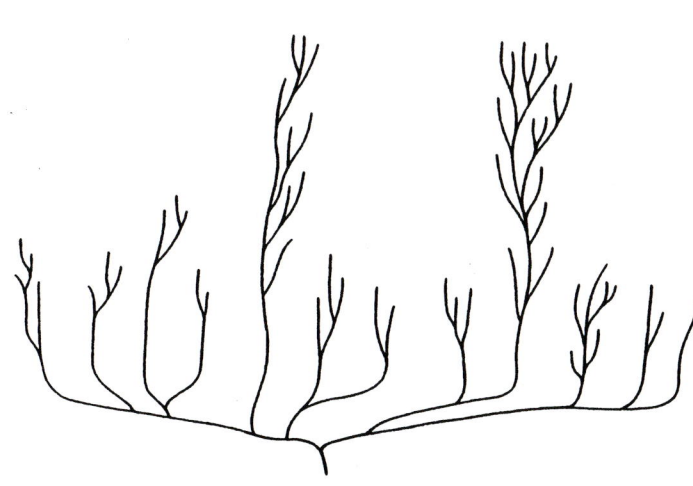

Antipositivistische Strömungen

Am Ende des 19. Jh.s zeichnet sich eine tiefgreifende Zäsur in der europäischen Kultur ab, die durch die Erschütterung des Glaubens in den Kausalzusammenhang aller Naturvorgänge ausgelöst wurde. Die lange vorherrschende Wissenschaftsgläubigkeit (→ **Szientismus**) wurde durch antipositivistische Strömungen abgelöst, deren Vertreter dem Individuum eine autonome Rolle in der Geschichte der Menschheit zuwiesen und den naturwissenschaftlichen Gesetzen die kreative Fähigkeit des menschlichen Geistes gegenüberstellten. Die neuen Denkrichtungen zu Beginn des Jh.s, Irrationalismus (→), **Phänomenologie** (→), aber auch **Neukantianismus**, teilten die Überzeugung, dass das geistige Vermögen des Menschen nicht mit empirischen Methoden erfasst und mit den herkömmlichen wissenschaftlichen Kategorien beschrieben werden kann. (→ **Materialismus** und **Determinismus**).

Auch die Positivisten des 19. Jh.s haben sich mit den Lebensbedingungen des Menschen in der modernen Gesellschaft auseinandergesetzt und sich Fragen der Soziologie, Ökonomie und Psychologie gewidmet. Aber sie griffen dabei auf die experimentellen Labormethoden und die quasi objektiven Kriterien die positiven Wissenschaften (Mathematik und Physik) zurück, sodass Phänomene, die sinnlich nicht erfahr- oder messbar waren, aus dem Blickfeld ihrer Forschungen fielen. So versuchte man, den **Wahnsinn** (→) oder die Kreativität des **Genies** (→) mit den Instrumentarien der Physiologie und Neurologie zu erklären.

Entgegen dieser Verabsolutierung naturwissenschaftlicher Methoden plädierten die Verfechter des **Spiritualismus** für die Autonomie des Geistes als spezifisch menschliche Kompetenz, die sich nicht durch statistische Analysen oder mathematische Gesetze belegen lässt und forderten, experimentell nicht belegbare menschliche Wesensmerkmale wie Bewusstsein, Innerlichkeit, Reflexion und Geistesfreiheit in ihre Rechte einzusetzen.

Eine der wichtigsten philosophischen Antworten auf den Positivismus lieferte die **Lebensphilosophie** des Franzosen Henri Bergson (1859–1941). In seinem ersten Werk *Zeit und Freiheit: Abhandlung über die unmittelbaren Bewusstseinstatsachen* (1889) legte er dar, dass Bewusstseinstatsachen letztlich nicht mit materialistischen Erklärungsmodellen zu fassen sind. Dennoch stützte sich auch Bergson in seinen Schriften auf Vergleiche mit den Naturwissenschaften seiner Zeit. Seine große Leistung besteht gerade darin, die Autonomie von Bewusstseinszuständen im Kontext der Errungenschaften der modernen Wissenschaften erforscht und verteidigt zu haben. Der Philosoph widmete sich vor allem dem Begriff der **Evolution** (→ **Evolutionismus**), den Beziehungen von **Materie und Geist** (→ **Materie / Gedächtnis**) und dem Unterschied zwischen der physikalisch-mathematischen Definition der Zeit und ihrer Erfahrung durch den Menschen (→ **Zeit als Dauer**).

Der Mentalitätswechsel wirkte sich auf alle Bereiche der künstlerischen Produktion aus: Unter den bildenden Künstlern waren die **Symbolisten** (Odilon Redon, Gustave Moreau) die Ersten, die den kulturellen Umbrüchen der Zeit bildhaften Ausdruck verliehen haben. Zwar hielten die Symbolisten an der Figur fest, widmeten sich aber weniger ihrem äußerlichen Erscheinungsbild als Zuständen des Traums, der halluzinatorischen oder spirituellen Erfahrung und brachen so mit der mimetischen Tradition (→ **Mimesis**) der westlichen Kunst.

◄ Die philosophische Abrechnung mit dem **Positivismus** (→) veränderte auch das kulturelle Selbstverständnis der Gesellschaft. Im Symbolismus fand sie ihren kongenialen bildhaften Ausdruck. Er formierte sich in Frankreich nach Mitte des Jh.s als Reaktion auf den Impressionismus, in dessen Malerei er einen weiteren Versuch sah, lediglich das Erscheinungsbild der Natur festzuhalten.

► Träumend sah ich am Himmel die Vision eines Wunders *von Redon (1840–1916). Von ihm stammen alle auf dieser Seite abgebildeten Werke.*

◄ Der Symbolismus verweigerte sich der jahrhundertelangen Tradition in der europäischen Kunst, wonach sich die Malerei in den Dienst der Natur zu stellen habe. Mit seinen Bilder versucht er, die irrationalen Seiten des menschlichen Geistes, das Traumerlebnis oder halluzinatorische Erfahrungen anschaulich zu machen.

Zeit als Dauer

Bergson

Siehe auch: *Schöpferische Entwicklung, Materie/Gedächtnis*

Im ersten Jahrzehnt unseres Jh.s führte Albert Einstein den Begriff der **Relativität** (→) in den Wissenschaftsdiskurs ein und stellte so die kritiklose Übernahme des Newton'schen Konzepts der **absoluten Raum-Zeit** (→) durch den Positivismus infrage. Zu gleicher Zeit griffen Vertreter der **antipositivistischen Strömungen** (→) dieses Thema wieder auf. Vor allem Henri Bergson hat sich mit dem Verhältnis von Raum und Zeit intensiv auseinandergesetzt und für den Umgang mit dem Begriff der Zeit zwei Ansätze unterschieden.

• Die **Zeit der Wissenschaft** bezieht sich auf die Verwendung des Begriffs in den wissenschaftlichen Theorien und in der experimentellen Praxis. Diese Zeit ist **objektiv**, dem menschlichen Subjekt äußerlich und von ihm unabhängig; sie ist **quantitativ**, denn der Ablauf ihrer Einheiten (Moment, Takt oder andere Maßeinheiten), der einem gleichbleibenden Rhythmus unterworfen ist, ruft keine qualitativen Veränderungen hervor: Jeder Augenblick gleicht allen anderen. Sie ist **geometrisch**, d. h. als endlose Reihe gleichartiger Zustände vorstellbar; sie ist **mechanisch** und **verräumlicht**, mit anderen Worten, räumlich messbar, z. B. wenn sich die Zeiger einer Uhr auf dem Ziffernblatt bewegen. Bergson vergleicht diese Auffassung von Zeit mit einer Perlenkette, deren Glieder alle gleich und doch von einander geschieden sind.

• Die **Zeit des Lebens**, die von den konkreten Individuen gelebt wird, ist essenziell **qualitativ**: Wenn man sich langweilt, scheinen die Stunden nie vorüberzugehen; manche Augenblicke dauern eine Ewigkeit, andere geben auf unwiederbringliche Weise der Existenz ihren Sinn: im Moment der Geburt und des Todes. Die erlebte Zeit ist aufgeladen mit Bedeutung und besitzt für das Subjekt einen spezifischen Wert. Nicht umsonst haben wir einen eigenen Terminus für die Langeweile, um jenen Zustand zu benennen zu

können, in dem es uns nicht gelingt, der Zeit einen Sinn zu geben.

Im Leben wird diese psychologische Zeit subjektiv als eine autonome Dimension des Bewusstseins erlebt, die weder von der Erinnerung an Vergangenes noch von der Vorwegnahme der Zukunft zu trennen ist (→ **Materie/Gedächtnis**).

Für das einzelne Individuum ist Zeit immer von Dauer: ein konkreter und psychologisch veränderlicher Zeitabschnitt, in dem sich das **Leben** (→) abspielt. Die Zeit als Dauer ähnelt eher einem Knäuel als einer Perlenkette.

Bergsons Theorien, die parallel zur **Phänomenologie** (→) und dem **Existenzialismus** (→) entstanden, wirkten sich nachhaltig auf das künstlerische Denken in Europa aus. Der Begriff „Bergsonismus" stand für den Einbruch der Dimension der Zeit in den Bildraum, ein Aspekt, auf den sich alle **Avantgarden** (→) am Anfang des Jh.s berufen haben, vor allem der Futurismus und Kubismus.

Die Wissenschaft entstellt die Zeit, indem sie sie verräumlicht. Die Malerei geht den umgekehrten Weg: Sie zerlegt den perspektivischen Bildraum, um die **lebendige Zeit** optisch erfahrbar zu machen.

◄ Die Visualisierung der Zeit war das zentrale Thema der futuristischen Maler. Giacomo Balla versucht in seinem Bild Hund an der Leine *(1912)* verschiedene Phasen einer Bewegung synchron im Bild festzuhalten und durchbricht damit die Logik des zweidimensionalen Bildes. Diese Darstellungsform wurde später vor allem in Comics gebräuchlich.

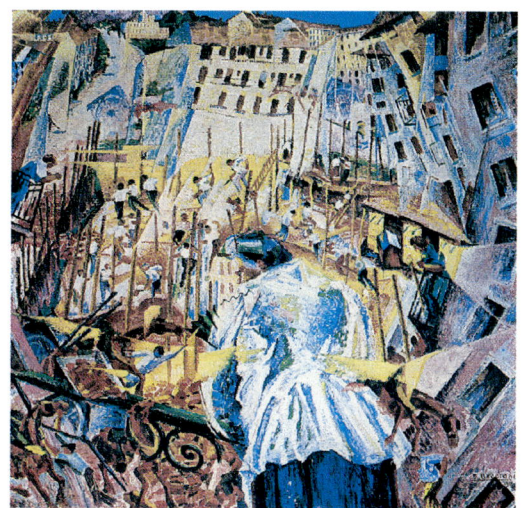

▲ Bergson bemerkte einmal, die wissenschaftliche Erkenntnis verhalte sich zur intuitiven wie die fotografische Dokumentation einer Stadt zum unmittelbaren Erleben einer Stadt. Der Futurist Umberto Boccioni griff diesen Gedanken in Simultane Visionen *(1911)* auf, indem er unterschiedliche Blickwinkel in einem Bild zusammenführt.

▲ Bergsons Überlegungen zur Zeit als Dauer werden oft zur Erklärung des Kubismus, der von Pablo Picasso und Georges Braque am Anfang des 20. Jh.s entwickelt wurde, herangezogen. In der Tat erscheint der Gegenstand in einem kubistischen Bild als würde er gleichzeitig aus verschiedenen Perspektiven gesehen, d. h. zu unterschiedlichen Zeiten, so als bewege sich der Betrachter um das Objekt herum.

Materie / Gedächtnis

Bergson
Siehe auch: *Schöpferische Entwicklung, Interaktionismus*

In *Materie und Gedächtnis* (1896) legte Henri Bergson seine Gedanken zur Überwindung der dualistischen Trennung von Materie und Geist bzw. Körper und Seele (→ **Leib-Seele-Problem**) dar. Dort spricht er dem Gedächtnis die Schlüsselfunktion zu, zwischen der geistigen Tätigkeit und ihrem physiologischen Träger (dem Gehirn) zu vermitteln. Bergson unterscheidet zwei Weisen der Gedächtnisleistung:

• Das **Erinnerungsbild** ist im allgemeinen Verständnis das Gedächtnis, das auf eine physiologische Aktivität des Gehirns zurückzuführen ist. In der Erinnerung kommen Gedächtnisinhalte als **aktualisierte Wahrnehmung** wieder zu Bewusstsein (ein Begriff, der schon im → **Empirismus** verwendet wurde). Das Gedächtnis speichert, bewusst oder unbewusst, sinnliche Reize, auf deren Basis das Individuum handelt. Es ist also für seine Überlebensfähigkeit von großer Bedeutung. Zieht sich z. B. ein Kind zum ersten Mal eine Verbrennung zu, dann wird über das Gehirn eine präzise und unzerstörbare Assoziation zwischen Feuer und Schmerz hergestellt. Alle Fähigkeiten des Körpers hängen von diesem physiologischen Gedächtnis ab: Sinnliche Wahrnehmungen, die sich permanent wiederholen, werden in der Hirnrinde als stabile und unwiderrufliche Inhalte gespeichert, die sich in Handlungsimpulsen manifestieren. Beim Erlernen des Fahrradfahrens folgen auf bestimmte Wahrnehmungen und Erfahrungen konkrete Reaktionen (z. B. die Änderung des Gleichgewichts), die sich mehrfach wiederholen, verfestigen und schließlich automatisch angewendet werden.

• Die **reine Erinnerung** entspricht der absoluten Selbstständigkeit des Geistes und ist in keiner Gehirnaktivität materialisiert. Nach Bergson ist das menschliche Bewusstsein nicht allein durch gehirnphysiologische Prozesse determiniert. Die reine Erinnerung ist das **geistige Gedächtnis**, das unsere Vergangenheit, alles, was wir seit der Kindheit gefühlt, gedacht und gewollt haben, als Ganzes aufbewahrt. Diese virtuellen Gedächtnisinhalte sind auf Dauer angelegt, drängen aber qua Handlung bzw. Willensakt wieder in das Bewusstsein und wirken so auf das Leibliche zurück.

Bergsons originäre Leistung besteht darin, die Frage nach der **Autonomie des Bewusstseins**, die der Positivismus geleugnet hatte, auf der Basis experimenteller Untersuchungen und wissenschaftlicher Studien neu beantwortet zu haben. Nach seiner Meinung beweisen die Folgen von Gehirnverletzungen, Amnesien und Aphasien (psychosensorische Störungen, die einen richtigen Gebrauch der Sprache verhindern), dass geistige Fähigkeiten nicht auf die Physiologie des Gehirns reduzierbar sind. Bergson machte darauf aufmerksam, dass eine durch ein Trauma hervorgerufene totale Amnesie nicht das Bewusstsein auslöscht und die Lebensfähigkeit beeinträchtigt. Die geistige Existenz des Menschen (das Bewusstsein der Gegenwart) impliziert die reine Erinnerung an Vergangenes, an das Ich als Ganzes, das nicht auf neuronale Prozesse zurückgeführt werden kann. Bewusstsein und Körper sind zwei getrennte und qualitativ verschiedene Seinsformen, die in der **reinen Erinnerung** eng miteinander verbunden sind.

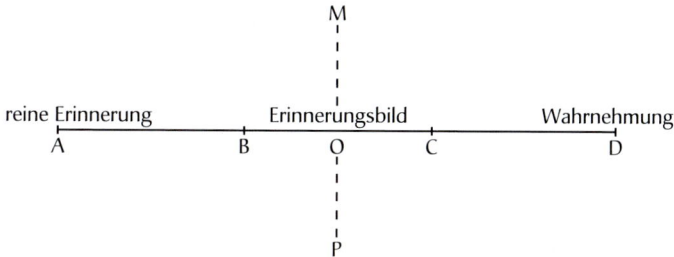

▼ *Das Segment O ist ein beliebiges Objekt, das in den Wahrnehmungskreis der Sinne eingedrungen ist. Der Kreis A steht für die Aufmerksamkeit (Gedächtnis des Gehirns), die zur Wahrnehmung des Objekts notwendig ist. Aber dasselbe Objekt kann von verschiedenen Ebenen aus mit wachsendem intellektuellen Aufwand betrachtet werden (die hinteren Kreise B, C, D), ein Vorgang, der eine ausgeprägte Gedächtnisleistung voraussetzt und sich immer mehr von der physiologischen Gehirntätigkeit entfernt. Daraus resultiert eine sich ständig vertiefende und geistig hochdifferenzierte Interpretation des Objekts (B', C', D').*

▲ *Nach Bergson* (Materie und Gedächtnis) *ist es nicht möglich, eine Grenze zwischen dem körperlichen Gedächtnis (Erinnerungsbild) und dem geistigen Gedächtnis (reine Erinnerung) zu ziehen; zwischen beiden besteht eine Wechselbeziehung. Der Gedanke (MP) bewegt sich gleichmäßig auf der Geraden AD, ohne Brüche zwischen dem Zustand D (Wahrnehmung) und dem Zustand A (reine Erinnerung).*

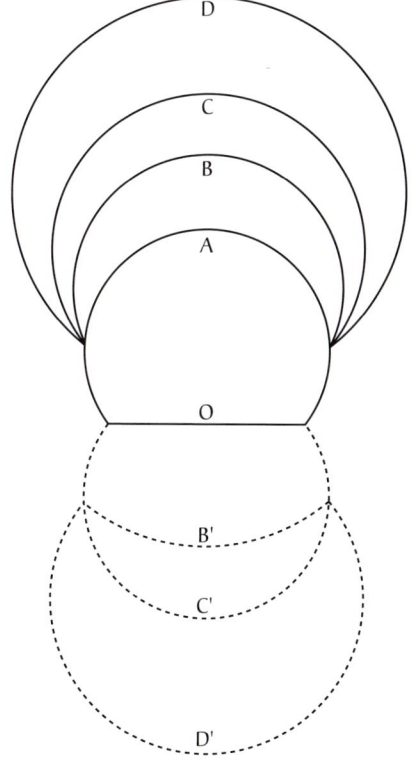

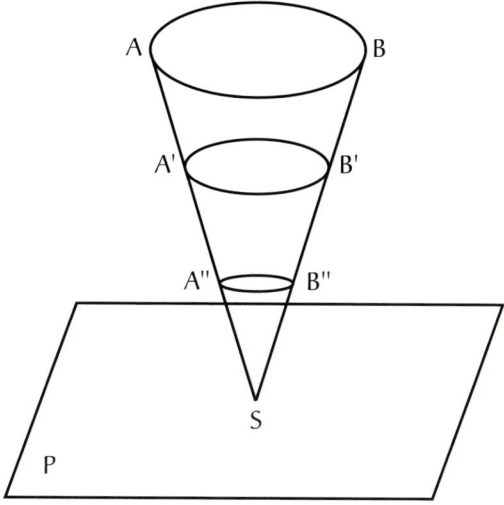

▲ *Die Ebene P repräsentiert* meine aktuelle Vorstellung *des Universums, auf der sich unaufhörlich der Punkt S, meine Gegenwart, bewegt. Die Bewegung von S wird vom Kegel SAB beeinflusst, der die tieferen Ebenen des Gedächtnisses beschreibt. Wer sich am Punkt S befindet, lebt an der Schnittstelle zwischen zwei Welten, zwischen Körperlichkeit (Ebene) und Geist (Kegel).*

Schöpferische Entwicklung

Henri Bergson musste feststellen, dass seine in *Materie und Gedächtnis* (1896) aufgestellte These das **Leib-Seele-Problem** (→) nicht erschöpfend erklären kann. Sein Unbehagen veranlasste ihn zu der Abhandlung *Die schöpferische Entwicklung* (1907), in der er versuchte, den **Dualismus zwischen Psyche und Körper** (Geist und Materie) durch die Bestimmung eines einheitlichen und unteilbaren Prinzips des Lebendigen zu überwinden. Danach sind Materie und Geist verschiedene Manifestationen der gleichen schöpferischen Aktivität, der alle Entwicklungen des Lebendigen unterworfen sind.

Einerseits behauptet Bergson, dass die Materie keineswegs durch Passivität oder einfache räumliche Ausdehnung definiert ist (Descartes' *res extensa*). Die Biologie hat z. B. eine außerordentlich aktive Fortpflanzung bestimmter Lebensformen (Zellen, Bakterien) nachgewiesen, wo das menschliche Auge nur starre Materie erkennen kann. Auch Charles Darwin stellt einen entwicklungsgeschichtlichen Zusammenhang zwischen Tier und Mensch her: Das **Leben** (→) ist immer und auf jeder Ebene Schöpfung, Erneuerung, Wandel. Pflanzen, Tiere und der Mensch sind unterschiedliche Manifestationen des *élan vital* (Lebensschwung), jener kreativen reinen Kraft, die das innerste Wesen der Natur darstellt.

Andererseits lehnt es Bergson ab, diesen schöpferischen Impuls finalistisch zu interpretieren. Der *élan vital* überwindet die tote Materie nicht im Sinne einer stufenweisen Höherentwicklung, sondern passt sich ohne Prinzip jeder Entwicklungsmöglichkeit an, entfaltet sich sozusagen in alle Richtungen. Das Leben rechtfertigt sich selbst; sein Werk ist zwar reine Schöpfung, aber nicht durch einen Zweck bedingt. Die Entwicklung der Natur erfolgt demnach nicht nach einem Plan, entlang einer vorgegebenen Linie, sie ist ihrem Wesen nach blind. Bergson vergleicht sie mit einer Lawine, die im Fallen an Volumen gewinnt, schneller wird und jedes Hindernis auf ihrem Weg mit sich reißt.

Was in der Natur als passive Materie erscheint, ist nur Indiz des unvermeidlichen Verfalls, der dem *élan vital* folgt. Bergson gebraucht dafür die Metapher des Feuerwerks: Jede Rakete, die mit unglaublicher Kraft in den Himmel schießt, ahmt den Lebensimpuls nach und fällt erloschen und verbraucht zu Boden, sobald ihre Energiereserve ausgeschöpft ist. Die Materie ist also ein **Rückfall des Geistes**, das andere Gesicht seiner Natur.

Der Begriff des „Lebensschwungs" schließt eine deterministische Betrachtung und Analyse der Natur (→ **Determinismus**), die für den **Positivismus** (→) charakteristisch ist, aus. Wenn die Natur unveränderlichen Gesetzen gefolgt wäre, schreibt Bergson, so hätte die biologische Evolution nicht stattfinden können, denn sie sei nicht nach einem vorbestimmten Programm abgelaufen, sondern auf der Basis von Erfinden und Verwerfen erfolgt. Seiner Meinung nach hätte das Leben auf dem Planeten Erde auch Erscheinungsformen annehmen können, die sich von den bekannten erheblich unterscheiden.

▲ *Giacomo Balla*, Rasendes Automobil *(1912). Bergsons* élan vital *hat zweifellos die vitalistischen Konzepte der* **Avantgarden** *(→) zu Beginn des 20. Jh.s beeinflusst, vor allem zur futuristischen Begeisterung für Phänomene der Bewegung und ihrer Dynamisierung beigetragen: für das Automobil, das Flugzeug oder das Rattern des Maschinengewehrs.*

▲ *In Umberto Boccionis Einzigartigen Formen der Kontinuität im Raum von 1913 durchdringen aerodynamische Energien den menschlichen Körper und lösen seine anatomischen Konturen auf.*

▼ ▼ *Von Henri Matisse stammen die beiden Werke* Luxus, Ruhe, Wollust *von 1904 (links) und* Sitzende Frau, *um 1906 (rechts). Der Begriff der schöpferischen Aktivität inspirierte besonders die Fauves („wilde Tiere"), eine Gruppe französischen Maler, die wegen ihrer Verachtung künstlerischer Traditionen und herkömmlicher Techniken so genannt wurden. Sie verzichteten auf eine sorgfältige Modellierung ihrer Figuren, setzten sie mit ungestümer Geste direkt auf die Leinwand. Die Pinselstriche fügen sich nicht mehr zu einem homogenen Ganzen, sondern führen als autonome Farbformen ein Eigenleben und vermitteln den Eindruck eines alles durchdringenden imaginären Rhythmus.*

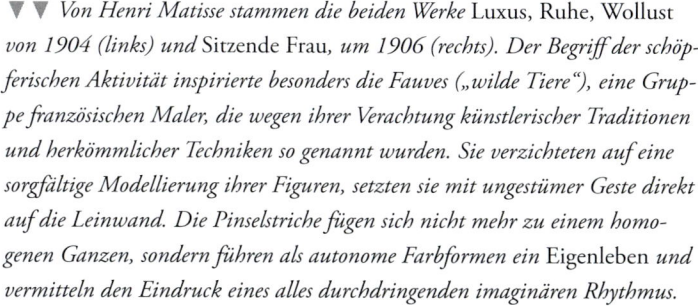

Phänomenologie

Husserl

Siehe auch: *Antipositivistische Strömungen*

Die Phänomenologie als eigenständiger Zweig der Philosophie wurde um 1900 von Edmund Husserl begründet, der sie in *Ideen zu einer reinen Phänomenologie* (1913) als Methode, „zu den Dingen selbst" zurückzukehren, definierte.

Ein kleines phänomenologisches Experiment soll den methodischen Ansatz näher beleuchten: Man lege sich auf ein Sofa, schließe ein Auge und zeichne nun, was man damit sieht. Auch der Philosoph Ernst Mach (1838–1916) ist diesem Vorschlag gefolgt und hat eine Zeichnung angefertigt, die auf der gegenüberliegenden Seite zu sehen ist. Vergleicht man das eigene Ergebnis mit dem Machs lassen sich wahrscheinlich große Unterschiede feststellen: Sind der Augenbrauenbogen erfasst, die Nasenspitze und der Schnurrbart (falls vorhanden)? Obwohl alle diese Elemente im Blickfeld lagen, sind sie vermutlich nicht gezeichnet worden, sondern das, wovon man glaubt, es gesehen zu haben.

Dieses Experiment lehrt: Eine Erfahrung zu machen, auch die banalste, stellt ein Problem dar. Wahrnehmen ist nämlich kein mechanischer, kein naiver Vorgang, der einem Rekurs auf Evidenzen gleichkommt, denn – und das ist für die Phänomenologie der interessanteste Aspekt – die Korrelation zwischen dem wahrgenommenen Objekt und dem wahrnehmenden Subjekt wird durch **Intentionen**, **Vorurteile**, **Wissen** und **Glaubensgrundsätze** beeinflusst. Die Geschichte der Wissenschaft bietet zahllose Beispiele für offenkundige Sachverhalte, die lange Zeit übersehen wurden, weil sich nicht dem entsprachen, was geglaubt, gewusst und gewollt worden war.

Es genügt also nicht, einfach sehen zu wollen, um wirklich zu sehen. Es ist unmöglich, eine *wahre* Erfahrung zu machen, ohne sich vom eigenen Vorwissen und den vorgefassten Anschauungen zu lösen. An diesem Punkt setzt die Phänomenologie als Methode an, die als **Studium der Erscheinungen** unter-

sucht, auf welche Weise die Dinge vom menschlichen Bewusstsein erkannt werden und dafür plädiert, sich an den „Sachen selbst" zu orientieren, ein „reines Bewusstsein" zu erlangen. In *Ideen zu einer reinen Phänomenologie* (1913) beschreibt Husserl zwei Wege zu diesem Ziel: die *Epoché* (→) und die **eidetische Reduktion** (→).

Die phänomenologische Methoden hat sich nachhaltig auf verschiedene Wissensgebiete ausgewirkt und eine Reihe von Forschern inspiriert: Max Scheler hat sie auf die Ethik und Kulturphilosophie, Rudolf Otto auf die Erfahrung des Göttlichen, Ludwig Binswanger auf die Psychoanalyse, Maurice Merleau-Ponty auf die Wahrnehmungspsychologie, Karl Jaspers auf die Psychopathologie und Martin Heidegger auf die Analyse der menschlichen Existenz angewandt. Zahlreiche andere Forschungsgebiete, u. a. die Gestaltpsychologie (→ **Gestalt**), müssten hier noch genannt werden, denn die Phänomenologie lieferte einen der fruchtbarsten Denkimpulse des frühen 20. Jh.s.

◄ *Mach hat diese Zeichnung in* Die Analyse der Empfindungen und das Verhältnis des Physischen zum Psychischen *(1900) aufgenommen und kommentiert:* „*In einem durch den Augenbrauenbogen, die Nase und den Schnurrbart gebildeten Rahmen erscheint ein Teil meines Körpers, so weit er sichtbar ist, und dessen Umgebung.*"

▼ *Phänomenologische Ansätze haben in der Gestaltpsychologie neue Erkenntnisse über optische Täuschungen erbracht; lange Zeit hat man sie für Wahrnehmungsfehler aufgrund oberflächlicher Beobachtungen gehalten. In den hier gezeigten Beispielen sind z. B. die beiden Pfeile (links) gleich lang; ebenso die horizontalen Linien (rechts), die wir, da sie innerhalb von Diagonalen verlaufen, instinktiv perspektivisch lesen; die beiden Geraden (unten) verlaufen parallel, auch wenn unser Auge vom Gegenteil ausgeht.*

▼ *Auch bei längerer Betrachtung erscheint die Figur nicht als das, was sie ist: ein regelmäßiges Sechseck. Die Anwendung der phänomenologischen Methode auf die Wahrnehmungspsychologie hat zur Entstehung einer Gestalttheorie geführt.*

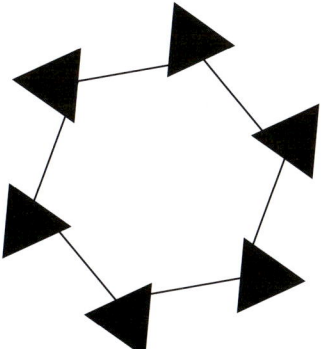

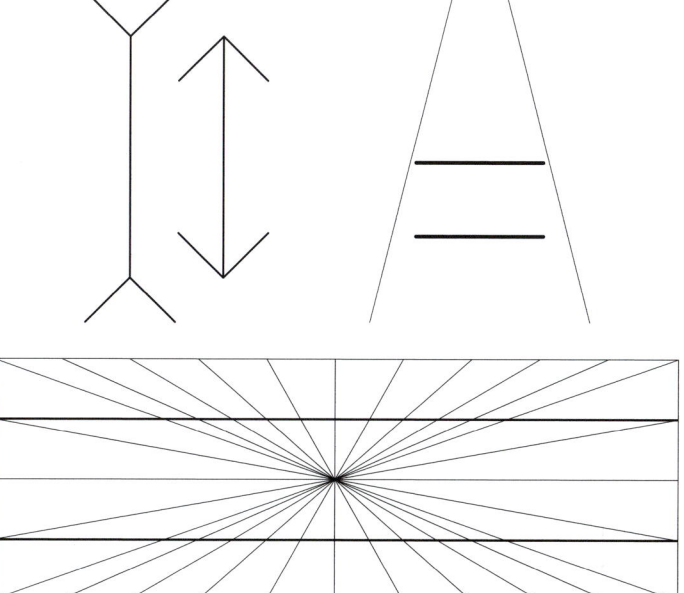

Epoché

Husserl, Phänomenologie
Siehe auch: *Antipositivistische Strömungen*

Zusammen mit der **eidetischen Reduktion** (→) stellt die *Epoché* das prinzipielle Vorgehen der **Phänomenologie** (→) dar. Mit *Epoché* bezeichneten die Skeptiker unter den antiken Philosophen die Enthaltung jeglichen Urteils, da alles Wissen zweifelhaft sei: weder akzeptieren noch ablehnen, weder zustimmen noch leugnen. Edmund Husserl hat den Terminus wieder aufgegriffen; für ihn bedeutet *Epoché* üben, bei der Betrachtung eines Gegenstandes alles einzuklammern, was man über ihn weiß und zu wissen glaubt. Dabei werden in einem reduktiven Prozess Vorwissen und Vorurteile über die äußere Welt sukzessive aufgegeben, philosophische und religiöse Überzeugungen eingeschlossen, ebenso die von den Wissenschaften postulierten universalen Erkenntnisse, alles also, was zu einem Vorverständnis der Welt beiträgt.

Epoché üben bedeutet nicht, eine Entscheidung zu treffen oder treffen zu müssen, denn unsere Wahrnehmungsgewohnheiten lassen sich nicht durch einen einfachen Willensakt ändern. Vielmehr verbirgt sich hinter dieser Technik eine lange und mühevolle, ja sogar geistig schmerzvolle Arbeit, die das Subjekt an sich selbst vollziehen muss: Es muss sein Denken von allem befreien, was täuschend, zufällig und subjektiv erscheint, um sich in den Zustand eines interesselosen Betrachtens zu versetzen. Es muss sich der Tatsache bewusst werden, Erscheinung nicht in ihrer Evidenz erfassen zu können, da jedes erkennende Subjekt immer von einem Vor-Wissen ausgeht und eine mehr oder weniger reflektierte Haltung gegenüber der Welt einnimmt. Daher fordert die *Epoché* von dem Protagonisten, seine Ausgangssituation unwirksam zu machen, sich von einem Teil seiner selbst zu befreien und seine natürliche Einstellung zu bekämpfen, d. h. seinen **gesunden Menschenverstand** (→) zu vergessen, der fraglos für die Bewältigung des alltäglichen Lebens von Nutzen ist, aber auf ungesicherten Annahmen beruht.

Für die Phänomenologie existiert kein Gegenstand, der als objektiv erkannt und beschrieben gelten kann. In der Geschichte der Wissenschaft gibt es zahlreiche Beispiele für große Entdeckungen, die auf neuen und oft einfachen Erfahrungen von Forschern beruhen, die bis dahin nie einer tieferen Betrachtung für werthalten wurden.

Eine sorgfältige *Epoché* zu einem beliebigen Gegenstand (z. B. einer Kaffeetasse) macht den klaren Unterschied zwischen der Wahrnehmung einer Sache und dem geistigen Bild, das unser Bewusstsein von ihr gespeichert hat, erfahrbar. Bittet man eine Person, sich eine Kaffeetasse vorzustellen, so wird wahrscheinlich in ihrer Vorstellung eine diffuse Gestalt mit allen Eigenschaften des Objekts aufscheinen, so als sei es aus unterschiedlichen Perspektiven gesehen. Tatsächlich handelt es sich dabei um eine geistige Konstruktion, die die sinnliche Wahrnehmung entschieden übersteigt, die ja immer aus einem bestimmten Blickwinkel erfolgt.

◄ *Die Zeichnung stellt Husserl dar, während er* Epoché *an einer Kaffeetasse* übt. *Sie verweist auf humoristische Weise auf einen besonderen Aspekt der Phänomenologie: Die* Rückkehr zu den Dingen *impliziert die Anzweiflung der banalsten Tatsachen unseres Bewusstseins, dessen, was man unmittelbar erlebt.*

► Epoché üben *bedeutet, die Fähigkeit zu unverfälschter Beobachtung zu erwerben. Nicht jedem gelingt es, die beiden Ungetüme als gleich große Gestalten wahrzunehmen und viele Betrachter werden die Mimik des Verfolgers als aggressiver empfinden als die des Verfolgten, aber beide Figuren sind identisch. Die einfachsten Sinnesdaten sind demnach von unserer Vorstellungskraft, von Vor-Urteilen und kulturellen Codes beeinflusst.*

Eidetische Reduktion

Husserl, Phänomenologie
Siehe auch: *Antipositivistische Strömungen*

Neben der *Epoché* (→) ist die eidetische Reduktion das zweite von Edmund Husserl entworfene Verfahren zur Gewinnung von Wesenserkenntnis. Sie stellt einen kontrollierten Vorgang aus mehreren Schritten, den **Variationen**, dar: Zur einer beliebig erfahrenen Gegenständlichkeit werden in der Fantasie Varianten gebildet, sodass eine endlose Mannigfaltigkeit dieses „Exempels" entsteht. Diese zeichnet sich sowohl durch Differenzen als auch durch Gemeinsamkeiten aus. In einem weiteren Schritt wird von allen Unterschieden abstrahiert und das Augenmerk auf die Invarianten gelegt. Am Ende dieser Operation können die Invarianten in ihrem absolut identischen Gehalt erfasst werden. Dieses **phänomenologische Residuum** entspricht der idealen Bedeutung, mit der eine Sache oder ein Ereignis im menschlichen Bewusstsein erscheint. In ihrem **eidetischen Wesen** ist jede Bindung an die faktische Wirklichkeit aufgehoben und sind alle subjektiven Elemente ausgelöscht, mit anderen Worten: Die Wahrnehmung ist für die Wesenserkenntnis irrelevant.

Das Resultat dieser Reduktion ist im Vergleich zur vielgestaltigen Realität essenziell und kann so die Grundlage für eine universale Erfahrung bilden. Dies entspricht dem Kerngedanken der Phänomenologie als Erkenntnismethode. Sie will eine **Wesenswissenschaft** sein, also Möglichkeiten eröffnen, eine auf Invarianten beruhende absolute Erkenntnis zu erlangen. Dabei ist es ihr gelungen, eine Reihe von eidetischen Evidenzen von allgemeiner Gültigkeit aufzustellen.

• Das Bewusstsein ist nur intentional auf ein Objekt gerichtet, d. h. alle Bewusstseinszustände beziehen sich auf einen Inhalt, egal ob dieser existiert oder nicht, daher widersteht es jedem Versuch einer phänomenologischen Reduktion. Man kann alles einklammern (sogar, wie Descartes es schon tat, die „Existenz der Welt"), aber nicht die Evidenz, die im Bewusstseinsakt selbst, in der Absicht, die Welt zu erkennen, liegt.

• Die Realität des Bewusstseins kann mit absoluter Sicherheit behauptet werden, sie übersteigt die Wahrheiten der Wissenschaft, die nicht immer zu verlässlichen Schlüssen kommt.

• Während die Phänomenologie einerseits **Kritik an den empirischen Wissenschaften** bzw. an ihrem Vertrauen in unbezweifelbare Tatsachen übte, das den **Positivismus** (→) auszeichnet, untersuchte und analysierte sie selbst Elemente geistiger Prozesse, die als nicht erforschbar galten. Phänomene wie Gesundheit, Scham, Religiosität, Liebe oder Gerechtigkeit waren mit den experimentellen Methoden und Begriffen der traditionellen Wissenschaften nur schwer zu bestimmen. Über die eidetische Reduktion konnten man ihnen quasi *habhaft* werden, sie real werden lassen.

Pablo Picassos Stier *von 1946 und Georges Braques* Weiße Vögel *von 1958 können als künstlerische Anwendung der eidetischen Reduktion interpretiert werden. Die beiden Zeichnungen geben keine unmittelbaren Sinneseindrücke wieder; die Wirklichkeit erscheint in ihnen von Zufälligkeiten bereinigt, reduziert auf einen absolut essenziellen Zustand. Kein Bildelement kann entfernt werden, ohne das Werk als Einheit zu zerstören.*

◄ *Die Kunstwissenschaft sieht eine Verbindung zwischen der* **Phänomenologie** *und der Poetik Giorgio Morandis. Der Künstler beschäftigte sich ein Leben lang mit nur einem einzigen Motiv, dennoch unterscheidet sich jedes seiner Bilder von den übrigen: Sie stellen nie das bloß optisch Erscheinende dar, sondern wollen das intime Wesen der Objekte erfassen. Mit anderen Worten: Morandi ist an dem Sinngehalt interessiert, den seine Objekte im Bewusstsein des Betrachters evozieren.*

Symbol

Cassirer

Siehe auch: *Symbolische Formen, antipositivistische Strömungen, Perspektive*

Im antiken Griechenland war der Brauch verbreitet, ein Geldstück, einen Ring oder einen beliebigen anderen Gegenstand in zwei Teile zu schneiden und eine Hälfte einem Freund zu geben. Beide Teilstücke, die über Generationen aufbewahrt wurden, ermöglichten es den Nachkommen, den alten Freundschaftspakt zu erkennen. Dieses Erkennungszeichen wurde Symbol genannt.

Das Symbol ist also vor allem ein **Zeichen** (→ **Semiotisches Dreieck**), das auf etwas Anderes verweist. Im Unterschied zum **Signal**, das immer eine einzige Bedeutung hat, ist das Symbol mehrdeutig, da es sich auf eine Klasse von Objekten bezieht, die in einem offenen Beziehungsgefüge zueinander stehen und mehrere Sachverhalte bezeichnen können: Die Waage kann z. B. die Rechtsprechung symbolisieren, in einem anderen Kontext aber auf das Jüngste Gericht anspielen, sie kann auf eine Sternenkonstellation verweisen oder für abstrakte Begriffe (Unparteilichkeit, Objektivität) stehen, die eine geistige Verwandtschaft, eine **Analogie**, mit dem Akt des Wiegens assoziieren. Die **Ambiguität** des symbolischen Zeichens verhindert seine erschöpfende Deutung. Daher kann ein Symbol sehr verschiedene, mitunter sogar gegensätzliche Begriffe oder Sachverhalte bezeichnen. So ist die Farbe Weiß in unserer Kultur gleichbedeutend mit Reinheit, während sie in China Trauer symbolisiert (Schwarz wird bei freudigen Anlässen gewählt).

Signale werden auch von Tieren wahrgenommen, aber nur der Mensch ist zum **symbolischen Denken** (er kann in einem beliebigen Objekt das Zeichen für etwas anderes erkennen) und zur **symbolischen Kommunikation** fähig, d. h. er benutzt Symbole, um Sachverhalte auszudrücken, die auf andere Weise weder gedacht noch mitgeteilt werden könnten. Schon immer haben sich Philosophen für die geistige Komplexität des Symbols interessiert, das in vieler Hinsicht mit der **Metapher**, einer wichtigen **rhetorischen**

Figur (→), verglichen werden kann. Neuplatonismus und Christentum sahen in der semantischen Unerschöpflichkeit der Symbole eine Manifestation des Göttlichen, das Aufscheinen eines **Archetypus** (→) .

Zu den bedeutendsten Forschungen über die symbolischen Funktionen zählen die Schriften von Ernst Cassirer (1874–1945). Nach Ansicht des neukantianischen Philosophen ist das Symbol „keine zufällige Hülle des Gedankens" (*Philosophie der symbolischen Formen*, 1923–1929), sondern repräsentiert für das menschliche Leben relevante Inhalte. Im Mythos, der Religion, der Kultur, der Sprache und der Wissenschaft erkannte Cassirer **symbolische Formen** (→), durch die der Mensch die Wirklichkeit und ihre Erscheinungen deutet. So weist im magischen Denken (ebenso im mythischen, primitiven, kindlichen, prälogischen) die stark ausgeprägte Bindung des Zeichens an das Bezeichnete weit über die für das Symbol typische **semantische Referenz** (→) hinaus. Nicht auf der Analogie, sondern auf der Identität von Bild und Abgebildetem basiert hier die Bedeutung des Symbols, das gleichsam Wirklichkeit konstituiert. Die Schlange ist nicht nur ein emblematisches Zeichen für das Böse, sondern es ist das Böse selbst; die Sonne symbolisiert nicht das göttliche Licht, sondern meint die unmittelbare Anwesenheit Gottes.

▼ Das Symbol ist durch seine **Ambiguität** charakterisiert. Die Sphinx, ein Mischwesen aus menschlichem Kopf und Tierkörper, war in vielen Kulturen präsent und besaß unterschiedliche Bedeutungen: Im alten Ägypten war sie die *Seele* (→), in Griechenland das Änigma. Sie bekam jedoch nicht willkürlich diesen Sinngehalt zugesprochen: Die Flügel assoziieren die Immaterialität der Seele und ihr Bimorphismus (die Vereinigung zweier verschiedener Körper) verdeutlicht das Änigma. Auf dieser Beziehung von Bedeutung und sinnlicher Erscheinung beruht die intuitive (nicht diskursive) symbolische Kommunikation.

▼ Die **Allegorie** ist ein komplexes Zusammenspiel von Symbolen und nicht mehr intuitiv zu entschlüsseln. Das monströse Mischwesen aus weiblichem Körper und Tiergliedern stellt eine protestantische Allegorie auf den Papst dar, die auf die Degeneration der katholischen Kirche anspielt. Der Kopf verweist auf die Ignoranz des Klerus, der rechte Arm (ein Elefantenbein) auf die unrechtmäßig beanspruchte Macht, die weibliche Brust auf die Sündhaftigkeit – eine ganze Reihe von Zeichen und Symbolen werden miteinander verknüpft, deren Sinngehalt sich jedoch nicht mehr intuitiv erschließt, man muss einen **Schlüssel zur Interpretation** besitzen.

▼ Das **Signal** besitzt im Unterschied zum Symbol nur eine Bedeutung, die durch Konvention oder einen verbindlichen Code festgelegt ist.

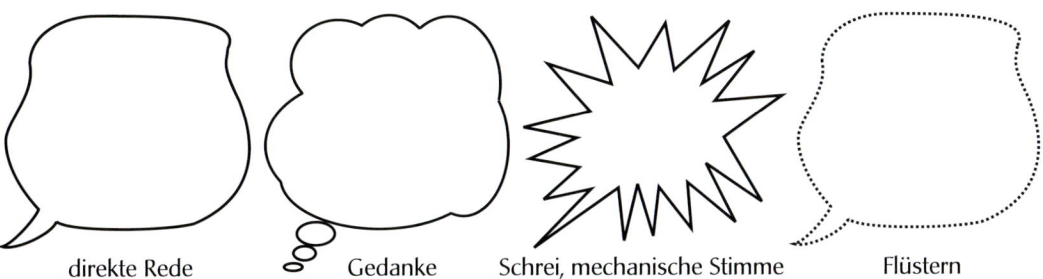

direkte Rede   Gedanke   Schrei, mechanische Stimme   Flüstern

Symbolische Formen

Cassirer, Neukantianismus
Siehe auch: *Symbol, Synthetische Formen a priori*

Einer der interessantesten Aspekte der **antipositivistischen Strömungen** (→) war die **Rückkehr zu Kant**. Die neukantianische Bewegung wandte sich, enttäuscht von den Ideen des **Irrationalismus** (→), wieder den positiven Wissenschaften zu und knüpfte an das traditionelle Verständnis vom Menschen als rationales Wesen an. Andererseits wies sie den Absolutheitsanspruch der Wissenschaften zurück und berief sich wieder auf den Kant'schen Appell, die Grenzen der Erfahrung nicht zu überschreiten, zwischen begründetem und unbegründetem Wissen zu unterscheiden und die Rolle des Subjekts im Erkenntnisakt herauszuarbeiten. Mit diesem Bekenntnis forderten die Neukantianer, die Philosophie wieder als kritische Reflexion zu begreifen und sich auf Erkenntnisse der Wissenschaft zu berufen ohne deren Grenzen zu ignorieren oder ihr dogmatisch zu folgen.

Die Besinnung auf die Kant'sche Philosophie im 20. Jh. war mit einer Neubestimmung der Terminologie verbunden: So wurde der Begriff der Vernunft einer Revision unterzogen. Ernst Cassirer schlug die „symbolische Form" als zentrale Kategorie des modernen Denkens vor: „Der Begriff *Vernunft* ist viel zu eng, um die Formen des menschlichen Kulturlebens in all ihrem Reichtum und ihrem Gehalt zu umgreifen. Aber all die Formen sind symbolische Formen. Anstatt den Menschen als *animal rationale* zu verstehen, sollten wir ihn daher als ein *animal symbolicum* definieren." (*Was ist der Mensch*, 1944) Für Cassirer handelte es sich dabei nicht um eine mögliche Funktion des Geistes, sondern um seine konstitutive Eigenschaft: In *Philosophie der symbolischen Formen* (1923–1929) verwies er darauf, dass nicht nur der Mythos, die Kunst, die Religion und die Sprache, sondern auch die Wissenschaft und alle Bereiche der Kultur symbolische Repräsentationen darstellen.

Dieser dem Kant'schen Geist verpflichtete analytische Ansatz rekurriert einerseits auf die Gültigkeit der wissenschaftlichen Erkenntnis (da die Menschheit ein nahezu universales System symbolischer Formen ausgebildet hat, die auf konkreten empirischen Voraussetzungen beruhen) und andererseits relativiert er sie, da der Zusammenhang von **Symbol und Bedeutung** immer auch ein spezifischer, von subjektiven Faktoren abhängiger ist. Selbst die scheinbar objektiven und gesicherten Fundamente einer Zivilisation (z. B. die optische Empfindung des Raums) sind letztlich geschichtlich determiniert.

So hat der Kunsthistoriker Erwin Panofsky (auch er stand der neukantianischen Bewegung nahe) in seinen Forschungen zur **Perspektive** (→) eindrucksvoll belegt, dass auch die Wahrnehmung eine symbolische Konstruktion darstellt, also auf Konvention beruht, nicht auf Natur und Instinkt.

Dass die Perspektive allgemein als *wahre* (objektive) Beschreibung des Raumes erscheint, begründete Panofsky mit der Tatsache, dass der Mensch ständig mit sich selbst im Gespräch sei, dass er sich mit sprachlichen Formen, künstlerischen Bildern, mythischen Symbolen und religiösen Riten auf eine Weise umgeben habe, die ihm den Blick auf die Wirklichkeit verstellt habe, sodass er diese nur noch durch *die Brille* seiner Artefakte wahrnehme.

▼ *Die Zeichnung von André Masson entstand für das Deckblatt von Acéphale, einer im Umfeld des **Surrealismus** (→) in den 1930er-Jahren entstandenen Zeitschrift. Das Individuum ohne Kopf (der in den Unterleib, dem Sitz der Instinkte, verschoben und in einen Totenkopf verwandelt wurde) wird zum Symbol des Verlustes und der **Überwindung der Rationalität**, die von irrationalistischen Strömungen des 20. Jh.s angestrebt wurde.*

▼ *Die Bilder auf dieser Seite sind Beispiele der Mehrdeutigkeit, der Ambivalenz und des Reichtums der Symbole. Der Akephalos, der Mensch ohne Kopf, ist eines der häufigsten Symbole der **Muttergottheiten** (→) in matriarchalen Kulturen. Diese Statuen symbolisieren die Fruchtbarkeit und nährende Funktion des weiblichen Körpers durch die Überbetonung der sexuell konnotierten Zonen.*

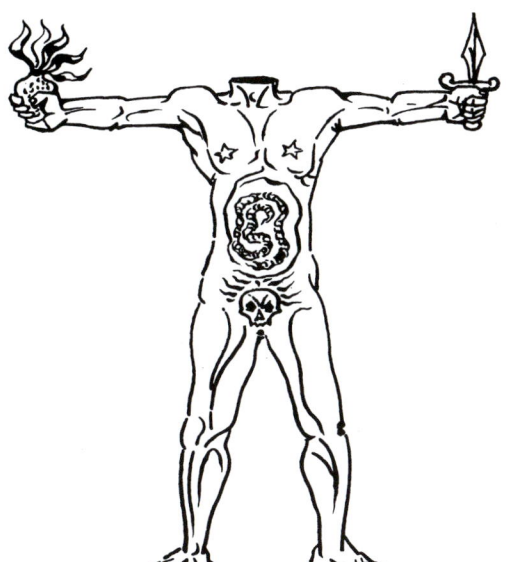

▼ ▼ ▼ *In der Vorstellungswelt vieler Kulturen taucht der Akephalos als Symbol der anthropologischen Andersartigkeit auf. Die Abbildung links stellt ein Exemplar der Blemmi dar, ein fiktives Volk aus monströsen Wesen mit dem Kopf auf der Brust, das Plinius in der libyschen Wüste vermutete; die Figuren rechts sind Zeugnisse der Kultur der Chinesen und der südamerikanischen Indios.*

Perspektive

Neukantianismus, Symbolische Formen
Siehe auch: *Symbol, Res cogitans / Res extensa*

Der Philosoph Erwin Panofsky hat erforscht (*Die Perspektive als symbolische Form*, 1924), wie sich das Raumempfinden der verschiedenen Epochen in den perspektivischen Darstellungen ihrer Bilder niedergeschlagen hat. Obwohl sich die Umwelt dem Individuum als a priori Gegebenes präsentiert, ist ihre Wahrnehmung historisch variabel und stellt keine universale und unveränderliche Erkenntnis dar; sie gehört zu den **symbolischen Formen** (→), mit denen der Mensch die Welt interpretiert und konstruiert. Die perspektivischen Darstellungsformen, die die Kunst- und Wissenschaftsgeschichte hervorgebracht haben, stellen immer und ausschließlich einen **stilistischen Wert** dar. Die Flächigkeit der ägyptischen Kunst, die imaginären Bildräume des Mittelalters, die mathematisch begründeten der Renaissance und schließlich die kubistischen des 20. Jh.s: Alle Versionen können ein Anrecht auf Perspektive reklamieren, jedoch ohne den Anspruch, die einzig gültige zu sein.

Auch die im 14. Jh. erfundene **Zentralperspektive** (die als Perspektive *par excellence* gilt) kann nicht für sich beanspruchen, die Realität natürlicher, einfacher und unmittelbarer wiederzugeben. Im Gegenteil: Sie stellt die Dinge nicht in sich dar, sondern durch proportionale Beziehungen und ist durch einen komplexen Begriffsapparat, dessen Axiome mit der natürlichen Sehweise nichts gemein haben, legitimiert. Filippo Brunelleschi konstruierte und Leon Batista Alberti kodifizierte den **mathematisch-geometrischen Raum** als System von Maßverhältnissen (Höhe, Breite, Tiefe), das die Gegensätze von vorne und hinten, von hier und dort, von Körper und Raum in eine abstrakte Struktur dreidimensionaler Koordinaten einbindet. Daher gilt die Perspektive der Renaissance, die eine Wissenschaft des Blicks darstellt, als erste Erscheinungsform empirischer Erkenntnis (noch vor der → **kopernikanischen Wende**),

und sie nahm die analytische Geometrie René Descartes' vorweg. Die Malerei der Renaissance begriff sich als eine Wissenschaft, da auf mathematischen Grundlagen aufbaut.

Der perspektivische Raum der Renaissance ist in gewisser Weise statisch und homogen, da er von einem einzigen Standpunkt aus einen **Fluchtpunkt** konstruiert, der alle parallelen Linien im Unendlichen bündelt. Dieser Punkt war der Kern der neuen Darstellungstechnik. Während in älteren Kunstwerken die perspektivische Wahrnehmung des Raums **symbolisch erzeugt** wurde, war der Perspektivraum der Renaissance **rational begründet**, als ein Ensemble mathematischer Verhältnisse begriffen.

Es ist interessant, dass die schrittweise Entwicklung der Zentralperspektive mit ihrem um einen frei gewählten Punkt organisierten Raum in eine Zeit fiel, in der sich der Bruch mit dem Weltbild des Aristoteles vollzog, mit der Vorstellung eines geschlossenen, geozentrischen Kosmos.

◀ *Hans Vredeman de Vries (1527–1605) zeichnete diese Perspektivtafel. Die in der Renaissance entwickelte Zentralperspektive ermöglichte es, den Begriff des **Unendlichen** sichtbar und also auch denkbar zu machen.*

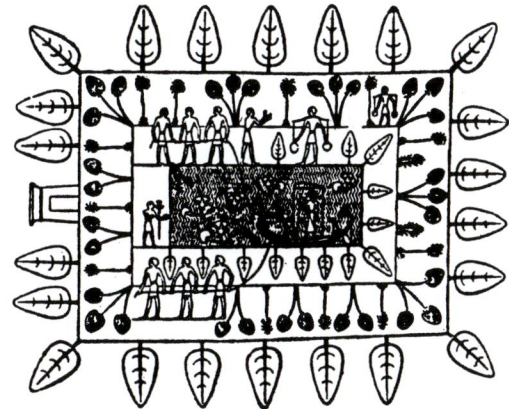

▶ *Diese Zeichnung aus Ägypten kombiniert verschiedene Ansichten auf einer Ebene: das Schwimmbecken ist aus der Vogelperspektive gesehen, die Bäume in Vorderansicht dargestellt. Es handelt sich hier um eine informative **konzeptuelle Perspektive**: Sie erfasst die Zahl der Bäume und Zäune, eine Tür und menschliche Figuren bei ihrer Tätigkeit.*

◀ *Die Linien des Dachs laufen in dieser Darstellung nicht zusammen. Das Podest, auf dem Christus steht, ist in **umgekehrter Perspektive** wiedergegeben, die unseren optischen Wahrnehmungsgewohnheiten widerspricht. Gemäß der **Ikonentheologie** (→) bemühte sich der Künstler, den Eindruck eines realen Bildraums zu vermeiden, denn das Ereignis, das er beschreibt, ist von zeitloser Bedeutung. Christus kann demnach nur in einem unwirklichen, nicht natürlichen, in einem **geistigen Raum** erscheinen. Ambitionen, ein reales Ereignis darstellen zu wollen, kämen im orthodoxen Umfeld der Ikone einer Gotteslästerung gleich.*

Dasein

Heidegger, Existenzialismus
Siehe auch: *Eidetische Reduktion, Pragmatismus*

Der deutsche Philosoph Martin Heidegger (1889–1976) hat die **Analyse der Existenz** zum Anlass genommen, Ursprung und Aufgabe der Philosophie neu zu definieren. In seinem Hauptwerk *Sein und Zeit* (1927) griff er mit neuer Terminologie das alte ontologische Thema vom Sein wieder auf und beantwortete die selbst gestellte Frage nach dem Wesen des Menschen einfach und klar: Das **Wesen des Menschen** ist seine Existenz (und nichts anderes).

Folglich, so Heidegger, kann sich die Philosophie nicht wie bisher mit einem abstrakten Subjekt Mensch beschäftigen, sondern muss aus dem Dasein der Individuen ihre verständlichen Schlüsse ziehen und ihr Augenmerk auf die fundamentale Tatsache, in die Welt geworfen zu sein, in eine Epoche, einen Ort, eine Sprache und eine Kultur legen. Mit dieser seiner Welt tritt der Mensch in eine aktive Beziehung; im Bewusstsein unendlicher Möglichkeiten und mit der einzigen Gewissheit, nämlich den **Tod** zu erleiden, erfährt er das eigene **Sein**.

Der Tod ist nicht nur der abschließende, sondern auch der konstitutive Augenblick des Lebens: Die ganze Existenz des Menschen ist nämlich ein **Vorlaufen zum Tode** (die radikale Erfahrung, dass alle Möglichkeiten unmöglich werden). Deshalb kann ein authentisches Leben die Dimensionen der Angst akzeptieren und wird nicht versuchen, die eigene Endlichkeit in der Sorge um die Welt (die Verstellung der Zukunft mit Geschäftigkeit und leerem Geplauder) zu vergessen.

Heideggers Fokussierung des ontologischen Problems auf das **Dasein des Subjekts** veranlasste ihn zur Neudefinition traditioneller philosophischer Begriffe. So kann der Raum z. B. nicht jener physikalische Raum sein, den die empirischen Wissenschaften im Auge haben und der durch ein exaktes Ordnungssystem der Dinge definiert ist. Der Mensch lebt in einem qualitativ definierten Raum, einer Umwelt, die

bestimmt wird von spezifischen Situationen und Faktoren, die sich in Bezug auf die Lebensbedingungen der Individuen verändern, öffnen oder schließen können. Für Heidegger ist der Mensch nicht gleichbedeutend mit einem Objekt im Raum, sondern er ist ein handelndes Subjekt, das Absichten und Pläne hat.

Heideggers Theorie griff in den 1930er-Jahren vor allem Sören Kierkegaards Fragen nach der Existenz des Subjekts auf (→ **Angst**, → **Der Einzelne**) und verstand sich als resümierende Synthese der **antipositivistischen Strömungen** (→) zu Beginn des 20. Jh.s, vor allem von Henri Bergsons Analysen der Zeit (→ **Zeit als Dauer**) und den Methoden der **Phänomenologie** (→).

Die Katastrophen des Zweiten Weltkriegs und des Faschismus haben Heideggers Ideen in einem neuen kritischen Licht erscheinen lassen; in den 1950er- und 1960er-Jahren münden diese Erfahrungen im **Existenzialismus** (→).

Die Reflexionen über das **Dasein des Menschen** haben
die Künste des 20. Jh.s stark beeinflusst und u. a. zur
Entstehung der informellen Malerei beigetragen, deren
Formen und Farben als materielle Träger spontaner
Mitteilung von subjektiven Empfindungen und geistigen
Impulsen dienen: Das malerische Zeichen wird zur
existenziellen Spur.

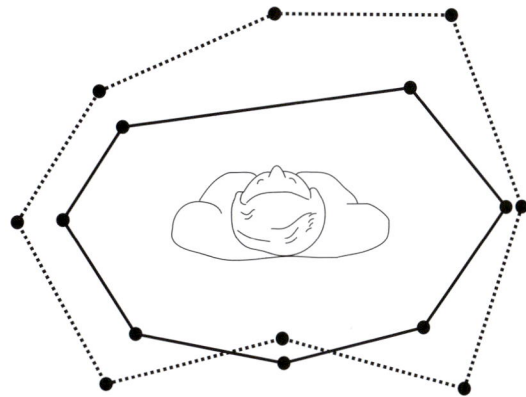

▼ Emilio Vedovas Komposition widerspiegelt mit ihrem
unmittelbaren, gestischen Zeichenduktus die existenzielle
Situation des Künstlers: In der Malerei manifestiert sich
ein psychisches Ereignis.

▲ Heideggers Seins-Analysen haben sich auch für die
Psychiatrie als fruchtbar erwiesen. Sein Begriff der
„Umwelt" hat z. B. Michael Argyle (Körpersprache
und Kommunikation, 1978) veranlasst, experimentell
den subjektiven Raum zu erforschen, der jedes Individuum imaginär umgibt, der seine Intimsphäre bestimmt
und sich bei Krankheiten verändern kann. Die Skizze
beschreibt das Raumgefühl eines Schizophrenen im
Vergleich zu dem eines gesunden Individuums.

▶ In der Zeichnung von Jean Dubuffet haben sich die
Linien zu einer Endlosspur verdichtet und scheinen ein
eigenes Leben zu entfalten. Charakteristisch für die Arbeitsweise des Künstlers ist sein Verzicht auf ein Konzept
und eine gedanklich kontrollierte Arbeitsweise; er bewarf
seine Leinwände mit Sand, Steinen und Klumpen
geronnener Farbe.

Pragmatismus

Peirce, James
Siehe auch: *Materie / Gedächtnis, Schöpferische Entwicklung*

Der Pragmatismus, eine „Philosophie der Handlung", ist die erste philosophische Schule, die auf dem amerikanischen Kontinent entstand. Sie wurde in der zweiten Hälfte des 19. Jh.s von Charles S. Peirce (1839–1914) begründet und von William James (1842–1910) weiterentwickelt. Ihr Hauptgedanke besagt, dass jeder **Glauben in Wirklichkeit eine Regel für die Handlung ist**.

Peirce begründete seinen philosophischen Ansatz mit der Überzeugung, dass die Bedeutung und der Wert eines Gedankens in der **Wirkung** liegt, die er in der realen und nicht in einer imaginären Welt hervorruft. James hob die „Philosophie der Praxis" auf die metaphysische Ebene und schlug eine neue Bestimmung von „Wahrheit" vor: Eine Idee ist wahr, wenn sie es ermöglicht, das Ziel zu erreichen, das sich ein Subjekt erdacht hat.

Der Pragmatismus lässt sich nur schwer in die traditionellen Koordinaten der Philosophie einordnen. Er fragt nach den Ergebnissen, nicht nach der Vorgehensweise. Daraus ergeben sich eine Reihe von Konsequenzen: Demnach kann eine wissenschaftliche Lehre nur wahr sein, wenn sie es erlaubt, ein Ziel zu erreichen. Eine medizinische Theorie darf folglich nur auf der Grundlage ihrer effektiven Fähigkeit, Heilungen herbeizuführen, als wahr oder falsch bezeichnet werden. Nach den Grundsätzen des Pragmatismus kommt wissenschaftlich nicht legitimierten (alogischen und irrationalen) Glaubensformen, die handlungsrelevante Wirkungen zeigen, mitunter mehr Bedeutung zu, als hochreflektierten und logisch begründeten Theoriegebäuden. Der *pragmatische* Philosoph bezieht nicht Position zugunsten eines besonderen Resultats oder einer bestimmten Lehre. Zweck seiner Überlegung sind ausschließlich Verfahren, die Möglichkeiten zur Veränderung der existierenden Wirklichkeit aufzeigen. Der Pragmatiker wendet sich der Konkretion, den Fakten, der Handlung zu; er verpönt Abstraktion und verbale Spekulationen, er misstraut a priori gegebenen Ursachen und Wesenheiten, den geschlossenen Systemen, den absoluten Werten. Er kennt keine Trennung von Theorie und Praxis, von Idee und Handlung.

Der amerikanische Pragmatismus übte eine starke Wirkung auf einige **antipositivistische Strömungen** (→) in der europäischen Philosophie aus, da er gut vereinbar war mit jenen Theorien zu Beginn des 20. Jh.s, die für eine Rückkehr zum Konkreten plädierten, wie die **Phänomenologie** (→) und der **Existenzialismus** (→).

In den bildenden Künsten lassen sich einige Verfahrensweisen auf den Einfluss des Pragmatismus zurückführen. Die Emphase einer Handlung, die in der gestischen Malerei (informelle Malerei, *Action painting*) präsent ist, steht dem konkreten Tun näher als sie von planerischem Denken zeugt. Die Protagonisten dieser Richtungen fassen das gemalte Zeichen als Setzung auf: ein Pinselstrich, eine Spur, ein Fleck, aber auch ein Schnitt oder ein Loch sind Resultate einer spontanen und unwiderruflichen Handlung. Rhythmus und Emotion (der *élan vital* Bergsons) bringen das Werk hervor, nicht die Intellekt gesteuerte Bearbeitung der Form.

▶ *Man rückt den Pragmatismus gewöhnlich in die Nähe der amerikanischen Aktionskunst* (Action painting)*, als deren Begründer Jackson Pollock (1912–1956) gilt. Er hat die Technik des* drippings *(engl. für „tröpfeln") entwickelt, bei der nicht das Zeichen als subjektive Spur im Zentrum steht, sondern ein entpersonalisierter rhythmischer Prozess (mechanisch hervorgebracht und anonym wie das urbane Leben). Die abgebildete Zeichnung entstand durch* dripping.

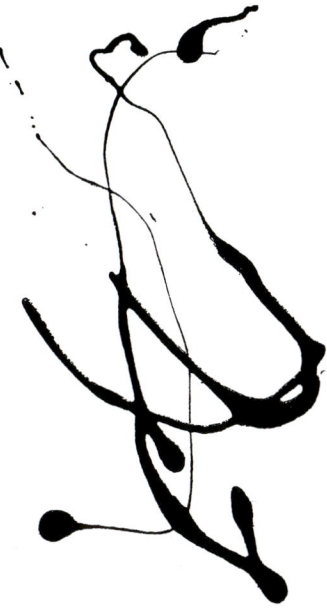

▼ *Pollock legte die Leinwände auf die Erde, bearbeite sie von allen Seiten und ließ dabei die Farbe von Spachteln, Stöcken oder umgedrehten Pinseln auf die Malfläche tropfen.*

◀ *Am Ende kristallisiert sich die Bewegung des Malers um die Leinwand zu einem Bild, das den Eindruck freigesetzter Energien vermittelt. Pollocks Malerei ist nicht das Ergebnis eines gedanklich gesteuerten Vorgangs, sondern Effekt einer Handlung, die kein konkretes Ziel verfolgt.*

Existenzialismus

Philosophie der Krise
Siehe auch: *Pragmatismus, Epoché*

Der um 1930 geprägte Begriff „Existenzialismus" umfasst jene philosophischen Strömungen und ästhetischen Reflexionen, die in der **individuellen Existenz** die fundamentale Eigenschaft des Menschen sehen. Er grenzte sich damit vom **Positivismus** (→) ab, der den Menschen zu einem Objekt der Wissenschaft oder einem Faktum in einem universellen Seinszusammenhang degradiert hatte (wie in → **Hegels System**).

Der Existenzialismus ist weniger eine Theorie im strengen Sinne als eine Geisteshaltung, die das kulturelle Klima zwischen den beiden Weltkriegen widerspiegelt und sich in der Nachkriegszeit als modischer **Zeitgeist** etablierte, die den existenzialistischen Roman, den existenzialistischen Song, die existenzialistische Sensibilität und sogar einen existentialistischen Habitus hervorbrachte (lange Haare, nachlässiges Aussehen, schwarze Kleidung, quasi eine Wiederaufnahme des antiken Kynismus im modernen Gewand, → **Autarkie**). Tatsächlich verbargen sich hinter den oft exzentrischen Attitüden das Gefühl des Sinnverlustes und der Ohnmacht als Folgen der fundamentalen Erschütterung der bürgerlichen Wertekultur durch Krieg und Faschismus. Als Form kritischer Reflexion dieser Verlusterfahrungen bezeichnete man den Existenzialismus daher auch als **Philosophie der Krise**.

Die existenzialistischen Intellektuellen sahen in Sören Kierkegaard einen Gleichgesinnten und versuchten, seinem Leitbild gerecht zu werden, jegliches metaphysisches Verlangen aufzugeben und sich auf die konkrete Existenz des **Einzelnen** (→ **Der Einzelne**) zu besinnen. Unter dem Einfluss des dänischen Philosophen rückten Themen wie **Angst** (→), Verzweiflung, die Unvermeidlichkeit des Todes, Endlichkeit und Grenzen des menschlichen Seins wieder in das Zentrum geistiger Ortsbestimmung.

Das existenzialistische Lebensgefühl fand seine philosophischen Wurzeln in Edmund Husserls **Phänomenologie** (→) und Martin Heideggers Überlegungen zum **Dasein** (→). Seine Abhandlung über *Sein und Zeit* (1927) wurde von den Existenzialisten zum theoretischen Schlüsseltext erkoren, ohne jedoch den Intentionen des Autors zu folgen, der sich dem Thema der Existenz in einem anderen Sinne, als Begründung einer neuen Ontologie des Seins (verstanden als metaphysischen, nicht existenziellen Begriff) gewidmet hatte.

Der antisystematische und antidoktrinäre Gestus des Existenzialismus fand schließlich seinen überzeugendsten Ausdruck in den Künsten und der Literatur. Philosophen und Literaten wie Jean Paul Sartre (*Ist der Existentialismus ein Humanismus?*, 1946) oder Albert Camus (*Die Pest*, 1947) prägten ihn, Fjodor Dostojewski und Franz Kafka zählten zu seinen geistigen Vätern. Mit seinem insistierenden Interesse an Themen wie Einsamkeit, Trostlosigkeit und Endlichkeit des Lebens stand der Existenzialismus dem italienischen **Hermetismus** (→) nahe, insbesondere der Dichtung von Eugenio Montale und Guiseppe Ungaretti.

Die Auswirkungen des Existenzialismus auf die Kultur des 20. Jh.s sind so umfassend und elementar, dass sich seine Spuren nicht mehr genau nachzeichnen lassen. Mit Sicherheit hat er zur Entstehung neuer Denkansätze beigetragen; die **Pathografie** (→) oder das Denken der **Differenz** (→) seien hier genannt.

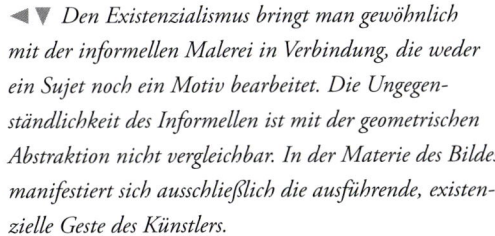 *Den Existenzialismus bringt man gewöhnlich mit der informellen Malerei in Verbindung, die weder ein Sujet noch ein Motiv bearbeitet. Die Ungegenständlichkeit des Informellen ist mit der geometrischen Abstraktion nicht vergleichbar. In der Materie des Bildes manifestiert sich ausschließlich die ausführende, existenzielle Geste des Künstlers.*

◄ *Die Zeichnungen zeigen den italienischen Künstler Lucio Fontana, einer der wichtigsten Vertreter der informellen Kunst, bei der Arbeit. Auf den oberen Bildern ist dargestellt, wie der Maler sein Werk durch einen Schnitt auf der Leinwand hervorbringt. Das Bild links illustriert die Bearbeitung eines Metallblechs mit Meißel und Hammer. Für die Informellen ist der Zweck des Werks nicht mehr die Darstellung der Wirklichkeit oder die Erfindung einer phantastischen Bildwelt, sondern die Manifestation eines konkreten künstlerischen Akts, die Vergegenständlichung eines existenziellen Moments.*

Pathografie

Jaspers, Phänomenologie
Siehe auch: *Existenzialismus*

Die Pathografie (wörtlich: „Beschreibung einer Krankheit") ist eine auf biografischen Zeugnissen beruhende Beschreibung eines kranken Menschen. Sie spielt bei der Rekonstruktion des Lebens berühmter Persönlichkeiten eine Rolle, deren Kreativität im Grenzbereich zur psychischen Erkrankung liegt und kann mithilfe der **phänomenologischen Methode (→ Phänomenologie)** durchgeführt werden.

Die Geschichte der Kultur kennt zahlreiche Beispiele genialer Menschen, die an seelischen oder geistigen Krankheiten litten, wie der norwegische Maler Edvard Munch oder der Dichter Friedrich Hölderlin, der seine letzten Jahre in einem Tübinger Turm verbrachte und schließlich dem Wahnsinn erlag. Den Maler Caspar David Friedrich zwangen depressive Krisen, mit dem Malen aufzuhören und selbst Michelangelo litt unter zyklisch wiederkehrenden Depressionen.

Pathografische Zeugnisse finden sich in allen Epochen, aber erst die Romantik hat psychische Störungen in einen übergreifenden Zusammenhang gestellt und ein Verbindung von **Genie (→)** und **Wahnsinn (→)** konstatiert. Zu Beginn des 20. Jh.s trat Karl Jaspers mit seinen pathografischen Darstellungen zu Hölderlin, Nietzsche, Van Gogh und Strindberg hervor.

1913 schrieb er, dass „Kranke eine historische Rolle gespielt haben, dass sie als Schamanen respektiert und bewundert, als Heilige verehrt wurden, dass man ihnen als Gottesbesessenen mit Scheu begegnete, dass sie als Ausnahme zur Orientierung dienten und hoch bewertet wurden … , steht außer Zweifel […]. Aber gewiss ist, dass irgendeine verborgene Korrelation zwischen Kranksein und tiefsten menschlichen Möglichkeiten, zwischen Narrsein und Weisesein oft im Hintergrund stand" (*Allgemeine Psychopathologie*, 1913).

Im Unterschied zur Psychiatrie des 19. Jh.s vertrat Jaspers die Meinung, dass die Pathologie die Genialität begleiten, aber nicht erklären könne. Einige „Krankheitsformen haben eine nicht bloß zerstörende, sondern eine positive Bedeutung. In den Pathografien über hervorragende Persönlichkeiten ist immer die Frage, ob ihre Schöpfungen trotz oder wegen der Krankheit zustande kamen (z. B. Leistungen in hypomanischen Phasen, künstlerische Inhalte aus depressiven Zuständen, metaphysische Erfahrungen in schizophrenen Erlebnissen)". Jaspers weist darauf hin, dass „die gnostische Welt (→ **Gnosis**) zu Erlebnissen der Zwangskranken Bezug hat. Die überall auf der Welt auftretenden Schilderungen von Reisen der Seele durch die Welt des Himmels und der Hölle erinnern an schizophrene Erfahrungen" (ebd.). Dennoch bleibt die Frage: „War der krankhafte Vorgang nur zerstörend oder war er mitwirkend an einem positiven Schaffen? Typische geistige Anschauungswelten der Geschichte haben als mitwirkenden Faktor ihres Daseins und ihrer konkreten Ausbildung vielleicht spezifische geistige Erkrankungen, deren Affinität zu ihnen auch heute beobachtet werden kann. Jene geistigen Welten sind zwar völlig ohne Krankheit möglich. Aber bei ihrer faktischen Entstehung spielen vielleicht Produkte der Kranken eine mitwirkende Rolle." (alle Zitate aus *Allgemeine Psychopathologie*)

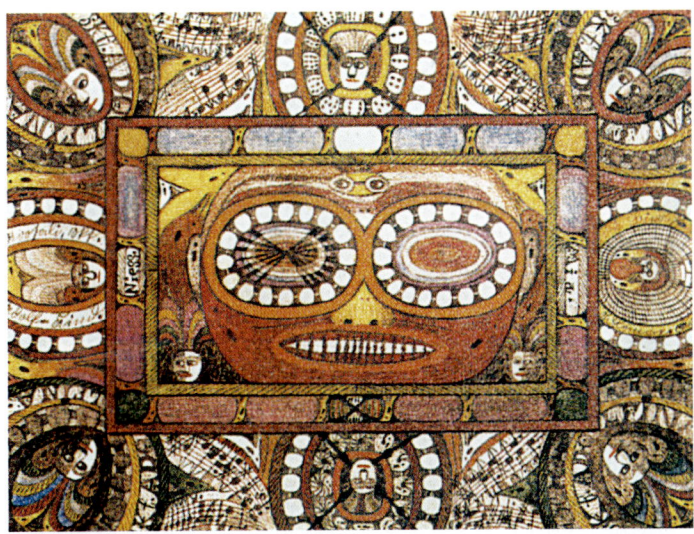

▲ ▲ ▶ Es ist interessant, die Werke von Künstlern zu studieren, die unter ihrer kranken Seele oder ihrem kranken Geist litten, aber es ist nicht minder interessant, die Bilder von Menschen zu betrachten, die nach dem Ausbrechen der Krankheit zu Künstlern geworden sind. Die Kunst von Geisteskranken in Sammlungen und Museen hat einen enormen Einfluss auf die Entwicklung der zeitgenössischen Kunst gehabt (→ **Primitivismus**). Auf dieser Seite sind drei Werke von dem bekanntesten schizophrenen Maler, Adolf Wölfli (1864–1930), zu sehen. Sie zeigen eine **totale Welt** mit mehreren Sinnschichten aus ikonischen, musikalischen und architektonischen Elementen. Die Fülle der kleinen Zeichen in Wölflis Kompositionen stellen musikalische Notationen dar: Nachdem er das Bild komponiert hatte, blies er auf einer Papiertrompete. Schöpferische Energie scheint eines der häufigsten Symptome unter Schizophrenie leidender Menschen zu sein; ihnen hilft die künstlerische Arbeit, die Facetten ihrer Persönlichkeit wieder zu bündeln.

Differenz

Irigaray, Feminismus
Siehe auch: *Sexuelle Identität*

Die Entwicklung einer **feministischen Philosophie** in der zweiten Hälfte des 20. Jh.s stellt eine der nachhaltigsten Antworten auf die Fragen nach dem Sinn des **Lebens** (→) dar, wie sie bereits der **Existenzialismus** (→) aufgeworfen hatte.

• Die **weibliche Perspektive** im philosophischen Diskurs. Hier sind vor allem zwei Namen zu nennen: Hannah Arendt (1906–1975), die in *Vita Activa* (1958) die politische Tradition des Westens unter dem Eindruck des Holocausts neu analysierte, und Simone Weil (1909–1943), deren politisch-soziales Engagement (sie kämpfte in der französischen Résistance und arbeitete als Fabrikarbeiterin, um das Schicksal der Arbeiterklasse zu teilen) sich mit mystisch-christlichem Gedankengut auf neuartige Weise verband.

• Die Neuinterpretation des **Gattungsbegriffs** und der **sexuellen Differenz**. Das bedeutete, die Repräsentation der Gattung Mensch durch den Mann, wie sie auch der Philosophiegeschichte unterlegt ist, einer fundamentalen Kritik zu unterziehen. Die mit der Identifizierung von Mensch und Mann verbundene, jahrhundertlange Leugnung bzw. Marginalisierung der sexuellen Differenz hat die Vorstellung einer *natürlichen* Hierarchie der Geschlechter und den Glauben an die Überlegenheit des Mannes geprägt.

Die Psychoanalytikerin Luce Irigaray geht in *Speculum – Spiegel des anderen Geschlechts* (1974) davon aus, dass die Berücksichtigung der sexuellen Differenz eine Revision der gesamten westlichen Kulturgeschichtsschreibung zur Folge haben wird, nicht zufällig setze diese erst nach dem Ende der archaischen Matriarchate ein. Die männliche Dominanz in der Geistesgeschichte hat die Metaphysik eines universellen, männlich konnotierten Subjekts begründet, mit der Konsequenz, dass die weibliche Perspektive als das Nichtidentische ausgeblendet und die weibliche Existenz stets nur unter dem Aspekt des Mangels,

des Unvollkommenen und Minderwertigen gesehen wurde. Der Frauenbewegung in der ersten Hälfte des 20. Jh.s war das **Denken der Differenz** noch fremd, sie stellte das traditionelle hierarchische Rollenverständnis der Geschlechter nicht infrage.

Nach Ansicht Irigarays geht es aber nicht darum, eine nicht existierende Gleichheit einzufordern, sondern **die Verschiedenartigkeit, die Unvergleichbarkeit des anderen Geschlechts** als gegeben zu akzeptieren. Aus dieser Perspektive können das Ich, der Mensch, das Subjekt, also die traditionellen Begriffe der Philosophie, nicht mehr als Einheit gedacht werden, sondern müssen in ihrer Zweiheit begriffen werden.

Das weibliche Denken geht von anderen Erfahrungen aus und unterscheidet sich wesenhaft vom männlichen. Dieser Ansatz verbindet den Feminismus mit zeitgenössischen Strömungen der **Postmoderne** (→), die den Universalitätsanspruch eines philosophischen Systems leugnet und fordert, die Pluralität der Subjekte zur Voraussetzung des philosophischen Diskurses zu machen.

▼ *In dem für die Klosterschwestern verfassten Lehr-text (*Hortus deliciarum, *„Wonnen-Garten") aus dem 12. Jh. beschreibt die Äbtissin Herrad von Hohenburg die Schöpfung der Frau in einer anderen Version: Gott entnimmt nicht Adam eine Rippe, sondern pflückt eine Frucht vom Baum des Lebens, von dem Mann und Frau gleichermaßen abstammen.*

◄ *Die Texte und besonders die Bilder der von Kloster-schwestern geschriebenen Handbücher sind eine Fund-grube für die Geschichte des weiblichen Denkens. Im* Scivias *(„Wisse die Wege", gemeint sind die „des Herrn") beschreibt Hildegard von Bingen, Äbtissin und Mysti-kerin des 13. Jh.s, den Vorgang der Geburt mit einer Sprache, die der herrschenden Terminologie und Theorie entgegengesetzt war. In einer Vision sah sie „einen sehr großen, hellen Glanz, der wie in zahllosen Augen flammt und seine vier Winkel nach den vier Himmelsrichtungen richtet". Hildegard interpretiert die Erscheinung als göttliche Allgegenwart und den Ursprung des Himmels. Sie sah weiter eine brennende Erdkugel herabsinken, in der sie die Seele erkannte, die dem Embryo im Mut-terleib Leben verleiht. Im Gegensatz zur traditionellen Behauptung, wonach der männliche Samen den Anfang allen Lebens darstellt und die Schwangere lediglich den Fötus zu ernähren hat, ordnet Hildegard diese Rolle den Männern zu, die vom Zeugungsprozess ausgeschlossen sind und Gefäße mit weißem Käse (Metapher für das Sperma) herbeitragen.*

449

Interaktionismus

Popper, Drei-Welten-Lehre

Siehe auch: *Res cogitans / Res extensa, Materie / Gedächtnis*

Der österreichische Philosoph Karl Popper hat als Antwort auf den klassischen Körper-Geist-Dualismus (→ **Leib-Seele-Problem**) eine **Drei-Welten-Lehre** entwickelt, d. h. er unterscheidet zwischen drei verschiedenen Realitätsbereichen, die durch Interaktionen wechselseitig in Verbindung gebracht werden (*Das Ich und sein Gehirn*, 1977, gemeinsam mit dem australischen Neurophysiologen John C. Eccles). In gewisser Weise erinnert Poppers Modell an Descartes' Theorie der **Zirbeldrüse** (→).

• Die **Welt 1** besteht aus physischen und physikalischen Sachverhalten, aus unorganischer und organischer Materie, Körper und Gehirn des Menschen eingeschlossen;

• Die **Welt 2** umfasst die Gesamtheit der Bewusstseinszustände und Denkprozesse des Subjekts, psychische Vorgänge, sinnliche Empfindungen (des visuellen, akustischen und haptischen Sinns), Wahrnehmungen (Schmerz, Hunger, Zorn, Freude) und Erinnerungen, Fantasien, Gedanken, Seelenzustände.

• Die **Welt 3** repräsentiert die objektiven Erkenntnisse, d. h. sie umfasst die Denkinhalte, die wissenschaftlichen, künstlerischen und philosophischen Theorien, Argumente usw.; zwar ist sie ein menschliches Produkt, stellt aber die unpersönliche Welt der intellektuellen Leistungen der Menschheit dar, der Lehren, der kulturellen Codes, des Problembewusstseins. Sie stehen wie Gegenstände zur Verfügung.

Alle drei Ebenen stehen in einer kausalen Wechselbeziehung zueinander. Welt 1 und Welt 3 (die nach Descartes auch *res cogitans* genannt werden kann) können sich indirekt beeinflussen, z. B., wenn Erkenntnisse die Umwelt verändern. Die Welt 2 übernimmt die Rolle eines Vermittlers zwischen den Welten. Popper knüpft mit moderner Terminologie an den Kartesianischen Dualismus, wenn er sagt: Es existiert eine „selbstbewusste und selbstgenügsame

Seinsart, unkörperlich, aber in jedem Individuum gegenwärtig" (Welt 2), die der materiellen und körperlichen Welt 1 fremd ist.

Popper konstatiert drei andere theoretische Reaktionen auf die philosophischen Herausforderungen des Körper-Geist-Dualismus bzw. auf das Verhältnis von Welt 1 zu Welt 2 .

• Der **Materialismus** (→) nimmt nur die Existenz der Welt 1 als sicher an und leugnet die Präsenz eines autonomen Geistes. Wirklich ist ausschließlich das Gehirn; Gedanken sind sein Produkt. Für ihn stellt sich das antithetische Körper-Geist-Problem nicht.

• Der **Panpsychismus** behauptet die Existenz von Welt 1 und Welt 2, geht jedoch von einer starken Durchdringung beider aus. Nach dieser Auffassung ist der Geist überall in der Natur präsent, danach besitzt auch die Materie einen eigenen Geisteszustand. Auch in diesem Fall stellt sich folglich das Problem der Beziehung zwischen beiden Welten nicht (ein gutes Beispiel für diese Position ist Giordano Brunos Immanentismus.

• Der **Epiphänomenismus** behauptet die Existenz der Welt 2, aber nur als sekundäre und nebensächliche Erscheinung, die die körperlichen Vorgänge begleitet. Die Zustände des Geistes sind also Nebenprodukte der physischen und haben keinen Einfluss auf diese.

Alle drei Theorien bestreiten eine Interaktion zwischen Welt 1 und Welt 2. Popper dagegen setzt beides voraus: sowohl die Existenz eines vom Körper unabhängigen Geistes als auch die Möglichkeit des Kontaktes mit der physischen Welt. Es muss demnach eine *Schnittstelle* zwischen Welt 1 und Welt 2 geben, an der eine Interaktion stattfindet (ein Austausch von Informationen, nicht von Materie oder Energie). Der Neurophysiologe Eccles vermutet, dass eine bestimmte Zone der Hirnrinde dafür verantwortlich ist, die **assoziatives Gehirn** genannt wird.

WELT 1	WELT 2	WELT 3
OBJEKTE UND KÖRPERLICHE ZUSTÄNDE	**BEWUSSTSEINSZUSTÄNDE**	**OBJEKTIVE ERKENNTNISSE**

1. UNORGANISCHE WELT
Materie u. Energie d. Kosmos
 	
2. BIOLOGIE
Struktur und Tätigkeit
aller Lebewesen
 	
3. KUNSTPRODUKTE
Materielle Grundlagen der:
   Menschlichen Kreativität
   Gebrauchsgegenstände
   Maschinen
   Bücher
   Kunstwerke
   Musik
	Subjektive Erkenntnis
	Erfahrung von:
	   Wahrnehmung
	   Gedanken
	   Emotionen
	   Absichten d. Veranlagung
	   Erinnerungen
	   Träumen
	   Kreativer Vorstellung
		Theoretische Systeme:
		   Wissenschaftsprobleme
		   Kulturelle Codes
		
		Erkenntnisse:
		   philosophische
		   theologische
		   wissenschaftliche
		   geschichtliche
		   literarische
		   künstlerische
		   technologische

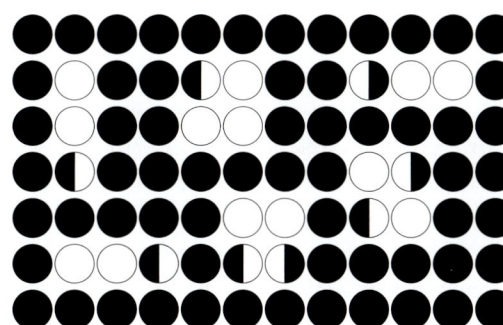

◄ *Popper vermutet, dass sich auf der Hirnrinde Konfigurationen bilden, die für die geistige Tätigkeit konstitutiv sind. Jeder Kreis stellt ein Neuronenmodul dar (Neuronenreihe), das einen der folgende Zustände annehmen kann: 1) Erregung (weiße Kreise); 2) Hemmung (schwarze Kreise); 3) halbe Schließung (halb offene Kreise).*

▼ *Die Interaktion Geist-Gehirn durch die Schnittmenge der **assoziativen Hirnrinde**.*

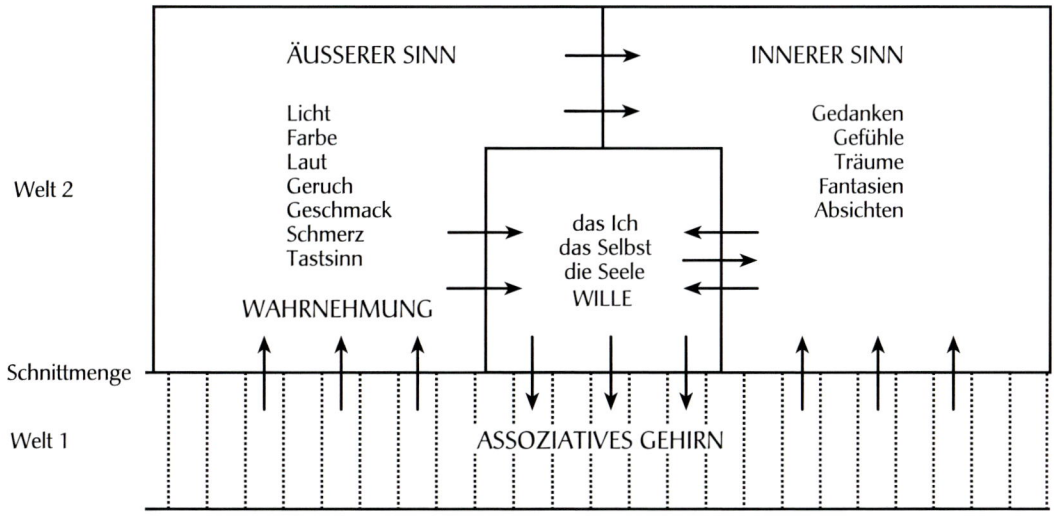

Holismus

Epistemologie, Neurologie
Siehe auch: *Leib-Seele-Problem*

Der Holismus deutet die Wirklichkeit unter dem Aspekt ihrer Ganzheit und behauptet, dass die Eigenschaften eines Ganzen (einer Totalität) sich von denen seiner einzelnen Teile unterscheiden und diesen überlegen sind. Damit stellt er sich gegen die positivistische Behauptung, die Wirklichkeit sei durch die Analyse ihrer einzelnen Komponenten zu erfassen und zu begreifen, denn, ein **Organismus** (ein Tier, eine Gesellschaft, ein Individuum, ein Gehirn ...) **ist immer mehr als die Summe seiner Teile.**

Die holistische Idee entstand im Kontext neurologischer Forschungen über das Funktionieren des Gehirns als eine von zwei Hypothesen. Die ihr entgegengesetzte Position vertritt das **Prinzip der Lokalisation**, wonach alle psychischen Aktivitäten spezifischen Zonen der Hirnrinde zugeordnet werden können. Für die Sinnesreize, die Sprache, die Schrift, für das abstrakte Denken usw. sind demnach lokalisierbare Bereiche des Gehirns zuständig. Diese Theorie setzte sich im 19. Jh. durch, als dem französischen Chirurgen Pierre Broca der Nachweis gelang, dass die Sprachstörung (Aphasie) zweier seiner Patienten auf Verletzungen im unteren Teil des Stirnlappens zurückzuführen war, der demnach als Sitz der Lautsprache betrachtet werden musste.

Spätere Untersuchungen haben allerdings erwiesen, dass Beeinträchtigungen des Gehirns nie den vollständigen Verlust einer Kompetenz zur Folge haben: Das Nervensystem besitzt eine hohe **Anpassungsfähigkeit**; die es in die Lage versetzt, durch Aktivierung anderer Bereiche des Gehirns verloren gegangene Fähigkeiten zurückzugewinnen (das Gehirn ist demnach eine Maschine, die sich selbst reparieren kann). Auch die Tatsache, dass das Gehirn bei jeder intellektuellen Tätigkeit immer als Ganzes beansprucht wird, also eine strukturelle Einheit darstellt, scheint die holistische Position zu bestätigen.

Auch auf anderen Forschungsgebieten hat man sich erfolgreich am Holismus orientiert: Die Gestaltpsychologen (→ **Gestalt**) z. B. bedienten sich holistischer Verfahren, um den Zusammenhang von Gestalt und Gesichtssinn zu erkunden oder der Frage nachzugehen, auf welche Weise die Teile im Verhältnis zu einem Ganzen wahrgenommen und erlebt werden.

Aus philosophischer Sicht widerspricht der Holismus der kartesianischen Unterscheidung **von *res cogitans /res extensa*** (→), da er ein ganzheitliches Bild des Individuums entwirft. Der Physiker Fritjof Capra, einer der engagiertesten Vertreter des holistischen Konzepts, bemerkte dazu: „Die Fragmentierung der Wirklichkeit ist ein charakteristischer Aspekt der geistigen Verwirrtheit. Die gesunde Erfahrung unserer selbst ist eine Erfahrung des ganzen Organismus, von Körper und Geist. Die geistigen Erkrankungen stammen oft von der Unfähigkeit, die verschiedenen Bestandteile dieses Organismus zu vereinen. Die Kartesianische Spaltung in Geist und Körper und die Trennung des Begriffsapparats der Menschen von ihrer Umwelt sind Symptome einer kollektiven Geistesschwäche, die von dem größten Teil der westlichen Kultur geteilt wird, und werden von anderen Kulturen oft als solche wahrgenommen." (*Wendezeit*, 1982)

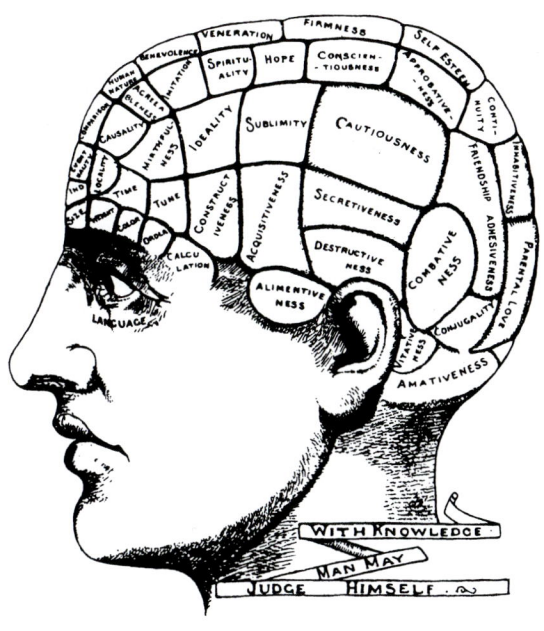

◄ *In der ersten Hälfte des 19. Jh.s vertrat die Phreno-logie (→ Szientismus) die Auffassung, geistige Prozesse und Gemütszustände ließen sich exakt bestimmbaren Hirnarealen zuordnen. So entwarf man Topografien des Gehirns mit der Lokalisation von Veranlagungen und Fähigkeiten.*

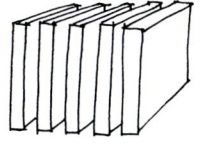
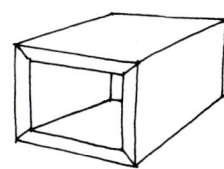

▲ *Begriffsschema des holistischen Prinzips. Fünf Bretter können zu einer Schachtel zusammengefügt werden. Die Qualität der Schachtel (sie kann Gegenstände aufbewah-ren, Innen- und Außenraum trennen) ist nicht auf die Eigenschaften ihrer Elemente zurückzuführen.*

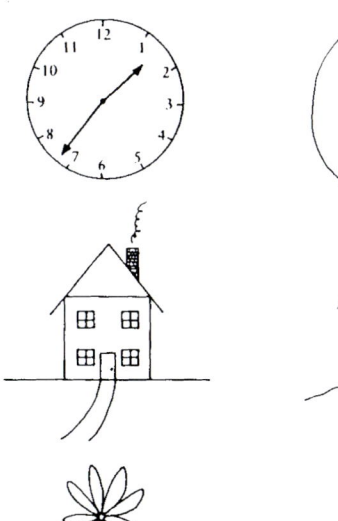
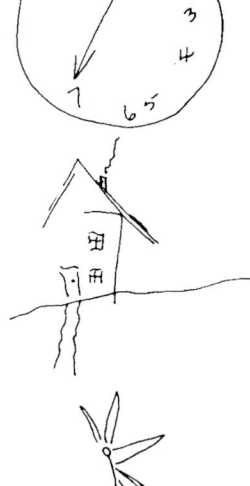

◄ *Die Analyse von Gehirnverletzungen trägt nicht un-wesentlich zur wissenschaftlichen Erforschung der Natur des Denkens bei. Ein Patient beispielsweise, der einen Infarkt in der rechten Hemisphäre erlitten hat, ist nicht in der Lage, Dinge im linken Teil seines Blickfeldes exakt wahrzunehmen. Die rechts abgebildete Zeichnung zeigt den Versuch eines Patienten, Uhr, Haus und Blume von der Vorlage links abzumalen: Im Ergebnis fehlt jeweils der Teil, den der Patient nicht wahrnimmt.*

Irrationalismus

Nietzsche, Dadaismus
Siehe auch: *Übermensch, Nihilismus*

In der Philosophie unterscheidet man zwei Varianten des **Irrationalismus**.

• Der **gnoseologische Irrationalismus** behauptet, die menschliche Vernunft sei nicht in der Lage, die Welt zu erkennen, ihre hohe Komplexität übersteige die Grenzen des menschlichen Geistes. In diesem Sinne können viele philosophische Lehren der Vergangenheit irrationalistisch genannt werden: In der Antike der **Skeptizismus**, der die Existenz jeglicher Wahrheit leugnete; im Mittelalter der **Mystizismus** und die **negative Theologie** (→), die Erkenntnis aus Intuition und Eingebung herleiteten; in der Moderne die **Romantik**, die sich auf die Gewissheiten des Glaubens und des Gefühls berief.

• Der **ontologische Irrationalismus** dagegen ist davon überzeugt, dass der Wirklichkeit selbst kein rationales Prinzip zugrunde liegt, sondern eher mit dem **Leben** (→) in seinem unvorhersehbaren Verlauf vergleichbar sei. Diese metaphysische Begründung des Irrationalismus, wonach sich die Welt alogisch und ohne inneren Zweck und Sinn entfalte, ist kennzeichnend für philosophische Strömungen der Moderne und beredter Ausdruck ihrer Krise.

Es war Arthur Schopenhauer, der in den 1920er-Jahren des 19. Jh.s die radikale These aufstellte, die Welt sei beherrscht vom **Willen zum Leben** (→), er sei ihr uranfänglicher Impuls, eine blinde Macht jenseits der Kategorien von Raum und Zeit, die sich hinter allen Erscheinungen der Natur verbirgt, daher ist auch der Mensch seinem Wesen nach Wille. Großen Einfluss auf die Entstehung moderner Versionen irrationalistischen Denkens übte der Philosoph Friedrich Nietzsche aus. Er fasste die wesentlichen Gedanken und Postulate der **antipositivistischen Strömungen** (→) zusammen und gab mit seinen Schriften einen machtvoller Anstoß zur Erneuerung der Philosophie, die die **Krise der Vernunft** widerspiegelte. Durch Nietzsche, auf den sich mehr oder weniger explizit **avantgardistische Künstlergruppen** (→ **Avantgarde**) wie z. B. der **Dadaismus** (→) beriefen, fand der philosophische Irrationalismus Eingang in kulturelle Leitbilder und künstlerische Strategien.

Auf einige Paradigmen des modernen Krisenbewusstseins sei hingewiesen:

• Der **Zweifel an der Kompetenz des wissenschaftlichen, logischen oder historischen Denkens**, die Wirklichkeit zu erklären. Man bestreitet die Möglichkeiten von Vernunft und Intellekt, die Welt zu begreifen und im Sinne des Fortschritts zu wirken, stattdessen sollen Intuition, Handlung und **konkrete Lebenserfahrungen** das Dasein bestimmen.

• Die **Ablehnung traditioneller Weltdeutungsmodelle** und aller moralischen, politischen oder religiösen Wertesysteme (angefangen beim Christentum), die alle Ausdruck eines rationalistischen oder metaphysischen Weltbilds sind. Von dieser Position aus ist der Schritt zur totalen Ablehnung der westlichen Zivilisation nicht mehr weit. Nietzsches radikale Kritik an der Geschichte der Philosophie seit Sokrates hat dieser Zivilisationsmüdigkeit zweifellos Vorschub geleistet.

• Als schwierig erweist sich der Versuch, ein **neues Wertesystem** jenseits von Tradition und Konvention zu definieren und durchzusetzen. Hier hat Nietzsches Theorie vom **Übermenschen** vielen gesellschaftskritischen Gruppierungen als Modell gedient, als traditionsfeindliches, revolutionäres und provokatorisches Leitbild.

▶ *Die* Tavola parolibera *(„wortfreie Tafel") des futuristischen Malers Filippo T. Marinetti von 1915 ist ein Beispiel für die Anwendung des* **Prinzips Zufall** *in der ästhetischen Praxis: Die* Dichtung *besteht aus einer lockeren Kombination von Wörtern und Satzfragmenten, die auf ihre phonetischen und visuellen Werte reduziert sind. Der Dadaist Tristan Tzara schlug 1920 in dem* Manifest über die schwache Liebe und die bittere Liebe *eine Methode zur Produktion von Gedichten vor. „Nehmt eine Zeitung,/nehmt Scheren,/wählt in dieser Zeitung einen Artikel von der Länge aus, die Ihr Eurem Gedicht zu geben beabsichtigt,/schneidet den Artikel aus,/schneidet dann sorgfältig jedes Wort dieses Artikels aus und gebt sie in eine Tüte./Schüttelt leicht./Nehmt dann einen Schnipsel nach dem anderen heraus,/schreibt gewissenhaft ab/in der Reihenfolge, in der sie aus der Tüte gekommen sind./Das Gedicht wird Euch ähneln./Und damit seid Ihr ein unendlich origineller Schriftsteller mit einer charmanten, wenn auch von den Leuten unverstandenen Sensibilität."*

▲ *Der Dadaist Man Ray attackierte mit seinem absurden* Geschenk *(1921), einem nagelbespickten Bügeleisen, das Vertrauen, das gewöhnlich in die Funktionalität und Zweckbestimmung eines Gegenstandes gelegt wird.*

▲ *„Ich bin kein Mensch, ich bin Dynamit", schreibt Nietzsche in* Ecce homo, *sein „Übermensch" gab den Anlass zu dieser Karikatur. „Ich kenne mein Los. Es wird sich einmal an meinen Namen die Erinnerung an etwas Ungeheures anknüpfen, – an eine Krise, wie es keine auf Erden gab, an die tiefste GewissensCollision, an eine Entscheidung heraufbeschworen gegen Alles, was bis dahin geglaubt, gefordert, geheiligt worden war."* (ebd.) *Nietzsches Ideen besaßen in der Tat den* **geistigen Sprengstoff**, *den er hier für seine Person reklamiert.*

Leben

Nietzsche, Schopenhauer
Siehe auch: *Dadaismus, Nihilismus*

Als **Lebensphilosophien** bezeichnet man philosophische Denkrichtungen, die am Ende des 19. Jh.s als Gegenreaktion auf den **Positivismus** (→) und den **Idealismus** entstanden sind und von sehr unterschiedlichen Philosophen vertreten werden (Nietzsche, Bergson, James). Gemeinsam ist ihnen die Ablehnung der westlichen philosophischen Tradition, der sie vorwarfen, die Lebensäußerungen des Menschen marginalisiert und die Philosophie auf ein theoretisches Gerüst lebensferner Werte und Begriffe reduziert zu haben. Gegen die metaphysischen Spekulationen über das **Absolute** (→) und die Wissenschaftsgläubigkeit (→ **Szientismus**) forderten sie die Rückkehr zu den konkreten Phänomenen des Lebens.

Schon zu Beginn des 19. Jh.s hatte Arthur Schopenhauer der Vernunft das **Leben** gegenübergestellt: Die Gesamtheit der Lebensprozesse, sowohl die biologischen wie auch die geistigen, sind einem ewigen **Werden** (→) unterworfen, einem Wachsen ohne Stillstand (denn was nicht wächst, verkommt und stirbt). Das Leben ist seinem Wesen nach ein irrationaler und blinder **Wille zum Leben** (→), dem man nur durch asketischen Verzicht, durch eine totale **Verneinung des Willens** (→) entkommen kann. Da es essenziell unvorhersehbar ist, lässt sich das Leben auch nicht in ein Schema pressen. Glauben zu machen, es könne erklärt werden, gehört für Schopenhauer zum großen Betrug der Philosophie.

Friedrich Nietzsche, der Prophet des modernen **Irrationalismus**, ging in seiner Kritik noch weiter: Seit Sokrates habe die Philosophie vergebens versucht, das Leben rational zu erklären, sein Geheimnis zu entschlüsseln. Das Individuum sei aus dem Blickfeld gefallen, eine Tendenz, die dem modernen Menschen schließlich alle Energie genommen und ihn in einen Zustand des **Nihilismus** gestoßen habe. Auch

Nietzsche ging davon aus, dass das Leben essenziell irrational und ohne Sinn sei, lehnte jedoch die pessimistischen Schlussfolgerungen Schopenhauers und ein Verzichtspostulat ab. Mit seinem **Übermenschen** (→) kreierte er einen neuen Menschheitstyp, der um den Tod Gottes weiß und sich freudig der Erde und dem Leben hingibt.

Obwohl Nietzsches Entwurf des „Übermenschen" unterschiedlich interpretiert wurde, hatte er entscheidend zu jenem **vitalistischen Impuls** beigetragen, der die **antipositivistischen Strömungen** (→) verbindet und in Henri Bergsons **schöpferischer Entwicklung** (→) und in Begriffen wie *élan vital* (Lebensschwung) Ausdruck fand. Den größten Einfluss hatten Nietzsches Ideen jedoch auf jene Künstlergruppierungen, die sich zu Beginn des 20. Jh.s die Einheit von Kunst und Leben auf die Fahne schrieben. Nietzsches „Übermensch" trachtet nicht danach ein Künstler zu werden, sondern sich selbst zu kreieren, sich selbst, sein Leben und seinen Körper, zum ästhetischen Gegenstand zu machen. Viele avantgardistische Künstler knüpften an dieses Lebensmodell an, als sie die traditionelle Trennung von Künstler und Werk, von Ausführung und Planung als obsolet erklärten.

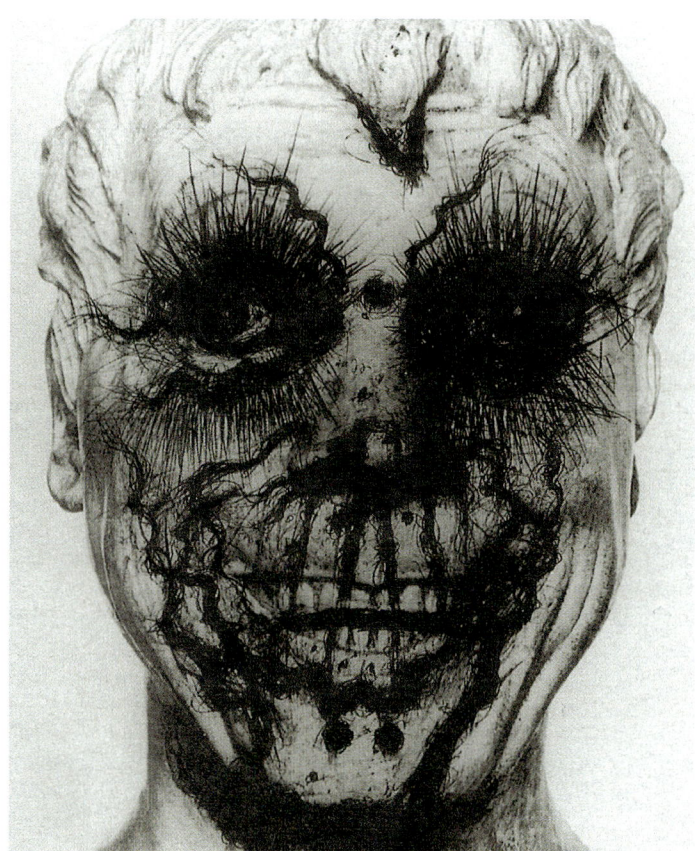

▲ ▲ *Arnulf Rainer hat den eigenen Körper zum Kunstwerk erklärt und sein Erscheinungsbild im* General *von 1978 mit einem expressiven Gestus zerstört. Dem Bild liegt eine Porträtfotografie des Künstlers zugrunde, die er mit Tinte übermalt hat. Andere Künstler bringen* **Ironie** (→) *ins Spiel, wie Piero Manzoni, der* Luftkörper *(von ihm aufgeblasene Luftballons) produzierte oder seinen eigenen Fingerabdruck auf gekochten Eiern ausstellte, die dem Publikum zum Verzehr angeboten wurden. Als Höhepunkt seiner Selbstdarstellungen konfektionierte er 1961 seine* Künstlerscheiße *in Büchsen (Abb. unten).*

◄ *Das Leben tritt in die Kunst ein und verwandelt sie in ein* **Ereignis**. *Das traditionelle Tafelbild wird durch die* performance *ersetzt; der Ausstellung tritt das* happening *gegenüber, das sinnlich konkret und unwiederholbar ist. Vor allem die Futuristen liebten es, auf ihren Vortragsabenden Absurditäten und irrationale Ereignisse zu zelebrieren. Man malte Bilder aus dem Stehgreif, erklärte Laute und Lärm zur Musik, kurz: Sie machten sich über das Publikum und seine Erwartungen lustig mit dem Ziel, spontane und vitale Reaktionen zu provozieren.*

Nihilismus

Nietzsche
Siehe auch: *Übermensch, Leben, Dadaismus*

Der Begriff „Nihilismus" (in strengem Sinn *Wille zum Nichts*) wurde von Friedrich Nietzsche in verschiedenen Bedeutungen verwendet, von denen hier die wichtigsten dargelegt werden sollen.

• Nihilismus wohnt jeglicher Metaphysik inne, da ihr eine **menschen- und lebensfeindliche Einstellung** zugrunde liegt. Nietzsche sieht daher in allen moralischen, religiösen und philosophischen Systemen, die die westliche Welt hervorgebracht hat, eine Strategie für die Schwachen, die sich aus dem realen Leben in eine transzendente Welt flüchten. Sie geben ihnen die Illusion von Sicherheit auch vor den vitalen Ansprüchen der eigenen Natur, vor Leidenschaften und Instinkten, die anzunehmen als Bedrohung erfahren wird. Höchster Ausdruck dieser **Verdrängung des Menschen** ist die jüdisch-christliche Religion: Ihre Ethik der Liebe und des Mitgefühls, die Verneinung des Körpers für ein hypothetisches überirdisches Glück stellen eine grandiose Pervertierung des Geistes, eine Pathologie der Menschheit dar.

• Nietzsche erklärte den Nihilismus auch mit dem **Tod Gottes**, d. h. mit dem Verlust traditioneller Werte, der die Situation des modernen aufgeklärten Menschen charakterisiert, der mit wachsendem Bewusstsein ihnen immer weniger vertraut. „Gott ist tot" *(Also sprach Zarathustra)*, resümierte Nietzsche und brachte damit Krise der Menschheit auf den Begriff: Gott steht hier für alle Formen des Glaubens und der Metaphysik. Nietzsche beschrieb die **Krise der Werte** mit prägnanten Worten: So rufe der Verlust an Sicherheit und einer überweltlichen oder religiösen Perspektive ein Gefühl des Scheiterns und der existenziellen Verirrung („Schwindel") des modernen Menschen hervor. Das wiederum habe eine starke Sehnsucht nach der **Kindheit der Menschheit** zur Folge, nach jener vergangenen glücklichen Zeit, in der man noch an die (metaphysischen) Märchen

glaubte. Zwar hat der moderne Mensch seinen Glauben an transzendentale Mächte verloren, aber das psychologische Bedürfnis zu glauben nicht aufgegeben, er sucht nach verbindlichen Ritualen, ohne an die Mythen und Liturgien der Vergangenheit anknüpfen zu können. Der moderne Mensch, der nicht mehr weiß, woran er glaubt, schafft sich mit politischen Ideologien neue Glaubensformen, denen er eine religiösen Bedeutung zuspricht. Die moderne Geschichte kennt viele Tragödien, die ein blind befolgter ideologischer Fanatismus provoziert hat, aber auch in der wachsenden Hinwendung zu religiösen Sekten, im Volksglauben an magische (Astrologie, Parapsychologie, Ufologie) und mystische (Visionen der Muttergottes) Erscheinungen kann man einen verzweifelten Nihilismus und den Willen, *um jeden Preis zu glauben*, erkennen.

• Nietzsche unterscheidet zwischen einem aktiven und einem positiven Nihilismus: Der **Übermensch** (→) akzeptiert den Tod Gottes und damit das Ende jeder Metaphysik, aller Religionen und Wertesysteme und er ist in der Lage, die Folgen psychologisch zu tragen. In diesem Sinne beanspruchte Nietzsche für sich den Titel des „ersten Nihilisten".

▶ *Nietzsches Interpretation des modernen Nihilismus hat nachhaltig auf das politische Denken gewirkt und zur Verklärung von Ideologien (Marxismus, Faschismus) beigetragen, wie auf der Abbildung rechts zu sehen ist. Personifiziert als rettender Engel vor den* Mächten des Bösen *(die Religionen, der Kapitalismus, die politischen Parteien) erscheint der Sozialismus auf Erden. Analog zu diesem ikonografischen Verweis auf die christliche Heilserwartung schlüpfen die* bösen Mächte *in die Rolle des Dämons, des Schrecken einflößenden Monsters, das das Proletariat zerfleischt.*

◀ *Als Folge nihilistischer Abrechnung mit der Geschichte wurden zeitgenössische politische Theorien nicht selten mit religiösen Erwartungen überfrachtet, so stellt der mexikanische Maler Diego Rivera in seinem Bild einen klaren Bezug zwischen der Figur Emiliano Zapatas, des Führers und Märtyrers der Revolution (er wurde 1919 ermordet), und Christus her, indem er auf Bildmotive der christlichen Ikonografie zurückgreift: Die knienden Sänger umgeben Zapata wie die vier Evangelisten, ihre breiten Hüte erinnern an Heiligenscheine. Das weltliche Evangelium des Apostels der Bauernrevolution lässt sich mit zwei Worten zusammenfassen: Erde und Freiheit.*

Apollinisch/Dionysisch

Nietzsche

Siehe auch: *Dionysische Riten, Dadaismus*

Im Jahr 1872 rechnete **Nietzsche** mit dem romantischen Bild des Griechentums ab. Für ihn liegt die wahre Größe des antiken Denkens nicht in der Erfindung der klassischen Philosophie, sondern in der *Geburt der Tragödie*. In ihr gehen die beiden gegensätzlichen „Kunsttriebe der Natur" für kurze Zeit eine Synthese ein: der **apollinische**, nach Harmonie strebende, intellektuelle und klare Geist und der **dionysische**, leidenschaftliche, schöpferische und dunkle Geist.

Der Weg **Apolls** ist spekulativ, er sucht nach Erklärungen und entwirft Theorien, er entwickelt Ordnungssysteme, mit denen er das innere Maß der Dinge, ihre **Proportion** (→) auszudrücken versucht. **Dionysos** repräsentiert das genaue Gegenteil: Er berauscht sich am **Leben** (→), gibt sich seinen vitalen Energien hin, feiert die Jugend und die sinnlichen Leidenschaften: „Beide so verschiedne Triebe gehen nebeneinander her, zumeist im offnen Zwiespalt miteinander und sich gegenseitig zu immer neuen kräftigeren Geburten reizend, um in ihnen den Kampf jenes Gegensatzes zu perpetuieren, den das gemeinsame Wort ,Kunst' nur scheinbar überbrückt; bis sie endlich, durch einen metaphysischen Wunderakt des hellenischen ,Willens', miteinander gepaart erscheinen und in dieser Paarung zuletzt das ebenso dionysische als apollinische Kunstwerk der attischen Tragödie erzeugen." *(Die Geburt der Tragödie)*

Dieses magische Gleichgewicht haben Sokrates und Platon zerstört, die Nietzsche in der *Götzen-Dämmerung* „als Verfalls-Symptome, als Werkzeuge der griechischen Auflösung, als pseudogriechisch, als antigriechisch" bezeichnet. Mit ihnen (und mit Euripides im Bereich des Theaters) begann die Vorherrschaft des Apollinischen auf Kosten des Dionysischen, die Anmaßung, man könne das Leben in rationale Systeme einschließen, aber, so der Philosoph: „Was sich erst beweisen lassen muss, ist wenig wert." (ebd.)

Nach Nietzsches Ansicht war Sokrates, der selbst lange krank war, dermaßen lebensfeindlich, dass er sich mehr als alles andere den Tod seines Körpers wünschte. Die Metaphysik seines Denkmodells (das später im Platonismus, im Christentum und der gesamten westlichen Philosophie ihren vollen Ausdruck findet) sei das Ergebnis einer psychologischen Schwäche, einer fehlenden Anpassung an die Wirklichkeit. Jede philosophische Erklärung, welche es auch sei, stellt im Sinne Nietzsches eine Form von Flucht dar, eine Art und Weise, sich von den Tatsachen des Lebens zu distanzieren, anstatt durch Handlung aktiv zu werden. Der **Übermensch** (→) muss also das Dionysische, das die westliche Zivilisation 2000 Jahren lang verdrängt hat, zurückgewinnen, die Freiheit des Denkens (der vorsokratischen, vormetaphysischen Philosophen) und den Lebenswillen.

Der Gegensatz von Apollinischem und Dionysischem kann auch im Sinne einer universellen Typologie menschlicher Daseinsweise aufgefasst werden. Ohne auf Nietzsches irrationalistische Implikationen (→ **Irrationalismus**) zu rekurrieren, hat das Begriffspaar als Interpretationsmodell Eingang in die Kulturgeschichte gefunden. **Freud** z. B. verstand das Dionysische als die Befreiung des Instinkts, als „Entladung der entfesselten, tierischen und göttlichen Energie".

▼ *Henri Matisse hat mit seinem* Tanz *von 1909 das **orgiastische Moment** der dionysischen Riten festgehalten, den entfesselten Rhythmus einer sich der Natur hingebenden Menschheit, die sich in vollkommener Übereinstimmung mit den kosmischen Energien befindet.*

▼ *Die Bronzestatue des Apoll wurde am Piräus gefunden und geht auf das 6. Jh. v. Chr. zurück. Nach Nietzsche findet das Apollinische in der Architektur und der Skulptur seinen gültigsten Ausdruck, da diese Gattungen auf den Prinzipien von Symmetrie und Gleichgewicht beruhen. Als dionysische Künste gelten dagegen die Musik und der Tanz: „Man verwandle das Beethovensche Jubellied der ‚Freude‘ in ein Gemälde und bleibe mit seiner Einbildungskraft nicht zurück, wenn die Millionen schauervoll in den Staub sinken: so kann man sich dem Dionysischen nähern." (*Die Geburt der Tragödie)

▲▶ *Der **dionysische Tanz** durchzieht als Thema die gesamte europäische Kunstgeschichte. Der ekstatische Zustand wird hier durch die unkontrollierten Bewegungen des Körpers und den wirbelnden Faltenwurf ausgedrückt. Die Abbildung rechts zeigt ein Relief von einem römischen Sarkophag, die obere ein Gemälde Pollaiolos aus dem 15. Jh.*

Übermensch

Nietzsche
Siehe auch: *Irrationalismus, Dadaismus*

Mit dem Begriff „Übermensch" reagierte Nietzsche auf das Phänomen des **Nihilismus** (→), das die Wertekrise der modernen Gesellschaft, den „Tod Gottes" begleitet. Er umfasst eine neue Spezies der Menschheit, die im Besitz bislang ungeahnter Freiräume ist und mit ihren kreativen Fähigkeiten Herrschaft über sich selbst und die Welt erlangt.

Die Eigenheiten und Wesenzüge, über die der „Übermensch" verfügt, beschreibt Nietzsche wie folgt:

• Er muss das **Leben** (→) in seiner Gesamtheit akzeptieren, seine irrationalen Dimensionen, die sich auf den **Zufall** (→) und das Chaos gründen. Der Übermensch fürchtet nicht seine **Instinkte** (→) und stellt sich der **dionysischen Seite** der Existenz (→ **Apollinisch / Dionysisch**).
• Er verzichtet auf den Trost, den die Religionen spenden und erträgt den „Tod Gottes", also die nihilistische Tatsache der Vernichtung aller traditionellen moralischen Werte.
• Er führt sein Leben unter der Perspektive der **ewigen Wiederkehr** (→) der Zeit. Durch die Zurückgewinnung der antiken heidnischen Vorstellung von der **zyklischen Zeit** (→) denkt der Übermensch nicht mehr in den Begriffen von Gegenwart, Vergangenheit und Zukunft, sondern lebt jeden Augenblick mit höchster Intensität.
• Er besitzt den **Willen zur Macht**, d. h. er nimmt eine Herrschaftsposition gegenüber der Natur und der Welt ein. Wenn man akzeptiert, dass das Leben ein Kampf ist, so muss man ohne falsche Moral akzeptieren, dass Vorherrschaft und Befehlsgewalt dem Sieger gebühren.

Nietzsche entwarf seinen „Übermenschen" in den letzten Jahren geistiger Klarheit, bevor er in geistige Umnachtung fiel. Er vermied eindeutige Formulierungen und griff stattdessen auf zweideutige Aphorismen wie den folgenden zurück: „Der Mensch muss überwunden werden"; „Der Übermensch ist der Sinn der Erde"; „Der Mensch ist ein Seil, geknüpft zwischen Tier und Übermensch – ein Seil über einem Abgrund" (alle Zitate aus *Also sprach Zarathustra*). Sie haben viel Spielraum für die unterschiedlichsten philosophischen und politischen Interpretationen des Übermenschen geliefert.

Der Faschismus hat sich zur Rechtfertigung seiner Tyrannei auf den Übermenschen berufen und den zweifellos aristokratischen Ansatz Nietzsches verzerrt. Demnach sei die Forderung nach einem neuen Menschentyp nicht an alle gerichtet, sondern nur an die Stärksten, die die Führung der Gesellschaft zu übernehmen und diese in eine autoritäre Hierarchie zu verwandeln hätten, auch unter dem Einsatz von Gewalt. In der Tat sind **Pazifismus**, Liebe und **Altruismus** (→) für Nietzsche **pathologische moralische Werte**, die schwache Menschen kennzeichnen.

Ungeachtet dessen, dass sich die faschistische Ideologie wirkungsvoll auf Ideen Nietzsches stützte, hat die moderne Kritik klargestellt, dass sein Werk aus vielen Perspektiven gelesen und ihm keine explizit politische Bedeutung unterstellt werden kann.

Tatsächlich hat der „Übermensch" auch Spuren im Marxismus, im Anarchismus, der Psychoanalyse und dem Existenzialismus hinterlassen und die Kultur des 20. Jh.s beeinflusst.

▲ *Nietzsche wurde hier in der bekannten Pose des* **Melancholikers** *porträtiert. Nach der antiken Lehre von den* **Körpersäften** (→) *ist der Gemütszustand der Melancholie typisch für Menschen mit genialischer Veranlagung (→* **Pathografie***).*

▲ *Carlo Carrà schuf 1919 diese Darstellung von Nietzsche.*

◄ *Nietzsches Leben war von den Folgen einer Krankheit gezeichnet (in seiner Jugend hatte er sich die Syphilis zugezogen), die allmählich zum körperlichen Verfall bis zu jahrelanger Demenz und schließlich zum Tod führte. Dieses Schicksal, in dem sich Genie und Wahnsinn begegneten, hat zum Mythos des großen Philosophen beigetragen. Maler wie Edvard Munch haben versucht, die außergewöhnliche und zugleich bedrückende Existenz Nietzsches festzuhalten und in ihm selbst die Verkörperung des „Übermenschen". zu sehen. Munch unterstreicht durch die diagonale Komposition seines Bildes die Instabilität und die Existenzangst des Porträtierten.*

Dadaismus

Irrationalismus: Ästhetik
Siehe auch: *Nihilismus, Avantgarde*

Während in Europa der Erste Weltkrieg tobte, riefen 1916 im beschaulichen Zürich Hugo Ball, Jean Arp, Tristan Tzara u. a. den Dadaismus ins Leben. Ihre Kunstrevolte griff bald auf Intellektuelle in Berlin, Paris und New York über. Obwohl der Dadaismus als literarische und künstlerische Bewegung bereits um 1924 international keine Rolle mehr spielte, gehörte er zu den einflussreichsten Kunststrategien des 20. Jh.s. Es gibt wohl kaum eine moderne Kunstrichtung, deren Ideen und Intentionen nicht im radikalen Bruch der Dadaisten mit künstlerischen Traditionen und ästhetischen Erwartungen ihre Wurzeln haben.

Dada erhob das Widersinnige zum Programm: sein **antiästhetisches Credo** richtete sich gegen die vernunftgesteuerte bürgerliche Gesellschaft. Aus der Attacke gegen ihren Wertekanon bezog der Dadaismus seine Kraft, insofern kann er als Spielart des **Irrationalismus** (→) gesehen werden. Auch Friedrich Nietzsches Plädoyer für die Befreiung der Instinkte hat im destruktiven Impetus der Dadaisten seine Spuren hinterlassen.

Zu den ästhetischen Positionen des Dadaismus, die enormen Einfluss auf die Kunst des 20. Jh.s genommen haben, gehören:
• Die Rückkehr zur Einheit von Kunst und **Leben** (→), damit verbunden die Überwindung der Kluft zwischen Künstler und Werk (der akademischen Tradition). Das bedeutete, den Produktionsprozess selbst, nicht die fertige Arbeit, zum eigentlichen Kunstwerk zu erklären. Die avisierte Simultanität von Ereignis und Werk führte zu einem völlig neuen Umgang mit dem Faktor Zeit als gestaltendes Element. Kunstformen wie das **happening** und die **performance** sind daraus hervorgegangen, aber auch die Praxis der Künstler, ihren eigenen Körper als lebendes Kunstwerk zu inszenieren. So hörte Anfang der 1920er-Jahre Marcel Duchamp auf zu malen, um sich selbst beim Schachspiel mit einem Freund auszustellen.

• **Zufall** (→) und **Spiel** als konstituierende Momente der Kunst. Sie wird als ernste, aber zweckfreie Tätigkeit verstanden, die keinen Regeln folgt und keine Werte postuliert. Kunst und Kreativität sind frei von Zwängen und Erwartungen, daher ist sie das einzige Refugium schöpferischer Freiheit. Was darunter zu verstehen war, demonstrierte Duchamp, als er sein *Großes Glas* mit in Lack getauchten Streichhölzern beschoss.

• Mit den Mitteln der **Ironie** (→) wurde die Aura der Kunst zerstört und jegliche Sinngebung verneint. Die Dadaisten arbeiteten mit Abfallprodukten (Fäden, Knöpfen, Nägeln) und trivialen Materialien, um den Erlesenheitsanspruch der Kunst zu denunzieren. 1919 füllte Duchamp einen Glaskolben mit Luft, unter dem Titel *Pariser Luft* ist das Objekt in die Kunstgeschichte eingegangen.

• Das **readymade** erklärt jeden beliebigen Gebrauchsgegenstand zum Kunstobjekt. Jedes Ding kann durch die Wahl des Künstlers die Aura eines Kunstwerks erlangen, ohne dass es ergänzt oder bearbeitet wird. In diesem Akt der Transformation und Umwertung gibt sich ein **Wille zur Macht** zu erkennen. Wie der **Übermensch** (→) verändert der Künstler die Welt durch seine Entscheidung: Er definiert den Status der Dinge.

▼ *Das* Manifest Club Dada *wurde von Raoul Hausmann 1918 geschaffen. Der Begriff* **Dada** *ist ein Zufallsprodukt und imitiert das kindliche Stammeln, er ist sinnlos und eignete sich daher hervorragend als Markenzeichen der Kunstbewegung. Von Tristan Tzara, der philosophische Kopf der Gründergruppe des Clubs Dada, stammt der Satz: „Dada ist eine jungfräuliche Mikrobe, die mit Ausdauer die Luft in allen Räumen durchdringt, die die Vernunft nicht füllen konnte."*

▲ ▶ *Nach Meinung der Dadaisten kann jedes Ding durch einen Künstler zum Kunstwerk erklärt werden, der Gegenstand selbst besitze keinen Wert an sich. Marcel Duchamp gilt als Erfinder des* **readymade** *(wörtlich: „fertiggemacht"): Er erhob beliebige Fundstücke in den Rang eines Kunstwerks, so entstand z. B. das Objekt rechts aus Kordel, Messing und Schrauben von 1913 und das* Fahrrad-Rad *von 1915, oben.*

Zen

Orientalismus, Irrationalismus
Siehe auch: *Irrationalismus, Dadaismus, Zufall, Primitivismus*

Die Verbreitung **irrationalistischer Ideen** im 20. Jh. hat zu einem starken Interesse für orientalische Philosophien und das japanische Zen (wörtlich: „Meditation") geführt.

Das Zen ist weder eine Religion (es beruht auf den Lehren des Buddhismus) noch eine Philosophie, es strebt nicht nach theoretischer Rechtfertigung und seine Protagonisten fühlen sich nicht an eine Weltanschauung gebunden. Seine religiöse Praxis beruht auf einem Ensemble von Techniken, um **Erleuchtung** zu erlangen. In diesem Status verliert das Subjekt die Empfindung für Zeit und Raum und erreicht einen Zustand vollkommener Durchdringung des Ichs mit der Welt. Das Zen kommt ohne Worte aus, ohne Erklärungen und Unterweisungen, ohne ein philosophisches System (es kann nicht erklärt, sondern nur gezeigt werden); es lehrt die Stille, den Verzicht auf urteilende Beobachtung zugunsten völliger Konzentration auf den Augenblick.

Die wichtigste unter den Techniken des Zen ist die Meditation über das *koan*, ein Sinnspruch, eine Anekdote oder ein logisches Paradox wie z. B. „mit nur einer Hand in die Hände klatschen". Mit dem *koan* gibt der Zen-Meister seinem Schüler Rätsel auf, dessen Sinn sich in der Meditation erschließen soll. Dabei erfährt er die Unzulänglichkeit der intellektuellen Erfassung eines Problems und lernt, sich von seinen Gedanken zu lösen. Das Ziel der Zen-Erziehung besteht letztlich darin, die verstandesmäßige Auseinandersetzung mit der Außenwelt zu überwinden und intuitiv zu erkennen, dass Verstand und Logik den Zugang zur Fülle des Lebens versperren. Am Ende des Vorgangs soll der Mönch die Fähigkeit besitzen, **auf sanfte Weise aus der Vernunft herauszutreten**, um einen Zustand der Erleuchtung (*satori*) zu erlangen, der Erkenntnis der universellen Einheit allen Seins.

Auch wenn der Schüler selbst Zen-Meister geworden ist und weiß, dass das *koan* keine logischen Antworten kennt, wird er das Paradoxon verwenden, um den Geist von seinen störenden Gedanken und seinem Deutungsanspruch zu befreien. Denn das größte Hindernis auf dem Weg zur Erleuchtung ist gerade der Wunsch, sie zu erlangen: Alle Überlegungen füllen den Geist, anstatt ihn zu *leeren*.

Das Ziel der Erleuchtung des Zen stellt keine Flucht vor der Welt dar, sondern eine Form aktiver Teilnahme am Leben. Nicht durch heldenhaft-asketische Praktiken gelangt man zur **Erweckung**, sondern indem man das Leben in seiner ganzen Fülle lebt. Die Zen-**Meditation** (→) ist ohne Gegenstand und ohne Absicht, sie kann im Ausführen normaler Handlungen (wie z. B. Fisch oder Gemüse schneiden, Tee zubereiten) bestehen, wenn es gelingt, die Aufmerksamkeit ganz auf den Augenblick zu konzentrieren und das Bewusstsein von sich selbst aufzuheben.

Der westliche Kulturkreis hat vom Zen vor allem dessen Meditationstechniken übernommen, ohne sie als Teil einer ganzheitlichen Lebenspraxis zu verstehen und hat so ihre kulturellen Potenziale vernachlässigt. Daher versteht man hier unter **ikebana**, **bonsai** und **suiseki** in erster Linie eine Art, Blumengestecke herzustellen, Zwergpflanzen zu züchten oder schöne Steine zu arrangieren, während sie in der Kultur Japans einen **Mikrokosmos**, die Harmonie zwischen Mensch und Natur, repräsentieren (→ **Mikrokosmos/Makrokosmos**).

▲ Der **Sandgarten**, der sich immer neben einem wichtigen Tempel befindet, ist aus philosophischer Sicht eine der interessantesten Schöpfungen des Zen. Seine ästhetische Ausstrahlung beruht auf einem Minimalismus der Mittel und Materialien. Sand (mit einer feinen Linienstruktur versehen) und Steinen werden so angeordnet, dass sie den Eindruck einer grandiosen Landschaft hervorrufen: Der Garten wird zum Mikrokosmos.

▲ Der **bonsai** wirkt wie ein ausgewachsener Baum, der in den Weiten einer Landschaft vom Wind geformt wurde. Zuschreibungen wie klein und groß, kräftig und zierlich verlieren so ihre Bedeutung.

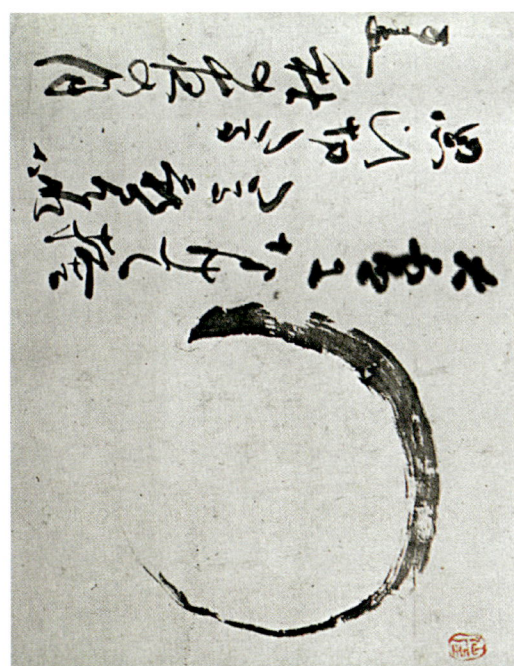

▲ Das **haiku** ist eine kalligrafische Verskomposition (sie spiegelt die Gefühle, von denen es inspiriert ist, in der Schrift wider). Es wird aus einem Vers mit drei Wortgruppen à 5, 7 und 5 Silben gebildet. Gegenstand ist ein Ereignis der Natur, festgehalten in einem Augenblick, der seine metaphysische Tiefe offenbart: „Mit ausgebreiteten Flügeln / kommt zu mir eine Taube / es ist Frühling."

▲ Ein klassisches **ikebana**, das sich auf den Frühling bezieht. Die Blumengebinde sind nach einem strengen Schema komponiert, es müssen immer drei Blumen asymmetrisch angeordnet werden. Der Sparsamkeit, die asymmetrische Komposition und die Akzentuierung der Leere charakterisieren die Zen-Ästhetik.

Fünftes Postulat

Nichteuklidische Geometrie
Siehe auch: *Fundamente in der Krise, Logizismus, Formalismus*

Die **nichteuklidische Geometrie** gehört zu den bedeutendsten Errungenschaften des 19. Jh.s und wurde von zwei Mathematikern unabhängig voneinander entwickelt, dem Russen Nikolai I. Lobatschewski (1793–1856) und dem Deutschen Georg Riemann (1826–1866). Die Mathematiker stellten die Ableitung des letzten der fünf Postulate des Euklid infrage. Dieses Postulat, das **Parallelenaxiom**, besagt: Durch einen außerhalb einer Geraden liegenden Punkt P kann zu dieser Geraden G nur eine einzige Parallele gezogen werden. Über 2500 Jahre lang galt diese Behauptung als wahr (weil die tatsächliche Realität beschreibend) und das euklidische System als einzig mögliche Geometrie, weil sich seine 450 Theoreme mit logischer Notwendigkeit aus den fünf Postulaten ableiten ließen.

Es war die große Leistung der Mathematiker, geometrische Systeme für möglich zu halten, in denen das Parallelenaxiom keine Gültigkeit besitzt. Daraus ergaben sich neue **Vorstellungen von einer gekrümmten Fläche**, auf der geometrische Figuren angeordnet sind. Euklid hatte diese Flächen stets als geradlinig und unendlich begriffen.

• Lobatschewski entwickelte die **hyperbolische Geometrie**, die auf dem Postulat basiert: Durch einen gegebenen Punkt P gehen mindestens zwei Parallelen zu einer gegebenen Geraden G. Das mit dieser Geometrie beschriebene Universum ist für den menschlichen Geist nur schwer vorstellbar und wurde wegen seiner besonderen Beschaffenheit als „Sattelfläche" bezeichnet.
• Riemann ging vom gegenteiligen Postulat aus (es gibt keine Parallelen, d.h. zwei Geraden einer Ebene haben stets einen Punkt gemeinsam) und entwickelte so die **elliptische Geometrie**, die eine Welt beschreibt, in der die geometrische Fläche sich krümmt und die Form einer Kugel annimmt.

Die Aussagen beider Geometriesysteme scheinen widersprüchlich: So ist z. B. die Winkelsumme eines Dreiecks in der elliptischen Geometrie stets größer als 180°, in der hyperbolischen Geometrie dagegen stets kleiner als 180°. Das Ergebnis allerdings (und nur das zählt in der Geometrie) ist genauso kohärent wie in der euklidischen Geometrie: Nie ergeben sich aus der Differenzierung dieser Geometrien (die nicht minder komplex sind als die euklidische) paradoxe Situationen (zwei gegensätzliche, jeweils bewiesene Sätze). Große Bedeutung erlangte die nichteuklidische Geometrie für die Kosmologie und die Berechnung *gekrümmter* Räume des Weltalls. Zum Beispiel legt man zur Programmierung der Umlaufbahnen eines Raumschiffes um die Erde die von Riemann entwickelte elliptische Geometrie zugrunde, nach der die geodätische Linie die kürzeste Verbindungslinie zweier Punkte auf einer Fläche ist (auf diese Geometrie stützte Albert Einstein bei der Bestimmung der **Relativität →**).

Die nichteuklidischen Geometrien stellen die Richtigkeit der euklidischen nicht generell infrage, relativieren sie aber. Sie wird heute noch für die Berechnung *gerader* Ebenen und klar definierbarer Räume angewandt.

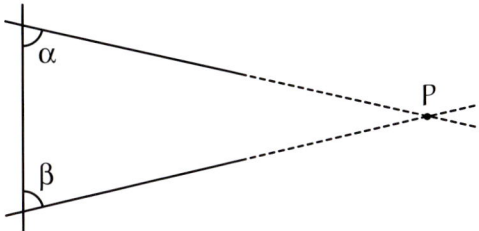

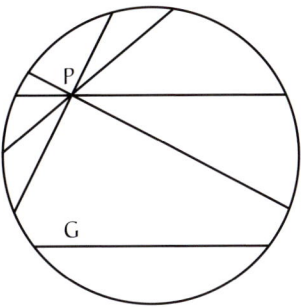

▲ Das fünfte Postulat **Euklids**: Schneidet eine Gerade zwei andere Geraden so, dass die Innenwinkel (α und β) auf der einen Seite zusammen kleiner als zwei rechte Winkel (180°) sind, dann schneiden sich letztere zwei Geraden auf eben dieser Seite. In der modernen Definition lautet dies: Durch einen außerhalb einer Geraden liegenden Punkt P kann zu dieser Geraden G nur eine einzige Parallele gezogen werden.

▼ Die Vorstellung Euklids impliziert eine Bedingung: Die Fläche, um die es geht, muss notwendigerweise unbegrenzt bzw. unendlich groß sein. Auf einer begrenzten Fläche gibt es in der Tat mehr als nur einen Abschnitt, der die Bedingungen der Parallelität erfüllt, d. h. der durch P geht und die Gerade G nicht schneidet. Für endliche Flächen gilt das fünfte Postulat nicht.

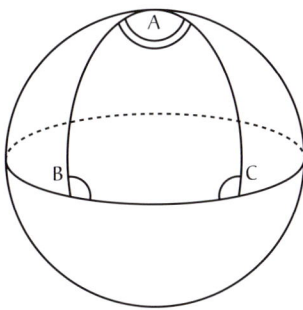

▲ In der elliptischen Geometrie gilt, dass die Winkelsumme im Dreieck immer größer ist als 180°.

▼ Eine Lobatschewski-Fläche erhält man, indem man den Bogen AB um die Symmetrieachse C rotieren lässt. Die Winkelsumme der Dreiecke auf dieser Ebene ist kleiner als 180°.

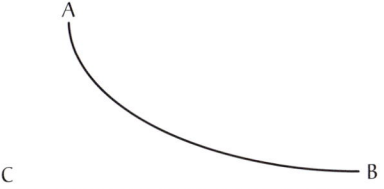

▲ Die Riemann'sche Geometrie geht davon aus, dass es auf einer Fläche keine Parallelen geben kann. Die Folge ist eine Krümmung der Fläche, die die Gestalt einer Kugel annimmt.

▼ Schematische Darstellung der „Sattelfläche" in der von Lobatschewski entwickelten Geometrie. Im Zusammenhang mit einer solchermaßen gestalteten Fläche lässt sich ein geometrisches System entwickeln, in dem es mehrere Parallelen zu einer gegebenen Linie gibt, die durch ein und denselben Punkt gehen.

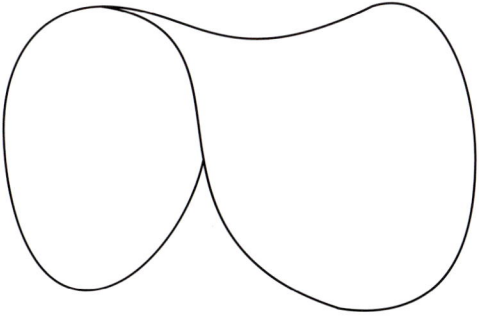

Fundamente in der Krise

Mathematische Philosophie
Siehe auch: *Formalismus, Logizismus, Fünftes Postulat*

Im Unterschied zur griechischen Kultur, die nur die natürlichen (positiven) Zahlen kannte, hat sich der Begriff der **Zahl** (→) extrem erweitert und bedient sehr verschiedene Inhalte. Ganze, rationale, reelle Zahlen, algebraische, transzendente und irrationale Zahlen, komplexe Zahlen und Zahlenmengen stellen **geistige Konstrukte** unterschiedlichster Art dar. Die im 19. Jh. erzielten Fortschritte auf diesem Wissensgebiet schlugen sich jedoch nicht zwangsläufig in theoretischer Präzision des Gegenstandes nieder. Noch um 1850 herrschte Unklarheit über das Wesen der Zahl und den theoretischen Stellenwert des mathematischen Zeichens.

Mit der Entwicklung der **nichteuklidischen Geometrie** stellte sich immer zwingender die Frage nach den Fundamenten der Mathematik. So entstand in einer Zeitspanne von 50 Jahren zwischen dem ausgehenden 19. und dem frühen 20. Jh. die **mathematische Philosophie**, ein neues Feld kritischer Forschung, die sich mit der Wechselbeziehung zwischen Philosophie, Logik und Mathematik beschäftigt.

Im Mittelpunkt dieser **Grundlagenforschung** (so genannt, weil sie die Axiome der Mathematik generell reflektiert) steht der Zahlenbegriff. Es gibt im Wesentlichen drei Theorien, die sich mit seiner genauen Bestimmung beschäftigt haben.

• Der **Logizismus** (Gottlob Frege, Bertrand A. Russell) vertritt die These, dass sich die gesamte Mathematik auf die Logik zurückführen lässt. Sie orientiert sich an der platonischen Idee: Die Zahl wird als etwas Präexistentes, als objektives, von der Forschung unabhängiges Faktum aufgefasst. Folglich fällt die Mathematik nicht in den Bereich der Erfindung, sondern der Entdeckung. Dieser Ansatz eignet sich hervorragend für die elementare Mathematik, erweist sich aber als unzureichend für die Erklärung komplexer Theorien.

• Der **Formalismus** ist eine Theorie, die auf einem Kalkül von Axiomen beruht (David Hilbert). Er sieht in der mathematischen Zahl ein Produkt des menschlichen Geistes: Sie existiert und ist hinreichend begründet, wenn sie widerspruchsfrei bestimmt werden kann.

• Der **Intuitionismus** (Luitzen E. J. Brouwer) suchte das Problem durch Rückgriff auf die konstruktiven Fähigkeiten des Geistes zu lösen. Ein mathematisches Objekt ist dann existent, wenn es sich konstruieren lässt, d. h., wenn ein Beispiel dafür gebildet und das hierfür notwendige Verfahren aufgezeigt werden kann.

Keiner dieser drei Versuche war von Erfolg gekrönt: Für den Logizismus erwies sich die Russell'sche Antinomie, für den Formalismus der Gödel'sche Unvollständigkeitssatz als unüberwindbares Hindernis, und der Intuitionismus vermochte kein allgemein gültiges Modell vorzulegen, mit dem alle mathematischen Objekte erklärbar sind (z. B. lässt sich der Unendlichkeitsbegriff nicht effektiv konstruieren und entzieht sich in vielerlei Hinsicht der Intuition).

Trotz der intensiven Debatten zu Beginn des 20. Jh.s ist die Frage nach dem Wesen der Zahl und also der Mathematik letztlich unbeantwortet geblieben. Heute zeichnet sich dieses Wissensgebiet durch ein breites Spektrum unvereinbarer Theorien aus. Ausgerechnet in dem Jh. mit dem erstaunlichsten technologischen Fortschritt erkennt die Wissenschaft die **Brüchigkeit ihrer Fundamente**.

◀ *Der Holzschnitt von Maurits C. Escher zeigt eine Figur zwischen Maler und Wissenschaftler, die die allgemeine* **Infragestellung der Fundamente der Mathematik** *als individuelle Irritation veranschaulicht. In Anbetracht der Erfolge der Mathematik und mathematischen Verfahren auf allen wissenschaftlichen Gebieten weitet sich der Mangel an theoretischer Klarheit über die Grundlagen der Mathematik zu einer Krise von allgemeiner Bedeutung aus.*

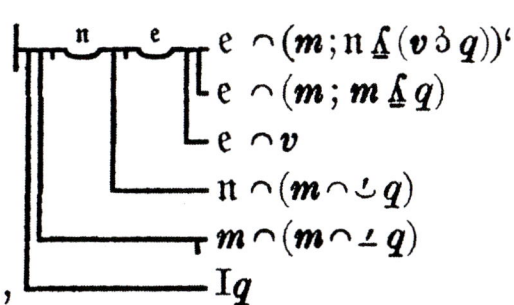

◀ *Ein Beispiel für* **Sprachlogik** *von Gottlob Frege (aus: Grundgesetze der Arithmetik, 1893–1903): Die deduktive Verfahrensweise wird durch eine Verästelung von Sätzen veranschaulicht, die von unten nach oben gelesen werden müssen. Die senkrechten Linien verweisen auf die Negation, die Bögen auf die Quantifikation von Aussagen (für alle, für kein usw.). Andere Logiker verwenden dafür gänzlich andere Systeme.*

	Negation	Konjunktion	Disjunktion	Implikation	Doppelte Implikation
Boole	$\bar{p}$	$p \times q$	$p + q$	$p > q$	$p = q$
Peano	$-p$	$p \cap q$	$p \cup q$	$p \supset q$	$p\bullet = \bullet q$
Whitehead und Russel	$\sim p$	$p \bullet q$	$p \vee q$	$p \supset q$	$p \equiv q$
Hilbert und Ackermann, 1928	$\bar{P}$	$P \& Q$	$P \vee Q$	$P \to Q$	$P \sim Q$
Hilbert und Ackermann, 1959	$\to P$	$P \wedge Q$	$P \vee Q$	$P \to Q$	$P \leftrightarrow Q$

◀ *Die* **Logik** *ist eines der wenigen Wissensgebiete, die keine allgemein gültige, von allen Fachleuten anerkannte technische Sprache besitzt. Jeder Logiker legt die von ihm verwendeten Symbole der Problembehandlung zugrunde. Die Gründe für die fehlende Standardisierung sind konzeptioneller Natur: Jeder Mathematiker setzt die* **logischen Operatoren** *(Negation, Konjunktion usw.) in der ihm eigenen Sinnvariante ein.*

Logizismus

Russell'sche Antinomie

Siehe auch: *Fünftes Postulat, Formalismus, Fundamente in der Krise*

Neben dem Formalismus stellt der Logizismus einen der wichtigsten Versuche der mathematischen Philosophie dar, die Mathematik auf sichere Fundamente zu stellen bzw. das Wesen des Zahlenbegriffs zu spezifizieren. Ziel des von Gottlob Frege (*Grundgesetze der Arithmetik*, 1893–1903) begründeten Logizismus ist es, die gesamte Mathematik auf die Logik zurückzuführen. Auf diese Weise kann die Bedeutung einer Zahl mithilfe des Begriffs der **Klasse** (**Menge**) ausgedrückt werden: eine durch mindestens ein gemeinsames Merkmal verbundene Gruppe von Gegenständen (Individuen), die durch eine **Zugehörigkeitsregel** definiert sind. Mit anderen Worten, die Zahl ist das gemeinsame Merkmal eines bestimmten Klassentyps. Die Siebenzahl etwa drückt aus, was folgende Klassen gemeinsam haben: die Wochentage, die Weltwunder, die Hügel Roms, die Siegel der *Apokalypse*, die Zwerge im Märchen, die Weisen der Antike usw. Obwohl sie inhaltlich heterogen sind, besitzen sie alle die Eigenschaft **arithmetischer Gleichheit**: Einem ihrer Elemente entspricht ein und nur ein Element in den anderen Klassen. Wir bezeichnen als Zahl 7 die Menge aller damit ähnlichen Mengen.

Nach Freges Logisierungsprogramm sollte der Klassenbegriff auf zunehmend komplexer werdende Ebenen angewandt werden und das Wesen aller mathematischen Objekte und Operationen erklären. 1903 bewies der britische Philosoph Bertrand A. Russell (*Principia Mathematica*, 1910–1913) die Undurchführbarkeit dieses Programms der logischen Grundlegung der Mathematik und traf eine grundsätzliche Unterscheidung zwischen „normalen Mengen" und „nichtnormalen Mengen".

• **Normale Mengen** sind Mengen, die **sich nicht selbst enthalten**, daraus folgt, dass die Gesamtheit, die Klasse, anders ist als die Bestandteile. Viele natürliche Mengen gehören zu diesem Typ: Eine Studentengruppe ist kein Student; die Gesamtheit aller Obstverkäufer ist ein Handelsverband, kein riesiger Obstverkäufer usw.

• **Nichtnormale Mengen** hingegen sind Mengen, die **sich selbst enthalten**. Die Gesamtheit aller Farben des Lichtspektrums (Weiß) ist selbst eine Farbe; der Bücherbestandskatalog einer Bibliothek ist selbst ein Buch, und das impliziert wiederum, dass ein perfekter Katalog, der sämtliche Bücher aufführt, auch sich selbst aufführen muss.

Das Paradoxon tritt dann zutage, wenn ausgehend von der Betrachtung von Klassen, die aus Elementen bestehen, Klassen zweiten Grades, Klassen von Klassen, in Betracht gezogen werden. Die Situation wird sofort undefinierbar, denn es ist unmöglich festzustellen, ob diese „Überklassen" ihrerseits normal oder nichtnormal sind. Russell paraphrasierte dies mit einem berühmten Beispiel: Stellen wir uns vor, dass ein Barbier sich selbst wie folgt definiert: „Ich bin derjenige, der alle Männer rasieren soll, die sich nicht selbst rasieren." Daraus ergibt sich folgende Situation: Rasiert der Barbier sich, so gerät er in Widerspruch zu sich selbst, da er zu einem Barbier geworden ist, der einen rasiert, der sich selbst rasiert; wenn er sich nicht rasiert, hört er auf, der oben definierte Barbier zu sein, weil er nicht mehr alle rasiert, die sich nicht selbst rasieren.

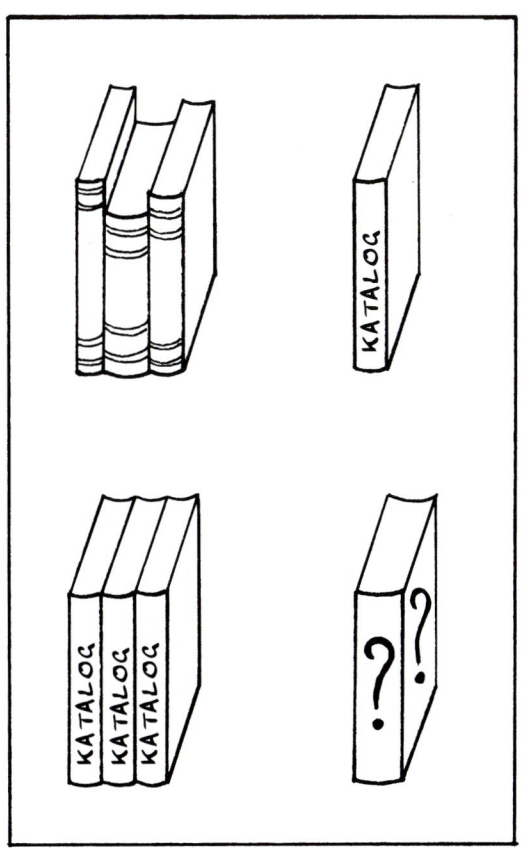

▲ Die **Russell'sche Antinomie** kann auf verschiedene Weisen formuliert sein, etwa dass der Bestandskatalog einer Bibliothek als Menge betrachtet wird. Der Bibliothekar hat zwei Möglichkeiten: Entweder er verzeichnet den Bestandskatalog selbst nicht und schafft damit eine normale Menge, oder er nimmt den Katalog im Katalog selbst auf und schafft damit eine nichtnormale Menge: einen Katalog, der auch sich selbst katalogisiert. Was aber geschieht, will der Generaldirektor sämtlicher Bibliotheken einen Katalog aller regionalen nichtnormalen Kataloge erstellen?

▼ Das **Paradoxon des Briefträgers** ist ein anderes Beispiel für die von Russell entdeckte Antinomie. Wird der Briefträger definiert als „derjenige, der die Post für alle Leute austrägt, die sie nicht selbst abholen" (und auf diese Weise zum Symbol einer Klasse gemacht), entsteht ein unlösbares Problem hinsichtlich der für den Briefträger selbst ankommenden Post. Trägt er sie nicht aus, ist er nicht der Briefträger (was unter logischen Gesichtspunkten unannehmbar ist); holt er sie jedoch nicht ab, muss er warten, bis er sie vom Briefträger ausgehändigt bekommt, also von sich selbst.

Formalismus

Hilbert-Programm, Gödelscher Unvollständigkeitssatz
Siehe auch: *Fundamente in der Krise, Logizismus*

Der Formalismus ist eine bedeutende Strömung der **mathematischen Philosophie** und wurde nach 1918 durch den deutschen Mathematiker David Hilbert (1862–1943) entwickelt. Im Gegensatz zum **Intuitionismus** geht der Formalismus bei der Klärung theoretischer Probleme der Mathematik und des Zahlenbegriffs davon aus, dass die in einem mathematischen Zusammenhang verwendeten Konzepte nur durch die Beziehungen zu den anderen Bedeutung erlangen. Hiernach ist eine mathematische Theorie durch Beweis ihrer **Widerspruchsfreiheit** (nicht durch Beschreibung der physikalischen Welt, auch nicht durch Darstellung eines logischen Inhalts) hinreichend begründet. Eine Theorie bleibt so lange gültig, bis ihre Weiterentwicklung zu einer Antinomie führt (zwei widersprüchliche, wenngleich jeweils beweisbare Sätze). Hilbert verglich die Terme einer Theorie mit den Bestandteilen eines Bauwerks (bzw. den Wörtern einer Sprache): In derartigen Strukturen baut ein Bestandteil auf den anderen auf und begründet die darauf folgenden.

Auf der Grundlage dieses Ansatzes beabsichtigte Hilbert, eine umfassende Überprüfung der Mathematik in zwei Etappen vorzunehmen:
• die **Formalisierung** der komplexen mathematischen Theorien bzw. eine Erklärung der arithmetischen Axiome, der Regeln der Inferenz und der angewendeten Verfahren;
• die **Analyse der Widerspruchsfreiheit** dieser formalen Systeme.

Der formalistische Ansatz besitzt jedoch im Kern eine unüberwindliche Schwierigkeit: Wie weit muss eine Theorie entwickelt worden sein, damit ihre Geltung anerkannt wird? Hat der aktuelle Stand der Forschung noch keine Antinomien produziert, bedeutet das nicht, dass sich im Nachhinein welche einstellen können. Hilbert schlug deshalb vor, einen neuen Untersuchungstyp zu entwickeln, eine **Meta-Mathe**matik, bzw. eine Gruppe von Postulaten zu erarbeiten, die als Grundlage für eine *sichere* Mathematik verwendet werden können, eine Mathematik also, die gegen das mögliche Auftreten paradoxer Resultate in ihr abgesichert ist.

Den Beweis für die Unhaltbarkeit von Hilberts Konzept für die Grundlagenforschung der Mathematik erbrachte 1931 der österreichische Mathematiker Kurt Gödel. Dem **Gödel'schen Unvollständigkeitssatz** zufolge, lässt sich die Widerspruchsfreiheit einer mathematischen Theorie unmöglich beweisen, wenn hierzu ausschließlich die von dieser Theorie gelieferten Instrumente verwendet werden. Mit anderen Worten, jedes formale System (wie z. B. die Arithmetik) enthält stets Grundaussagen, die es nicht selbst beweisen kann, und ist daher notwendigerweise unvollständig. Die Mathematik lässt sich nicht durch eine ganzheitliche Struktur fassen und durch wenige Axiome definieren. Ihre Kohärenz ist durch die alleinige Verwendung von Instrumenten (Prinzipien, Axiomen) der Mathematik selbst nicht zu beweisen. Nach dieser Behauptung wurde das formalistische Hilbert-Programm als gescheitert angesehen und aus theoretischen Gründen aufgegeben.

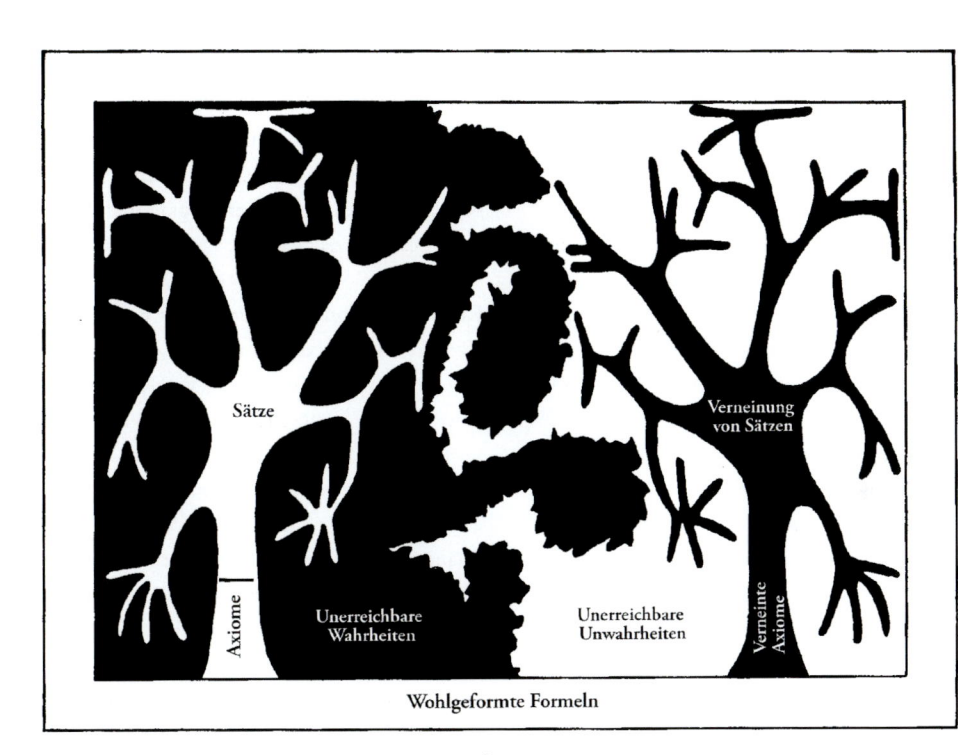

Sätze

Verneinung
von Sätzen

Axiome

Unerreichbare
Wahrheiten

Unerreichbare
Unwahrheiten

Verneinte
Axiome

Wohlgeformte Formeln

Ketten

▲ *Schematische Darstellung des **Gödel'schen Unvollständigkeitssatzes** von
Douglas R. Hofstadter* (Gödel, Escher, Bach. Ein endloses geflochtenes
Band, *1985; OA engl. 1979). Der äußere Rahmen stellt die Menge aller
„Ketten" bzw. sämtliche möglichen Symbolsequenzen der formalisierten
Sprache dar. Diese beinhaltet die Untermenge der „wohlgeformten Formeln"
bzw. der Symbolsequenzen, die sich an die Syntax-Regeln der Sprache halten.
Die Menge der Sätze ist als ein Baum dargestellt (links), der sich aus einem
Stamm (die Axiome) entwickelt: Aus den älteren Zweigen (Sätze) sprießen
ständig neue. Die fingerähnlichen Zweige erkunden den sie umgebenden Bereich (die Menge der Wahrheiten), können ihn aber nie völlig ausfüllen: Die
schwarze Fläche stellt den Bereich all jener Wahrheiten dar, die unerreicht
bleiben. Das Spiegelbild (der schwarze Baum rechts im Bild) stellt die Menge
der falschen, zu verneinenden Sätze dar, die dennoch alle zusammen nicht
fähig sind, den Bereich der falschen Aussagen völlig zu decken. Die Grenze
zwischen der Menge der Wahrheiten und der Menge der Unwahrheiten weist
eine „fraktale" Form auf, um darauf hinzuweisen, dass es unmöglich ist, eine
endgültige Grenzlinie zu ziehen.*

▲ *Kurt Gödel wurde in Brünn
(Brno) geboren, studierte in Wien,
wo er auch von 1933–1938, lehrte,
bevor er in die USA emigrierte.*

Relativität

Einstein
Siehe auch: *Gleichzeitigkeit, Fünftes Postulat*

Die Revision der **Newton'schen Physik** setzte in den letzten Jahrzehnten des 19. Jh.s mit der Entdeckung ein, dass mit dem herkömmlichen, auf dem Begriff der Kraft aufbauenden mechanistischen System ein Teil der Naturphänomene wie z. B. elektrische und magnetische Phänomene (Licht, Funkwellen, Röntgenstrahlen, Gamma- und kosmische Strahlung) nicht zu erklären sind. **Kraft** war für Newton eine physikalische Größe, die von außen (aufgrund von Berührung oder durch den Raum) den Zustand von Körpern beeinflussen kann. Nicht nur, dass die klassische Physik die Dynamik der Körper durch Bezugnahme auf mechanische Kräfte (Phänomene der Anziehung und Abstoßung) erklärte, sie glaubte auch eine Erklärung für die Anziehungskraft zwischen Körpern auf der Grundlage nicht näher bestimmter Gravitationskräfte geben zu können. Und weil diese nicht durch Berührung, sondern aus der Entfernung wirken, schien der Begriff der Gravitationskraft die Notwendigkeit eines **absoluten Raums** zu implizieren, der vorgegeben ist und unabhängig von den (möglicherweise) in ihm enthaltenen Körpern existiert, ein Raum, in den Körper und Kräfte wie in ein leeres Behältnis (einen Kasten) getaucht sind.

Diese Kraft- und Raumbegriffe sind für die Physik der irdischen Körper nach wie vor relevant; die Newton'sche Statik und Dynamik haben für die unmittelbare Umwelt des Menschen nicht an Gültigkeit verloren. Denkt man aber in astronomischen Dimensionen oder befasst sich mit Körpern, die sich mit sehr hoher Geschwindigkeit (z. B. mit Lichtgeschwindigkeit) bewegen, erweist sich das „terrestrische" Deutungsmodell als unzureichend: Man muss konstatieren, dass es keinen absoluten Raum, kein bevorzugtes **Bezugssystem** jenseits der Körper gibt, auf dessen Grundlage Messungen vorgenommen werden können. Raum und Zeit sind an ein Bezugssystem gebunden.

Albert Einstein legte 1905 mit der **speziellen Relativitätstheorie** (über Systeme in gleichförmig-geradliniger Bewegung) und 1916 mit der **allgemeinen Relativitätstheorie** (Anwendung des Relativitätsprinzips auch auf beschleunigte Bewegungen bzw. das Vorhandensein von Gravitationsfeldern) ein neues Konzept vor. Ihm zufolge stellt der Raum kein den Körpern äußerliches Phänomen dar, durch das die physikalischen Kräfte wirken, sondern die Wirkung eines **Feldes**.

Dem von James C. Maxwell erstmals näher bestimmten Feldbegriff liegt die Untersuchung elektrischer Phänomene zugrunde: Er verweist auf eine Veränderung der Umwelt als Folge der Existenz eines Gegenstands in ihr. Das ermöglichte Einstein, die **Idee der Gravitation** in konzeptionell völlig andere Begrifflichkeiten zu fassen als Newton. Durch die simple Gegenwart einer Masse wird der Raum *deformiert* (oder besser gesagt: geschaffen); er wird in derselben Weise gekrümmt wie die Luft durch eine elektrische Ladung *gestört* wird. Diese Deformation oder „Krümmung" des Raums ruft das Phänomen der Gravitation hervor; daher lässt sich behaupten, dass die Planeten sich in dem durch die Gegenwart der Sonne gekrümmten Raum geradlinig bewegen. Deshalb darf man sich den Raum nicht als unabänderliches Phänomen vorstellen, sondern als **Funktion der Materie**. Körper, behauptete Einstein, *„existieren* nicht *im* Raum, sondern *haben* einen Raum".

▲ ▲ Die **Relativität der Bezugssysteme** wird durch sehr einfache Experimente offensichtlich. Einstein schlug folgendes vor: „Ich stehe am Fenster eines gleichförmig fahrenden Eisenbahnwagens und lasse einen Stein auf den Bahndamm fallen, ohne ihm einen Schwung zu geben. Dann sehe ich (abgesehen vom Einfluss des Luftwiderstandes) den Stein geradlinig herabfallen. Ein Fußgänger, der die Übeltat vom Fußwege aus mit ansieht, bemerkt, dass der Stein in einem Parabelbogen zur Erde herabfällt (für diesen Betrachter summiert sich in der Tat die Bewegung des Steins mit der des Zuges). Ich frage nun: Liegen die Orte, welche der Stein durchläuft, in Wirklichkeit auf einer Geraden oder auf einer Parabel?"

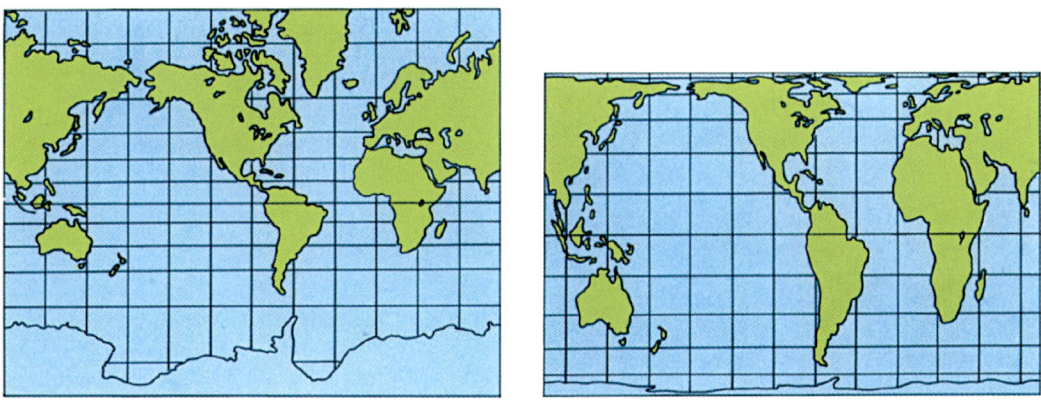

▲ ▲ Die Verzerrung aller geografischen Karten macht die Bedeutung des verwendeten Bezugssystems offensichtlich. Da die Erde ein dreidimensionales Gebilde ist, wird sie niemals auf einer ebenen Fläche dargestellt werden können. In der oberen Projektion (klassische Mercator-Projektion, 1569) wurden die Umrisse, nicht aber die Proportionen der Kontinente beachtet, weshalb Afrika viel kleiner und Europa viel größer erscheint. In der Projektion unten (Peters, 1974) wurden die Größen beachtet, aber die Formen verzerrt. Keine von beiden ist der anderen überlegen; jede ist hinsichtlich ihres Bezugssystems, das durch das Gitter im Hintergrund angegeben ist, richtig.

Gleichzeitigkeit

Einstein, Relativitätstheorie
Siehe auch: *Relativität, Fünftes Postulat*

Der theoretische Ausgangspunkt von Albert Einsteins Überlegungen, das *Paradoxon der Lichtgeschwindigkeit* ist vom Konzept her sehr einfach. Zwischen 1881 und 1904 hatten Albert A. Michelson und Edward W. Morley versucht herauszufinden, wie sich die Bewegung der Erde auf die Geschwindigkeit eines Lichtstrahls auswirkt (**Michelson-Morley-Experiment**). Das Ergebnis war – und setzte in aufsehenerregender Weise Newtons Gesetze der Mechanik außer Kraft –, dass das Licht stets die gleiche Geschwindigkeit besitzt, ungeachtet dessen, ob die Erdbewegung der des Lichtes entgegenläuft oder nicht.

Die geniale Idee Einsteins bestand darin, ausgerechnet das Absurde und Paradoxe des Newton'schen Weltbildes zur Grundlage einer vollkommen neuen Lehre zu machen. Das Licht, behauptete er, „pflanzt sich geradlinig mit einer konstanten Geschwindigkeit von circa 300.000 km/s fort, ist unüberschreitbar und völlig unabhängig von der Bewegungsgeschwindigkeit des das Licht emittierenden Körpers". Durch das Vorhandensein dieser (Geschwindigkeits-) Grenze verliert das Superpositionsprinzip (und mit diesem eine Reihe verwandter Begriffe wie Geschwindigkeit, Beschleunigung, Masse, Zeit) bei sehr hohen, mit der Lichtgeschwindigkeit vergleichbaren Geschwindigkeiten, seine Gültigkeit. Ein Beispiel: Von einem Körper, der sich mit einer Geschwindigkeit von 200.000 km/s bewegt, wird ein Geschoss mit einer Eigengeschwindigkeit von 150.000 km/s abgefeuert. Die Endgeschwindigkeit wird nicht die Summe der Kräfte (350.000 km/s) betragen, sondern immer unterhalb der unüberschreitbaren Grenzgeschwindigkeit eines Lichtstrahls (Grenze der Lichtgeschwindigkeit) liegen.

Das führte insbesondere zu einer vom herkömmlichen Verständnis abweichenden **Relativierung der Gleichzeitigkeit**. Bezeichnungen wie „jetzt", „vorher" und „nachher" sind nur für Beobachter mit demselben Bezugssystem sinnvoll; zwei Ereignisse, die für einen Beobachter gleichzeitig stattfinden, tun dies nicht zwangsläufig für einen anderen. Weder die klassischen Anschauungen der Philosophie und der Physik (→ **Newtonismus**) noch die subjektive Alltagserfahrung hatten jemals das Prinzip der Zeit als Kontinuum und als etwas vom Zeiterleben des Einzelnen unabhängig Existierendes in Zweifel gezogen. Wahr ist, dass das individuelle Zeitempfinden Veränderungen unterliegen kann. Davon bleibt jedoch die Existenz einer objektiven, absoluten Realität, in der die Zeit unaufhaltsam, mit perfekter Konstanz und Regelmäßigkeit vergeht, scheinbar unberührt. Im Gegensatz dazu ist nach Einsteins Relativitätstheorie **die Zeit unbeständig und elastisch** und wird in Abhängigkeit von der Geschwindigkeit eines bewegten Systems und vom Bewegungszustand des Beobachters (ruht er oder wird er mitbewegt) gedehnt (Zeitdilatation). Eine *wahre* Zeit gibt es nicht, auf deren Grundlage die anderen Zeiten gemessen werden könnten. Aber nicht nur das: Zeit ist begrifflich nicht mehr vom Raum zu unterscheiden, die zusammen eine Einheit bilden und für die der Begriff „Raum-Zeit-Kontinuum" bzw. „Raum-Zeit" geprägt wurde. Eine Trennung von Zeit und Raum sowie deren Eigenständigkeit erweisen sich als willkürliche Postulate der klassischen Mechanik.

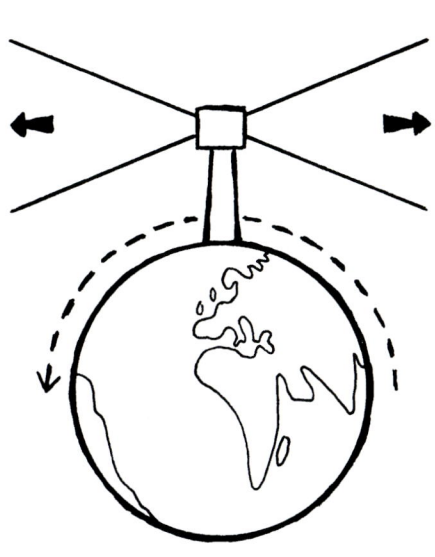

▲ *Ein Beispiel dafür, wie die* **Gleichzeitigkeit zweier Ereignisse** *vom Bezugssystem abhängt: Zwei Blitze schlagen an zwei weit voneinander entfernten Stellen A und B auf einen Bahndamm ein. Vom Bahndamm aus gesehen schlagen die Blitze gleichzeitig ein, hingegen wird ein Beobachter im Zug den vom Ort B ausgehenden Lichtstrahl früher sehen als den von A ausgehenden, weil er sich B nähert und von A entfernt.*

▲ *Entgegen dem Newton'schen Superpositionsprinzip besitzt das von einem Leuchtturm ausgestrahlte Licht stets die gleiche Geschwindigkeit, unabhängig davon, ob die Erde (-drehung, -rotation usw.) der Lichtbewegung entgegenläuft oder nicht (Prinzip der Konstanz der Lichtgeschwindigkeit).*

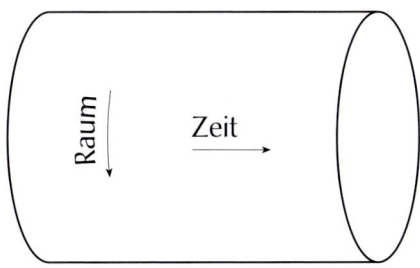

▲ *Die Raum-Zeit.*

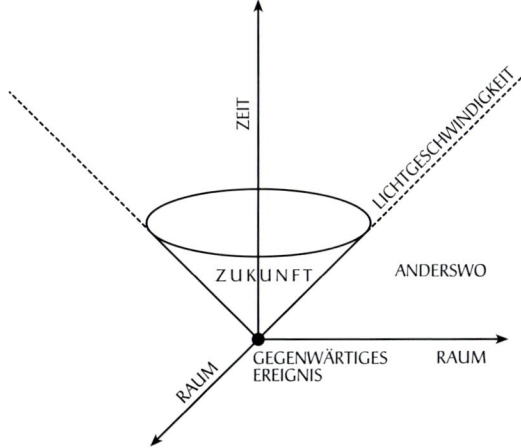

◄ *Die Geometrie der Raum-Zeit nach Hermann Minkowski (Minkowski-Raum, auch Raum-Zeit-Diagramm). Auf der Horizontalen sind die Raumkoordinaten angegeben, senkrecht verläuft die Zeitkoordinate; die diagonalen Linien stellen die Lichtgeschwindigkeit dar. Der Kegel grenzt somit die in Zukunft zu erwartende Raum-Zeit ab. Denn in Anbetracht der Tatsache, dass die Lichtgeschwindigkeit eine für Bewegungen unüberschreitbare Grenzgeschwindigkeit darstellt, wird es niemals möglich sein, die Zone außerhalb des Kegels zu erreichen oder zu ihr vorzudringen.*

Quantentheorie

Physik

Siehe auch: *Unschärferelation, Zufall*

Im Zeitalter der exakten Wissenschaften befassten sich zwei verschiedene Denkschulen mit der Problematik des **Lichts** und seinen Eigenschaften.

• In der im 17. Jh. von Christiaan Huygens formulierten **Wellentheorie des Lichts** wurde Licht als das Ergebnis einer mechanischen Schwingung des durchquerten Mediums aufgefasst, was z. B. anhand des Schalls oder der durch einen Stein ausgelösten Kräuselung der Wasseroberfläche deutlich wird. (Eine heikle Implikation dieser Theorie war, dass ein physikalisches Medium, ein unsichtbarer „Äther", als Vehikel für die Ausbreitung von Lichtwellen im kosmischen Raum angenommen werden musste.)

• In **Newtons Korpuskulartheorie des Lichts**, welche die Hypothese der griechischen Atomisten wieder aufgriff, wurde Licht als Gesamtheit verschiedenartiger Korpuskeln aufgefasst (deren Besonderheit die Verschiedenartigkeit der Farben erklärt), welche kontinuierlich von Lichtquellen ausgesendet werden. Ende des 17. Jh.s fand die Wellentheorie einhellige Zustimmung der Wissenschaftlerkreise und schien mit der Theorie des elektromagnetischen Feldes von James C. Maxwell eine endgültige Systematisierung erfahren zu haben. Die Inkompatibilität der beiden Theorien, der Wellen- und der Korpuskulartheorie, war offensichtlich: Eine Korpuskel ist eine Bewegung *der* Materie, während eine Welle eine Bewegung *in der* Materie ist; ein physikalisches, korpuskulares Ereignis (z. B. die Masse der von einem Gewehr abgeschossenen Kugeln) hat diskontinuierlichen Charakter, eine Strahlung produziert dagegen einen kontinuierlichen Fluss.

Das Außergewöhnliche und philosophisch Erschütternde an der **Quantenphysik**, die in den ersten drei Jahrzehnten des 20. Jh.s entwickelt wurde und heute noch weiterentwickelt wird, ist die nachgewiesene Unmöglichkeit, weder auf das Korpuskularmodell noch auf das Wellenmodell verzichten zu können, die

beide experimentell nachprüfbar sind. In bestimmten Situationen, z. B. bei dem von Albert Einstein 1905 entdeckten Fotoeffekt, verhält sich das Licht so, als bestünde es aus „Energiequanten" (Photonen mit eigener Masse); bei anderen Lichtphänomenen wiederum (Brechung, Interferenz oder Polarisation) spielt die Welleneigenschaft des Lichts eine Rolle.

Das 1927 von Niels Bohr formulierte **Komplementaritätsprinzip** besagt, dass zur Beschreibung des Welle-Teilchen-Dualismus sowohl das Teilchen als auch das Wellenbild notwendig sind: Ersteres spielt eine wesentliche Rolle bei der Untersuchung der Phänomene des Energieaustausches, Letzteres für die Beschreibung des Verhaltens der Elementarteilchen. Mit der Quantentheorie wird die klassische Unterscheidung zwischen Materie (bestehend aus diskreten, voneinander getrennten, im Raum unterscheidbaren Entitäten) und Strahlung (wellenartige, kontinuierliche Phänomene) überwunden: Die Elementarteilchen sind beides zugleich.

Der Austausch auf der Ebene der Atome findet somit nicht in einer kontinuierlichen und linearen Progression statt (wie dies nur bei Gültigkeit der Wellentheorie der Fall wäre), sondern durch episodische Emission von **Quanten** (von lat. *quantum* „wie groß, wie viel; so groß wie"), regelrechten *Energiepäckchen* (diskrete Energiemengen). Auf der Ebene der Atome erweist sich eines der ältesten Postulate der Naturphilosophie als falsch: *natura non facit saltus* (Die Natur macht keine Sprünge).

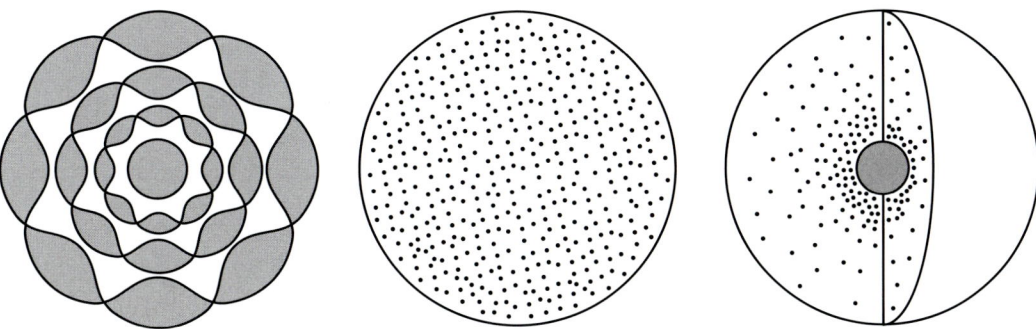

▲ ▲ ▲ *Im Verlauf des 20. Jh.s veränderten sich die Atommodelle rasant. Das Modell von Arnold Sommerfeld (links) knüpft an die herkömmliche Vorstellung der um einen Kern kreisenden Elektronen an, wobei die Kreisbahnen durch Ellipsenbahnen ersetzt wurden. In dem mittleren Modell ist die Orbitalvorstellung (eine feststellbare Bahn) ganz verschwunden, sie wurde im Modell rechts durch eine* **Aufenthaltswahrscheinlichkeit** *(Dichteverteilung) des Elektrons im Raum um den Atomkern ersetzt. In der Quantentheorie, die nur Wahrscheinlichkeitsaussagen trifft, ist es aufgrund der* **Unschärferelation** *nicht möglich, die Position der einzelnen Elektronen mit Genauigkeit zu bestimmen.*

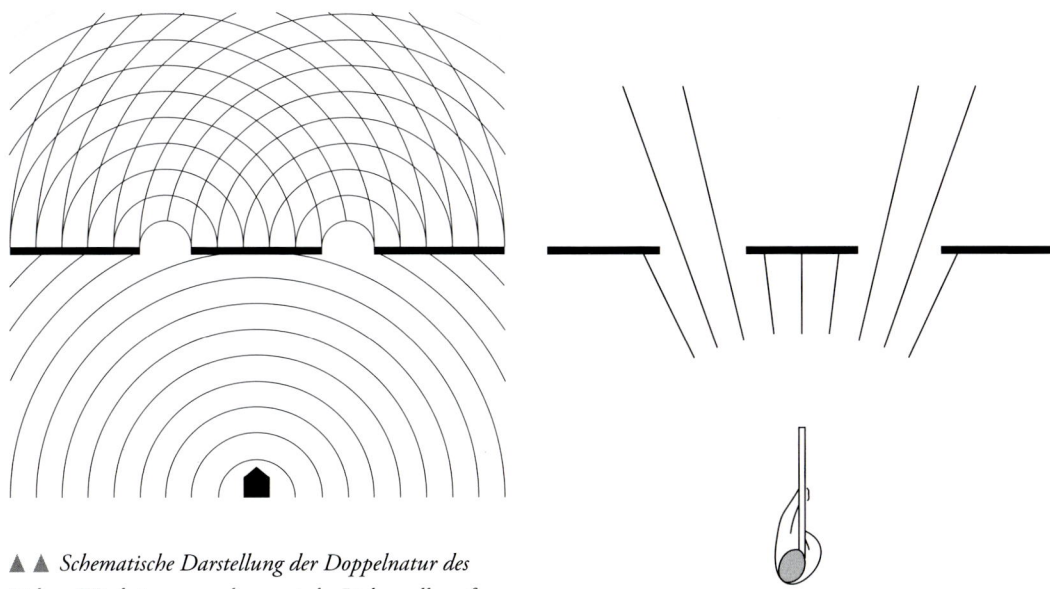

▲ ▲ *Schematische Darstellung der Doppelnatur des Lichtes. Wird eine monochromatische Lichtquelle auf eine durchlöcherte Wand gerichtet, kann man feststellen: 1) Bei nur einem Loch verhält sich das Licht entsprechend der Korpuskeltheorie; 2) Bei mehr als einem Loch sind Interferenzphänomene zu beobachten, die nur anhand der Wellentheorie zu erklären sind.*

Unschärferelation

Heisenberg, Erkenntnistheorie
Siehe auch: *Quantentheorie*

Die im Jahr 1927 von dem deutschen Physiker Werner Heisenberg formulierte und nach ihm benannte **Unschärferelation** gehört zu den theoretischen Grundlagen der **Quantenphysik** (→). Sie besagt, dass es unmöglich ist, in einem System alle beobachtbaren Größen gleichzeitig mit beliebiger Genauigkeit zu bestimmen, da bereits die Verwendung eines Messinstruments einen Einfluss auf den gemessenen Gegenstand ausübt und diesen wenigstens zum Teil verändert. Allgemeiner formuliert: **Eine Sache instrumentell zu kennen, heißt, sie zu verändern.**

Die durch den Beobachter verursachten Störungen wirken sich auch im makroskopischen Bereich aus: Z. B. wird durch das Eintauchen eines Thermometers in eine Flüssigkeit deren Temperatur verändert. Die im Rahmen der klassischen Physik durch Messinstrumente verursachten Veränderungen sind allerdings so minimal, dass sie vernachlässigt werden können. Auf atomarer Ebene hingegen sind sie ausschlaggebend: Die Streuung elektromagnetischer Strahlung für den Nachweis eines Elektrons (einer Strahlung, die natürlich nicht kleiner als ein Photon, die kleinste Lichteinheit, sein kann) allein reicht aus, um das Elektron aus dem Atom zu stoßen (**Compton-Effekt**). Es existiert keine Methode zur Messung kleinster Teilchen, bei der es nicht zu einer Interaktion kommt, durch die sie in ihrer Eigenschaft verändert werden.

Heisenberg wies nach, dass der Ort und der Impuls eines Teilchens nicht zugleich bestimmt werden können: Wird der Ort gemessen, kann der Impuls nicht berechnet werden; umgekehrt bringt eine genaue Messung des Impulses ein Verschwinden des Ortes mit sich. In dem Sinne, dass der genaue Aufenthaltsort des Elektrons am Ende des Ereignisses nicht vorausgesagt werden kann. Daraus folgt, dass die Atomphysik nur **Wahrscheinlichkeitsaussagen** machen

kann: Die einzige Möglichkeit, die beiden Größen (Ort und Impuls) zugleich zu berechnen, besteht in der Erbringung zahlreicher Beweise und der Erstellung von Statistiken, in denen beide Werte innerhalb bestimmter Grenzen und gemäß einer bestimmten Wahrscheinlichkeit aufgeführt sind.

Der Faktor der Unvorhersehbarkeit stellt die Bedeutung der klassischen Physik nicht infrage: In der makroskopischen Welt bewirken Ereignisse Modifizierungen bei einer Vielzahl atomarer Strukturen, weshalb folglich die statistischen Werte eine große Stabilität aufweisen. Auf mikroskopischer Ebene hingegen erscheint die prinzipielle Unbestimmtheit als eine **Absage an die Prinzipien der Kausalität (→ Ursache und Wirkung)** und des **Determinismus** (→), auf denen jahrhundertelang die wissenschaftliche Annahme beruhte, das Verhalten der Natur sei voraussehbar. Auf atomarer Ebene gibt es keine absolute Notwendigkeit, in dem Sinn, dass ein System von Ereignissen unterschiedliche Entwicklungen bewirken kann, von denen keine unvermeidlich, nur mehr oder weniger wahrscheinlicher ist als die anderen.

Die große erkenntnistheoretische Relevanz der Wahrscheinlichkeitslehre der Quantentheorie ist offensichtlich. Albert Einstein, der die **Quantentheorie** für fehlerfrei hielt, lehnte das quantenmechanische Prinzip dennoch stets ab: „Eine innere Stimme sagt mir, dass es nicht die richtige Lösung ist: Die Quantentheorie hat viel zu bieten, lässt uns aber nicht weiter in das Geheimnis des Großen Alten vordringen. Ich bin jedenfalls davon überzeugt, dass Gott nicht würfelt."

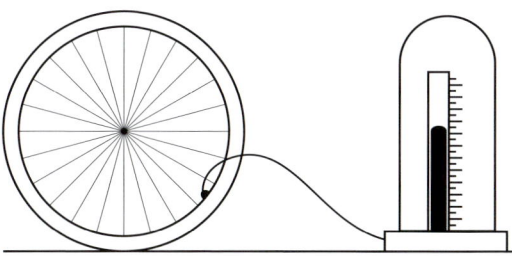

◀ *Die Unschärferelation, auch* **Unbestimmtheitsrelati-on** *genannt, die in der Mikrophysik eine wesentliche Rolle spielt, ist theoretisch auch im makroskopischen Bereich von Belang. Die einzige Möglichkeit, den Luftdruck eines Reifens zu messen, besteht darin, Luft zu entnehmen und sie durch einen Manometer zu leiten. Bei diesem Vorgang wird jedoch der Luftdruck verändert (auch wenn dies für den praktischen Zweck irrelevant ist).*

◀ *Fotografie der Spuren von Elementarteilchen, die durch Bombardierung von Elektronen in einer „Blasenkammer" entstehen. Auf atomarer Ebene muss der Begriff der „Sache" (Gegenstand, Körper) durch denjenigen des Ereignisses ersetzt werden, weil nur durch Interaktion mit dem Untersuchungsgegenstand und durch seine Modifizierung Erkenntnisse darüber gewonnen (z. B. Messungen durchgeführt) werden können.*

▲ *Das Gedankenexperiment* **Schrödingers Katze** *illustriert die Deutungsprobleme der Quantenmechanik: Eine Katze wird in eine Stahlkammer mit einer geringen Menge radioaktiver Substanzen gesperrt. Zerfällt ein Atom (die Wahrscheinlich beträgt 50%), schlägt ein Geigerzähler aus und setzt einen Mechanismus in Gang: ein Hammer zerschlägt eine Giftphiole und die Katze muss sterben. Das ist wahrscheinlich, muss aber nicht zwingend geschehen. Die Abfolge der Ereignisse ist also gänzlich unvorhersehbar und die Katze* zu gleichen Teilen *sowohl tot als auch lebendig. Erst die Beobachtung bringt hier die Bestätigung über den Zustand der Katze.*

Zufall

Ästhetik

Siehe auch: *Irrationalismus, Leben*

Sowohl in der Umgangssprache als auch in der Philosophie spricht man von **Zufall**, wenn etwas ohne bestimmbaren Grund geschieht. Folglich gilt er als etwas, das weder notwendig (kontingent) noch vorhersehbar ist. Bis heute neigen westliche Philosophen dazu, die reale Existenz des Zufalls zu negieren und vermuten hinter jedem Ereignis versteckte (oder unbekannte bzw. nicht erkennbare) Gründe: Was als Zufall erscheint, käme demnach einer Wissenslücke des Menschen gleich.

Die Gründe für diese Haltung liegen auf der Hand: Zufälligkeit als fundamentales Prinzip der Wirklichkeit anzunehmen, würde die Erkenntnisansprüche der Wissenschaft letztlich infrage stellen. In der Antike vertraten nur Lukrez und Epikur das Prinzip Zufall: Selbst im Rahmen der Atomistik lehnten sie den **Determinismus** (→) ab und vertraten die Auffassung, dass die Entstehung der Körper nicht durch eine Strudelbewegung der Atome (wie Demokrit behauptete), sondern durch *clinamen*, eine zufällige, unvorhersehbare und nicht wesensnotwendige Abweichung der Atome im freien Fall verursacht wird.

Erst im 20. Jh. wuchs das Interesse an der Definition des Zufalls, insbesondere in der Biologie, der Physik und der Ästhetik.
• Die Humanwissenschaften stellten die Bedeutung des Zufalls in der von Darwin entwickelten Evolutionstheorie (→ **Evolutionismus**) und in der **Genetik** heraus: Im Gegensatz zur traditionellen Auffassung von der Zweckbestimmtheit biologischen Prozesse behauptete sie, dass Mutationen nicht infolge eines Planes (mehr oder weniger göttlichen Ursprungs) eintreten, sondern als Folge zufälliger, unvorhersehbarer Änderungen des Genpools.

• In den Naturwissenschaften gerieten in den 1920er-Jahren die positivistisch-deterministischen Ansätze durch die Entdeckung der **Unschärferelation** (→) durch Werner Heisenberg und der **Quantenphysik** (→ **Quantentheorie**) ins Schwanken. Zum ersten Mal in der Wissenschaftsgeschichte wurde dem Zufall eine entscheidende Rolle zugewiesen; Grundlage einer radikal neue Deutung der atomaren Interaktionen (und demzufolge des Materiebegriffs), die zunächst auf den erbitterten Widerstand vieler Wissenschaftler stieß. In der Auseinandersetzung mit der Quantentheorie, die er unbefriedigend fand, prägte Einstein seinen populären Ausspruch: „Gott würfelt nicht".

• Was die **ästhetische Rezeption** des Prinzips Zufall betrifft, so gab es wohl kaum eine avantgardistische Kunstbewegung, die in ihrer experimentellen Suche nach neuen Produktionsformen und ihrer Revolte gegen den akademischen Kanon nicht auf die kreativen Momente des Unvorhersehbaren gesetzt hätte. In der Tat kann der alte Schöpfermythos des Künstlers (und damit die spirituellen Werte der Kunst) nicht empfindlicher desavouiert werden, als durch ein *zufällig* entstandenes Werk.

Die Einbeziehung des Zufallsprinzips in die literarische und künstlerische Produktion konterkariert jeglichen Deutungsanspruch von Kunst. Diese Sinn-Verweigerung führt beim Betrachter zur **Desorientierung** (Verfremdung), die jedoch mehr Nachdenklichkeit provozieren kann als jede Doktrin.

▶ *Die von den Surrealisten entwickelte Methode des **cadavre exquis**, des „kostbaren Leichnams", beruht auf dem Zufallsprinzip: Man faltet ein Blatt Papier vertikal so, dass jeder Beteiligte einen Streifen bemalen kann (ohne das Ergebnis der Vorgänger zu kennen). Das fertige Bild, das am Ende, wenn das Blatt auseinandergefaltet wird, zum Vorschein kommt, mutet alogisch und paradox an, nicht wie ein bewusst gestaltetes Werk Der merkwürdige Name des Verfahrens geht auf seine erstmalige Anwendung durch eine Gruppe von Literaten zurück. Die Anfangszeile des gemeinsam produzierten Gedichts lautete „Cadavre exquis". Nach dem traditionellen Verständnis besaß der „kostbare Leichnam" keinen ästhetischen Wert, aber für seine Erfinder bot er eine Möglichkeit, die Kontrolle des Geist auszuschalten und den Assoziationen des Unbewussten und dem Spiel der Einbildungskräfte freien Lauf zu lassen. Die Illustration von Paul Éluard, Man Ray und Picasso Picasso sind Beispiele des cadavre exquis.*

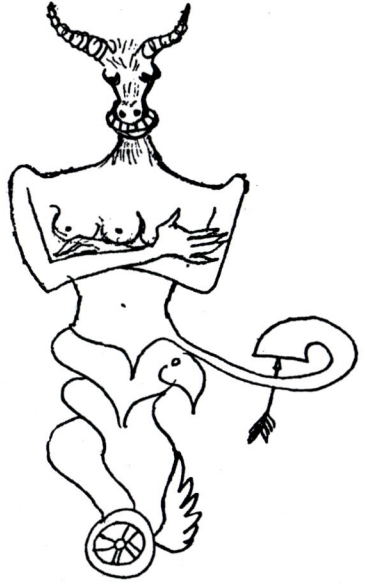

◀ *Die Worte in Freiheit schuf 1912 Filippo T. Marinetti. Auch der Futurismus betonte den Zusammenhang von Zufall und künstlerischem Werk.*

Verifikation/Falsifikation

Popper

Siehe auch: *Historizität der Wissenschaft, Anarchistische Erkenntnistheorie, Paradigma*

In den ersten Jahrzehnten des 20. Jh.s machte sich ein starkes Bedürfnis nach philosophischer Reflexion über wissenschaftliche Methoden (**Epistemologie**) bemerkbar, nachdem der **Szientismus** (→) des 19. Jh.s, der bereits in antipositivistischen Philosophenkreisen (→ **Antipositivistische Strömungen**) in die Kritik geraten war, seine empirische Legitimation durch die theoretischen Umwälzungen der **Relativitätstheorie** (→ **Relativität**) und der **Quantentheorie** (→) verloren hatte.

Einen ersten Versuch, wissenschaftliche Methodik kritisch zu überdenken, stellte das **Prinzip der Verifikation** dar, das die Philosophen und Wissenschaftler des **Wiener Kreises** formulierten. Sie behaupteten, dass nur solchen Aussagen Glauben zu schenken sei, die durch präzise und kontrollierbare Erfahrungen bewiesen werden können. Aus ihrer Sicht schien die Berufung auf experimentelle Gewissheiten die einzige Möglichkeit zu sein, um eine **prinzipielle Unterscheidung** zwischen wahren (durch vorgelegte Beweise begründete) Theorien und pseudowissenschaftlichen (auf faszinierenden Hypothesen gestützten, aber durch Nachweise nicht abgedeckten) Lehren zu treffen.

Der Wiener Kreis bestimmte die Verifizierbarkeit nicht als faktisches, sondern als potenzielles Kriterium: Nur solche Sätze sollten als wissenschaftlich legitim zugelassen werden, die mindestens einem Versuch unterzogen werden können, auch wenn dies faktisch noch nicht geschehen ist. Die Korrektheit der Aussage „auf dem Pluto wohnen grüne Männchen" ist nicht bewiesen, könnte aber prinzipiell mit der fortschreitenden Entwicklung der Raumtechnologie in Zukunft nachgewiesen werden; folglich ist sie nachweisbar (auch wenn sie sich als falsch herausstellen sollte) und als wissenschaftliche Hypothese zulässig. Andererseits werden alle Aussagen, die noch nicht einmal potenziell nachweisbar sind, zu sinnlosen,

reinen Fantasieprodukten erklärt und der Metaphysik zugeordnet, die dem Wiener Kreis zufolge in den letzten 2000 Jahre vorherrschend war.

Trotz dieser Präzisierung führte das Konzept der Verifikation, dadurch dass es die Beobachtung zum Schlüssel der Wissenschaft machte, zu einer Aufwertung des **Induktionsprinzips** (→ **Induktion**) und brachte damit die jahrhundertalte Kritik dieses Erkenntnisprozesses wieder auf den Plan. Daher schlug Karl Popper vor, das Konzept der Verifikation durch das der **Falsifikation** zu ersetzen. Popper zufolge basiert die Unterscheidung zwischen den metaphysisch-phantastischen Lehren und den wissenschaftlichen Theorien nicht auf der Quantität der zur Untermauerung vorgelegten Beweise. Jede Theorie produziert unendlich viele Schlüsse, die niemals alle verifiziert werden können, mit dem Ergebnis, dass der Beweis als Kriterium nie zu vollkommener Gewissheit führen kann. Andererseits geben viele pseudowissenschaftlichen Lehren vor, überzeugende Schlüsse vorzulegen (z. B. *bewiesen* die Alchemisten mit dem Magnetismus die Existenz der → **kosmischen Sympathie**). Nach Popper basiert die Unterscheidung zwischen Wissenschaft und Nichtwissenschaft auf der Fähigkeit, auf die **Bedingungen der Falsifizierbarkeit** hinzuweisen, d. h. auf die entscheidenden Versuche, die nach erfolgtem Nachweis die Theorie widerlegen könnten. Als metaphysisch ist jene Anschauung anzusehen, die, eben weil sie alles zu erklären beabsichtigt, keinerlei Falsifikation ihrer Annahmen vorsieht.

◄ *Der Induktivist in einem Cartoon des Wissenschafts-historikers und -theoretikers Thomas S. Kuhn. In* Logik der Forschung *(1935) kritisierte Popper den* **Indukti-vismus** *(Induktion ist der Schluss vom Besonderen auf das Allgemeine) sowohl mit theoretischen Argumenten als auch mit der Untersuchung des konkreten Vorgehens der Wissenschaftler. Tatsächlich ist ihr Ausgangspunkt nie die unschuldige, interesselose Beobachtung der Natur, sondern der Versuch, die geltenden wissenschaftlichen* **Theorien zu falsifizieren**, *um sie durch andere zu ersetzen. Trotz ihres hohen Stellenwerts in der Geschichte der theoretischen Philosophie spielt die Induktion in der Forschungspraxis kaum eine Rolle.*

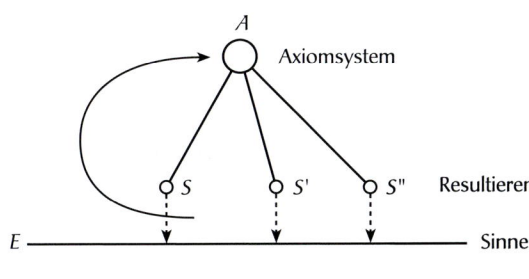

◄ *Erkenntnistheoretisches Schema von Einstein, in dem in Poppers Perspektive die* **Zirkularität** *zwischen der Erfahrungsebene und der Ebene der Grundannahmen (→* **Axiome**) *unterstrichen wird.*

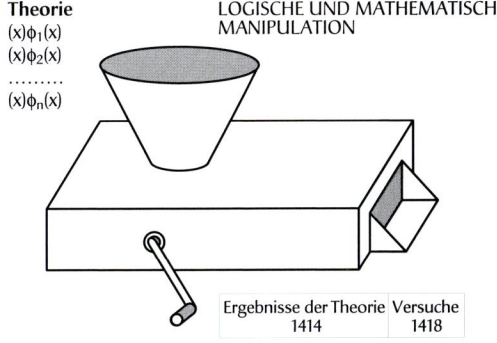

◄ *Die seltsame* Mühle *von Kuhn ist eine Parodie auf den Schulunterricht. Wissenschaftliche Handbücher, so der Wissenschaftstheoretiker, lassen die historische Dimension außer Acht und geben mit ihrer systemati-schen Aufbereitung ein falsches Bild der Wissenschaft ab. Theorien erscheinen als das Resultat eines dreistufigen Prozesses: die Grundlegung von Axiomen, Postulaten und Vorannahmen; diese werden in einem zweiten Schritt gemahlen bzw. durch logische und mathematische Manipulation verändert; schließlich wird das Resultat mit den Versuchsdaten verglichen: Wird die Ähnlichkeit zwischen beiden als ausreichend angesehen, darf die Theorie als bewiesen gelten.*

Historizität der Wissenschaft

Kuhn

Siehe auch: *Verifikation/Falsifikation, Anarchistische Erkenntnistheorie*

Die Basis der modernen Erkenntnistheorie änderte sich grundlegend, nachdem Karl Popper das Kriterium der **Verifizierbarkeit** wissenschaftlicher Aussagen (experimentell bewiesene Theorien sind gültig) durch das der prinzipiellen Widerlegbarkeit oder **Falsifizierbarkeit** (alle Theorien sind wahrscheinlich und nur vorübergehend erwiesen) substituierte.

Die unmittelbare Folge war, dass die theoretische Philosophie (Wissenschaftstheorie) nicht mehr wie in der Vergangenheit ihre Aufgabe darin sehen konnte, ein **Kriterium der Abgrenzung** zu spezifizieren, d. h. Regeln auszuarbeiten, anhand derer eine scharfe Trennungslinie zwischen Wissenschaftlichem und Nichtwissenschaftlichem gezogen werden kann, sondern sich darauf beschränken musste, zwischen mehreren **miteinander konkurrierenden Theorien** zu urteilen. Das Prinzip der Widerlegbarkeit anzunehmen, impliziert, den Gedanken zu akzeptieren, dass der Mensch nicht über ein Wahrheitskriterium verfügt: Selbst wenn wir mit einer wahren Theorie konfrontiert würden – wir wüssten es niemals mit absoluter Gewissheit.

Von nun an übernahm die Erkenntnistheorie die Aufgabe, wissenschaftliche **Präferenzkriterien** zu spezifizieren: Gründe, weshalb eine Theorie (oder ein Forschungsprogramm) zumindest vorübergehend anderen vorgezogen wird. Die Lösung ist häufig nicht einfach, weil bei der Bewertung einer wissenschaftlichen Lehre zahlreiche Variablen berücksichtigt werden müssen: die Anzahl der erbrachten Beweise, die Vielfalt der erklärten Phänomene, das quantitative Verhältnis zwischen logischen und empirischen Komponenten, die Anzahl und Relevanz der zulässigen Ausnahmen, die Zulässigkeit der Vorannahmen. Die Folge davon ist, dass in allen Wissensgebieten ein Nebeneinander von Theorien – vorherrschenden und sekundären, andersartigen und alternativen – festzustellen ist.

Thomas S. Kuhn (*Die Struktur wissenschaftlicher Revolutionen*, 1962) gab zu bedenken, dass die Präferenzkriterien, auf deren Grundlage Theorien ausgearbeitet werden und sich durchsetzen, sehr stark vom außerwissenschaftlichen Kontext abhängen, aus dem sie stammen (metaphysische, religiöse, politische Überzeugungen). In dieser neuen erkenntnistheoretischen Perspektive wird der Versuch der abstrakten Wesensbestimmung der Wissenschaft durch die **historische Analyse** der effektiven Entwicklung wissenschaftlichen Denkens mittels Rekonstruktion der Prozesse, die zu großen Entdeckungen geführt haben, ersetzt. Auf diese Weise wird eine enge Verbindung zwischen **Psychologie** (der Analyse der Denkprozesse des Wissenschaftlers) und **Logik** (der Analyse des rationalen Gehalts der Theorien) geknüpft, zwischen zwei Wissenschaftszweigen also, die bis dahin noch keine Berührungspunkte hatten. Die Analyse von Fallstudien, z. B. der **kopernikanischen Wende** (→) des 16. Jh.s, ergibt, dass das effektive Wachstum der Wissenschaft erfolgt, ohne irgendeinem methodologischen Kanon zu gehorchen, weil es nicht möglich ist, eine klare Grenze zwischen dem Kontext einer **Entdeckung** und dem Kontext ihrer **Rechtfertigung** (→ Entdeckung/Rechtfertigung) zu ziehen.

Kuhn stellte fest, dass es keinerlei sprachliche, methodologische oder ontologische Einheitlichkeit zwischen den verschiedenen im Laufe der Geschichte entwickelten Theorien gibt. In jeder Epoche konstituiert sich die Wissenschaftsgemeinschaft durch die Annahme gemeinsamer **Paradigmata** (→) neu, genau so, wie religiöse Dogmen oder das politische Programm einer Partei angenommen werden. Es ist also kein Zufall, wenn Kuhn im Zusammenhang des Paradigmenwechsels in Krisenzeiten von **Konversion** spricht.

◄◄ *Die Historizität der Wissenschaft kommt indirekt auch in wissenschaftlichen Illustrationen zum Tragen. Die Geschichte des Denkens bietet viele Beispiele dafür, wie die Wahrnehmung (der Blick) des Wissenschaftlers durch die kulturell bedingten Erwartungen seiner Epoche konditioniert wird. Die obere Abbildung, eine Zeichnung des Zürcher Naturforschers Conrad Gesner aus dem Jahr 1551, ist die erste Darstellung eines Rhinozeros nach dem Bilde der Natur; sie unterscheidet sich jedoch erheblich von den bekannten Abbildungen dieser Tierart (insbesondere die als Panzer ausgebildete Haut, entspricht nicht dem lebenden Rhinozeros). Gessner stand unbewusst unter dem Einfluss der mittelalterlichen Bestiarien, in denen Drachen (mit Schuppen und Panzer) in Rhinozerosgestalt abgebildet waren. Auch der Elefant auf der unteren Abbildung erscheint in den Augen des heutigen Betrachters wie ein Wesen aus dem Reich der Fantasie.*

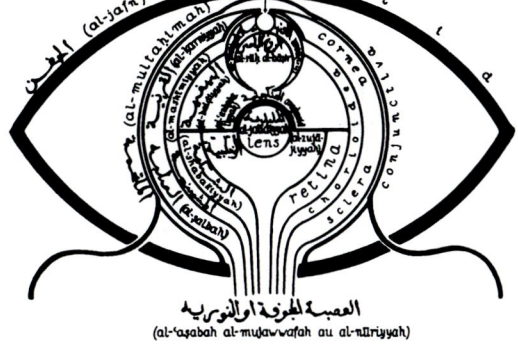

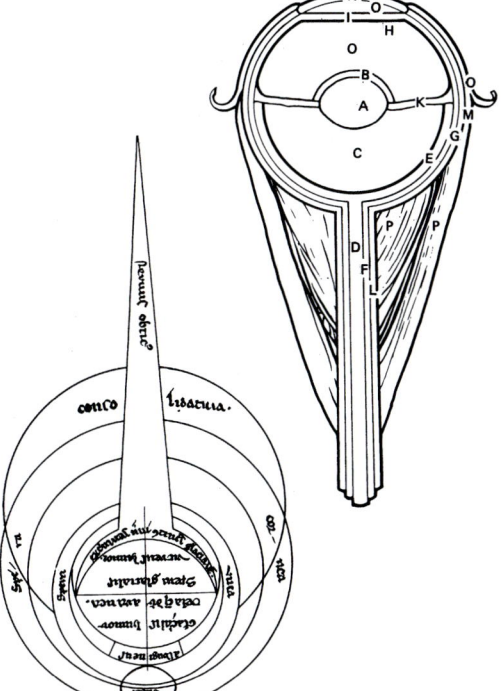

◄◄◄▲ *Drei wissenschaftliche Illustrationen ein und desselben Gegenstands. Alle Abbildung zeigen das menschliche Auge, doch jede Darstellung ist vom kulturellen Kontext und den ästhetischen Vorlieben der jeweiligen Epoche geprägt. Das Auge links unten zeichnete ein Anatom des Spätmittelalters, der kreisförmige Sphären und eine Fiale darin sah; das rechts oben stammt von einem arabischen Wissenschaftler, der mit Halbmonden arbeitete; links oben ist zum Vergleich eine moderne anatomische Darstellung des Auges abgebildet.*

Paradigma

Kuhn

Siehe auch: *Entdeckung / Rechtfertigung*

Der Begriff „Paradigma" wurde vom Wissenschaftstheoretiker und -historiker Thomas S. Kuhn (*Die Struktur wissenschaftlicher Revolutionen*, 1962) zur Erklärung der Geschichte wissenschaftlichen Denkens eingeführt. Ein Paradigma ist in erster Linie ein **prototypisches Beispiel** für die Lösung einer bestimmten Klasse von Problemen, das so ergiebig und innovativ ist, dass es sich über einen gewissen Zeitraum als **Modell für weitere Forschungen** eignet. Das erste Paradigma der Astronomie war beispielsweise das im *Almagest* dargestellte **ptolemäische Weltbild**, auf dem die Wissenschaften bis ins 16. Jh. aufbauten, bevor Kopernikus das **heliozentrische Weltbild** einführte, welches seinerseits durch die **Newton'sche Weltordnung** und diese wiederum im 20. Jh. durch die **Relativitätstheorie** Albert Einsteins abgelöst wurde. Diese abrupte Ablösung des jeweiligen Modells zeigt, dass nicht Kumulierung nach dem Fortschrittsmodell (→ **Fortschritt**), wie es der **Positivismus** (→) annahm, sondern radikale Brüche die Wissenschaftsentwicklung kennzeichnen. Jede neue Lösung gerät nicht an die Seite, sondern an die Stelle der vorhergehenden und ändert gewissermaßen die Spielregeln.

Kuhn stellte fest, dass jedes *siegreiche* Paradigma aus einem neuen theoretischen Rahmen besteht, der nicht nur durch logische oder empirische Gewissheiten untermauert wird, sondern auch durch eine Reihe **metaphysischer Annahmen** und symbolischer Verallgemeinerungen, die dem Wissenschaftler häufig nicht bewusst sind, sein Denken jedoch wie Vor-Urteile beeinflussen; ebenso durch erkenntnistheoretische, berufliche, ethische, ideologische, politische Werte und schließlich durch **Beispiele für Problemlösungen**. Durch die Ausbildung vermittelt, strukturieren diese Schemata den *Denkrahmen* der neuen Wissenschaftler und modellieren ihre Allgemeinbildung in der für das innovative Modell passenden Form. Folglich ist das Paradigma mehr

als eine Doktrin: eine alles prägende Mentalität, ein organisches Denksystem. Kuhn trifft daher eine Unterscheidung innerhalb der Wissenschaft, bei der er zwei Seiten ausmacht.

• Die **normale Wissenschaft** kennzeichnet die historische Zeitspanne, in der ein Paradigma allgemein anerkannt, entwickelt und systematisch angewandt wird, um immer weiter perfektionierte wissenschaftliche Voraussagen machen zu können. Die herrschenden Prinzipien werden durch die Gemeinschaft der Wissenschaftler in der gleichen Weise angenommen wie religiöse oder politische Werte; Abweichungen wird mit heftigem Widerstand begegnet. Bei näherer Betrachtung erscheint diese Wissenschaft als Versuch, die Natur in die vorgeformte und relativ starre Schublade des Paradigmas hineinzuzwängen.

• Die **revolutionäre Wissenschaft**, die mit der Einführung eines neuen Erklärungsmodells einhergeht, ist im Allgemeinen mit einer großen Begeisterung verbunden: Jedes Paradigma muss nicht nur beweisen, dass es den vorhergehenden überlegen ist, es verspricht auch interessante Entwicklungen hervorzubringen (**Paradigmaversprechen**). Indem sie die Natur auf der Grundlage neuer Konzepte interpretieren, die Fakten mit den Voraussagen der Theorie vergleichen und deren Erklärungsmodelle in anderen Wissensgebieten auf die Probe stellen, versuchen die Wissenschaftler, möglichst viele **Rätsel** zu lösen: wissenschaftliche Probleme, welche noch auf eine Lösung harren, die sie innerhalb des konzeptionellen Rahmens des neuen Paradigmas zu finden hoffen.

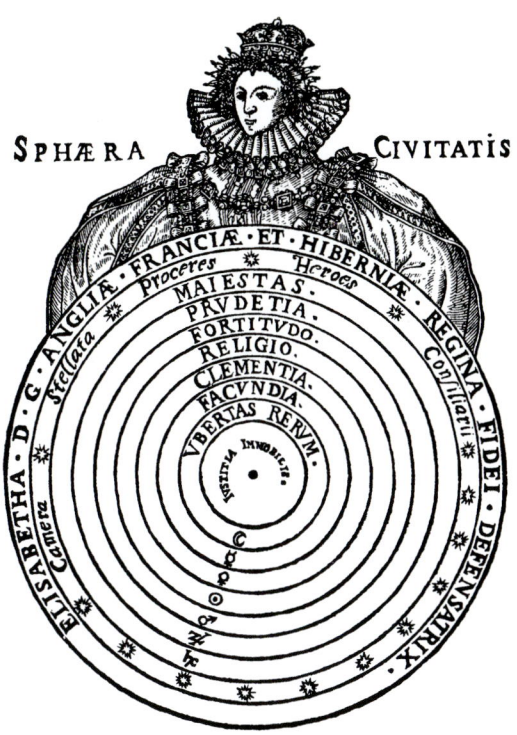

SPHÆRA CIVITATIS

◀ Der Begriff „Paradigma" unterstreicht den **politischen Charakter der Wissenschaft** im Unterschied zur herkömmlichen Auffassung, die etwas Absolutes in ihr sah. Bezeichnend ist die Verwendung des Begriffs **Revolution**, der von den Wissenschaften für die Umlaufbewegung der Planeten um die Sonne geprägt und später auf die Politik angewandt wurde (im Sinne eines gesellschaftlichen Umbruchs). Wegen dieser Doppelbedeutung benutzen ihn heute die Erkenntnistheoretiker. Ein schönes Beispiel für die **ideologische Bedeutung** von Paradigmen stellt diese Illustration aus dem 16. Jh. dar, in der der Absolutismus der Königin Elisabeth durch die Gleichsetzung ihrer guten Politik mit dem ptolemäischen Weltbild universelle Bedeutung bekommt.

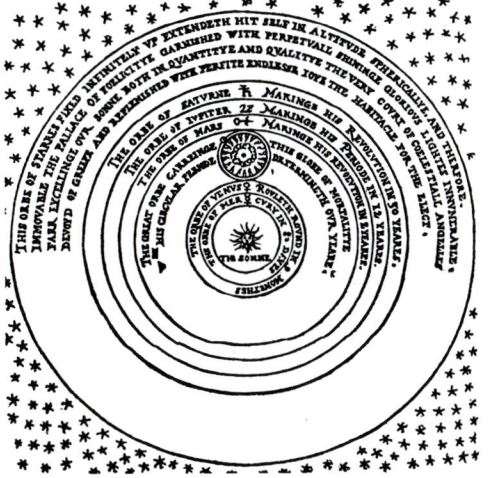

▶ Ein Beispiel für eine krisengeschüttelte Wissenschaft stellt der von Thomas Digges im Jahr 1576, also in einer Zeit radikaler Umbrüche in der Astronomie, vorgelegte Entwurf dar. Digges versuchte das alte ptolemäische Weltbild zu wahren, indem er das geschlossene, kompakte Sonnensystem beibehielt, dieses aber in einen unendlichen Raum mit unendlich vielen Sternen stellte.

▼ ▼ ▼ Die Begriffe „Paradigma" und „wissenschaftliche Revolution" wurden auch erfolgreich in anderen Wissensgebieten angewandt. Jean Piaget verwendete sie in der **genetischen Erkenntnistheorie** (→), um die Entwicklung der intellektuellen Fähigkeiten des Kindes zu beschreiben. Das Beispiel zeigt, dass der Prozess des Erlernens der perspektivischen Darstellung (Endergebnis rechts) ein chaotisches, „revolutionäres" Entwicklungsstadium (Mitte) durchläuft, das im Vergleich zum Anfangsstadium (links) Krisensymptome aufweist.

Entdeckung / Rechtfertigung

Kuhn, Wissenschaftstheorie

Siehe auch: *Anarchistische Erkenntnistheorie, Historizität der Wissenschaft*

Ein wichtiges Charakteristikum der zeitgenössischen Wissenschaftstheorie ist die Unterscheidung zwischen dem **Kontext der Entdeckung**, dem eigentlich schöpferischen Moment, in dem der Wissenschaftler die Lösung eines Problems entdeckt oder erfindet, und dem **Kontext der Rechtfertigung**, dem hieran anschließenden Moment, in dem die Lösung auf die Probe gestellt und zumindest vorübergehend durch ein Experiment oder eine stringente deduktive Argumentation bestätigt wird.

Es sind dies zwei unterschiedliche Prozesse: Während Letzterer einen öffentlichen und logischen Charakter hat, ist Ersterer intimer, psychologischer und größtenteils noch rätselhafter Natur. Es gibt keine adäquate Erklärung für das Phänomen der Erfindungsgabe des Menschen (→ **Genie**), dafür, warum bestimmte Individuen die richtigen Ideen haben und andere nicht. Man sollte auch nicht meinen, dass neue wissenschaftliche Ideen aus einer linearen Weiterführung vorangegangener Ideen entstehen (wie Schulbücher dies häufig suggerieren). Historische Untersuchungen zeigen, dass wissenschaftliche Einfälle, wie alle anderen auch, keine spezifischen Ursachen haben: Sie können das Produkt der Fantasie, von philosophischen oder religiösen Vorurteilen, eines Traumes oder sogar eines Trunkenheitszustands sein. Theorien können Folgen eklatanter Fehler oder außerwissenschaftlicher Überzeugungen sein: Die Revolution der Astronomie im 16. Jh. (→ **Kopernikanische Wende**) zeigt, jedenfalls in der Rekonstruktion moderner Wissenschaftshistoriker, dass die **Annahme neuer Paradigmata** (→ **Paradigma**) häufig durch metaphysische Überzeugungen (Magie, Mythos, pythagoreische Zahlenphilosophie, neuplatonischer Mystizismus) befördert wird. Ein klassisches Beispiel hierfür ist die Erfindung der Ellipsenbahn der Planeten durch Johannes Kepler, als er sich von Platons „Bacchusspielzeug", das Fass, inspirieren ließ (→ **Stereometrie**).

Demzufolge lässt sich nach Thomas S. Kuhn die Geschichte der Wissenschaft unterscheiden in eine **innere Geschichte**: die Rechtfertigung jeder Wissenschaft bzw. die rationale Rekonstruktion ihrer auf der Aufeinanderfolge logischer Argumente und empirischer Gewissheiten gründenden Entwicklung, und eine **äußere Geschichte**: die enge Verknüpfung der Wissenschaft mit einem feinen Netz aus institutionellen Problemen, ideologischen Überzeugungen, politischen Zwängen und Vorurteilen, welche das wissenschaftliche Denken fördern oder behindern (jedenfalls bedingen).

Der erkenntnistheoretische Ansatz des **Falsifikationismus** (→ **Verifikation / Falsifikation**) misst dieser Unterscheidung eine besondere Bedeutung bei: Verabschiedet man sich von dem Gedanken, dass Theorien endgültig bewiesen werden können, und akzeptiert folglich die unvermeidbare Existenz alternativer Theorien in allen Wissensbereichen, führt dies zu einer Stärkung des dynamischen Ansatzes, bei dem vor allem das effektive Wachstum der Wissenschaft zählt.

Dieser neue Gesichtspunkt zieht tiefgreifende didaktische Konsequenzen nach sich, ein Umstand, auf den alle zeitgenössischen Erkenntnistheoretiker kritisch und nachdrücklich verweisen. Tatsächlich wird in keinem Land wissenschaftliche Kreativität in der Schulausbildung gefördert: Die Reduzierung von Wissenschaft auf das Moment der logisch-empirischen Rechtfertigung allein bringt Forscher hervor, die für Entdeckungen unvorbereitet sind.

▼ ▼ *Kepler (*Mysterium cosmographicum, *1596) argumentierte, dass die Anzahl und Größe der Himmelskörper anhand von* **Platons fünf Körpern** *erklärt werden können. Bemerkenswert dabei ist, dass Kepler bei dem Versuch, dieses neopythagoreische Modell in mathematische Begriffe zu fassen (und es mit den Himmelsphänomenen zu vergleichen), die Entdeckung gelang, dass die Bahnen der Planeten keine Kreise, sondern Ellipsen sind. Jeder von Platons fünf Körpern lässt sich einer Sphäre einschreiben. Wie bei den chinesischen Lackdosen oder den russischen Matroschkas kann jeder platonische Körper eine Sphäre fassen, diese wiederum einen weiteren Körper usw. Auf dieser Grundlage versuchte Kepler das Planetensystem zu erklären. In dem am weitesten entfernten Planeten (Saturn) ist ein Hexaeder (Kubus) eingeschrieben, in den der Planet Jupiter perfekt hineinpasst, in diesem wiederum ein Tetraeder, der mit Mars gleichgesetzt wird, usw. für die anderen Planeten Venus (Ikosaeder) und Merkur (Oktaeder).*

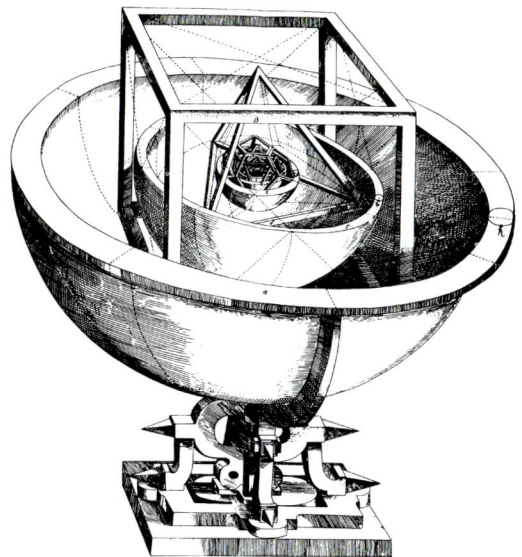

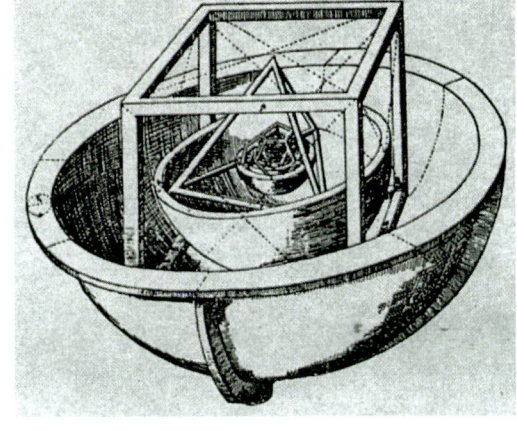

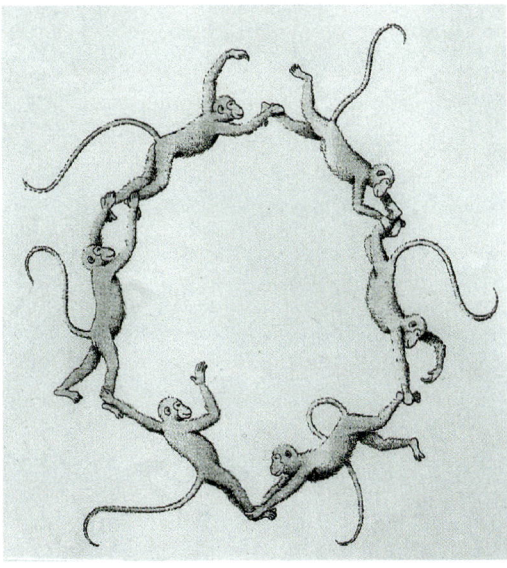

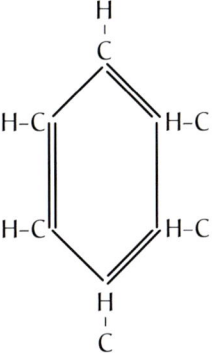

◀ ▲ *Auch wenn für wissenschaftliche Einfälle natürlich der entsprechende Sachverstand nötig ist, gibt es dafür keine Standardvoraussetzungen. Sie können auch in Momenten der Bewusstlosigkeit oder Bewusstseinstrübung kommen. Berühmt ist die Geschichte des deutschen Chemikers August Kekulé von Stradonitz, der 1865 die Ringstruktur des Benzols entwarf, nachdem ihm im Traum ein Bild wie das links abgebildete erschienen war.*

493

Anarchistische Erkenntnistheorie

Feyerabend

Siehe auch: *Verifikation / Falsifikation, Paradigma*

Die als „Liberalisierung der Erkenntnistheorie" bekannt gewordene philosophische Position formierte sich in der Nachkriegszeit mit dem Verweis auf die **Historizität der Wissenschaft (→)** und erreichte ihren Höhepunkt mit der Abhandlung *Wider den Methodenzwang* (1975) von Paul Feyerabend. Dieser behauptete, dass „alle Methodologien, auch die einleuchtendsten, ihre Grenzen haben", und das Wissenschaftler, dem sie strenge Regeln vorschreiben, „ohne jede Autorität, die der Vernunft inbegriffen, besser arbeitet".

Für den amerikanischen Philosophen ist aus psychologischer Sicht „wissenschaftliche Entdeckung ohne den Glauben an Ideen, die rein spekulativ und manchmal sogar richtiggehend nebulös sind, unmöglich. Wenige Theorien haben einen größeren Einfluss auf die Entwicklung der Wissenschaft gehabt als die der reinen Metaphysik, die das Vorhandensein einer Substanz postuliert, mit deren Hilfe gemeine Metalle in Gold verwandelt werden können; auch wenn diese Theorie nicht falsifizierbar ist, sie wurde nie bewiesen und wird heute von niemandem mehr geglaubt".

Feyerabend sieht in der Wissenschaft eine **anarchistische Vorgehensweise**: Es gibt keine einzige Regel oder Methode, die in der Wissenschaftsgeschichte faktisch, mehr oder weniger bewusst, nicht verletzt worden wäre. Ohne diese Brüche hätte sich die Wissenschaft nicht weiterentwickeln können. Wissenschaftliche Hypothesen können außerhalb der Wissenschaft, entstehen: im Mythos, in der Philosophie, sogar im Traum oder in der Fantasie des Forschers. Ideen bevorzugen keine besonderen Quellen.

Die **anarchistische Erkenntnistheorie** von Feyerabend hat heftige Kontroversen ausgelöst, weil die Reduzierung der Wissenschaft auf eine nicht rationalisierbare, spekulative Methodologie den meisten Erkenntnistheoretikern als nicht akzeptabel erscheint. Nachdem sich die Wissenschaft von **positivistischen** Denkmustern (**→ Positivismus**) verabschiedet hat, orientierte sich zunehmend am Modellcharakter **ästhetischer Erfahrungen (→ Dadaismus)**. Tatsächlich kommen beide Erfahrungen in Feyerabends Gedankengebäude als **Interpretationen der Wirklichkeit** vor. Wissenschaftliche Wahrheit offenbart kontinuierlich eine neue Welt, genau so, wie dies in der ästhetischen Produktion und Rezeption geschieht.

Feyerabends Theorien werden durch zahlreiche Forschungsergebnisse und Wissenschaftler bestätigt, die bei der Formulierung wissenschaftlicher Urteile auf ästhetische Kriterien zurückgreifen. So bemerkte der britische Mathematiker Roger Penrose: „Ich glaube, dass das starke Gefühl für die Bedeutung eines Geistesblitzes aufs Engste mit seinen ästhetischen Eigenschaften zusammenhängt. Eine **schöne Idee** ist mit viel größerer Wahrscheinlichkeit richtig als eine hässliche. Paul Dirac zum Beispiel behauptet, dass es sein ausgeprägter Sinn für das Schöne war, der ihn die Wellengleichung für Elektronen entdecken ließ. Ich kann mich zweifelsfrei für die ästhetischen Eigenschaften meines eigenen Denkens verbürgen, sei es im Zusammenhang mit der ‚Überzeugung', die man im Falle von Ideen spürt, die als ‚inspiriert' definiert werden könnten, sei es im Falle der mehr ‚routinemäßigen' Vermutungen, die man ständig anstellen muss, wenn man ein Ziel erreichen muss. Der strenge Vernunftschluss ist meistens der letzte Schritt!"

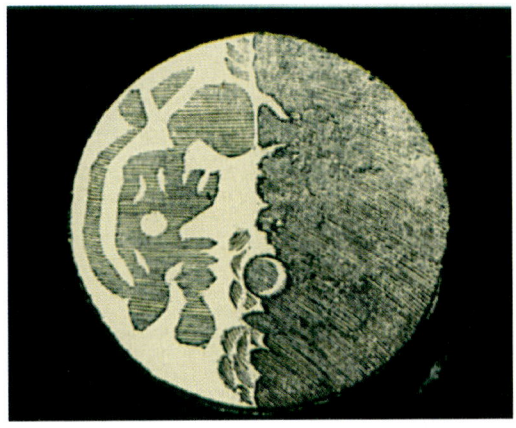

◄ *Feyerabend (Wider den Methodenzwang, 1975)
lenkt die Aufmerksamkeit auf die Darstellung des
Mondes im* Sidereus nuncius *des Galilei. In den Augen
eines Experten weist dieses Bild keinerlei Ähnlichkeit mit
dem Mond auf: „Man braucht nur einen kurzen Blick
auf Galileis Zeichnungen und auf Fotografien entsprechender Phasen zu werfen, um sich zu überzeugen, dass
‚kein Bestandteil der Zeichnungen … mit Sicherheit
mit irgendeiner bekannten Stelle der Mondlandschaft
identifiziert werden kann‘. Schaut man sich diese Zeugnisse an, so kann man ohne Weiteres auf den Gedanken
kommen, dass ‚Galilei kein großer astronomischer Beobachter war; oder aber, dass die Erregung über die vielen
Entdeckungen, die er damals mit dem Fernrohr machte,
vorübergehend seine Fähigkeiten oder sein kritisches
Bewusstsein beeinträchtigt hatten.‘“*

▲ ▲ *Fraktale sind komplexe geometrische Gebilde und stellen eine
Mischform zwischen mathematischem und künstlerischem Objekt dar.*

► *Neben den* **Fraktalen** *(die Fraktalgeometrie wurde 1987 von Benoit
Mandelbrot als neue Wissenschaftsdisziplin begründet) sind die* „**Penrose-
Gitter**“ *ein weiteres Beispiel dafür, dass die rein ästhetischen Eigenschaften
geometrischer Figuren sich als ein wichtiger Faktor in der Genese einer wissenschaftlichen Entdeckung erwiesen haben. Penrose entwickelte seine „Gitter“ ohne zu ahnen, dass sie zu irgendetwas nütze sein könnten, fasziniert
durch den spielerischen Aspekt und angespornt durch mathematische Neugier.
Im Nachhinein stellte sich heraus, dass die dreidimensionalen Gittergebilde
für die Herstellung neuer Materialien verwendet werden können.*

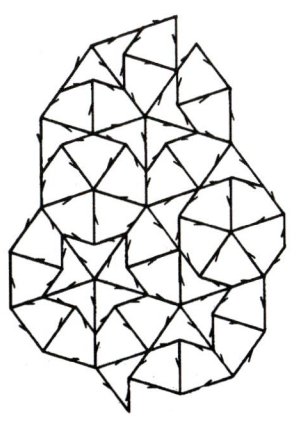

Verhaltensforschung

Lorenz

Siehe auch: *Hemmungsmechanismen, Altruismus, Soziobiologie*

Die Verhaltensforschung (auch Verhaltensbiologie oder Ethologie) ist ein Teilgebiet der Biologie, das das **Verhalten der Tiere** (Tierethologie) und die biologischen Grundlagen des **menschlichen Verhaltens** (Humanethologie) erforscht. Pioniere der neuen Wissenschaftsdisziplin waren nach dem Zweiten. Weltkrieg der Österreicher Konrad Lorenz – Hauptwerke: *Das sogenannte Böse* (1963), *Der Niedergang des Menschen* (1983) – und Nikolaas Tinbergen (*Tiere untereinander. Formen sozialen Verhaltens*, 1955). Von der Reflexpsychologie (→ **konditionierter Reflex**), die die Forschung an Tieren unter strengen Laborbedingungen erfordert macht, unterscheidet sich die Verhaltensforschung durch ihr ökologisches Prinzip: Die Objekte werden in natürlicher Umgebung, in ihrem Habitat, beobachtet (und nicht unter künstlichen Laborbedingungen, die ihr natürliches Verhalten beeinträchtigen).

Anhand der Beschreibung des Verhaltens von Tieren (dokumentiert in Filmen, Fotografien, Tonbandaufnahmen) erhalten Verhaltensforscher einen umfassenden Überblick über alle für eine Tierart charakteristischen Verhaltensmuster (Balz und Kampf, Ernährung und Fortpflanzung, Brutpflege, Fluchtreaktionen usw.). Die Beschreibung ist nicht immer einfach, da die Verhaltensabläufe (Gestik, Körperhaltung, Gesichtsausdruck) bisweilen äußerst schnell erfolgen, äußerst komplex und so unauffällig sind, dass man sie kaum wahrnehmen kann.

Im Anschluss an die Beobachtung in natürlicher Umgebung wird versucht, eine Erklärung für die Verhaltensmuster auf der Grundlage der Prinzipien der biologischen Evolutionstheorie zu finden: Bei einer entsprechend ausreichenden Anzahl von Generationen setzen sich diejenigen Verhaltensweisen mit der größten **Anpassungsfähigkeit** durch, genau wie bei Körperorganen. Durch natürliche Auslese (Tod oder Fortpflanzungsunfähigkeit) werden diejenigen Subjekte dezimiert, die sich bei der Wiedergabe und Ausführung der arttypischen Verhaltensmuster als wenig geschickt erweisen (z. B. hat ein Tier, das nur bedingt Gefahrenanzeichen erkennt, kaum Überlebenschancen).

In Anbetracht der Tatsache, dass sämtliche Verhaltensweisen dieser Dynamik unterliegen, lässt sich das Verhalten insgesamt als ein Versuch der Maximierung des eigenen Reproduktionserfolgs deuten. Daher die starke ethische Färbung der ethologischen Thesen, die sogar in den Titeln einschlägiger Werke ihren Niederschlag gefunden hat: *Liebe und Haß* (1970) und *Krieg und Frieden aus Sicht der Verhaltensforschung* (1975) von Irenäus Eibl-Eibesfeldt; *Biologie der zehn Gebote* (1971) von Wolfgang Wickler. Aus philosophischer Sicht hat die Verhaltensforschung mit neuen Begriffen die Fragen zum Wesen des **Instinkts** (→) und der **Aggression** (→) im Besonderen, aber auch in Hinblick auf das Verhältnis zwischen **Nativismus** (→) und Environmentalismus (Milieutheorie) wieder aufgerollt.

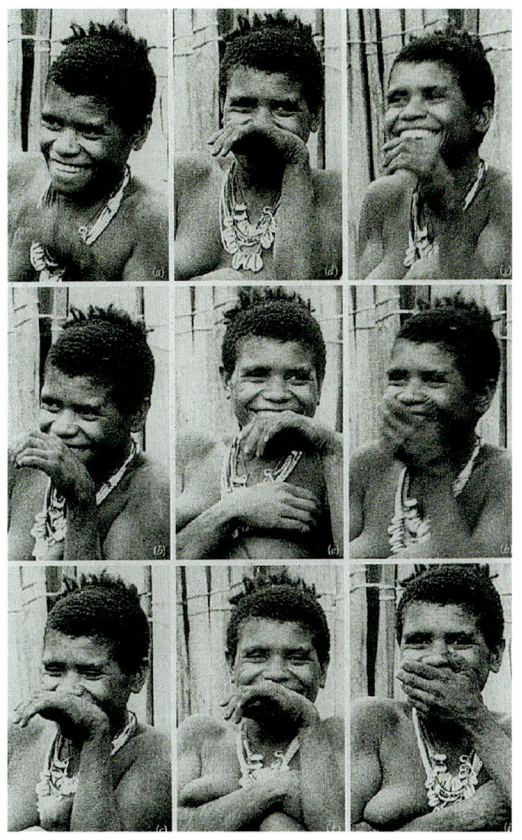

◄ *Standbilder aus einem 16-mm-Film des österreichischen Verhaltensforschers Eibl-Eibesfeldt, die die Verlegenheitsreaktion einer Eipo-Frau (Neuguinea) auf ein freundschaftliches Zunicken und Ansprechen dokumentieren. Um die Spontaneität von Verhaltensweisen nicht zu beeinträchtigen, darf das beobachtete Objekt nicht wissen, dass es aufgenommen wird, ein Problem, das Verhaltensforscher durch den Gebrauch versteckter Kameras oder auch von Spezialkameras lösen, mit denen* um die Ecke *gefilmt werden kann.*

▼ *Der Tanz der Kundschafter-Bienen bei ihrer Rückkehr im Stock stellt eine Kommunikationsform dar, anhand derer sie angeben können, in welcher Entfernung (durch die Schnelligkeit des Tanzes) und Richtung (im Verhältnis zur Sonne) sich die Nahrungsquelle befindet und wie groß ihre Menge ist. Aristoteles bezeichnete Bienen und Ameisen als politische Tiere, weil sie in komplexen, stark hierarchisch gegliederten und spezialisierten Gemeinschaften leben. Aus den Überlegungen zu diesen Spezies entwickelte eine neue Generation von Verhaltensforschern ab den 1980er-Jahren die* **Soziobiologie.**

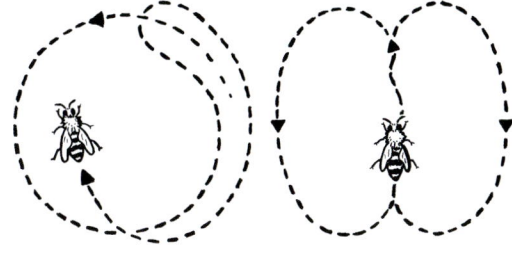

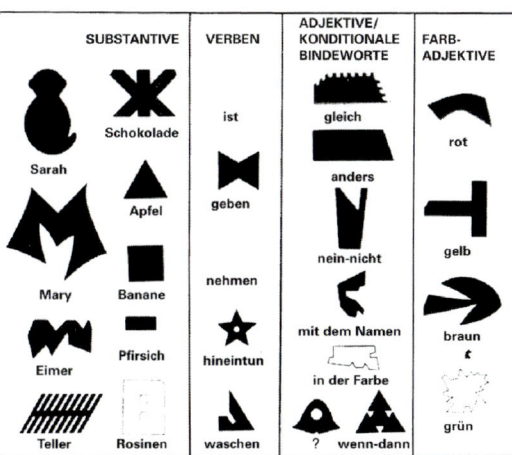

◄ *Obwohl die Beobachtung der Tierarten in natürlicher Umgebung als fundamental wichtig für die Erstellung von Ethogrammen (Verhaltensinventaren) angesehen wird, verzichtet die Verhaltensforschung nicht auf Laborversuche. Von großem philosophischen Interesse sind Untersuchungen, die auf einen kommunikativen Austausch zwischen Mensch und Tier mithilfe von Symbolen ausgerichtet sind. Einige höhere Affenarten sind in der Lage, die hier abgebildeten grafischen Symbole zu verwenden und auf einer Tafel anzuordnen.*

Instinkt

Lorenz, Verhaltensforschung

Siehe auch: *Hemmungsmechanismen, Nativismus, Aggression*

Das große Verdienst der Verhaltensforschung und insbesondere von Konrad Lorenz (1903–1989) besteht darin, den Instinktbegriff von seinem Nimbus der Rätselhaftigkeit und Übersinnlichkeit befreit und Instinkte zum ersten Mal als ein Phänomen betrachtet zu haben, das mit empirischen Methoden untersucht werden kann.

Lorenz beschreibt den Instinkt (*Salomons Ring*, 1949) als angeborenen Auslösemechanismus mit einem arttypischen Verhaltensablauf, eine im Laufe der Evolution selektierte, weil für die Behauptung der Art nützliche **anpassungsfähige Eigenschaft**. Instinkte funktionieren ähnlich wie Dampfkessel: So wie die Energie entweichen können muss, wenn der Dampfkessel nicht explodieren soll, so muss sich jeder Instinkt von Zeit zu Zeit frei entfalten können.

Lorenz erläuterte seine Idee mithilfe eines „hydraulischen Modells", einer Metapher, die den Automatismus und die Spontaneität von Instinkthandlungen offen legen sollte, welche ihm zufolge von dem Zusammentreffen zweier Faktoren abhängen:
• dem **spezifischen Handlungspotenzial**, einer dem Organismus innewohnenden „spezifischen Energie", die im Modell durch das Wasser wiedergegeben ist, das ständig in den Tank fließt;
• den **auslösenden Reizen** der Umgebung, die im Modell durch das Ventil mit Druckfeder wiedergeben sind, welches den Ausstrom der Flüssigkeit aus dem Tank reguliert (das Gewicht, das an diesem Ventil hängt, misst die Intensität dieser auslösenden Reize).

Beim Betrachten des Modells wird klar, dass auch bei niederem Flüssigkeitsstand im Tank ein starker Reiz ausreicht, das Ventil zu öffnen und den Abfluss der Flüssigkeit zu ermöglichen, d. h. eine Instinkthandlung auszulösen. Mit anderen Worten, so nüchtern man auch sein mag, bei einem starken Reiz (einer Beleidigung, einer Drohung o. Ä.) reagiert jeder Mensch mit einer angeborenen Abwehrreaktion und einer Mobilisierung der eigenen Aggression.

Dasselbe Ergebnis lässt sich aber auch auf anderem Wege erzielen. Erfolgt tatsächlich der Zustrom von Flüssigkeit in den Tank kontinuierlich und ununterbrochen, wird schließlich das Ventil den Mechanismus auch bei völliger Abwesenheit von Außenreizen, wenn das Gewicht gleich null ist, auslösen. Mit anderen Worten, nimmt die Stärke der Bereitschaft immer weiter zu, muss früher oder später die Instinkthandlung ablaufen können. Je länger die Dauer des Verzichts (die Zeitspanne, in der das Tier die Instinkthandlung nicht vollführt), desto geringer wird die Bedeutung des Außenreizes. Nach einer bestimmten Zeit wird das instinktive Verhaltensmuster von alleine ausgelöst.

Lorenz wollte alle Instinkte, nicht nur den Nahrungs- und den Sexualtrieb, sondern auch den Aggressionstrieb mithilfe dieses Schemas erklären und entfachte damit in den 1970er-Jahren eine scharfe Polemik. Viele sahen in seiner Theorie eine Rechtfertigung der Aggression und Gewalt des Menschen, ja sogar des Krieges, der unaufhaltsam, in regelmäßig wiederkehrenden Abständen, auch ohne „auslösende Reize" entfacht würde. Der Krieg als organisierte gesellschaftliche Aggressionsform würde auch in einer gerechten Gesellschaft ein periodisch eintretendes, unvermeidbares Ereignis darstellen.

Das Lorenz'sche Triebmodell von 1950 zur Erläuterung des Zusammenwirkens von endogener Reizkumulierung, angeborenem auslösendem Mechanismus und der Instinktbewegung

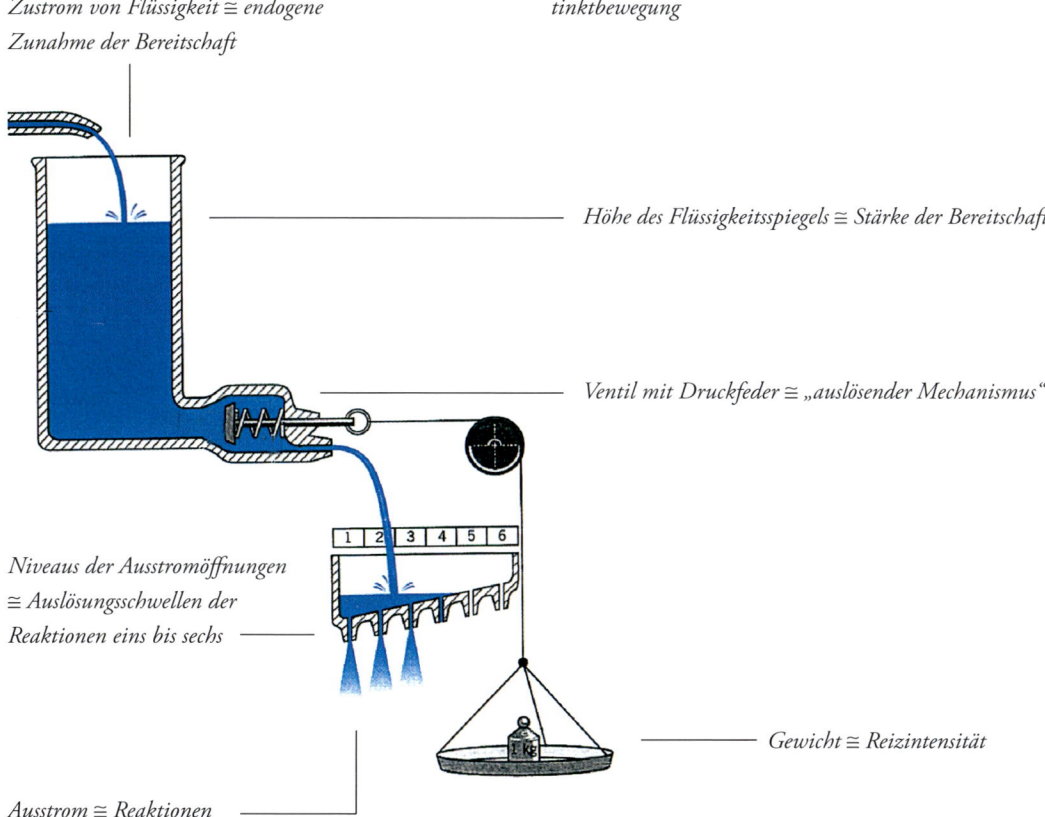

Zustrom von Flüssigkeit ≅ endogene Zunahme der Bereitschaft

Höhe des Flüssigkeitsspiegels ≅ Stärke der Bereitschaft

Ventil mit Druckfeder ≅ „auslösender Mechanismus"

Niveaus der Ausstromöffnungen ≅ Auslösungsschwellen der Reaktionen eins bis sechs

Gewicht ≅ Reizintensität

Ausstrom ≅ Reaktionen

Das hydraulische Modell von Lorenz zur Erläuterung des Instinktverhaltens. Die ausgeklügelte Metapher hat folgende Bedeutung: Eine Instinkthandlung wird automatisch ausgelöst, auch wenn die auslösenden Reize schwach oder gar nicht vorhanden sind, sobald nach Ablauf einer gewissen Zeit die für diese spezifische Instinkthandlung nötige Bereitschaft stark genug ist. Da Lorenz auch den Aggressionstrieb zu den wichtigsten Instinkten dazurechnete, unterstellte man der neu entstehenden Verhaltensforschung, sie liefere eine Rechtfertigung für Gewalt und Krieg. Diese Kritik trug jedoch der Beobachtung von Lorenz nicht genügend Rechnung, wonach der Mensch sich durch die Kultur von der Herrschaft der Instinkte befreien kann.

Aggression

Ethik, Verhaltensforschung

Siehe auch: *Verhaltensforschung, Hemmungsmechanismen*

Eine der ethisch relevantesten Fragen, die durch die Verhaltensforschung aufgeworfen wurden, betrifft die Aggression, die Neigung zur Selbstbehauptung in Konkurrenzsituationen, die Konrad Lorenz (*Das sogenannte Böse. Zur Naturgeschichte der Aggression*, 1963) als einen unauslöschbaren und positiven **Instinkt** (→) betrachtete, als einen für die Erhaltung von Tierarten wesentlichen Zug.

Lorenz zufolge muss zwischen der **interspezifischen Konkurrenz** zwischen verschiedenen Arten und der **intraspezifischen Aggression** zwischen Artgenossen unterschieden werden. Tatsächlich sind die Verhaltensweisen gegenüber artfremden Tieren anders als die gegenüber Artgenossen. Selten führt intraspezifisches aggressives Verhalten zum Tod eines Rivalen, weil es **Hemmungsmechanismen** gibt, ebenfalls angeborene Handlungsweisen, die zu einer **Ritualisierung** der intraspezifischen Kampfhandlungen führen und bewirken, dass der Stärkere siegt, ohne seine tödlichen Waffen einzusetzen (mithin ohne den Rivalen zu töten). Greift eine Katze ihre Beute an, so überfällt sie sie geräuschlos von hinten und versetzt ihr einen tödlichen Hieb an der schwächsten Stelle (dem Genick); kämpft sie aber gegen einen Artgenossen, miaut sie fürchterlich, greift aber das Genick nicht an (sie versucht den Gegner zu verletzen, ohne ihn zu töten). Bei Arten, die über sehr wirkungsvolle Waffen verfügen (Hauer, Krallen, Hörner), sind diese angeborenen Mechanismen der Ritualisierung sehr stark, bei Arten, denen tödliche Waffen fehlen, hingegen weitaus schwächer entwickelt (das Tötungsrisiko ist kleiner, und daher bildeten sich evolutionär auch keine Gegenmaßnahmen aus).

Dem Menschen hat die Natur nur wenige biologische Angriffsmittel mitgegeben: Es kommt selten vor, dass ein mit bloßen Händen ausgefochtener Kampf für die Gegner tödlich endet (jemanden nur mit den Händen, Nägeln und Zähnen zu töten, ist weitaus schwieriger, als uns in Filmen weisgemacht wird). Nach Meinung der Verhaltensforscher verfügt unsere Spezies deshalb nur über äußerst schwache angeborene Muster der Ritualisierung von Aggression; die Menschheit hat sich weitaus effizienter in der Unterwerfung der Natur als in der Verhinderung gesellschaftlicher Auseinandersetzungen gezeigt. Andererseits hat die Wissenschaft die Daseinsbedingung des Menschen verändert: In den letzten 10.000 Jahren wurden immer raffiniertere Waffen entwickelt (von der Steinschleuder bis zur Atombombe), wodurch ein Ungleichgewicht entstanden ist. Angesichts des riesigen Zerstörungspotenzials nehmen sich die angeborenen Aggressionshemmungen spärlich aus. Die langsamen biologischen Entwicklungsprozesse können mit der Dynamik des technischen Fortschritts nicht Schritt halten. „Im Übrigen", bemerkt Irenäus Eibl-Eibesfeldt (*Die Biologie des menschlichen Verhaltens. Grundriß der Humanethologie*, 1984), „dürften wir uns in den letzten 20.000 Jahren in Körperbau und Verhalten nicht wesentlich verändert haben. Menschen mit der Motivationsstruktur und intellektuellen Kapazitäten eines altsteinzeitlichen Jägers und Sammlers steuern heute Düsenjäger!"

Lorenz war davon überzeugt, dass die Lösung nicht im Herbeiträumen einer utopischen Welt ohne Aggressionen besteht, sondern darin, mit den Werkzeugen der Kultur die unvermeidlichen Verzögerungen der biologischen Entwicklung wettzumachen.

▲ *Im Kampf knallen die Antilopen die Köpfe gegeneinander, vermeiden aber, die tödlichen spitzen Hörner einzusetzen, was sie jedoch tun, wenn sie von einem Löwen
angegriffen werden. Bei uns Menschen aber „gibt es einen
erstaunlichen Gegensatz zwischen unseren Leistungen
in der Beherrschung der außerartlichen Umwelt und
unserem Unvermögen, unser soziales Zusammenleben
befriedigend zu gestalten" (Irenäus Eibl-Eibesfeldt,* Die
Biologie des menschlichen Verhaltens, *1984). Deshalb
stellt der Krieg beim derzeitigen Entwicklungsstand der
Menschheit die schlimmste aller Gefahren dar.*

▼ *Aus biologischer Sicht hat sich der technische Fortschritt auf kriegerischem Gebiet vor allem wegen der
wachsenden Distanz zwischen Angreifer und Opfer
als äußerst gefährlich erwiesen. Es kommt zu einer **De-
humanisierung des Gegners** und zu einer gesteigerten
Bereitschaft zur Aggression: Aus der Entfernung zu töten,
ohne den Gegner zu sehen oder in Blickkontakt mit ihm
zu treten (also ohne dass die **angeborenen Aggressionshemmungen** wirksam werden können), ist sehr viel
einfacher als aus unmittelbarer Nähe zu töten.*

▲ *Ein Kampf mit bloßen Händen zwischen zwei Menschen läuft in der Realität ganz anders ab als im Film
(mit den Bildern, die sich im kollektiven Bewusstsein
festgesetzt haben). Es ist wenig wahrscheinlich, dass die
Gegner sich elegante Fausthiebe an die Kiefer verpassen;
in den meisten Fällen fallen sie sofort raufend zu Boden,
und der Kampf findet wegen der Erschöpfung beider ein
rasches Ende.*

Hemmungsmechanismen

Ethik, Aggression, Biologie
Siehe auch: *Instinkt, Nativismus*

Eine der bedeutendsten Leistungen des Begründers der **Verhaltensforschung** (→) Konrad Lorenz war die Entdeckungen der **Hemmungsmechanismen** bei Mensch und Tier, d. h. gewisser Auslöser, die eine Aggressions- oder Tötungshemmung (→ **Aggression**) hervorrufen, also automatisch und unwillentlich eine Besänftigung des Angreifers bewirken. Es werden zwei Haupttypen unterschieden:

• **verhaltensbezogene Hemmungsmechanismen:** Demutsgebärden, die ausdrücken, dass man sich *geschlagen* gibt bzw. sich unterwirft; Friedensgesten, mit denen um Erbarmen gebeten wird: z. B. Heulen, das Senken des Kopfes, der unmissverständliche Verzicht auf den Gebrauch von Waffen, das Vorzeigen der Handflächen usw. Diese rituellen Gesten sind genauso stark wie die aggressiven Impulse, bewirken aber das Gegenteil;

• **physiologische Hemmungsmechanismen:** Sie treten nur in der frühen Kindheit auf und hängen mit der besonderen Gestalt zusammen, die die Jungen aller Spezies aufweisen: großer Kopf, hohe Stirn, rosa Haut bzw. weiches Fell, linkische Bewegungen usw. Diese *Instrumentarien* der für gewalttätige Auseinandersetzungen noch nicht ausgerüsteten Lebewesen rufen beim Angreifer eine Woge des Wohlwollens hervor und dämpfen seine Aggressionen. Die Sympathie, die durch die kindlichen Züge ausgelöst wird, ist in der Tat unwillkürlich und universell; ihre Wirkung zeigt sich auch anhand von Gegenständen (z. B. einem Plüschtier) oder Bildern (z. B. einem Zeichentrickfilm). Dieses Phänomen von Mitgefühl lässt sich mit der **biogenetischen Grundregel** von Ernst Haeckel erklären, wonach eine Differenzierung zwischen den Spezies erst mit der Zeit erfolgte. Je weiter man in der Entwicklungsgeschichte zurückgeht, desto geringer werden die biologischen Unterschiede zwischen den Tieren (der Mensch inbegriffen).

Die Hemmungszeichen sind keine ethischen oder vernunftgeleiteten Überzeugungen, sondern unwillkürliche **Handlungsmuster**, die durch bestimmte Eindrücke ausgelöst und nur im Rahmen einer Interaktion zwischen Angreifer und Opfer bedient werden. Die Auslöser, die zu einer Hemmung führen, müssen die Sinne des Gegenübers wirksam ansprechen, weil eine indirekte Information nutzlos ist. Unter diesem Aspekt erweist sich das Missverhältnis zwischen biologischem Erbe und technologischem Fortschritt als ein Drama. Die rasante Entwicklung der Militärtechnik hat die Distanz zwischen Aggressor und Opfer sukzessive vergrößert und so die hemmenden Handlungsmuster außer Kraft gesetzt und das Töten aus biologischer Sicht einfacher gemacht: Bei der unmittelbaren Begegnung mit seinem Opfer muss sich der Angreifer über die angeborenen Handlungsmuster, die Mitleid bei ihm erwecken, hinwegsetzen. Beim Einsatz von Lanzen und Pfeilen greifen diese Muster nicht mehr effizient, kaum noch bei der Verwendung von Feuerwaffen und sind gleich null, wenn das Opfer gänzlich aus dem Gesichtskreis verschwindet. Die Folge ist ein ethisch-biologisches Paradoxon: Viele Menschen fänden es einfacher, eine Bombe abzuwerfen und den Tod von Tausenden Individuen in Kauf zu nehmen, als einem jungen Tier mit den eigenen Händen den Hals abzuschneiden.

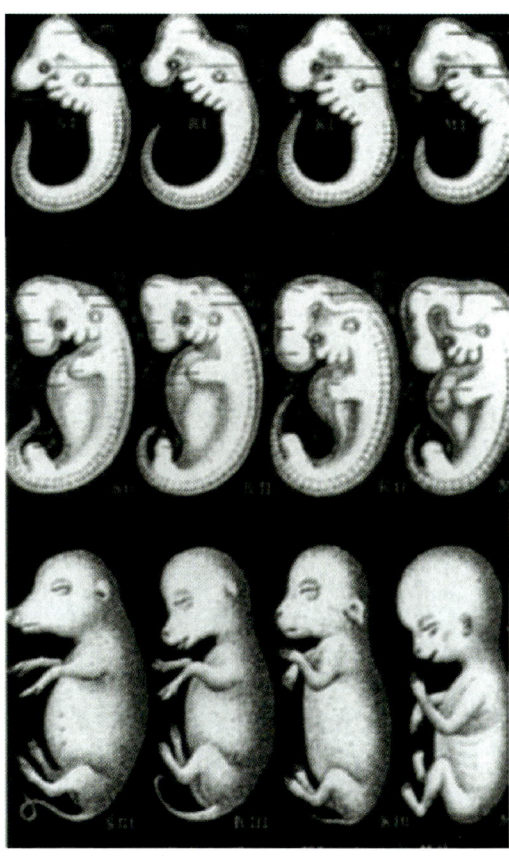

◀ Die **biogenetische Grundregel** (Rekapitulations-theorie) von Haeckel: Betrachtet man die Embryos in der oberen Reihe, ist nur schwer zu erkennen, welches davon sich in ein Schwein, ein Rind, ein Kaninchen und in einen Menschen verwandeln wird. Eine gewisse Ähnlichkeit bleibt auch in der frühen Kindheit erhalten: Die Jungen vieler Tierarten ähneln einander sehr viel mehr als die jeweiligen ausgewachsenen Tiere.

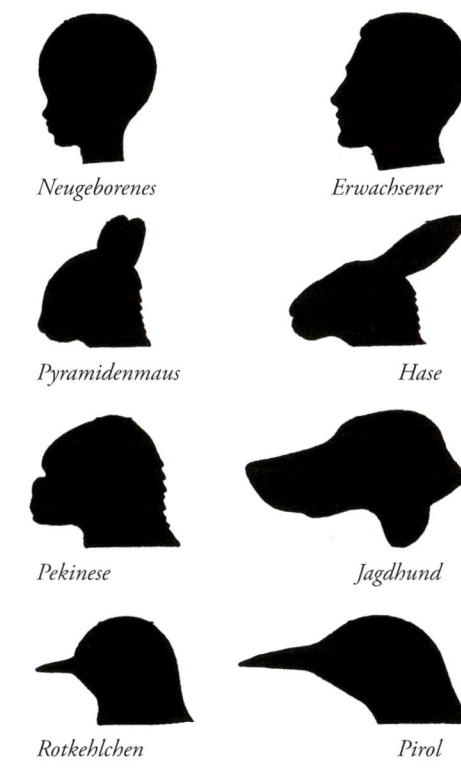

Neugeborenes   Erwachsener

Pyramidenmaus   Hase

Pekinese   Jagdhund

Rotkehlchen   Pirol

▶ Die meisten Jungen weisen ähnliche Formen und Verhaltensweisen auf: großer Kopf, große runde Augen, Pausbäckchen, hohe Stirn, weiches Fell, zarte rosa Haut, unfreiwillig komisches Verhalten, unkoordinierte und unbeholfene Bewegungen. Das alles sind Signale, die den Aggressionstrieb der Erwachsenen hemmen, sogenannte Auslöser, die sogar interspezifisch wirksam sind (selbst Raubtiere verschonen wenn möglich die Jungen).

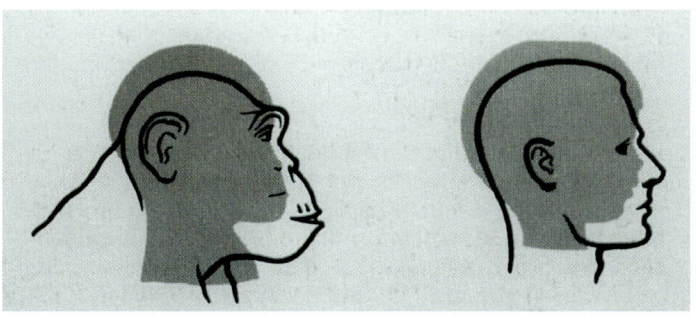

◀ Die Entwicklung des Schädels bei Menschenaffen und beim Menschen: Die grauen Flächen stellen die (auf-fallend ähnliche) kindliche Kopf-form, die schwarzen Umrisse hin-gegen die Kopfform ausgewachsener Individuen dar.

Nativismus

Biologie, Verhaltensforschung
Siehe auch: *Soziobiologie, Altruismus*

Eine der meistdiskutierten philosophischen Fragen ist die nach den Ursachen menschlichen Verhaltens: Ist es allein auf Lernprozesse zurückzuführen oder beruht es auf Vererbung, bringt der Mensch von Geburt an (also vor aller Erfahrung) bestimmte Verhaltensmuster, Ideen oder Fähigkeiten mit oder nicht. **Nativistisch** ist die Ideenlehre Platons (→ **Platonische Idee**) und die Vorstellung vom Geist als *Tabula incisa* im Rationalismus, als „eingeschnittene Tafel"; **antinativistisch** orientiert ist der **Empirismus** (→), der das Psychische als *Tabula rasa* begreift.

Das 20. Jh. hat dieser Frage aufgrund ihrer politischen Relevanz besondere Aufmerksamkeit gewidmet. Kritiker des Nativismus behaupten, dass alle Menschen bei ihrer Geburt gleich sind bzw. von gleichen Voraussetzungen ausgehen: Ihre Umwelt (Familie, Schule, Gesellschaft) bestimmt, was sie werden. Dieser durch Kultur modellierte Mensch entspricht dem demokratischen Ideal, im Gegensatz zu der Auffassung, der Mensch sei durch seine Geburt geprägt und seine Erbanlagen konditioniert, eine spezifische qualitative Position einzunehmen (aufgrund des Blutes, der Rasse, der Geistesfähigkeiten). Demnach gibt es unüberwindbare Unterschiede zwischen den Individuen und nicht ohne Grund haben sich absolutistische Staaten und diktatorische Regime auf nativistische Theorien gestützt und tun es noch heute. So griff der deutsche Nationalsozialismus auf Theorien des **Sozialdarwinismus** über die natürliche Auslese zurück, um seine Rassenideologie zu rechtfertigen.

Obwohl die wissenschaftliche Forschung die Gefahren einer politischen Instrumentalisierung kennt, kann sie nativistische Positionen nicht völlig ignorieren. Ein Beispiel bietet die **generative Grammatik** (→), die das Phänomen des Spracherwerbs mit einer apriorischen **universellen Grammatik** erklärt.

Die **Verhaltensforschung** (→) bezeichnet eine Verhaltensweise dann als angeboren, wenn folgende Bedingungen erfüllt sind: Sie ist stereotyp, d. h. sie kehrt in unveränderlicher Abfolge wieder und ist durch keinerlei Instruktion beeinflussbar. Sie tritt bei allen Individuen einer Spezies auf und wird durch die Lernphase nicht beeinträchtigt. Wissenschaftler führen sogenannte **Deprivationsversuche** durch, um Verhaltensweisen zu analysieren. Dabei wird ein Tier bis zu einem gewissen Alter isoliert gehalten, d. h. es wird darin gehindert, bestimmte Erfahrungen zu machen, um später feststellen zu können, ob das Tier auf auslösende Reize mit den typischen Verhaltensweisen seiner Spezies reagiert. Wenn ja, gilt seine Gebaren als angeboren.

Auf der Basis empirischer Methoden konnte die Vererbung einer Reihe von Phänomenen nachgewiesen werden: Schnelligkeit im Rechnen, Dauer des Spracherwerbs, Persönlichkeitsmerkmale wie Extro- oder Introvertiertheit, Erinnerungsvermögen, Sprachgewandtheit, Wahrnehmungs- und psychomotorische Fähigkeiten, Psychosen.

▲ *Charles Darwin hat diese Abbildung in* Der Ausdruck der Gefühle bei Mensch und Tier *(1872) verwendet, um die große Ähnlichkeit zwischen Mensch und Tier in den Gefühlsäußerungen über den* **Gesichtsausdruck** *zu veranschaulichen. Das Buch ist die erste umfassende Publikation über Verhaltensforschung.*

▶ *Eine Schimpansin streckt einem männlichen Artgenossen den Handteller hin und fordert ihn damit zu einer Kontaktaufnahme auf: eine rituelle Geste der Versöhnung, die auch unter Menschen verbreitet ist. Es ist bemerkenswert, dass sich ihre Aussage ändert, sowohl für uns Menschen wie für die Schimpansen, sobald der Handteller nach unten zeigt. Sie bekommt dann die Bedeutung einer Instruktion bzw. eines Befehls. Die Tatsache, dass der Mensch und höhere Affenarten viele gestische Kommunikationsformen gemeinsam haben, verweist auf ihren nativistischen Status.*

▲ *Aus ethischen Gründen dürfen* **Deprivationsversuche** *nicht am Menschen durchgeführt werden. Dennoch lassen sich zum Nachweis angeborener Verhaltensweisen ausgeklügelte Versuchssituationen schaffen. Setzt man ein Kind, das gerade laufen gelernt hat, der hier dargestellten Situation aus (ein Tisch wurde mit einer Glasplatte verlängert), wird es mit einer angeborenen Angst vor der Leere darauf reagieren.*

Soziobiologie

Wilson, Nativismus, Genetik
Siehe auch: *Altruismus, Hemmungsmechanismen*

Die Soziobiologie wurde als jüngster Zweig der **Verhaltensforschung** (→) von Edward O. Wilson (*Sociobiology. The new synthesis*, 1975) begründet. Sie stützt sich bei ihren Untersuchungen zum Sozialverhalten auf Erkenntnisse der modernen Genetik, speziell auf die Einflussnahme des **Genotyps** (Gesamtheit der Erbfaktoren eines Lebewesens) auf die Ausbildung eines **Phänotyps** (Gesamtheit der durch Erbanlagen und Umwelteinflüsse geprägten Merkmale eines Lebewesens). Ihre Postulate lassen sich wie folgt zusammenfassen:

• Gegenstand der Soziobiologie ist die Beziehung zwischen Genen und Verhaltensweisen. Der **Evolutionismus** (→) hat sich in seiner mehr als hundertjährigen Geschichte auf die Analyse der morphologischen Phänotypen (körperliche Merkmale, deren Vererbung niemand in Zweifel zieht) konzentriert und dabei die verhaltensbedingten Phänotypen vernachlässigt. Sie durchlaufen wie die somatischen Eigenheiten einen Anpassungsprozess.

• Der Begriff der „individuellen Selektion" der darwinistischen Evolutionstheorie muss durch den der Tauglichkeit ersetzt werden. Sie war davon überzeugt, dass das um sein Überleben kämpfende Individuum auch das Subjekt der Evolution ist, das einen Selbsterhaltungstrieb mit dem Ziel ausbildet, die eigene Existenz zu verlängern. Demgegenüber behaupten die Soziobiologen, dass das Verhalten eines jeden Tieres, der Mensch inbegriffen, auf die Maximierung seiner Fitness ausgerichtet ist, auf die Fähigkeit, seine Gene vollkommen zu bewahren und weiterzugeben. Folglich ist das genetische Erbe der Hauptakteur der Evolution; es ist primär auf das eigene Überleben programmiert.

• Die Träger der Gene sind DNA-Molekülketten, die komplexe Strukturen ausbilden und sich auf immer gleiche Weise replizieren. Sie überdauern Generationen, sodass man von einer *Ewigkeit der Gene* sprechen kann. Sie gehen von einem Individuum auf das andere über; Fortpflanzung bedeutet also nichts anderes als das *Umladen* genetischen Materials von einem Träger auf einen anderen. Die genetische Kette wird erst dann unterbrochen, wenn ein Trägersubjekt stirbt, ohne Nachkommen gezeugt zu haben.

• Die für das Überleben einer Spezies wichtigsten Verhaltensweisen (Fortpflanzung, Brutpflege, soziale Bindungen) sind genetisch vorbestimmt. Tatsächlich hängt von ihnen die Tauglichkeit des Subjekts zur Fortpflanzung ab, also die Kontinuität des Gens selbst. Hat eine Verhaltensweise innerhalb einer Population ein größeres Anpassungsvermögen als eine andere erreicht und sichert so eine erfolgreiche Fortpflanzung des Subjekts, werden dessen Gene begünstigt und in der Spezies verankert. Auf diese Weise wirkt der Phänotyp auf den Genotyp zurück und verbreitet sich innerhalb der Population.

Die Soziobiologie ist nicht unumstritten und heftiger Kritik ausgesetzt, denn die Annahme genetischer Vorbestimmung menschlicher Verhaltensweisen hat ethische Folgen; ihr **Nativismus** (→) kann zur Rechtfertigung rassistischer, sexistischer u. a. Phänomene missbraucht werden.

◄ *Flirtverhalten eines Samburu-Mädchens, aus: Irenäus Eibl-Eibesfeldt,* Liebe und Haß. Zur Naturgeschichte elementarer Verhaltensweisen *(1970). Hinter vielen scheinbar kulturell bedingten Verhaltensweisen verbergen sich* **biologische Konditionierungsvorgänge**. *Beispielsweise werden beim Flirten (Blickkontakt, Lidschluss, Wegsehen) die Paarungsrituale vieler Säugetiere symbolisch wiederholt (Scheu; Flucht, die zum Nachstellen einlädt). Die körperliche Umsetzung von Annäherung und Distanzierung ersetzt der Mensch durch die ritualisierte Form der Augenbewegung.*

◄ *Die Soziobiologen haben die von der Verhaltensforschung analysierten Beziehungen zwischen Mensch und Tier konsequent weiter erforscht. Die Überlebensstrategie der Gene könnte viele menschliche Verhaltensweisen erklären, insbesondere in Bezug auf familiäre Strukturen und erotische Aktivitäten. Der Kuss lässt sich beispielsweise vom Kussfüttern vieler Tierarten ableiten, die auf diese Weise ihre Jungen ernähren.*

► *Diagramme aus Wilson,* Sociobiology. The new synthesis *(1975). Fünf soziale Verbände sind unter hierarchischen Gesichtspunkten wiedergegeben, um das soziale Beziehungsgeflecht aufzuzeigen. Zwischen menschlichen Organisationsformen und derjenigen einer Pavianherde gibt es kaum qualitative Unterschiede.*

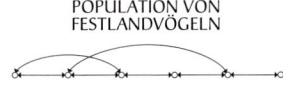

POPULATION VON FESTLANDVÖGELN

FISCHSCHWARM

nur eine Ebene, kaum Verbindungen

nur eine Ebene, starke Verbindungen

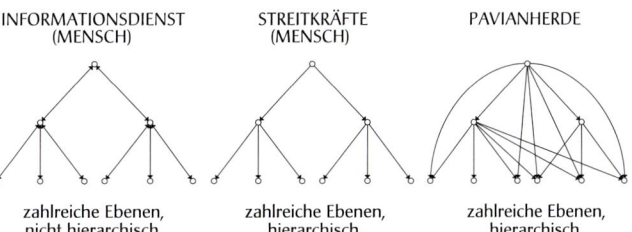

INFORMATIONSDIENST (MENSCH)

STREITKRÄFTE (MENSCH)

PAVIANHERDE

zahlreiche Ebenen, nicht hierarchisch, kaum Verbindungen

zahlreiche Ebenen, hierarchisch, kaum Verbindungen

zahlreiche Ebenen, hierarchisch, starke Verbindungen

Altruismus

Soziobiologie, Ethik
Siehe auch: *Nativismus, Soziobiologie*

In der **Verhaltensforschung** (→) spricht man von altruistischem Verhalten, wenn ein Individuum zugunsten eines anderen freiwillig Opfer bringt und für dieses sogar sein Leben aufs Spiel setzt.

Schon Charles Darwin hatte **altruistische Verhaltensweisen** bei den sozialen (Staaten bildenden) Insekten (Ameisen, Bienen) festgestellt; bei ihnen kommt es nicht selten vor, dass Tiere ihr Leben opfern, um das Überleben des Verbands zu sichern. Allerdings fand die klassische Evolutionstheorie auf dieses Verhaltensmuster keine Antwort, das es ihrem Postulat des **Überlebenskampfes** widersprach. Es ist das große Verdienst der Soziobiologie, eine überzeugende Erklärung für das Phänomen des Altruismus geliefert zu haben.

Für die Soziobiologie kann mit dem Darwin'schen Kriterium der Selbsterhaltung ein typisch altruistisches Verhalten wie die **Reproduktionsinvestition** (Fortpflanzung, Pflege und Erziehung der Brut) nicht erklärt werden. Sie verpflichtet die Lebewesen zu einer Reihe von verschleißenden Tätigkeiten, mit anderen Worten: Der Reproduktionsverzicht erhöht deutlich die individuellen Lebenschancen.

Edward O. Wilson fordert in *Sociobiology. The new synthesis* (1975) nicht das Individuum, sondern die Gensequenz, deren Träger das Individuum ist, als Hauptakteur der Evolution zu betrachten, denn nicht immer decken sich die Interessen der Gene mit denen des einzelnen Menschen: Eine für das Gen vorteilhafte Strategie kann das Individuum beeinträchtigen. Tatsächlich hat jedes Individuum 50% der Gene mit den Kindern und den Geschwistern gemeinsam, es erscheint daher logisch, dass es für sie bereitwillig Opfer bringt und bringen wird. Diese Bereitschaft nimmt bei den Kindeskindern, den Nichten und Neffen bereits ab, da hier das gemeinsame genetische Erbe nur noch 25% beträgt. Daher rührt der berühmt gewordene provokante Vergleich

der Soziobiologen. Auf die Frage, ob sie ihr Leben für einen Bruder aufopfern würden, heißt es: Für *einen* Bruder nicht, für drei ja. Tatsächlich opfert ein Individuum, das stirbt, um einen Bruder zu retten, 100% der eigenen Gene, um 50% zu retten (das entspricht dem Anteil der eigenen Gene, die der Bruder besitzt). Für die Rettung dreier Brüder zu sterben, ist dagegen vorteilhafter (es können auch neun Cousins sein), natürlich nicht für den Helden, wohl aber in Hinblick auf das Überleben der Gene, dessen Chance um 50% gesteigert wird. Folglich ist die Rettung der Blutsverwandten die vorrangige Aufgabe, die die Gene dem Träger-Individuum übertragen. Das erklärt die graduell abnehmende Bereitschaft, sich für die Kinder, Cousins, die Verwandtschaft, den Klan, den Volksstamm, den Staat aufzuopfern.

Nach Ansicht der Soziobiologen variiert die genetische Festlegung des Verhaltens von Spezies zu Spezies: Sie ist am höchsten bei den Ameisen, geringer bei den Säugetieren, und noch geringer, aber durchaus relevant, beim Menschen.

▶ *Abbildung aus* Liebe und Haß *(1970) von Ineäus Eibl-Eibesfeldt: die schützende Geste einer Schimpansenmutter im Vergleich zu einer ähnlichen Geste eines Menschenpaares. Die Soziobiologen haben unsere Kenntnisse über die menschlichen Verhaltensweisen, die im genetischen Erbe festgelegt sind, beträchtlich erweitert und damit eine heftige Kontroverse ausgelöst, die bis heute anhält.*

◀ *Wie stark die biologische Konditionierung ist, wird in Gefahrensituationen besonders deutlich. Wenn ein Mensch Angst hat, sucht er den physischen Kontakt mit seinem Nächsten. Die biologische Wirkung dieses Instinkts ist so groß, dass sich z. B. Soldaten bei einem Bombardement aneinander drücken oder sich übereinander legen, anstatt sich über das Gelände zu zerstreuen, was weitaus weniger gefährlich wäre.*

▼ *Eine anschauliche Darstellung aus Wilson,* Sociobiology. The new synthesis *(1975): Oben sind die Verhaltensweisen, unten die Folgen aufgezeigt. Nicht das Individuum, sondern sein genetisches Erbe ist der wahre Protagonist des menschlichen Verhaltens. Weil sich dieses genetische Erbe zwischen Blutsverwandten teilweise deckt, müssen zwei Formen von Altruismus unterschieden werden: derjenige gegenüber Verwandten (nepotistischer Altruismus; in Wahrheit ein verdeckter genetischer Egoismus) und derjenige gegenüber Fremden.*

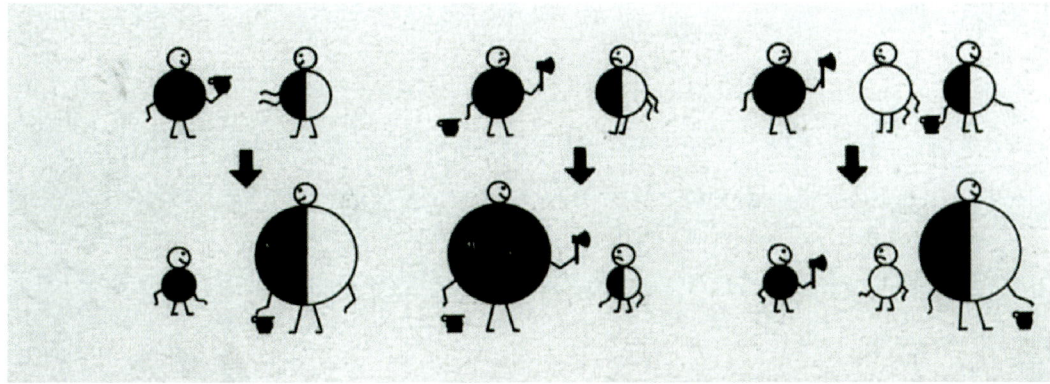

Genetische Erkenntnistheorie

Piaget

Siehe auch: *Kognitionswissenschaft, Strukturalismus*

Der Schweizer Psychologe Jean Piaget gilt als der Begründer der modernen Entwicklungspsychologie (→ **Entwicklungsstufen**), seine Theorie der **kognitiven Entwicklung** hat der genetischen Erkenntnistheorie den Weg bereitet, auf deren Methoden und Erkenntnissen eine Reihe von Disziplinen – von der Kognitionswissenschaft bis zur Forschung über Künstliche Intelligenz (KI) – aufbaut.

Der philosophische Diskurs über die Natur der Intelligenz und der Vernunft hatte bis zu Piagets Forschungen psychologische Aspekte stets ausgeklammert und sich mit der Definition objektiver geistiger Operationen beschäftigt und deren Funktionsweisen mit normativen Begriffen spezifiziert, unabhängig von den Prozessen, die im einzelnen Individuum stattfinden oder ausgelöst werden. Piaget ging von einem vollkommen neuen Ansatz aus: Die **menschlichen Erkenntnisprozesse** (von der einfachen Wahrnehmung bis zur intellektuellen Reflexion) lassen sich nur erklären, wenn man die einzelnen Entwicklungsstufen kognitiver Fähigkeiten beim Kind rekonstruiert.

Diese genetische Perspektive verortet die neue Disziplin zwischen Logik und Psychologie. Sie verbindet den logischen Ansatz, die Natur der kognitiven Prozesse zu erklären, mit den Zielen der Erkenntnistheorie (die Merkmale des wissenschaftlichen Diskurses zu spezifizieren). Da aber Erklärungen aus dem Prozess des körperlichen und seelischen Wachstums des Menschen abgeleitet werden, handelt es sich letztlich um ein evolutionistisches Konzept.

Piaget zufolge gelangt die Intelligenz über eine Reihe von Entwicklungsstufen zur Reife, die jeweils in Teilstadien unterteilt sind. Die Aussage „Der Mond existiert, weil es uns gibt" halten Erwachsene z. B. für ein Produkt kindlicher Fantasie, sie ist dagegen typisch (und auf gewisse Weise auch notwendig) für das Weltbild von sechsjährigen Kindern. Die

Wissenschaft spricht von einem fehlerhaften **Anthropomorphismus** (→), doch das Kind, das sich in der Phase eines ausgeprägten Egozentrismus befindet, muss so denken, weil es alle Ereignisse seiner Umwelt auf seine Person bezieht. Piaget stellt weiter eine Verbindung zwischen den Entwicklungsstufen der Menschheit und denen eines Kindes her, das Theorien über die Welt entwickelt und zu phantastischen Erklärungen kommt, die vieles mit dem Mythos und den Anfängen des philosophischen Denkens gemein haben.

Piagets genetischer Ansatz sprengte den Rahmen der traditionellen Erkenntnistheorie. Erstmals stand eine Theorie zur Verfügung, die das Phänomen der Intelligenz nicht willkürlich, sondern aus ihrer Entwicklung, ihrer Entstehungsgeschichte heraus erklärt. Komplexes Denken und rationale Logik können demzufolge nicht mehr auf der Basis *objektiver* Parameter und Kategorien erschöpfend und definitiv erklärt werden, da sie lediglich eine (letzte) Stufe in einem individuellen Entwicklungsprozess darstellen. Anders ausgedrückt: Die Grundlagen der Intelligenz können nicht aus ihr selbst heraus erklärt werden, da sie der Anpassung an spezifische Umweltbedingungen dient.

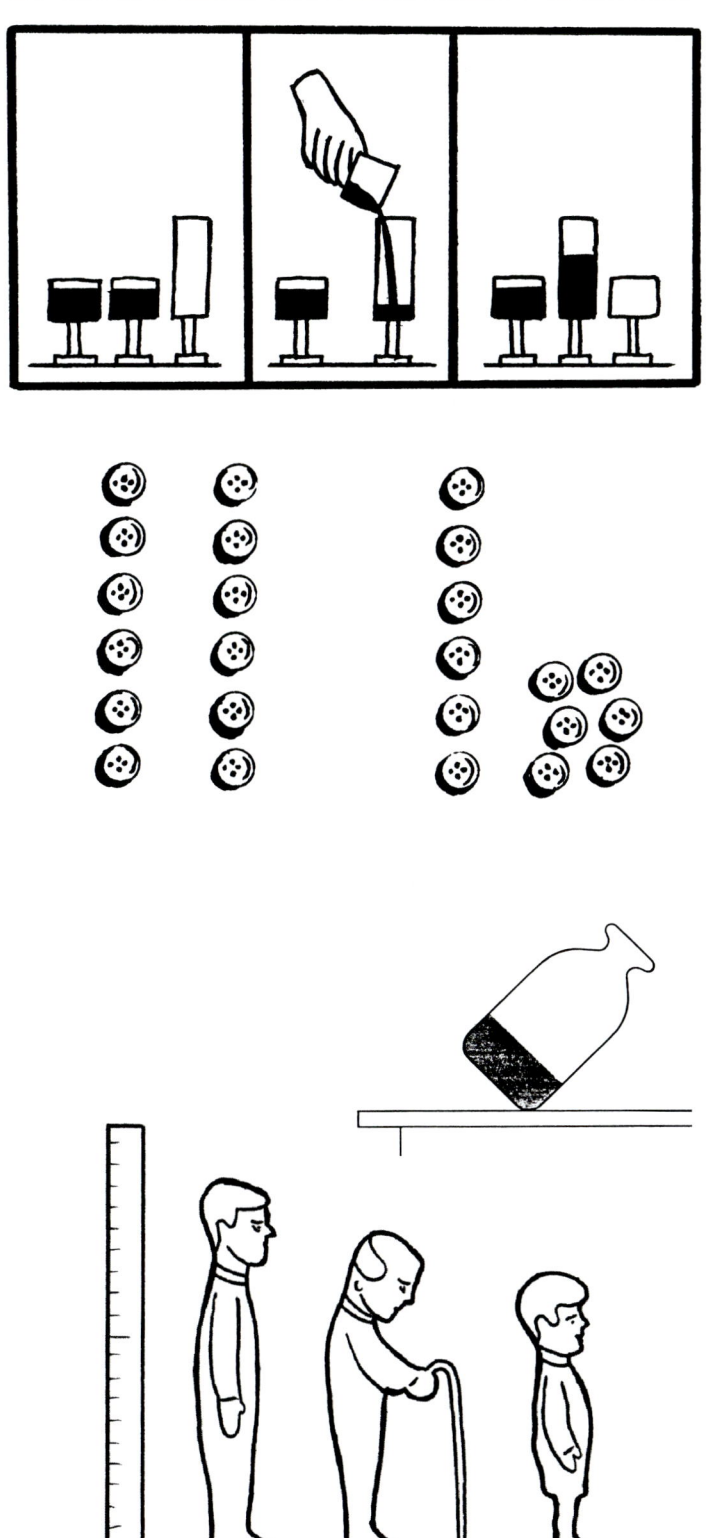

◀ Auf dieser Seite sind einige der von Piaget entwickelten Tests zur Untersuchung der kognitiven Fähigkeiten von Kindern abgebildet. Im Alter von sechs bis sieben Jahren glaubt ein Kind fest daran, dass sich im höheren Glas mehr Flüssigkeit befindet als im kleinen, auch wenn die Flüssigkeit vor seinen Augen umgeschüttet wurde.

◀ Das Knopf-Experiment macht deutlich, dass sich Kinder eines bestimmten Alters nur auf einen Aspekt des Handlungsfeldes konzentrieren und ihnen typische Fehleinschätzungen unterlaufen: Bis zum Alter von sieben Jahren nimmt ein Kind an, dass die beiden parallelen Knopfreihen die gleiche Anzahl von Knöpfen enthalten. Wird aber – vor seinen Augen – eine Knopfreihe zusammengeschoben, ist es fest davon überzeugt, dass in der kürzeren Knopfreihe weniger Elemente vorhanden sind als in der langen.

◀ Im voroperativen Stadium nimmt ein Kind an, die Flüssigkeit in einer Flasche verhalte sich so wie hier dargestellt.

◀ Kinder verallgemeinern und kommen zu dem Schluss, dass das Alter sich proportional zur Größe verhält (was auch fast immer stimmt). Da der Vater größer ist als der Großvater, geht das Kind davon aus, dass Ersterer auch älter ist.

Entwicklungsstufen

Piaget, Entwicklungspsychologie
Siehe auch: *Generative Grammatik, Émile*

In der **genetischen Erkenntnistheorie** von Jean Piaget spielt der Begriff der Entwicklungsstufen der Intelligenz eine zentrale Rolle. Jedes Stadium bildet eine Einheit, die sich durch spezifische Formen der Interaktion des Individuums mit seiner Umwelt unterscheidet: Die Denkmuster des Kindes (seine kognitiven Fähigkeiten oder „Intelligenz") sind andere als die des Erwachsenen.

Um die innere Dynamik der Entwicklungsstufen erklären zu können, führt Piaget in seiner Theorie zwei humanwissenschaftliche Konzepte des 20. Jh.s zusammen: den Begriff der **Struktur** (→) und den der **wissenschaftlichen Revolution** (→ **Historizität der Wissenschaft**). Auf die strukturalistische Methode geht seine These zurück, wonach jede Entwicklungsstufe ein fein strukturiertes, in sich kohärentes und eigenständiges System von Verhaltensweisen, Vorstellungen und Beziehungen zur Umwelt darstellt, kurz, ein für eine Wachstumsphase typisches Denkschema. Jede Entwicklungsstufe weist also eine qualitativ andere Struktur auf. Der Ablösung eines Schemas erfolgt als transformativer Prozess bzw. durch Ersetzen eines **Paradigmas** (→) durch ein anderes. Das bedeutet, dass die geistige Entwicklung des Kindes nicht gleichmäßig und kontinuierlich verläuft, sondern sich kurze Phasen qualitativer Umbrüche (strukturelle Revolutionen) mit längeren Phasen der Vertiefung abwechseln. Für Piaget besteht eine enge Verbindung zwischen der kognitiven Entwicklung des Individuums (**Ontogenese**) und der stammensgeschichtlichen Entwicklung der Menschheit (**Phylogenese**), demnach entspricht jeder Kindheitsstufe einer Epoche der Geistesgeschichte.

Piaget unterscheidet vier verschiedene Entwicklungsstufen, die in weitere Teilstadien untergeteilt werden können:

• Die **sensomotorische Stufe** der Intelligenz (null bis zwei Jahre) ist durch motorische Akte, die zunehmende Koordination der Sinne und die Ausbildung der ersten Vorstellungen gekennzeichnet;
• in der **präoperativen Stufe** (zwei bis sieben Jahre) bildet sich die semiotische Funktion und die Fähigkeit zum symbolischen Denken aus, Handlungen und Gegenstände werden durch Zeichen ersetzt (Wort, Bild, Symbol);
• im Stadium der **konkreten Operationen** (sieben bis elf Jahre) lernt das Kind, logische Operationen durchzuführen und auf konkrete Aufgaben anzuwenden sowie einzelne Probleme zu lösen;
• im Stadium der **formalen Operationen** (elf bis 15 Jahre) kann das Kind abstrakte Anforderungen bewältigen und bildet die Fähigkeit aus, Theorien und Systeme zu entwickeln.

Nach Piagets Theorie, die auf eigenen Beobachtungsmethoden des kindlichen Denkens beruht, geht jede neue Erkenntnis aus einer kontinuierlichen Konstruktion hervor, das ist auch aus philosophischer Sicht von Bedeutung, denn es verbindet Rationalität mit evolutionistischen Methoden und sprengt die Grenzen rein logischer Erklärungen kognitiver Prozesse.

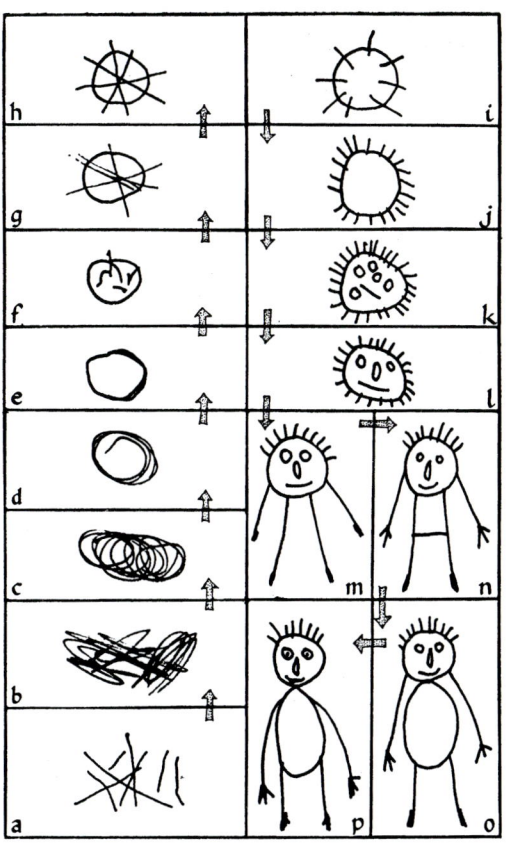

◀ Das Schema visualisiert die einzelnen Entwicklungsstufen in der Ausbildung der kindlichen Fähigkeit, ein menschliche Figur darzustellen, angefangen beim ersten Gekritzel in der **sensomotorischen Stufe**. Die Fähigkeit, eine deskriptive Zeichnung anzufertigen, entsteht nicht durch Beobachtung der Natur, sondern durch einen inneren Entwicklungsprozess der motorischen und bildnerischen Anlagen. Daher weisen die Malereien der Kinder aus aller Welt eine erstaunliche Ähnlichkeit auf.

▼ Die Analyse der kindlichen Intelligenz stößt auf kommunikative Probleme und experimentelle Grenzen. Das hier abgebildete Gerät wird verwendet, um den Prozess der Verinnerlichung bei Kleinkindern zu untersuchen. Das Bild, das auf dem Monitor erscheint, hängt von den Saugbewegungen des Kindes ab: Auf diese Weise kann es die Bilder anschalten, verändern und nach Belieben mit ihnen verfahren.

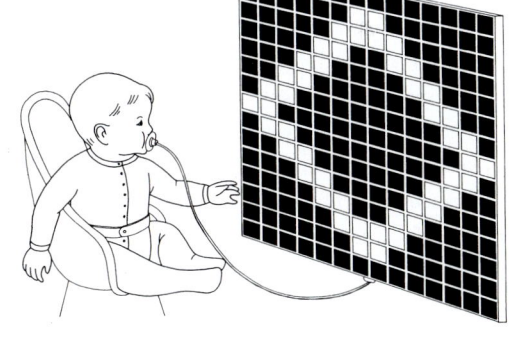

▼ Die Zeichenfähigkeit von Kindern hängt von Entwicklungsprozessen ab, die nicht subjektiv bedingt sind. Jedes Häuschen wurde von einem anderen Kind gemalt (von links nach rechts), von einem dänischen, einem französischen, einem indischen, einem finnischen und einem deutschen Kind.

Strukturalismus

Wissenschaftliche Methode

Siehe auch: *Semiotisches Dreieck, Diachronie / Synchronie, Genetische Erkenntnistheorie*

Der Strukturalismus ist keine Philosophie im strengen Sinne, sondern eine wissenschaftliche Betrachtungsweise oder interdisziplinäre Forschungsmethode, die sich in den 1960er- und 1970er-Jahren in verschiedenen Wissenschaftsgebieten durchsetzte: in der Literaturkritik (Roland Barthes), in der Philosophie (Louis Althusser), in der Psychoanalyse (Jacques Lacan), in der Geschichtsschreibung (Fernand Braudel), in der Anthropologe (Claude Lévi-Strauss), in der Sozialgeschichte (Michel Foucault), in der Entwicklungspsychologie und genetischen Erkenntnistheorie (Jean Piaget). Die strukturalistische Bewegung war, worauf schon die Namen ihrer Protagonisten verweisen, im Wesentlichen ein französisches Phänomen, ebenso wie seine *Widerlegung* durch den darauf folgenden **Poststrukturalismus** (auch Dekonstruktivismus).

Nach Auffassung des Strukturalismus muss die menschliche Gesellschaft als eine **Gesamtheit von Strukturen** angesehen werden, in die jedes Individuum eingebunden ist, die es kontrollieren und konditionieren. Ob Sprache, Spiel, Kunst, ob familiäre Umgangsformen oder wirtschaftliches Handeln – jede seiner Äußerungen scheint vorbestimmt und nur dem Anschein nach frei. Strukturen setzen sich aus Phänomenen zusammen, die ein Netz von Beziehungen bilden; dieser Zusammenhang (Struktur) ist bis in seine konstituierenden Elemente bestimmbar. Wie Ferdinand de Saussure im Bereich der Sprachwissenschaft, erforschte der Anthropologe Lévi-Strauss die Existenz und Anzahl von Strukturtypen die die Basis des menschlichen Denkens bilden. Dabei stellte er fest, dass die Gesamtheit der Sitten eines Volkes immer durch einen bestimmten Stil gekennzeichnet ist und diese Sitten Systeme bilden, deren Anzahl jedoch begrenzt ist. „Wenn man von allen Sitten und Gebräuchen, die jemals beobachtet, in Mythen dargestellt, in den Spielen von Erwachsenen und Kindern ausgedacht wurden, in den Träumen (…) erschienen und im Verhalten von Psychopathen ans Licht gedrungen sind, wenn man von alldem eine Bestandsaufnahme machen könnte, so erhielte man schließlich eine Art periodischer Tafel, ähnlich jener der chemischen Elemente."

Das Postulat der den Menschen prägenden Strukturen hat den Strukturalisten den Vorwurf eingebracht, antihumanistisch zu sein. Ein weiterer Einwand richtete sich gegen seine **ahistorische Methode**; er kam vor allem aus dem marxistischen Umfeld: Der Strukturalismus unterschätze die historische Dimension der Phänomene und konstruiere synchrone Prozesse, die die Geschichte in eine diskontinuierliche Gesamtheit heterogener Zustände verwandeln, zwischen denen keine Bezüge mehr hergestellt werden können. Mit anderen Worten, der Strukturalismus deutet die Realität als statisches Gebilde und schließt evolutionäre Denkansätze tendenziell aus. Er leugnet zwar nicht das Prinzip **Werden** (→) und die darwinistische Evolutionsbiologie (→ **Evolutionismus**), richtet jedoch seine Erkenntnisinteresse ganze auf die Realität der Systeme in einem bestimmten Zeitabschnitt.

Zu Entstehung des Strukturalismus als Methode haben vor allem die Studien der Sprachwissenschaftlers F. de Saussure beigetragen, für seine Weiterentwicklung war besonders die strukturale Anthropologie von Lévi-Strauss von Bedeutung, die sich in den 1970er-Jahren großer Popularität erfreute.

▲ ▲ *Der Strukturalismus als Methode hat keine unmittelbare Umsetzung in der Kunst erfahren. Als seltene Beispiele strukturalistisch zu nennender Poetik gelten die Bilder des Italieners Giuseppe Capogrossi. Alle Bilder tragen den gleichen nichtssagenden Titel* Oberfläche *und werden mit Nummern versehen, die sie unterscheidbar machen, links:* Oberfläche 021 *(1949), rechts:* Oberfläche 205. *Auf diese Weise demonstriert der Maler, dass seine Formen keine inhaltliche Aussage haben, sondern nur als Elemente einer Gesamtstruktur von Bedeutung sind.*

◀ *Capogrossi verwendet in allen seinen Bildern nur eine einzige kammartige Grundfigur, die er unendlich variiert. Der serielle Gebrauch dieser Figur macht sie als Einzelform bedeutungslos und nimmt ihr jeglichen Informationsgehalt. Der Sinn des fertigen Werks besteht in der Visualisierung von Strukturen und des Rhythmus ihrer Elemente, die in jedem Bild eine neue Beziehung eingehen können.*

Diachronie/Synchronie

Strukturalismus, Linguistik
Siehe auch: *Semiotisches Dreieck*

Im Allgemeinen spricht man von einer **synchronischen Analyse**, wenn diese den aktuellen Zustand eines Systems in Betracht zieht und das Zusammenwirken der gleichzeitig bestehenden Einheiten dieses Systems untersucht wird; bei der **diachronischen Analyse** wird die historische Entwicklung dieser Einheiten untersucht. Dieses antinomische Begriffspaar spielt eine wichtige Rolle in der heutigen Sprachwissenschaft und im **Strukturalismus** (→).

Bis zu Beginn des 20. Jh.s lag der Schwerpunkt der Sprachwissenschaft auf der Etymologie (Wissenschaft von der Herkunft, Geschichte und Grundbedeutung der Wörter). Mit Fedinand de Saussure (*Grundfragen der allgemeinen Sprachwissenschaft*, 1916) setzte die Linguistik neue Akzente und unterschied jetzt zwischen einem traditionellen etymologischen Ansatz (**Diachronie**) und einem systemischen (**Synchronie**), d. h. Sprache wurde weniger in ihrem historischen Wandel betrachtet, sondern primär unter dem Aspekt ihrer inhärenten synchronen Struktur.

In dem von de Saussure entworfenen Modell (Abb. auf der Folgeseite, rechts) ist die CD-Achse, die **Achse der Aufeinanderfolge**, mit der die geschichtliche **Entwicklung eines Zeichens** (z. B. eines Wortes) betrachtet werden kann; der Pfeil weist nur in eine Richtung, weil dieser Prozess in der Zeit abläuft und irreversibel ist. Die AB-Achse ist die **Achse der Gleichzeitigkeit** und bezieht sich auf das Zusammenwirken gleichzeitiger Einheiten im selben Zeitabschnitt. Die vorstrukturalistische Sprachwissenschaft arbeitete nur entlang der CD-Achse. Sie befasste sich hauptsächlich mit der diachronischen Analyse der Herkunft der Wörter. Die neue sprachwissenschaftliche Methode, die später als Geburtsstunde des Strukturalismus bezeichnet wurde, analysiert hingegen *Zustände*, fasst ihren Gegenstand als ein System von synchronischen Beziehungen auf, das von der außersprachlichen Wirklichkeit unberührt bleibt. Sprache wird demnach als System begriffen, als ein Netz interdependenter Bedeutungen und zusammenwirkender Einheiten.

Ferdinand de Saussures große Leistung war es, die unbewusste Struktur der Sprache aufgedeckt zu haben. Entgegen der traditionellen Sprachwissenschaft behauptete er, es sei unmöglich, die Bedeutung eines Wortes zu verstehen, wenn man es isoliert betrachtet. Wie die Figuren auf einem Schachbrett bekommt jeder Begriff seinen Sinn erst durch den Bezug zum Gesamtkontext. Es bedeutet aber auch, dass sich jede Einheit von anderen ähnlichen Einheiten abgrenzen und differenzieren muss.

Folglich existiert jedes Wort einzig und allein, um eine Differenz gegenüber anderen Worten anzuzeigen: In der arabischen Sprache gibt es z. B. kein Wort für „Pferd", dafür eine Fülle von Bezeichnungen, die angeben, dass es sich um ein Lasttier, ein Rennpferd usw. handelt. Sprache als Ganzes ist somit Ausdruck der Kultur: eines Orientierungssystems, bestehend aus Symbolen und Zeichen, mit dem die vielschichtigen Phänomene von Natur und Gesellschaft benannt und benutzt werden können. Der Philosoph Ludwig Wittgenstein formulierte es so: „Die Bedeutung eines Wortes ist sein Gebrauch in der Sprache."

◄ Verwobene Worte *aus* In honorem santis crucis *von Hrabanus Maurus. Seit der Antike (→ **Atom**) hat die Struktur der Sprache das Interesse der Philosophen geweckt. Die Kombinierbarkeit der Buchstaben des Alphabets bzw. ihre Fähigkeit, sinngebende Einheiten zu bilden (Wörter) erklärt ihre Bedeutung für* **Magie** *(→),* **Mystik** *(→) und Kunst.*

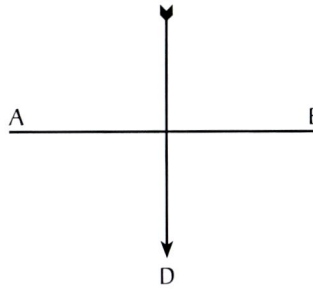

▲ *Modell von de Saussure: Die traditionelle Sprachwissenschaft arbeitete nur entlang des CD-Pfeils (Achse der zeitlichen Aufeinanderfolge), die strukturelle Sprachwissenschaft berücksichtigt dagegen nur die (richtungslose) AB-Achse, die Achse der Gleichzeitigkeit.*

◄ *Bei der Darstellung dieser Schachfigurenkonstellation handelt es sich um eine synchronische Beschreibung. Dasselbe Schachspiel kann auch diachronisch festgehalten werden, indem sein Verlauf durch die Aufeinanderfolge der Züge wiedergegeben wird:*

1 = Ca2-c3; Pg5-f8
2 = Pb5-c5; Ch7-f8
3 = Aa2-c3; Pg5-f8

Struktur

De Saussure, Strukturalismus
Siehe auch: *Genetische Erkenntnistheorie, Gestalt*

Unter Struktur versteht man allgemein die **Anordnung der Teile eines Ganzen** zueinander, wobei der Aufbau den Teilen Stabilität und Funktionalität verleiht, gleich, ob wir über die Struktur einer Zelle, die soziale Struktur oder über die Struktur der deutschen Sprache sprechen. Der umgangssprachliche Gebrauch des Wortes deckt sich mit seiner Bedeutung im Diskurs des **Strukturalismus** (→) Mit Struktur ist die einem Gefüge innewohnende Logik zu verstehen, die die Korrelation und Opposition der Teile eines Systems bestimmt und die bewirkt, dass Veränderungen eines Teiles die Veränderung aller Teile und der Ganzheit zur Folge hat. Während eine „Ansammlung" (z. B. ein Haufen Steine) aus einzelnen, voneinander unabhängigen Elementen besteht, gehorchen diese Elemente in einer Struktur dem Gliederungsgesetz, welches das System erst konstituiert.

Obwohl Strukturen unsichtbar sind, können sie mithilfe von Schemata, Diagrammen und Funktionen dargestellt werden. Ein Beispiel für eine minimale Struktur ist die **Hysterese** (siehe Diagramm auf der Folgeseite oben). Eine Hysterese-Kurve entsteht bei der Untersuchung der Widerstandsfähigkeit von Materialien, es ist jedoch bemerkenswert, dass dieselbe Funktionsdarstellung für eine ganze Reihe von Ereignissen verwendet wird: Mit ihr erfassen Psychologen den Ablauf des Spracherwerbs und Physiker Phänomene des Magnetismus. Die Hysterese beschreibt demnach nur gesetzmäßig ablaufende Veränderungen, die einem bestimmten Typ von Ereignissen immanent sind, egal ob sie psychologischer oder physikalischer Natur sind.

Der Strukturalismus untersucht also nicht die Eigenschaften einzelner Elemente, sondern nur das **System als Ganzes** und macht das ihm zugrunde liegende Beziehungsgeflecht in der Konstruktion von Modellen sichtbar. In diesen Modellen werden die Teile in einen regelhaften Zusammenhang gebracht, ohne sie einer spezifischen Analyse zu unterziehen.

Der Strukturbegriff geht auf den Sprachwissenschaftler Ferdinand de Saussure (*Grundfragen der allgemeinen Sprachwissenschaft*, 1916) zurück, der zu Beginn des 20. Jh.s als Erster die Sprache als strukturiertes Zeichensystem *(langue)* auffasste, in dem die einzelnen sprachlichen Äußerungen *(parole)* nicht für sich allein betrachtet werden können, sondern nur im wechselseitigen Verhältnis zueinander. Die einer Sprache innewohnende Struktur ist das System der Bedeutungsunterschiede zwischen den sprachlichen Äußerungen.

Den größten Erfolg erzielte die strukturalistische Methode nach dem Zweiten Weltkrieg mit der **strukturalen Anthropologie** von Claude Lévi-Strauss, der feststellte, dass die Verwandtschaftsbeziehungen (d. h. die Vorschriften, die die Heirat präferieren oder verbieten) eine Gesellschaft in derselben Weise regulieren, wie die Laute die Wörter und diese die Sprache bestimmen.

Der Strukturbegriff impliziert die Polarität **Diachronie/Synchronie** (→). Um die Beziehungen identifizieren zu können, die ein System konstituieren, müssen seine Bestandteile synchron betrachtet werden, ohne ihren historischen Kontext und ihre zeitlichen Veränderungen zu berücksichtigen.

▶ *Diagramm mit der Beschreibung der Hysterese-Kurve. Die Hysterese ist ein Phänomen, bei dem der Wert einer Größe, die von anderen Größen abhängig ist, nicht nur durch die aktuellen Werte Letzterer, sondern auch durch die früheren Werte dieser Größe beeinflusst wird. Durch Hysterese gekennzeichnete Prozesse kommen häufig in der Physik (magnetische, dielektrische Hysterese) und in der Psychologie vor. Die Hysterese kann daher als* **minimale Strukturform** *angesehen werden.*

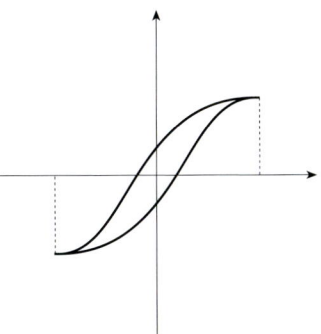

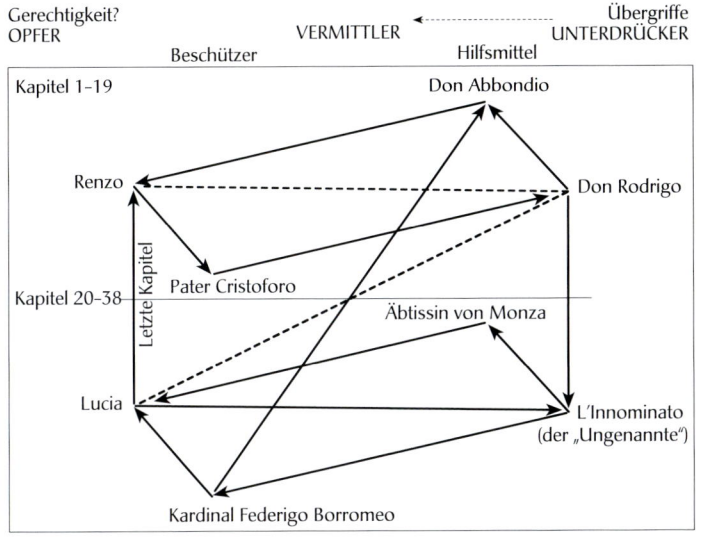

◀ *Hier wird die Personenkonstellation in Alessandro Manzonis Roman* Die Verlobten *in einem strukturalistischen Diagramm erfasst. Der Strukturbegriff übte einen großen Einfluss auf die Literaturkritik aus; er ermöglichte, einen Text als selbstständige „strukturierte Ganzheit" zu betrachten, der wie ein System, sprich wie ein autonomes Konstrukt von Elementen interpretiert werden kann.*

◀ *Traditionelle Muster für Glasperlendekorationen der Buschmänner; die beiden unteren wurden von Künstlern entworfen, die in Großstädte gezogen waren und zeigen Ansätze einer formalen Auflösung. Die Künstler selbst beklagten, die traditionellen Muster nicht mehr wiedergeben zu können. Sie waren nicht mehr in die imaginären Strukturen integriert, die die traditionelle Gemeinschaft und ihre Kultur regulieren.*

Strukturale Anthropologie

Lévi-Strauss, Strukturalismus

Siehe auch: *Struktur, Strukturalismus, Diachronie/Synchronie*

Wie kaum ein anderer hat der französische Anthropologe Claude Lévi-Strauss die strukturalistische Bewegung mit seinen Forschungen zu den Verwandtschaftsbeziehungen (*Die elementaren Strukturen der Verwandtschaft*, 1949) bereichert, die eine Gesellschaft in derselben Weise regulieren und aufbauen, wie die Laute die Wörter und diese die Sprache bestimmen, z. B. durch die Vorschriften, die eine Heirat privilegieren oder verbieten (Verbot des Inzests, der Endogamie, Exogamie, Polygamie, Monogamie usw.). In zahlreichen Kulturen ist das Inzestverbot Lévi-Strauss zufolge eine Grundregel der Verwandtschaftsbeziehungen, aber „weniger eine Regel, die es untersagt, die Mutter, Schwester oder Tochter zu heiraten, als vielmehr eine Regel, die dazu zwingt, die Mutter, Schwester oder Tochter anderen zu geben". Der Frauentausch und die darauf aufbauenden **Verhaltensregeln** stellen die Grundlage des gesellschaftlichen Zusammenlebens dar, denn mit dem Verbot der Heirat unter Blutsverwandten soll vermieden werden, dass der Familienverband zu einem geschlossenen System wird. Bei seiner Analyse befindet sich der Soziologe, so Lévi-Strauss, in einer ähnlichen Situation wie der Phonologe. Wie die Laute sind die Verwandtschaftstermini **Bedeutungselemente**. Auch sie bekommen erst dann eine Bedeutung, wenn sie in Systeme (Strukturen) integriert sind.

Nicht nur über die Sprache kommunizieren Menschen miteinander; diese Funktion können auch andere (verbale oder nonverbale) Beziehungsmodi übernehmen, die auf der **Grundlage von Gegensatzpaaren, die Bedeutungen manifestieren**, komplexe symbolische Systeme bilden, anhand derer die Individuen sich selbst und die Gemeinschaft strukturieren. Die Aufgabe des Anthropologen sieht Lévi-Strauss darin, in den unterschiedlichsten Bereichen identische Strukturen aufzuspüren, die die Basis von Denkfigurationen bilden. Er selbst hat sich dieser Aufgabe intensiv gewidmet. In zwei Teilen seines vierbändigen Werks *Mythologica* (*Vom Honig zur Asche*, 1966; *Der nackte Mensch*, 1971) analysierte er die dem **Mythos** (→) zugrunde liegenden Strukturen. In *Das Rohe und das Gekochte* (1964) nahm er sich Essgewohnheiten vor, die auf einem Differenzkonstrukt (Natur-Kultur) basieren und so auch eine Kommunikationssystem bilden. In *Der Ursprung der Tischsitten* (1968) untersuchte er die Gesamtheit der Vorschriften, Regeln und Hierarchien, die die gemeinschaftliche Nahrungsaufnahme regulieren, ein wichtiges Moment für die Rollenverteilung innerhalb einer Gemeinschaft.

1935 bis 1939 lehrte Lévi-Strauss Soziologie an der Universität von São Paulo und unternahm während dieser Zeit verschiedene Feldforschungsexpeditionen zum Amazonas, die in *Traurige Tropen* (1955) dokumentiert sind. Darin beschreibt er u. a. das Denk- und Gesellschaftssystem der brasilianischen Caduveo-Indianer, die ein bemerkenswertes verwandtschaftliches Regelsystem besitzen: Diese Gesellschaft „empfand einen ausgesprochenen Abscheu vor dem Zeugen von Kindern. Abtreibung und Kindsmord waren daher an der Tagesordnung, und das Überleben der Gruppe musste durch die Adoption von Kindern gesichert werden". Nur zehn Prozent des Stamms sind blutsverwandt.

▼ *Die schematische Darstellung der strukturellen Beziehungen, die zwischen Mythen bestehen, in denen der Gebrauch von Honig und Tabak eine entscheidende Rolle spielt, ist* Vom Honig zur Asche, *1966 von Lévi-Strauss entnommen. Typisch für strukturalistische Verfahren in humanwissenschaftlichen Disziplinen ist die Verwendung von Modellen und Diagrammen, die von den Naturwissenschaften entwickelt wurden und dort im Gebrauch sind, sie signalisiert auch die Überwindung der traditionellen Trennung zwischen Humanwissenschaften und Naturwissenschaften.*

▲ ▲ *Diese Muster verwenden die Caduveo-Frauen für ihre Gesichtsbemalung (aus: Lévi-Strauss,* Traurige Tropen, *1955). Bei seiner Analyse des Bildes entdeckte der Ethnologe den Zwiespalt, dem diese Gesellschaft unterliegt. Zwei verschiedene lineare Formen wechseln sich ab: Die eine ist eckig und folgt den geometrischen Gesetzen, die andere ist kurvenlinear und frei. Jede Verzierung wird von einem dualistischen Prinzip beherrscht; sie ist sowohl symmetrisch als auch asymmetrisch.*

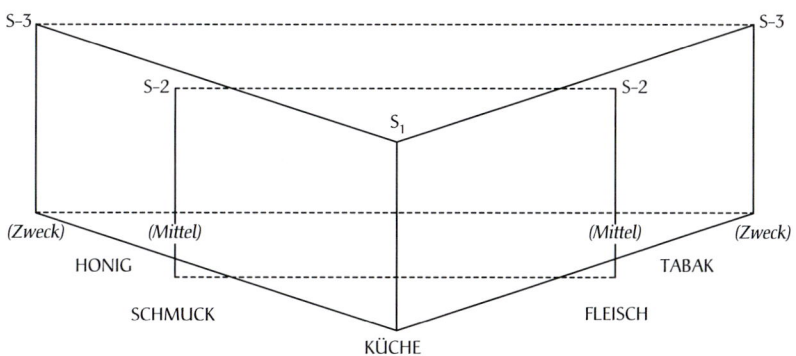

Semiotisches Dreieck

De Saussure, Semiotik
Siehe auch: *Semantische Referenz, Semantische Analysen*

Ein **Zeichen** ist eine Bezeichnung für etwas zu Bezeichnendes, ein wahrnehmbares Etwas, das verwendet werden kann, um ein anderes Etwas (Ereignis, Gegenstand, Sachverhalt u. a.) zu bezeichnen. Mit den Zeichen und ihren Beziehungen befasst sich die **Semantik** (auch Semiotik oder Semiologie). Für die Erforschung des Prozesses, in dem eine Gegebenheit die Bedeutung eines Zeichen erlangt, setzt die neue Wissenschaftsdisziplin das semiotische Dreieck ein, das in dieser Form durch Charles K. Ogden und Ivor A. Richards in *Die Bedeutung der Bedeutung* (1923), einem der wichtigsten Beiträge zur Semiotik, vorgeschlagen wurde.

Der Darstellung liegt ein triadischer Zeichenbegriff zugrunde, wobei die von den Semiologen verwendeten Bezeichnungen jeweils unterschiedlich sind: Ferdinand de Saussure spricht von Bezeichnendem *(signifiant)*, Bezeichnetem *(signifié)* und Sache *(chose)*, Ogden/Richards von Symbol, Gedanke und Referent (Bezugsobjekt), wieder andere von Wort, Sinn und Sache oder Zeichen, Vorstellung und Denotat. Im Kern handelt es sich größtenteils um gleichwertige Begriffe, die im herkömmlichen philosophischen Sprachgebrauch Folgendes bedeuten:
• das **Bezeichnende** (Bezeichnung): z. B. das Lautbild eines Wortes; mit anderen Worten, das Zeichen unter seinem konkreten, körperlichen Aspekt, die Ausdrucksseite;
• das **Bezeichnete** (Bedeutung), das, was die Philosophen stets „Vorstellung" nannten, d. h. der Begriff, die Idee, der geistige Aspekt bzw. die Inhaltsseite eines Zeichens;
• die **Sache** oder der **Referent**: die Gegebenheit, auf die sich das Zeichen *möglicherweise* bezieht. Zur Bestimmung des Zeichens reichen in der Tat Signifikant und Signifikat, es kann aber auch ein Bezugsobjekt in der außersprachlichen Wirklichkeit haben, einen Referenten eben.

Das **semiotische Dreieck** legt nahe, dass eine direkte Kausalbeziehung nur zwischen Signifikant und Signifikat sowie zwischen Signifikat und Referent existiert. Eine direkte Verbindung zwischen Ersterem und Letzterem, sprich Bezeichnendem und Sache, gibt es nicht (im Diagramm als gestrichelte Linie wiedergegeben). Das bedeutet, dass es keine unmittelbare Beziehung gibt zwischen einem Wort und einer Gegebenheit dieser Welt, auf das es sich bezieht.

Es ist gleichgültig, ob einem sprachlichen Zeichen etwas Reales entspricht oder nicht: Im Unterschied zur Bezeichnung „Einhorn" verweist das Wort „Huhn" auf einen natürlichen Referenten; beide sind in jeder Hinsicht jedoch Zeichen bzw. **Signifikanten, die auf Signifikate** verweisen. Folglich führt der Weg vom Signifikanten zum Referenten (wenn vorhanden) zwangsweise über das Signifikat. Mit anderen Worten: Zwischen Zeichen (Wort oder Bild) und Sache schaltet sich der Geist ein, der aufgrund der sozialen Konvention fähig ist, die **Bedeutung der Signifikanten** zu erfassen.

Auf diese Weise können verschiedene Signifikanten dieselbe Bedeutung haben: Die Buchstaben des deutschen Wortes „Pferd" haben nichts mit denen des französischen *cheval* oder englischen *horse* gemein, dennoch haben diese drei unterschiedlichen Signifikanten dieselbe Bedeutung (Signifikat). Das impliziert, dass keines von ihnen einen direkten, reellen und nicht-konventionellen Bezug zum echten Pferd hat.

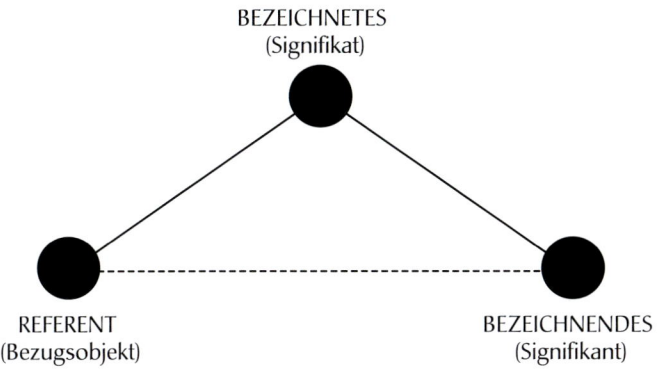

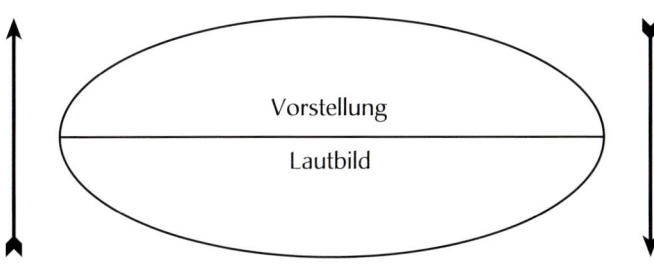

◄ *In* Grundfragen der allgemeinen Sprachwissenschaft *(1916) veranschaulichte de Saussure die Verbindung zwischen Signifikant (Lautbild) und Signifikat (Vorstellung) mit der Metapher des Blattes Papier: Wie die zwei Seiten eines Blattes können diese beiden Bestandteile nur zusammen existieren. Ein Signifikant ohne Signifikat bleibt eine leere, bedeutungslose Form, ist aber möglich; völlig undenkbar hingegen ist ein Signifikat ohne Signifikant.*

▼ *Das Bild von René Magritte interpretiert einen semiotischen Sachverhalt: Das natürliche Bezugsobjekt ist das Pferd; das Bild auf der Staffelei und das Wort in der Sprechblase sind beides Signifikanten. Es fehlt die Bedeutung. Eine der Regeln, die das semiotische Dreieck implizit beinhaltet, besagt, dass Vorstellungen nicht ohne einen Zeichenträger repräsentierbar sind. Geistige Inhalte können nur unter der Bedingung kommuniziert (möglicherweise auch nur gedacht) werden, wenn sie sich vergegenständlichen: in einem Wort, einem Bild, einer Geste usw.*

Semantische Referenz

Semiotik

Siehe auch: *Semiotisches Dreieck, Semantische Analysen*

Die Art und Weise, wie ein Wort oder ein Bild mit ihrem Inhalt verbunden sind, ist dieselbe. Während völlig klar ist, dass der Ausdruck „Pfeife" *(pipe)* nur aufgrund einer Konvention mit dem echten Gegenstand (Referent) verbunden ist, scheint hingegen das **visuelle Zeichen** eine objektive Ähnlichkeit aufzuweisen. Träfe dies aber zu, wäre die Hauptregel, die sich aus dem **semiotischen Dreieck** (→) ableiten lässt – das Fehlen einer direkten Verbindung zwischen Signifikant und natürlichem Referenten (Bezugsobjekt) bzw. zwischen Zeichen (in diesem Fall das Bild) und dargestelltem Gegenstand – hinfällig. Visuelle Zeichen müssten dann eine andere Stellung einnehmen als sprachliche Zeichen, und die **Semiotik** wäre gezwungen (aufgrund der Bedeutung der visuellen Kommunikation in der menschlichen Kultur), ihre Grundthesen zu ändern oder zumindest ihre Forschung auf verbale Phänomene zu beschränken, was allerdings ihre Existenz als eigenständige Disziplin innerhalb der Sprachwissenschaft bedrohen würde. Das daraus resultierende **Problem des Ikonismus** löste heftige Kontroversen zwischen Semiologen aus, und noch heute ist keine allgemein akzeptierte Lösung in Sicht.

Carles S. Peirce (*Semiotische Schriften*, 1932) unterschied drei Typen von visuellen Zeichen: **Symbol** (→), **Index** (z. B. Symptome, „natürliche Indizes" wie das Fieber eines Kranken oder das Klopfen an der Tür) und **Ikon** (z. B. ein Porträt, ein wissenschaftliches Diagramm oder ein Piktogramm). Während bei den beiden Erstgenannten die Beziehung zwischen Zeichen und Bezugsobjekt auf sozialer Konvention beruht und durch einen Interpretationskodex geregelt ist, wird bei **ikonischen Zeichen** Peirce zufolge die Information durch eine Ähnlichkeitsbeziehung vermittelt.

Charles W. Morris (*Grundlagen der Zeichentheorie*, 1938) verwies auf die Existenz verschiedener Ähn-

lichkeitsstufen, die auf einer **Ikonizitätsskala** gruppiert werden können. Eine Zeichnung wäre demnach weniger ikonisch als ein Gemälde, dieses weniger als eine Skulptur oder ein Film.

Die gegensätzliche Position, wonach die Korrelation zwischen Signifikant und Referent immer (auch im Falle der visuellen Zeichen) auf Konvention beruht, vertrat der Semiotiker Umberto Eco (*Semiotik. Entwurf einer Theorie der Zeichen*, 1975), dessen **antireferenzieller Ansatz** schon in seiner Definition von Semiotik klar zum Ausdruck kommt: „im Grunde die Disziplin, die alles untersucht, was man zum Lügen verwenden kann."

Was nach Eco im wissenschaftlichen Gebrauch präzisiert werden muss, ist der Begriff der Ähnlichkeit, ein Wort, das im Alltag oft verwendet wird, sich aber bei näherer Betrachtung als problematisch erweist. Tatsächlich werden die Kriterien, die eine Analogie begründen, unabhängig von der wahren Natur der Dinge und Zeichen, immer durch das Subjekt entschieden, welches den Vergleich vornimmt.

Die Verbindung von Ausdrucks- (Signifikant) und Inhaltsseite (Signifikat) muss nicht notwendig subjektiv und willkürlich sein, sie kann **gesellschaftliche Normen** (Konventionen) vorsehen, die alle miteinander teilen, bleibt aber selbst ein kulturelles Element.

Nur scheinbar offenbart das ikonische Zeichen seine Bedeutung aus sich selbst heraus: Bedeutung entsteht nie automatisch, sie ist auch nicht selbstverständlich, sondern in hohem Maße kulturell bedingt. Man führe sich z. B. die Fotografie vor Augen, die scheinbar die größtmögliche objektive Ähnlichkeit erreicht. Anthropologische Forschungen ergaben, dass Völker, die die Gesetze der Perspektive nicht kennen, Fotos ganz anders *lesen* als wir dies tun.

◄ *Ist der wiedergegebene Gegen-stand nun eine Pfeife oder nicht? Er ist es, weil er tatsächlich eine Pfeife darstellt, und er ist es nicht (wie der Satz auf dem Bild des Malers René Magritte besagt), weil man faktisch damit nicht rauchen kann. Nicht nur die Bezeichnung, auch die Darstellung hat nicht viel mit einer echten Pfeife zu tun, auch wenn beide ein Zeichen sind, das sie ins Bewusstsein zu rufen vermag.*

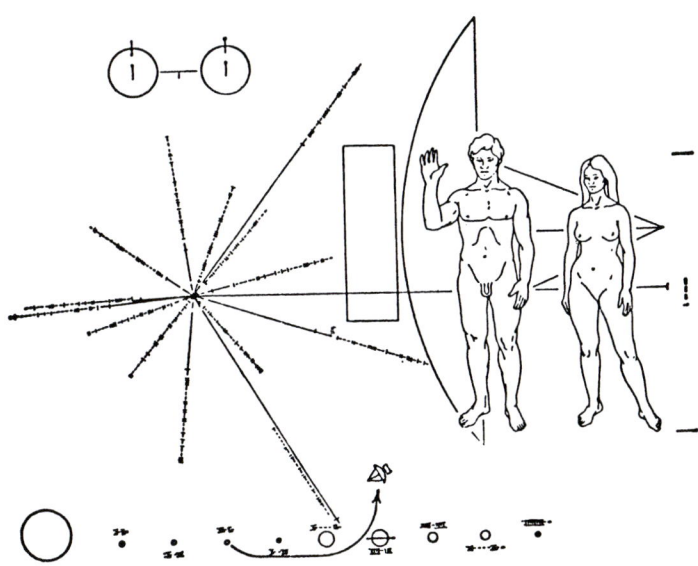

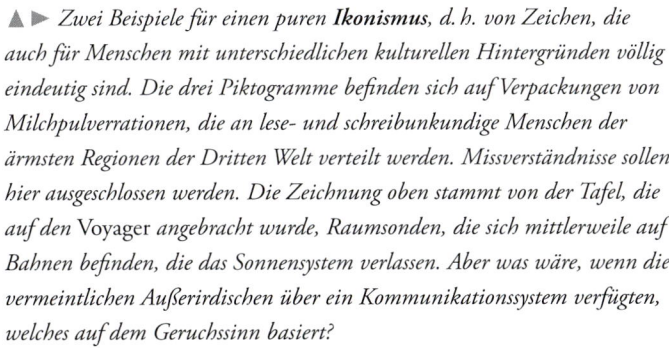

▲ ► *Zwei Beispiele für einen puren **Ikonismus**, d. h. von Zeichen, die auch für Menschen mit unterschiedlichen kulturellen Hintergründen völlig eindeutig sind. Die drei Piktogramme befinden sich auf Verpackungen von Milchpulverrationen, die an lese- und schreibunkundige Menschen der ärmsten Regionen der Dritten Welt verteilt werden. Missverständnisse sollen hier ausgeschlossen werden. Die Zeichnung oben stammt von der Tafel, die auf den* Voyager *angebracht wurde, Raumsonden, die sich mittlerweile auf Bahnen befinden, die das Sonnensystem verlassen. Aber was wäre, wenn die vermeintlichen Außerirdischen über ein Kommunikationssystem verfügten, welches auf dem Geruchssinn basiert?*

Semantische Analysen

Ogden, Semantik
Siehe auch: *Semantische Referenz*

Eine wichtige Unterscheidung, die in der Semantik (→ **Semiotisches Dreieck**) getroffen wird, ist die zwischen **Denotat** und **Konnotat**.

Ein Denotat ist ein vom Sprecher bezeichneter Gegenstand oder Sachverhalt der außersprachlichen Wirklichkeit; ein Konnotat ist ein vom Sprecher bezeichneter Inhalt eines Wortes. Denotate können z. B. wissenschaftliche Definitionen, geometrische und arithmetische Zeichen (größer, kleiner, gleich, das Dreieck), die Zusammensetzung von Arzneimitteln, Montageanweisungen sein; Symbole und poetische Begriffe sind Konnotate. Im Gegensatz zum Denotat, der den begrifflichen Inhalt eines sprachlichen Zeichens umfasst, besitzt das Konnotat eine über diesen Inhalt hinausgehende Bedeutung als emotionale Zusatzvorstellungen, unspezifizierte Anspielungen, und bietet daher einen größeren Spielraum. Viele Wörter der Umgangssprache sind stark konnotiert: Beschimpfungen beispielsweise, aber auch alle Bezeichnungen, die Emotionen auslösen, erotische Wörter oder Begriffe wie „Freundschaft", „Mutter" usw.

Die Semantik hat eine Reihe von Instrumenten entwickelt, die den Gebrauch der sprachlichen Zeichen mit konnotativer Bedeutung beschreiben. Auf zwei der wichtigsten sprachanalytischen Methoden sollen hier besonders eingegangen werden.

• **Das semantische Differenzial** von Charles K. Ogden (*The measurement of meaning*, 1957) ist eine Methode zur Erfassung der emotionalen Bedeutung eines Wortes. Im Test werden zehn Fragen zu einem Wort gestellt (ist es gut oder schlecht, aktiv oder passiv, kantig oder rund? usw.), mit denen sein semantische Differenzial ermittelt wird. Dieses Verfahren für das Wort *educated* (gebildet) ist auf der gegenüberliegenden Seite wiedergegeben. Die Bewertungsskala geht von eins bis sieben, durch Zusammenführung aller Antworten erhält man am Ende ein grafisches Profil der emotionalen Konnotationen des Wortes. Mit dieser Methode können die semantischen Differenziale verschiedener sozialer Gruppen miteinander verglichen werden. Japaner beispielsweise verbinden das Wort „Lärm" mit emotional viel stärker aufgeladenen Differenzialen als die Amerikaner. Diagramme für Begriffe wie „Mann", „Frau", „Mutter" usw. differenzieren je nach Kultur, Geschlecht und Alter und ergeben jeweils typische Profile. Die Methode ebnet damit den Weg für eine objektive und empirische Analyse, die für die Psychologie von größter Bedeutung ist.

• **Der semantische Raum** wurde von dem amerikanischen Semiologen Lance J. Rips entwickelt. Da die Differenzial-Methode keinerlei Informationen über die logische Bedeutung liefert, also darüber, welchen Inhalt der Sprecher mit einem Wort verbindet, schlug er eine andere Technik vor (Rips et al., *Semantic distance*, 1973), die eine genaue Bewertung der Ähnlichkeit zwischen Wörtern und somit indirekt auch ihres Inhalts ermöglicht. Im Test müssen eine Reihe zusammenhängender Begriffe anhand verschiedener Kriterien in einem Kasten positioniert werden. In dem auf der Folgeseite abgebildeten Beispiel sollte mehr als ein Dutzend Tiere anhand der Parameter „Wildheit" (vertikal) und „Größe" (horizontal) verteilt werden. Die räumliche Nähe zwischen den Begriffen gibt genaue Auskunft über die Ähnlichkeit der Vorstellungen.

„gebildet"

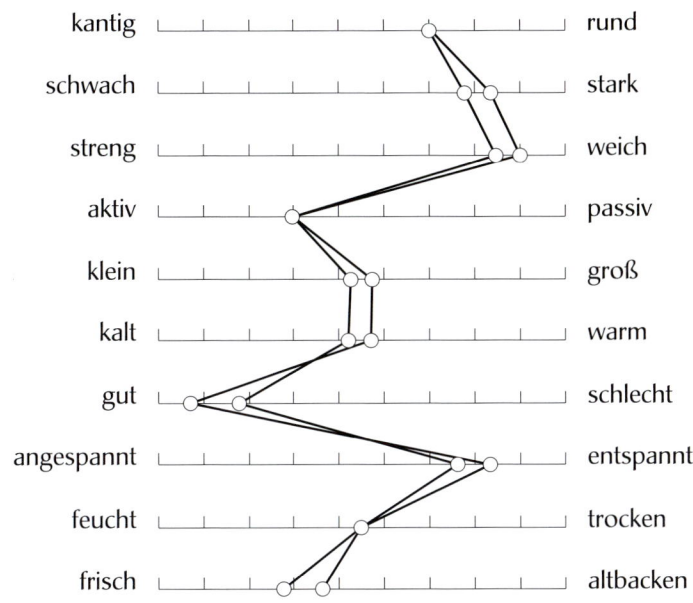

◄ *Abgebildet ist ein **semantisches Differenzial**, das Ogden für die Erforschung der emotionalen und kulturellen Konnotationen von Wörtern entwickelte. Die Methode liefert keine Informationen zur inhaltlichen Bedeutung des Begriffs „gebildet" (educated), sondern lediglich zur „Affektivität", mit der er von verschiedenen Individuen rezipiert wird. Aus dem vorliegenden Schema geht hervor, dass für den Befragten ein „gebildeter" Mensch im Wesentlichen gut, entspannt, weich ist, nicht so viele Ecken und Kanten hat, eher aktiv als passiv und sich ein wenig „frischer" als „altbacken" gibt.*

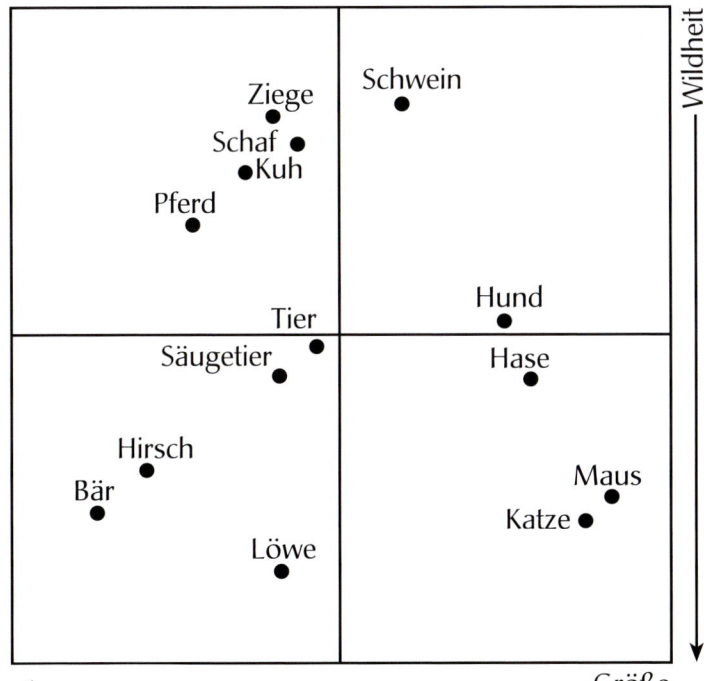

◄ *Die von Rips entwickelte Methode des **semantischen Raums** zeigt, wie Subjekte die Ähnlichkeiten zwischen Begriffen bewerten. Die räumliche Distanz widerspiegelt die inhaltliche Distanz zwischen den Begriffen und ermöglicht objektive Bewertungen der Mentalität des Individuums. Aus der Darstellung geht z. B. hervor, dass für den Befragten eine größere Ähnlichkeit zwischen einer Ziege und einem Schaf besteht als zwischen einem Löwen und einer Katze (die scheinbar die gleiche Wildheit besitzt wie eine Maus).*

Generative Grammatik

Chomsky, Nativismus
Siehe auch: *Nativismus, Kognitionswissenschaft*

Die **generative Grammatik**, die durch den amerikanischen Linguisten Noam Chomsky (*Strukturen der Syntax*, 1957) begründet wurde, stellt einen völlig neuen Ansatz in der Betrachtung von Sprache dar. Sprachwissenschaftler untersuchten stets nur Wörter und Texte, d. h. das konkrete Resultat von Sprechakten. Chomsky hingegen lenkte die Aufmerksamkeit auf den Ursprung, konzentrierte sich nicht mehr auf die Sprachverwendung (Performanz), sondern auf die Sprachfähigkeit (Kompetenz) der Sprecher, darauf, wie und aufgrund welcher Denkprozesse Menschen in der Lage sind, Sprache zu benutzen.

Chomsky bezeichnet sein Grammatikmodell als „generativ", weil es erklärt, wie Sätze in den Köpfen der Menschen, also in ihrer Sprache, erzeugt bzw. „generiert" werden. Das ist die traditionelle Domäne der Grammatik und Syntax. Für Chomsky kann aber die Existenz einer Grammatik die Sprachfähigkeit noch nicht erklären. Eine Sprache zu sprechen, bedeutet nicht, dass man ihre Grammatik kennt: Man lernt die Sprache, bevor man in die Schule kommt, und jeder Erwachsene erkennt, unabhängig vom Bildungsgrad, wenn seine Muttersprache fehlerhaft gesprochen wird. Die Beherrschung der Sprache und der Grammatik ist eine Fähigkeit bzw. eine **Kompetenz**, die der Sprecher erwirbt und meist unbewusst anwendet. Tatsächlich wenden wir mit großer Präzision die Grammatikregeln an, die wir nie exakt spezifiziert und an die wir kaum einen Gedanken verschwendet haben.

Chomsky bezeichnete die konventionelle Grammatik als **Oberflächengrammatik** (Syntax und Satzanalyse, wie sie in der Schule gelehrt werden), da mit ihr nicht erklärt werden kann, wie Sprecher aus Wörtern Sätze bilden. Nur die **Tiefengrammatik**, das unbewusste Wissen von der Regelhaftigkeit der Sprache, ermöglicht die Bildung unzweideutiger Sätze. Diese

Grammatik geht von der Existenz einer jeder Sprechhandlung vorausgehenden Einheit aus: Auch wenn die Worte hintereinander gesprochen werden, geht der Sprecher psychologisch immer vom Sinn aus, den er seinem Satz verleihen möchte. Auch für den Interpreten ist die allgemeine Sinngebung von fundamentaler Bedeutung, um auf dieser Grundlage die Aussage eines Satzes festzulegen. Ein Satz kann aktivisch (Kain erschlug Abel) oder passivisch (Abel wurde von Kain erschlagen) konstruiert sein; das erfordert zwar eine Veränderung der Oberflächenstruktur, ändert aber nichts an der tieferen Bedeutung des Satzes. Nicht über die Regeln der Syntax, wohl aber über die Tiefengrammatik, die angeboren ist und nicht erlernt werden muss, erschließen wir den Sinn jedes einzelnen Wortes innerhalb einer Aussage. Durch ihre Verbindungen zur Logik und vor allem zur Psychologie stellt die Sprachanalyse nach Chomsky eine wirklich interdisziplinäre Wissenschaft dar.

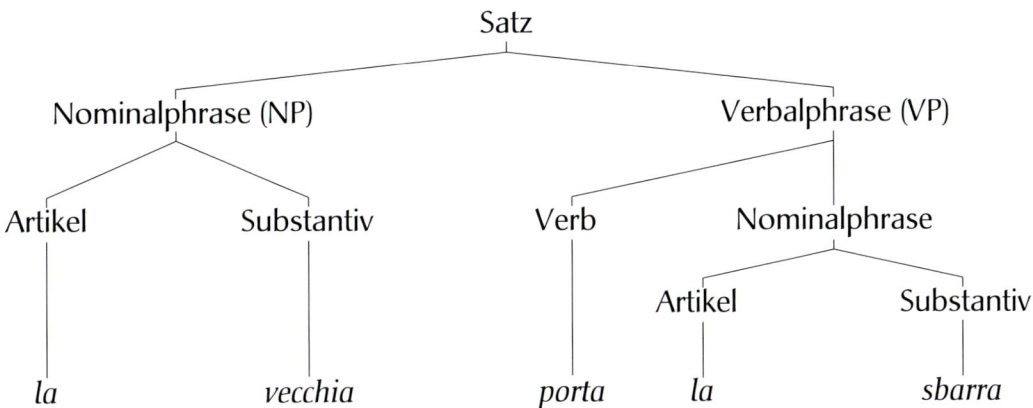

▲ *„Die Alte trägt die Stange": In diesem Satz ist „vecchia" (Alte) ein Substantiv und „porta" (trägt) ein Verb.*

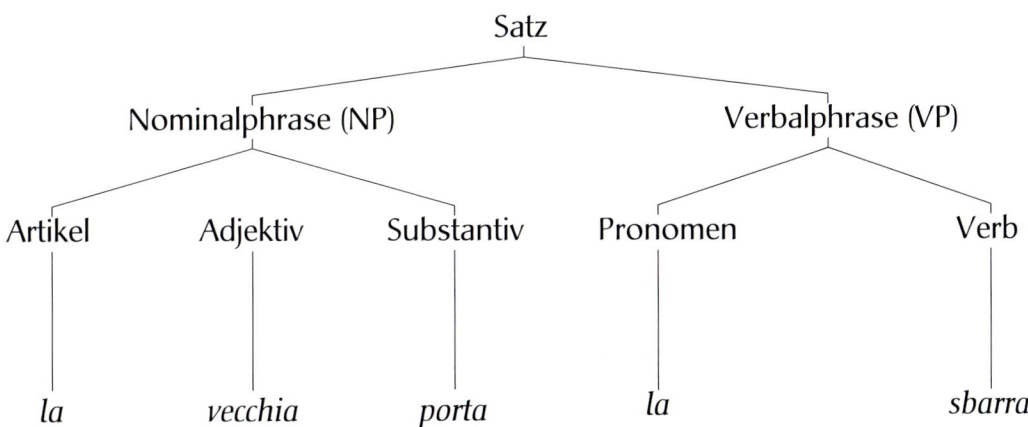

▲ *„Die alte Tür versperrt (etwas) sie": In diesem Satz, der formal dem oberen gleicht, ist „vecchia" ein Adjektiv, das einem Substantiv zugeordnet ist (eine Tür, die etwas versperrt).*

Die Analyse der Tiefenstruktur des Satzes „la vecchia che porta la sbarra"
stellt ein klassisches Beispiel der generativen Grammatik dar. Der Satz hat
eine Doppelbedeutung, die nicht allein durch eine grammatikalische Analyse,
durch eine oberflächliche Untersuchung seiner Struktur, erklärt werden kann.
Tatsächlich sind zwei Bedeutungen möglich: Im ersten Satz ist das Subjekt
eine „Alte" (Substantiv), die „eine Stange trägt" (Verbalphrase); im zweiten
ist das Subjekt eine „alte Tür" und die Verbalphrase ist auf die Tätigkeit des
Versperrens begrenzt. Beide Sätze sind völlig korrekt, und dennoch gibt es aus
grammatikalischer Sicht keine Möglichkeit, das Dilemma zu lösen: Selbst ein
Computer, der sämtliche Regeln der logischen Analyse kennt, *wäre dazu nicht*
imstande.

Es

Freud
Siehe auch: *Kollektives Unbewusstes, Surrealismus*

So wie die Metaphysik das Sein jenseits der Erfahrung erkundet, hat die Psychologie eine **Metapsychologie** zur Erklärung von seelisch-geistigen Vorgängen unterhalb der Bewusstseinsschwelle entwickelt. Sigmund Freud analysierte den psychischen Apparat, d. h. die seelische Struktur der Persönlichkeit, unter drei Gesichtspunkten: dem ökonomischen, dem dynamischen und dem topischen.

• Die **ökonomische** Funktion der Psyche besteht darin, die **Libido**, d. h. den sexuellen Trieb, der den gesamten Seelenapparat durchdringt und bewegt, einzugrenzen und zu kontrollieren. Die Libido kann durch **Verschiebung** von einer Vorstellung zur anderen unter Kontrolle gehalten, durch **Sublimation** auf nicht sexuelle Ziele umgeleitet, vorübergehend durch **Verdrängung**, einen unbewussten Unterdrückungsmechanismus, annulliert werden. Sie kann aber auch durch **Zensur** unterdrückt werden, die das Vordringen unbewusster unannehmbarer Inhalte in das Bewusstsein verhindert.

• In der **dynamischen** Perspektive erscheint der Seelenapparat als ein Ort des Ausgleichs zwischen den Mächten des Seelenlebens: Einerseits drängen sich hier die Triebinstanzen des **Unbewussten** (→), andererseits schreibt das Bewusstsein (Über-Ich) strenge Verhaltensregeln vor. Der Körper ist der Schauplatz der Vermittlung: Es besteht eine enge Beziehung zwischen dem Psychischen und dem Somatischen, sodass die Energie der Libido sich in der Physiologie und ihren krankhaften Erscheinungen manifestiert. Ein neurotisches Symptom (die Handlungsunfähigkeit oder die zwanghafte Handlung) ist häufig eine Erscheinungsform der libidinösen Energiemasse, ein Ausbruch unbewusster Spannungen, die sich nicht auf normalem Wege entladen konnten.

• In der **topischen** Perspektive wird das Seelenleben anhand eines „räumlichen" Modells beschrieben und dessen Funktionen in „Provinzen" lokalisiert. Es gibt drei „Instanzen" oder Schichten des psychischen Apparats: **Über-Ich, Ich** und **Es** (das Unbewusste, gesehen als das Andere, das unbekannte *Wesen*, das in uns allen wohnt).

Das **Es** beschreibt Freud wie folgt: „Die älteste dieser psychischen Provinzen oder Instanzen nennen wir das *Es*; sein Inhalt ist alles, was ererbt, bei Geburt mitgebracht, konstitutionell festgelegt ist, vor allem also die aus der Körperorganisation stammenden Triebe." (S. Freud, *Abriß der Psychoanalyse*, 1941)

Das **Über-Ich** ist jene „psychische Provinz", die wir gemeinhin das Bewusstsein oder Pflichtbewusstsein nennen; es bildet sich in den ersten Lebensjahren aus den verinnerlichten elterlichen Geboten und Verboten heraus und fungiert als Richter und Zensor gegenüber dem Ich, das es kritisch hinterfragt. Im Unterschied zum philosophischen Moralbegriff agiert das Über-Ich zum Großteil auf einer unbewussten Ebene.

Das **Ich** ist die bewusste Instanz, die einzige, die direkt mit der Außenwelt in Verbindung steht. In ihr kulminieren alle **Fähigkeiten der Seele** (→), die die Philosophen erforscht haben (Gefühl, Denken, Einbildung, Gedächtnis, Intellekt). Von den Triebwünschen des Es und den moralischen Forderungen des Über-Ich bedrängt, arbeitet das Ich ununterbrochen daran, das labile Gleichgewicht des Seelenlebens in der Persönlichkeit des Individuums zu wahren.

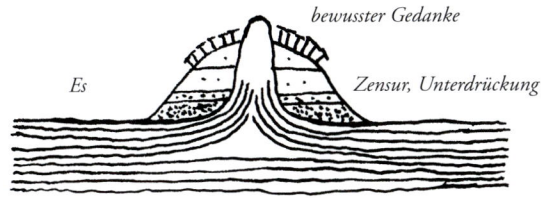

bewusster Gedanke

Es

Zensur, Unterdrückung

◄ Das **Seelenleben**, dargestellt mit einer geologischen Metapher, erinnert an die Tätigkeit eines aktiven Vulkans. Die Psyche wird als eine Abfolge verschiedener Schichten aufgefasst: Das Es an der Basis ist die dickste und tiefste Schicht; wie Magma drückt es von innen (was ihm nur zum Teil gelingt) und versucht sich einen Weg durch die oberen Schichten (die Barrieren der Zensur, der Repressionen usw.) an die Oberfläche zu bahnen.

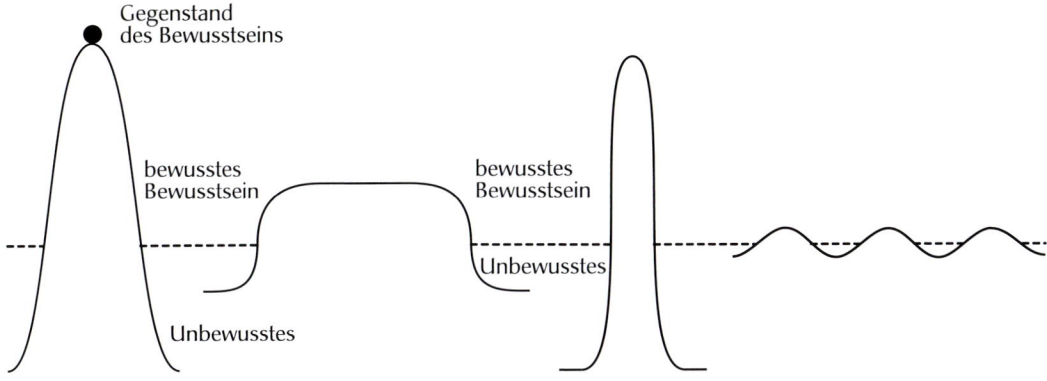

Gegenstand des Bewusstseins

bewusstes Bewusstsein

bewusstes Bewusstsein

Unbewusstes

Unbewusstes

▲ Grafische Darstellung der verschiedenen Bewusstseinsstadien anhand der geologischen Metapher (von links nach rechts):
• Stadium des klaren Bewusstseins (z. B. das Schauen auf einen Radarschirm) mit willentlicher, auf einen Gegenstand des Bewusstseins gerichteter Aufmerksamkeit;
• Stadium des klaren Bewusstseins mit unwillkürlicher Aufmerksamkeit (z. B. auf einem Liegestuhl liegen und nachdenken);
• pathologisches Stadium der Bewusstseinseinschränkung bei Fixierung eines Gegenstands;
• pathologisches Stadium der Bewusstseinsreduzierung durch Ohnmacht.

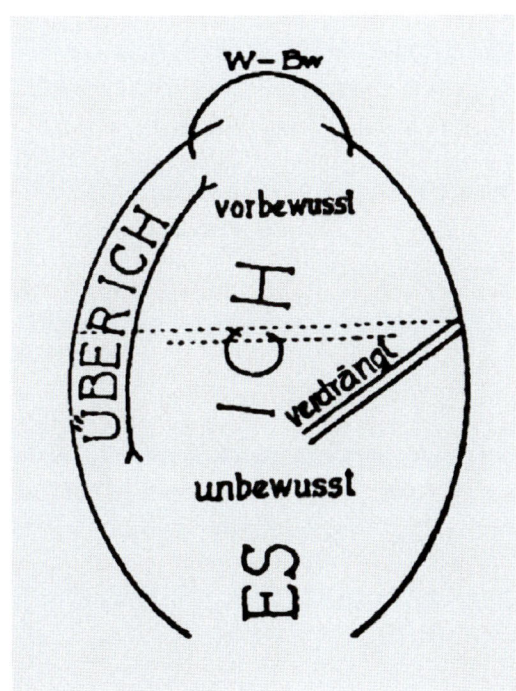

◄ Die „Strukturverhältnisse der seelischen Persönlichkeit" nach dem **topischen** Ansatz. Freud nahm an, dass jeder psychischen „Provinz" eine bestimmte Hirnregion zuzuordnen sei. Analog zu den damals populären Theorien der Hirn-Lokalisierung (→ **Holismus**) vermutete er, dass das Bewusstsein (das **Ich**) ein Phänomen sei, das an der Oberfläche der Hirnrinde entsteht, und dass die Triebe des Es ihren Sitz in den subkortikalen Schichten haben.

Unbewusstes

Freud
Siehe auch: *Sublimation, Kollektives Unbewusstes*

In den *Vorlesungen zur Einführung in die Psychoanalyse* (1916/17) verwies Sigmund Freud auf zwei wesentliche Aspekte des von ihm entwickelten Begriffs des Unbewussten:

• Das Unbewusste bezeichnet keinen nebensächlichen Aspekt des Psychischen, sondern eine konstante, relevante Dimension („Die psychischen Vorgänge sind an sich unbewusst, und diejenigen, die bewusst sind, sind nur vereinzelte Handlungen, Bruchteile des gesamten Seelenlebens.").

• Das Unbewusste beinhaltet erotische Gefühle, im engeren und im weiteren Sinn des Wortes (**Libido**), die neurotische Krankheiten hervorbringen.

Auf dieser Grundlage definierte Freud den **psychischen Apparat** (die Strukturverhältnisse der seelischen Persönlichkeit), der aus drei seelischen Bereichen besteht: das Unbewusste oder **Es** (→), das **Ich**, der Bereich des bewussten Bewusstseins, und das **Über-Ich**, die verinnerlichten elterlichen Verbote, auch „Stimme des Gewissens" genannt. Jeder dieser Bereiche hat eine eigene Funktion, Energie und Logik, d. h. einen spezifischen Modus, die eigenen Inhalte darzustellen.

Die Mechanismen des Es, **Primärvorgang** genannt, sind nicht an Zeit gekoppelt und stehen in keinem Zusammenhang mit ihr, sie gehorchen nicht den Regeln der Vernunft und beharren auf dem Prinzip der Widerspruchsfreiheit: Eine Sache und ihr Gegenteil zu wollen oder im Traum eine Sache und ihr Gegenteil wiederzugeben, sind integraler Bestandteil seiner *Logik*. Auch die naturgegebenen Grenzen bleiben wirkungslos: Im Unbewussten existieren weder Verneinung noch Zweifel; allein die Libido zählt.

Für den psychischen Primärvorgang sind zwei Mechanismen charakteristisch: **Verschiebung** (eine Vorstellung verschiebt das libidinöse Begehren auf eine andere, lädt sie mit einer neuen emotionalen Bedeutung auf und manifestiert sich in gewisser Weise neu) und **Verdichtung** (auch Kondensation: mehrere Assoziationsketten verdichten sich zu einer Vorstellung bzw. zu einem Bild).

Auf diese Vorgänge des Unbewussten hat das Bewusstsein keinen Zugriff; sie offenbaren sich nur teilweise, erst nachdem sie durch die **Zensur** gegangen sind, und auch nur in Situationen, in denen die Überwachungssysteme abgeschaltet sind: im **Traum** (nach Freud der „Königsweg des Unbewussten"), in der Vergesslichkeit oder Zerstreutheit, bei geistreichen Bemerkungen, Versprechern, Fauxpas und natürlich neurotischen Symptomen.

Nach Freud wird der Mensch durch eine (selbstwidersprüchliche) **dualistische Struktur** konditioniert: Einerseits versuchen die Triebe die Schwelle des Bewusstseins zu erreichen, andererseits hat die Unfähigkeit der Individuen, die instinkthafte Seite ihres Daseins zu akzeptieren (im Kontext mit einem kulturell bedingten Triebverzicht) zur Folge, dass das seelische Wohlbefinden auf einem labilen Kompromiss zwischen den vom **Bewusstsein** diktierten Forderungen nach Ordnung und Selbstkontrolle und den vom **Lustprinzip** gesteuerten Lebenstrieben, die auf sofortige und vollkommene Verwirklichung der Lust drängen, beruht.

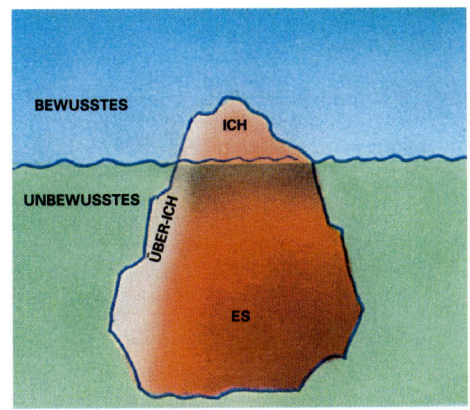

▲ Bis ins 19. Jh. hinein verteidigten die Philosophen das **Bewusstsein des Geistes** und negierten die Existenz unbewusster Vorgänge. Das Fehlen einer theoretischen Auseinandersetzung mit diesen Phänomenen hinderte jedoch weder Mediziner noch Laien daran, Menschen mit suggestiven Methoden zu behandeln, wie in der Teufelsaustreibung oder in der alchemistischen Praxis.

▲ Vorstellungen von der Existenz eines Unbewussten tauchten vor Freud erstmals bei Arthur Schopenhauer (→ **Wille zum Leben**) auf. Auch die berühmte Metapher vom Eisberg wurde nicht von Freud erfunden; der deutsche Psychologe und Begründer der experimentellen Psychologie Gustav Fechner führte sie ein, um den Begriff der „Schwelle des Bewusstseins" zu erläutern.

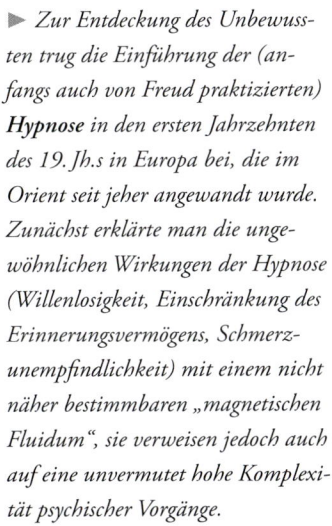

▶ Zur Entdeckung des Unbewussten trug die Einführung der (anfangs auch von Freud praktizierten) **Hypnose** in den ersten Jahrzehnten des 19. Jh.s in Europa bei, die im Orient seit jeher angewandt wurde. Zunächst erklärte man die ungewöhnlichen Wirkungen der Hypnose (Willenlosigkeit, Einschränkung des Erinnerungsvermögens, Schmerzunempfindlichkeit) mit einem nicht näher bestimmbaren „magnetischen Fluidum", sie verweisen jedoch auch auf eine unvermutet hohe Komplexität psychischer Vorgänge.

Sublimation

Nach Sigmund Freuds Psychoanalyse neigt das **Un-bewusste** (→) dazu, dem Individuum seine Inhalte aufzudrängen, es kann dies jedoch nur partiell und indirekt tun. Unter den Mechanismen, die das fragile Verhältnis zwischen Bewusstsein und unbewussten Trieben kontrollieren, spielt die Sublimation für das philosophische Denken eine wichtige Rolle, da Freud in ihr den Schlüssel zu kreativen Leistungen sah. Sublimation oder Sublimierung ist die **Umwandlung sexueller Triebenergie** in nicht aggressive und nicht sexuelle Formen der Aktivität. Auf diese Weise wird die Triebenergie auf seelisch verwandte, dennoch sozial anerkannte Ziele wie z. B. die künstlerische Tätigkeit gelenkt. Für Freud ist der Künstler ein „introvertierter Mensch", der leicht zu Neurosen neigt und von dem starken Bedürfniss geleitet wird, „Macht, Reichtum, Ruhm und die Liebe der Frauen" zu erlangen. Da ihm aber die Mittel dazu fehlen, greift er zur Kunst, die Freud in die Nähe pathologischer Kompensationsformen rückte. Bereits 1897 behauptete er, dass die dichterische Schöpfung und die hysterischen Fantasien von identischen Mechanismen gesteuert werden. Der einzige Unterschied zwischen einem neurotischen Symptom und einer künstlerischen Äußerung bestehe darin, dass Letztere sozial nützliche und anerkannte Formen hervorbringe.

Freuds Auffassung von künstlerischer Kreativität stand unter dem Einfluss Arthur Schopenhauers, sowohl wenn er die enge Verbindung zwischen Kunst und Krankheit hervorhebt (Freud lehnte eine Therapie des Komponisten Gustav Mahler ab, um seine Schöpferkraft nicht zu beeinträchtigen), als auch im Verweis auf die (sublimierte) Sexualität als einziger Motor des künstlerischen Gestaltungstriebes (ein Gedanke, der schon in Schopenhauers *Die Welt als Wille und Vorstellung* auftaucht).

In *Eine Kindheitserinnerung des Leonardo da Vinci* von 1910 unternahm Freud den ehrgeizigen Versuch, die Theorie der künstlerischen Sublimation auf die bildende Kunst anzuwenden. Er bezog sich dabei auf ein Skizzenheft Leonardos, in dem dieser von einem Traum berichtete, den er als Säugling, noch in der Wiege liegend, hatte: Im Schlaf sei ein Geier zu ihm herabgekommen und habe mehrmals mit dem Schwanz seine Lippen berührt. Freud glaubte, versteckte Verweise auf diesen kindlichen Traum in einigen Gemälden Leonardos entdeckt zu haben (vor allem in der *Heiligen Anna Selbdritt*). Das Befremdliche und die verhüllte Erotik dieser „Geierfantasie" animierten Freud, sich mit der Biografie des Künstlers genauer zu befassen. Dabei entdeckte er, dass Leonardo eine leidvolle Kindheit hatte: Er wurde als uneheliches Kind geboren, vom Vater im Stich gelassen und wuchs die ersten drei Lebensjahre bei der Mutter Caterina und später im Hause des Großvaters väterlicherseits auf, wo sich die junge Stiefmutter (Donna Albiera) und die Großmutter seiner annahmen. Für Freud war diese schwierige Kindheit bestimmend für die spätere kreative Störung (eine „künstlerische Neurose"), die Leonardo zur Kunst führte.

◄ *Seltsam mutet in der* Heiligen Anna Selbdritt *(um 1510) von Leonardo da Vinci die Gleichaltrigkeit von Anna, der Großmutter Jesu, und Maria, seiner Mutter, an. Freud interpretierte das als unbewusstes Aufscheinen eines inneren Konflikts (Leonardo hatte zwei Mütter in seiner Kindheit). Dreht man das Bild um 90 Grad so wird ein Vogel sichtbar (der Geier aus dem Traum?), dessen Extremitäten den Mund des Kindes (Leonardo?) mit dem Mund der Mutter zu verbinden scheinen.*

► ► *Mit der Theorie der Sublimation lässt sich erklären, warum gewisse Geisteskrankheiten (insbesondere die Schizophrenie) von einem starken künstlerischen Impuls begleitet werden. Der Psychoanalytiker Ernst Kris führte die hier abgebildeten Zeichnungen einer an Hysterie leidenden Patientin als Beispiel für Sublimation und Kondensation (Verdichtung) an: Die Verschmelzung der Figuren, die die Patientin selbst und ihren Liebhaber darstellen, mit einem Widder bzw. einem Schwein bringt das krankhafte Verhältnis zur negierten und verdrängten Sexualität symbolisch zum Ausdruck.*

Surrealismus

Ästhetik

Siehe auch: *Sublimation, Primitivismus*

Der Surrealismus, der aus dem Pariser Dadaismus hervorging und sich 1924 mit dem *Ersten Manifest des Surrealismus* von André Breton lautstark zu Wort meldete, verstand sich nicht nur als künstlerische und literarische, sondern in einem umfassenderen Sinne als antiautoritäre, geistige Bewegung (→ **Avantgarde**). Er richtete seine Revolte gegen die Strukturen der bürgerlichen Gesellschaft und proklamierte die „Befreiung des **Unbewussten**" (→).

Trotz vieler Parallelen zwischen dem surrealistischen Programm und der Psychoanalyse, trotz der hartnäckigen Bemühungen Bretons, lehnt Sigmund Freud es stets ab, den Surrealismus als einen legitimen Zweig der Psychoanalyse anzuerkennen: Er sei selbst zu weit von der Kunst entfernt und nicht in der Lage zu erkennen, was der Surrealismus wolle. Obwohl Freud Bildwerken in seiner Theorie keinen unwesentlichen Platz einräumte, denn der (unbewusste) Primärvorgang sei vom Wesen her vorsprachlich (im Traum denkt man in Bildern), stand er der Literatur näher als der Malerei und fand zeitlebens keinen Zugang zur **Kunst der Moderne** (→). Freud distanzierte sich deutlich von Breton und den Propagandisten des Surrealismus und machte keinen Hehl aus seinem Widerwillen gegenüber den exzentrischen und anarchischen Attitüden der rebellischen Weltverbesserer (1927 war Breton mit einigen seiner Anhänger der KP Frankreichs beigetreten).

Ungeachtet der Geringschätzung Freuds sahen die Surrealisten in den Erkenntnissen der Psychoanalyse sowohl eine Quelle als auch die Bestätigung ihrer Ideen. Das **Es** (→), das Unbewusste, besaß als „Bilderzeuger" einen hohen Stellenwert im surrealistischen Konzept. Auf zwei Wege zu einer „Malerei des Unbewussten" soll hingewiesen werden:
• Die Malerei diente als Medium zur Beschreibung der Traumarbeit, d. h. sie übersetzt die besonderen Assoziationsformen des Traums in sichtbare Bilder. Im Traum erscheinen Ereignisse und Dinge miteinander verbunden, die im bewussten Zustand durch die Mechanismen der *Verschiebung* und *Verdichtung* (die für unbewusste Vorgänge kennzeichnend sind) so nicht erfahren werden. Die Methode der **freien Assoziation** kennzeichnet die surrealistische Praxis: Sie beruht auf der alogischen Koppelung und Kombination von Bildern und Dingen, die als unvereinbar gelten. Klassisches Beispiel hierfür ist Lautréamonts berühmte Metapher von der „zufälligen Begegnung einer Nähmaschine und eines Regenschirms auf einem Seziertisch" (*Die Gesänge des Maldoror*, 1869).

• Der zweite Weg zur surrealistischen Revolution besteht in der Freisetzung von **Inhalten des Unbewussten**. Dabei versetzt sich der Künstler in den Zustand des **psychischen Automatismus**, d. h. er unterbindet alle Formen rationaler Kontrolle seines Tuns und übersetzt seinen kreativen Impuls unmittelbar in Wort oder Bild. Auf diesem Prinzip basierte auch Freuds Diagnosemethode der **freien Assoziation**, bei der er seine Patienten aufforderte, ein von ihm vorgegebenes Wort durch ein anderes spontan zu ergänzen. Dem Patienten wurde keine Zeit zum Nachdenken eingeräumt. Wie den Surrealisten ging es Freud darum, die Überwachungsfunktion des Bewusstseins auszuschalten und den Weg für die Freisetzung latenter Inhalte des Unbewussten freizumachen.

▲ *Salvador Dalís Bilder (hier* Die Versuchung des Heiligen Antonius, *1946) weichen von der logischen Ordnung der realen Welt ab, indem sie ihr Raum-Zeit-Kontinuum aufbrechen. Sie stellen den ehrgeizigsten Versuch eines Künstlers dar,* **Traumarbeit** *und Traum-inhalte mit den Mitteln der Malerei sichtbar zu machen.*

▲ *Die* peinture directe *von Georges Mathieu basiert auf Schnelligkeit des Malprozesses. Wie viele Protagonisten und Erben des Surrealismus arbeitete der Künstler ohne Konzept, d. h. er setzte die Farbe direkt aus der Tube auf die Leinwand. Der Malakt wurde zur Handlung ohne Verstandeskontrolle.*

▲ *René Magrittes Bild* Les souliers rouges *(1935) kann als Beispiel visualisierter* **Verdichtung** *(Konden-sation), ein für den Traum charakteristischer Vorgang, angesehen werden: Das Behältnis (Schuh) wird zum Inhalt (Fuß).*

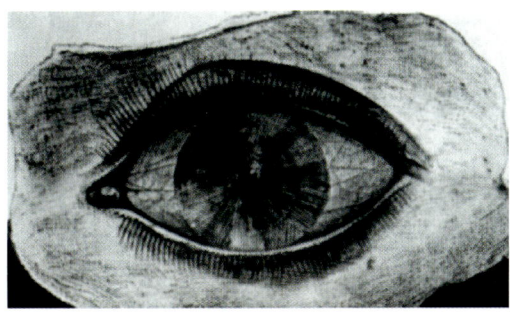

▲ *Als Vorlage für seine Zeichnung* Lichtrad *(1925) hat Max Ernst eine* **Frottage** *benutzt, eine Technik, bei der reliefartige Gegenstände auf Papier oder Leinwand manuell durchgerieben werden, sodass grafische Strukturen auf dem Trägermaterial entstehen. Das Resultat dieses Verfahrens ist ein Zufallsprodukt, nicht Ergebnis reflektierter Gestaltung. Die Form entsteht, ganz im Sinne des surrealistischen Kreativitätsbegriffs, automatisch.*

Kollektives Unbewusstes

In der **analytischen Psychologie**, eine Richtung der Tiefenpsychologie, die der schweizerische Psychiater Carl Gustav Jung Anfang des 20. Jh.s entwickelte und der er 1913 ihren Namen gab, sind Archetypus (→ **Jungscher Archetypus**) und kollektives Unbewusstes zentrale Begriffe.

Jung ging wie Sigmund Freud von der Existenz eines **persönlichen Unbewussten** aus, welches verschiedene psychische Strukturen enthält (Erfahrungen, Erinnerungen, kindliche Fantasien), die unterhalb des Bewusstseins und von ihm losgelöst ein Eigenleben führen und Einfluss auf das tatsächliche Verhalten des Individuums haben. Darüber hinaus verfügen nach Jung alle Menschen über ein gemeinsames, kollektives Unbewusstes, welches durch Mythen, universelle Fantasien und das biologische Gedächtnis der Spezies bestimmt wird.

Das kollektive Unbewusste manifestiert sich in **Archetypen**. Die spätantike Philosophie bezeichnete damit die Idee oder das Urbild aller wahrnehmbaren Dinge, die seine Nachbildungen sind. Anders als das persönliche Unbewusste, das im Wesentlichen aus Inhalten gebildet wird, die dem Individuum bewusst waren, aber vergessen oder verdrängt wurden, ist das kollektive Unbewusste ererbt, seine Inhalte sind nicht individuell erworben. Der Ethnologe Lucien Lévy-Bruhl entdeckte eine starke Affinität zwischen den Archetypen und den **kollektiven Vorstellungen**, die strukturprägend für das Denken der Naturvölker sind. Kollektive Archetypen sind apriorische, vorbewusste Formen; Jung definierte sie als angeborene Verhaltensmuster, als mit einer eigenen Energie ausgestattete Instinkte. Sie sind in jedem Individuum vorhanden und entfalten ihre Wirkung nur in bestimmten Situationen, vor allem in Träumen, Neurosen und Geisteskrankheiten. Jung hat das Spektrum der universell vorhandenen, klassischen Urbilder um die **mythologischen Traditionen**, die großen **reli-**giösen Metaphern**, die in der Magie und Alchemie benutzte **Symbolik** und um die orientalischen und europäischen **Meditationstechniken** erweitert.

Jung widmete einen Großteil seiner Forschungsarbeit dem systematischen Vergleich geistiger Äußerungen des Menschen, eine Methode, die ihm heftige Kritik einbrachte. Karl Jaspers wandte gegen seinen Kollegen ein: „Auch die auf den ersten Blick erstaunlichsten Analogien zwischen den Mythen fast aller Völker und zwischen diesen und den Trauminhalten und den Inhalten von Psychosen sind unzureichend zur überzeugenden Konstruktion eines universalen, inhaltserfüllten Fundaments des Unbewussten im Menschen. Die Analogien erweisen sich bei näherer Vergegenwärtigung als äußerlich, sie beschränken sich auf allgemeine Kategorien. Gerade ihr wirksamer Inhalt ist damit nicht getroffen. Worin z. B. die sterbenden und auferstehenden Götter (Osiris wird getötet, Dionysos zerrissen, Christus gekreuzigt) übereinstimmen, macht gerade nicht ihr Wesen aus. Die Analogie erleuchtet das Unwesentliche." (*Allgemeine Psychopathologie*, 1913)

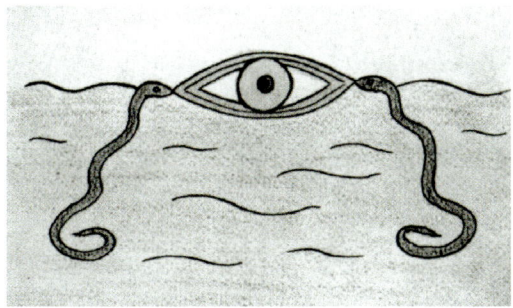

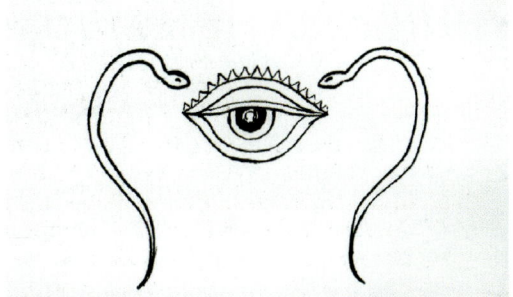

▲ ▲ **Traum, Archetypus** und **Mythos:** *Die Zeichnung ganz oben wurde von einem Patienten Jungs angefertigt, dessen Träume von einem immer wiederkehrenden, Angst einflößenden, zwanghaften Bild beherrscht wurden: ein Auge mitten auf einem Meer, das zu beiden Seiten von Schlangen angegriffen wird. Die Abbildung darunter,*

die eine verblüffende Ähnlichkeit mit der Zeichnung des Patienten besitzt, stellt ein Detail aus einem römischen Bodenmosaik dar. Jung zufolge ist das unwillkürliche, unbewusste Auftauchen mythischer Symbole und Bilder in Träumen ein Beweis für die Existenz universeller Archetypen im kollektiven Unbewussten.

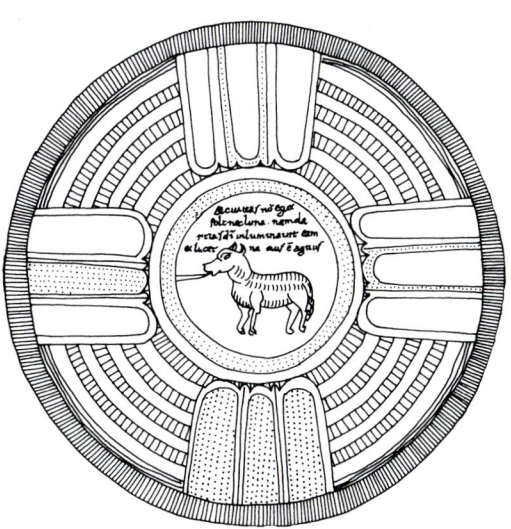

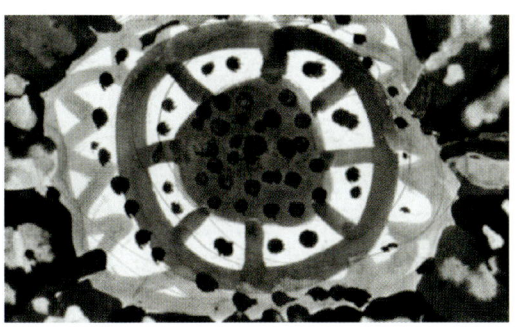

▲ ▲ ◄ *Eine Urform des Unbewussten, die sich in allen Kulturen und in der individuellen Psyche nachweisen lässt, ist das* **Mandala,** *wie im Sanskrit ein geometrisches Kreis- oder Vieleckbild in konzentrischer Anordnung bezeichnet wird. Jung sah darin ein Symbol der Selbstfindung, der inneren Ganzheit des Individuums. Das Mandala (oben links) wird von buddhistischen Mönchen bei der Meditation verwendet; darunter ist ein abendländisches Mandala abgebildet, die Darstellung der Himmelsstadt aus der* Apokalypse *von St. Amand. Die untere Zeichnung stammt von einem Kind, das bei Jung in Behandlung war.*

Jungscher Archetypus

Psychoanalyse, Alchemie, Sexualität
Siehe auch: *Es, Unbewusstes, Sexuelle Befreiung*

Nach Auffassung Carl Gustav Jungs und der **analytische Psychologie** besteht die Funktion des Unbewussten darin, die Balance der gegenläufigen Aspekte der Persönlichkeit zu wahren oder herzustellen. So verinnerlicht z. B. jedes Geschlecht die Charakteristika des jeweils anderen, idealisiert sie und macht sie sich teilweise zu eigen. Im Unbewussten eines jeden Mannes verbirgt sich immer die **Anima**, das „Seelenbild" der Frau, analog in jeder Frau der **Animus**, das „Seelenbild" des Mannes. Beides sind universelle **Archetypen**, die in Träumen und Mythen erscheinen: der Animus in Helden- und Gottgestalt, die Anima als Sinnbild für Erde und Wasser und in Gestalt des Liebesgottes Eros.

Das gesunde Individuum vermag die eigene Zweigeschlechtigkeit zu akzeptieren, zu kontrollieren und auszugleichen, bei ihm bewirken die beiden Archetypen das erhabene Gefühl der Vollkommenheit. Umgekehrt kann das Gleichgewicht durch die Übermacht eines Archetypus gestört werden und eine pathologische Situation heraufbeschwören. Jung zufolge hängen Homosexualität, Transvestismus, aber auch die charakterlichen Disharmonien von virilen Frauen und effeminierten Männern mit einer übermäßigen Identifizierung mit dem jeweils anderen geschlechtlichen Archetypus zusammen. Im Gegensatz dazu kann die Ablehnung der sexuellen Duplizität zu Verhaltensweisen führen, die vom **Machismo** (übersteigerte Männlichkeit, mit der der Mann seine weiblichen Anteile vor sich selbst zu verbergen sucht) bis zur **Neurose** reichen und aus Partnerschaften ein hochkomplexes Beziehungsgefüge machen. Tatsächlich ist die Beziehung zwischen zwei Personen niemals eine zwei- sondern eine vierfache (siehe Abb. Folgeseite unten). Es scheint daher unvermeidbar, dass man sich von Personen des anderen Geschlechts ein verzerrtes Bild macht, denn man urteilt nicht allein auf der Grundlage, was er oder sie ist, sondern reagiert auch unbewusst auf das inhärente Muster des eigenen Ichs im Gegenüber.

Das erklärt auch, warum sich Menschen verlieben. Jung zufolge handelt es sich dabei um eine **Projektion** (um die Zuschreibung einer in der eigenen Psyche angelegten Komponente an eine andere Person oder ein Objekt außerhalb des Ichs): Der Mann verliebt sich in die Frau, die seinem unbewussten weiblichen Anteil am meisten entspricht und umgekehrt. Denn kein Mann ist nämlich nur männlich, konstatiert Jung. Jeder besitzt weibliche Züge und Neigungen, deren Verdrängung jedoch zu einer Anhäufung dieser Ansprüche im Unterbewussten führt. „Die Imago der Frau (die Seele) wird ebenso natürlich zum Receptaculum dieser Ansprüche, weshalb der Mann in seiner Liebeswahl öfters der Versuchung unterliegt, jene Frau zu gewinnen, die der besonderen Art seiner eigenen unbewussten Weiblichkeit am besten entspricht, eine Frau also, welche die Projektion seiner Seele möglichst anstandslos aufnehmen kann." Obwohl Männlichkeit/Weiblichkeit universelle Prinzipien sind, bestimmt die Lebenserfahrung ihre Ausprägung. So wird z. B. der weibliche Archetypus im Mann durch die Beziehung zur Mutter und zur Schwester während der Kindheit beeinflusst, im Erwachsenenalter durch die Beziehung zur Tochter. Folglich neigen wir dazu, uns in Personen zu verlieben, mit denen wir eine Beziehung aufbauen können, die die stabilen innerfamiliären Beziehungen fortführt.

◀ *Obwohl die Alchemie reine Männersache war, stellten sich die Alchemisten gerne als zweigeschlechtliches Paar dar. Jung sah in diesem Bildmotiv eine Projektion der inneren geschlechtlichen Duplizität des Individuums.*

◀ *Jung hat der Alchemie besondere Aufmerksamkeit gewidmet, in ihrer Symbolik sah er die Dramen des Unbewussten gespiegelt. Das Geheimnis der Wesensverwandlung begründeten sie mit dem* **Zusammenfallen der Gegensätze** *(→) Sonne und Mond, König und Königin, Mann und Frau. Die Psychoanalyse interpretiert diese* **mystischen Hochzeiten** *als tendenziell innerpsychische Projektion, die auch den inzestuösen Charakter der Verbindungen (Bruder und Schwester, Mutter und Sohn) erklärt. Aus dieser Vereinigung geht der Zwitter (→* **Androgynie***) hervor, dessen biologisch manifeste Zweigeschlechtigkeit die Ganzheit des Individuums repräsentiert: die Akzeptanz der eigenen psychischen Duplizität.*

▶ *Die Begegnung (a) zwischen einem Mann (**Adept**) und einer Frau (**Soror**) bewirkt in beider Psyche eine (halbbewusste) Erregung der eigenen gegengeschlechtlichen Komponenten (b): Der Mann muss mit der eigenen Weiblichkeit, umgekehrt die Frau mit der eigenen Männlichkeit abrechnen. Aber es gibt noch eine andere, gänzlich unbewusste Verbindung (c) zwischen der Weiblichkeit des Mannes und der Männlichkeit der Frau sowie eine Verbindung (d) zwischen dem Bewusstsein des Adepten und der unbewussten Männlichkeit der Frau (**Animus**) einerseits und zwischen der Weiblichkeit der Frau (Soror) und der Weiblichkeit des Mannes (**Anima**) andererseits.*

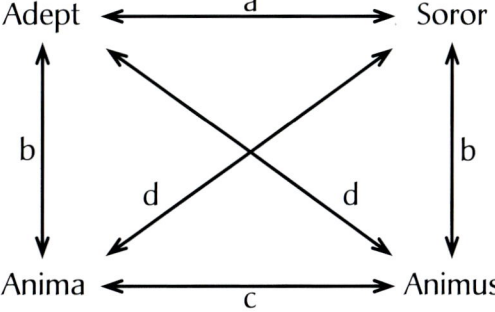

Sexuelle Befreiung

Freud, Reich

Siehe auch: *Es, Unbewusstes, Sublimation, Kollektives Unbewusstes*

Sigmund Freud lehnte entschieden die Ziele der Surrealisten um André Breton und die jener Psychoanalytiker, die die „Befreiung des Unbewussten" auf ihre Fahnen geschrieben hatten, als fundamentales Missverständnis seiner Theorie ab. Dem „Vater der Psychoanalyse" zufolge basiert das menschliche Dasein auf dem Gleichgewicht zwischen den polaren Sphären der Psyche, dem Es (Trieb) und dem Über-Ich (Bewusstsein), zwei gegensätzlichen, jedoch gleichrangigen Kräften. Das „Unbewusste zu befreien", würde bedeuten, unmoralischen und aggressiven Kräften, die die seelische Persönlichkeit und schließlich die Gesellschaft zerrütten können, Tür und Tor zu öffnen.

Freud hat seine Überlegungen zu den kulturellen Möglichkeiten und Grenzen individuellen Glücks in *Das Unbehagen in der Kultur* (1930) niedergeschrieben. Dort analysierte er, welchen *Preis* die Gesellschaft dem Einzelnen durch die Unterdrückung seiner Libido aufbürdet. Auch menschliche Kulturen bilden ein Über-Ich aus, das „ganz wie das des einzelnen strenge Idealforderungen aufstellt, deren Nichtbefolgung durch ‚Gewissensangst' bestraft wird". Andrerseits ist das **Kultur-Über-Ich** notwendig, da es die Beziehungen der Menschen untereinander regelt. In einer Gesellschaft, in der sich die Energien des Unbewussten ungehindert entfalten können, wäre der Einzelne nicht glücklicher, aber gefährlicher für die anderen Mitglieder der Gemeinschaft.

In Opposition zu Freud entwarf Wilhelm Reich, eine der umtriebigsten und geistreichsten Persönlichkeiten des 20. Jh.s – Psychoanalytiker, Marxist und Wegbereiter der sexuellen Revolution –, ein eigenes Programm zur **Befreiung des Unbewussten**. Analog zu Freud vertrat er in *Die Funktion des Orgasmus* (1927) und *Der Einbruch der Sexualmoral* (1931) die Meinung, dass jede Kultur ein gewisses Maß an

Selbstkontrolle von jedem Einzelnen fordert, wandte jedoch ein, dass in der autoritären Klassengesellschaft des Kapitalismus die Repressionen besonders stark seien. Nach Reich verhindert die herrschende sexualfeindliche Moral die freie Entfaltung des **Eros** (→), macht den Einzelnen unsicher, selbstrepressiv, passiv, und dient letztendlich der Ausbeutung der Individuen durch die Bourgeoisie. In *Die Massenpsychologie des Faschismus* (1933) verwies er auf die enge Verbindung zwischen Faschismus und der patriarchalischen Struktur der kleinbürgerlichen Familie, in der der Vater die Führerrolle übernommen hat. Folglich ist eine sexuelle Revolution letztlich nicht ohne die von Karl Marx vorausgesagte gesellschaftliche Revolution möglich.

Mit Freud geriet Wilhelm Reich in einen unüberbrückbaren Konflikt, der seinen Ausschluss aus der Internationalen Psychoanalytischen Vereinigung zur Folge hatte. Aber auch die KPD trennte sich 1933 von ihm und die Nationalsozialisten zwangen ihn ins Exil. Auch in den USA, wo sich Reich 1939 niederließ, blieb ihm die große Anerkennung versagt. Der Grund dafür, dass sich ein Großteil der Fachwelt und seine politischen Verbündeten von ihm distanzierten, lag zweifellos in Reichs ehrgeizigem Programm, seine Theorie der sexuellen Revolution auch sexualpolitisch umzusetzen. 1930 initiierte er in Berlin die *Sexpol-Bewegung* (Deutscher Reichsverband für proletarische Sexual-Politik) und in den USA gründete er das Orgone Institute.

Reichs Tätigkeit in diesen Organisationen brachte ihm den Vorwurf der Scharlatanerie und des Pansexualismus ein. Die Geschichte hat dieses Urteil revidiert; Reichs Ideen haben zur fundamentalen Kritik an der bürgerlichen Sexualmoral wesentlich beigetragen, die als **sexuelle Revolution** in die Nachkriegsgeschichte der westlichen Kultur eingegangen ist.

▲ *Für seine Schrift* Der Moses des Michelangelo *(1914) ließ Freud drei Zeichnungen anfertigen. An dieser Skulptur interessierte ihn die mehrdeutige Pose des Propheten: Michelangelo hat jenen Augenblick festgehalten, da Moses, vom Berg Sinai kommend, seinem Volk die Gesetzestafeln bringen will. Dieses jedoch hat seine Abwesenheit genutzt, um das goldene Kalb anzubeten. Doch die Empfindungen, die der Künstler seiner Figur unterlegt hat, bleiben ambivalent. In der Unentschiedenheit des* Moses *zwischen Wut (Trieb) und Selbstbeherrschung (Kontrolle) sah Freud ein Sinnbild des menschlichen Daseins.*

▼ *Diese grafische Darstellung zeigt die Schwankungen des elektrischen Potenzials auf den Lippen eines Probanden während eines langen leidenschaftlichen Kusses. Die von Reich beobachtete Relation zwischen dem elektrisierten Zustand des Körpers und der (sexuellen) „Orgonenergie" inspirierte ihn zum Bau von Spezialapparaten, die er* Orgonakkumulator *nannte und für Heilzwecke einsetzte.*

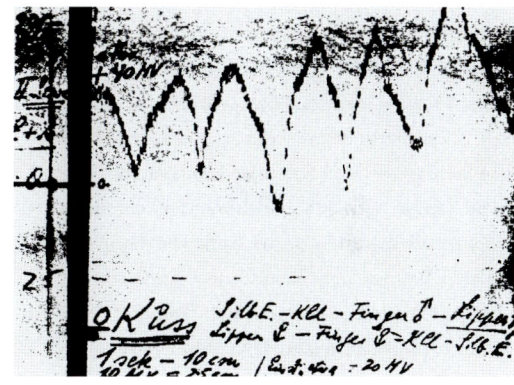

▶ *Reich entwarf eine regelrechte Metaphysik des Orgasmus; in ihm sah er eine universell waltende kosmische Lebensenergie, die er das* **Orgon** *nannte. Daraus schlussfolgerte er, die Gesundheit der Menschen hänge von seiner Orgonenergie ab. Um sie zu messen, baute Reich Apparaturen, die angeblich die Veränderungen des elektrischen Potenzials auf der Haut bei bestimmten sexuellen Reizen (Kuss, zärtliche Berührung, Umarmung usw.) registrieren konnten.*

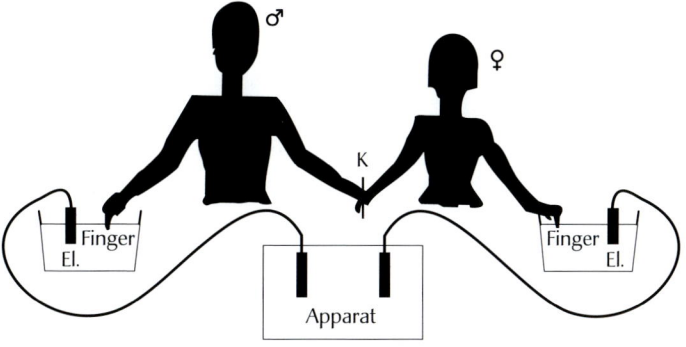

Konditionierter Reflex

Psychologie, Behaviorismus
Siehe auch: *Kognitionswissenschaft, Gestalt*

Schon im 17. Jh. hatte Descartes in seiner Analyse des Seelenlebens den Reflex als mechanisch fundiertes Phänomen beleuchtet, als eine automatische, d. h. unmittelbare und unwillkürliche Reaktion des Organismus auf einen Reiz. Nach einem scheinbar vorbestimmten Mechanismus zieht der Mensch spontan seine Hand von einer Flamme weg oder sondert ein Hund Speichel ab, wenn er mit Nahrung in Berührung kommt.

Zu Beginn des 20. Jh.s erkannte der russische Physiologe Iwan P. Pawlow (1849–1936), dass Reflexe durch Konditionierung erlernt werden können. Das Pawlow'sche Experiment bestand zunächst darin, wenige Sekunden bevor einem Hund Nahrung verabreicht wurde eine Glocke zu betätigen (oder einen anderen sinnlichen Reiz auszusenden). Nachdem dieser Vorgang oft wiederholt worden war, kam es bei dem Versuchstier schon beim Ertönen der Glocke, also *vor* der Verabreichung der Nahrung, zur Speichelsekretion. Durch Konditionierung war ein bedingter bzw. **konditionierter Reflex** entstanden; mit anderen Worten, der Hund hatte gelernt, das Ertönen der Glocke (ein ursprünglich neutraler Reiz) mit der Nahrungsverabreichung (ein unbedingter bzw. natürlicher Reiz) zu verbinden. Das akustische Signal vermochte jetzt dieselben Reaktionen auszulösen wie der unbedingte Reiz.

Diese Koppelung nennen Psychologen **Verstärkung**; sie kann sowohl positiv als auch negative Effekte haben. Eine negative Verstärkung liegt z. B. vor, wenn nach der Nahrungszufuhr ein Elektroschock verabreicht wird: Der Hund, der die Nahrung mit Schmerz verbindet, wird sie irgendwann verweigern. Durch positive oder negative Verstärkung lässt sich das Tier zwingen, bestimmte Handlungen zu vollführen oder zu vermeiden.

Zwischen den beiden Weltkriegen, als die Forschungen ihren größten Erfolg verbuchen konnten, spekulierte man (z. B. im Umkreis des **Behaviorismus**, einem Zweig der Verhaltensforschung) mit dem Gedanken, durch **positive und negative Verstärkung** auch das menschliche Verhalten gezielt zu beeinflussen, Überlegungen, die zu Hoffnungen, vor allem aber zu Befürchtungen Anlass gaben, denn aus ethischer Sicht erwies sich das Unterfangen als sehr problematisch.

Tatsächlich waren die Behavioristen davon überzeugt, dass auch komplexe seelische Prozesse (Phänomene des Bewusstseins und der Intelligenz) auf der Grundlage von Reiz und Reaktion ablaufen und wie Reflexe konditioniert werden könnten. John B. Watson, einer ihrer führenden Köpfe, verfolgte damit das Ziel, die Psychologie wieder als Naturwissenschaft zu verstehen und forderte von der Disziplin, sich mit der Anpassung des Individuums an die Umwelt zu befassen, damit, wozu es unabhängig vom Erlernten zu tun imstande sei oder wie Handlungen durch Nachfrage ausgelöst werden können, sobald die verschiedenen Instinkte und Gewohnheiten ausreichend ausgebildet sind.

Aber bereits Ende der 1950er-Jahre war der Fachwelt klar, dass das Reiz-Reaktions-Schema als theoretisches Instrument zu kurz greift (obwohl es für die Analyse elementarer Handlungen von Tieren und teilweise auch des Menschen durchaus geeignet ist), um die komplexen Funktionen des Denkens und des Willens konditionieren zu können.

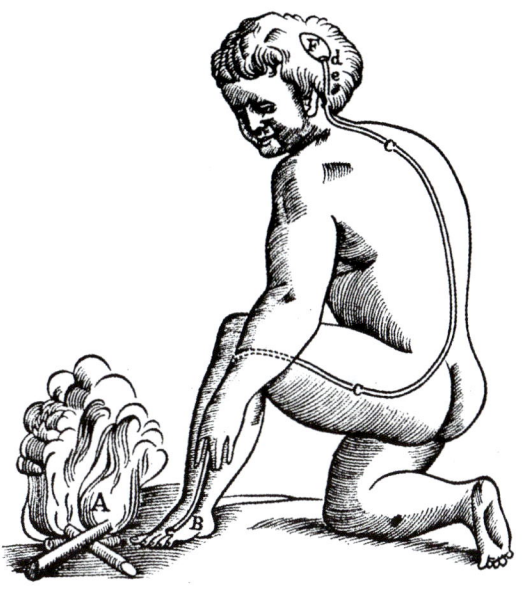

◄ Im Jahr 1930 versicherte der amerikanische Behaviorist Watson, dass er imstande wäre, überließe man ihm eine Gruppe gesunder Kinder, in ihnen jegliches Interesse zu wecken, ja er könne nach Belieben Ärzte, Richter, Künstler oder Händler aus ihnen machen – unabhängig von ihrem genetischen Erbe, von ihren Neigungen oder Fähigkeiten.

► Abbildung aus Descartes' Schrift Über den Menschen: Kommt der Fuß in Kontakt mit dem Feuer, wird der Nerv gezogen und ein Reiz an das Gehirn weitergeleitet, wo automatisch eine Reihe vorprogrammierter Antworten ausgelöst wird (Reflexe). Der Fuß wird zurückgezogen, der Kopf gewendet, der Körper zum Selbstschutz gebeugt, und der Blick richtet sich auf das Objekt der Bedrohung.

◄ Die Versuchsanordnung von Pawlow für die Untersuchung der konditionierten Reflexe der Speichelsekretion beim Hund. Um unerwünschte zufällige Verbindungen zwischen Nahrungsverabreichung und Glockenton auszuschließen, wurde das Tier vollständig ruhig gestellt. Zur genauen Messung der Speichelsekretion führte Pawlow eine Sonde zwischen Kiefer und Unterkiefer ein.

Gestalt

Wahrnehmung
Siehe auch: *Kognitionswissenschaft, Denken*

Die in 1920er-Jahren in Deutschland entwickelte Gestaltpsychologie ist in erster Linie eine Theorie der Wahrnehmung (→ **Empfindung**), insbesondere der **visuellen Wahrnehmung**. Sie geht von der Annahme aus, dass die Wahrnehmungsprozesse mental auf der Grundlage einheitlich strukturierter Gebilde (Gestalt) geordnet werden, die als bedeutsames Ganzes andere Eigenschaften besitzen als die Summe ihrer Elemente und darin dem holistischen Ansatz entsprechen, wonach „das Ganze mehr ist als die Summe seiner Teile" (→ **Holismus**). So ist eine Melodie mehr als die Summe der Töne; überträgt man nämlich die Melodie in eine andere Tonart, bleibt sie erhalten, obwohl sich die Eigenschaften der einzelnen Töne verändert haben. Aus denselben Gründen ist auch das, was man sieht, immer eine Erlebniseinheit, ein in sich strukturiertes Gebilde (der Gestaltbegriff ist mit dem Begriff der → **Struktur** wesensverwandt). Folglich versteht sich die Gestaltpsychologie als Gegenpol zur klassischen **Assoziationspsychologie** (→) und zur **Elementenpsychologie**, wonach sich jede Wahrnehmung aus der Addition elementarer Empfindungen, den Reizen, zusammensetzt.

Für die Gestaltpsychologie ist der Akt des Sehens niemals ein passiver, sondern stets ein interpretatorischer Vorgang: Das Auge registriert nicht wie eine Kamera, sondern nimmt eine Wertung vor, trifft eine Auswahl und führt Operationen durch, die zwar unbewusst, deswegen aber nicht minder komplex und intelligent sind.

Durch experimentelle Studien konnte die Gestaltpsychologie ihre Thesen auch empirisch absichern, daher erscheint sie heute als eine der wenigen Theorien auf dem Gebiet der Humanwissenschaften, die als theoretisch und praktisch legitimiert gilt. Auf die von ihr erforschten Wahrnehmungsmechanismen bezogen sich auch andere Wissenschaftszweige: Wolfgang Köhler führte mit ihrer Hilfe Untersuchungen über Intelligenzleistungen von Menschenaffen durch; Rudolf Arnheim wandte die Gestalttheorie auf die Kunstpsychologie an; Max Wertheimer rollte das Problem der Erkenntnis neu auf und formulierte die sogenannte Theorie des produktiven Denkens, die sich hauptsächlich dem Phänomen des einsichtigen Verhaltens (→ **Einsicht**) widmet.

Aus philosophischer Sicht muss die Gestaltpsychologie als eine (auf experimentellem Gebiet äußerst rührige) Spielart der **antipositivistischen Strömungen** (→) des frühen 20. Jh.s betrachtet werden. Vorläufer war Franz Brentano (1838–1917), der in Opposition zur Elementenpsychologie das Wesen des Bewusstseins in seiner Bezogenheit auf Objekte (**Intentionalität**) begründet sah. In diesem Sinne ist die Gestalttheorie untrennbar mit der **Phänomenologie** (→) verbunden, die sie letzten Endes exemplarisch anwendet.

Unübersehbar ist auch ihre Wesensverwandtschaft mit dem Neukantianismus: Man kann in der „Gestalt" die Neuinterpretation eines Gedankens von Immanuel Kant sehen, der bereits Ende des 18. Jh.s in Opposition zu der vom **Empirismus** (→) gestützten Assoziationspsychologie, Wahrnehmung als einen ganzheitlichen Vorgang beschrieb, der durch die in jedem Menschen a priori vorhandenen Kategorien räumlich-zeitlichen Denkens determiniert ist, also nicht von Erfahrungen abhängt (→ **Raum a priori**).

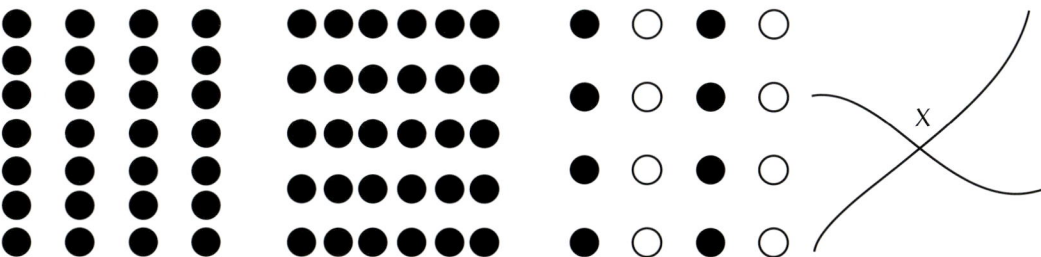

▲ *Auf der Grundlage von Untersuchungen zu Wahrnehmungsmechanismen wurden Ordnungsprinzipien ermittelt, die erklären, auf welche Weise und aus welchem Grund Gebilde als Gestalt erlebt werden. Zu ihnen zählen*

• *das* **Gesetz der Nähe**: *Wenn andere Ordnungskriterien fehlen, werden Elemente mit geringen Abständen zueinander als zusammengehörig erlebt. Die Punkte der ersten Darstellung werden als senkrechte Reihen (Säulen), die der zweiten als waagrechte Reihen wahrgenommen;*

• *das* **Gesetz der Ähnlichkeit**: *Einander ähnliche Elemente werden eher als zusammengehörig erlebt als einander unähnliche. Die dritte Darstellung wird als eine Menge aus je zwei schwarzen und weißen Reihen wahrgenommen;*

• *das* **Gesetz des gemeinsamen Schicksals**: *Elemente oder Gegenstände, die sich gleichmäßig bewegen bzw. verändern, werden als eine Einheit erlebt. In der Darstellung rechts wird man eher zwei sich kreuzende gekrümmte Linien sehen als vier (was ebenso möglich wäre).*

▼ *Das* **Gesetz der guten Gestalt**. *Physikalisch gesehen existiert das weiße Dreieck gar nicht, obwohl es von allen gesehen wird. Mehr noch: Bei längerem Hinsehen erscheint es auch viel weißer als seine Umgebung. Erklären lässt sich dieses Phänomen mit dem* **Prägnanzprinzip**, *dem die Wahrnehmung unterliegt. Danach bilden sich gestalthafte Wahrnehmungseinheiten stets so aus, dass das Ergebnis eine möglichste einfache und einprägsame Gestalt ergibt (ein einziges weißes – wenn auch nicht existentes – Dreieck ist einprägsamer als drei kleine schwarze Kreise, denen eine Ecke fehlt).*

◀ *Die Abbildung zeigt eine der vielen Anwendungsmöglichkeiten der Gestaltgesetze in der Mode: Personen, die dünner erscheinen wollen, müssen längs gestreifte Kleidung tragen, quer gestreifte macht die Figur optisch fülliger. Die beiden Figuren haben eine ganz unterschiedliche Wirkung, obwohl sie dieselbe Gestalt haben.*

Einsicht

Gestalt
Siehe auch: *Kognitionswissenschaft, Denken*

Der im angelsächsischen Sprachraum geprägte Begriff *insight* wird in der deutschen Fachsprache wortwörtlich mit „Einsicht" übersetzt. Er besagt, dass jeder Denkinhalt (etwas Wahrgenommenes, eine Erinnerung, die Lösung eines Problems) mit einem unvermittelten, unerwarteten Gedanken einhergeht, der vom Individuum als eine **vom Willen unabhängige Erfahrung** empfunden wird.

Diese Einsicht, das „heureka" – die plötzliche Entdeckung einer lange gesuchten Wahrheit – , hat Philosophen immer Probleme bereitet, da es sich dabei um einen Lerneffekt durch das **unmittelbare Verstehen** eines Sachverhalts handelt, der keiner Gesetzmäßigkeit zu gehorchen, das diskursive Denken und jede konzeptionelle Überlegung auszuschalten scheint.

Die Gestaltpsychologen (→ **Gestalt**) haben im 20 Jh. wesentlich zur Erklärung des Phänomens der Einsicht beigetragen. Sie gingen zunächst davon aus, dass jedes sinnlich wahrnehmbare Bild als Kraftfeld rezipiert wird, weil seine Bestandteile interagieren und sich wechselseitig bedingen (wie elektrische oder magnetische Kräfte), obwohl sie räumlich getrennt sind. Das Auge muss bei jedem Wahrnehmungsakt eine Auswahl treffen, d. h. es misst bestimmten Reizen (die gesehen werden) innerhalb eines komplexen Ganzen mehr Bedeutung zu als anderen Reizen (die nicht gesehen werden). Mit anderen Worten, das physikalische Bild ist stets das Gleiche, es wird aber vom Auge in verschiedener Gestalt erfasst. Gestaltpsychologen haben optische Figuren entwickelt, die dieses Phänomen anschaulich machen. Berühmt geworden ist der *rubinsche Becher*, eine schwarz-weiße Figur, die als Becher oder als Doppelprofil wahrgenommen werden kann. Der Wechsel von einer Lesart zur anderen erfolgt immer plötzlich, intuitiv und unwillkürlich – das ist aber nur möglich, wenn dem unmittelbar eine **Neugliederung des Wahrnehmungsfeldes vorausgegangen ist.**

Mit dieser Entdeckung hat die Gestaltpsychologie das 2000-jährige philosophische Vorurteil, die **Wahrnehmung** (→ **Empfindung**) sei auf der untersten Stufe geistiger Tätigkeit angesiedelt, ad absurdum geführt und sie spielte mit dem Gedanken, auch komplexe Denkprozesse anhand des Wahrnehmungsmodells deuten zu können. Sollten die Mechanismen der Neugliederung auch auf mentaler Ebene funktionieren, besäße man einen Schlüssel zur Erklärung ungewöhnlicher Intelligenzleistungen des Menschen: Sie läge dann in der Fähigkeit zur internen Umstrukturierung des Denkmaterials.

Tatsächlich erwies sich der *insight*-Begriff als sehr fruchtbar und wurde von wissenschaftlichen Disziplinen in den Dienst genommen, die der Psychologie keineswegs nahestanden. Der Erkenntnistheoretiker Thomas S. Kuhn griff auf ihn zurück, um den revolutionären **Paradigmenwechsel** (→ **Paradigma**) in der Wissenschaft zu erklären, jene historische Aufkündigung der Grundauffassungen einer wissenschaftlichen Disziplin, über die in einer Wissenschaftsgemeine bis dahin Konsens bestand.

◀ Der **Rubin'sche Becher** ist eine Figur, die entweder als Becher oder als Doppelprofil wahrgenommen werden kann, je nachdem, welcher Teil des Wahrnehmungsfeldes sich als Figur vom Hintergrund abhebt (Figur-Grund-Verhältnis). Die zwei Lesarten finden nie gleichzeitig, sondern immer abwechselnd statt; das Auge kann immer nur den Becher oder die Gesichter scharf sehen.

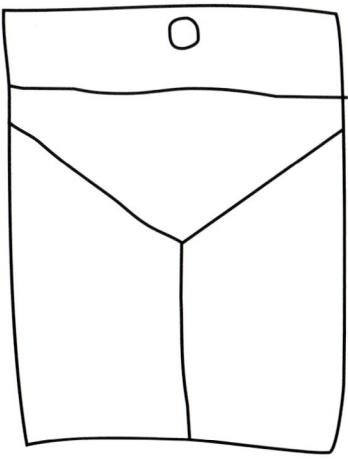

◀▲ Zwei Beispiele für eine Änderung der **Figur-Grund-Organisation**: In der Figur oben lassen sich abwechselnd ein Hase oder eine Ente erkennen, links entweder zwei Beine und ein Nabel oder eine Olive, die in ein Glas fällt.

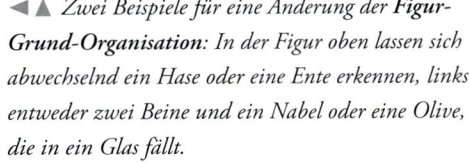

◀ Der Begriff „Einsicht" wurde zwischen den beiden Weltkriegen von dem Psychologen Wolfgang Köhler eingeführt, um das einsichtige Verhalten von Menschenaffen bei einem Bananenproblem zu erklären. Die hoch hängende Banane ist nur zu erreichen, wenn eine Kiste verrückt wird und der Schimpanse daraufsteigt. Nicht bei allen Schimpansen kam es beim Anblick der Kisten zu einem **Aha-Erlebnis**; einige waren selbst dann nicht einsichtig, nachdem sie verschiedene Lösungsmöglichkeiten beobachten konnten.

Kognitionswissenschaft

Denkpsychologie
Siehe auch: *Binärlogik, Denken*

Die Kognitionswissenschaft ist die jüngste Disziplin der Psychologie und entstand um 1960 in den USA mit den Forschungen von Ulric Neisser (*Kognitive Psychologie*, 1967), und wurde später von Jerom S. Bruner (*Das Unbekannte denken*, 1983) und Howard Gardner (*Dem Denken auf der Spur*, 1983) weiterentwickelt. Zu den Protagonisten des Fachs gehören auch Forscher zur Künstlichen Intelligenz wie Marvin Minsky (*Mentopolis*, 1985).

Die Kognitionswissenschaft hat sich die **Erforschung von Denkvorgängen** zur Aufgabe gemacht (was der Behaviorismus stets als unmöglich ansah). Ein so komplexes Vorhaben kann allerdings nur durch die Zusammenarbeit vieler Disziplinen bewältigt werden; daher bezeichnet sich die Kognitionswissenschaft selbst als „Grenzwissenschaft", als transversales Wissensgebiet, das Kenntnisse verbindet, die bis dato unabhängig voneinander gewonnen wurden. Die **Anthropologie** ermöglicht, die potenziellen Differenzen psychischer Prozesse in primitiven und fortgeschrittenen Gesellschaften herauszustellen; die **Neurowissenschaft** erforscht die physiologischen Grundlagen des Denkens und versucht dabei zwischen den Konzepten der Ortsbezogenheit und der Ganzheit von Hirnaktivitäten (→ **Holismus**) zu vermitteln; die **Informatik** liefert die mathematischen Hilfsmittel (Informationstheorie), und auch die **Philosophie** spielt eine wesentliche Rolle. Gardner hat in seinem Buch *Frames of mind* (1983) auf die große Bedeutung der griechischen Philosophen und ihrer Nachfolger in der Aufklärung für die Erforschung kognitiver Prozessen verwiesen und die logischen Anknüpfungspunkte herausgearbeitet. Die Kognitionswissenschaft erkennt z. B. an, was sie der im philosophischen Kontext von Franz Brentano begründeten Handlungspsychologie schuldig ist, die dieser als Gegenentwurf zur **Assoziationspsychologie** (→) in der zweiten Hälfte des 19. Jh.s auf empirischer Basis entwickelte. Brentano fand heraus, dass sich psychische Phänomene durch ihre Gerichtetheit auszeichnen, dass sie intentional auf die Gegenstände der Außenwelt gerichtet sind.

Die Kognitionswissenschaft stellt die beiden Grundaussagen des Behaviorismus – die Passivität des menschlichen Denkens und die Unerforschbarkeit der Denkprozesse – durch drei ihrer Kernthesen infrage.

• Der menschliche Geist ist kein simpler Empfänger von Informationen aus der Umwelt, sondern ein **Verarbeitungssystem**, das sich selbst regulieren kann *(Feedback)*.

• Mentale Prozesse lassen sich aufgrund ihrer Ähnlichkeit mit dem Computer erklären. Die mentale Bedingung ist ein **Rechenzustand** (auf Berechnung basierend), der mithilfe der **Turing-Maschine**, dem idealen Prototyp der Datenverarbeitungsanlage, analysiert werden kann. Trotz des Namens handelt es sich dabei nicht um eine reale Apparatur, sondern um eine *ideale Maschine*, denn als Alan M. Turing sie 1936 entwickelte, gab es noch keine Mikroprozessoren, die ihre Realisierung erst ermöglichten.

• Mithilfe des **Turing-Tests** (→) lässt sich auf der Basis operativer Begriffe erkennen, was intelligentes Verhalten (beim Menschen und einer Maschine) ist und was nicht.

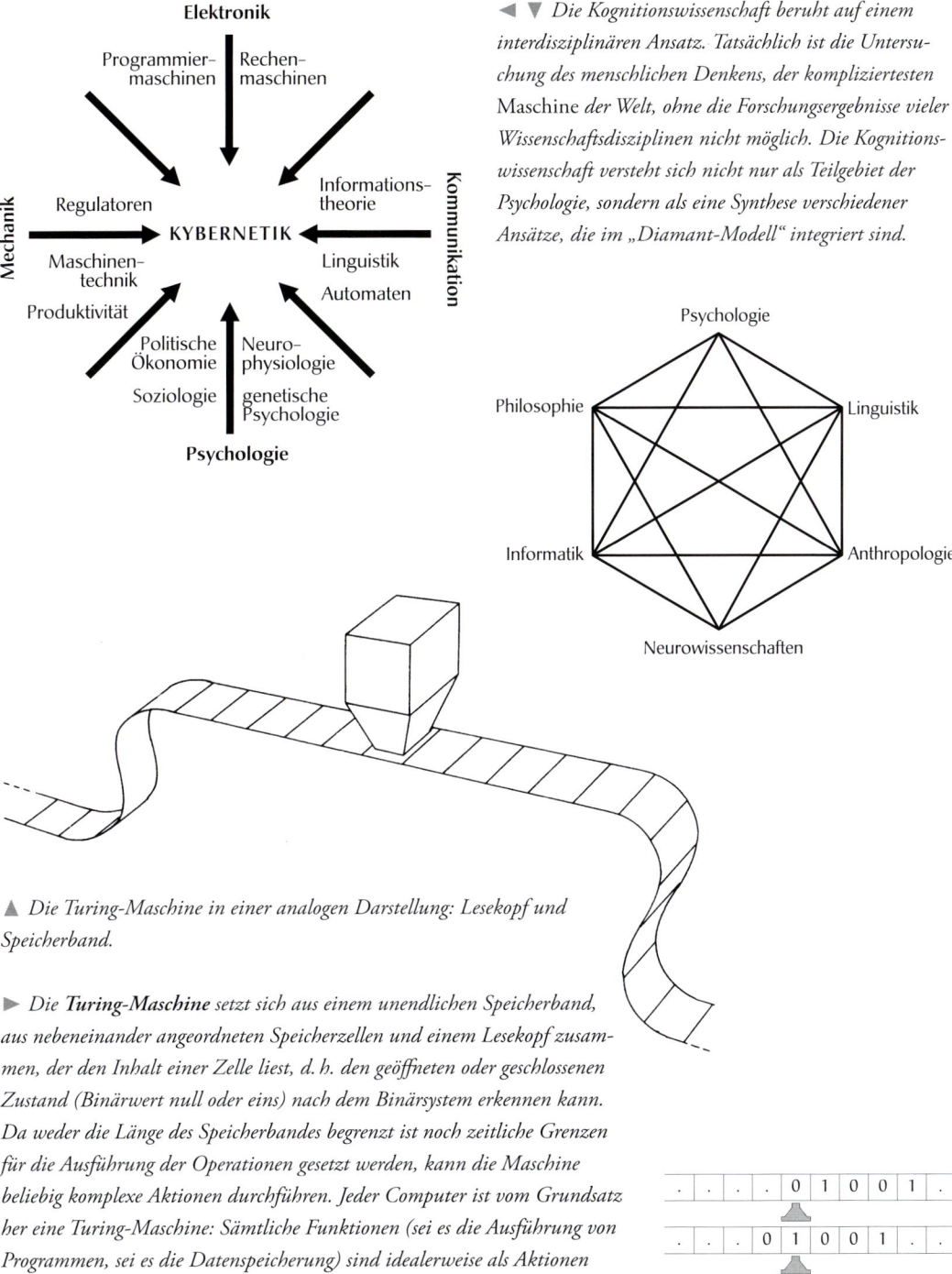

Elektronik

Programmier-
maschinen

Rechen-
maschinen

Mechanik

Regulatoren

Informations-
theorie

Kommunikation

KYBERNETIK

Maschinen-
technik

Linguistik

Produktivität

Automaten

Politische
Ökonomie

Neuro-
physiologie

Soziologie

genetische
Psychologie

Psychologie

◀ ▼ *Die Kognitionswissenschaft beruht auf einem
interdisziplinären Ansatz. Tatsächlich ist die Untersu-
chung des menschlichen Denkens, der kompliziertesten
Maschine der Welt, ohne die Forschungsergebnisse vieler
Wissenschaftsdisziplinen nicht möglich. Die Kognitions-
wissenschaft versteht sich nicht nur als Teilgebiet der
Psychologie, sondern als eine Synthese verschiedener
Ansätze, die im „Diamant-Modell" integriert sind.*

Psychologie

Philosophie

Linguistik

Informatik

Anthropologie

Neurowissenschaften

▲ *Die Turing-Maschine in einer analogen Darstellung: Lesekopf und
Speicherband.*

▶ *Die* **Turing-Maschine** *setzt sich aus einem unendlichen Speicherband,
aus nebeneinander angeordneten Speicherzellen und einem Lesekopf zusammen, der den Inhalt einer Zelle liest, d. h. den geöffneten oder geschlossenen
Zustand (Binärwert null oder eins) nach dem Binärsystem erkennen kann.
Da weder die Länge des Speicherbandes begrenzt ist noch zeitliche Grenzen
für die Ausführung der Operationen gesetzt werden, kann die Maschine
beliebig komplexe Aktionen durchführen. Jeder Computer ist vom Grundsatz
her eine Turing-Maschine: Sämtliche Funktionen (sei es die Ausführung von
Programmen, sei es die Datenspeicherung) sind idealerweise als Aktionen
beschreibbar, die von einem Lesegerät auf einem Speicherband durchgeführt
werden.*

.	.	.	.	0	1	0	0	1	.
.	.	.	0	1	0	0	1	.	.
.	.	0	1	0	0	1	.	.	.

Denken

Kognitionswissenschaft
Siehe auch: *Turing-Test, Gesunder Menschenverstand*

Das Denken ist die menschliche Fähigkeit, Gegenstände (und Wirklichkeit überhaupt) zu erfassen, zu erkennen, zu verstehen, einzuordnen und zu beurteilen; seine **Erkenntnisfunktion** ist Gegenstand der Philosophie.

In der modernen Wissenschaft haben sich zwei sehr unterschiedliche Ansichten zum Problem des Denkens herausgebildet. Die in der Psychologie der ersten Hälfte des 20. Jh.s dominierende Theorie des **Behaviorismus** schloss aus, dass geistige Operationen aufgrund ihrer Immaterialität Gegenstand wissenschaftlicher Forschung sein können. Für Behavioristen war der Denkvorgang ein nicht ermittelbares Phänomen, eine Art **Blackbox** (ein geschlossenes und versiegeltes Gerät, das Flugdaten aufzeichnet).

Ein deutlicher Richtungswechsel zeichnete sich in den 1960er-Jahren ab, als die Kognitionswissenschaft das Denken zu ihrem Forschungsgegenstand machte, ein interdisziplinärer Ansatz, der u. a. Erkenntnisse der **Kybernetik**, zur menschlichen Psyche (**Denkpsychologie**) und zur Struktur des Gehirns (**Neurologie**) zusammenführt. Die Kognitionswissenschaft beschreibt den menschlichen Geist als **System der Informationsverarbeitung** (siehe Abb. auf der Folgeseite). Das System trifft eine Auswahl unter den eingehenden Elementen (Wahrnehmungen oder *Input*) und nimmt eine Reihe von Umwandlungen an ihnen vor (psychische Operationen), die wiederum nach außen gerichtete Entscheidungen produzieren (Verhaltensweisen oder *Output*). Von großer Bedeutung in diesem Modell sind zwei Bestandteile, die hier näher betrachtet werden sollen.
• Der **Filter** hebt die Auswahl hervor, die schon auf der Stufe der einfachen Wahrnehmung getroffen wurde. In Übereinstimmung mit der **Gestaltpsychologie** (→ **Gestalt**) geht man davon aus, dass Wahrnehmung an und für sich schon ein selektiver Vorgang ist (viele Pfeile erreichen die Sinnesorgane, aber nur einer kommt im Geist an). Würde der Selektionsfilter die unendliche Menge der Umweltreize nicht reduzieren und nicht nur diejenigen mit dem größten Informationsgehalt (die ungewöhnlichen, die unvorhersehbaren) durchlassen, würde der Geist von einer zu großen Datenmenge überflutet werden.
• Der **Kanal mit begrenzter Kapazität** ist das operative Herz des bewussten Denkens; er kann mit einem Engpass verglichen werden, der Reize nur in begrenzter Anzahl zur Weiterverarbeitung durchlässt. Der Geist ist nur in der Lage, ein bestimmtes Maß an Informationen zu verarbeiten, und so schnell die einzelnen Operationen auch vonstatten gehen, sie erfolgen immer sequenziell.

In seinem berühmten Artikel *The magical number seven, plus or minus two* (1956) wies der Kognitionswissenschaftler George A. Miller nach, dass die Anzahl der Elemente, die der „Kanal" gleichzeitig unter Kontrolle halten kann, auf etwa sieben „Informationseinheiten" (mehr oder weniger komplexe Datenblöcke) begrenzt ist. Man kann sich problemlos Sequenzen aus sieben Zahlenblöcken merken, darüber hinaus wird es schwierig. Deswegen lassen sich z. B. lange Telefonnummern leichter merken, wenn die Ziffern in einheitliche Blöcke (Informationseinheiten) gegliedert sind.

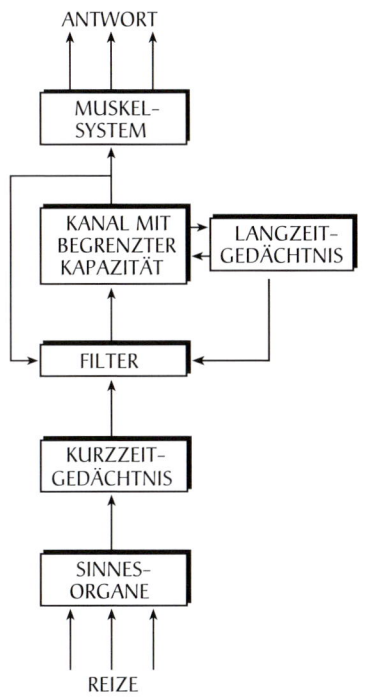

ANTWORT

MUSKEL-SYSTEM

KANAL MIT BEGRENZTER KAPAZITÄT

LANGZEIT-GEDÄCHTNIS

FILTER

KURZZEIT-GEDÄCHTNIS

SINNES-ORGANE

REIZE

◄ *Schematische Darstellung des Denkvorgangs (Wahrnehmungssystem) nach der Modellvorstellung des Kognitionswissenschaftlers Donald E. Broadbent. Aus der Umwelt treffen Reize auf die Sinnesorgane und verbleiben für kurze Zeit (Bruchteile von Sekunden) im Kurzzeitgedächtnis, bevor sie durch den Filter gehen. Ist der Filter geschlossen, werden die wertlos gewordenen Reize fallen gelassen, ohne eine Spur zu hinterlassen. Ist er offen, gelangen sie in den* **Kanal mit begrenzter Kapazität**, *wo die eigentliche Informationsverarbeitung vonstattengeht, ein Vorgang, der durch den Zugang zum* **Langzeitgedächtnis** *(im umgangsprachlichen Sinne) erleichtert wird. Das Endergebnis, die Antwort auf den Stimulus (Reiz), wird an das Muskelsystem weitergeleitet. Gleichzeitig mit der Leerung des Kanals setzt ein Mechanismus der „Rückmeldung" (Feedback) ein, der die Öffnung des Filters und damit den Beginn eines neuen Verarbeitungszyklus ermöglicht.*

7542923435
75.429.234.35
75.42.923.435

◄ *In zahlreichen Experimenten wurde nachgewiesen, dass die Fähigkeit der mentalen Verarbeitung auf eine zahlenmäßige Grenze stößt (sieben plus/minus zwei). Man kann sich eine zehnstellige Zahl nur sehr schwer merken; dafür kann man sich wesentlich längere Zahlen leicht einprägen, wenn sie in fünf oder sechs Blöcke (Informationseinheiten) unterteilt sind.*

▶ *Dasselbe Phänomen ist auch bei Ad-hoc-Unterscheidungstests zu beobachten. Wird man mit einer Reihe von unterschiedlich langen Segmenten konfrontiert, kann man das längere nur dann sofort erkennen, wenn ihre Anzahl nicht mehr als sieben beträgt. Genauso schwierig ist es, auf den ersten Blick die Anzahl der Elemente einer Menge (z. B. Punkte) zu erkennen, wenn sie größer als sieben ist.*

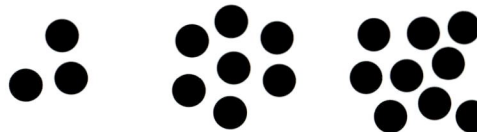

Turing-Test

Kybernetik, Intelligenz
Siehe auch: *Kognitionswissenschaft, Denken*

Seit den frühen 1950er-Jahren arbeiten Wissenschaftler verschiedener Disziplinen (Programmierer, Psychologen, Neurologen, Philosophen) an der Entwicklung von Rechner-Programmen, die Intelligenzleistung erbringen können. Bei der Erforschung der **Künstlichen Intelligenz (KI)** greift die **Kognitionswissenschaft** auf eines ihrer wichtigsten Instrumentarien zurück: auf den Turing-Test.

Was aber ist Intelligenz? Die Frage ist nicht leicht zu beantworten. Marvin Minsky, einer der Mitbegründer des Labors für Künstliche Intelligenz am Massachusetts Institute of Technology, stellt sich ihr so: „Der Versuch, intelligente Maschinen zu entwerfen, stellt uns vor das Problem der Kreativität (oder Intelligenz). Viele behaupten, dass es sich dabei um eine Gabe handelt, die keiner Erklärung oder Mechanisierung bedarf. Diese Position lässt sich nur unter ständiger Zurücknahme der Definitionen verteidigen. Sobald ein Prozess mechanisiert oder in irgendeiner Weise erklärt ist, muss er von der Liste der kreativen Verhaltensweisen gestrichen werden." Häufig bezeichnen wir Fähigkeiten nur deswegen als „intelligent", weil wir die ihnen zugrunde liegenden Vorgänge nicht kennen; haben wir sie einmal erkannt, erscheinen sie uns einfach und normal.

Der englische Mathematiker Alan M. Turing schlug eine pragmatische (nicht theoretische) Bestimmung von Intelligenz vor. Obwohl Intelligenz schwer zu definieren ist, so lässt sich doch **intelligentes Verhalten** in bestimmten Situationen erkennen. Auf diesem Prinzip basiert der Turing-Test, dessen Versuchsanordnung auf der rechten Seite abgebildet ist. Eine Versuchsperson kommuniziert mit einem Menschen und mit einem Computer ausschließlich über eine Datenleitung (in separaten Räumen und per Tastatur bzw. Bildschirm). Nach einer bestimmten Zeit muss sie angeben, welcher der beiden „Gesprächspartner"

ein Mensch, welcher eine Maschine ist. Gelingt ihr das nicht, hat das Programm den Intelligenztest bestanden.

Turings Idee breitete sich schnell aus und erwarb einen legendären Ruf, sah sich später aber heftiger Kritik ausgesetzt. Ihm wurde vorgeworfen, auf eine genauere Spezifizierung intelligenten Verhaltens zu verzichten, zu breit und ausschließlich ergebnisorientiert angelegt zu sein. Tatsächlich bestanden nicht wenige Programme den Test. Berühmt ist das von Joseph Weizenbaum entwickelte Programm ELIZA, das Beiträge eines Psychoanalytikers simulierte, und zwar so gut – innerhalb gewisser Grenzen natürlich –, dass der menschliche Benutzer nicht merkte, dass er mit einer Maschine kommunizierte. Hier ein Gesprächsausschnitt: Programm (P): „Es tut mir leid zu hören, dass Sie down sind." Benutzer (B): „Das stimmt, ich bin unglücklich." P: „Meinen Sie, dass es Ihnen hilft, weniger unglücklich zu sein, wenn Sie hierher kommen?" B: „Ich brauche Hilfe, soviel ist sicher." P: „Was bedeutet für Sie ‚Hilfe brauchen?'" Wie zu sehen ist, reagiert das Programm immer auf bestimmte Worte des Benutzers, die es zu einer Frage umformuliert.

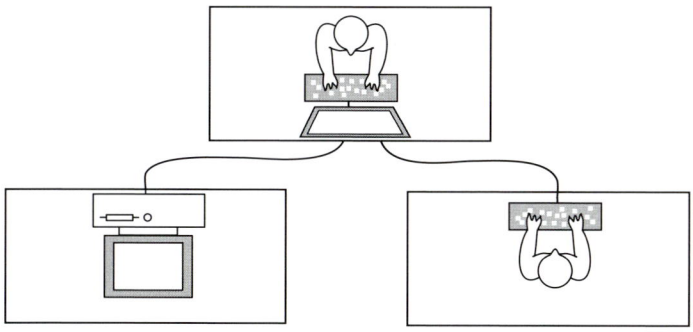

▲ *Schematische Darstellung des Turing-Tests: Wenn der Benutzer (oben) nicht unterscheiden kann, welcher seiner beiden „Gesprächspartner" menschlich und welcher ein Computer ist, hat Letzterer sich intelligent verhalten. Nach den Vorstellungen des Turing-Tests kann Intelligenz als **Problemlösen** definiert werden, d. h. die (nicht unbedingt nur für den Menschen charakteristische) Fähigkeit, eine bestimmte Gegebenheit (eine Problemstellung) in eine andere (die Lösung) zu verwandeln (vorausgesetzt, es laufen keine logischen oder automatischen Prozesse ab).*

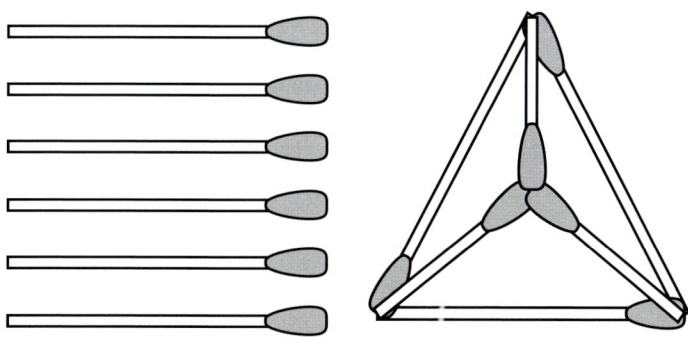

◀◀ *Das **Sechs-Streichhölzer-Problem** ist ein Beispiel für eine Frage, die bei Problemlösungstests gestellt wird: Der Testkandidat wird aufgefordert, aus sechs Streichhölzern vier rechtwinklige Dreiecke zu bauen. Die Lösung (die Konstruktion einer Pyramide mit einem der Dreiecke als Basis, Abb. rechts) geht mit einem plötzlichen Einfall einher (die Nutzung des dreidimensionalen Raumes), durch den die Frage kreativ umformuliert wird.*

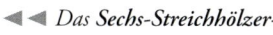
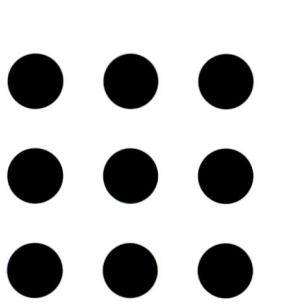
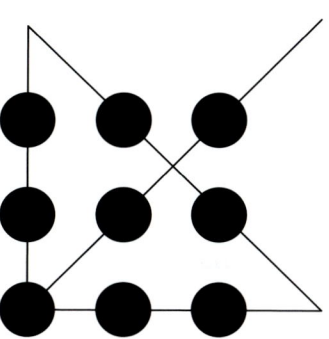

◀◀ *Das **Neun-Punkte-Problem**: Hier wird man aufgefordert, vier gerade Linien zu ziehen, die alle neun Punkte kreuzen, ohne den Stift abzusetzen. Die Lösung (rechts) ist dann möglich, wenn man erkannt hat, dass die Linien auch außerhalb des quadratischen Feldes gezogen werden können.*

Gesunder Menschenverstand

Logik, Kognitionswissenschaft
Siehe auch: *Denken, Kognitionswissenschaft, Holismus, Turing-Test*

Der Versuch, Maschinen zu bauen, die den menschlichen Geist nachbilden, stellte die Wissenschaft zwangsläufig vor die Frage nach dem **gesunden Menschenverstand**, nach der unvergleichlichen Fähigkeit des Menschen, besonnene und ausgewogene Entscheidungen treffen zu können, vor allem für und in Situationen ohne logische Evidenz.

Die größten Erfolge erzielte die **Kybernetik** (untersucht die Systeme selbsttätiger Regelungs- und Steuerungsmechanismen der Informationsverarbeitung) mit den **Expertensystemen**; das sind Programmsysteme, die sich auf ein möglichst eng begrenztes Fachgebiet beschränken. Der Vorteil liegt hier in der Begrenzung der verwendbaren Begriffe, die auf das Genaueste bestimmt werden können. Bei diesen spezialisierten und äußerst komplexen Dienstleistungen (vom Schachspiel bis zu theoretischen Problemlösungen) ist der Computer dem Menschen ebenbürtig oder sogar überlegen.

Die große Herausforderung der Künstlichen Intelligenz (KI) besteht jedoch in der Nachbildung gewöhnlicher, nicht spezialisierter Intelligenzleistungen. Marvin Minsky stellt in *Mentopolis* (1985) das Problem wie folgt dar: „‚Logik‘ ist das Wort, das wir für bestimmte Weisen benutzen, Ideen zu verketten. Aber ich bezweifle, dass rein deduktive Logik beim gewöhnlichen Denken eine große Rolle spielt. (…) Kein vernünftiger Mensch traut je einer langen, dünnen Kette von Überlegungen. Im realen Leben überprüfen wir nicht nur jeden Schritt, wenn wir einer Argumentation lauschen; wir versuchen außerdem herauszufinden, ob das bisher Beschriebene auch plausibel klingt." Auch wenn mit dem **gesunden Menschenverstand** keine absoluten Gewissheiten erlangt werden können, besitzt er dennoch Eigenschaften, die das Wesen von Intelligenz auszumachen scheinen: Er ist flexibel, vernunftbegabt, ist in der Lage, die Bedeutung eines Wortes aus dem Kontext zu schließen oder zu erkennen, wann der Gebrauch eines Wortes sein Gegenteil meint (→ **Ironie**).

Die schwache Vernunft verleiht dem Augenscheinlichen eine konklusive Bedeutung, greift auf Metaphern und Analogien zurück (d. h. erklärt eine Sache mithilfe einer anderen), macht von (ungewollt unlogischen) Verallgemeinerungen induktiver Beobachtungen (→ **Induktion**) Gebrauch. Die gewöhnliche Rede erfolgt selten deduktiv, häufiger ist sie nach dem Muster eines Bauwerks aufgebaut: Da gibt es *grundlegende* oder *wacklige* Argumente, *fundierte* Beobachtungen und *stützende* Beweise.

Paradoxerweise ist es gerade diese Unzulänglichkeit mentaler Prozesse, die in Maschinen schwer zu implementieren ist. Bei dem Versuch, die menschlichen Fähigkeiten nachzubilden, haben Theoretiker der KI zahlreiche Forschungsprogramme entwickelt, unter denen zwei besonders herausragen:
• Entwicklung einer **unscharfen Logik** (*Fuzzy Logic*), die auch Zustände der Ungewissheit erkennt und sie nach verschiedenen Unschärfegraden bestimmen kann (z. B. den Satz „Es ist kühl heute" in dem Sinne zu begreifen, dass es sowohl ein bisschen kalt als auch ein bisschen warm ist);
• Entwicklung **konnektionistischer Netzwerke**, die mithilfe einer Wahr-Falsch-Methode den Computer gleichsam abrichten können.

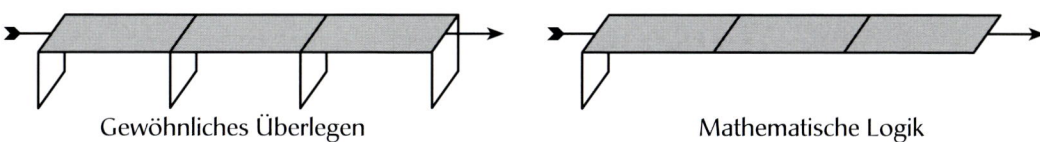

Gewöhnliches Überlegen   Mathematische Logik

▲ ▲ *Schematische Darstellung von Minsky aus* Mentopolis *(1985): „Beide Abbildungen stellen kettenartige Verbindungen zwischen Vorstellungen dar. Der Unterschied ist, dass es in der Logik keine seichte Stelle geben kann; entweder ist es ein logisches Glied, oder es ist nicht. Deswegen kann eine logische Argumentation kein ‚schwächstes Glied' aufweisen. Logik verlangt nur eine einzige Stütze für jedes Glied; eine einzige, fehlerlose Deduktion. Der praktische Verstand verlangt bei jedem Schritt, ob alles, was wir soweit gehört haben, mit unserer Alltagserfahrung übereinstimmt" und ob wir es mit weiteren Beweisen unterstützen können.*

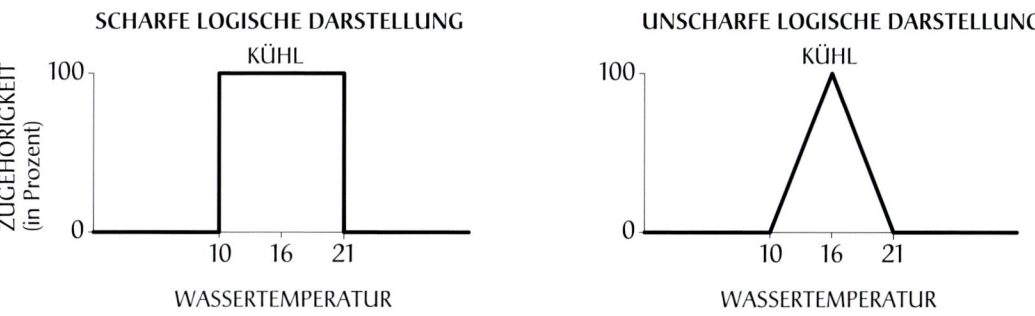

▲ ▲ *Grafische Darstellung des **Prinzips der unscharfen Logik** (Fuzzy Logic). Das Binärsystem, auf dem die Rechensprachen aufbauen, erlaubt das Erkennen von nur zwei Zuständen, in dem oben aufgeführten Beispiel, dass das Wasser kühl (10 bis 21 °C) oder nicht kühl ist. Bei der unscharfen Logik hingegen wird der Computer (natürlich immer unter Verwendung einer Binärsprache) in die Lage versetzt, Zwischenstadien zu erkennen, d. h. verschiedene Zustände von mehr oder weniger kühler Wassertemperatur.*

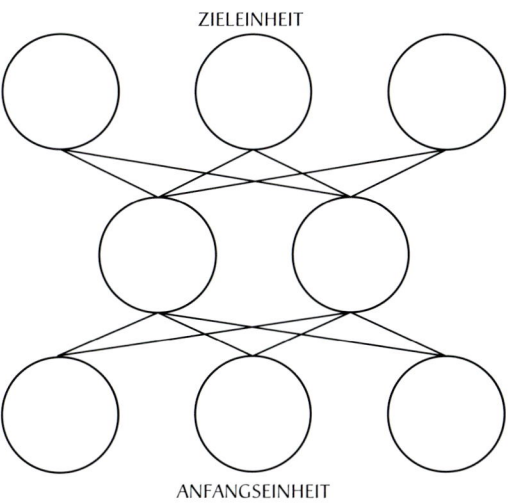

◄ *Ein **konnektionistisches Netzwerk** besteht aus drei Ebenen: einer „Anfangseinheit", in die die unformalisierten Informationen eingespeist werden; „versteckten Einheiten", die diese Informationen selbstständig, nach dem Zufallsprinzip und der menschlichen Kontrolle entzogen bearbeiten können; der „Zieleinheit", in der der Maschine Beispiele der gewünschten Ergebnisse vorgestellt werden. Durch einen Rückkopplungsmechanismus (Algorithmus) wird das System gezwungen, die Anfangsanweisungen mit den finalen Erwartungen durch eine zweckmäßige Konfiguration der versteckten Einheiten in Übereinstimmung zu bringen. Auf diese Weise wird der Computer regelrecht auf „Erkennungsaufgaben" abgerichtet und ist nach einer bestimmten Anzahl von Probeläufen imstande, z. B. die Stimme oder die Schrift einer Person wiederzuerkennen.*

Kunst der Moderne

Anfang des 19. Jh.s prophezeite Hegel, dass die Entwicklung des Bewusstseins den **Tod der Kunst** (→) einleiten würde, deren Bestimmung es sei, in einer höheren Form der Philosophie, der Ästhetik, ihre Legitimation zu finden. Diese Prophezeiung hat sich nicht bewahrheitet; die Kunst kann heute mehr denn je mit gesellschaftlicher Akzeptanz rechnen. Andrerseits muss man auch Hegel beipflichten, denn für eine Kunst, in der „die Wahrheit sich Existenz verschafft" gibt es keine geistigen Grundlagen mehr.

Die jahrhundertlange Tradition der europäischen Kunstgeschichte, die auf Platons Diktum zurückgeht, wonach die Kunst die Natur nachahmt oder in ihren Gegenständen die Ideenwelt zur Erscheinung bringt, wurde mit der Aufgabe der **Mimesis** (→) abgebrochen.

Dieser Prozess kündigte sich im 19. Jh. mit der Relativierung der **Perspektive** (→) und dem Verzicht auf die traditionellen Illusionstechniken der bildenden Kunst an. Künstler begannen, das Bild nicht mehr als Fenster zur Welt zu begreifen, nicht als Projektionsfläche geistiger Urbilder (→ **Archetypus**), sondern als ein Stück Leinwand, das zum Träger ihrer Imaginationen und Ideen wurde. Der moderne Künstler schafft seine eigene Bild-Welt, d. h. der Sinngehalt der Kunst ergibt sich nicht mehr aus ihrer Beziehung zur außerkünstlerischen Wirklichkeit. Das bedeutet, dass jetzt die künstlerischen Mittel (Farben, Formen, Komposition, Techniken) selbst zum Medium geistiger und sinnlicher Mitteilung werden und einen neuen, grenzenlosen Denkraum eröffnen. Entscheidend ist nicht, ob sich der Künstler für ein gegenstandsloses oder figuratives Bild entscheidet, sondern dass er sich dem Gesehenen nicht mehr verpflichtet fühlt.

Auf die Tatsache, dass sie keine allgemeinverständliche Sprache mehr besitzt, hat die moderne Kunst seit Ende 19. Jh.s mit Selbstdarstellungen reagiert. So ist die Kunst der Moderne zwar nicht, wie Hegel voraussagte, in der Philosophie aufgegangen, vielmehr ist sie selbst eine Art **gegenständliche Philosophie** geworden, die theoretische Konzepte entwickelt und Diskurse über ihre Beweggründe führt. Dieser selbstreflexive Ansatz hat den experimentellen Charakter der modernen Kunst begründet, ihre Radikalisierung und Dynamisierung vorangetrieben. Daher sind die „philosophischen Impulse" in der Tabelle auf der gegenüberliegenden Seite auch nicht als Stichwortgeber für den Kunstprozess zu verstehen, vielmehr geht es um eine gegenseitige Befruchtung, um geistige Inspiration.

Das ästhetisch-philosophische Abenteuer der modernen Kunst hat zu einer Differenzierung der Kunstauffassungen geführt (mit ethischen Implikationen, → **Schön / Hässlich**), die keine Grundlage mehr bietet für eine verbindliche Definition, geschweige denn für eine Theorie der Gegenwartskunst.

Kunstrichtung	Zeitraum	Techniken	Philosophische Impulse
Divisionismus	1880–1890	pointillistische Malerei auf Leinwand	Positivismus
Symbolismus	1880–1900	Malerei auf Leinwand	Spiritualismus
Fauvismus	1905	Malerei auf Leinwand	Bergson
Analytischer Kubismus	1907–1913	Malerei auf Leinwand und Holz	Bergson, Einstein
Synthetischer Kubismus	1913–1920	Collage, Assemblage, Malerei	Husserl
Futurismus	1909–1915	Malerei auf Leinwand Grafik	Nietzsche, Bergson
Expressionismus	ab 1905	Malerei auf Leinwand, Holzschnitt	Kierkegaard
Pittura Metafisica	1915–1920	Malerei auf Leinwand	Schopenhauer, Nietzsche
Dada	1914–1924	alle Techniken u. Materialien	Nietzsche, Schopenhauer
Surrealismus	ab 1924	Frottage, Decollage	Freud
Informelle Kunst	ab 1945	Malerei auf Leinwand div. Materialien	Existenzialismus
Action-Painting	ab 1950	Farbe, Dripping	Pragmatismus

▼ Im 20. Jh. entdeckten die Künstler den Ausdruckswert der japanischen Kalligrafie. Durch die Bewegungsfreiheit der Hand wird die Geste zum „Seismografen der Seele".

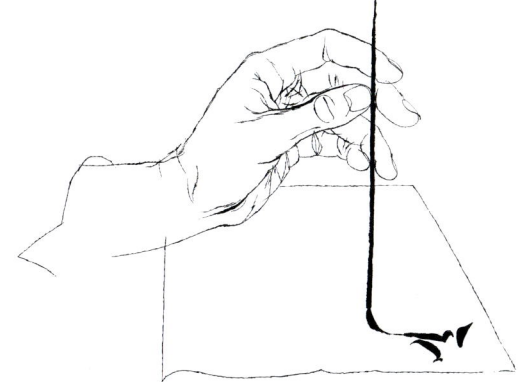

◄◄◄ Für Hegel wäre es undenkbar gewesen, Praktiken wie die in der Abbildung links wiedergegebene als reflektierte, künstlerisch und philosophisch motivierte Handlungen zu akzeptieren. Obwohl ironisch zugespitzt, besitzt die Darstellung einen realistischen Kern: Die Technik ist vergleichbar mit dem schwungvollen Farbauftrag in der informellen Malerei (→ **Existenzialismus**).

Schön / Hässlich

Obwohl sich in der abendländischen Geistesgeschichte zahlreiche **Schönheitsbegriffe** einander abgelöst haben, wurde von der griechischen Antike bis zur Moderne das **Schöne** immer als **Naturgegebenes** (nicht als Ergebnis menschlichen Tuns) begriffen. Für Homer war es die **Leuchtkraft** (das, was strahlt und beim Anschauen beeindruckt); für Aristoteles die **Symmetrie** (etwas, dem eine Gesetzmäßigkeit der → **Proportion** innewohnt). Platon, dem wir die bedeutendste Kunsttheorie der Antike verdanken, fasste das Naturschöne als den offensichtlichsten Ausdruck der alles durchdringenden **Idee des Schönen** auf. Die Empfindungen, die von dieser Schönheit der Welt ausgelöst werden, veranlassen die (unsterbliche) Seele, teilzuhaben am Reich der Ideen, sich seiner zu erinnern. Platon schloss, wie alle griechischen Philosophen, aus, dass menschliches Tun Ergebnisse vollendeter Schönheit hervorbringen kann; die Kunst als Abbild der Natur ist nur zur **Nachahmung** der natürlichen Schönheit fähig (→ **Mimesis**).

Erst als das 18. Jh. den **Geschmack** (→) als philosophischen Begriff entdeckte, begann man, Schönheit als das Ergebnis kreativer Tätigkeit des Menschen und seiner Entscheidungsmacht zu begreifen, nicht mehr als etwas Naturgegebenes. In dem Moment, in dem das Wesen des Schönen nicht mehr als metaphysisch verankert betrachtet wurde (als ein Konnotat des Seins), wurde die **Ästhetik** geboren, jener Teilbereich der Philosophie, der das Wesen der Kunst rational zu erklären versucht.

Alle Theorien der Ästhetik, die bis zum ausgehenden 19. Jh. entwickelt wurden, sahen im Hervorbringen des Schönen den Endzweck der Kunst (wobei sie „Schönheit" unterschiedlich definierten). Danach wählt der Künstler aus dem visuellen Reichtum der Natur jene Motive aus, die dem Schönheitsempfinden am meisten entsprechen, oder – wenn er sich für die Darstellung der grausamen Seiten des Lebens entscheidet –, er verwandelt die natürliche Hässlichkeit durch seine Kunst in ästhetisch Schönes.

Erst die **Avantgarden** haben mit diesen traditionellen Postulaten der Ästhetik gebrochen: Sie haben nicht nur die unschönen Seiten der Wirklichkeit ins Bild geholt, sondern diese auch in ihrer Hässlichkeit ohne künstlerische Beschönigung dargestellt und ihre ganze antiästhetische Gewöhnlichkeit durch **simple Techniken** und *arme* Materialien (Abfallmaterialien, glanzlose Farben, dilettantische Verarbeitung) betont. Ziel dieser Künstler war es nicht mehr, die Wirklichkeit ästhetisch zu erhöhen, sondern sie in ihrer ganzen Brutalität zu zeigen. Nicht mehr das Schöne ist das Ziel, sondern das **Wahre**.

Die Entwicklung der modernen Kunst wird von **ethischen Problemen** begleitet (personifiziert durch die tragische Entscheidung Vincent van Goghs, den Tod zu wählen, weil er an die Umsetzung seiner Visionen nicht mehr glauben konnte). Das hat sie in die Nähe der Philosophie gerückt. Auch die Künstler weigerten sich, durch Kaschieren und Verfälschung der Wirklichkeit die **Rolle des Trostspenders** zu übernehmen, die auch die großen Philosophen des 20. Jh.s ablehnten (→ **Angst**, **Nihilismus**, **Dasein**).

◄ Der **Expressionismus**, eine zu Beginn des 20. Jh.s in Deutschland entstandene Kunstrichtung, entwickelte eine deformierende, ekstatische Formensprache, die auf eine äußere **Verzerrung** der Figuren zielte. Wir wissen nicht, wie das Modell der Hockenden *(1914)* von Erich Heckel aussah, sicher ist, dass der Künstler seine Mittel bewusst einsetzte, um eine *unschöne* Gestalt zu modellieren. Sie ist aus nächster Nähe gesehen und füllt den ganzen Bildraum aus, wodurch der aggressive Zugriff auf den Betrachter und sein Schönheitsempfinden gesteigert wird. Ihr Gesichtsausdruck wirkt gequält; die Hand verkrampft; die Schultern fallen herab; die Augen sind geschlossen: Der Künstler verzichtete auf ein *schönes* zugunsten eines *wahren Bildes.*

◄ *Die moderne Kunst verzichtet auf die Verwendung wertvoller und edler Materialien. Viele Künstler benutzten Abfallprodukte als Ausdrucksmittel. Kurt Schwitters* Merzbau *(Beginn 1920) ist eine dadaistischen Raumskulptur (→ **Dadaismus**), die ausschließlich aus weggeworfenen und banalen Dingen besteht, die der Künstler gesammelt hat. Seine Leinwände beklebte er mit unkünstlerischen Dingen, mit abgebrannten Streichhölzern, Papierfetzen oder Verpackungsresten.*

Avantgarde

Ästhetik / Politik

Siehe auch: *Primitivismus, Schön / Hässlich*

Als Avantgarde werden jene Bewegungen in der Malerei, der Bildhauerei, der Literatur, der Musik und im Theater bezeichnet, die in der ersten Hälfte des 20. Jh.s für eine radikale Erneuerung der Kunst eintraten, an erster Stelle der **Surrealismus** (→), der **Dadaismus** (→), der **Futurismus** und der **Expressionismus**. Über die unterschiedlichen ästhetischen Praxen der einzelnen Richtungen hinaus, verbinden sie eine Reihe von Gemeinsamkeiten:

• das **Experimentieren** mit neuen Ausdrucksformen und Materialien, das zu innovativen, grenzüberschreitenden Formen der künstlerischen Arbeit führt.

• die **ideologische Untermauerung** der künstlerischen Praxis, die als radikale Erneuerung von Kunst und Leben angekündigt und zum Prüffeld der Revolutionierung der gesellschaftlichen Verhältnisse erklärt wird.

• der **radikale Bruch** mit der Vergangenheit und jeder Form von Tradition impliziert die **Revolte** gegen die bürgerliche Gesellschaft, an deren Stelle die **Utopie** (→) eines befreiten Geistes jenseits von Rationalität und Vernunft tritt. (Nicht wenige Protagonisten der Avantgardebewegungen traten der Kommunistischen Partei bei, wie einige Pariser Surrealisten, oder schlossen sich politischen Bewegungen an, wie die italienischen Futuristen dem Faschismus in ihrem Land.)

• die **programmatische Rivalität** als Folge der visionären Gesellschaftsentwürfe. In dem Wort „Avantgarde" schwingt ein Wahrheits- und Deutungsanspruch über den letzten Sinn von Kunst mit, den jede Gruppierung für sich reklamierte (und der teils mit erbitterter Polemik verteidigt wurde).

Über die ästhetische Bewertung und die historischen Einordnung der Avantgarden des frühen 20. Jh.s entbrannten bald heftige Debatten, insbesondere in marxistisch orientierten Kreisen.

Für den ungarischen Philosophen Georg Lukács (1885 – 1971) waren alle avantgardistischen Bewegungen der antihumanistische Ausdruck des **Irrationalismus** (→), der seinerseits ein Zeichen des wirtschaftlichen und kulturellen Verfalls des kapitalistischen Bürgertums ist. Im Primat der formalen Innovation vor den Inhalten der Kunst (die Literatur von Proust, Joyce, Kafka und Musil eingeschlossen) sah Lukács ein **Krisensymptom der bürgerlichen Vernunft**.

Im Widerspruch zu Lukács begrüßten Walter Benjamin (1892 – 1940) und Theodor Adorno (1903 – 1969) den avantgardistischen **Willen zur Freiheit** als Rebellion gegen die kulturelle Vormundschaft der herrschenden Klassen. Anders als Lukács sahen sie in den provokativen Ausdrucksformen und der demonstrierten *Unverständlichkeit* der avantgardistischen Kunst keinen elitären oder menschenverachtenden Zug, sondern eine Form künstlerischer Kritik an einem verkommenen Bürgertum und den deformierende Zuständen, die den Menschen zugemutet werden.

▲ *Die **politische Haltung** wird in dem berühmtesten Kunstwerk des 20. Jh.s besonders deutlich:* Guernica *(1937) von Pablo Picasso, das aus Protest gegen die Bombardierung der gleichnamigen baskischen Stadt durch die deutsche Wehrmacht im Spanischen Bürgerkrieg entstand. Das Thema des Bildes, die Verurteilung der Nazibarbarei, geht mit der Malerei als **Formexperiment** konform. Bemerkenswert sind der Verzicht auf Farbe, die Verwendung von Weiß und Schwarz, die ohne Zwischentöne in einem harten Kontrast zueinander stehen. Hier steht die kubistische Bilddemontage im Dienste der dramatischen Zerstörung der Körper.*

▲ ▲ *Das* Schwarze Quadrat auf weißem Grund *(1913) von Kasimir Malewitsch ist wahrscheinlich des vollkommendste Beispiel avantgardistischer Poetik. Das Bild kann als Antizipation der Revolution als ein metaphysisches Ereignis gelesen werden. Es demonstriert die Annullierung aller ästhetischen Werte, denn an dieser geometrischen Figur ist in der Tat nichts Schönes im traditionellen Sinne, es ist weder ein Bild des Trostes, noch spricht es die Sinne an; alles muss von Neuem beginnen, die Welt mit neuen Augen gesehen werden. Auch wenn die geistigen Inhalte sehr unterschiedlich (bisweilen gegensätzlich) sind, ist auch die* Campbell's Soup, *ein Serienmotiv des amerikanischen Malers und führenden Vertreters der Pop-Art, Andy Warhol, Überbringerin einer „philosophischen" Botschaft.*

Abstraktion

Ästhetik der Gegenwart
Siehe auch: *Kunst der Moderne, Primitivismus*

Der recht unbestimmte Begriff „Abstraktion" verweist auf einen Grundzug der künstlerischen Entwicklung des 20. Jh.s: auf den Verlust des traditionellen Zusammenhangs von bildlicher Darstellung und Wirklichkeit.

Gegen Ende des 19. Jh.s gerieten die seit der Renaissance verbindlichen Grundlagen der abendländischen Kunst in eine tiefe Krise, die in der postimpressionistischen Aufgabe der **Mimesis** (→) ihren klarsten Ausdruck fand. Der Kunsthistoriker Guilio C. Argan hat die Abkehr der Kunst von der Nachahmung der Wirklichkeit als den bedeutendsten Qualitätssprung in der europäischen Kunstgeschichte bezeichnet und den Übergang von der Gegenständlichkeit zur Gegenstandslosigkeit, sprich zur Abstraktion, als das wichtigste Kriterium der modernen westlichen Kunst herausgestellt (*Die Kunst des 20. Jahrhunderts 1880–1940*, 1984).

Mit Abstraktion bezeichnet die Kunstwissenschaft einen künstlerischen Prozess innerhalb der **Avantgarden** (→), der durch die Entfernung von der lebendigen Anschauung charakterisiert ist. Als erstes Beispiel abstrakter Kunst ist Wasilly Kandinskys Aquarell *Improvisation* (um 1910, Abb. auf der Folgeseite, unten rechts) in die Kunstgeschichte eingegangen. Zur gleichen Zeit kam der Niederländer Piet Mondrian mit einem völlig anderen Verfahren zu einem ähnlichen Ergebnis. Es gibt in der Tat zwei Wege zur Abstraktion.

• Der erste Weg verläuft über die schrittweise **Vereinfachung der sichtbaren Wirklichkeit**, bis zur ihrer völligen Reduzierung auf eine abstraktes Formgebilde. Nach dieser Methode ging Mondrian in seiner berühmten *Baum*-Serie (ab 1908) vor: Durch eine immer stärker werdende Schematisierung wurde die natürliche Form überwunden.

• Der zweite Ansatz beruht auf einem rein gedanklichen Konstrukt; das Resultat ist ein reines **Fantasiebild**. Diesen Weg schlug Kandinsky ein, der seine abstrakte Formensprache völlig losgelöst von der visuellen Wahrnehmung der Welt entwickelte. Allein sein *Wollen* war entscheidend. Die von der Darstellungsfunktion befreiten Kunstmittel haben ihren Zweck in sich selbst. Farben, Formen und Linien führen ein Eigenleben, gehen untereinander Beziehungen ein. Die Farbe verweist auf nichts Natürliches mehr, ihre Bedeutung ergibt sich aus dem Verhältnis zu den anderen Farben; wie eine musikalische Note besitzt sie einen eigenen **geistigen Klang**.

Beide Verfahren dienen auch der Visualisierung philosophischer Positionen. Ein Neuplatoniker würde sagen, dass Mondrian von der **Darstellung der Erscheinungswelt** zur **Darstellung des Wesenhaften** vordringt; das Bild am Ende des Abstraktionsprozesses (Siehe Abb. auf der Folgeseite oben) steht für den Begriff „Baum", es repräsentiert die **abstrakte Idee** eines Baumes (→ **Platonische Idee**). Ein Neukantianer hingegen würde denselben Vorgang mit der Entstehung von **Denkmustern** gleichsetzen, mit deren Hilfe der Betrachter dem Gesehenen einen Sinn verleiht.

Tatsächlich eröffneten die Wege zur Abstraktion ein Diskursfeld der modernen Kunst, das man rückblickend als ein großes Abenteuer des Geistes bezeichnen kann, das mehr von konzeptionellen als von Fragen der Wahrnehmung, mehr von philosophischen als von Darstellungsproblemen begleitet wurde und dessen gesamter Erfahrungskomplex die westliche Kunstproduktion bis heute prägt.

◄◄▲▲ *Die* Baum-*Serie von Mondrian mit vier Phasen zur Abstraktion: Während das erste Bild (1908) noch von der Naturanschauung ausgeht, in gewisser Weise mimetisch ist, ist die vierte Darstellung (1912) völlig abstrakt.*

▼ *Das erste abstrakte Aquarell von Kandinsky (1910).*

▲ *Viele rein geometrische oder gegenstandslose Ornamente (Arabeske, Mäander, Eierstab usw.) entstanden durch Abstraktion, Vereinfachung oder Stilisierung von Pflanzen oder Tieren. Den hier abgebildeten griechischen Ornamenten lagen die Bewegung von Wellen (oben) und von Hundebeinen (unten) zugrunde.*

Primitivismus

Mit Primitivismus bezeichnet man eine Tendenz in der modernen Kunst und im weiteren Verständnis eine geistige Haltung, die auf der **Kritik der modernen Zivilisation** beruhen. Seine Protagonisten vermissen in Kultur, Wissenschaft und Technologie der bürgerlichen Gesellschaft Werte des Natürlichen, Ursprünglichen und Elementaren, die sie in vorgeschichtlichen und vorindustriellen Kulturen bewahrt sehen. In diesem Sinne sind sowohl der Aufklärungsmythos vom **Edlen Wilden (→)**, die **romantische Idealisierung des Mittelalters** und Nietzsches **Sehnsucht nach der vorsokratischen Welt** den primitivistischen Utopien zuzurechnen.

Doch die größte Verbreitung fand der Begriff in der bildenden Kunst, wo man sich von der Hinwendung zu den *Primitiven* schöpferische Impulse versprach; dabei handelt es um eine weitgefasste Kategorie.

• Die Kunst der **nicht europäischen Völker**: Vincent van Gogh sammelte japanische Briefmarken; Paul Gauguin lebte in Polynesien; Pablo Picasso ließ sich von afrikanischer Kunst zu seiner kubistischen Malerei inspirieren. Es gibt kaum Artefakte der außereuropäischen Kulturen oder der prähistorischen Kunst Europas, die den künstlerischen **Avantgarden (→)** zu Beginn des 20. Jh.s nicht als Vorbild gedient hätten.

• Die Kunst der **Kinder**: „Es gibt nämlich noch Uranfänge von Kunst, wie man sie eher in ethnografischen Sammlungen findet oder daheim in seiner Kinderstube", notierte Paul Klee 1912 in sein Tagebuch. Vom künstlerischen Standpunkt ist das Kind ein primitives Wesen mit eigenen, per definitionem vorkulturellen Gaben. Viele Künstler (neben Klee auch Joan Miró und Jean Dubuffet) sahen in den Kritzeleien der Kinder Übereinstimmungen mit ihren eigenen künstlerischen Zielen.

• Die **naive Kunst**: „Primitiv" kann nicht mit „exotisch" gleichgesetzt werden; im traditionellen Verständnis der Kunst ist auch der Autodidakt primitiv, ein *naiver* Maler, der die Kunstgeschichte nicht kennt und sich unreflektiert der Leinwand nähert, von seinen Instinkten und Gefühlen geleitet. Obwohl man nicht von einer „Schule der Naiven" sprechen kann, gibt es eine Reihe stilistischer Gemeinsamkeiten der *Naiven*: naturnahe Gegenständlichkeit, detailreiche Bilderzählungen, romantisch und magisch anmutende Farbgebung; klare Farbkontraste sowie eine Vorliebe für dekorative Elemente.

• Die **Kunst der Geisteskranken (→ Wahnsinn)**. Die Arbeiten geistig erkrankter Menschen wurden erst in der modernen Gesellschaft als Kunst wahrgenommen. Jean Dubuffet stellte 1947 in Paris unter der Bezeichnung *Art brut* erstmals **nichtintentionale Bilder** aus, darunter neben anonymen Zeichnungen, Kinderkritzeleien und Graffiti auch Arbeiten aus psychiatrischen Anstalten, in denen man seitdem nicht nur psychiatrische Beweisstücke sieht.

Die ästhetischen Theorien des 19. Jh.s fassten die Entwicklung der Kunst als einen vertikalen, kontinuierlich fortschreitenden Prozess (→ **Fortschritt**) auf. Im Gegensatz dazu sahen sie die primitivistischen Kunstformen auf einer horizontalen Ebene angeordnet, danach gibt es zwischen ihnen nur stilistische Unterschiede, aber keinen Fortschritt. Folglich ist jede Kunstäußerung Ausdruck einer autonomen Erfahrung und als solche legitim und bedeutsam.

▶ *Im Sommer des Jahres 1907 wurde Picasso von seinem Freund André Salmon mit einem Porträt beauftragt. Die rechte Zeichnung stellt den ersten Entwurf, die ganz rechts das Endergebnis dar – nachdem der Maler die afrikanische Kunst für sich entdeckt hatte.*

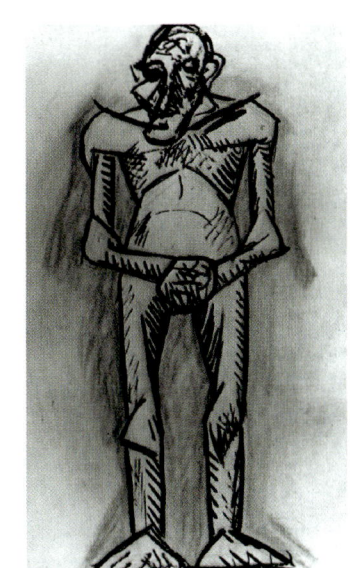

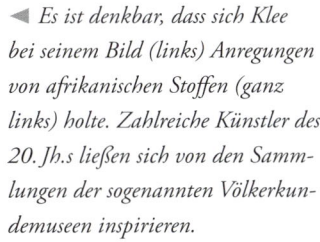

◀ *Es ist denkbar, dass sich Klee bei seinem Bild (links) Anregungen von afrikanischen Stoffen (ganz links) holte. Zahlreiche Künstler des 20. Jh.s ließen sich von den Sammlungen der sogenannten Völkerkundemuseen inspirieren.*

◀ *Ein Vergleich zwischen Zeichnungen von Miró, Klee und Dubuffet (nebenstehend) und Kritzeleien von Kindern im Alter von zwei bis drei Jahren (→ Entwicklungsstufen).*

Postmoderne

Ästhetik der Gegenwart, Ideologien in der Krise
Siehe auch: *Primitivismus, Abstraktion*

In der ersten Hälfte des 20. Jh.s formierten sich mehrere avantgardistische Bewegungen (→ **Avantgarde**) mit jeweils eigenen Programmen zur **Befreiung der Kunst und des Lebens** (→ **Leben**). Diese den Avantgarden inhärente Logik der künstlerische Entwicklung als permanente, voraussetzungslose Selbsterneuerung geriet mit den ersten postmodernen Konzepten in eine Krise.

Die Postmoderne macht sich zunächst in der Architektur gegen Ende der 1960er-Jahre bemerkbar, als die ersten Bauwerke mit Architekturzitaten aus den unterschiedlichsten Stilepochen entstanden. Diese Architekten lehnten es ab, sich nur einer einzigen Architekturrichtung anzuschließen (z. B. Neogotik, Funktionalismus usw.) und kombinierten jetzt in ihren Bauwerke klassische mit modernen, historische mit zeitgenössischen Formen. Die stilistische Einheit, ein Hauptkriterium der Moderne, wurde durch einen **Pluralismus der Formen**, die Gleichzeitigkeit verschiedener, ja gegensätzlicher Positionen in einem einzigen Werk, aufgebrochen.

Nach den Anfängen in der urbanen Architektur wurde der Begriff „Postmoderne" als **Deutungskategorie der gesellschaftlichen Zustände** in den kulturellen und philosophischen Diskursen gebräuchlich. Den Vertretern der Postmoderne zufolge ist die gesellschaftliche Entwicklung mit dem Begriff der Moderne nicht mehr zu erklären, die als Verwirklichung einer *tragenden Idee* begriffen wird, die die Grundlage (und die letzte Wahrheit) der (zumindest zukünftigen) Gesellschaft bildet. Analog zu den künstlerischen Avantgarden entstanden auf politischer Seite die **großen Ideologien**, die der französische Philosoph Jean-Francois Lyotard (*Das postmoderne Wissen*, 1979) die **großen Erzählungen** (Aufklärung, Idealismus, Marxismus, Nationalsozialismus usw.) nannte. Obwohl sie einander widersprachen, entwickelten

und benutzen alle diese Ideologien eine **Metasprache**, d. h. einen zur Interpretation ihrer Theorien und Programme anwendbaren *Schlüssel*, denn jede der „großen Erzählungen" proklamierte ein eigenes universales Weltbild und verbindliche Erklärungsmodelle zu allen Aspekten der Wirklichkeit. Vor diesem zeitgeschichtlichen Hintergrund muss die ästhetische Revolution der Postmoderne als eine für die heutige Welt typische Episode der allgemeinen **Krise der Ideologien** angesehen werden; danach haben die großen totalitären „Erzählungen" ihren Sinn und ihre Rechtfertigung verloren und keinen Einfluss mehr auf Politik und Geschichte.

In der Philosophie hat die Krise des Grundlagen- bzw. Wahrheitsbegriffs zur Entstehung einer „postmodernen Bewegung" (neben Lyotard auch Michel Foucault, Jaques Derrida und Gianni Vattimo) beigetragen, deren entfernten Ursprünge in den **irrationalistischen Anfechtungen** (→ **Irrationalismus**) Nietzsches zu finden sind. Die postmodernen Philosophen bestreiten, dass die verschiedenen Wirklichkeitsbereiche von einem einzigen Standpunkt aus erklärt werden können und dass es eine *letzte Idee* der Wirklichkeit und Erkenntnis gibt. Der Vorstellung einer *starken Idee* setzen sie die Notwendigkeit einer *schwachen Idee* entgegen, die den problematischen Charakter einer jeden Erkenntnis und die Unmöglichkeit einheitlicher Erklärungsmodelle der Welt anerkennt. Im Gegensatz zu allen neopositivistischen Tendenzen rechtfertigen sie die Risiken der Wissenschaft, die nicht auf absoluter Vernunft, sondern realistischer gesehen, auf Vernünftigkeit gründet.

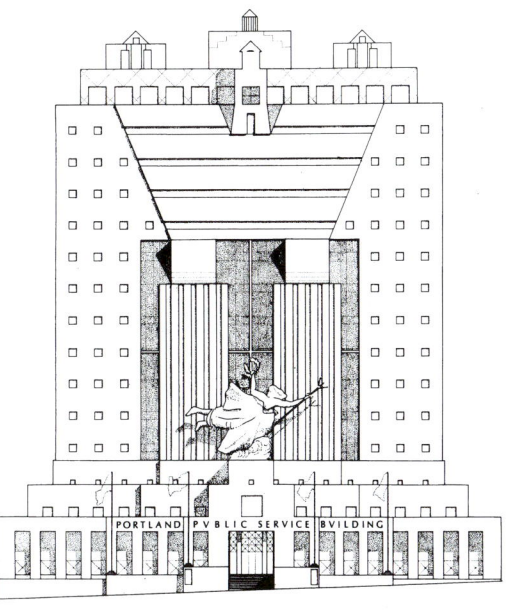

▲ Die Architektur der Postmoderne kombiniert programmatisch Architekturelemente aller Stilrichtungen, wie hier Säulen am Eingangsportal mit einer Statue im Zentrum; tempelförmige Aufbauten geben dem Wolkenkratzer den Anschein eines klassizistischen Bauwerks.

◄ Der Entwurf eines Hochhauses im „dorischen Stil" ist ein Beispiel für die postmoderne Praxis, Funktionen des Gebäudes antiken Architekturformen anzupassen.

◄ Der postmoderne Ansatz wurde bereits von Pablo Picasso in seinen Alterswerken antizipiert. Hier setzt der Künstler klassische neben kubistische Formen – eine offene Kritik an dem ästhetischen Dogma der stilistischen Einheit.

Alphabetisches Inhaltsverzeichnis

Personenverzeichnis

Fracastoro, Girolamo (1483–1553): 240

Francesco di Giorgio Martini (1439–1501): 228f.

Franziskus von Assisi (ca. 1181–1226): 262

Frazer, James George (1854–1941): 240

Frege, Friedrich Ludwig Gottlob (1848–1925): 470ff

Freher, Dionysius Andreas (1649–1728): 185

Freud, Sigmund (1856–1939): 145; 377; 460; **530**; 531, **532**; 533; **534**; 535f.; 538; **542**; 543; 559

Friedrich, Caspar David (1774–1840): 379; 387; 446

Friedrich II. (d. Große), König von Preußen (1712–1786): 337

Füssli, Johann Heinrich (Henry Fusely, 1741–1825): 375; 382

Gabriel (Erzengel): 198

Gabriel, Georges-François-Marie (1775–1836): 357

Galen (Claudius Galenus, ca. 129–199): 142; 201; 203; 230

Galilei, Galileo (1564–1642): 150; 246; **286**; 289; **290**; 291f.; **294**; 295ff.; 308; 412; 495

Gall, Franz Joseph (1758–1828): 315; 415

Galvani, Luigi (1737–1798): 384f.

Gardner, Howard (*1943): 550

Gauguin, Paul (1848–1903): 566

Géricault; Théodore (1791–1824): 291

Gesner, Conrad (1516–1565): 489

Geymonat, Ludovico (1908–1991): 384

Gilbert, William (1544–1603): 244

Gimbutas, Marija (1921–1994): 11

Giorgio Martini, F.: siehe: Francesco di Giorgio Martini

Giotto di Bondone (1266–1337): 381

Gödel, Kurt (1906–1978): **474**; 475

Goethe, Johann Wolfgang von (1749–1832): 241; 380; 382f.; **384**; 385; 387; 446

Gogh, Vincent van (1853–1890): 446; 560; 566

Gorgias von Leontinoi (ca. 485–380 v. Chr.): **82**; 83

Gorgo: 75

Gozzoli, Benozzo (1420–1497): 205

Grabbe, Christian Dietrich (1801–1836): 393

Grandville (Jean Ignace Isidore Gérard, 1803–1847): 355

Gregory, Richard L. (*1923): 321

Hades: 18

Haeckel, Ernst (1834–1919): 417; 502f.

Hambidge, Jay (1867–1924): 64f.

Hartsoeker, Nicolas (1659–1725): 79

Harvey, William (1578–1657): 311

Hausmann, Raoul (1886–1971): 465

Heckel, Erich (1883–1970): 561

Hegel, Georg Wilhelm Friedrich (1770–1831): 314; 376; 382; **386**; **388**; 389; **390**; 391; **392**; **394**; 395; 400; 402; 406ff.; 558f.

Heidegger, Martin (1889–1976): 400; 428; **440**; 441, 444

Heisenberg, Werner Karl (1901–1976): **482**; 483f.

Helena: 83

Hephaistos: 45

Hera: 18; 24; 72

Herakles: siehe Herkules

Heraklit aus Ephesos (ca. 550–480 v. Chr.): 32; 38; **42**; 43; 47; **50**; 51; **52**; 72; 74; 237; 388

Herkules (Herakles): 18; 271

Hermachos aus Mytilene (ca. 340–260 v. Chr.): 134

Hermes: 233; 246f.

Hermes Trismegistos: 238; 246; 256

Heron von Alexandria (2. Hälfte d. 1. Jh.s n. Chr.): **148**; 149ff.

Herrad von Hohenburg (ca. 1130–1195): 449

Hesiod (ca. 700 v. Chr.): 18

Hilbert, David (1862–1943): 470; **474**

Hildegard von Bingen (1098–1179): 159; 185; 221; 449

Hipparchia (ca. 340 v. Chr.): 136

Hipparchos von Nikaia (ca. 194–120 v. Chr.): 148

Hippasos von Metapont (ca. 450 v. Chr.): 58

Hippodamos von Milet (5. Jh. v. Chr.): 45; 228

Hippokrates von Kos (ca. 460–370 v. Chr.): 76

Hitler, Adolf (1889–1945): 129

Hobbes, Thomas (1588–1679): **274**; 275; 298; 324; **328**; 350

Hofstadter, Douglas Richard (*1945): 475

Hogarth, William (1697–1764): 333; 335; 340f.

Hölderlin, Johann Christian Friedrich (1770–1843): 446

Homer (8. Jh. v. Chr.): 18f.; **20**; 21; 410; 560

Horapollo (Horus Apollo): 239; 256f.

Horkheimer, Max (1895–1973): 409

Houdon, Jean-Antoine (1741–1828): 337

Lloyd, Geoffrey Ernest Richard (*1933): 152

Lobatschewski, Nikolai Iwanowitsch (1793–1856): 468f.

Locke, John (1632–1704): **274**; **318**; 319f.; **322**; 324; 348

Lombroso, Cesare (1835–1909): 380; 415

Lorenz, Konrad (1903–1989): 410; **496**; **498**; 499f.; 502

Loutherbourg, Philippe Jacques de (bzw. Philip James, 1740–1812): 375

Lukács, György (1885–1971): 562

Lukrez (Titus Lucretius Carus, ca. 97–55 v. Chr.): 71; 117; 484

Lull, Ramon (Riamundus Lullus, 1232–1316): **252**; 253ff.; 349

Luther, Martin (1483–1546): 125; 172; 184; **186**; 238; **266**; **268**; 269

Luzifer: 242

Lyotard, Jean-François (1924–1998): 568

Lysipp (Lysippos von Sikyon, 4. Jh. v. Chr.): 89; 109; 132

Mach, Ernst (1838–1916): 428f.

Machiavelli, Niccolò (1469–1527): 238

Magdalena von Pazzi (1556–1607): 197

Magritte, René (1898–1967): 409; 523; 525; 537

Malebranche, Nicolas (1638–1715): 306

Malewitsch, Kasimir Sewerinowitsch (1878–1935): 563

Malpighi, Marcello (1628–1694): 292

Mandelbrot, Benoît B. (*1924): 495

Mani (216–276): 166f.

Mann, Thomas (1875–1955): 400

Manzoni, Alessandro (1785–1873): 314f.; 393; 519

Manzoni, Piero (1933–1963): 457

Marcuse, Herbert (1898–1979): 409

Maria, Mutter Christi: 405

Maria Aegyptiaca (1520–1559): 193

Marinetti, Emilio Filippo Tommaso (1876–1944): 455; 485

Marlowe, Christopher (1564–1593): 241

Marr, David (1945–1980): 95

Marx, Karl (1818–1883): 270; 391; **406**; 407; **408**; 542

Masson, André (1896–1987): 437

Mathieu, Georges (*1921): 537

Matisse, Henri Émile Benoît (1869–1954): 427; 461

Maxwell, James Clerk (1831–1879): 476; 480

Medici: siehe: Cosimo de' Medici

Meister Eckhart (1260–1328): 234

Melanchton, Philipp (1497–1560): 265

Meleagros: 35

Mendel, Georg Johann (1822–1884): 416

Menelaos: 83; 103

Mephistopheles: 242

Mercator, Gerhard (1512–1594): 477

Merleau-Ponty, Maurice Jean Jacques (1908–1961): 428

Metrodoros von Lampsakos (ca. 330–277 v. Chr.): 134

Michael (Erzengel): 198

Michelangelo Buonarroti (1475–1564): 237; 380; 446

Michelson, Albert Abraham (1852–1931): 476

Michotte, Albert (van den Berck, 1881–1965): 373

Miller, George A. (*1920): 552

Minkowski, Hermann (1864–1909): 479

Minsky, Marvin (*1927): 307; 550; 554; 556f.

Miró, Joan (1893–1983): 566f.

Mithras: 22f.; 97

Mohammed (570–632): 181; 334

Molyneux, William (1656–1698): 320

Mondrian, Piet (1872–1944): 371; 564f.

Montaigne, Michel de (1533–1592): 350

Montale, Eugenio (1896–1981): 444

Mopsos: 53

Morandi, Giorgio (1890–1964): 433

Moreau, Gustave (1826–1898): 420

Moreau Le Jeune, Jean Michel (1741–1814): 339

Morley, Edward Williams (1838–1923): 478

Morris, Charles William (1901–1979): 524

Morris, Desmond John (*1928): 64; 129; 331

Morselli, Enrico (1852–1929): 415

Morus (More), Thomas (ca. 1477–1535): **270**; 271f.

Moses: 334

Mosso, Angelo (1846–1910): 413

Moureau le Jeune, Jean Michel (1741–1814): 339

Munch, Edvard (1863–1944): 401; 446; 463

Musil, Robert (1880–1942): 562

Mussolini, Benito (1883–1945): 129

Myron aus Theben (ca. 233–200 v. Chr.): 133

Napoleon I. Bonaparte (1769–1821): 392f.

Neisser, Ulric (*1928): 550

Nestis: 72

Nestorius: 176

Newton, Isaac (1642–1727): 212; 276; **362**; 363; **364**; 365; 370; 380f.; 414; 476; 480

Nietzsche, Friedrich Wilhelm (1844–1900): 24; 26; 140f.; 146; **454**; 455; **456**; **458**; 459; **460**; 461; **462**; 463f.; 559; 568

Nolde, Emil (1867–1956): 405

Novalis (1772–1801): 382; 387

Ödipus: 20

Ogden, Charles Kay (1889–1957): 522f.; **526**; 527

Okeanos: 19

Olsen, Regine (1822–1904): 403

Origines (ca. 185–254): 242

Orpheus: 22; 28ff.; 236; 246

Osiris: 156; 538

Otto, Rudolf (1869–1937): 196; 428

Ouroboro: 15; 169; 257

Owen, Robert (1771–1858): 270

Pacioli, Luca (ca. 1445–1514): 64

Palmer, Donald A.: 407

Panofsky, Erwin (1892–1968): 436; 438

Paracelsus, Philippus Theophrastus (1493–1541): 240

Paris: 83

Parmenides von Elea (ca. 515–445 v. Chr.): 33; 34; **66**; 67; **68**; 69; **70**; 74; 78; 97; 110

Parvati: 101

Pascal, Blaise (1623–1662): 329

Patroklos: 34

Paul VI., Papst (1897–1978): 242

Paulus (Apostel): 186; 192; 194; 206

Pawlow, Iwan Petrowitsch (1849–1936): 544f.

Pazzi, Magdalena von: siehe: Magdalena von Pazzi

Peirce, Charles Sanders (1839–1914): 442; 524

Pelagius (ca. 360–435): 184; 264

Penia: 100

Penrose, Roger (*1931): 494f.

Persephone: 22; 28

Pestalozzi, Johann Heinrich (1746–1827): 342

Peters, Arno (1916–2002): 477

Petrus (Apostel): 206

Phainarete: 88

Philolaos von Kroton (470–390 v. Chr.): 54f.

Philon von Alexandria (20 v.–50. n. Chr.): 62

Phineus: 20

Piaget, Jean (1896–1980): 491; **510**; 511; **512**; 514

Piazza, Guglielmo (17. Jh.): 315

Picasso, Pablo (1881–1973): 423; 433; 485; 563; 566f.; 569

Pico della Mirandola, Giovanni (1463–1494): 154; 214; 222; **224**; 248f.

Piranesi, Giovanni Battista (1720–1778): 367

Platon (427–ca. 348 v. Chr.): 14; 30; 32; 40; 42f.; 62; 70ff.; 82; 85ff.; 89f.; **92**; 93; **94–107**: 95ff.; 102ff.; 110; 120; 124; 144; 154; 178; 200; 205; 208; 212; 214; 218ff.; 228; 232; 236ff.; 246; 270; 272; 318; 324; 460; 492f.; 504; 560

Plinius d. Ä. (ca. 23–79): 437

Plotin (205–270): 60; 62; 94; 104; **154**; **156**; 157; **158**; 159f.; 178; 180; 192; **226**; 390

Plutarch (ca. 46–120): 212

Poe, Edgar Allan (1809–1849): 377

Poliziano, Angelo (1454–1494): 227

Pollaiuolo, Antonio del (1432–1498): 461

Pollock, Jackson (1912–1956): 443

Polybios (ca. 200–170 v. Chr.): 76

Polyklet (ca. 480–410 v. Chr.): 40f.

Pomponazzi, Pietro, gen. Perretto (1462–1525): 202

Popper, Karl R. (1902–1994): 304; 326; **450**; **486**; 487f.

Poros: 100

Porphyrios (ca. 233–304): 154; 162; 164; 203

Poseidon: 18

Proklos (412–485): 154; 162; 226; 240

Prometheus: 393

Protagoras von Abdera (ca. 485–415 v. Chr.): **82**; 83

Proust, Marcel (1871–1922): 562

Pseudo-Dionysius: siehe: Dionysius

Ptolemäus, Claudius (ca. 100–160): 148; 236; 276f.; **278**; **280**; **282**

Publicius, Jacobus (15. Jh.): 259

Pythagoras (ca. 570–500 v. Chr.): 12; 32; 43; **54**; **56**; **58**; 60; 62; 64; 71; 96; 106; 236

Patrick de Rynck *Die Kunst Bilder zu lesen*
ISBN 978-3-86601-695-8 | € 34,00/sFr 60,00

A. Vels Heijn (Hg.) *Versteckte Botschaften*
ISBN 978-3-86601-902-7 | € 34,00/sFr 60,00

Ori Z. Soltes *Heilige Zeichen*
ISBN 978-3-86601-740-5 | € 38,00/sFr 66,00

Hellmuth A. Niederle *Bilder des Fremden*
ISBN 978-3-86601-563-0 | € 34,00/sFr 60,00

Bildlexikon der Kunst

durchgehend vierfarbig bebildert,
jeweils 384 Seiten, Preis € 24,80 / sFr 44,40

GÖTTER UND HELDEN DER ANTIKE

ISBN 978-3-932529-56-6

DIE HEILIGEN GESCHICHTE UND LEGENDE

ISBN 978-3-932529-57-3

SYMBOLE UND ALLEGORIEN

ISBN 978-3-936324-00-6

ERZÄHLUNGEN UND PERSONEN DES ALTEN TESTAMENTS

ISBN 978-3-936324-01-3

ERZÄHLUNGEN UND PERSONEN DES NEUEN TESTAMENTS

ISBN 978-3-936324-02-0

ENGEL DÄMONEN UND PHANTASTISCHE WESEN

ISBN 978-3-936324-04-4

DIE NATUR UND IHRE SYMBOLE

ISBN 978-3-936324-03-7

ASTROLOGIE MAGIE UND ALCHEMIE

ISBN 978-3-936324-14-3

IKONEN MEISTERWERKE DER OSTKIRCHE

ISBN 978-3-936324-05-1

TECHNIKEN UND MATERIALIEN DER KUNST

ISBN 978-3-936324-30-3

GÄRTEN PARKS UND LABYRINTHE

ISBN 978-3-936324-90-7

DER MENSCHLICHE KÖRPER ANATOMIE UND SYMBOLIK

ISBN 978-3-936324-91-4

DIE MUSIK SYMBOLIK UND ALLEGORIEN

ISBN 978-3-936324-86-0

THEMEN UND PERSONEN DER LITERATUR

ISBN 978-3-936324-87-7